한중일 3국 등 동아시아 국제형사협력

김평환 지음

박영사

서 문

본서는 2017년 일본 신잔샤(信山社)에서 출간된 저서 "동아시아 범죄인 인도의 법리 : 일중한 국제형사협력론(東アジア逃亡犯罪人引渡しの法理 : 日中韓国際刑事協力論)"을 번역한 것이다. 위 저서는 필자가 2014년 도쿄대 대학원 법학정치학연구과에 박사학위 청구 논문으로 제출하여 2015년 승인되었고, Highest Dissertation Award(최우수논문상)을 수여받아 현지에서 출판되었다.

원서에 맞추어 충실히 번역 작업을 거쳤지만, 한국어 독자의 이해를 돕기 위해 일부분에서는 용어나 표현 등을 고치거나 문맥이 통하도록 보완하였다. 또한, 각주에 기재된 외국어 문헌이나 웹사이트를 포함한 여러 출처에 대해서도 국어에 맞추고, 웹사이트 접속여부를 점검하기도 했다. 예를 들면, 우리나라 검사에 해당하는 일본의 검찰관은 검사와 부검사를 포함한 것이고, 중국에서는 인민법원과 인민검찰원으로 나누어져 있는 등 한중일 3국 간에 형사사법체계를 구성하는 법령이나 직제 등의 명칭도 상당한 차이가 있다. 범죄인 인도에 관한 3국의 국내법 명칭도 우리는 범죄인인도법, 일본은 도망범죄인인도법, 중국은 인도법으로 서로 다르다.

이 번역서가 출간되기까지는 여러분의 도움이 있었다. 특히, 이화여대 조균석 교수의 독려에 힘입은 바 컸고, 박영사 조성호 이사 및 편집팀 사윤지 님의 수고가 많았다. 또한, 일본 현지 출판사의 이마이 씨는 한국에서의 번역 출간에 대해 아무런 조건없이 반겨주었다. 거듭 여러분들께 감사드린다.

2024년 5월

김평환

머리말

　한중일 3국에서는 2018년의 한국 평창 동계올림픽, 2020년 일본 도쿄 하계 올림픽, 2022년 중국 베이징 동계올림픽 등이 각각 개최될 예정이다. 정부 간에 는 한동안 끊겨 있던 3국 정상회담을 재개하기 위해 일정 조율의 협의가 진행되 고 있다는 보도도 나온다. 향후, 한중일 3국을 둘러싼 동아시아에서는 사람, 물자, 서비스 등의 이동이 더욱 활발히 이루어질 것으로 예상된다. 이러한 교류와 교역 등은 서로에게 이익을 안겨 주지만, 범죄에 악용되어 선린우호 관계의 진전을 가 로막는 측면도 있음을 부정할 수 없다. 국제형사협력의 본질이 국제적 우호 관계 의 진흥을 보장하면서 범죄를 규제하는 것이라면, 그 과제를 꼼꼼히 따져 보고 해 결의 실마리를 찾는 일이 무엇보다 중요하다. 이러한 관점에서 각국의 법제, 판 례, 조약 등 국제협력의 현황을 고찰한 후, 실현 가능한 독창적인 방책을 제시했 다는 점에서 본서의 의의를 찾을 수 있다.

　본서의 특징으로 다음 세 가지를 들 수 있다. 첫째, 한중일 3국에 그치지 않 고 북한, 대만, 홍콩 및 마카오 등에 대해서도 관련 내용을 실었다. 둘째, 범죄인 인도의 새로운 유형으로서 국제 카르텔, 저작권 침해, 사이버 범죄 등의 사례를 소개하였다. 셋째, 부록으로 중국과 한국의 범죄인 인도 판례 및 한중일 3국이 각 각 체결한 국제형사협력에 관한 조약을 망라하였다는 점 등이다.

　본서는 2015년 일본 도쿄대에서 수여받은 법학박사 학위 논문을 정리한 것 이다. 저자가 범죄인 인도 등 국제형사협력의 연구에 이르게 된 동기는 검찰실무와 법무행정의 현장에서 체감한 문제의식과 그 지적 호기심에서 비롯되었다. 연구 경력상으로는 석사학위 논문(범죄인 인도에서의 범죄처벌과 인권보장의 균형: 일본의 범죄인 인도 절차에서의 법무대신과 도쿄고등재판소의 심사범위를 중심으로)에 이은 성과라고 할 수 있다.

박사학위 논문의 집필 및 본서의 간행에 이르는 동안 많은 분들의 지도와 도움을 받았다. 도쿄대 나카타니 카즈히로 교수는 논문의 구상 단계에서부터 집필 작업이 끝날 때까지 지도하여 주셨고, 흔쾌히 출판할 수 있도록 도와주셨다. 도쿄대 카와이데 토시히로 교수께는 형사법과 국제형사협력의 연구에 관하여 귀중한 도움을 받았다. 또한, 세이케이대 킨 코우교쿠 교수의 배려로 중국인민대 법학원의 방문연구원으로 체류하는 기회를 얻었다. 중국에서는 인민대 셰 왕원 교수, 정법대 우 리환 교수, 북경사범대 황 펑 교수로부터도 많은 도움을 받았다. 한국에서는 이화여자대학교 조균석 교수로부터 소중한 조언과 오택림 변호사에게 자료의 도움을 받았다. 아울러, 석사과정의 지도교수였던 오쿠와키 나오야 박사께도 감사드린다. 본서의 출판은 신잔샤의 이마이 씨를 비롯한 직원들이 도와준 덕분이다. 거듭 여러분께 감사드리며 끝으로 약 3년 간의 단신 유학을 북돋아 준 아내와 세 아이들 모두 고맙다.

2017년 7월
김평환

차 례

제 1 장 시작하며

제 2 장   도망 범죄인 인도를 둘러싼 국제형사협력의 법적 구조와 선행 연구

제 3 장 일본에서의 도망 범죄인 인도

● ● ●

제 4 장 중국에서의 도망 범죄인 인도

● ● ●

제 5 장 한국에서의 도망 범죄인 인도

● ● ●

제 6 장　성　　찰

● ● ●

제 7 장 결론과 제언

● ● ●

부   록

제 1 장

●

시작하며

제 1 장

●

시작하며

제 1 절 연구의 과제

1. 연구의 목적

한중일 3국은 투자 촉진 및 보호에 관한 협정을 이미 체결하였으며, 자유무역협정(FTA) 체결에 관한 논의도 있어 경제관계 친밀화가 포괄적인 법적 프레임워크로 이어질 수 있다. 물품의 교역, 사람의 왕래, 정보의 교환 등에서 3국 간의 의존과 필요가 점차 증대되면서 한편으로 범죄의 국제성이라는 현상이 현재화되고 있다는 사실도 부정할 수 없다. 실제로 한중일 각국의 외국인 범죄, 범죄인 도피처, 외국인 수형자 등에서 다른 두 나라가 차지하는 비율이 높아, 범죄에 대한 규제의 실효성을 확보하기 위해서는 형사 분야에서의 국제협력이 불가피한 상황이다. 3국 간의 국제형사협력은 그것이 형사관할권 행사를 둘러싼 것으로 주권의 핵심을 이루는 성질을 지녔다는 점과 정치외교 및 안보 등의 측면에서 이질적인 요소가 적지 않다는 점 등으로 인해 경제관계와 같이 쉽게 전개될 수 있는 것은 아니다. 그러므로 한중일 간의 도망 범죄인 인도를 둘러싼 국제형사협력에 관한 체계적이며 심층적인 연구가 필요하나, 이 분야에 초점을 맞춘 연구 성과는 쉽게 찾아볼 수 없으며 단편적 소개 등에 머물러 있는 실정이다.

본 연구는 이러한 문제의식에서 시작된 것으로, 그 목적으로는 다음의 두 가지가 있다. ① 한국, 중국, 일본에서의 도망 범죄인 인도를 둘러싼 국제형사협력의 실태를 밝히고자 하는 것이다.[1] 각국의 법제와 실행에 그치지 않고 3국 간의 협력관계에 대해서도 분석함으로써 동아시아에서의 도망 범죄인 인도를 둘러싼 국제형사협력의 평면도를 그릴 수 있을 것이다.[2] ② 이러한 고찰을 통해 3국의 차이점과 공통점을 정확하게 파악하여 도망 범죄인 인도를 둘러싼 국제형사협력의 원활화 및 촉진을 위해 제언을 하고자 하는 것이다. 제언에는 기존 협력관계의 긴밀화뿐만 아니라 형사분야에서의 포괄적인 3국 간 법적 조약체결을 위한 제언도 포함될 것이다. 한중일의 도망 범죄인 인도를 둘러싼 국제협력에 관한 기존 연구에는 다음과 같은 특징이 확인된다. 첫째로, 강학적 연구보다 도망 범죄인 인도를 위한 협력이라는 실무적 수요가 선행되어, 주로 인도재판 또는 인도 상당성의 판단을 둘러싼 국제법상 쟁점이 논의된다는 점이다. 둘째로, 일본을 둘러싼 주변국의 범죄인 인도제도 및 인도 협력에 관한 고찰을 사각지대에 둔 채[3] 이 지역의 유럽식 법적 프레임워크 구축을 위해 무분별한 제언이나 주장이 시도된다는 점이다.

동아시아 국제형사협력에 대한 선행연구 중 아시아의 범죄규제를 위한 법적 프레임워크 구축 등에 대한 주장이나 제언의 주요 유형으로는, ① '도망 범죄인 인도 촉진'론, ② 개발도상국 등에 대한 국제공헌으로서의 '법제도 정비지원'론, ③ 국제형사재판소를 둘러싼 협력의 '글로벌 거버넌스'론, ④ 국제형사협력이 포함된 포괄적 '아시아 공동체'론 등이 있다. 이러한 연구의 주된 취지는, 예를 들어 '도망 범죄인 인도 촉진'론의 경우 범죄인 인도나 형사 공조 등에 대한 양자조약을 지역 국가들을 체결국으로 하는 다자간 조약으로 그 법적 프레임워크를 확대하자는 것이며,[4] '동아시아 공동체'론의 구상은 '보편적 가치의 실현과 글로벌 거

[1] 본서에서 사용하는 '도망 범죄인'이란 범죄인 인도를 위한 국제협력에 있어서 청구국으로부터 인도가 요구된 자 또는 청구국에서 수사개시나 소추 등의 형사절차가 행해진 자를 말한다. 또한 본서에서는 도망 범죄인 인도를 '범죄인 인도' 또는 '인도', 도망 범죄인의 인도에 관한 국제협력을 '인도 협력'으로 줄여 사용하는 경우가 있다.

[2] '동아시아'의 지리적 범위는 UN 분류에 따르면 중국, 홍콩 및 마카오, 북한, 일본, 몽골, 한국이다. 유엔 홈페이지 참조(https://unstats.un.org/unsd/methods/m49/m49regin. htm#asia. 2014년 9월 2일 열람).

[3] 중국의 범죄인인도법에 관한 소개로는 全理其의 '中国の逃亡犯罪人引渡法について：付録, 中華人民共和国引渡法, 大阪学院大学法学研究(第29卷 第1号), 2002, 67-98쪽이 있다. 한국의 도망 범죄인 인도법의 소개로는 森下忠, 犯罪人引渡法の研究, 成文堂, 2004, 77-93쪽이 있고, 국제범죄, 테러, 사이버범죄 등에 대한 국제형사협력에 대해서는 中野目善則, 国際刑事法, 中央大学出版会, 2013, 29-407쪽(제2장 '韓国における国境を越える犯罪への対処')이 있다.

버넌스 개선에 공헌하며 함께 평화와 번영을 향유'하고자 하는 것 등이다.[5] 그러나 도망 범죄인 인도를 둘러싼 선행연구에는 다음과 같은 한계가 있다는 점을 지적해 두고자 한다. ① 아시아 형사협력에 대한 국제법의 규범구축을 위해서는 주요국의 제도와 실행에 대한 연구가 전제되어야 하나 이러한 분석이 결여되어 있다. 일본을 둘러싼 중국, 한국 등의 범죄인 인도 등에 대해 그 국내법, 인도조약, 인도재판, 학설 등을 체계적으로 고찰한 연구가 없다는 것이다. ② 유럽에서 진행되고 있는 국제형사협력의 법적 프레임워크를 아시아에 기계적으로 도입하려 한다. 유럽의 경우, 기존의 범죄인 인도조약 체제에서 당사국 간에 체포장을 상호 승인하여 집행할 수 있도록 하는 '체포장 프레임워크 결정' 체제로의 진전이 진행되고 있는 바, 이와 같은 법적 프레임워크의 동아시아 국제형사협력에 대한 적용에는 충분한 검토가 요구된다. ③ 범죄인 인도 협력을 둘러싼 동아시아 국제형사협력에 대한 분석 없이 지역적·법적 프레임워크 구축의 당위성에 대한 주장이 선행되는데, 그 제언과 방안에 대한 구체성과 실효성에 의구심을 느끼지 않을 수 없다. 3국 간에는 형사분야의 협력 외에 경제분야에서의 긴밀화가 진행되고 있고 그 법적 프레임워크가 구축되어있으므로, 그러한 성과에 대해서도 주목할 필요가 있다.

2. 연구의 대상과 방법

연구의 대상과 방법은 한국, 중국, 일본의 각 범죄인 인도제도에 대한 실증적이며 비교법적 분석이다. 각국의 국내제도에는 국내입법, 인도조약, 인도재판, 학설, 국가실행 등이 포함된다. 또한, 연구대상에는 도망 범죄인 인도 외에 3국의 형사 공조, 수형자 이송에 관한 국제협력도 포함된다. 특히, 3국의 범죄인 인도제도의 고찰에서는 인도 요건과 절차의 차이, 인도재판에서의 쟁점, 인도 협력과 국익의 관계 등을 다루고, 인도 협력 실태에 대한 입체적 접근을 시도한다. 대상지역은 3국 외에 홍콩, 마카오, 대만 및 북한이 포함된다. 홍콩과 마카오는 중국의

---

4) 森下忠, アジア諸国における犯罪人引渡を促進するための若干の提言, 警察学論集(第49巻 第5号), 1996. 본서에서 말하는 '형사 공조'란 도망 범죄인 인도가 포함되지 않는 '협의의 형사 공조'로 주로 수사당국 간의 수사 공조 및 법원 간의 사법 공조이다.
5) 中村民雄·須網隆夫·臼井陽一郎·佐藤義明 編著, 東アジア共同体憲章案, 昭和堂, 2008, 17쪽.

특별행정구로 고도의 자치권이 부여되나 중국의 도망 범죄인 인도를 둘러싼 국제
협력에서 어떠한 위치를 점하는지 등에 대한 분석이 덧붙여질 것이다. 대만은 국
제사회 현황에서는 취약한 위치에 있으나 독자적인 국제형사협력을 전개하면서
중국과의 '양안관계'에서도 형사 분야의 협력을 진행하고 있다. 또한, 북한의 경우
북한 자체의 국제형사협력이 아니라, 탈북자에 대해 한중일 등 주변국들이 어떻
게 대응하고 있는지 고찰한다. 중국은 북한과 체결한 형사 공조조약 및 국내 출입
국관리법령에 따라 단속대상으로 취급하나, 한국은 자국민으로 취급하며, 일본은
개별 사안에 따라 인도적 견지에서 보호 및 지원이 필요하다고 하고 있다.

　　연구방법은 한중일 각국의 도망 범죄인 인도를 중심으로 하는 국제형사협력
제도에 대하여 종합적으로 분석한다. 일본의 도망 범죄인 인도를 둘러싼 국제협
력은 19세기 말로 거슬러 올라가나, 그 간의 인도조약 체결은 미국, 러시아, 한국
의 세 나라에 불과하며 2015년 현재 유효한 것은 한국과 미국 두 나라와의 두 조
약에 그친다. 한편 한국과 중국은 1990년대부터 인도조약을 체결하면서 국내법을
정비하였으며, 이후 각각 30개 이상의 인도조약을 체결하였다. 이러한 상황을 감
안하여 일본은 제2차 세계대전 전과 후를 나누어 분석하고, 한국과 중국에 대해
서는 인도조약상 규정과 국내 입법을 비교하는 등의 방법으로 분석한다. 이러한
고찰을 근거로 동아시아의 도망 범죄인 인도를 둘러싼 국제형사협력의 원활한 작
용과 촉진을 위한 제언을 시도하고자 한다.

3. 연구의 의의

　　연구의 의의로는 다음 네 가지를 들 수 있다. ① 선행연구에서 사각지대에
남겨졌던 인도 협력을 둘러싼 동아시아 국제형사협력에 고찰의 포커스를 두었다
는 점이다. 본 연구를 통해 인도 협력을 둘러싼 한중일 3국 간의 국제형사협력 실
태가 드러나기를 기대할 수 있을 것이다. ② 한중일의 국제형사협력에 대해 각국
의 특징과 차이를 밝힘으로써 지역적인 국제형사 규범구축을 위해 그 제도적 기
반의 발판을 마련한다는 점이다. ③ 한중일의 국제형사협력뿐만 아니라 대만의
범죄인 인도를 둘러싼 국제형사협력, 북한 탈북자에 대한 주변국들의 대응 등을
분석하는 점이다. 특히 주변국의 탈북자 대응을 고찰함으로써 북한 유사시 대규

모 탈북사태에 대한 한중일 3국의 대응을 포함하여,[6] 북한 당국자에 의한 반인도 범죄에 대한 형사책임의 추궁과 관련하여 범죄인 인도를 둘러싼 한중일의 국제형사협력 방식을 강구할 수 있다. ④ 일본의 범죄인 인도를 둘러싼 국제형사협력 현황과 관련하여, 한국과 중국이 각각 약 30개에 이르는 범죄인 인도조약과 형사 공조조약을 체결하여 국제협력을 전개하고 있는 것과 대비되는 바, 그 특징과 원인을 고찰한다는 점이다. 범죄인 인도 국제협력을 위해서는 인도에 대한 조약 전치주의를 채택하는 나라가 적지 않으나, 조약 체결 요건으로 상대국의 사법체계와 형사절차 등의 건전성 충족을 전제로 할 것인지 또는 국가 형벌권 행사를 철저히 한다는 견지에서 이러한 조건들을 탄력적으로 적용할 것인지 등 국제형사협력의 형사정책 기조와도 관련이 있다. 이는 일본의 형사정책 기본방침과도 연관이 있으며, 동시에 동아시아 국제형사협력의 전망에도 큰 의의가 있다고 하겠다.

4. 본서의 구성

본서는 본문과 부록으로 구성되며, 본문은 제1장에서 제7장까지로, 그중 한중일 3국의 범죄인 인도에 각각 한 장씩을 할애한다.

제1장(서론)에서는 한중일의 도망 범죄 현황 및 각국의 국제형사협력 현황에 대해 고찰한다. 3국 간 또는 각국에서의 인적교류 및 교역관계, 도망 범죄 실태, 인도조약 체결 관계 등에 대한 통계자료를 통해 그 현황을 파악한다. 이 자료들이 나타내는 것은 범죄규제 준수를 도모하기 위해 체결된 인도조약이 존재하나 원활하게 작용되지 않는다는 점, 3국에서 범죄인의 해외도피처로 다른 두 나라가 차지하는 비율이 높으며 인도 협력 촉진이 요구된다는 점 등이다.

제2장(해외도피사범 인도를 둘러싼 국제형사협력의 법적 구조와 선행연구)에서는 범죄인 인도를 중심으로 국제형사협력의 법적 구조를 고찰하고 선행연구에 대한 검토를 추가한다. 국제형사협력의 개념은 확립된 정의가 없어 광의 또는 협의의 형사 공조 등으로 불리며, 각국에서는 '해외도피사범 인도'를 비롯한 '국제 수사 공

---

6) 탈북자 사태 등에 대응하기 위해 일본의 형사사법 정비가 요구된다는 지적에 대해 좌담회, 日本法の国際化：国際公法の視点から, ジュリスト(第1232号), 2002, 20−21쪽. 좌담회에서는 탈북사태 외에 불심선 침몰 사건, 선양 일본영사관 진입사건 등이 언급되었으며, 이와 관련하여 미래를 위한 일본의 이니시어티브 발휘, 유사법제 정비 등이 요구된다고 지적되었다.

조', '수형자 이송' 등으로 유형화하여 입법화하는 것이 일반적이다. 국제형사협력의 개념에 대해 유럽의 국제형사협력 조약 규정을 중심으로 검토하고 범죄인 인도에 대해서는 그 법적 성질, 기본원칙, 인권보장과의 관계, 지역조약의 체제 등에 대해 고찰한다. 또한 선행연구에 대해서는 연구 분야를 유형화하여 그 경향과 특징을 밝힘으로써 현황과 한계를 제시한다.

제3장부터 제5장까지는 각 장에서 한중일 3국의 범죄인 인도제도에 대해 고찰한다. 공통사항으로 국내 입법 및 인도조약에서의 인도 요건과 그 절차, 인도 제한사유 등을 분석하고 인도 재판에서의 쟁점에 대해 검토한다. 한일 양국은 인도 협력에 관한 법규, 재판, 실행 등에서 유사하나, 중국은 헌법질서를 비롯하여 한일 양국과 차이점이 적지 않다는 점이 부각될 것이다. 개별 사항으로 제3장(일본의 해외도피사범 인도)에서는 인도재판에서 논쟁을 불러일으킨 '정치범 불인도'와 '인도 범죄와 관련된 행위의 혐의 상당성'에 대하여 검찰 측과 도망 범죄인 측의 각 주장 및 학설 등에 대해 고찰한다. 제2차 세계대전 전의 인도제도와 관련하여 '범죄인 인도조례', 일본이 미국 및 소련과 체결한 각 인도조약에 대해 고찰한다. 또한 벌금 미납으로 인해 노역장 유치에 처해지는 도망 범죄인에 대하여 인도 청구가 이루어진 사례를 검토한다.

제4장(중국의 도망 범죄인 인도)에서는 중국이 국내입법에서 '자국민 불인도'를 절대적 인도 거절사유로 규정하면서 그 대상으로 홍콩, 마카오뿐만 아니라 대만도 포함하였는데, 이를 인도조약 규정과 비교하여 검토한다. 또한 중국 정부는 신장위구르와 티베트 등 소수민족의 자치독립운동과 관련하여 이러한 활동을 반국가 테러행위로 규정하였는데, 중국이 체결한 인도조약에 어떻게 반영되었는지 살펴본다. 국경을 접하는 중앙아시아 국가들과의 인도조약에서 '정치범 불인도'에 관한 규정은 없으나, 이는 중국이 체결한 기타 여러 인도조약과는 대조를 보인다.

제5장(한국의 도망 범죄인 인도)에서는 중국인이 야스쿠니신사 기둥에 불을 붙이고 한국으로 도망한 후 서울의 일본대사관에 화염병을 던졌다가 체포되었던, 일본이 한국에게 신병인도를 청구한 '류창 사건'에 대해 다룬다. 이 사건의 인도재판에서는 '정치범 불인도'가 쟁점이었는데, 정치범 인정 여부 및 불인도원칙의 국제관습법 판단에 있어서 일본의 인도재판 판시와 차이가 있었다. 벌금 미납으로 인한 노역장 유치 사안과 관련해서는, 한국의 인도 청구로 인해 일본이 도망

범죄인을 체포하였는데 노역장 유치가 인도 요건에 적합한지에 대해 검토한다.

제6장(성찰)에서는 주로 제3장 내지 제5장의 고찰에 근거하여, 각국의 도망 범죄인 인도제도에서 드러난 특징과 한계(과제)를 요약한다. 그리고 제7장(결론과 제언)에서는 동아시아의 국제형사협력 원활화라는 관점에서 향후 한중일 3국이 대응해야 할 실질적이고 구체적인 제언을 하고자 한다. 마지막으로 부록에는 중국의 주요 인도재판 결정서 전문의 번역, 3국이 각각 체결한 인도조약, 형사 공조 조약 및 수형자 이송 조약 체결 상황(표) 등을 첨부한다.

제2절 한중일의 도망 범죄인 인도를 둘러싼 국제형사협력 현황

1. 한중일 국제협력 현황

사람, 물품, 정보 등의 이동이 세계적 규모로 이루어진지는 이미 오래다. 한 중일 3국 간에도 한 나라의 사회현상이나 자연현상의 효과는 자국에 머무르지 않고 여러 형태로 이웃나라 및 국제사회에 영향을 미치고 있다. 때로는 한중일 3국 간에 정치, 군사적 이해관계가 대립되는 경우도 있으나 경제, 문화 등의 분야를 중심으로 상호의존이 확대되는 경향도 현저하다. 특히, 경제, 환경, 에너지 등의 분야에서는 양자 간 협력에 머무르지 않고 3자 간에 공동 협의체를 마련하거나 혹은 제도적 메커니즘이 구축됨으로써 사전방지 등에 대응하고 있다. 대표적인 사례로 한중일 정상회담 합의에 따라 2010년 12월 16일에 '3국협력사무국 설립협 정'이 체결되었다.[7] 3국협력사무국(Trilateral Cooperation Secretariat)은 이듬해 9월 부터 서울에서 활동을 시작한 이래 경제, 사회, 과학기술 및 환경 등 18개의 장관

---

7) 한중일 정상회담은 1999년 열린 '동남아국가연합(ASEAN)＋3'에서 시작됐지만, 2008년부터 3개 국만의 독자적인 정상회담이 열렸다. 2009년 정상회담에서 3개국 정상회의 및 각료회의 등 3국 간 협의 지원, 협력 안건의 탐구 및 실시를 촉진하는 등을 목적으로 「한중일 협력 사무국」의 설립에 대해 합의가 이루어졌다. 또한 2014년 5월 기준, 이 사무국에는 18개 장관급 회의를 포함한 50개 이상의 대화 메커니즘, 100개가 넘는 프로젝트가 있다. 또한 설립협정의 정식 명칭은 '일본 정부, 중화인민공화국 정부 및 대한민국 정부 간의 3자 간 협력 사무국 설립에 관한 협정' 이며, 사무국장은 3국이 윤번제로 실시하고 2013년 9월부터 일본의 岩谷滋雄국장이 2년의 임기를 맡았다. 이 사무국의 홈페이지 참조(https://jp.tcsasia.org/dnb/user/userpage.php?lpage＝1_2_1_ overview. 2014년 9월 16일 열람).

급 회의를 포함한 대화 메커니즘을 추진해왔다. 2012년 5월 13일에는 3국 간 투자협정이 체결되어 2014년 5월 17일에 발효되었으며,[8] 무역, 투자 확대를 위한 경제무역장관 회의, 3국 간 FTA 협상, 경제단체간 비즈니스 대표회의 등이 진행되고 있다. 3국 간의 인적교류, 교역 등에 대한 통계자료는 다음 표와 같다(출처: '한중일 3개국협력사무국' 통계자료).[9]

[3국 간 여행자 수(2011년 기준, 단위: 명)]

일본-중국	일본-한국	중국-한국
일본에서 3,658,200	일본에서 3,289,051	중국에서 2,220,196
중국에서 1,043,245	한국에서 1,658,067	한국에서 4,185,400

[3국에 거주하는 다른 2개국의 국민 수(2010년 기준, 단위: 명)]

일본		중국		한국	
중국	한국	일본	한국	일본	중국
687,156	565,989	66,159	120,750	48,905	608,881

주 1. 한국 내 2개국 국민은 유학생 및 단기 거주자를 포함한다.
 2. 한국 내 중국인은 한국계 중국인(중국 조선족)을 포함한다.

[3국 간 교역 규모에서의 다른 2개국 비율(2011년 기준, 단위: 백만 달러)]

일본 1,673,863		중국 3,642,058		한국 1,709,607	
중국	한국	일본	한국	일본	중국
344,954 (20.6%)	105,565 (6.3%)	342,888 (9.4%)	245,633 (6.7%)	108,000 (10.0%)	220,617 (20.4%)

8) 투자협정의 정식 명칭은 '투자 촉진, 원활화 및 보호에 관한 일본 정부, 대한민국 정부 및 중화인민공화국 정부간 협정'이며, 그 취지는 체결국 간 경제관계 강화를 위한 투자 촉진에 있어 투자를 위한 안정, 양호하고 투명한 조건 조성, 투자 상호 촉진과 원활화 및 보호 및 투자의 점진적인 자유화 등을 목표로 하는 것에 있다(협정 전문).
9) 3국 협력사무국 홈페이지(3국 통계) 참조(https://jp.tcsasia.org/dnb/user/userpage.php?lpage=3_6_2_contents. 2014년 5월 25일 열람).

2. 한중일 범죄인 인도를 둘러싼 국제협력

(1) 해외도망 범죄 현황

일본의 도망 범죄인 실태에 대한 구체적인 통계를 보면, 2003년 말 703명(외국인 557명), 2012년 말 818명(외국인 654명)으로 파악되었다. 특히 2012년 말 기준 654명의 외국인 도망 범죄인의 국적을 보면 중국(홍콩·마카오 및 대만 포함) 296명, 한국(조선 포함) 75명, 총 371명으로 외국인 전체의 56.7%를 차지하고 있다. 또한 2012년 말 기준 해외도망 범죄인의 주요 도피처로는 중국(대만, 홍콩 및 마카오 제외) 210명, 브라질 80명, 한국 및 필리핀이 각각 53명의 순으로 파악된다.10) 나아가 이들 범죄의 죄목은 흉악범이 253명으로 다수를 차지하였고 지능범, 절도, 약물사범 등으로 다양하다. 따라서 한중일에서의 범죄인 인도 등 국제형사협력의 실효적인 진전이 요구되고 있다고 할 수 있다. 일본의 해외도망 범죄인 등의 현황을 나타내는 통계는 아래 표와 같다(출처: '2013년판 범죄백서').

[해외도망 범죄인 등의 인원 추이(단위: 명)]

연도	총	일본인	외국인
1998	381	93	288
2003	703	146	557
2008	775	142	633
2009	845	162	683
2010	879	174	705
2011	847	170	677
2012	818	164	654

주 1. 일본 경찰청 형사국 자료에 의거한다.
　 2. 인원은 해당년도 12월 31일 기준으로 한다.
　 3. '외국인'은 무국적·국적불명인 자를 포함한다.

---

10) 平成25年版犯罪白書, 제7편 제4장 제2절 3.

[국적별·해외도망 피의자 등(2012년 12월 31일 기준)]

지역, 국적 등	인원	
총	654	(100.0)
아시아	476	(72.8)
중국	270	(41.3)
대만	14	(2.1)
홍콩 등	12	(1.8)
이란	18	(2.8)
한국·조선	75	(11.5)
필리핀	15	(2.3)
태국	11	(1.7)
기타	61	(9.3)
유럽	18	(2.8)
남·북미	137	(20.9)
아프리카·오세아니아	22	(3.4)
무국적·국적불명	1	(0.2)

[죄목별·해외도망 범죄인(2012년 12월 31일 기준)]

죄목	총		외국인		일본인	
총	818	(100.0)	654	(100.0)	164	(100.0)
형법범	659	(80.6)	540	(82.6)	119	(72.6)
흉악범	253	(30.9)	218	(33.3)	35	(21.3)
조폭범	32	(3.9)	21	(3.2)	11	(6.7)
절도	189	(23.1)	173	(26.5)	16	(9.8)
지능범	124	(15.2)	76	(11.6)	48	(29.3)
기타	61	(7.5)	52	(8.0)	9	(5.5)

특별 범죄	159	(19.4)	114	(17.4)	45	(27.4)
약물사범	58	(7.1)	34	(5.2)	24	(14.6)
출입국관리법	46	(5.6)	44	(6.7)	2	(1.2)
기타	55	(6.7)	36	(5.5)	19	(11.6)

[인도 및 인수 건수]

연도	외국에서 인도받은 도망 범죄인				외국에 인도한 도망 범죄인	
	검찰청의 의뢰		경찰의 의뢰			
		조약체결국		조약체결국		조약체결국
2003	–	–	2	2	–	–
2004	–	–	1	1	–	–
2005	–	–	2	2	3	3
2006	–	–	–	–	1	1
2007	–	–	5	4	2	1
2008	–	–	5	5	2	2
2009	–	–	3	2	–	–
2010	2	2	1	–	–	–
2011	–	–	1	1	1	1
2012	–	–	–	–	1	1

주: 법무성 형사국 및 경찰청 형사국의 자료에 의거한다.

중국에서 뇌물수수 등 부패범죄자의 해외도피 본격적으로 시작된 것은 1980년대 후반이라고 한다. 2008년부터 2014년 7월까지 730명 이상의 부패범죄에 연루된 범죄자가 54개 이상의 국가와 지역에서 중국으로 인도 및 송환되어 체포되었다. 또한 최고인민검찰원에 따르면,[11] 2013년에는 762명의 뇌물수수 관련 범죄자가 중국으로 송환되어 총 100억 위안 이상의 금액이 몰수됐다고 한다.[12] 국무원 공안부 경제범죄수사국에 따르면, 이들 도망 범죄인이 저지른 자금의 해외유출이 중국에 막대한 경제적 손실을 입혔다고 한다.

---

11) 중국에서는 검찰청을 '인민검찰원', 법원을 '인민법원'이라고 하는데, 본서에서는 인민을 생략하여 검찰원 또는 법원으로 표기하기도 한다.
12) 중국 영자지 'China Daily' 2014년 7월 24일자 보도기사 참조(https://www.chinadaily.com.cn/china/2014-07/24/content_17917829.htm. 2014년 8월 3일 열람).

한국의 범죄백서(2014년판)에 따르면,[13] 2012년 기준 해외도망 범죄인 수는 539명으로 주요 도망처는 미국 81, 중국 51, 필리핀 44, 일본 26 등의 순이다. 인도 청구에 대해서는 2012년 한 해 동안 외국으로부터의 청구가 7건, 외국에 대한 청구가 18건이었다. 또한 형사 공조는 2012년 한 해 동안 외국으로부터의 청구가 113건, 외국에 대한 청구가 103건이었다.

(2) 도망 범죄인 인도를 둘러싼 국제형사협력 현황

3국 간의 국제형사협력에 관한 조약 체결은 형사 공조조약이 각각 체결되어 삼각연대를 이루고 있지만, 범죄인 인도 및 수형자 이송에 대해서는 중일 양자 간에 조약이 체결되어 있지 않다. 또한 국제형사협력에 대해 3국이 각각 체결한 조약의 경우, 일본의 조약 체결 건수에 비해 한중 양국의 건수가 현격히 많은 것이 특징이다. 일본과 한국이 수형자 이송에 대해 양자 간 조약이 아닌 유럽평의회 회원국을 중심으로 한 'CE조약' 가입을 통해 이송 협력을 하고 있으며, 형사 공조에 대해서는 유럽 형사 공조조약에 각각 가입하고 있다. 한국의 경우 유럽 범죄인 인도조약에도 가입을 마친 상태이다. 중국은 일본과 한국 외에 북한과도 '민사 및 형사 공조조약'(2003년 11월 19일 서명)을 체결하였으며, 범죄인 인도에 대해 탈북자 단속을 목적으로 하는 비밀 합의가 이루어졌다. 또한 중국은 대만과 '진먼(金門) 협의'(1990년 9월 12일 서명) 및 '양안 공조 협의'(2009년 4월 26일 서명) 등을 통해 범죄인 인도 등의 형사협력을 하고 있다. 3국의 각 조약 체결 현황은 아래 표와 같다.

[한중일 3국 간 국제형사협력에 관한 조약 체결 현황(2014년 10월 31일 기준)]

구분	일본-중국	일본-한국	중국-한국
범죄인 인도조약	X	O	O
형사 공조조약	O	O	O
수형자 이송조약	X	O 'CE조약'	O

---

13) 제6절 국제 형사사법 공조, 한국 법무부(법무연수원), 2014.3., 151-168쪽.

[한중일 각국의 국제형사협력에 관한 조약 체결 건수(2013년 12월 31일 기준)]

구분	일본	중국	한국
범죄인 인도조약	2	35	32
형사 공조조약	6	50	29
수형자 이송조약	3	9	8

주: 1. 한국의 범죄인 인도조약에는 '유럽 범죄인 인도조약'이 포함된다.
    2. 한국·일본 형사 공조조약에는 '유럽 형사 공조조약'이 포함된다.
    3. 중국의 형사 공조조약에는 '민사 및 형사 공조조약' 등이 포함된다.
    4. 한국·일본의 수형자 이송조약에는 'CE조약'이 포함된다.

한중일의 도망 범죄인 인도를 둘러싼 국제형사협력의 특징으로는 다음의 세 가지를 들 수 있다.

① 인도 청구와 관련된 범죄의 새로운 양상에 대하여 어떻게 대응하는가이다. 인도 협력의 단순 구조는, 한 나라에서 죄를 지은 사람이 그 나라를 떠나 외국으로 도망함으로써 범죄를 일으킨 국가, 즉 범죄지국과 도망한 국가 사이에서 신병 인도를 위해 이루어지는 국제 협력이다. 그러나 '류창 사건'의 경우, 중국인이 일본에서 죄를 짓고 한국으로 도망하였고 일본이 한국에 신병인도를 청구하였는데, 인도 재판에서는 인도 제한사유에 해당하는 정치범죄로 인정 가능한지 여부가 쟁점이 되었다. 일본이 인도를 요청한 범죄는 2011년 12월 26일 심야에 중국 국적의 류창이 야스쿠니 신사 중앙문 남쪽 기둥에 인화성 액체를 뿌려 방화했다는 것이었다. 일본은 한일 인도조약에 따라 신병 인도를 청구하였고(2012년 5월 21일), 중국은 류창의 행위가 정치범죄라고 주장하면서 중국으로의 출국 조치를 요구했다. 인도 재판에서는 야스쿠니 신사 방화 및 그 후의 일련의 행위가 일본 위안부 정책에 대한 정치적 항의 등이라는 이유로, 인도조약상 인도 제한사유인 정치범죄에 해당하며 인도가 불가하다는 결정을 내렸다(2013년 1월 3일). 즉, 정치범죄의 정의, 불인도원칙의 국제법규 적용관계 등에 대해 3국의 견해에 상당한 차이가 확인된 바, 3국 간의 국제형사협력이 이러한 양상과 어떻게 풀어나가야 하는지 과제를 안고 있다.

② 한중일 인도 협력 등 국제형사협력을 둘러싼 조약체결의 편차이다. 3국 간에는 형사 공조에 관한 각 양자조약이 체결되어 있지만, 중일 간에는 도망 범죄

인 인도 및 수형자 이송의 각 조약이 체결되어 있지 않아 한일 및 한중의 각 조약 체제와 대비된다. 중일 양국의 인도법에서는, 인도 협력에 대해 조약 전치주의를 채택하지 않으며 조약에 근거하지 않는 경우에도 상호주의 보증을 얻는 조건으로 인도를 진행할 수 있다고 규정하고 있다. 단, 인도조약에 근거하지 않는 경우 인도 요건과 절차에 있어서 각국의 국내법 규정에 차이가 적지 않고 조약상 인도 의무가 없는 점 등에 비추어, 인도 협력의 원활한 작용을 기대하기는 어려우며 국제 예양 상의 협력에 머무르게 된다. 또한 수형자 이송에서의 국제 협력은 한일 양국이 모두 조약 전치주의를 채택하므로 중일 간의 이송 협력이 이루어지기 위해서는 조약 체결이 전제가 된다.

　③ 한중일 3국의 국제형사협력에서 북한과 대만에 대한 자리매김이다.[14] 중국이 '하나의 중국'이라는 외교정책을 펴온 이후 대만은 국제 사회에서 고립되었지만, 다른 한편으로 한국은 북한과 동시에 유엔 회원국으로 1991년에 가입했으며 이듬해에는 중국과 외교 관계를 수립했다. 일본은 북한과 외교 관계를 맺지 않았고, 한국과 북한의 긴장 관계가 지속되는 가운데 중국은 북한과 외교 관계 및 형사 공조조약 등을 체결하였다. 중국의 동북 3성(지린성, 랴오닝성, 헤이룽장성)에는 탈북자 10만 명 이상이 있다고 하며, 대만과 관련해서는 중국은 국제형사협력의 틀 안에서 대만인을 자국민으로 취급하고 있다. 이러한 문제에 대해 국제형사협력이라는 관점에서 고찰하는 것은 기존 협력체제의 원활화를 도모함과 동시에 향후 해당 지역에서 형사 분야의 법적 프레임워크를 형성하는 데 필수적인 것으로 해석된다.

---

14) 동북아시아가 국제조직화의 '공백'으로 남겨진 이유 중 하나는 냉전으로 인한 한반도와 중국의 분단을 들 수 있다. 城山英明, 東アジアにおける国際規範実現の組織的基盤 : 国家間関係を基礎とする漸進的方式の意義と課題, 東亜の構想, 筑摩書房, 2000, 242쪽.

제 2 장

●

도망 범죄인 인도를 둘러싼 국제형사 협력의 법적 구조와 선행 연구

한중일 3국 등 동아시아 국제형사협력

제 2 장

●

도망 범죄인 인도를 둘러싼
국제형사협력의 법적 구조와 선행 연구

제 1 절 도망 범죄인 인도를 둘러싼 법적 프레임워크

I. '도망으로 얻는 이득'과 국제형사 공조의 허점

　　세계화는 그 순기능으로 교류와 교역의 당사자에게 이익과 편의를 가져다주지만, 동시에 그 역기능으로 범죄의 국제화를 피할 수 없다. '법이 없으면 범죄도 없다'라는 말이 있듯이 한 나라에서는 범죄이나 다른 나라에서는 범죄가 아니거나, 범죄 행위에 대한 처벌의 경중에 차이가 있는 등 형벌법의 차이로 인해 '도망으로 얻는 이득'이 생기는 경우가 적지 않다. 세계화로 인한 범죄의 특성에 대해 일본의 2013년 '범죄백서'에서는 '범행 장소나 범죄자, 피해자 등의 국적이나 소재지, 범행 수단으로 사이버 공간의 이용, 범죄 수익의 이동 등 여러 측면에서 국제적인 요소를 띠는 경우가 많아져 범죄자를 특정하거나 검거, 증거 수집 등 형사 절차상의 대응이 과제가 되고 있다'고 한다.[15] 즉, 국내범의 해외도피 혹은 국외범의 국내 잠입 등으로, 도망 범죄인의 소재지를 특정하거나 증거를 수집하는 등의 수사 활동에 적잖은 지장이 발생하여 신병 검거를 비롯한 소추 등의 형사 절차가 완수되지 않는 점이 지적된다. 특히 자국민 불인도가 헌법으로 정해져

---

15) 犯罪白書 第7編第2章第2節, グローバル化に伴う犯罪の動向, 2013.

있거나(브라질 등),[16] 그 밖의 법률에 규정된 경우(중국의 도망 범죄인 인도법 등)에 국외범이 자국으로 도망했을 때 실제로 범죄가 발생한 국가는 해외도피사범을 처벌하기가 현실적으로 어려워진다. 그 밖에 각국의 범죄조직이 국제적으로 연계되어 약물이나 총기류의 밀매, 돈세탁, 인신매매 등을 하거나 자국의 이주노동자가 모이는 지역의 이해관계를 둘러싼 범죄조직 간의 세력권 다툼이 일어나는 경우도 드물지 않다.

범죄인 측면에서 보면, 예를 들어 사형이 선고되어야 할 극악한 죄를 저지른 후 사형제도가 폐지된 외국으로 도피한 경우, 신병 인도를 요구받은 국가가 청구국에 대해 사형불집행을 보증하지 않으면 인도하지 않는다는 법적 프레임워크 안에서는, 그 범죄인은 인도되지 않거나 인도된다 하더라도 사형선고나 집행에서 벗어나게 된다. 또한 헌법이나 인도법에서 자국민을 인도하지 않는다고 규정한 경우, 당사국 간에 형사소추의 이관에 관한 조약이 없고 자국민의 국외범 처벌이 철저하지 않는 한, 그 범죄인은 처벌을 받지 않거나 범죄에 비해 경미한 형벌만 받게 된다. 또한 외국의 수형생활 환경(노역 수입이나 규율 등의 상황) 또는 가석방이나 사면제도의 느슨함에 편승하여 굳이 처벌을 감수하면서 국외범죄를 꾀하거나 국제 형사 공조의 차이를 노려 공범을 분담시키는 등의 방법으로 범죄의 전모를 은폐할 수도 있다.

범죄인의 해외도피가 피난처(safe haven)를 초래하는 것은 범죄규제 국제공조에 허점(loophole)이 존재한다는 뜻이며,[17] 그 요인으로는 다음의 네 가지를 들 수 있다.

---

16) 예를 들어, 1999년 7월 26일 시즈오카현 하마마츠시에서 일어난 뺑소니 사망사건의 경우, 그 범인인 브라질인이 자국으로 도망한 사안에 대해 브라질 헌법이 자국민 불인도를 규정한 바, 일본 정부는 브라질 형법상 국외범에 따른 처벌을 요구했다. 이에 상파울루주 검찰당국은 2007년 1월 과실치사죄 등으로 범인을 기소해 1심 및 항소심에서 금고 4년이 선고되었고, 검찰과 피고인이 상고하지 않아 2009년 9월 형이 확정됐다. 상파울루 주에서 발행되는 '닛케이신문' 2009년 9월 3일자 보도기사 참조(https://www.nikkeyshimbun.com.br/090903−73colonia.html. 2014년 9월 25일 열람).

17) 피난처 대책으로 형사사법 체계가 취약한 나라에 대한 법정비 지원(capacity building), '인도할지 소추할지'의 선택, 보편적 관할권 등이 있다. 반면 국제인권법의 향상, 인권난민 조약 등에 기초한 농르풀루망(non−refoulement), 범죄인 인도에 있어서의 사법불심사의 원칙(rule of non−inquiry) 개정 등으로 인해 인도 협력의 장벽은 높아지고 있다는 지적이 있다. 尾崎久仁子, 人權侵害行爲に對する國家の刑罰權の行使とその範圍について, 國際法外交雜誌(第102卷 第1号), 2003, 41−45쪽.

① 도망 범죄인 인도를 둘러싼 국제협력에 관한 법적 프레임워크의 결여이다. 예를 들어 한중일의 경우 형사 공조에 관한 양자조약이 각각 체결되어 삼각연대를 형성하고 있으나, 도망 범죄인 인도 및 수형자 이송에 관해서는 중일 간 양자조약이 체결되어 있지 않다. ② 인도조약 등이 체결되었다 하더라도 국내법 규정 및 인도재판 등에서 당사국 간에 큰 차이가 있을 경우 조약의 인도 협력이 원활히 이루어지지 않는다. 국내법에서 자국민임을 절대적 인도 거절사유로 규정하거나 인도재판에서 정치범죄의 정의, 정치범 불인도의 국제법성 평가 등에 상반되는 경우이다. ③ 인도 청구로부터 인도 협력을 얻기까지 상당한 행정력과 오랜 기간이 소요되는 등 비용이 들기 때문에 인도 청구 자체가 적극적으로 이루어지지 않는 경우가 있다. 인도 청구가 외교경로를 통해 이루어지고, 도망 범죄인의 소재 특정이나 인도 청구와 관련된 자료의 번역 및 상대국의 사법체계 검토 등과 같은 사전조치가 적지 않기 때문이다. ④ 이들 문제의 해결은 일국 내에서는 완결될 수 없으므로 역내 당사국이 공동으로 대처해야 하나 그 진전이 지지부진하다.18) 도망 범죄인에 대한 철저한 국가형벌권 행사를 위해서는 범죄지국과 범죄인이 도망간 국가 사이의 형사관할권 조정과 집중이 필요하며, 동시에 인도조약 및 국내법상 인도 제한사유의 규정과 그 적용에 대한 실효력 향상을 위한 협상이 필수적이다.

범죄인의 해외도피 저지 및 도망 범죄인 처벌의 허점을 메우기 위한 이상적인 법적 프레임워크로 '세계범죄인 인도협약을 마련하여 그 적용을 세계국제형사재판소에 맡기는 것이 고려되어야' 한다.19) 범죄인 인도를 둘러싼 국제형사협력의 범세계적인 법적 프레임워크 구축이 강조되는 이유는 규제망을 전 세계에 뻗게 함으로써 더는 범죄인이 도망갈 수 없게 하기 위해서이다. '범죄인 인도에 관한 유엔모델조약'이 제정되었으나(1990년 12월 14일 총회 결의), 현실적인 법 규

---

18) 중의원 법무위원회에 따르면, 1999년부터 2007년까지 일본에서 죄를 범하고 국외로 도망한 자에 대해, 상대국이 일본 경찰당국을 통한 증거 등의 제공에 근거하여 자국의 국외범처벌규정을 적용한 사례는 30건 46명이다(제168회 국회 중의원 법무위원회 회의록 제5호, 2007년 12월 7일, 4쪽, 경찰청 형사국 조직범죄대책본부장 답변). 또한 동 법무위원회에서 일본이 외국으로부터 국외범처벌의 적용을 요구받은 사례에 대한 질문에 대해 외무성 영사국장은 관련 데이터를 가지고 있지 않다고 답변했다.
19) '범죄인 인도의 현실 문제'를 채택한 제10회 국제형법학회(1969년, 로마), 団藤重光, ローマにおける第10回国際刑法会議に出席して(4), ジュリスト(第443号), 1970, 97쪽.

범으로 인도 국제협력이 주효한 것은 양자조약 혹은 일정한 지역적, 정치적 연결을 보유하는 다자간 조약 체제에 머무르고 있다. 국제형사협력의 발전 단계에서 양자조약이 다자간 조약으로 진전되고 있으며, 일정 지역의 다자간 조약은 역내 동질성 혹은 공동의 목적에 기초하여 구축되고 있다. 예를 들어, 제2장에서 다루는 유럽, 미주, 북유럽, 아랍, 영국연방 등의 다자간 인도조약이 그것이다. 이러한 인도 협력의 법적 프레임워크의 경우, 인도를 위한 전통적인 조건으로 제시되었던 영역주의, 상호주의, 정치범 및 자국민의 불인도 등의 여러 원칙이 완화되는 등, 인도 제한사유가 축소 또는 인도 절차가 신속히 이루어지는 등의 진전이 있었다.

2. 도망 범죄인 인도의 개요

도망 범죄인 인도(extradition)란 형사에 관한 절차가 진행된 자가 해외로 도피한 경우에,[20] 형사절차를 진행한 국가가 도망처가 된 국가에게 그의 신병인도를 청구하고 피청구국이 그 청구에 따라 신병을 청구국으로 송환하는 것을 말하며, '광의의 형사 공조'라고 할 수 있다.[21] 도망 범죄인 인도의 가장 단순한 형식은, 한 나라에서 죄를 범한 자가 외국으로 도피하여 양국 간에 신병 인도를 위해 이루어지는 형사협력 절차이다. 이와 같은 범죄는 범인(공범)의 해외도피 또는 증거(증인)의 국외 산재 또는 범행 장소, 범인의 국적, 증거 소재 등 외국과 관련된 것으로, 이른바 '역외 범죄' 또는 '월경 범죄'(transnational crime, cross-border crime)라고 할 수 있다. 이러한 범죄의 구성 요건은 국내 형법에 규정되므로, 피청구국은 도망 범죄인에 대한 자국의 형사 관할권 유무를 검토한 후, 명확히 인도할 수 없다는 등의 사정이 없다고 인정될 경우 국내법상 절차를 거쳐 신병을 인도함으로써 청구국의 형벌권 행사 규율에 협력하게 된다. 한편, 인도조약상의 인도 제한사유 인정여부에 관한 판단은 일반적으로 피청구국의 법원에 의해 행해지는 것

---

20) '도망 범죄인 인도법'상의 '형사에 관한 절차'란 인도가 요구된 범죄인이 수사단계에 있는 피의자, 소추가 끝난 피고인 또는 재판이 확정되어 그 집행이 종료되지 아니한 자(이른바 '둔형자')를 포함한다. 藤永幸治·河上和雄·中山善房 編著, 大コメンタール刑事訴訟法(第8卷), 青林書院, 1999, 257쪽.

21) 山本草二, 國際法(新版), 有斐閣, 2004, 562쪽.

으로 규정되며, 인도의 상당성은 피청구국 재량으로 유보된다.

인도의 실시는 양자 간 또는 다자간 조약에 근거하여 이루어지는 것이 통례적이지만, 상호주의 보증을 조건으로 하는 등의 국제 예양(comitas gentium)에 의해서 진행되기도 한다.[22] 인도에 관한 인도조약이 존재하는 경우에는 당사국 간에 양국의 권리의무 관계가 그 조약 규정에 수렴되지만, 조약에 근거하지 않을 경우에는 상호주의의 보증을 조건으로 하는 것이 통례적인 바, 이는 법적으로 엄격한 조건이라기보다는 '정치적 지침'에 머무르는 경우가 많다고 한다.[23] 특히 인도조약이 존재하지 않고 국내법상 상호주의를 조건으로 인도 협력이 이루어질 경우 상대국의 청구에 정치적으로 대처할 수 있는 '임의적 인도'가 될 수도 있다. 반면, 과거에 청구한 나라가 이후 국내 법령의 개폐 등으로 인해 인도요건 등이 변경되어 당시의 피청구국에 대한 상호주의 보증이 실행되지 않는 경우도 발생할 수 있다. 그런 의미에서 국내법상 상호주의에 입각하여 행해지는 인도는 인도조약상의 '절대적 인도'를 대체하는 기능을 하는 것은 아닌 것으로 해석된다. 국제 예양이 편의나 의례상의 성질을 지니므로, 인도를 요구받는 자가 청구국의 국민 또는 제3국의 국민인 경우가 많고, 피청구국이 자국민을 인도하는 경우는 거의 없다. 도망 범죄인 인도는 역사적으로 우호관계를 갖는 한 나라가 상대국에 대해 자발적으로 도망자를 인도(rendition 또는 이송)하는 것에서 유래되었으며 '광의의 인도'의 일종이자 공식적인 인도 절차였다.[24] 인도 협력에 관해 조약이 체결되는 목적으로는 다음의 5가지를 들 수 있다.[25] ① 체

---

22) 국제 예양이란 국제사회에서 의례적, 편의적 또는 혜택적 고려에 대하여 일반적으로 준수되는 국제사회규범의 일종이다. 따라서 규범을 준수하지 않는 행위는 국제위법행위를 구성하지 않아 국가책임의 문제가 되지는 않지만, 그것이 상대국에게 불쾌감을 느끼게 하거나 불준수국에게 정치적 또는 경제적 불이익을 초래할 수 있다. 국제사법재판소는 국제 예양에 대하여 '의식 및 의전 분야에서는 거의 불변적으로 행해지면서, 법적 의식이 아닌 단지 의례, 편의 또는 전통의 고려에 의해 동기가 부여되는 것에 지나지 않는 많은 행위가 있다'고 한다(홋카이도 대륙붕사건 1969년 2월 20일 판결). 国際関係法辞典(第2版), 国際法学会編, 三省堂, 2005, 325쪽.

23) 山本草二, 国際刑事法, 三省堂, 1991, 213-214쪽의 주(14).

24) M. Cherif Bassiouni, International Extradition : United States Law and Practice, 4ed, Oceana Publications, 2002, p.30. 도망 범죄인 인도는 역사적으로 종교이단자, 탈영병 및 정치범죄인 등을 대상으로 이루어졌다. 島田征夫, 逃亡犯罪人引渡思想の系譜, 島田征夫·古谷修一 編著, 国際法の新展開と課題(林司宣先生古稀祝賀), 信山社, 2009, 71쪽.

25) 山本草二, 犯罪人引渡制度における政治性の変質, 東北大学法学(第49巻 第3号), 1985, 364-368쪽. 이 책에서는 학설로서의 조약이 아니라 상호 주의의 보증에 의해 인도 협력을 하려는 것은 피청구국의 조약상 의무를 대신하여 특별 합의에 따르는 것이므로 인도 협력 촉진이라는 취지

결 당사국은 원칙적으로 도망 범죄인의 소추, 처벌에 대해서는 속지적 관할의 우위를 인정함으로써 범죄 실행지 법원의 형사관할권에 범죄인을 인도하는 것에 대해 의무관계를 규정한다. ② 철저한 범죄 처벌은 정의의 발전에 이바지하는 것이며, 도망 범죄인을 방치하는 것은 자국이 범죄인의 피난처로 악용되는 것이므로 이를 방지하는 것이다. ③ 인도조약이 존재하지 않을 경우, 인도 요건 및 제한사유에 대한 법적 근거가 없으므로 인도 거절을 둘러싸고 당사국 간에 국제적 긴장관계가 야기되는 등의 사태를 방지하기 위함이다. ④ 영미법계 국가들처럼, 인도 협력이 이루어지기 위해서는 인도조약의 존재를 전제로 하는 조약 전치주의가 채택된다.[26] ⑤ 행정기관의 판단으로 도망 범죄인을 임의로 강제퇴거 또는 추방할 수 있기 때문에 조약 체결로 인해 인권보장 확보가 도모된다. 도망 범죄인 인도가 인도조약에 기초하거나 국제 예양으로 진행되는 경우, 전통적으로는 인도의 기본적 요건으로 쌍방가벌성 및 특정성의 원칙 등이 요구되며 인도 제한사유로 정치범 불인도원칙 등이 적용되어 왔다.

과거의 미국과 소련을 주축으로 하는 동서냉전이 붕괴되고 세계적 규모의 이데올로기체제의 대립이 약화되었다고는 하지만, 동아시아에는 여전히 냉전의 그림자가 가시지 않고 있다. 한반도는 남북의 휴전상태가 계속되고 있으며, 중국과 대만은 각각 헌법에서 상대 지역을 자국의 영토로 규정한다. 또한 한중일 삼각관계에서는 역사문제와 영토문제가 불거질 때마다 형사분야에서의 국제협력에 균열이 생기거나 본래 정치범죄로 인정되지 말아야 할 것들이 정치범죄로 변질될 수도 있다. 즉, 도망 범죄의 정치성이 갈수록 다원적으로 인식됨으로써 도망 범죄인 인도를 둘러싼 국제형사협조에서 인도 제한사유의 내포가 확대되는 경향이 보인다. 앞서 언급한 '류창 사건'처럼 도망 범죄가 한중일의 역사 문제와 관련이 있을 경우, 정치범 불인도원칙의 해석과 적용을 놓고 각국에 시각차이가 생기는 것을 확인할 수 있다.

에 반하며, 각국은 조약을 근거로 국제 협력을 촉진하는 것이 바람직하다는 주장을 담고 있다.

26) 미국 인도법 18 U.S.C. Chapter 209 (extradition) ∮ 3181(a). 인도에 대해서 '조약 전치주의'가 채택되었음을 이유로 ① 적법 절차의 보장, ② 상대국의 형사 소송 절차에 대한 의구심으로부터 조약에서 최소한의 조건을 확보, ③ 인도 협력에 관한 국내법이 없는 경우, 인도 과정에서 발생할 수 있는 행정기관의 권한남용을 방지할 필요 등을 꼽는다. 山本草二, 國際刑事法, 三省堂, 1991, 201쪽.

더구나 유럽의 경우 도망 범죄인 인도를 비롯한 각 분야의 국제형사 공조의 경험이 축적되면서, 2001년 911테러 사태를 계기로 도망 범죄인 인도를 둘러싼 국제협력체제에도 큰 변화가 생겼다. 즉, 도망 범죄인 인도조약을 대체하는 '유럽체포장 프레임워크 결정'[27]이 그것이다. 이 결정에서 말하는 '체포장'이란 '형사소추를 하거나 자유형 혹은 자유 박탈을 동반하는 보안처분을 집행할 목적으로 한 회원국이 다른 회원국의 피청구자의 체포 및 인도를 요구하기 위해 발부하는 사법적 결정'을 말한다(제1조 제1항). 인도 협력을 둘러싼 이 같은 변화의 배경에는, 국제테러행위 등 중대한 국제범죄의 사전방지 및 처벌 실효력과 즉응력을 높이기 위해 전통적으로 적용되던 인도 요건과 인도 제한사유 등의 개편에 대한 요구가 있다. 예를 들어, 프레임워크 결정에서는 일정한 범죄에 대해 쌍방가벌성의 원칙의 배제를 규정하거나(제2조 제2항), 인도 제한사유의 완화 혹은 그 적용이 억제된다. 또한 유럽 지역이 공동체로서 친밀해짐에 따라 보통 범죄 인도에서도 인도 절차와 관련된 노력과 비용을 경감시킴으로써 역내 질서와 안전을 확보하는 데 한층 용이한 경찰작용이 필요해졌기 때문이다. EU조약에서 규정한 경찰 및 형사사법 협력의 목적은 '회원국 간의 공동행동을 발전시킴으로써, 또한 인종적 편견이나 외국인 배척을 방지하고 박멸함으로써 자유, 안전, 사법 영역에서의 높은 수준의 안전을 시민에게 제공한다'는 것으로(제29조), 체포장 프레임워크 결정이 EU의 경찰 및 형사사법 협력의 성과임을 보여주고 있다. 체포장 프레임워크 결정은 유럽연합에 의해 2002년에 채택되어 2004년부터 실시되었는데, 그 요지는 인도 협력의 신속화와 간소화를 도모하는 것이었다. 즉, 도망 범죄인에 대한 소추 및 형 집행을 위한 체포장이 체결당사국 간에 상호 집행되고, 일정한 범죄에 대해서는 쌍벌성과 특정성의 요건이 배제되거나 정치범과 자국민에 대한 인도 제한의 적용이 억제된다. 또한 국제협력 절차에서도 외교경로나 중앙당국을 경유하지 않고 수사당국 간에 직접 연락이 가능해져 효율을 높일 수 있게 되었다.

---

27) 유럽 체포장 프레임워크 결정(Council Framework Decision of 13 June 2002 on the European arrest warrant and the surrender procedures between Member States (2002/584/JHA). 체포장 프레임워크 결정에 관한 최근의 연구 성과로 다음을 참조. 北村泰三, ヨーロッパ 諸國間における犯罪人引渡法制の現代的変容(1)：效率性と人權原則との調和・両立を目指して, 中央ロー・ジャーナル(第9卷 第4号), 2013, 상동(第10卷 第1号), 2013, 상동(第10卷 第4号), 2014.

유럽 체포장 프레임워크 결정에서 말하는 상호승인(mutual recognition)이란, 본래 유럽 역내 교역에서 물품의 자유 이동 원칙과 관련하여 EU 이사회가 1999년에 '상호승인의 원칙'을 채택함에 따라 형사 분야의 국제 협력에도 활용된 것이었다.[28] 유럽에서 역내 국가의 동질성을 바탕으로 지역의 안전보장 등의 관점('유럽연합조약' 전문)에서 국제형사협력에도 채택되어 '유럽연합 내 형사사건에서의 국제협력은 판결 및 법원 결정의 상호승인 원칙에 기초하여…' 이루어지게 되었다 ('EU운영조약' 제82조 제1항). 즉, 도망 범죄인 인도를 둘러싼 국제협력은 다음 표에서 볼 수 있듯, 과거의 주권국가 시스템으로서의 호혜적, 임의적 성격에서 공동체 일원으로서의 절대적 이행으로의 전환이 강하게 요구된 것이 법적 프레임워크로 구현된 것이다.[29] 단, '상호승인'의 실시에 대해서는, 각 회원국의 헌법질서를 비롯한 기타 형사사법 시스템 간의 충돌요소가 해소되지 않은 채 체포장의 법적 프레임워크가 선행된 것은 졸속이라는 비판도 있다.[30]

---

28) 상호승인이란 무역장벽과 관련해 '한 회원국에서 적법하게 생산, 매매되는 한 해당 생산품은 다른 회원국에서도 수입을 허용해야 한다'는 생각에서 출발한다. 庄司克宏, "自由・安全・司法領域" とEU市民：欧州逮捕状と相互承認原則, 田中俊郎・庄司克宏,EUと市民, 慶応大学出版会, 2005, 145쪽. 국제형사협력에서 상호 승인 모델이 된 것은, 역내 상품과 서비스의 자유로운 유통에서의 상호 승인 및 재판 관할을 둘러싼 민상 사건에 관한 상호 승인이었다. 末道康之, ヨーロッパ刑事法の現状：刑事実体法の調和の動向(2)・完, 南山法学(第28卷 第2号), 2004, 43쪽.

29) EU조약에서의 법적 프레임워크는 입법 구조나 규범력 등에 따라 '규칙', '지령', '프레임워크 결정' 등으로 나뉜다. EU조약의 주된 구성은 첫 번째 기둥 'EC'(제2편), 두 번째 기둥 '공통 안전보장 정책'(제5편) 및 세 번째 기둥 '경찰 및 형사사법협력'으로 구성된다. 각 기둥의 입법 구조 및 실시에 있어서는 차이가 있으며, 세 번째 기둥 '프레임워크 결정'의 경우, 회원국에 대한 법적 효과는 첫 번째 기둥 및 두 번째 기둥에 비해 느슨하다. 첫 번째 기둥은 회원국에 대해 법적 구속력을 갖는 독자적 입법권을 행사하며 제정되는 파생법('규칙', '지령', '프레임워크 결정')은 회원국 국내법보다 우월성을 인정받는다는 것이다. 두 번째 기둥 입법권은 회원국과 각료이사회에 유보되며, 구체적인 조치('공통입장', '공동행동')의 실시는 회원국 정부에 위임된다는 것이다. '유럽 체포장 프레임워크 결정' 등의 '프레임워크 결정'이라는 입법 양식은 '회원국의 법률이나 규칙의 접근을 목적으로' 만들어지며(제34조), 그 법적 효과는 '달성되어야 할 결과에 대해 회원국을 구속하지만 방식 및 수단의 선택은 회원국 정부에 위임된다'. 大藤紀子, EU第三の柱の枠組決定への適合解釈義務,貿易と関税(第54卷 第5号), 2006, 75쪽. 中村民雄, 欧州憲法条約：解説及び翻訳,衆議院憲法調査会事務局委託調査報告書,衆憲資(第56号), 2004, 9－12쪽.

30) 高山佳奈子, 国際刑事証拠法 理論刑法学の探求(3), 成文堂, 2010, 171쪽. 원문은 Kai Ambos, Internationales Strafrecht, 2. Aufl., 2008, p.535. Michal Plachata, Cooperation in Criminal Matters in Europe : Different Models and Approaches, in : Cherif M. Bassiouni (ed), 2008, International Criminal Law, 3rd ed., Vol. Ⅱ, 2008, p.457.

[유럽의 국제형사협력과 통합의 관계]

유럽의 주요 국제형사협력	유럽통합의 변천
• 도망 범죄인 인도조약(1957년 체결, 1960년 발효) • 형사 공조조약(1959년 체결, 1962년 발효) • 형사소추이관조약(1972년 체결, 1978년 발효) • 수형자 이송조약(1983년 체결, 1985년 발효) • 회원국 간 도망 범죄인 인도조약(1996년 체결) • 회원국 간 형사 공조조약(2000년 체결, 2005년 발효) • 체포장 및 이송의 프레임워크 결정(EU, 2002년 채택)	• 유럽평의회(CE)(1949년 설립) • 유럽석탄철강공동체(ECSC)(1952년 설립) • 유럽경제공동체(EEC)(1958년 출범) • **유럽원자력공동체(EURATOM)(1958년 설립)** • 유럽공동체(EC)(1967년 출범) • 유럽연합(EU)(1993년 출범) • 유럽헌법조약(2009년 발효)

3. 도망 범죄인 인도의 법적 성질

도망 범죄인 인도는 본래 도망 범죄인에 대한 실효적 처벌을 확보하기 위해 국가 간에 이루어지는 상호주의적 협력으로, 인도 청구에 응할지 여부는 피청구국의 판단에 맡겨져 왔다. 예를 들어, 인도에 관한 국내입법 및 조약상, 인도 제한사유의 존재 여부 등에 대해서는 피청구국이 이를 행하는 것으로 규정하거나 인도재판에서 인도 가능 결정이 내려진 경우에도 정부가 인도의 상당성을 검토한 후 이를 집행하지 않을 수 있다고 규정한다(일본 인도법 제2조 및 제14조 제1항). 인도와 관련된 범죄에 대해 범행지국의 형사법 구성 요건을 충족하는 것으로서, 그 소추나 처벌은 1차적으로는 범행지국의 재판관할에 속한다. 즉, 도망 범죄인 인도는, 인도 범죄에 대한 형벌권과 관련하여 속지주의에 입각한 형법의 적용에 우위를 인정하고, 범행지 국내법원에 형사관할권을 집중하기 위한 수단으로 작용해 왔다. 이후 각국은 국외범에 대해서도 범죄 발생과 법익 침해에 기인한 제반 기준[31]을 적용하여, 자국 형법의 적용 범위 확대를 도모해 왔다. 도망 범죄인

---

31) 1935년 하버드 로스쿨의 국제법 연구(Harvard Research on International Law)가 마련한 '범죄에 대한 관할권에 관한 조약안'은 내국형법의 적용 기준으로 5가지 유형을 제시했다. ① 속지주의, ② 적극적 속인주의(국적주의), ③ 보호주의, ④ 보편주의, ⑤ 소극적(또는 수동적) 속인주의 등이다. 이러한 각 기준은 본래 각국의 '내국법익 보호' 또는 국제범죄의 규제에 관한 '국제적 연대성'이라는 기본 개념으로 구성되었다. 예를 들면, 속지주의, 보호주의, 소극적 속인주의 등은 전자의 기준(일명 국가의 자기보존 필요성으로부터의 기준)이며, 그 외에는 일종의 국제분업주의에 입각한 국제협력을 위한 기준으로 간주되었다. 山本草二, 國際刑事法, 三省堂, 1991,

인도를 둘러싼 국제협력은 동일한 국제범죄에 대하여 복수 국가의 형사관할권이 경쟁함으로써 당사국 간의 권리의무 관계를 조정하기 위한 절차로 정비되게 되었다.[32]

　　신병 인도의 법적 성질에 대해 '국제형사 재판소에 관한 로마규정'은 동 재판소로의 인도와 기타 인도를 구별한다(제102조, 밑줄은 필자). 즉, 전자의 인도 (surrender)는 로마 규정에 따라 국가가 어느 한 사람을 국제형사재판소에 인도하는 것을 말하고, 후자의 인도(extradition)는 조약 또는 국내법에 따라 한 국가가 어느 한 사람을 다른 나라로 인도하는 것을 말한다. 일본에서는 '국제형사 재판소에 대한 협력 등에 관한 법률'에서 'surrender'를 '인도 범죄인의 인도'로 규정하고(밑줄은 필자), '도망 범죄인 인도법' 및 미일 한일의 각 인도조약상 도망 범죄인 인도(extradition)와는 용어를 구별한다. 또한 도망 범죄인 인도가 'rendition' 으로 사용되기도 하는데, 이는 영국연방을 구성하는 국가 간의 인도(extradition) 를 말하는 것으로, 인도조약이 없을 경우에는 국내 입법 안에 편입된 결정에 따라 이루어짐을 의미한다.[33] 또한 'surrender'를 다음의 세 가지 용법으로 구별하는 해석도 있다.[34] 첫째로, 영국과 아일랜드 간에 '유럽 체포장 프레임워크 결정' 의 효력보다 우선하여 행해지는 인도의 문맥에서 이용된다. 유럽 체포장 프레임 워크 결정 체계의 뒷받침(backing of warrants)이라고 불린다. 두 번째는 ① 구 유고국제형사재판소(ICTY), 르완다 국제형사재판소(ICTR) 및 국제형사재판소(ICC) 등과 같은 국제형사 재판기관과 관련해서 사용된다. ICTY, ICTR은 유엔헌장 제 7장에 따라 설립된 것으로,[35] 모든 회원국은 국제형사재판소에 의해 소추된 범죄인을 인도해야 할 의무를 지니며, 그 절차는 국내법 혹은 타국으로부터의 인도 청구보다 우선된다(ICTY 재판소 규정 제29조 제2항 (e)). ② 동티모르 패널의 경우 이다. 동 패널은 동티모르의 임시 행정기구가 채택한 규정에 따라 설립되었기 때

139－140쪽. Harvard Research in International Law, Piracy, 26 A.J.I.L.Supp, 1932, pp.739, 754, 759－760.

32) 山本草二, 犯罪人引渡制度における政治性の変質, 東北大学法学(第49卷 第3号), 1985, 10쪽.

33) John R W D Jones, Extradition and Mutual Legal Assistance Handbook(2d ed), Oxford University Press, 2010, p.9.

34) Ibid., pp.9－10.

35) 'International Criminal Tribunal for the for the for the for the for the for Yugoslavia'는 유엔 안전 보장 이사회의 결의 제827호(1993년), 'International Criminal Tribunal for Rwanda'는 같은 이사회의 결의 제955호(1994년)에 의해서 각 설립되었다.

문에,[36] 체결 당사국은 동 패널에 의한 협력 또는 준수 명령 청구 등에 구속 받지 않는다. 다만, 동 패널이 유엔헌장 제7장이 아닌 다른 국제법상 근거에 따라 설립되었다 하더라도 그 패널에 의해 소추된 범죄자를 인도하지 않아도 된다는 것을 의미하는 것은 아니다. 동 패널이 재판권을 행사하는 데 있어서 범죄의 성질을 감안하여 이례적으로 인도를 요구하는 법적 절차가 진행될 수 있다. ③ '국제형사재판소에 관한 로마규정' 제102조에 기초한 동 재판소에 대한 인도이다. 세 번째는 유럽체포장 프레임워크 결정의 체제 안에서 사용되는 경우이다. 그러나 유럽체포장 프레임워크 결정의 체계를 채택해 입법힌 영국의 '2003년 도망 범죄인 인도법'의 경우, 제1부(카테고리Ⅰ에 속하는 인도) 및 제3부(영국 내의 인도)에서 'surrender'가 아닌 'extradition'이 사용되는 등 두 용어가 명확히 구별되는 것은 아닌 것으로 해석된다.

4. 도망 범죄인 인도의 주요 원칙

원칙적으로 인도 청구국의 형법 적용이 미치는 범죄 범위에 한해 인도 청구 대상이 되지만,[37] 인도조약이 체결될 경우 통상적으로 일정 형기 이상의 형벌에 해당하는 자 혹은 열거된 죄명에 해당하는 자를 인도 대상으로 규정한다. 또한 청구국의 영역 밖에서 행해진 국외범이라도 형사 관할권의 적용범위 내라면 인도 청구 대상이 되는 바, 인도 협력의 특징으로는 다음의 두 가지를 들 수 있다. ① 인도조약의 존재 여부 및 상호주의(reciprocity)이다. 도망 범죄인 인도는 통상 양국 간에 체결된 인도조약에 따라 이루어지나, 상호주의 보증[38]을 조건으로 하는

---

36) '동티모르 임시행정기구'(U.N. Transitional Administration in East Timor, UN TAET)는 유엔안전보장이사회 결의 제1272호에 의해 1999년 설립되었다.

37) 한국 인도법은 '한국의 법률을 위반한 범죄인이 외국에 있는 경우 그 외국에 대해 범죄인 인도 혹은 가구금을 청구할 수 있다'고 규정한다(제42조 제1호).

38) 일본 인도법 제3조 제2호 및 제23조 제2항에는 인도와 가구금 청구가 인도조약에 근거하지 않고 행해지는 경우에 '…일본이 행하는 동종의 청구에 응해야 한다는 취지의 보증이 이루어지고 …'라고 정해, 상호주의의 보증이 명기되어 있다. 상호주의의 보증은 통상 구상서의 형식을 취하면서 인도 청구와 동시에 이루어지며, 그 보증에 관한 인정은 1차적으로는 외무대신의 재량에 위임된다. 伊藤栄樹, 逃亡犯罪人引渡の一部改正について, 警察学論集(第17卷 第7号), 1964, 59−60쪽. 단 인도조약에 근거하지 않는, 오로지 국내법상의 상호주의는 그 보증을 얻었다고 해도 청구국이 뒤늦게 일방적으로 국내법령의 개정과 폐지 등으로 인해 실행되지 않을 우려도 적지 않다. 이러한 상호주의의 보증은 조약에 기초한 절대적 인도를 대체하는 기능을 할 수 있는

국내 법령 또는 국제 예양에 근거하여 행해지는 경우가 있다. 인도 협력에서 조약의 존재를 전제로 할지 여부에 대해 영미법계와 대륙법계의 국가 간에는 차이가 있다. 영미법계 국가의 경우 인도에 대해서 상대국과의 조약의 존재를 전제로 하는 '조약 전치주의' 법제[39]를 취한다. 영미법계 국가들이 인도 협력에 조약 전치주의를 채택하는 이유는, 형사 관할권에 대해 속지주의를 적용하므로 자국민 국외범을 청구국에 인도할 경우 적법 절차상의 인권보장, 상대국 형사 절차에 대한 의구심 혹은 행정 기관의 권한 남용 방지 등의 필요가 있다는 점이다.[40] 한편, 대륙법계의 국가들은 속인주의를 채택하기 때문에 범죄인 인도 조건으로 반드시 인도조약 체결을 요하는 것은 아니며, 상호주의를 조건으로 인도하는 경우도 있다.[41] ② 인도의 요건이다. 인도 여부에 관한 적법성 판단에 대해서는, 피청구국의 법원이 인도조약상의 청구 혹은 인도조약에 의하지 아니하는 경우에는 상호주의 보증 확보를 조건으로 조약 규정 및 국내 인도법에 따라 심사한 후 인도 여부를 결정하게 된다. 즉, 피청구국의 법원이 인도 청구와 관련된 범죄에 대하여 인도조약과 국내 인도법이 정한 인도 제한사유가 존재하는지 여부를 판단하거나, 인도재판을 경유하지 아니하고 명백히 그 제한사유가 존재한다고 인정된 경우에는 피청구국은 인도 청구를 거절할 수 있는 것이다. 인도 협력에서 인도가 가능한 기본적 전제로는 다음의 요건을 들 수 있다.

는 것은 아니라고 해석된다. 山本草二, 国際刑事法, 三省堂, 1991, 214쪽. E.Decaux, La Réciprocité androit international, 1980, p.227; A. Françon, Réciprocité, Ⅱ Dalloz Répertoire de droit international, 1969, pp.714-715; M. Cherif Bassiouni, International Extradition: United States Law and Practice 4thed (Oceanapplications

39) 예를 들어, 미국의 연방법전 제18편 제3181절 등(18U.S.C. §§3181-3195).

40) 山本草二, 犯罪人引渡制度における政治性の変質, 東北大学法学(第49卷 第3号), 1985, 11-12쪽.

41) 인도법제에서의 대륙법계와 영미법계의 차이는 국내법의 형벌 적용 기준의 차이에 의한 것이라고 해석된다. 즉, 영미법계에서 국가관할권의 적용기준은 속지주의를 채택하고 있으며, 자국민이 외국에서 범죄를 저지른 후에 귀국했을 경우 이를 처벌할 수 있는 관할권이 없으므로 인도조약에 따라 신병을 인도하도록 한다. 반면 대륙법계 국가에서는 자국민의 국외범에 대해서도 그 처벌을 광범위하게 인정하는 법제를 채택하고 있기 때문에 인도조약의 필요성은 적다고 할 수 있다. 梶木寿, 国際捜査共助法および逃亡犯罪人引渡法における相互主義の保証, 判例タイムズ(第562号), 1985, 62-63쪽.

(1) 쌍방가벌성(dual criminality)의 원칙[42]

쌍방가벌성이란, 인도가 요구되는 행위에 대해 피청구국에서 어떠한 범죄에 해당하는가를 법적으로 평가하여 청구국과 피청구국 쌍방에서 일정한 형벌에 처해져야 하는 죄에 해당되어야 한다는 것이다. 인도 협력은, 사법체계나 형벌 법제 등이 상이하다는 것을 전제로 쌍방의 권능과 의무관계에 기초하여 이루어지는 바, 인도 청구 대상이 되는 범죄를 인도조약에서 어떻게 규정할지는 중요한 과제가 된다. 쌍방가벌성의 원칙은 도망 범죄인 인도의 국제협력이라는 취지를 따르는 것으로 규정되어야 할 필요성이 있으나, 한편으로 인도재판에서는 재판규범으로 작용하기 때문에 자국의 인도법과의 정합성도 고려되어야 한다. 즉, 인도 협력에서 쌍방가벌성이 요구되는 이유는, 도망 범죄인을 구속하여 인도재판이 이루어지는 등의 인권보장의 측면이 있고, 국가 간의 인도 절차에서 막대한 노력과 비용이 소요되며, 일정한 중죄에 집중함으로써 처벌의 실효성을 확보할 수 있다는 등의 사정이 있기 때문이다. 이러한 인도 청구 대상이 되는 범죄의 범위는 인도조약에서 이를 구체적인 죄명으로 열거하는 방식(죄종 열거주의 또는 폐쇄방식)과 일정한 법정형을 기준으로 규정하는 방식(포괄주의) 또는 이 2가지를 혼합한 방식(개방방식)이 있다. 일본의 인도법은 쌍방가벌성에 대하여 '해당 행위가 일본의 법령에 따라 사형 또는 무기 혹은 장기 3년 이상의 징역이나 금고에 처해지는 죄에 해당하는 자'(일본 인도법 제2조 제4호), '인도 범죄와 관련된 행위가 일본 국내에서 행해지거나 인도 범죄와 관련된 재판이 일본 법원에서 행해진 경우에 일본 법령에 따라 도망 범죄인에게 형벌을 부과하거나 이를 집행'할 수 있다고 규정한다(동법 제2조 제5호). 또한 한일 인도조약에서는 '각 체결 국의 법령에 규정하는 범죄로, 사형 또는 무기 혹은 장기 1년 이상의 구금형에 처해지는 자'(한일 인도조약 제2조 제1항), 미일 인도조약에서는 ' …부표에 열거한 범죄로 양 체결국 법령에 따라 사형

---

42) 1880년 만국국제법학회 옥스퍼드 결의 제11조는 인도가 요구된 범죄사실에 대해 '비호국의 특정 사회제도 내지 그 지리적 상황에 따르면, 범죄를 구성하는 실제 상황이 존재할 수 없는 경우를 제외하고 범죄인 인도 대상이 되는 행위가 양국 법에 따라 처벌 가능하다는 것이 원칙적으로 요건'이라고 규정했다. 홍혜자, 國際協力における双方可罰性の現代的意義について(一), 三重大学法経論叢, 三重大学社会科学学会(第18卷 第1号), 2000, 4쪽. Charles K. Burdick(reporter), Research in International Law, Extradition, A.J.I.L.Supplement Vol.29, 1935, Appendix, p.274.

또는 무기 혹은 1년을 초과하는 구금형에 처해지는 자'(미일 인도조약 제2조 제1항) 등으로 규정된다. 한중 인도조약은 한일 인도조약의 규정과 동일하다.

쌍방가벌성에는, 인도 청구와 관련된 행위가 쌍방의 형벌법령에서 범죄의 구성 요건에 해당되어야 한다는 '추상적 가벌성'(인도법 제2조 제4호)과 가령 그 행위가 피청구국에서 행해지고 재판이 진행된 경우 일정한 형벌을 내리거나 그 형을 집행할 수 있다는 '구체적 가벌성'(동법 제2조 제5호)이 있다. 구체적 가벌성의 주된 내용으로는 공소시효, 특별 사면, 위법성 조각 사유 또는 책임 조각 사유 등을 들 수 있으며, 인도 범죄에서 이러한 사유가 있는 경우에는 소추나 처벌을 할 수 없고 쌍방가벌성이 부인되어 인도 제한사유가 된다.[43] 인도 협력에서 쌍방가벌성을 그 요건으로 하는 취지는 '자국에서 범죄로 처벌되지 않는 경우까지 신병을 구속하여 타국에 인도하는 것은 타당하지 않다고 생각되기' 때문이다.[44] '타당하지 않은' 이유로는,[45] ① 피청구국에서는 죄에 해당하지 않거나 형벌을 내릴 수 없는 행위에 대하여 그 범죄인의 인도에 협력하는 것은 청구국에서의 처벌에 협력하는 것이 되며 피청구국의 형벌 체계 및 헌법에 저촉될 우려가 있다는 점, ② 각국의 형벌 기준에는 차이가 적지 않으며 피청구국에서는 신병 구속에 해당되지 않는 것에 대해 인도 절차를 위해 구속 조치를 취하는 것은, 도망 범죄인에게 과잉한 부담을 지게 하는 것으로 인권 보호의 견지에서 바람직하지 않다는 점 등을 들 수 있다.

(2) 특정성(specialty)의 원칙

특정성의 원칙이란, 청구국이 인도의 이유가 된 범죄 이외의 범죄로 인도 전에 행해진 것에 대해 도망 범죄인을 구금하고, 소추하고, 심판 또는 형벌을 집행하여서는 안 되며, 그 자를 제3국에 인도하여서는 안 된다는 것이다. 일본 인도법에는 특정성의 원칙을 규정한 조항은 없으나 미일 인도조약, 한일 및 한중간의 인도조약에는 규정이 있다(미일 인도조약 제7조, 한일 인도조약 제8조, 한중 인도조약 제15

---

43) 藤永幸治·河上和雄·中山善房, 大コメンタル刑事訴訟法(第8卷), 青林書院, 1999, 268－269쪽.
44) 도쿄 고등재판소 결정(1989년 3월 30일), 判例時報(第1305号), 1989, 150쪽.
45) 古田佑紀, 国際共助における双罰性の考え方, 研修(第533号), 1992, 18쪽. 또한, 인권 보호의 견지에서 바람직하지 않다고 해석한 것으로서 伊藤栄樹, 逃亡犯罪人引渡法解説, 法曹時報(第16卷 第6号), 1964, 793쪽.

조). 특정성의 원칙은 청구국이 도망 범죄인에 대하여 형벌권을 행사하는 데 있어서 인도조약의 규정에 따라 일정한 제한을 두는 것이다. 특정성의 원칙의 법적 성질은 청구국이 피청구국에 대하여 의무를 지는 것이지만, 그 예외로 인도된 도망 범죄인이 청구국을 떠났다가 자발적으로 돌아왔을 경우, 피청구국의 동의가 있는 경우 등이 있다(한일 인도조약 제8조 등). 이러한 예외가 인정되는 이유는, 특정성의 원칙이 일률적으로 관철됨으로 인해 인도된 범죄인이 부당하게 형벌을 면하게 되는 사태를 방지하기 위함이다.[46]

특정성의 원칙은 정치범 불인도와 관련해서 발달한 것으로 알려져 있다.[47] 예를 들어 반정부 활동을 한 후 해외로 도망한 범죄인에 대해 청구국이 절도 등의 보통 범죄를 인도 범죄로 삼아 도망국으로부터 신병을 인도받아 반정부 활동의 정치범죄에 대해 소추, 처벌하는 경우가 있다. 인도조약에서 특정성의 원칙이 정해지는 경우도 있는가 하면, 인도조약에 근거하지 않는 인도 협력에 대해서도 청구국으로부터 인도 범죄 이외의 범죄사실에 대하여 소추, 처벌하지 않는다는 보증을 얻은 후 비로소 인도하는 것이 일반적이다.

(3) 정치범 불인도(non-extradition of political offenders)의 원칙

정치범 불인도가 국제관행으로 인정된 것은, 프랑스혁명을 계기로, 정치적 자유의 사조가 자유로운 주변국(영국, 네덜란드, 스위스 등)이 혁명과 관련된 도망 범죄인을 비호할 권리의 근거로 주장한 것에 유래한다.[48] 이후 1834년에 체결된 벨기에와 프랑스 간의 인도조약을 비롯한 수많은 인도조약에서 채택되었다. 이 원칙은 범죄인 인도나 형사 공조 등 국제형사협력에서 청구 대상이 정치범죄(political offence), 정치범죄와 관련된 범죄(offence connected with a political offence) 혹은 정치적 동기로 인해 촉발된 범죄(offence inspired by political motives)일 경우 피청구국은 그 청구를 거절할 수 있다는 것으로, 인도조약상 협력 의무에서 예외가 된다. 단, 인도조약 중에는 국가원수나 정부 수반 혹은 그 가족 구성원의 생명

---

46) 馬場俊行, 日米犯罪人引渡条約の全面改正について, 法律のひろば(第31卷 第8号), 1978, 62쪽.

47) 島田征夫, 逃亡犯罪人引渡思想の系譜, 島田征夫・古谷修一, 国際法の新展開と課題(林司宣先生古稀祝賀), 信山社, 2009, 90쪽.

48) 西井正弘, 治犯不引渡原則の形成過程(二・完), 京都大学 法学論叢(第95卷 第3号), 1974, 52쪽. 山本草二, 国際法(新版), 有斐閣, 2004, 564쪽.

과 신체에 대한 침해행위('벨기에 가해조항'[49]), 다자간 조약에 의해 피청구국이 '인도할 것인가 소추할 것인가'(aut dedere aut judicare)의 선택의무를 지는 경우, 국제 테러행위 등 다수의 인명과 신체 살상을 초래하는 행위 등에 대해 정치범 불인도 원칙의 예외로 규정하는 경우가 적지 않다(한일 인도조약 제3조 i 및 ii, 한중 인도조약 제3조 제1항, 한국 인도법 제3조 제1항 등). 한편 이러한 정치범 불인도원칙의 예외로 인해 범죄의 정치성이 부인되므로, 만일 인도되었을 경우 정치적 의견 등을 이유로 고문 또는 비인도적 형벌이나 취급을 받거나 혹은 기타 박해를 받을 가능성이 인정될 경우에는 인권보장의 견지에서 인도 청구를 거절할 수 있다고 규정하는 조약도 많다.[50]

제3장에서 고찰하듯 '윤수길 사건' 재판에서는, 정치범죄를 '순수한 정치범죄'와 '상대적 정치범죄'로 나눌 수 있다고 하여 정치범 불인도원칙의 국제법상 자리매김과 재판규범으로서의 적용관계가 쟁점이 되었다. 한국에서도 '류창 사건' 인도재판에서 같은 문제가 쟁점이 되었으나, 중국의 인도 재판에서는 정치범죄가 쟁점이 된 사례는 찾아보기 어렵다. 다만 제4장에서 언급하듯 중국이 체결한 인도조약 중에는 인도 제한사유에 정치범죄가 포함되지 않는 경우가 있는데, 자국의 민족 독립운동을 둘러싼 주변국과의 이해관계가 얽혀 있는 것으로 해석된다.

(4) 자국민 불인도(non-extradition of nationals)의 원칙

이 원칙은 자국민이 외국에 인도됨으로써 정치 체제나 사법 체계 등이 다른 형사 절차에 복종하게 하는 것은 국가가 자국민을 보호할 의무를 진다는 관점에서 적당하지 않다는 판단에서 인도하지 않는 것을 말한다. 주로 대륙법계 국가가 채택하는 것에서 유래하는 것으로, 형벌 체계에서 자국민의 국외범에 대해 처벌 가능한 속인적 관할권을 가지므로 그 신병을 인도하지 않아도 자국에서 처벌할

---

49) '벨기에 가해조항'이란 인도 청구와 관련된 행위가 원수 또는 그 가족에 대한 살인 등의 범죄를 구성할 때, 이를 정치범으로 보지 않는다는 규정을 말한다. 1856년 벨기에 범죄인 인도법에 처음 명기되었고, 그 후 같은 규정이 '유럽 범죄인 인도조약'(1957년) 등에 채택되었다. 国際法学会編, 国際関係法辞典(第2版), 三省堂, 2005, 143쪽.

50) 영국의 '2003년 범죄인 인도법'에서 정치범 불인도에 관한 언급이 삭제되고, 그 대신 인도가 요구되고 있는 자에 대하여 인종, 종교, 국적, 민족적 출신, 정치적 의견이나 성을 이유로 소추 또는 처벌할 목적으로 청구되었다고 피청구국이 인정할 만한 충분한 이유가 있는 경우의 규정이 교체되었다. John RWD Jones, Extradition and Mutual Legal Assistance Handbook 2ded., Oxford University Press, 2010, p.137.

수 있고, 범죄규제의 국제 공조에도 부합한다고 설명한다. 한편, 영미법계 국가들은 속지적 관할권을 우선하기 때문에 인도조약의 존재 등을 조건으로 국외범을 청구국에 인도하도록 한다. 독일, 폴란드 및 브라질 등은 헌법 규정에서 자국민 불인도가 명시되어 자국민의 인도 협력 등 국제형사협력을 진행하는 데 있어서 국내법과의 조정이 요구된다.[51]

한중일에서의 자국민 불인도는, 일본 및 한국의 인도법의 경우 도망 범죄인이 자국민인 것을 임의적 인도 거절사유로 규정하나, 중국 인도법은 절대적 인도 거절사유로 규정한다. 인도조약에서는 한일 양국이 임의적 거절사유로 규정하지만 중국이 체결한 인도조약에는 절대적 거절사유로 규정한 것과 임의적 거절사유로 규정한 것이 혼재한다. 또한 중국은 홍콩인, 마카오인 및 대만인에 대해서도 자국민 불인도 대상에 포함한다고 말한다.

진상규명과 적정한 형벌권이 집행되기 위해서는 증거 수집 등과 같이 수사, 재판 등의 형사 절차가 범죄지에서 이뤄지는 것이 바람직하다. 그럼에도 불구하고 자국민 불인도 유지를 주장할 경우에는, 청구국의 청구에 의거하여 그 국민에 대한 형벌권이 적절하게 행사되도록 힘쓰며 이를 위해 국내 입법 조치 등이 이뤄져야 할 것이다.[52] 혹은 자국민이 청구국의 수사나 재판에 응할 수 있도록 불인도 조치를 완화하면서, 단 청구국에서 선고된 판결의 집행은 본국에 유보되도록 조치를 강구해야 할 것이다.[53]

---

51) 독일, 폴란드, 체코, 키프로스 등이 헌법으로 자국민 인도를 정한 바, 유럽의 체포영장 범위 결정에 의한 자국민 인도 사안과 관련해 각국 헌법재판소의 판단 및 국내법의 정비에 대해, 北村泰三, ヨーロッパ諸国間における犯罪人引渡法制の現代的変容(3・完), 中央ロージャーナル (第10卷 第4号), 2014, 35-51쪽.

52) 헌법 및 그 밖의 법률에서 자국민 불인도가 정해지거나 그 밖의 제한사유가 존재함을 이유로 어떤 국가가 타국의 인도 청구를 거절한 경우, 피청구국이 자국 내에서 그 도망 범죄인을 처벌하는 것을 '대리처벌'이라고 하는 경우가 있는데, 그것은 잘못된 해석이다. 예를 들어 브라질인이 일본에서 죄를 저지르고 자국으로 도주한 경우, 브라질이 일본을 대리하여 그 범죄자를 처벌하게 되지만 법률상 대리 행위(브라질의 형벌권 행사)의 효과는 본인(일본)에 직접 귀속된다. 이러한 브라질의 처벌은 일본의 대리행위가 아니라 자국의 형벌법상 국외범 규정에 따라 소추 및 형을 부과하는 것이다. 그 과정에서 소추 및 유죄판결에 요구되는 증거 등의 확보에 대해서는 양국 간 형사 공조 등을 통해 제공될 수 있다. 단, 유럽의 형사소추이관 조약(1972년 5월 15일 체결)의 경우, 한 체결국이 다른 체결국에 대해 도망 범죄인을 상대국 내에서 소추하도록 청구할 수 있고, 피청구국은 쌍방가벌성 등의 요건이 충족되는 한 소추를 실시할 수 있다고 정한다.

53) 제10회 국제형법회의 '범죄인 인도의 현실문제'(actual problems of extradition) 권고. 국제형법회 홈페이지 참조(https://www.penal.org/pagemainaidp&id_rubrique13&id_article=17. 2014

(5) 열거주의와 포괄주의

   인도가 가능한 범죄 범위에 대해서는, 인도조약에서 구체적으로 죄명을 열거
하는 방식(죄종열거주의 또는 폐쇄방식)과 일정한 법정형을 기준으로 규정하는 방식
(포괄주의) 또는 이 2가지를 혼합한 방식(개방방식)이 있다. 일본의 인도법은 쌍방
가벌성에 대하여 '해당 행위가 일본 법령에 따라 사형 또는 무기 혹은 장기 3년
이상의 징역 혹은 금고에 처하는 죄에 해당하는 자'(제2조 제4호), '인도 범죄와 관
련된 행위가 일본 국내에서 행해지거나 인도 범죄와 관련된 재판이 일본 법원에
서 행해진 경우, 일본 법령에 따라 도망 범죄인에게 형벌을 내리거나 이를 집행하
는 것'이 가능하도록 규정한다(제2조 제5호). 19세기부터 20세기 초에 걸친 인도조
약은 열거주의를 기반으로 인도 범죄를 20~30종의 보통 범죄로 한정했으나, 제2
차 세계대전 후에는 포괄주의로 이행하는 추세이다.[54] 포괄주의의 장점은, 법정
형기를 인도 대상 기준으로 삼아 일정 이상의 인도 범죄의 악질성에 대해 규율할
수 있기 때문에, 만일 그 범죄가 열거 죄명 중에 특정되지 않더라도 인도 협력의
허점을 막을 수 있다. 한일 인도조약에는 '양 체결국의 법령에서 범죄로 사형 또
는 무기 혹은 장기 1년 이상의 구금형에 처하는 것으로 정해진 것'이라 규정하여
(제2조 제1항), 포괄주의를 채택하였고 한중 인도조약도 같은 취지의 규정을 마련
하였다. 한편, 열거주의는 제2차 세계대전 전의 미일 인도조약에서 볼 수 있듯이
'인도 범죄 목록표'를 작성하여 이에 해당하는 범죄에 한해 인도 청구가 가능하게
하는 구조이다. 열거주의의 장점으로는, 인도 범죄가 죄명으로 명시되기 때문에
인도 청구 시에 각각의 안건별로 상대국의 법령을 조사하여 인도 대상에 해당하

년 5월 30일 열람). 동 회의의 개요에 대해서는 丹藤重光, ローマにおける第10回国際刑法会議
に出席して(1~5完), ジュリスト(第440号), 1969 및 (第441~444号), 1970.
54) 열거주의가 채택된 인도조약으로는 프랑스·포르투갈조약(1854년), 프랑스·스위스조약(1869년),
프랑스·이탈리아조약(1870년), 프랑스·영국조약(1876년), 프랑스·미국조약(1909년), 프랑스·
이스라엘조약(1958년) 등이 있다. 포괄주의 인도조약으로는 프랑스·독일조약(1951년), 프랑
스·마다가스카르 사법공조협정(1960년), 프랑스·오스트리아조약(1975년, 모두 중죄 또는 1년
이상의 구금형에 해당하는 경죄) 등이 있다. 국내인도법에서 열거주의를 채택한 것으로는 벨기
에 인도법(1874년·33종), 네덜란드 인도법(1875년·27종), 스위스 인도법(1892년·37종)이 있
으며, 포괄주의를 채택한 국내 인도법으로 프랑스 인도법(중죄 또는 2년 이상의 구금형), 독일
인도법(1929년·독일법상 중죄 또는 경죄), 이탈리아 형법(청구국 및 피청구국에서 범죄로 규정
된 것) 등을 들 수 있다. 馬場俊行, 日米犯罪人引渡条約について, ジュリスト(第720号), 1980,
73-74쪽.

는지 여부를 검토하고 판단하는 수고를 덜 수 있다는 점을 들 수 있다. 반면 범죄를 망라적으로 특정하기가 기술적으로 어려워, 범죄의 경중에 대해 당사국 간의 정합성을 맞추기가 어렵다는 단점이 있다. 또한 다양한 신종 범죄에 대응하기 위해서는 수시로 조약 개정이 불가피해, 개별 사안별로 상대국 법령을 점검해야 한다. 근래에는 열거주의를 채택하는 경우라 하더라도 당사국 간에 법정 형기의 격차가 너무 다른 범죄가 인도 대상이 되는 것을 막기 위해, 일정한 형기를 한정하면서 양쪽 모두를 병행하는 것이 일반적이다.[55]

5. 도망 범죄인 인도와 인권보장

(1) 인권보장 조항('인도주의적 보증 조항', humanitarian safeguard)

도망 범죄인 인도를 둘러싼 국제협력에서 피청구국이 인도를 거절할 수 있는 제한사유로 인정된 것 중 '정치범죄'와 '인권보장 조항'이 있다.[56] 정치범 불인도에 해당하는 정치범죄의 경우, 국제법상 상대적인 정치범죄에 대해서는 이에 결합된 보통 범죄의 중대성 등으로 불인도 대상에서 배제되거나 '인도할 것인가 소추할 것인가'의 선택 의무를 지는 등 불인도의 적용 범위가 축소되어 가고 있다. 한편 도망 범죄인이 청구국에 인도되었을 때 당할 수 있는 비인도적 취급 등이 인권보장의 견지에서 인도 여부 심사에서 중요한 판단 근거로 작용하는 경향이 나타나기 시작했다. 인권보장 조항은 인도 청구가 정치적 박해의 목적으로 이루어졌다고 믿을 만한 이유가 있는 경우 혹은 청구국에서 공정한 재판을 받을 수 없다고 믿을 만한 실질적인 근거가 있는 경우 등에는 피청구국이 그 청구를 거절할 수 있다는 것이다. 인권보장 조항에는 고문 또는 잔혹한 취급으로부터의 보호 및 난민에 준하는 취급 등 '고문 조항'과 '난민 조항'의 두 가지 계보가 있다.[57] 전자는 세계인권 선언(제5조), 자유권 규약(제7조) 및 고문 등 금지 조약(제 3조 제1항)

---

55) 예를 들어 한국과 홍콩 간의 범죄인 인도 협정(2006년 6월 26일 서명)의 경우, 제2조에서 인도 대상이 되는 범죄에 대해 부록표에서 정하는 것 외에 1년 이상의 구금형에 처해지는 범죄로 규정한다.
56) 山本草二, 國際刑事法, 三省堂, 1991, 237쪽.
57) 山本草二, 國際刑事法, 217−218쪽. The American Law Institute, 1 Restatement of the Law Third, the Foreign Relations Law of the United States, 1987, pp.235−237.

에 규정된 고문 또는 잔혹하고 비인도적인 취급을 금지하고, 그러한 금지 사항이 행해질 우려가 있다고 믿을 만한 충분한 실질적인 근거가 있는 다른 나라에 추방, 송환 또는 인도해서는 안 된다는 것이다. 후자는 난민 조약(제33조 제1항) 및 인질 행위 금지 조약(제9조 제1항 (a))이 정한 것으로 인종, 종교, 국적 또는 특정 사회적 집단의 구성원 또는 정치적 의견 때문에 그 생명 또는 자유가 위협에 노출될 우려가 있는 영역의 국경으로 추방 송환 또는 인도하여서는 안 된다는 것이다. 도망 범죄인의 인권이라는 측면에서는 인권 보호 향상으로 인도가 요구된 범죄인에 대해 일정한 법적 자격이 부여되고, 그 범위 내에서 권리를 주장할 수 있게 됐지만 역사적으로 볼 때 그 권리가 주권을 제한하는 것은 아니었다.[58]

일본의 인도법 및 미일 인도조약에는 이러한 인권보장에 관한 조항이 없지만 한일 인도조약에는 난민 조약상의 보장이 채택되었다(제3조 (f)). 미일 인도조약에 인권보장 조항이 규정되지 않은 것은 미국의 '사법 불심사의 원칙'(rule of non-inquiry)[59]이 반영된 측면과 이에 대해 일본은 인도법상 인도의 상당성 판단으로 대응할 수 있다는 관점에서 양국 간에 합의의 양해를 획득한 것으로 해석된다. 사법 불심사의 원칙은, 법원의 인도 심사에서 외국으로부터 인도가 청구된 동기, 인도 후의 청구국에서의 형사 절차상 처우 등은 심사대상에 포함하지 않는다는 원칙으로, 판례에 따라 확립된 것이다. 다시 말해, 이러한 인권보장 조항은 청구국의 사법제도에 대한 불신과 비난을 전제로 하는 것이며, 본래 피청구국의 행정기관 재량에 맡겨져야 할 성질의 사항으로, 사법심사 대상으로 적합하지 않다는 것이다.[60] 이러한 인권보장 조항은, 피청구국의 인도재판을 통해 확립된 국제

---

58) M.Cherif Bassiouni, International Extradition : UnitedStates Law and Practice, 4ed, Oceana Publications, 2002.

59) 尾崎久仁子, 國際人權・刑事法槪論, 信山社, 2004, 257-258쪽. M.Cherif Bassiouni, International Extradition : UnitedStates Law and Practice, 4ed, Oceana Publications, 2002, pp.569-570. 또한, 사법 불심사의 원칙은 19세기 북미의 도망 노예에 대해 캐나다 및 각 주간에서의 인도에 적용하기 위해 입법이 이루어졌다. Christopher H. Pyle, Extradition, Politics, and Human Rights, Temple University, 2001, p.119. 도망노예와 인도에 대해 1793년 미국 연방의회에서 제정된 '도망노예법'의 입법취지는 ① 도망 범죄인의 인도촉진, ② 노예소유자가 폭력 등에 호소하지 않고 그 재산의 회복을 지원하는 것이었다. 그 후 1850년의 수정법은 도망노예에게 통상의 재판권을 주지 않는 것, 인도 사건에서 정식 재판을 실시하지 않아도 되며, 재판소에 의해 임명된 커미셔너가 이를 실시할 수 있었다. 山口房司, 逃亡奴隷法と人身自由法 : 地域間危機の復活, 大阪經濟法科大學論集(第8號), 1979, 27쪽.

60) 山本草二, 國際刑事法, 三省堂, 1991. 또한 18 U.S.C. Chapter 209(extradition). 미국 인도법상 인도심사의 주된 대상은 쌍방가능성 및 범죄의 정치성(제3181조 (b)), 범죄혐오의 충분성 및 청

법규로 인정되는지 여부와 그것을 재판 규범으로 적용할 수 있는지 여부를 둘러싸 인도 여부를 결정하는 중요한 요인이 된다.

  인권보장 조항 가운데 도망 범죄인 인도와 관련해 특별히 주목되는 것으로 '농르풀망'(non-refoulement), 즉 강제송환금지의 원칙을 들 수 있다. 농르풀망 원칙은 박해를 받을 우려가 있는 국가나 지역으로의 추방, 송환, 인도를 금지하는 것으로 난민조약 규정(제33조 제1항)이 대표적이지만, 미주 인권조약 제22조 제8항, 고문 등 금지조약 제3조 등에도 같은 취지가 규정되어 있다. 보호를 받지 못하는 난민에 대해서는 타국이 대신하여 보호한다는 국제 공공이익의 실현을 도모하는 것으로 해석된다.[61] 이 원칙에 대하여 예외가 인정되는지 여부에 대하여, 난민 조약 제33조 제2항은 난민이 체결 당사국의 국가·사회의 안전에 위험이 되는 경우에 예외를 인정하지만, 조약기관의 해석에 따르면 유럽인권조약 제3조와 고문 등 금지조약 제3조, 자유권 규약 제7조는 절대적인 성격을 지니며 어떠한 예외도 인정되지 않는 것으로 해석된다. 그 재판의 예로 '졸링 사건'이 있다.[62] 독일 국적의 졸링은 미국(버지니아 주)에서 살인을 저지르고 영국으로 도피하다 체포되었고 미국은 영국에 인도 청구를 했다. 졸링 측은 유럽인권위원회에 대해, 미국에 인도되면 사형을 선고받을 것이고 사형 집행까지 수년간에 걸친 수감생활을 통해 고문 등 잔혹하고 비인도적인 취급을 받거나, 형벌을 금지한 '유럽 인권 규약' 제3조에 위배된다며 이의를 제기했다. 유럽 인권위원회를 거쳐 유럽 인권재판소는 다음의 이유로 영국이 미국에 인도하는 것은 유럽 인권조약 제3조 위반이라고 판결했다. 즉 ① 청구국에 인도될 경우 청구국에서 고문 등 잔혹하고 비인도적인 취급 혹은 형벌을 받을 현실적인 위험에 직면할 것으로 믿을 만한 실질적인 근거가 있는 경우, 유럽 인권조약 제3조의 문제를 야기하게 되어 체결국인 피청구국에 유럽 인권조약상의 책임이 발생한다. ② 버지니아주의 검찰이 사형을 구형하기로 결정한 이상 '사형 대기 현상'(death row phenomenon)에 노출될 개연성이 높

  국에 있어서의 공정한 재판(제3185조) 등으로 정하고 있으며, 인도 명령은 국무대신의 권한으로 규정한다(제3186조).

61) 山本草二, 國際法(新版), 有斐閣, 2004, 521쪽.
62) 「Soering v. the UnitedKingdom」 유럽인권재판소 1989년 7월 7일 판결. 戸波江二·北村泰三·建石真公子·小畑郁·江島晶子 編著, ヨーロッパ人権裁判所の判例, 信山社, 2008, 124-128쪽. ECHR Series A no.161.

고 버지니아 주 수형 관행 등으로 미루어 보아 수감자들이 사형 집행까지 대기하
는 기간은 6년 내지 8년인데, 이 기간 동안 고뇌와 긴장이 감도는 수감 생활을 피
할 수 없다.

농르풀망 원칙은, 정치범죄가 정치범 불인도원칙이라는 인도 제한사유로 규
정되는 것과 더불어 보통 범죄를 소추한다는 명목상의 청구 뒤에 숨겨진 정치적
소추가 집행되는 것을 피하기 위해 도입된 것이라고 한다.[63]

(2) 사형 불인도

인도 피청구국이 사형 폐지국[64]이고 청구국이 사형 존치국인 경우, 인도 재
판 등의 절차를 거쳐 인도가 가능하다는 결정이 내려졌을 때, 청구국의 사형 선고
나 집행이 인도 제한의 사유가 되는지가 문제가 된다. 특히 국제 인권법상 생명보
호권의 보장 혹은 고문 등과 같은 잔혹하고 비인도적인 형벌 금지와 관련하여 피
청구국에서 이러한 인권 문제가 인도 여부와 관련해 쟁점이 된다. 자유권 규약 제
6조 제2항에는 사형제도를 유지하는 국가에서 가장 중대한 범죄에 대하여 적정한
재판절차를 거쳐 이를 집행할 수 있다고 규정한다. 이어 규약 제7조에는 고문 등
과 같은 잔혹하고 비인도적인 취급 혹은 형벌을 받지 않는다고 규정하고, 사형의
한정적 집행 및 잔혹한 형벌 금지를 명기한다. '킨들러 사건'(Joseph Kindler v.
Canada)[65]은 사형제도가 유지되는 미국에서 살인죄를 저지르고 사형 폐지국인 캐
나다로 도망한 사건으로, 미국이 도망 범죄인인 킨들러의 인도를 청구했는데 국
제인권법상 청구국에서의 사형제도가 인도 제한사유가 될 수 있느냐가 쟁점이 되
었다. 미국과 캐나다 간의 인도조약에서 피청구국은 청구국으로부터 사형을 집행
하지 않는다는 보증이 없는 한 인도를 거절할 수 있다고 규정되어 있다.[66] 이 사

---

63) 北村泰三, 国際人権法判例研究(二): ヨーロッパ人権裁判所ゾーリング事件判決, 熊本法学(제64
호), 1990, 99쪽.

64) 사형폐지국에는 모든 범죄에 대해 사형을 폐지한 법률상 폐지국 외에 장기간 사형을 집행하지
않은 사실상 폐지국, 군사범죄 등을 제외하고 보통 범죄에 대해서만 사형을 폐지하고 있는 국가
가 포함된다. 2013년 말 기준 폐지국은 140개국, 존치국은 58개국이다. (https://www.amnesty.
org/en/death-penalty/abolitionist-and-retentionist-coUNtries#ordinary. 2014년 9월 15
일 열람).

65) 松井芳郎 編著, 判例国際法(第2版), 東信堂, 2006, 250-252쪽, RHRC(1993) 138; ORHRC
(1992/93-Ⅱ) 559.

66) 미국과 캐나다 간의 범죄인 인도조약(1971년 12월 3일 서명, 1976년 3월 22일 발효) 제6조.

건에 대해 자유권 규약인권위원회는 킨들러의 범행이 살인이라는 중죄이고 적정한 재판절차를 밟았기 때문에 자유권 규약 제6조의 생명권 보호 규정에 반하지 않으며, 캐나다가 미국(펜실베이니아 주)으로부터 사형 불집행 보증을 받아야 할 의무는 발생하지 않는다고 하였다. 그 후, '저지 사건'(Roger Judge v. Canada)[67]에서 자유권 규약 인권위원회는, 사형을 폐지한 체결 당사국(캐나다)이 사형 불집행 보증을 얻지 않은 채 사형을 선고한 국가(미국)로 추방하는 것은 자유권 규약 제6조 제1항(생명권)을 위반하는 것이며, 상소의 기회를 부여하지 않고 사형 선고국으로 추방한다고 결정을 한 것은 동 규약 제6조 및 제2조 제3항(효과적인 구제조치)을 위반하는 것이라는 견해를 제시했다.

일본이 체결한 인도조약에는 인도 제한사유로 사형을 규정한 것은 없으나, 중국의 민항기 납치사건인 '장진해(張振海) 사건'의 경우 일본이 중국으로부터 사형 형벌을 적용하지 않는다는 보증을 얻은 후, 신병을 중국에 인도한 사례가 있다. 중국이 스페인 등과 체결한 인도조약, 한국이 브라질 등과 체결한 인도조약에는 인도 조건으로 청구국에게 사형 불집행 보증을 얻도록 규정하고 있다. 인도 협력에서 사형제도가 차지하는 위치는, 일본이 사형폐지국과 범죄인 인도조약 체결을 협상할 때 상대국으로부터 사형 불집행 등의 보증에 관한 규정을 요구받았을 경우 문제가 된다. 사형 불집행 등의 보증을 전제로 인도 협력이 가능하다고 하여 인도조약이 체결되거나 인도 협력을 얻기 위하여 그와 같은 보증을 부여한다면, 도망 범죄인과 그렇지 않은 범죄인 간에 불공정이 발생한다는 비판이 제기될 수 있다. 국가 형벌권 행사의 적정성에 대한 형사 정책상의 기조가 도마 위에 오를 수 있다는 것이다.

(3) 위장 인도(disguised extradition)

위장 인도란 피청구국에서 국내법 또는 인도조약에 따라 범죄인 인도 절차가 취해지는 것이 아니라, 행정 조치인 강제퇴거 등으로 형벌권을 행사하려는 국가에 신병을 송환하는 것을 말한다. 위장 인도는 도망 범죄인이 있는 국가가 그 범죄인에 대해 강제퇴거 조치를 취함으로써 그 범죄인에 대해 소추나 처벌을 요구했던 나라에 송환하거나 도망 범죄의 처벌을 요구하는 국가의 행정인력이 도피

---

67) 松井芳郎 編著, 判例国際法(第2版), 東信堂, 2006, 225-229쪽, RHRC(2003-Ⅱ) 64.

한 국가에 잠입하여 그 신병을 연행하는 등68) 실질적으로 인도효과가 발생하는 것을 말한다.69) 형사 관할권에 대하여 속지주의의 우위를 인정하는 영미법계 국가들은 대륙법계 국가들에 비해 범죄인 인도에 대한 국내법 정비가 늦었기 때문에 행정기관의 판단에 근거한 강제 퇴거나 추방 조치를 취하는 경우가 많았다. 그러나 송환된 국가에서 도망 범죄인이 정치적인 이유로 처벌되거나 비인도적인 취급을 받는 등 도망 범죄인의 인권이 침해되는 등의 문제가 지적되었다. 인도조약의 체결 또는 도망 범죄인 인도법의 입법 등과 같이 인도협조에 관한 법제 정비가 요구되는 이유는, 인도 요건과 인도 제한사유 등에 대한 법적 근거를 마련함으로써 인도를 둘러싼 각국의 권리 의무 관계를 명확히 하고 도망 범죄인의 인권을 보장하는 관점에서 위장 인도를 막을 수 있기 때문이다.70)

조약 또는 인도법에 근거한 인도 협력이 아닌 위장 인도가 이루어지는 사정으로는, 인도 협력을 위해 당사국 간의 외교적 노력을 비롯하여 신병 구금 및 인도재판 등과 같은 상당한 노력과 비용이 든다는 점을 들 수 있다.71) 그러나 송환, 추방 등의 행정조치로 인해 인도 협력의 법적절차가 회피되는 것은 바람직하지 않으며, 이러한 위장 인도를 막기 위해서는 인도 협력 당사국에서 형사사법 당국 간의 직접 교신을 인정하거나 도망 범죄인의 동의를 조건으로 인도 절차를 용이하게 하는 등 인도를 둘러싼 국제협력절차의 간소화가 요구된다는 지적이 있다.72)

---

68) 일본의 사례로 '김대중 납치 사건'이 꼽힌다. 1973년 8월 8일 한국 야당 지도자인 김대중 씨가 일본에 체류 중인 도내 호텔에서 한국 정보 기관 및 대사관원들에 의해 납치되어 선박으로 이동된 뒤 한국 서울에 연행됐다. 이 사건에서는 일본의 주권 침해, 일본 당국의 납치범 출석 요구에 대한 거부 등이 문제가 됐지만, 범죄인 인도나 형사 공조 등, 형사적 공조가 아닌 외교적 타결이 이뤄졌다.

69) 山本草二, 國際刑事法, 三省堂, 1991, 210쪽.

70) 일본에서 범죄인 인도가 드문 것은 위장 인도가 이루어지고 있기 때문이 아닌가 하는 의문을 불러일으켰다는 일화가 있다. 일본 형법학자가 1981년 프랑스에서 열린 학술교류에서, 일본의 범죄백서에 따르면 범죄인 인도를 하거나 인도받는 건수가 1년에 2건 또는 3건에 불과하다고 언급하자 참석자로부터 '일본에서 범죄인 인도 건수가 그렇게 적다는 건 뭔가 능숙하게 위장 인도를 하고 있기 때문인 것인가. 괜찮다면 그 수법과 방책을 가르쳐 주었으면 한다'라는 질문을 받았다고 한다. 그 질문에 대해 인도 건수가 적은 것은 '범죄인 인도조약은 1980년의 미일범죄인 인도조약뿐이기 때문이다'라고 대답하자 많은 참석자가 더욱 놀랐다고 한다. 1981년 당시 프랑스는 유럽범죄인 인도조약을 비롯해 50개국 이상과 인도조약을 체결했으며, 인도 협력의 집행건수가 연간 500여 건에 달했다고 한다. 森下忠, 國際刑法の新しい地平, 成文堂, 2011, 129−130쪽.

71) 寺谷広司, 國際人權保障と國際的な刑事統制−國際制度と國内制度の交錯·対立·融合, ジュリスト(第1299号), 2005, 34쪽; M.C.Bassiouni, International Extradition: UnitedStates Law and Practice, 1996, pp.831−834.

72) 제10회 국제 형법 학회(1969년 로마) 제4절 '범죄인 인도의 현실문제' 권고 12. 10th International

(4) 범죄인 인도에 관한 유엔모델조약의 인권보장 조항

유엔 모델조약은 유엔 범죄 방지 피구금자 처우회의[73]에 따라 범죄방지 및 범죄자 처우에 관한 유엔회의의 권고로 유엔총회 결의를 거쳐 1990년 채택된 것으로, '형사 공조 모델조약' 등과 함께 국제형사협력에 관한 모델조약 중 하나이다.[74] 국제범죄에 관한 각종 규제에서 다자간 조약이 다수 체결되었으나 범죄인 인도에 대해서는 양자조약에 의존하는 경우가 많았다. 그러나 양자조약에서는 각 조약마다 규정에 차이가 있어 정합성과 일관성이 부족했고, 그 결과 다자간 조약의 실효적 집행에 장애로 작용할 우려가 있었다. 그래서 양자 간 인도조약에 대해서도 국제적 가이드라인을 제시하고 범죄 규제를 위한 다자간 조약의 실효성을 도모하는 것을 목적으로 마련된 것이다.[75]

한편, 범죄인의 인권보장에 대해, 난민 조항 및 고문 조항 등과 같은 인도 제한사유를 비교적 폭넓게 규정함으로써, 범죄인 인도조약이 존재하지 않아 앞으로 체결하려는 경우 혹은 인도조약을 개정하려는 경우, 모델조약을 고려하도록 회원국에게 권고하고 있다. 모델조약은 제3조를 절대적 인도 거절사유로 규정하여 어떠한 경우에도 인도해서는 안 되는 사유를 열거하였다. 예를 들어 난민 조항 제3조 (b)는 피청구국이 '인도 청구가 그 대상자를 인종, 종교, 국적, 민족적 출신, 정치적 의견, 성 또는 지위에 따라 박해하거나 처벌할 목적으로 행해지거나 이러한 이유로 인도를 요구받은 자의 지위가 손상될 우려가 있다고 믿을 만한 실질적

Congress of Penal Law(Rome, 29 September-5 October 1969), Ⅳ Section(Actual problems of extradition) Recommendation 12.

73) 유엔 범죄 방지 피구금자 처우회의(UnitedNations Congress on the Prevention of Crime and Treatment of Offenders)는 1955년에 설립되었다. 동 회의는 피구금자 처우에 관한 기준규칙을 제정해 법적 구속력은 가지지 않지만 총회 결의 등을 통해 규칙의 국내 실시를 요구하고 있다. 상기 서술에 대해서는 다음의 문헌을 참조. 北村泰三, 犯罪人引渡しと人権基準の要請, 国際法外交雑誌(第98卷 第1号, 제2호), 1999, 162쪽; Roger S. Clark, The UN Crime Prevention and Criminal Justice Program; Formulation of Standards and Efforts at their Implementation, University of Pennsylvania Press, 1994.

74) 그 밖에 형사 소추이관(Transfer of Proceedings in Criminal Matters), 보호 관찰 이관(Transfer of Supervision of Offenders Conditionally Sentenced of Conditionally Released), 문화재 범죄 방지(Prevention of Crimes that Infringe on the Culture Heritage of Peoples in the Form of Movable Property) 등에 관한 모델조약이 있다.

75) 瀬戸毅, 犯罪人引渡しに関する日本国と大韓民国との間の条約(1), 現代刑事法(第41号), 2002, 70쪽의 주(8).

인 이유가 있는 경우'를 인도의 절대적 거절사유로 규정한다. 고문 금지조항 제3조 (f)는 '인도를 요구받는 자가 청구국에서 고문 또는 잔혹한 비인도적 혹은 품위를 손상시키는 취급 또는 형벌을 받았거나 받을 경우, 해당하는 자가 시민적 및 정치적 권리에 관한 국제규약 제14조에서 정하는 형사 절차의 최소한도를 보장받지 못했거나 받지 아니한 경우'를 절대적 인도 거절사유로 규정한다. 다자간 조약 및 범죄인 인도에 관한 유엔모델조약 등에서 도망 범죄인의 인권보장에 대한 조항과 그 주요 보장 조치는 아래 표와 같다.

[조약의 주요 인권보장 규정과 보장 조치]

조약	보장 취지	보장 조항의 입증 정도	보장 조치
난민조약 (1951년) 제33조 제1항	인종, 종교, 국적, 특정 사회적 집단의 구성원, 정치적 의견	생명 또는 자유가 위협에 노출될 우려가 있음	추방 및 송환 금지
유럽 범죄인 인도조약(1957년) 제3조 제2항	인권, 종교, 국적 또는 정치적 의견	재판에 부치거나 처벌할 목적으로 행해졌거나 범죄인의 입장이 이 중 어느 하나의 이유로 침해될 우려가 있다고 믿을 만한 실질적인 이유가 있음	인도 금지
인질행위 금지조약 (1979년) 제9조 제1항 (a)	인종, 종교, 국적, 민족적(ethnic) 출신, 정치적 의견	소추하거나 처벌하기 위해 행해졌다고 믿을 만한 실질적인 근거가 있음	절대적 인도 거절사유
고문 등 금지조약 (1984년) 제3조의1	인도적 취급	행해질 우려가 있다고 믿을 만한 실질적인 근거가 있음	추방, 송환, 인도의 금지
범죄인 인도에 관한 유엔모델조약 (1990년) 제3조 (b), (f)	b) 인종, 종교, 국적, 종족적 출신, 정치적 의견, 성, 지위 f-1) 고문, 잔혹한·비인도적·품위를 손상시키는 취급 또는 형벌	1) 박해 혹은 처벌할 목적으로 행해졌거나 그러한 이유로 인도가 요구된 자의 지위가 손상될 우려가 있다고 믿을 만한 실질적인 이유가 있는 경우	절대적 인도 거절사유

	f-2) 자유권규약 제14조에 규정된 형사절차 최저한도의 보장	f-1) 받았거나 받을 경우	
		f-2) 받지 않았거나 받지 않을 경우	

제 2 절 국제형사협력의 법적 구조

1. 국제형사협력의 법적 성질

국제형사협력(international cooperation in criminal matters)이란 각국이 외국과 형사협력을 실시할 때 그 요건과 절차 등을 규정하는 국내법 또는 조약 등의 국제합의를 바탕으로 혹은 호혜적인 국제 예양을 바탕으로 이루어지는 활동을 말한다. 조약은 양자 조약뿐만 아니라 유럽 범죄인 인도조약 등과 같이 다자간 지역 조약인 경우도 적지 않다. 일본의 경우, 미국 및 한국과 각각 인도조약이 체결되어 있으며 유럽의 수형자 이송 및 형사 공조의 각 조약에 가입함으로써 그 체결국이 되었다. 이 다자간 조약 체결국들은 상대국과의 양자조약이 존재하지 않더라도 다자간 조약의 회원국이므로 그 분야에서 형사협력이 가능하다. 한일 양국이 함께 유럽의 수형자 이송 조약에 가입했기 때문에, 양국 간 이송 협력에 대해 별도의 수형자 이송조약이 필요하지 않은 것이다. 범죄인 인도조약 등의 체결 협상에서는 상대국의 사법 체계의 건전성 및 인권 복리의 보장 등에 대한 신뢰 관계, 실무적인 필요성 등이 고려된다. 또한 형사협력 사안이 조약 조항으로는 충분히 담보되지 않는 경우 혹은 상대국 간에 형벌 체계에 중대한 차이가 있는 경우 등은 당사국 간에 일정한 보증이 요구될 수 있다. 예를 들어 범죄인 인도 시 사형 폐지국[76]에서 사형 집행국으로 인도되는 경우, 그 범죄인에 대해 사형을 집행하지 않는다는 보증을 획득하는 것을 조건으로 인도가 이루어진다.

---

76) 사형이 형법상 형벌로 규정되어 있어 제도 존치임에도 불구하고 장기간 집행되지 않는 사실상의 폐지국을 포함한다.

국제형사협력에 관한 각 조약의 범위는 주로 형사 절차의 각 단계에 대응하는 형태로 나뉘며, 수사 공조, 사법 공조, 도망 범죄인 인도, 수형자 이송 등을 들 수 있다. 각국은 이들 조약의 국내 실시법으로 혹은 조약에 근거하지 않는 국제협력 요건과 절차로 국내 입법을 정비하게 되며, 일본에는 '국제 수사 공조법', '외국법원의 촉탁에 의한 공조법', '도망 범죄인 인도법', '국제수형자 이송법' 등이 제정되어 있다. 국제 수형자 이송법은 다른 법률과 달리 이송에 관한 국제협력에 대해 조약 전치주의를 채택하고 있다. 또한 수사 공조나 촉탁 공조 등과 같이 공조 실시에 대해 국내 행정이 행정사무로서 그 재량으로 결정할 수 있다고 규정한 경우도 있으나, 도망 범죄인 인도처럼 법원의 심사를 경유해야 한다고 규정된 경우도 있다.

수사 공조는, 그 고유의 기능으로써 수사에 대한 요건과 대상을 보유하나, 도망 범죄인의 소재 확인 등과 같은 인도 협력의 준비단계의 역할도 적지 않다. 수사 공조의 주요 대상으로는 사람 또는 물건의 소재지 조사, 증거의 취득 및 증거의 제출, 심문, 문서 송달, 장소 검문, 수색 및 압류의 실시, 기록 및 문서의 제공, 피해자 및 증인의 보호와 증거의 보전 등을 들 수 있다. 수사 공조 실시에 있어서 검찰이나 경찰 등의 담당자가 외국으로 출국하여 직접 증거 수집 등의 활동을 할 필요가 있다고 인정되는 경우에는, 조약 또는 상호주의의 보증하에서 공조 요청을 하고 상대국과의 구상서 등의 교환에 의거하여 공조 요청국의 수사권을 발동하지 않을 것 및 피요청국의 수사기관 통제에 따를 것 등의 범위 내에서 제한적으로 이루어지는 경우가 있다(중일 형사 공조조약 제9조 제2항, 한일 형사 공조조약 제9조 제2항).[77]

(1) 사법 공조와 형사 공조

'사법 공조'의 사전적 의미는 '법원이 재판사무에 대해 서로 필요한 보조를 하는 것'으로 해석되지만, 그것은 '법원법'이 정한 국내 법원 간의 '재판상 공조'이다(제79조). 국제협력으로는 '외국 법원의 촉탁에 따른 공조법'에서 '법원은 외국법원의 촉탁에 따른 민사 및 형사 소송사건에 관한 서류 송달 및 증거 조치에 따른 법률상의 보조를 한다'고 규정하며, 형사 사건에 한정하지 않고 민사 사건을 포함

---

77) 좌담회 罪の国際化と刑事司法協力, ジュリスト(第720号), 1980, 18쪽.

하여 소송 사건까지 국제협력의 대상으로 삼는다. 즉, 범죄 수사 및 그 소추와 재판 절차에 관한 사법 공조는 형사 공조의 일부를 구성하며 '형사사법 공조'라고도 한다. '수사 공조'는 공조대상이 되는 사안이 수사 단계에 있고 공조 주체가 수사 당국이 되는, 주로 기소 이전 단계에서 이뤄지는 상호원조다.

'사법 공조'(mutual legal assistance)란 주로 범죄 수사 및 소송 절차에 대한 국가 간의 공식적인 협력을 의미한다.[78] 일반적인 사법공조조약의 경우, 외국의 강제 관할에 관한 정보나 증거(증인 포함)의 제공, 자산 동결 및 회수 혹은 사법문서 제공에 대해 규정한다. 사법 공조는 비공식적인 협조 또는 경찰당국 간의 정보 조회와 같은 행정 협조와 구별되는 경우가 있다. 비공식적인 협력으로는 법원의 명령이나 강제력 행사를 필요로 하지 않는 내사 등의 단계에서 공식적인 공조의 청구로는 얻을 수 없는 첩보나 정보의 협력을 얻을 수 있다. 즉, 사법 공조의 범위에는 신병 체포 및 도망 범죄인 인도, 형사 절차의 이관, 수형자 이송 등은 포함되지 않는다.

'형사 공조'(mutual assistance in criminal matters)란 '범죄 수사, 소추 기타 형사 절차에 대한 청구국과 피청구국의 상호원조'이다. 동일한 정의로 사용된 것으로 '일·유럽 연합 형사 공조 협정' 제1조, '미일 형사 공조조약' 제1조, '유엔헌장' 제49조(상호원조) 'The Members of the UnitedNations shall join in affording <u>mutual assistance</u> in carrying out the measures decided upon by the Security Council.' 등을 들 수 있다(밑줄은 필자). 형사 공조에 관한 또 다른 용례로, '한·유럽 연합 형사 공조 협정'에서는 도망 범죄인 인도, 형사 절차 이관 및 형 집행은 협정상의 공조대상에 포함되지 않는다고 명기된 것이 있다(제1조). 또한 범죄 처벌을 위한 형사사건에 대해 수사 혹은 재판 절차에 관한 공조를 강구한다고 규정한 것으로 '형사 공조에 관한 유엔 모델조약'[79] 제1조, '형사 공조에 관한 유럽 조약'[80] 제1조, '셍겐 조약'[81] 타이틀3(경찰과 안전) 제2장(형사 공조) 제48조 등을 들 수 있다.

---

78) John R W D Jones, Extradition and Mutual Legal Assistance Handbook 2d ed., Oxford University Press, 2010, p.147.
79) UN Model Treaty on Mutual Assistance in Criminal Matters, New York, 14 December 1990.
80) European Convention on Mutual Assistance in Criminal Matters, Strasbourg, 20 April 1959.
81) Schengen Convention – Title Ⅲ - Chapters Ⅱ and Ⅲ, Schengen, 19 June 1990.

도망 범죄인 인도와 형사 공조 간의 관계를, 일반적으로 도망 범죄인 인도에 '협의의 형사 공조'를 추가하여 '광의의 형사 공조'라고 말하기도 하나, 국제형사 협력에 관한 개별 조약 등에서 그 구체적인 적용대상을 규정하는 경우도 있다. '도망 범죄인 인도' 및 '협의의 형사 공조' 등에 대해 조약이 체결된 경우, 그 실시를 위한 요건이나 절차 및 제한사유 등이 규정되고 국제 협력 피청구국은 이들 조약에 따라 협력할 책임을 지게 된다. 더욱이 이러한 협력을 요구받은 피청구국은 협력 사안이 조약상의 제한사유에 해당하지 않아 인도나 공조가 가능한 경우라도 협력 청구에 응할 의무는 없으며, 최종적 결정은 피청구국의 재량에 위임된다. 예를 들어 인도 협력에서, 피청구국의 법원이 인도 가능의 결정을 내렸다 하더라도 행정기관(법무장관)이 인도의 상당성을 판단하여 인도를 집행하지 아니할 수 있다(도망 범죄인 인도법 제14조 제1항). 이에 대해 외국 형사 판결의 집행 및 형사 절차(소추)의 이관 등에 관해서는, 피청구국은 청구국에 대해 의무를 진다고 되어 있다. 즉, 피청구국의 협력에 관한 의무성을 기준으로, '형사 소추이관 베네룩스 조약'(1974년 5월 11일 체결) 이유서에는, 외국 형사재판의 집행 및 형사소추의 이관을 '제1차 공조', 이보다 의무성이 떨어지는 것으로 범죄인 인도 및 협의의 형사 공조를 '제2차 공조'로 설명하기도 한다.[82] 본서의 '형사 공조'란 도망 범죄인 인도를 제외하고, 수사당국 간의 수사 공조 및 법원 간의 사법 공조에 관한 국제 협력을 말한다.

(2) 도망 범죄인 인도와 '협의의 형사 공조'의 관계

'협의의 형사 공조'는, 역사적으로 '도망 범죄인 인도'의 부수적 형태로 행해졌으나 신병 인도가 선행되지 않는 경우에도 자국의 형벌권 행사에서 외국의 협력이 요구됨에 따라 독자적 규율로 발달되어 왔다. 예를 들어 '부스타만테 법전'(Bustamante Code)의 경우이다.[83] 이 법전은 4권으로 구성되었으며 제3권이 '국제

---

82) 森下忠, 国際刑事司法共助の研究, 成文堂, 1981, 225쪽.

83) '부스타만테 법전'은 제6회 미국 국제 회의(1928년 2월 20일 쿠바)에서 체결된 '국제 사법 조약' 의 부속 법전이다. 회원국으로는 미국 및 중남미 20개국이 있으며, 1928년 11월 25일에 발효되었다. 이 법전은 아바나 대학의 부스타만테 교수에 의해 제안되었는데, 미국 국제 회의는 그 공적을 기리기 위해 '부스타만테 법전'이라 명명할 것을 결의했다. '부스타만테 법전'의 제4권(국제소송법) 제2편(재판권)부터 제3편(범죄인 인도)까지의 영어 조문은 Isidoro Zanotti, Extradition in Multilateral Treaties and Conventions, Martinus Nijhoff Publishers, 2006. pp.116－120. 또

형법'(제296조 내지 제313조), 제4권이 '국제 소송법'(제314조 내지 제437조)으로 규정되어 있다. '국제소송법'의 제3편 '범죄인 인도'(제344조 내지 제381조), 제4편 '출정권 및 그 양태'에 이어 '형사 공조'(제388조)가 규정되어 있다. 제3편(범죄인 인도)에서 범죄로부터 얻은 것 혹은 증거에 관한 것의 인도가 명시되어 있다(제370조). 인도가 행해지기 전에 해당 범죄인이 사망하거나 혹은 제3국으로의 도망 등으로 소재 불명이 된 때에는 신병과는 별도로 증거물 등을 인도할 수 있다고 규정하였다(제371조). 또한, '범죄인 인도 및 형사 공조에 관한 베네룩스 조약'(1962년 6월 27일 체결, 1967년 12월 11일 발효)에는 제1장의 '범죄인 인도'(제1조 내지 제21조)에 이어 제2장 '형사 공조'(제22조 내지 제43조)가 규정되어 있다. 베네룩스 3국 간에는 이미 19세기 말부터 범죄인 인도에 대한 양자조약이 체결되어 범죄인 인도의 부수 절차로 형사 공조 내용이 포함되어 있다.84) 그 후 유럽에서는 도망 범죄인 인도와 형사 공조에 대해 각각의 조약이 체결되었다.

2. 국제형사협력의 범위

국제형사협력은 국제 범죄의 규제를 위해 한 국가의 형사 절차에 대해 당사국 간에 이루어지는 상호 원조나, '협력'과 '원조'가 동질의 것으로 혼용되는 경우가 있다. '국제 형사 재판소에 관한 로마규정' 제9부에서는 국제 협력과 사법 원조(International cooperation and judicial assistance)에 대해 규정하면서 협력과 원조라는 용어가 호환적으로 사용되고 있다. 즉, 일반적인 협력 의무 'General obligation to operate'(제86조) 및 다른 형태의 협력 'Other forms of cooperation'(제93조)이라 규정하면서 제96조에서는 'Contents of request for other forms of assistance underarticle 93'으로 협력과 원조가 치환된다. 상호원조를 의미하는 '공조'(mutual assistance)에 대해 각종 '협력'을 추가하며 설명하기도 한다. 예를 들어, 공조의 유형으로 경찰 협력(police cooperation), 행정 협력(administrative cooperation), 사법 협력(judicial cooperation) 등으로 나누는 경우이다.85) 여기서 경

한 제3권 및 제4권의 일본어 번역으로는 森下忠, ブスタマンテ法典第三巻及び第四巻の邦訳, 広島法学(第5巻 第2号), 1981, 117-129쪽이 있다.

84) 森下忠, 国際刑事司法共助の研究, 成文堂, 1981, 198쪽.

85) Christine Van den Wyngaert, International Criminal Law : A Collection of International and

찰 협력은 국제 형사경찰기구(ICPO)의 목적으로 규정된 바와 같이 '각국 국내법 범위 내에서 또한 세계 인권선언 정신에 입각하여, 모든 형사 경찰당국 간의 최대한의 상호원조를 확보하고 또한 촉진하는 것'으로 규정한다(인터폴 헌장 제2조 (a)). 유럽 형사경찰기구(Europol Convention 1995)는 둘 이상의 체결국에 걸친 조직 범죄 등의 방지 및 제압을 위해 설립된 체결국 경찰당국 간의 협력을 위한 조직이다(유로폴 협약 제2조). 또한 행정 협력이란 상품의 수출입, 통과 등의 원활한 운용을 위한 체결국 행정당국 간의 협력이다.[86] 그 주요 대상은 농산물을 비롯한 물품이며, 체결국 간 또는 체결국과 기타 국가 간의 무역관계에 있어서 관세법령 등의 정확한 적용에 중점을 둔다.

국제형사협력의 범위에 관하여 포괄적으로 정의한 것으로 '국제 형사 재판소에 대한 협력 등에 관한 법률'(2007년 5월 11일 법률 제37호)이 있다. 동법에서 '협력'이란 증거의 제공, 재판상의 증거 조사, 서류의 송달, 수형자 증인 등 이송, 인도 범죄인의 인도, 가구금 및 집행 협력으로 정의된다(제2조 제11호). 즉 국제 형사 사법협력이란, 형사사건에 대한 협력 청구의 수리, 수리사항에 대한 심사와 조치, 심사와 조치 결과의 통지, 이들 관련 사항의 협의로 정의할 수 있다.

'협력'과 '공조'의 차이는, '공조'의 대상이 수사, 소추 및 재판에 관한 물적 자료의 제공(증언 등을 위한 피구금자의 이동 포함)이지만, '협력'은 기타 범죄인 인도 등이 포함된다는 것이다(일본·유럽연합 간 형사 공조 협정, 유럽 형사 공조 협정 등). 국제형사협력은 형사 공조, 범죄인 인도, 수형자 이송, 기타 관련 사항에 관한 협의를 포함하는 포괄적 개념이다. 즉, <국제형사협력＝형사 공조(수사 공조＋사법 공조)＋범죄인 인도＋수형자 이송＋기타 관련 사항에 관한 협의>가 된다. 같은 취지로 미주기구(OAS: Organization of American States) 체결국 간의 '범미 범죄인 인도조약'(Inter－American Convention on Extradition, 1981년 서명) 전문 'Reaffirming their goal of strengthening <u>international cooperation inlegal and criminal law matters</u>,…', 형사소추이관 베네룩스 조약 등이 있다(밑줄은 필자). 형사 소추이관

European Instruments, Kluwer Law International, 1996, pp.245－355.

86) EC Council Regulation No 1468/81 of 19 May 1981 on Mutual Assistance between the Administrative Authorities of the Member States and Cooperation between the Latter and the Commission to Ensure the Correct Application of the Law on Customs or to Ensure the Correct Application of the Law on Customs or Agriculture Matters, Brussels, 19 May 1981.

에 관한 베네룩스 조약(1974년 5월 11일 체결) 이유서는 국제형사협력 범위를 ①
범죄인 인도(extradition), ② 협의의 사법 공조(minor judicial assistance), ③ 외국
판결의 집행(execution of foreign sentence), ④ 형사소추의 이관(transfer of proceedings
in criminal matters) 등 4가지 유형으로 나눈다.[87]

3. 도망 범죄인 인도를 둘러싼 지역 협력

인도 협력의 이상적인 법적 프레임워크는, '세계 범죄인 인도 협약을 마련하
여 그 적용을 세계 국제 형사재판소에 맡기는 것'이다.[88] 인도를 비롯한 국제형사
협력에서 세계적 규모의 규범 질서 구축이 강조되는 이유는, 범죄규제의 목적과
효율이 완수되어 국가형벌권 행사로부터 벗어나는 범죄를 막을 수 있다는 데 있
다. 규제 법망의 전 세계로의 확대의 의의는, 양자 간 또는 한정적 지역 간 국제
협력보다 범죄자의 일탈을 용납하지 않으며 더 이상 도망으로 인한 이득을 바라
지 못하게 하는 것에 있다. 그러나 현실적으로 도망 범죄인 인도 등의 국제협력이
주효한 것은 일정한 지역협력에 한정되며, 주변 국가 또는 정치적 연결을 지닌 국
가들의 범위 내에 머무른다. 반면 정치 경제 및 이데올로기 등 체제의 대립 또는
사법 체계의 이질성 등으로 인해 조약 체결이 바람직하지 않다고 판단되거나 인
적 교류와 교역 규모가 적어 조약 체결의 실무적 필요성이 적다는 등의 사정으로
지역 협력이 추진되지 않는 경우도 있다. 예를 들어 자국민 인도의 가능 여부, 정
치범죄의 인정, 사형제도의 존폐, 인권보장의 정도, 공정한 재판의 확보 등과 같
은 인도 제한사유의 존재 여부 및 그 판단에서, 각국의 법제나 견해에 어긋남이
있어 지역공동의 규범 제정에 신중히 대응하는 경우이다. 이러한 사정에 주목하
여 정치적으로 동질의 법제도를 갖는 국가의 상호 간,[89] 국경을 접하며 교류나
교역이 성행하여 범죄규제가 필요한 지역 내 국가 간 등에서 긴밀한 인도 협력을

---

87) 森下忠, 國際刑事司法共助の研究, 成文堂, 1981, 225쪽, 동 國際刑法の新しい地平, 成文堂, 2011,
166쪽.
88) 「犯罪人引渡しの現実問題」を採りあげた第10回国際刑法学会, 1969, 로마, 団藤重光, 「ローマ
における第10回国際刑法会議に出席して(4), ジュリスト(第443号), 1970, 97쪽.
89) 山本草二, 犯罪人引渡制度における政治性の変質, 東北大学法学(第49巻 第3号), 1985, 368쪽의
주(10). Doehring, K., New Problems Raised in Matters of Extradition, 59- I Annuaire de
Institut de Droit International, 1981, pp.165-166.

하는 것이 현실적이며, 범죄인 인도 제도의 진전에 이바지하는 것이라 지적된다.

유럽의 '체포장 프레임워크 결정' 체제에서는 인도 절차의 간소화와 신속화가 이루어져, 기존의 외교 경로나 중앙당국을 통하지 않고도 체결국의 소추 기관 간에 직접 협력이 가능해졌다. 또 그 프레임워크 결정에 규정된 32개 범죄 유형(카탈로그 범죄)에 대해서는 쌍벌성 및 특정성의 각 요건, 자국민 및 정치범의 불인도원칙 등이 배제된다. 이로 인해 영국의 '도망 범죄인법' 제정(2003년), 독일의 '유럽 체포영장법' 제정(2004년) 및 '국제 형사사법 공조법'의 개정 등, 체결국의 국내법이 정비되게 되었다. 한편, 자국민 인도를 헌법에 규정했던 독일 등에서는 구속장 프레임워크 결정에 근거한 자국민 인도 결정이 연방 헌법재판소로부터 위헌 판결을 받거나(2005년), 체포장 프레임워크 결정에서 쌍방가벌성을 배제한 규정이 국내법에 저촉된다는 이유로 정합성 확보를 위해 국내법이 개정되기도 했다.[90] 다자간 조약에 근거한 지역적 범죄인 인도조약으로서,[91] 유럽 범죄인 인도조약과 유럽연합 범죄인 인도조약 등 외에 '미주 범죄인 인도조약'(1981년 2월 25일 서명),[92] '아랍연맹 범죄인 인도조약'(아랍연맹 평의회 1952년 9월 14일 승인), '범죄인 인도 및 형사 공조에 관한 베네룩스 조약'(1962년 6월 27일 서명), '범죄인 인도에 관한 영국연방 프레임워크', '북유럽 범죄인 인도 프레임워크' 등이 있다. 이러한 형사 분야의 지역 협력은 각국의 법제도 차이를 전제로 하면서 '회원국에 적용 가능한 규칙의 적합성 확보'를 도모하여 범죄를 철저히 규제하고자 하는 것이다.[93]

---

90) '체포영장 범위 결정'의 상호승인에 관하여, 각 회원국의 헌법질서 및 그 밖에 형사사법의 구조와의 상이한 점을 해결하기도 전에 법적 프레임워크가 선행된 것은 졸속이었다는 비판이 있었다. 高山佳奈子, 国際刑事証拠法, 理論刑法学の探求(3), 成文堂, 2010, 171; Kai Ambos, Internationales Strafrecht, 2. Aufl., 2008, p.535; Michal Plachata, Cooperation in Criminal Matters in Europe : Different Models and Approaches, in : Cherif M. Bassiouni (ed), 2008, International Criminal Law, 3rd ed., Vol. Ⅱ, 2008, p.457.

91) M.Cherif Bassiouni, International Extradition : UnitedStates Law and Practice 4ed, Oceana Publications, 2002, pp.42－47.

92) Isidoro Zanotti, Extradition in Multilateral Treaties and Conventions (Martinus Nijhoff Publishers, 2006, pp.8－10.

93) フィリップ・オステン, ヨーロッパにおける受刑者移送制度の動向：ドイツの状況を手がかりに, 慶応大学法学研究(第84巻 第9号), 2011, 139쪽.

4. 도망 범죄인 인도 이외의 국제형사협력

(1) 형사 공조

형사 공조는, 어떠한 범죄에 관한 형사관할권 행사를 주장하는 한 국가에 대하여 그 처벌절차를 놓고 당사국이 상호원조하는 것으로(1959년 체결된 유럽 형사 공조조약 제1조), 청구국과 피청구국 간에 수사, 소추 및 기타 형사 절차와 관련하여 실시하는 상호지원이다(중일 형사 공조조약 제1조 제1항). 즉, 형사 공조의 대상은 광의의 형사 공조 가운데 도망 범죄인 인도 및 형의 집행 등을 제외하는 것으로 (일·유럽연합 형사 공조 협정 제1조), 협의의 형사 공조라고 할 수 있다. 공조 주체를 기준으로 수사당국의 수사 공조와 법원의 사법 공조로 나눌 수도 있으나, 형사 공조는 도망 범죄인 인도에 부수되는 형태로 전개되어 왔다. 예를 들어, 1927년의 프랑스 인도법은 제1장 내지 제3장에서 도망 범죄인 인도 요건, 절차, 효과에 대해 각각 규정하면서, 제4장에서는 '약간의 부수적 절차'를 규정하여 협의의 형사 공조를 정했다.[94] 인도법의 명칭이 '외국인의 도망 범죄인 인도에 관한 법률'로 되어 있어, 주로 도망 범죄인의 신병 인도를 규정하고 이에 부수하여 도망 범죄인의 소지품과 증거물 등을 인도하는 것을 의미한다. 이어서 1929년 독일의 인도법에서도 제1장에서 도망 범죄인의 인도, 제2장에서 물건의 인도 및 제3장에서 기타 형사 공조를 규정하였고, 이후 독일이 외국과 체결한 인도조약에서 이러한 형식을 취하는 경우가 많았다.[95]

형사 공조의 주요 내용은 다음과 같다(중일 형사 공조조약 및 한일 형사 공조조약 등). 즉 ① 증거(증언, 진술 및 서류, 기록 기타 포함)의 취득, ② 수색 또는 압수, ③ 감정 및 검증, ④ 사람, 물건, 서류 등의 소재지 특정, ⑤ 입법기관, 행정기관, 사법기관 또는 지방공공단체가 보유하는 서류 등의 제공, ⑥ 청구국이 출두를 요구한 자의 초청 협력, ⑦ 피구금자의 이송에 대해 증언, 수사, 소추 기타 형사 절차상의 협력, ⑧ 게시절차에 관한 문서의 송달, ⑨ 범죄 수익 또는 도구 몰수, 기타 이와 관련된 조치, ⑩ 범죄기록의 제공, ⑪ 그 밖의 공조 체결국의 중앙당국 간에 합의된 것 등이다. 공조 청구 방식은 서면이 원칙이나 피청구국이 인정하는 경우

---

94) 森下忠, 国際刑事司法共助の研究, 成文堂, 1981, 18쪽.
95) 森下忠, 같은 책, 19쪽.

에는 서면 이외의 신뢰할 만한 통신으로 하며 이후 신속하게 서류를 제출하여야
한다. 또한 형사 공조조약에서는 외교경로가 아닌 사전에 중앙당국이 지정되는
것이 일반적이며, 그 당국 간에 직접적인 연락을 통해 공조의 실시가 정해지는 경
우가 많다. 예를 들어, 중일 형사 공조조약에서는 중앙당국으로 일본에서는 법무
대신 혹은 국가공안위원회 위원장(또는 각 지정자), 중국에서는 국무원의 사법부
또는 공안부가 지정된다.

공조 제한사유로는 공조가 요구된 범죄에 쌍방의 법령에서 범죄를 구성하지
않는 경우, 공조가 정치범죄와 관련된 경우, 피청구국의 주권, 안전, 공공질서 기
타 중요한 이익이 침해될 우려가 있는 경우, 공조청구가 인종, 종교, 국적, 민족적
출신, 정치적 의견 혹은 성을 이유로 이루어지거나 이러한 이유로 공조가 요구된
자의 지위가 손상될 것으로 믿을 만한 실질적인 근거가 있는 경우, 그 밖에 공조
청구가 조약상 요건에 적합하지 않는 경우 등에 대해 피청구국이 인정하는 경우
를 들 수 있다. 또한 피청구국의 법무장관이 공조의 상당성을 인정하지 않는 경우
등에 공조가 제한될 수 있다(일본 '국제수사 공조법' 제5조). 단, 피청구국이 공조를
거절하는 경우, 피청구국의 중앙당국은 공조 거절에 앞서 조건부 공조 실시에 대
해 청구국의 중앙당국과 협의하도록 규정되어 있다(중일 형사 공조조약 제3조 제2항
등).

한편, 유럽의 형사 공조에서는 진전된 정보통신 기반을 이용해 기술적으로
향상된 공조방식이 도입되거나, 관계국 당국 간에 합동수사를 실시하는 등의 경
우가 있다. 예를 들어 EU 형사 공조조약(2000년 5월 29일 체결, 2005년 8월 23일 발
효)의 경우, 화상회의(video conference) 방식의 증언 청취(제10조), 전화회의(telephone
conference) 방식으로 승인 및 감정인 청취(제11조), 다수의 회원국 당국에 의한 수
사를 진행하기 위한 합동수사팀을 구성하여 활동할 수 있으며(제13조), 비밀수사
(제14조), 감청(제18조) 등의 방식이 채택된다.

(2) 수형자 이송

국제형사협력에서 범죄인 등의 신병 이동(수형자 증언 이송 제외)은, 소추 단계
를 전후하여 ① 형사소추를 위해, ② 형의 집행(개시)을 위해, ③ 형의 집행(계속)
을 위해 등으로 나눌 수 있다. ①과 ②는 범죄인 인도에 관한 국내법 및 조약에

다수 규정되어 있어 인도 범주에 속하며 ③이 '수형자 이송'에 해당한다. 예를 들어, 미일 및 한일의 각 범죄인 인도조약에서는 '소추, 심판 또는 형벌을 집행하기 위하여' 인도를 집행한다고 규정한다(각 조약 제1조). 또한 이들 조약에서는 수형자 이송 대상을 체결국 법원에 의해 형이 확정된 자로 제한하며(제3조 제1항 (b)), 행정기관에 의한 보안처분 등으로 구금된 자는 포함하지 않는다고 규정되어 있다.[96]

수형자 이송이란, 외국인 수형자를 본국에서 복역하게 함으로써 사회복귀를 촉진하기 위한 국제공조이다('CE조약' 전문). 이송 공조의 배경에는 범죄의 국제화로 인한 외국인의 소추, 재판 회부 사례의 증가가 있다. 국제형사협력은 범죄인 인도 및 형사 공조의 초점이 철저한 형벌권 행사에 맞춰져 있으나, 수형자 이송의 경우 수형자의 처우 개선과 사회복귀 등과 같은 인권존중에 중점을 둔다는 측면에서 차이가 있다.

'형이 선고된 자의 이송에 관한 조약'(Convention on the Transfer of Sentenced Persons: CE조약)[97]에는, 이송 공조의 요건으로 ① 해당 수형자가 집행국의 국민일 것, ② 재판의 확정, ③ 잔여형이 6개월 이상이거나 부정기형을 복역하고 있을 것, ④ 수형자가 이송에 동의할 것, ⑤ 쌍방가벌성의 원칙을 충족할 것, ⑥ 재판국과 집행국이 모두 이송에 동의할 것 등이 규정되어 있다(제3조). 유럽에서는 'CE조약'의 대상은 피구금자이며, '체포장 프레임워크 결정'의 대상은 도망 범죄인이다.

수형자 이송은 형벌 재판국과 집행국 간의 형사협력으로, 국내 이송된 국가(집행국)에서의 집행방식에는 형의 '집행계속'(continued enforcement)과 '형의 전환'(conversion of sentence)이 있다('CE조약' 제9조 내지 제11조). 전환방식이란 재판국에

---

96) 수형자를 일컫는 'prisoner'는 본래 수사, 소추 및 그 밖의 형사절차에서 신체의 자유가 박탈된 자로서 폭넓은 개념으로 사용된다. 田中英夫 編著, 英米法辞典, 東京大学出版会, 1991. 그렇다면 체포 또는 구금된 자, 재판소에 의해 형이 선고된 자 또는 그 집행이 개시된 자, 그 밖에 보안처분과 같은 행정처분으로 인해 구금된 자 등이 포함된다. 즉, 일본의 '형사 수용 시설 및 피수용자 등의 처우에 관한 법률' 제2조에서 규정한 '피수용자' 및 '피유치자'가 포함되며, 모두 '피구금자'로 해석된다. 이러한 포괄적 개념의 용례로는 유엔 '피구금자 처우 최저 기준 규칙'(Standard minimum rules for the treatment of the prisoners, 1955년)을 들 수 있다.

97) 'CE조약'은 유럽 평의회의 주도로 작성, 1985년 7월 1일 발효되어 유럽 국가들 외에 일본(2003년 6월 1일 발효)·한국·미국·캐나다 등 역외 국가들도 가입하였다. 조약 명칭에 '유럽'이 붙지 않는 것은 '이송'의 대상과 실시가 역내에 국한되지 않고 전 세계적 규모로 이루어질 것으로 기대되었기 때문이다. フィリップ・オステン, ヨーロッパにおける受刑者移送制度の動向: ドイツの状況を手がかりに, 慶応大学 法学研究(第84巻 第9号), 2011, 135쪽. 또한 'CE조약' 체결 경위 및 조문 해설에 대해서는 森下忠, 刑事司法の国際化, 成文堂, 1990(제2장 ヨーロッパ理事会の受刑者移送条約)을 참조.

서 확정된 형에 대해 집행국의 형사법령이 정하는 절차를 적용하여 그 결과 개정된 형을 집행하는 것을 말한다. 집행국의 전환 조건으로는, 재판국에서의 판결상 사실인정으로 구속되고 전환된 형이 재판국의 형량보다 무거워서는 안 된다는 등의 내용을 들 수 있다. 전환방식의 경우, 재판국의 판결상 사실인정과 관련하여 집행국의 법적 평가가 문제가 된다. 예를 들어, 재판국인 오스트리아에서는 모살죄로 인정되어 종신 자유형이 선고되었지만, 집행국인 독일에서 해당 범죄사실은 고살죄에 해당되어 통상 15년의 자유형에 해당하는 경우이다. 전환방식을 취하는 집행국(독일)은 재판국(오스트리아)에서의 양형 인정을 존중하여 집행국법상의 '중대한 고살죄'를 적용함으로써 종신 자유형을 유지하고, 전환시의 편차 방지책을 강구한 것이다.[98] 계속방식은 원칙적으로 재판국에서 선고된 형을 그대로 적용하는 것이다. 다만, 형의 성질상 혹은 형기가 집행국 법령에 적합하지 않을 경우, 집행국의 법원 또는 행정 명령 등에 따라 자국의 형벌 또는 조치에 맞출 수 있다('CE조약' 제10조 제2항).

수형자 이송모델협정(Model Agreement on the Transfer of Foreign Prisoners)은 유엔 주도로 외국인 수형자의 본국 이송을 촉진하는 취지로 작성되었다. 유엔 범죄방지 회의 및 국제 형법학회 등의 논의를 거쳐 1984년 유엔 범죄방지 위원회에서 채택되었다. 이송 요건은 'CE조약'상의 요건과 거의 같으나 이송처로 본국 외에 '거주국'이 포함되는 점(제1조), 이송 제한사유(제3조)로 정치범죄, 조세범죄, 군사범죄(군 형법 위반 사건) 등이 규정되는 점 등에서 차이가 있다.[99]

(3) 형사절차의 이관

소추이관이란 범죄인에 대해 한 국가가 다른 국가에 그 범죄인을 소추하도록 청구하고, 피청구국은 쌍방가벌성 등의 일정한 요건에 따라 소추할 수 있도록 하는 국제 협력이다. 대표적인 것으로는 유럽 형사절차 이관조약(Eurpean Convention on the Transfer of Proceedings in Criminal Matters, 1972년 5월 15일 체결)

---

98) フィリップ・オステン, ヨーロッパにおける受刑者移送制度の動向：ドイツの状況を手がかりに, 慶応大学法学研究(第84巻 第9号), 2011, 150－151쪽.

99) 芝原国爾, 刑事司法と国際準則, 東京大学出版会, 1985, 236－241쪽. 또한, 같은 모델조약의 체결형 및 조문해설에 대해서는 森下忠, 刑事司法の国際化, 成文堂, 1990, 제3장(외국인 수형자의 이송에 관한 규범 규정)을 참조.

이 있다. 이 조약의 경우, 소추이관의 대상이 되는 범죄에 대하여 피청구국은 '자국 형법에 따라' 소추할 권한을 가진다(제2조). 피청구국에서 해당 범죄에 대하여 적용할 수 있는 국내 형벌법의 규정이 존재하지 않을 경우에는 본 조약상의 소추이관 청구로 재판권이 부여된다는 것이다. 단, 소추이관의 청구는 무제한적으로 집행할 수 있는 것은 아니며, 자국에서 소추가 불가능하거나 소추하지 않는 것이 확인된 경우에 한한다. 조약상의 '자국 형법에 따라' 해당 범죄인을 소추하는 것은 당사국 간에 형법의 공통 적용이라는 법적 장치를 마련하는 것이므로, 그 법적 성질은 대리주의에 근거한 것이라고 할 수 있다.[100]

유럽 형사 소추이관 조약에는, 소추이관의 청구 가능 대상으로 다음을 규정한다(제8조). 범죄인이 ① 피청구국에 주거가 있을 것, ② 피청구국의 국민일 것 ③ 피청구국에서 자유형의 형을 복역하거나 혹은 복역해야 할 때, ④ 피청구국에서 소추대상일 때, ⑤ 소추이관이 사건의 진상규명에 도움이 되거나, 특히 중요한 증거가 피청구국에 존재할 때, ⑥ 피청구국에서 형이 집행되는 것이 그 범죄인의 사회복귀 등의 갱생에 도움이 된다고 인정될 때, ⑦ 범죄인이 피고인인 경우 청구국의 공판에는 출석할 수 없으나 피청구국의 공판에는 출석할 수 있을 때, ⑧ 청구국에서는 도망 범죄인 인도로 인도를 받아도 형 집행이 불가능하나, 피청구국에서는 형 집행이 가능하다고 인정될 때 등이다.

(4) 외국 형사판결의 집행

외국 형사판결의 집행이란 다른 체결국의 형사재판소에서 확정된 형벌 또는 처분 등의 제재를 자국에서 집행하는 것을 말한다. 그 대표적인 법적 프레임워크로는 '형사 판결의 국제적 효력에 관한 조약'(European Convention on the International Validity of Criminal Judgements, 1970년 5월 28일 체결)을 들 수 있다. 그 취지로는 국제 범죄 규제를 위해서 역내 국가들이 공동으로 임해야 할 유효한 방법이 필요하며, 역내 안전과 질서를 확보하기 위해 공통의 형사 정책을 수행함으로써 범죄자의 인권보장 및 갱생 등의 필요성을 들 수 있다(유럽형사판결조약 전문). 조약상의 형사 판결 집행 대상은 자유 박탈의 제재, 재산형 또는 몰수, 정치적 권리 등의 정지 등 3가지이다(제2조). 해당 범죄자에 대해 형을 선고한 국가가 재판국이 되

---

100) 森下忠, 国際刑法の新動向, 成文堂, 1979, 284-285쪽.

며, 집행하는 국가가 집행국으로 재판국의 청구에 따라 피청구국이 집행하게 된다. 피청구국에서 조약상 집행이 행해지기 위한 요건으로는 쌍방가벌성 및 특정성 등이 규정되며, 집행청구에 대한 절대적 거절사유로 일사부재리(ne bis in idem) 등이 규정된다(조약 제3장 제1절).

판결 집행의 국제협력은, 그 대상 범위가 자유형뿐만 아니라 재산형 및 권리박탈 등의 형벌과 처분을 망라한다는 점에서 일정한 중죄임을 실시요건으로 하는 도망 범죄인 인도, 및 이미 외국에서 집행 중인 수형자에 대하여 잔여 형기를 집행하는 수형자 이송 등과 대비된다. 다시 말해, 이와 같은 외국 판결의 집행 협력이 도망 범죄인 인도를 둘러싼 국제협력 등의 허점을 보완하는 것으로 유효한 법적 장치임을 부인할 수 없다. 다만 도망 범죄인 인도를 포함하여 형사 공조, 수형자 이송 등의 다양한 분야의 형사협력의 법적 프레임워크가 실현되기 위해서는 지역 내 국가 간의 형벌법 체계의 조화, 인권보장을 위한 장치 등의 정비, 그 밖의 형사협력 실적의 축적 등이 필요하다. 한중일의 경우, 외국 형사 판결의 효력과 관련하여 외국에서의 형 집행에 대해 국내에서 경감 또는 면제(일본 형법 제7조), 외국에서의 형의 집행에 대해 국내에서 경감 또는 면제할 수 있다(중국 형법 제10조 및 한국 형법 제7조) 등으로 규정하여, 한국과 일본의 각 국제 수형자 이송에서는 이를 부인하는 특칙이 마련되어 있다. 따라서 국제형사협력의 진전이 이루어지기 위해서는 국내법과 조약의 입법 및 개정에 그치지 않고, 형사정책의 기조에 대해 당사국의 긴밀한 협의와 합의가 수반되어야 한다.

제 3 절 선행 연구의 검토

1. 아시아 국가에서의 범죄인 인도를 촉진하기 위한 약간의 제언

아시아 국제형사협력의 법적 프레임워크에 관한 대표적인 제언으로 모리시타 타다시(森下忠) 박사의 '아시아 국가에서의 범죄인 인도를 촉진하기 위한 약간의 제언'을 들 수 있다.[101] 제언의 요지는, 아시아 국가는 경제발전 단계 및

---

101) 森下忠, アジア諸国における犯罪人引渡を促進するための若干の提言, 警察学論集(第49卷　第5

사법 체계 등에서 상당한 격차가 있는 등의 특수한 사정이 있기 때문에 이 지역에서 범죄인 인도를 촉진하기 위해서는 '전통적인 범죄인 인도의 여러 원칙들을 크게 완화할 필요가 있다'는 것이다. 구체적인 내용으로는 상호주의 완화, 쌍방 가벌주의 완화 및 인도 절차 간소화 등이 있다. 또한 유럽의 '솅겐 정보시스템'을 본뜬 '아시아 정보시스템'의 설립을 비롯하여 형사 공조, 수형자 이송, 형사소추 이관 등에 대해서도 아시아 지역의 조약(협정)을 체결하는 것이 바람직하다고 말했다.

모리시타 박사는 아시아 국가들은 경제발전 단계 및 사법체계에서 상당한 격차가 있는 등 특수한 사정이 있으며, 따라서 역내에서의 범죄인 인도를 촉진하기 위해서는 '전통적인 범죄인 인도 원칙들을 크게 완화할 필요가 있다'고 말한다. 다시 말해, 전통적인 범죄인 인도의 여러 원칙은 19세기 유럽의 국가주권 시스템에 기초한 것으로 '형법의 국가성 원칙'에 집착하는 것이기 때문에 국제화된 범죄를 실효적으로 규제할 수 없고, 따라서 '국제적 연대성을 강화해야 한다'는 취지이다. 이러한 법적 규범의 프레임워크 구축 제언에 대해, 인권보장 등의 견지에서 형사사법 체계가 크게 다른 국가 간의 형사협력에는 신중해야 한다는 견해도 있다. 국제형사협력의 효율성 측면이 중시됨에 따라 내국법상의 인권보장 수준이 후퇴하는 것은 바람직하지 않으며, 일본의 형사사법 절차에서는 인정되지 않는 방법으로 획득한 증거를 사용하는 것은 곤란하며,102) 상호승인의 원칙 등을 위해서는 인권보장을 담보할 수 있는 조치가 뒤따라야 하며, 중국 등과 같이 일본의 형사사법 체계와 큰 차이가 있는 경우에는 신중한 접근이 요구된다는 것이다.103)

号), 1996. 제언은 1995년 태국에서 열린 제4회 '아시아 형정재단' 세계대회에서 발표된 것이다.

102) 高山佳奈子, 国際刑事証拠法, 川端博·山口厚·井田良編, 理論刑法学の探求(3), 成文堂, 2010, 171－172쪽.

103) 高山佳奈子, 国際刑事法をめぐる課題と展望, 刑事法ジャーナル(第27号), 2011, 8쪽. 같은 취지에서 미국이 법치주의 또는 법원의 독립이 확립되지 않은 한국 등 국가들과 범죄인 인도조약을 체결한 것에 대한 비판으로서 Christopher H. Pyle, Extradition, Politics, and Human Rights, Temple University, 2001, pp.6－7.

2. 법제도의 정비 지원

　법제도의 정비 지원이란, 개발도상국의 법제도 정비를 위한 자조 노력을 지원하는 것을 말하며, 기본적인 지원 내용으로는 구체적인 법령안 작성, 법령 집행 및 운용을 위한 체제 정비, 법률 전문가 등의 인재육성 등을 들 수 있다.[104] 이와 같은 지원이 요구되는 이유는 파탄국가 등과 같이 통치능력을 상실한 나라가 야기하는 혼란이, 한 국가에 머무르지 않고 인접 국가에도 영향을 미치는 경우가 적지 않기 때문이다. 민족분쟁이나 이해관계의 충돌 등으로 내전과 전쟁을 겪은 국가에서 국가기능 재건을 위해 평화 구축이 요구되었는데,[105] 이러한 활동에서 법지배의 중요성에 착안하게 되었다. 즉, 분쟁 후의 평화 구축과 장기적인 평화 유지를 추진하기 위해 건전한 형사사법 행정의 확보가 불가피하다는 것이다. 그 주된 과제로는 형사사법 조직의 본연의 자세, 공권력의 정당한 집행, 기본적 인권의 확보, 이와 관련한 인재의 육성 등이 있으며, 이는 국가의 형사사법 기능 재건을 목표로 하는 것이다. 또한 법제도 정비를 위한 지원은 범죄 규제의 루프홀 (loophole)을 방지하기 위한 방안으로 강구되며 개발도상국의 형사사법 능력을 향상시킴으로써 국제형사협력강화가 도모된다고 한다.[106] 예를 들어, 유엔 조직범죄 방지 조약에서는 체결국 간에 법을 집행하는 직원 또는 조직범죄 탐지 및 단속에 관련된 직원 등의 파견, 교류를 통해 최신기술 훈련 혹은 체계적인 법령제도

---

104) 법무성('국제협력부를 통한 법령정비 지원 활동') 홈페이지 참조(https://www.moj.go.jp/housouken/houso_lt a_lta.html. 2014년 9월 22일 열람).

105) 평화 구축이라는 개념이 본격적으로 채택된 것은 1992년 당시 유엔 사무총장이었던 부트로스 갈리가 발표한 "평화에 대한 과제"라는 보고서에서 비롯되었다. Boutros Boutros Ghali, An Agenda for Peace: Preventive Diplomacy, Peacemaking and Peace-keeping(Report of the Secretary-General Pursuant to the Statement Adopted by the Summit Meeting of the Security Councilon 31 January 1992), UN Document A/47/S/241, Jan 2. 17. 또한 2000년에 발표된 "유엔 평화활동에 관한 위원회 보고"(위원장 이름을 따서 '브라히미 리포트'라 불린다)에서 평화 구축이란 평화의 기반을 재정립하기 위한 도구를 제공하는 제반 활동을 가리킨다. 그 예로 현지 경찰의 훈련과 재편, 형사사법제도의 개혁 등을 통해서 법의 지배를 강화하는 것 등이다. 篠田英明, 平和構築と法の支配: 国際平和活動の理論的·機能的分析, 創文社, 2003, 12쪽.

106) 규슈 오키나와 서밋 정상 선언에서는 '우리들은 범죄 그룹이, 보다 취약한 나라의 사회, 경제 및 정치 구조를 위협하거나 범죄에 대항하는 세계적인 프레임워크의 허점으로 그러한 나라들을 이용하는 것을 막기 위해, 그러한 나라들의 형사사법제도가 강화되기 위한 능력 개발 노력을 지원해야 한다'라고 했다(Para49). 尾崎久仁子, 人権侵害行為に対する国家の刑罰権の行使とその範囲について, 国際法外交雑誌(第102巻 第1号), 2003, 41쪽 및 같은 페이지의 주(75).

정비 등의 훈련을 실시할 수 있다고 규정한다(제29조).[107] 또한 이와 같은 국제협력을 통해 개발도상국에서의 수사 방법 등의 범죄규제 능력을 향상시키기 위해 대외 원조 및 자금 협력이 장려된다(제30조).

일본에서의 법령 정비 지원활동은, 단순히 법무적인 견지에 국한되지 않는 외교정책, 국제 협력사업, 공적 개발원조(ODA) 등과의 연대의 일환이며, 그 기본 방침으로는 ① 자유, 민주주의, 기본적 인권 등 보편적 가치관을 공유함으로써 개발도상국에서의 법 지배의 정착, ② 지속적 성장을 위한 환경 정비 및 글로벌한 규칙 준수의 확보, ③ 일본의 경험 및 제도의 공유, 일본과의 경제 연대 강화, 지역적 연대 및 통합의 기반 정비, ④ 일본 기업의 해외 진출에 유효한 무역 및 투자 환경정비와 환경 및 안전 규제의 도입지원, ⑤ 거버넌스 강화를 통한 일본이 추진하는 경제협력의 실효성 향상과 국제개발 목표달성 기여 등을 들 수 있다.[108] 일본의 법령 정비 지원 활동은 1990년대부터 베트남을 대상으로 본격적으로 시작되어, 미얀마와 라오스 등 동남아시아, 몽골, 우즈베키스탄 등에서도 진행되었는데, 지원 대상의 실질적인 선택을 존중하는 방식이 특징이라고 한다. 법령 정비 지원 활동의 목적은 '좋은 통치'(good governance)[109]의 실현이며, 이를 위해 필수불가결한 것이 '법의 지배'라고 말한다.[110]

일본의 법령 정비 지원의 구체적인 활동으로는 '유엔 아시아 극동 범죄방지 연수원'(The UnitedNations Asia and Far East Institute for the Prevention of Crime and the Treatment of Offenders: UNAFEI)[111] 및 아시아 형정 재단(Asia Crime Prevention Foundation: ACPF)[112]의 국제 형사 사법 협력을 들 수 있다. UNAFEI는 각국의 형

---

107) 외무성('법제도 정비 지원에 관한 기본방침(개정판)' 홈페이지 참조(https://www.mofa.go.jp/mofaj/gaiko/oda/bunya/governance/hoshin_1305.html. 2014년 9월 23일 열람).

108) 외무성('법제도 정비지원에 관한 기본방침(개정판)' 홈페이지 참조(https://www.mofa.go.jp/mofaj/gaiko/oda/ bunya/governance/hoshin_1305.html. 2014년 9월 23일 열람).

109) 국제협력에서 '굿 거버넌스'란 개발도상국의 행정능력 향상을 말한다. 외무성 홈페이지 참조(https://www. mofa.go.jp/mofaj/gaiko/oda/bunya/governance/. 2014년 9월 23일 열람).

110) 橫溝大, 法の支配の確立と法整備支援：抵触法的観点から, 国際法外交雑誌(第111卷 第3号), 2012, 40−41쪽.

111) 1954년 미얀마에서 개최된 제1회 유엔범죄방지 및 범죄자 처우 아시아 회의에서 아시아에 유엔 지역 연수원을 설립해야 한다는 취지의 결의가 이루어졌다. 이 결의로 1961년 유엔과 일본 정부 간에 연수원 설립에 관한 협정이 체결됐고 이듬해 3월 연수원이 공식 출범하였다. 연수원 홈페이지 참조(https://www.unafei.or.jp/index.htm).

112) 아시아형정재단은 '유엔 아시아극동범죄방지 연수원'의 사업 지원 및 관련 활동을 추진함으로

사사법 실무가를 대상으로 하는 국제연수와 세미나의 실시, 범죄 방지 및 범죄자 처우에 관한 조사와 연구 등이며, 특히 아시아 태평양 지역에 있는 개발도상국의 형사사법 제도의 발전과 상호협력 강화에 힘쓰고 있다. 각국의 법관, 검찰관, 교정 보호 등의 실무가 연수와 세미나를 통해 형성된 네트워크는 형사사법에서의 국제 협력에 도움을 주고 있다. UNAFEI의 사업 활동을 적극적으로 지원하면서 아시아 지역의 국제 형사사법 협력을 촉진하는 역할을 담당하는 것이 ACPF이다. ACPF는 아시아에서의 범죄방지 및 형사사법에 대해 효과적인 지역 협력을 촉진하는 것을 목적으로, 관련 과제에 관한 연구대회 등을 개최하고 있다. 특히 범죄인 인도 촉진 에 주목하여 '아시아 범죄인 인도조약(안)' 작성에도 임하고 있다.113)

3. 글로벌 거버넌스로서의 국제형사협력

글로벌 거버넌스란 '국경을 초월한 사안의 매니지먼트'라고 할 수 있다.114) 오늘날 사람, 물자, 정보, 범죄, 오염 등의 이동은 일정 지역에 머무르지 않고 국 경을 초월하여 유동한다. 동아시아에서도 사스(SARS, 중증급성호흡기증후군), 조류 독감, 아시아 외환위기, 탈북자 행렬 등과 같이 한 국가의 관할에서는 수습할 수 없는 국제적인 문제가 발생하고 있다. 주권국가 시스템에서는, 이러한 국경을 초 월하는 문제에 대응하기 위해 당사국을 중심으로 역내 국가 간 외교 및 협력을 하거나, 혹은 시장 메커니즘에 의존하는 등의 방안을 채택해 왔다. 물론 주권국가 시스템에 기초한 정부 간 협력과 시장 원리의 경우, 문제해결 기능이 효과적으로 작용하지 않아 충분히 대처할 수 없다는 문제의식이 있다. 즉, 국경을 초월하는 문제의 해결을 위해서는 해결의 주체를 국가(정부)에 국한하는 것이 아니라, 다양 한 주체 또는 기능을 모색해야 한다는 것이다. 다양한 주체 또는 기능에는, 주권 국가 시스템에 기초한 정부 간 협력 강화와 확대 외에도 역내 국제기구, 지방정부

써 아시아 및 세계의 평화와 번영에 공헌하는 것을 목적으로 1982년 도쿄에서 설립된 재단법 인이다. 1991년 유엔 경제사회이사회로부터 'UN NGO'의 인가를 받았으며, 2000년에는 같은 이사회로부터 새로운 검토사항을 제안할 수 있는 종합 자문자격(general consultative status) 이 주어졌다. 재단 홈페이지 참조(https://www.acpf.org/index.html).

113) 森下忠, 犯罪人引渡法の硏究, 成文堂, 2004, 24쪽.
114) 遠藤乾 編著, グローバル・ガバナンスの最前線, 東信堂, 2008, 5쪽.

및 시민사회 등이 포함된다. 예를 들어, 국제범죄 규제의 경우 이미 체결된 정부 간 조약 등과 관련하여 제한사유 또는 협력 절차를 완화함으로써 효율을 높이거나 혹은 새로운 국제기관을 설립하는 경우도 있다. 국경을 초월하는 문제에 임하는 주체로서, 영역주권에 한정되지 않고 해결 기능을 보유한다면, 그 기능을 중시하여 다양한 주체를 찾아내는 일에 초점이 맞춰진다.

국제형사협력에서 글로벌 거버넌스로 거론되는 것이 국제 형사재판소다. 국제 형사재판소의 설립 목적은 세계 평화와 안전과 복지를 위협하는 범죄에 대해 국제협력을 강화함으로써 죄를 범한 자의 면책을 방지하고(면책에 종지부를 찍음), 범죄 예방에 기여하는 것이다('로마 규정' 전문). 국제형사재판소가 재판권을 행사하여 처벌할 수 있는 범죄는 전쟁범죄, 인도에 반한 죄(crimes against humanity), 제노사이드범죄, 침략범죄로 규정된다(제5조 '재판소의 관할범죄'). 단, 국제 형사재판소의 관할권 행사는 주권국가 시스템을 보유하는 국가의 재판권을 초월하여 행사되는 것이 아니며, 국가 재판권이 실행되지 않는 경우에 한하여 보완적으로 적용된다.

4. 국제 형사분야에서의 아시아 공동체론

유럽 연합 및 동남아시아 연합 등의 성과에 주목하여 동아시아 공동체 창설을 구상하려는 시도가 있다. 이른바 '동아시아 공동체론'이다. 범죄와 환경문제 등과 같이 사회와 자연을 둘러싼 여러 현상이 한 국가의 영역에 그치지 않고 국경을 넘나들게 되었으며, 이로 인해 영역 주권에 근거한 관할권 행사로는 충분히 대처할 수 없게 되었다. 유엔 시스템에서는 안전보장 상임이사국 간의 이해관계의 충돌, 강제력의 결여 등으로 일정 국가와 지역의 문제가 해결되지 않는 경우가 많다. 그리하여 국경을 초월한 문제를 해결하기 위해 주변 국가의 협력이 모색되고 지역주의가 대두되었다. 1997년 12월 아세안 창설 30주년을 계기로 한중일 3국이 추가된 아세안+3 정상회의가 개최되었다. 이 회의에서는 '세계화와 정보화의 진전에 따른 동아시아 지역의 상호의존'이 높아지고 있다는 인식 아래 '동아시아 사람들의 생활수준에 가시적인 성과를 가져오는 동아시아 지역협력의 심화와 확대'를 추진해 나간다는 공동성명이 채택되었다. 이러한 정부 간 공동성명과는 별도로 일본학계에서는 동아시아 국제협력의 심화와 확대를 위해 그 프레임워크를 제도화하기 위한 논의가 있었는데, 바로 '동아시아공동체 헌장안'이 그것이다.115)

이 헌장안은 동아시아 공동체의 목적을 '이 지역 사람들의 평화, 안전 보장, 안정, 보다 높은 수준 및 질적 생활과 격차 없는 번영을 추진할 것', '이 지역 사람들과 여러 나라가 평화롭게 살아가고 열린 민주적 환경에서 번영하기 위해 이 지역 정부와 사람들 간의 상시 일관된 협의와 협력을 강화할 것'이라고 규정한다 (제2조). 헌장의 목적을 추진하기 위한 활동 목표 중 '테러리즘, 해적, 약물 및 인신 매매, 통화 위조, 자금 세탁 등의 국제범죄에 대한 협력 강화'를 규정하고(제3조 (b)), 특히 국제범죄(International Crimes)에 대해 '… 테러리즘·해적, 약물 및 인신매매, 통화 위조, 자금 세탁을 포함한 국제범죄에 대항해야 한다'고 규정한다(제8조). 또한 경제, 환경, 에너지 등의 협력 외에 사법 협력에 대해 '구성국은 입법, 법조 양성 교육, 법조에 대한 실무훈련을 포함한 법과 관련된 분야에서 공동체 내 협력에 합의한다'고 규정한다(제20조).116) 헌장의 부속서는 국제범죄(제8조) 중 체결국의 행동 계획에 포함해야 할 사례로 '국제 테러, 해적 등 국제범죄의 공통 정의', '구성국 수사당국 간의 정보교환', '구성국 간의 도망 범죄인 인도를 위한 법적 프레임워크 확립', '경찰, 검찰을 비롯한 법 집행기관 간의 협력 강화'를 들었다. 또한 사법협력(제20조)에서는 '공동체에서의 입법, 법조인 양성교육, 법조에 대한 실무훈련에 관한 상호협력', '법원, 검찰청, 변호사를 포함한 사법기관 간 교류 촉진'을 행동계획 사례로 들었다.

---

115) 中村民雄·須網隆夫·臼井陽一郎·佐藤義明, 東アジア共同体憲章案, 昭和堂, 2008. 또한 동아시아 공동체론으로는 森嶋通夫 "日本にできることは何か: 東アジア共同体を提案する"가 있는데, 이를 기본 소재로 EU와의 비교를 통해 검토한 것으로 좌담회 '동아시아 국가간 질서의 전망' 및 '아시아의 국제경제법질서', "법률시보" 74-4(2002년)가 있다. 좌담회에서는 森嶋의 동아시아 공동체의 제안이 버블 붕괴 후의 불황에서 회복하지 못하고 있는 일본의 구제 방안인 동시에 (EU 같은 지역통합은 보편적인 현상으로) 역사적 필연이라고 규정한다. 동아시아의 지역 공동체 구축 단계로 시장경쟁이 확보되도록 제도기반을 정비하고, 나아가 경제 이외의 분야로 확대해 나가는 것이 바람직하다. 그러나 제약요소로서 각국 법제도의 실효성이나 법의식의 격차, 한중일을 둘러싼 역사인식의 차이 등을 들 수 있다. 향후, 한중일의 정부 당국자 등이 3자 간에 논의할 수 있는 포럼이 필요해질 것이며, 그것을 다층적으로 만들어 가는 것이 바람직하다고 지적한다.

116) 사법 능력의 설명에 대해 다음을 참조. 中村民雄·須網隆夫·臼井陽一郎·佐藤義明 編著, 東アジア共同体憲章案, 昭和堂, 2008, 111-112쪽.

한편, 아시아 공동체 창설의 구조적 문제점으로는, 유럽과 비교했을 때 기독교와 같은 공통된 정신적 문화가 없고 다양하다는 점, 역내 안전보장 및 역내 인권보장 등과 같은 공통규범과 이를 실현하기 위한 제도적 기반이 존재하지 않는다는 점, 중국 등과 같이 입법, 행정, 사법의 국가권력을 한 당에 집중시키는 인민독재국가가 존재한다는 점 등이 지적된다.[117] 즉, 아시아의 지역적 규범 질서를 실현하기 위한 필수적이며 구조적인 기반이 취약하다고 하지 않을 수 없다는 것이다.

제 4 절 요 약

도망 범죄인 인도제도는 본래 범죄의 실효적 처벌을 확보하기 위해 국가 간에 이루어지는 상호주의적 협력이며, 인도 청구에 대한 그 실행 결정은 피청구국의 판단에 위임된다. 피청구국은 국내 인도법 또는 인도조약의 규정에 따라 인도 제한사유의 존재 여부 판단에 대한 법원의 심사를 경유하나, 재판의 결과로 인도가 가능하다는 결정이 내려진 경우에도 인도의 상당성을 재차 검토한 후 인도를 집행하지 않을 수 있다(일본 인도법 제2조 및 제14조 제1항). 인도와 관련된 범죄는 일반적으로 청구국(범행지국)의 형법 구성 요건을 충족하는 것으로, 그 소추와 처벌은 1차적으로는 범행이 일어난 국가의 관할에 속한다. 그러나 인도에 대한 조약의 존재를 전제로 하는 '조약 전치주의'를 채택하는 국가와 그렇지 않은 국가 간에 차이가 있는데, 인도조약이 체결되지 않은 경우 인도 협력을 할 수 없고, 또한 헌법 등의 법률에서 도망 범죄인이 자국민임을 이유로 인도를 금한다고 규정하는 국가도 있다. 자국민 불인도를 법률로 규정하면서 그 국가가 형법상 국민의 국외범 규정에 따라 형사책임 추궁을 철저히 하지 않는다면, 국민인 도망 범죄인은 형벌권 행사 관할에서 벗어나 자유로워지게 된다. 혹은 수형 생활을 통한 노역수입이나 규율의 느슨함 등의 요건에 착안하여 외국에서의 복역을 굳이 감수하며 해외범죄를 저지를 수도 있다. 그러므로 도망 범죄인 인도를 둘러싼 국제형사협

---

117) 吉川元, 西欧的国際政治システムへ回帰するアジア：受容, 抵抗, そして衝突の軌跡, 中村雅治, イーブ・シュメイユ編, EUと東アジアの地域共同体：理論・歴史・展望, 上智大学出版, 2012, 55쪽.

력의 허점으로 다음의 사항을 들 수 있다. ① 인도조약의 부재이다. 예를 들어, 한중일 각국은 외국인 범죄 또는 도망 범죄인의 도망처로 다른 두 나라가 차지하는 비율이 매우 크지만 중일 간에는 인도조약이 체결되지 않아 인도 협력 집행에 한계가 있다. ② 인도조약이 체결되어 있어도 각국의 인도법상 인도 제한사유의 법적 성질 혹은 인도재판에서의 국제 법규 평가에 대한 체결국 간 편차가 있기 때문에 인도조약의 취지가 원활히 작용되지 않을 수 있다. ③ 인도에 관한 요건과 절차에서 장기간에 걸쳐 시간과 노력 등 비용이 들기 때문에 인도조약 체결 또는 인도 법제상의 인도 청구를 삼가는 경우가 있다. ④ 인도 협력의 실효성을 향상시키기 위해서는 양자 간 조약에 머무르지 않는 여러 국가 간의 지역 협력이 요구되나, 그러한 법적 프레임워크 조성을 위한 공동의 노력이 성과를 거두지 못하고 있다. 이러한 이유들로 인해 국제협력의 구멍(loophole)이 생기고 결과적으로 도망 범죄인에게 피난처를 부여하게 된다. 그런 의미에서 유럽의 인도에 대한 지역 협력의 진전은 주목할 만하다. 유럽에서의 '체포장 범위 결정'은 체결국 중 한 국가에서 발부된 체포장이 다른 체결국에서도 상호적으로 승인되며, 체결국은 도망 범죄인을 검거하여 인도하는 것이 의무화된다. 이 프레임워크 결정의 특징은 인도 협력에서 이제껏 주요 원칙으로 여겨졌던 요건, 인도 제한사유 및 절차 등이 배제 또는 완화되어 국제 협력이 신속해지고 실효성이 향상된다는 것이다.

인도 협력에서의 전통적 기본 요건으로는 쌍방가벌성 및 특정성 원칙이 있으며, 인도 제한사유로는 정치범 불인도, 자국민 불인도 등이 있다. 또한, 도망 범죄인의 인권보장이라는 견지에서 다자간 조약에서 박해 등을 받을 우려가 있는 경우, 인도 또는 송환을 금지하는 규정인 인권보장 조항이 인도를 제한하는 효과로 기능하는 경우가 있다. 한편, 이러한 인도 협력과 관련된 요건과 절차 등에는 상당한 노력과 장기간에 걸친 시간이 소요되며, 이러한 비용을 피하기 위한 행정조치로 퇴거강제를 실시하여 실질적인 인도 효과를 확보하는 경우도 있다. 이른바 '위장 인도'라는 것인데 위장인도는, 인도에 대해 조약 전치주의를 채택하는 여러 국가에서 인도 협력이 요구되는 상대국과 조약이 존재하지 않는 경우 혹은 국내법에서 인도 절차 등에 관한 법령이 존재하지 않는 등 인도 협력에 관한 법적 체계가 정비되어 있지 않는 경우 등의 사정으로 집행될 수 있다. 이 경우 피청구국에서 국제 인권법규 등에서 보장된 인도 제한사유의 존재 여부에 대해 법원의 심사를 거치지 않기 때문에 행정 편의상 인도를 실시함으로써 인도받은 후에 청구국에서 고문이나 박해를 받거나 혹은 공정한 재판을 받을 수 없는 등의 인권 침해가 야기될 가능성도 있다. 이외에도 사형 존치국과 사형 폐지국 간에 인도 협력이 이루어질 경우, 도망 범죄인이 존치국으로 인도되어 사형에 처해질 우려가 있을 때에는 사형을 집행하지 않는 등의 보증을 조건으로 인도한다는 사형 불인도 등이 있다. 형사분야의 국제협력에는 도망 범죄인 인도 외에도 수사당국 간 또는 법원 간에 상호 원조하는 '협의의 형사 공조'와 수형자의 갱생 개선 및 사회복귀를 위하여 외국인 수형자를 본국으로 이송하여 복역하게 하는 '수형자 이송', 한 국가의 소추 등의 형사 절차를 도망 범죄인의 소재지국으로 이전하여 처벌하는 것을 목적으로 하는 '형사 절차(소추) 이관', 타국의 재판에서 확정된 판결을 자국에서 집행하는 '형사 판결의 국제적 인정' 등이 있다.

　선행 연구의 경우, 도망 범죄인 인도를 둘러싼 중국 및 한국의 국내 입법, 조약, 판례, 실행 등에 관한 연구는 지금까지 사각 지대에 머무르고 있었다고 하지 않을 수 없다. 인도를 둘러싼 아시아 국제형사협력의 법적 프레임워크에 대한 대표적인 제언은, 모리시타 박사의 '아시아 국가에서의 범죄인 인도를 촉진하기 위한 약간의 제언'이 있다. 제언의 요지는 아시아 각국은 경제발전 단계 및 사법체계 등에서 상당한 격차가 있는 등의 특수한 사정이 있으므로, 이 지역에서 범죄인 인도를 촉진하기 위해서는 '전통적인 범죄인 인도의 여러 원칙을 크게 완화할 필요가 있다'라는 것이다. 주요 내용으로는 상호주의 완화, 쌍방가벌주의 완화 및 인도 절차 간소화 등을 들 수 있다. 또한 향후 과제로 유럽의 '셍겐 정보시스템'을 본뜬 '아시아 정보시스템'의 설립, 형사 공조, 수형자 이송, 형사 소추이관 등의 분야에서도 아시아 지역 조약을 체결하는 것이 바람직하다고 말한다. 이와 같은 제언이 있는 반면, 인권보장 등의 관점에서 형사사법체계가 크게 다른 국가 간의 형사협력에는 신중해야 한다는 견해도 있다. 국제형사협력의 효율적 측면이 중시되면서 내국법상의 인권보장 수준이 후퇴하는 것은 바람직하지 않으며, 일본의 형사사법 절차에서 인정되지 않는 방법으로 획득한 증거를 사용하는 것은 어려우며, 상호승인 원칙이 실시되기 위해서는 인권보장을 담보할 수 있는 장치가 수반되어야 하며, 중국 등과 같이 일본의 형사사법 체계와 크게 차이가 있을 경우에는 신중한 접근이 필요하다는 것이다. 이러한 선행 연구의 한계로 다음의 점을 지적할 수 있다. ① 동아시아에서의 국제형사협력을 위한 법적 프레임워크 창설 제언 등과 관련해 중국이나 한국 등 주요국의 제도와 실행에 대한 분석이 결여되어 있다는 점이다. ② 유럽에서 진척 중인 법적 체계를 아시아에 기계적으로 도입하자는 것인데, 유럽에서 진행된 법적 프레임워크를 아시아에 기계적으로 도입하려 한다는 점이다. 유럽의 경우, 기존의 도망 범죄인 인도조약에 근거한 협력 체제에서 체결국 간에 체포장을 상호 승인하여 집행할 수 있는 '체포장 범위 결정'으로 이행하였는데, 그 효율 측면에 집중한 나머지 규범 마련을 위한 당위성 주장이 선행됐다는 지적이다.

제 3 장

●

일본에서의 도망 범죄인 인도

제 3 장

●

일본에서의 도망 범죄인 인도

　일본에서 국제형사협력에 관한 본격적인 논의가 이루어진 것은 주로 1970년 대이며, 그 배경에는 국제 범죄가 증가하면서 이를 규제하기 위한 국내 입법의 정비가 요구되었다는 점이 있다. 록히드 사건, 일본 적군파 국제테러 행위, 범죄인 해외 도피, 보험금을 목적으로 한 해외 범행, 해외범죄인 국내 잠입, 국제적 기업 범죄 등이 발생하면서 일본 국내에서 이러한 범죄인을 소추 및 처벌하기 위해 혹은 외국의 형벌권 행사를 위해 국제형사협력이 불가피해졌다. 특히 '록히드 사건'의 신문 촉탁 등을 둘러싸고 미국 당국과의 국제 공조에 쫓겨 1980년 '국제 수사 공조법'이 제정된 것이 대표적 사례라고 할 수 있다.[118] 록히드 사건 당시에는 미일 간에 범죄인 인도조약만 체결됐을 뿐 형사 공조에 관한 법적 합의가 없었으며, 해당 사건의 진상규명과 소추 절차를 진행하기 위한 국제형사협력에 관한 합의가 필요했다. 그리하여 외교협상을 거쳐 일본 법무성과 미국 사법부 간에 '록히드 에어크래프트사 문제에 관한 법 집행에 대한 상호원조를 위한 절차'라는 합의가 이루어졌다(1976년 3월 24일). 이 합의는 일종의 사법 협정으로, 해당 사건에 관한 형

---

118) 좌담회 犯罪の国際化と刑事司法協力, ジュリスト(第720号), 1980, 14-36쪽. 좌담회에서는 국제범죄에 대해 국제형사 공조 측면에서 다음과 같은 사례가 소개되었다. 범죄인의 해외도피로 외국에 신병인도를 요구한 사례로는 '후지은행 카미나리몬지점 불법대출 사건'(프랑스) 및 '법원 서기관에 대한 총격사건'(미국), 수사단계에서 외국에서 촉탁심문을 한 사례로 '록히드사건'(미국), 수사관의 해외파견조사를 실시한 사례로 '라스트보로프 사건'(미국), 검찰관의 해외파견수사를 실시한 사례로 '엘 프랑스 기장의 권총밀수입사건' 등이다. 또 좌담회에 따르면 1980년 1월 1일 기준 범죄인(피의자)의 해외도피 건수는 100여 명으로 파악되며, 주요 도피처로는 동남아시아가 다수를 차지하며 미국, 유럽 등에 이른다.

사 공조 실현에 최선의 노력을 다할 것 등이 규정되었으며, 미국으로부터 관계자
료를 입수할 수 있는 법적 근거가 마련되었다.119) 그 후 '항공기 의혹 문제 등 방
지 대책에 관한 협의회'가 설치되어 재발 방지 대책으로 관련 법규 정비에 대한
제언이 이루어지자(1976년 9월 5일), 국제 범죄에 대처하기 위한 개정 입법 및 조
약 개정 등과 같은 국제형사협력을 위한 법제 정비가 추진되었다.120) 그 대표적
인 성과로는 '국제 수사공조법'의 제정을 들 수 있으며, 이 법은 1980년 5월 29일
공포(법률 제69호), 같은 해 10월 1일에 시행되었다.

　　일본의 근대적 도망 범죄인 인도에 관한 최초의 국내 입법은 '도망 범죄인
인도조례'(이하 '인도조례'라 한다)이다(1887년 칙령 제42호). 이 조례는 1886년에 체결
된 '일본과 아메리카합중국 간의 범죄인 인도조약'(이하 '미일 구인도조약'이라 한다)
에 따라 일본 국내 시행을 위한 절차 및 요건 등을 규정한 조약 실시법이었다. 그
후 인도조례는 1953년에 '도망 범죄인 인도법'(이하 '일본(의) 인도법' 또는 '인도법'이
라 한다)이 제정되면서 폐지되었고, 인도법은 1964년과 1978년의 실질적인 일부
개정을 거쳐 오늘날에 이른다. 또한, 제2차 세계대전 전에 범죄인 인도 이외의
국제형사협력에 관한 국내 입법으로는 '외국 법원의 촉탁에 의한 공조법'이 있
다. 이 법은 1905년에 제정되어 형사 사건 및 민사 사건의 소송에 관한 법원 간
공조에 대해 규정했다(제1조).

　　도망 범죄인 인도, 수사 및 재판 공조 외에 형 집행 공조에 관한 국내법으로
는 2002년 제정된 '국제 수형자 이송법'이 있다. 이 법의 취지는 외국인 수형자를
본국으로 이송하고 잔여형을 집행함으로써 해당 수형자의 개선, 갱생 및 원활한
사회 복귀를 촉진할 것을 목적으로 한다(제1조). 도망 범죄인 인도와 형사 공조에
서는 주로 형사 사건의 진상 규명과 철저한 처벌에 초점이 맞춰져 형사 관할권(국
가 형벌권)과 관련된 당사국 간의 협조가 요구되지만, 수형자 이송의 경우 수형자
본인의 이익이 존중된다는 점에서 차이가 있다. 그러므로 수형자 이송에서는 가
령 재판국과 집행국 간에 공조 합의가 이루어졌다 하더라도, 해당 수형자의 동의
가 없으면 이송할 수 없다고 규정하여(수형자 이송법 제5조 제1호 및 제28조 제1호)

---

119) 제78회 국회 '록히드 문제에 관한 조사 특별 위원회'에서의 稻葉修 법무대신의 답변. 중의원
　　회의록·동 위원회 제4호(1976년 10월 15일).
120) 제90회 국회 '항공기 밀수입에 관한 조사 특별 위원회'에서의 倉石忠雄 법무대신의 답변. 중의
　　원 회의록·동 위원회 제2호(1979년 12월 10일).

동의 여부가 이송의 기본적 요건이 된다.

제 1 절 제2차 세계대전 이전의 도망 범죄인 인도

1. 도망 범죄인 인도조례

인도조례는 일본과 미합중국 간 도망 범죄인 인도조약의 일본 국내 실시법으로 제정되었는데, 입법 배경에는 두 가지가 있다.[121] ① 대내적 요인으로 미국에서 위조죄를 범한 미국인이 일본에 잠입하였는데 미국이 그의 신병 인도를 청구하여('캘빈 플랫 사건'), 범죄인 인도와 관련된 요건의 절차 등과 관련하여 법적 근거가 필요했다. ② 대외적 요인으로 여러 열강들이 지배 영역을 확대해 나가는 국제사회 현실 속에서 일본의 지위 향상이 긴급한 과제로 떠오르고 있었으며, 일본의 국내 법제 정비를 통해 인도조약 체결시의 협상력을 높일 필요가 있었다. 일본 정부는 미일 구인도조약이 조약 비준일로부터 60일 후인 1886년 11월 26일 발효되기 때문에 발효 전에 국내법을 시행하려 했으나, 결국 시한을 넘겨 1887년 8월 3일 칙령 제42호로 인도조례를 공포 및 시행하게 되었다.[122]

인도조례상 일본이 인도 청구를 받아 인도하는 경우의 주요 흐름은 다음과 같다. ① 체결국이 인도 청구 → ② 외무대신은 체결국으로부터 도망 범죄인에 대한 구속장 또는 판결서 등이 발부되었다는 통지나 그 취지의 보증에 근거하여 사법 대신에게 도망 범죄인의 신병 체포를 청구 → ③ 사법 대신은 검찰관에게 범죄인 체포를 명령 → ④ 검찰관의 범죄인 체포 및 신문(인도 청구서류의 확인 및 공정성의 인정 등), 신문서 및 의견서를 사법 대신에게 보고 → ⑤ 법무대신은 인도 여부를 결정하고 인도할 경우 인도장 발부 혹은 인도 불가한 경우 신병을 석방(인도조례상 신병체포는 가체포를 전제로 하며, 가체포 기한 내에 정식 인도 청구가 없을 시에는 석방해야 한다. 또한 가체포 및 체포의 각 기한은 2개월이며, 인도장의 유효기한은 1개월이다)한다.

---

121) 神山晃令, 明治期の犯罪人引渡条約と政治犯不引渡原則, 国史学(第121号), 1983, 84−87쪽.
122) 神山晃令 상동 논문, 88쪽.

인도조례는 인도조약의 존재를 전제로 하는 조약 전치주의를 채택하고 있었다. 인도조례 제1조에서는 '인도 범죄라 칭함은 외국과 체결한 범죄인 인도조약에 해당하는 범죄를 말한다', 제8조는 '한 도망 범죄인을 2개 이상의 체결국이 각국에서 범한 죄로 인해 인도 청구를 할 때는…'로 규정하여 인도가 실행되기 위해서는 조약체결이 전제가 된다는 것을 명시하였다.[123] 인도 대상이 되는 범죄는 일본이 외국과 체결한 인도조약에서 규정한 범죄로 한다(제1조 제2항). 인도조례상, '도망 범죄인'이란 외국인으로 인도 범죄에 대해 고소나 고발을 받은 자 혹은 유죄의 선고를 받은 자를 말한다. 즉, 일본 국민은 원칙적으로 '도망 범죄인'에 포함되지 않으며, 인도조약에서 자국민을 인도하도록 정한 조항이 있을 경우에 한하여 인도 청구의 대상이 된다는 취지를 규정했다(제1조 제3항). 또한 청구국에서 결석재판으로 유죄선고를 받은 자는 인도조약에 별도 조항이 없는 한 고소나 고발을 받은 자로 본다(제19조). 도망 범죄인의 신병을 구속하려면 법원이 발부하는 영장이 아니라 검찰관이 발부하는 체포장에 따라 집행되며 구속기간은 가체포에 이은 체포의 경우 각각 2개월, 인도집행을 위한 인도장이 1개월이다. 인도 여부에 대해서는 검찰관 신문과 그 의견에 따라 사법대신이 그것을 심사하고 최종적으로 결정한다. 인도 제한사유로는 인도 범죄가 정치범죄일 때(제3조 제1호), 인도 청구목적이 정치범죄의 수사, 소추 및 처벌에 있을 때(제3조 제2호)가 있다.

2. 도망 범죄인 인도조약

(1) 일본과 미합중국 간의 도망 범죄인 인도조약

일본과 미국 간의 인도조약 체결 협상의 계기가 된 사건은 이른바 '캘빈 플랫 사건'이다.[124] 미국에서 증권 위조죄를 지은 캘빈이 일본으로 도망치면서 미국

---

123) 현행 '도망 범죄인 인도법'에서는 '이 법률에서 <청구국>이란 일본에 대하여 범죄인 인도를 청구한 외국을 말한다'(제1조 제2호), '이 법률에서 <인도 범죄>란 청구국의 범죄인 인도 청구에서 해당 범죄인이 범했다고 하는 범죄를 말한다'고 규정하며(제1조 제3호), 인도 청구국이 인도조약의 체결국임을 요건으로 하지 않는다.

124) 神山晃令, 明治期の犯罪人引渡条約と政治犯不引渡原則, 国史学(第121号), 1983, 84쪽. 또한 일본이 미일 구인도조약에 근거해 미국에 인도를 청구한 최초의 사례는 1891년 1월, 스위스인 무역상 파블 브랜드(J. Favre Brandt)의 피고용인인 尾山憲一가 문서위조죄를 범하여 미국으로 도망한 사건이었다. 宮本平九郎, 犯罪人引渡論, 国家学会雑誌(第13巻 第153号), 1899, 47쪽.

은 1885년 11월 일본에 이 인물의 신병 인도를 요구했다. 당시 외무대신 이노우에 카오루(井上馨)는 미국이 인도조약 체결 협상에 응한다면 그 요구를 정식 인도청구로 인정하겠다고 답변해 양국 간에 합의가 이뤄졌으며 협상이 진행되었다. 미일 구인도조약은 1886년 4월 29일 도쿄에서 서명되어, 같은 해 9월 27일 비준서를 교환하였고 10월 6일에 공포 및 시행되었다.

미일 구인도조약은 인도 청구가 가능한 범죄로 체결국의 관할 내에서 일정 범죄에 대해 유죄 선고를 받은 경우 혹은 고소나 고발을 당한 경우로 규정했다(제1조). 인도 청구의 대상이 되는 일정 범죄란 살인 등의 14가지 범죄이며, 조약 제2조에서 그 죄종을 구체적으로 열거하였다. 인도 제한사유로는 '만약 청구에 해당하는 사람을 정치범으로 심판하거나 처형하고자는 목적으로 인도 청구를 했다고 인정될 시에는 인도를 하지 않거나 인도된 자는 그 인도 전에 범한 정치범죄 혹은 그 인도를 허용한 범죄 외의 심판 혹은 처형에 처해지는 일이 없어야 한다'로 규정하여(제4조), 정치범 불인도의 원칙 및 특정성의 원칙이 명기되었다.

이 조약은 인도 범죄의 추가를 위해 일부 개정이 이루어져, 1906년 5월 17일 도쿄에서 '추가 범죄인 인도조약'이 체결되었다. 개정 요지는, 제2조에서 열거한 인도 대상 범죄 외에 일정 금액 이상의 재산범죄 및 절도죄 조항이 추가되 것이다. 이후 미일 구인도조약은 1953년에 존속 또는 부활 통지 등을 거쳐 2015년 현재의 미일 인도조약에 이른다. 메이지 정부는 멕시코, 벨기에, 프랑스, 독일, 영국 등 여러 나라와 조약 체결 협상을 했지만, 결국 미일 구인도조약을 제외하고는 러시아와의 조약 체결에 그쳤다(이하 '미일 구인도조약'은 '추가 범죄인 인도조약'을 포함한다).

(2) 일본과 러시아 간의 도망 범죄인 인도조약

일본이 러시아와 인도조약을 체결하게 된 계기는 러시아의 요청이었다. 1906년 8월 주일 러시아 공사가 일본 외무대신에게 조약 체결을 제안하면서 협상이 시작되었다. 당시 일본과 블라디보스토크 간에는 사람과 물자 등의 왕래와 교역이 활발했고, 이에 따른 범죄도 빈발하여 범죄 규제를 위한 양국의 형사협력의 필요성이 높아지고 있었다. 블라디보스토크 주재 무역 사무관이 외무대신에게 보낸 서한에는 '러일 범죄인 인도조약의 체결은 러일 양국 간의 상호적 권리 보조의 방

법으로 필요할 뿐만 아니라 해당 지역에 거주하는 국민의 질서 유지라는 점에서
도 더욱 필요한 일'이라 하여, 도망 범죄인 등의 단속을 위한 대책이 요구되고 있
었다[125]는 사실을 알 수 있다. 단, 러시아 측이 인도조약 체결을 제안한 배경에는
정치적 의도가 강하게 작용하였다. 즉, 러시아 극동지역 등에서 탈출한 혁명가들
이 나가사키 등지에 정착하면서 반정부 활동을 조직화했으며, 그들에 대한 단속
대책에 고심했던 것이다. 1908년 2월 러시아가 일본 측에 제안한 인도조약 초
안에는 정치범 불인도의 원칙을 규정하면서도 예외로 '중범죄 혹은 경범죄이거나
정치적 목적을 가지고 있는 경우' 및 '중범죄 혹은 경범죄이거나 국제조약에서 정
치범죄로 인정하는 중범죄나 경범죄인 동시에, 또는 이와 연관하여 행해졌을 경
우'라고 하여 폭넓은 예외가 인정되는 조약안을 구상하였다.[126] 또한 블라디보스
토크 주재관이 외무대신에게 보낸 상신서에는 '러시아는 범죄인 인도조약을 체결
하는 이상 정치범까지도 인도해야 한다고 규정하는 것에 중점을 두었으나, 정치
범을 인도하는 것은 일본의 범죄인 인도에 관한 법률에 위반된다'고 하며,[127] 러
시아가 일본과 인도조약을 체결하고자는 배경에 정치범을 인도받고자 하는 의향
이 있음을 감지하고 있었다.

　　이러한 러시아 측 제안에 대해 일본은, 국내법인 인도조례가 정치범죄를 인
도 제한사유로 규정하고 있는 점 등을 이유로 러시아의 제안에 대해 신중한 자세
를 취하였다.[128] 이후 일본 입장에서도, 러시아 극동 지역에서의 조선 국권 회복
활동이 심화되는 등의 정세변화에 대한 단속이 요구되었기 때문에, 인도조약 체
결과 관련된 양국의 이해관계가 일치하게 되었다. 러일 간의 인도조약 체결 협상
은, 문서 위조범의 신병 인도를 계기로 교섭이 행해진 미국과는 달리, 예초부터
정치범 취급이 쟁점이었다. 즉, 상대국의 지배 영역에 산재하는 반정부 활동에 대
해 정치범죄를 인도 대상에 포함시키려는 의도로 인해, 인도 협력을 통해 단속이

---

125) 和田春樹, 日露逃亡犯罪人引渡条約付属秘密宣言, 東大社会科学研究(第27巻 第4号), 1976, 89쪽.
126) 神山晃令, 明治期の犯罪人引渡条約と政治犯不引渡原則, 国史学(第121号), 1983, 91쪽.
127) 메이지 35년 4월 12일 블라디보스토크 주재 무역 사무관 川上俊彦로부터 小村寿太 외무대신
　　 앞으로 송부. 기밀송달 제6호, '러일 범죄인 인도조약 체결의 필요에 따른 상신의 건'으로 첨부
　　 한 서류. 神山晃令 상동 논문, 97쪽의 주(4).
128) 주일 러시아 공사는 1906년 5월 본국의 외무장관에게 일본과의 인도조약 체결의 필요성을 언
　　 급하면서, 인도 범죄로서 '약간의 정치적 성격이 포함된 범죄'가 포함되어야 함을 보고한 바
　　 있다. 和田春樹, 日露逃亡犯罪人引渡条約付属秘密宣言, 東大社会科学研究(第27巻 第4号), 1976,
　　 88쪽.

실시될 것을 상정하였다고 할 수 있다. 양국 간의 범죄인 인도조약은 협상 끝에 1911년 6월 1일 체결되었고, 같은 해 9월 16일 공포되었다.[129]

3. 도망 범죄인 인도조례의 특징과 인도 절차 사법화의 주장

인도조례상 인도 여부에 관한 심사 및 결정의 각 권한은 사법 대신의 전속관할로 규정되어 있었다. 인도조례 제6조는 '인도 범죄에 대해 제국재판소에서 체결국 재판소와 균등한 재판권을 지녔더라도, 만약 사법 대신의 의견에 따라 그 심판을 위해 도망 범죄인의 인도가 가능할 때는 이를 인도하기로 한다'라고 규정하였다. 즉, 인도 범죄에 대하여 그 재판권이 일본에 존재하더라도 사법 대신이 해당 범죄를 상대국에서 심판하는 것이 상당하다고 판단하면, 이를 인도할 수 있다는 것이다. 또한, 사법 대신은 외무대신으로부터 인도 청구서 및 기타 관계 서류를 수령하여 그 청구가 타당하다고 인정할 시에는 검찰관으로서 도망 범죄인의 구속장을 발부하도록 명하여야 한다(제12조). 더욱이 도망 범죄인에 대하여 취조할 권한을 가지는 것도 검찰관으로 규정하였고(제9조, 제12조 또는 제16조), 일련의 절차에서 법원이 관여할 여지가 없으며, 도망 범죄인 인도는 전체적으로 행정기관(사법대신)의 전속관할로 규정하였다. 인도조례가 인도 여부의 심사 및 그 결정에 관하여 사법 대신의 전속사항이라고 한 것은 유럽 국가의 범죄인 인도법 유형을 참고하여 그 특징을 도입하였기 때문이다. 당시 영국, 프랑스 및 벨기에 등의 범죄인 인도법제를 참조하였다고 하는데, 그 주된 인도 절차의 유형 및 특징은 다음과 같다.[130]

① 영국주의이다. 인도 청구 사건을 심사하여 그 결과 인도 가능 여부를 결정할 권한은 사법 기관인 법원에 일임된다. 행정기관으로서의 외무대신은 인도

129) 러일 인도조약의 효력을 둘러싸고, 러시아의 볼셰비키 혁명에 의해 1922년에 소비에트 정권이 수립됨으로써 제정시대에 체결된 조약의 효력은 소멸했다는 주장과 정치 체제 등의 변혁은 있었으나 유효하다는 주장이 있었다. 당시 소비에트 정권은 전자의 입장을 취했고, 일본 당국은 후자의 입장을 취했다. 양국 간 회의 결과, 러일 기본조약(1925년)에 따라 '포츠머스 조약 이외의 조약은 양 정부 간에 추후 열릴 회의에서 심사할 수 있고 변화된 사태가 요구하는 바에 따라 반드시 개정 또는 폐기되어야 한다'고 함으로써 법률상 및 사실상 양국 간의 조약은 그 효력이 정지됐다. 松藤正憲, 刑事涉外事件の取扱に関する事項, 司法研究(第2巻 第2号), 1926, 322쪽.
130) 宮本平九郎, 犯罪人引渡論, 国家学会雑誌(第13巻 第153号), 1899, 48−52쪽.

청구가 조약에 기초한 것인지 여부 혹은 인도가 청구된 범죄에 정치적 성질이 있는지 여부를 심사하고, 명백히 정치범이라고 인정되는 경우에는 인도를 거절할 수 있다. 보통 범죄일 경우, 외무대신으로부터 통지를 받은 내무대신은 사법 경찰관 또는 치안 재판관에게 체포장을 발부하도록 명한다. 다만 체포장을 집행할 시에는 도망 범죄인을 법정으로 인치하여 재판관의 심문을 거쳐야 한다. 나아가서 인도허부에 대해서도 심리가 이뤄져 법원이 최종적으로 결정하는 구조다. ② 프랑스주의이다. 영국주의와는 반대로 인도의 결정은 행정기관의 권한에 속한다. 사법 대신이 단독으로 인도 가능 여부를 심사 및 결정하지만, 인도하는 것이 상당하다고 인정할 때에는 대통령의 인가를 받아 인도를 집행하게 된다. ③ 벨기에주의이다. 법원이 인도 요건 등에 대해 심문하지만 영국주의와 다른 점은, 법원이 도망 범죄인을 자국의 범죄인으로 간주하고 심사하는 것이 아니라, 인도 청구의 적법성을 판단하는 것에 그친다는 점이다. 재판관은 재판 결과를 의견서로 사법 대신에게 송부하되, 사법 대신은 이 의견서에 기재된 결정에 구속되지 않으며 인도 여부를 스스로 결정할 수 있다. 즉, 사법 대신은 인도하는 것이 상당하다고 결정할 때에는 국왕의 재가를 받아 인도를 실시하게 된다.

이상의 세 가지 유형[131])에서 인도 절차에 대한 행정기관과 법원의 권한 분담 측면에서 보면, 인도조례는 '프랑스주의'를 채택한 것으로 해석된다. 물론 프랑스에서 인도장을 발부하기 위해서는 대통령의 재가를 받아야 하나, 인도조례에서는 사법 대신이 단독으로 인도장을 발부할 수 있다고 되어 있다. 1880년 만국 국제법학회 옥스퍼드 결의 제20조는 '피청구국은 법원이 그 인도 요구를 수리해서는 안 된다고 판정했을 때에는 인도를 해서는 안 된다'고 했고, 결의 제21조는 '심사 범위는 인도의 일반적 요건과 소추의 진실성을 대상으로 하는 것'이라고 했다. 그 후 프랑스 인도법(1927년) 및 독일 인도법(1929년)은 법원이 인도

---

131) 세 가지 유형의 장단점으로 영국주의는 사법기관에 의해 심사 및 결정됨으로써 도망 범죄인의 인권 존중을 도모할 수 있다. 반면 절차가 길어지거나 비용이 많이 들며, 인도 범죄가 자국 범죄로 간주되어 재판이 진행되기 때문에, 인도된 뒤 청구국에서의 유죄에 대한 선입견과 심증을 부여하여 범죄인이 불이익을 받을 수 있다. 프랑스주의는 절차가 신속할 수 있으나, 청구국의 재판권 행사 협력에 편의를 확보하는 것에 중점을 두어 범죄인의 인권이 희생될 우려가 있다. 이러한 평가에 근거하여 법원이 1차적인 심사를 실시하고 그 후에 사법대신의 결정을 자문적 기능으로 규정하는 '벨기에주의'가 타당하다는 견해가 제시된 적이 있다. 宮本平九郎, 상동 논문, 55쪽.

불가 결정에 한하여 그 효력이 행정기관을 구속하는 것으로 하고, 법원이 내린 인도 가능의 결정은 행정권이 행사되는 데 있어서 단순한 자문적 효과밖에 없다고 규정하고 있었다.[132)

　　도망 범죄인 인도의 법적 성질은 대권 행위, 행정 행위 또는 사법 행위 등으로 불리면서 각국의 국내법상 취급에 따라 다르며, 연혁적으로는 대권 행위에서 점차 사법 행위화되면서 이행하는 경향에 있다고 할 수 있다.[133) 인도조례가 메이지 헌법의 시행(1890년) 전부터 이미 시행(1887년)되었던 점을 감안하면, 인도의 법적 성질이 대권행위인지에 대해, 실무상 구조는 차치하더라도, 적어도 입법상으로는 긍정되지 않는다고 해석됐었다. 다시 말해, 메이지 헌법 제1장에서 천황은 입법, 사법, 행정 등 국가의 모든 작용을 궁극적으로 장악하고 통괄하는 권한을 가지며 행사한다고 규정한다. 그러나 인도조례는 인도 가능 여부 결정이 사법 대신에게 전권이 위임되며, 더구나 사법 대신은 그 실시에 있어서 '프랑스주의'처럼 대통령의 재가를 얻지 않고 그 권한을 행사하도록 되어 있었기 때문이다. 다만, 적어도 인도조례가 그 절차에서 인도행위를 행정기관의 자유재량 영역으로 정한 바, 그러한 의미에서 생각했을 때는 통치행위의 개념으로 설명할 수 있다고 생각된다. 통치행위란 일반적으로 '직접 국가 통치 행위의 기본에 관한 고도로 정치성 있는 국가 행위'이며, 법률상 쟁송으로 법원의 법률적 판단이 이론적으로는 가능하나, 사안의 성질상 사법기관의 심사 대상에서 제외되는 행위를 말한다. 사법작용의 한계와 예외로, 행정기관의 자유재량에 속하는 행위와 같이 법률상의 쟁송이기는 하지만, 사안의 성질상 법원 심사에 적합하지 않다고 인정되는 것을 말한다.[134)

　　인도조례는 인도 범죄의 정치성 효과와 그 평가에서, 도망 범죄인의 인권보장 관점에서 다음과 같은 특징을 갖는다. ① 정치범 불인도원칙의 예외로 '벨기에 가해 조항'을 규정하지 않는다. ② 정치범죄를 절대적 인도 거절사유로 한다. ③ 정치범죄의 거증책임을 해당 범죄인 부담으로 한다. 이러한 규정에서 보면 인도

---

132) 프랑스 인도법의 제17조 및 제18조, 독일 인도법 제7조. 佐瀨昌三, 犯罪人引渡制度の立法的傾向, 法曹界雜誌(第10卷 第2号), 1932, 48쪽.
133) 佐瀨昌三, 정치범죄並びに犯罪人引渡し制度に關する硏究, 司法省調査課司法硏究(第19卷 第4号), 1935, 213쪽.
134) 芦部信喜, 憲法(第四版), 岩波書店, 2007, 325쪽.

조례는 인도를 요구받은 범죄인의 인권보장 측면에서 적극적인 보장규정을 갖는다고 할 수 있다. 다만, 이러한 규정에도 불구하고 인도절차에서 그 취지가 실질적으로 반영되었다고는 말하기 어렵다. 예를 들어 검찰관이 해당 범죄인을 취조하고, 그 결과를 사법대신에게 보고하고, 사법대신이 인도 가부를 최종적으로 심사 및 결정하는 절차로, 사법대신이 인도에 대해 전권을 행사하는 구조였다.[135] 또한 도망 범죄인의 신병을 구속하는 경우, 법원이 그 필요성에 대한 심사를 하는 영장주의는 배제되고, 검찰관이 발부하는 체포장에 의해 진행된다.[136] 때문에 도망 범죄인의 인권보장 관점에서 인도 가능 여부에 대한 법원의 심사를 경유해야 한다고 하여, 인도 절차의 사법화를 요구하는 주장이 제기되게 되었다.[137]

인도조례 제정 시에 유럽 국가들의 법제를 참조하였지만, 절차에 관한 법적 프레임워크는 대체로 '프랑스주의'를 채택하였다. 반면 절대적 인도 거절사유라 하면서 그 거증 책임을 인도가 요구되는 범죄인 본인에게 지우는 것을 인정한 점 등은 '영국주의'의 요소를 도입한 것이다. 또한 인도조례는 인도에 대해 인도조약의 존재를 전제로 하는 조약 전치주의를 취하고 있었지만, 실제로는 국제 예양에 따라 행해지는 경우도 적지 않았다.[138] 국제 예양이라는 형식으로 인도를 실시할

---

135) 인도조례 제14조 내지 제18조. 예를 들어, 제18조는 사법대신이 인도장을 발부하는 경우로 다음 두 가지를 들고 있다. ① 인도범죄에 관해 고소고발을 당한 자의 경우에는 그 고소고발에 해당하는 죄를 제국(일본) 내에서 범했다고 가정했을 때 제국의 법률에 의해 피고인을 심판하기에 충분한 범죄의 증거가 있다고 인정될 때, ② 유죄 선고를 받은 자의 경우에는 해당 재판소에서 선고가 내려졌다고 인정되는 때 이다.

136) 도망 범죄인의 신병 구속이 검찰관이 발부하는 체포장에 의해 집행되는 경우로는 인도조례 제13조 '상석검사가 전조와 같이 사법대신의 명령을 접한 때는 부록 제2호 서식에 의거하여 체포장을 발부하여야 한다'. 또한, 제9조는 '사법대신은 외무대신의 청구에 따라 1명 혹은 2명 이상의 상석검사에게 명하여 도망 범죄인을 제1호 서식에 의거하여 가체포장을 발부하도록 할 수 있다'라고 규정한다.

137) 佐瀬昌三, 犯罪人引渡制度の立法的傾向, 法曹会雑誌(第10卷 第2号), 1932, 38쪽. 또한 '사법'이란 '당사자 간에 구체적 사건에 관한 분쟁이 있는 경우 당사자로부터의 쟁송을 전제로 독립된 법원이 통치권에 기초하여 일정한 쟁송절차에 따라 분쟁해결을 위해 무엇이 법인가에 대한 판단을 하고 올바른 법의 적용을 보장하는 작용'을 말한다. 사법 개념의 구성요소로는 ① '구체적인 쟁송'이 존재할 것, ② 적정절차의 요청 등에 준거한 특별한 절차(예를 들어 구두변론, 공개주의 등 전통적으로 인정되어 온, 공정한 재판을 실현하기 위한 원칙들)를 따를 것, ③ 독립적으로 재판이 이루어질 것, ④ 올바른 법의 적용을 보장하는 작용일 것 등을 들 수 있다. 芦部信喜, 憲法(第五版), 岩波書店, 2011, 326–327쪽.

138) 제2차 세계대전 전의 국제 예양에 따른 인도 협력 중 일본이 외국으로부터 인도를 받은 사례는 총 83건 91명(이 중 인도된 사람은 25건 28명)이며, 일본이 외국에 대해 인도를 청구한 사례는 총 6건 6명(이 중 인도받은 사람은 3건 3명)이다. 伊藤栄樹, 逃亡犯罪人引渡法解説, 法曹時報(第16卷 第6号), 1964, 782–787쪽. 국제 예양에 근거한 인도에 관한 해석론으로 헌법 제98조 제2항에서 규정한 '확립된 국제법규'가 유추 적용되고 있었다. 辻辰三郎, 逃亡犯罪人引渡

때 그 보증 조건으로 제시된 주요 내용은 ① 해당 사건을 선례로 삼지 않을 것, ② 일본이 도망 범죄인 인도를 청구하는 경우에는 이에 응할 것, ③ 범죄인 인도 조약 체결에 관한 협의를 시작할 것, ④ 청구된 범죄 이외의 범죄에 대해 처벌하지 않을 것, ⑤ 비용을 상환할 것 등이었다.[139]

4. 정치범죄의 취급

(1) 인도조례와 정치범죄

인도조례가 제정되기 전에 일본은 이미 정치범 인도를 두고 대외 협상을 한 사례가 있었다. 조선에서 정변을 일으킨 주동자들이 정변에 실패하자 형벌을 피해 일본으로 도망한 것이 계기가 되었다. 조선당국이 일본에 사절을 파견하여 정변 주동자들의 인도를 요구한 이른바 '김옥균 등 인도 요구사건'이다. 이 인도 협상에서 조선 사절은 '국란을 일으킨 역모의 무리가 귀국에 잠복한 사안에 대해 국왕의 훈령에 따라 이들을 잡아 귀국한다'라 하여 정변을 일으킨 자를 도망 범죄인으로 규정하고 그 인도를 요청하였다. 이에 대해 일본은 인도 요구를 거절하고 그 이유로 '정치범 불인도의 원칙'을 들면서 다음과 같이 말하였다. 즉 ① 인도 범죄의 성질이 정치범('국사범')이다. ② 조선과 일본 간에는 범죄인 인도조약이 체결되지 않았다. ③ 국제 관습법(만국공법)에 따라 국사범을 인도할 수 없다고 대응한 것이다.[140]

인도조례는 인도 제한사유로, 인도가 요구된 범죄가 정치범죄일 것, 인도 범죄인이 자국민일 것[141] 등을 규정한다. 인도조례 제3조는 '다음의 경우에는 도망

法解説(一), 警察研究(第24卷 第10号), 1953, 36-37쪽.

139) 松藤正憲, 刑事渉外事件の取扱に関する事項, 司法研究(第2卷 第2号), 1926, 338쪽. 국제 예양에 따른 인도사례에 대해서는 같은 논문의 330-332쪽을 참조.

140) '김옥균 등 인도 요구 사건'은 1884년 12월 4일 조선에서 일어난 정변사건의 주모자 등이 일본으로 도망하여 그 인도를 둘러싼 양국 간의 협상을 말한다. 당일 한성(현 서울)에서 열린 우정국 개국 축하연을 계기로 김옥균 등 젊은 지식인들이 청나라와의 종속관계를 골자로 하는 국책을 추진하는 민씨 정권을 타도하기 위해 정변을 일으켰다. 김옥균 등은 정적들을 숙청하는 동시에 개혁 인사들로 군사권 및 재정권 등을 장악하게 하여 친일 정권을 출범시켰다. 그러나 정변 궐기 후 얼마 지나지 않아 청나라 군사의 반격과 함께 조선 국왕의 개혁정책 공표 등이 이루어지면서 쿠데타는 실패로 끝났다. 조선은 1885년 2월 일본에 사절단을 파견하여 일본에 체류 중인 김옥균 등 정변 주동자들의 인도를 요구하였다. 国際法先例研究会, 明治期における犯罪人引渡の先例, 京都大学法学論叢(第69卷 第3号), 1961, 126쪽.

141) 인도조례상 인도가 요구된 범죄인이 자국민인 경우에는 인도의 절대적 거절사유가 아니라 인

범죄인을 인도하지 않는다'고 하여 제1항 '인도 청구와 관련된 자가 저지른 범죄가 정치적 범죄일 때', 제2항 '인도 청구는 실제 정치범죄에 대한 심문 혹은 처형을 목적으로 한다는 취지를 본인이 증명했을 때'로 규정하며, 정치범 불인도의 원칙을 명기하고 있다. 즉, 인도 범죄 그 자체가 정치범죄라는 것이 명백할 경우 혹은 인도 청구의 의도로 미루어 보아 인도 후에 청구국에서 정치범죄로 처벌받을 수 있다고 인정되는 경우에는 인도 청구를 절대적으로 거절해야 한다고 규정한다. 이 조항에서 주목해야 할 점은 인도 범죄의 정치성에 대한 거증 책임의 문제이다. 인도조례 제3조 제2항은 인도 범죄에 대하여 정치범죄로서의 항변의 여지를 인정함과 동시에, 그 거증 책임을 인도를 요구받은 본인에게 부담하게 한다는 점을 명기하였다.

이는 인도를 요구받은 범죄인의 인권보장 관점에서 다음과 같은 점이 평가된다.[142] ① 인도를 요구받은 범죄인의 입장에서 보면, 인도 범죄가 정치범죄라는 것 혹은 인도 청구가 정치적 목적으로 행해졌다는 것을 쟁점으로 주장할 수 있다는 것이다. 해당 범죄인이 정치범죄에 관한 주장을 뒷받침할 어떤 증거를 제출함으로써, 검찰관은 인도 범죄의 정치성 불존재에 대해 입증할 필요가 있기 때문이다. ② 인도 범죄의 정치성을 둘러싼 사안의 성질상, 가령 도망 범죄인이 이를 증명할 자료 등의 증거를 가지고 있을 때 혹은 정치범죄임을 증명하기가 용이할 때에는 정치범죄로 인정되므로 도망 범죄인의 편의에 적합하다고 할 수 있다. 나아가 인도조례는 인도 대상이 정치범죄의 경우, 자국민처럼 임의적 거절사유가 아니라 절대적 거절사유로 규정되었다는 것이다. 당초 인도조례의 외무성 초안에는 정치범죄의 거증책임에 관한 규정이 실려있지 않았으나,[143] 결국 조문화에 이

도조약에서 인도를 인정하는 한, 인도를 가능하도록 하는 임의적 거절사유로 규정한다(제1조).

142) 현행 '도망 범죄인 인도법' 제2조 제2호는 '인도 청구가 도망 범죄인이 저지른 정치범죄에 대해 심판하거나 형벌을 집행할 목적으로 이루어진 것이라고 인정되는 때'로, 조문상 거증책임의 소재는 불분명하다. 또한 거증책임은 형사소송법상 법원이 증거조사를 끝내도 인정할 사실의 존재여부에 관하여 확신에 도달하지 아니한 경우에, 불리한 인정을 받는 당사자의 지위를 말한다. 형사소송에서 무죄추정의 원칙에서, 원칙적으로 범죄사실 등의 거증책임은 검찰관에게 있으나, 예외적으로 피고인에게 부담시키는 경우도 있다(거증책임의 전환). 川出敏裕, 擧証責任と推定, 刑事訴訟法の争点(第3版), ジュリスト増刊号, 2002, 158 - 161쪽; 田中開・寺崎嘉博・長沼範良, 刑事訴訟法(第3版), 有斐閣アルマ, 2008, 261 - 266쪽.

143) 1886년(메이지 19년) 9월에 작성된 외무성 초안 제5조는 '인도 청구의 대상이 국사범이거나 위경죄에 해당될 때는 범죄인을 인도한다'고 되어 있다. 神山晃令, 明治期の犯罪人引渡条約と政治犯不引渡原則, 国史学(第121号), 1983, 88쪽.

르게 된 배경에는 당시 사법성 법률고문이었던 커크우드(W.M.H.Kirkwood)144)의 입김이 있었다. 즉, 영국에서 1870년에 제정된 범죄인인도법의 내용을 받아들였기 때문이다. 이러한 경위는 외무성의 "정치범죄인의 인도에 대해"145)라는 제목의 조사 보고서에 수록되어 있다. 위 보고서 제5항 '현행 도망 범죄인 인도조례 제3조'에 의하면 "본조 제3호는 영국주의를 채용한 것인데, 인권존중의 정신을 무시할 수 없는 바, (정치범의 절대적 거절사유 규정은) 사실 외국의 법집행을 심히 의심하는 것이지만 각국 법기관의 조직이 완비되지 않은 상황에 비추어 부득이한 부분이 있다."고 기술하고 있다.

　　인도조례에서 정치범죄의 위치는, 정치범죄로 인정되는 경우 절대적 인도 거절사유가 되며, 그 거증 책임이 도망 범죄인 본인에게 지워지는 점 등에 비추어 볼 때, 일단 인권보장적 조항으로 평가할 수 있다. 그러나 후술하듯 러일 인도조약에서는 미일 인도조약에 규정되지 않았던 '벨기에 가해조항'이 추가되었고, 정치범죄의 거증 책임 소재에 관한 조항이 원안에서 삭제되는 등, 정치범죄 불인도 원칙에서 예외를 인정하게 된다.

(2) 인도조약과 정치범죄

　　메이지 정부가 여러 나라와 범죄인 인도조약을 위한 체결 협상을 할 때, 그 준거로 삼은 것은 국내법인 인도조례 및 미일 양국 간에 체결된 인도조약이었다. 또한 정부 내에는 조약 초안의 입안 및 검토 등의 작업을 하기 위해 '도망 범죄인 인도조약 심사위원회'가 설치되었다.146) 이 위원회는 러일 인도조약 체결 후인

---

144) 커크우드는 영국 국적으로 1887년 10월 21일에 설치된 사법성의 법률고문 및 법률취조위원회의 위원을 맡았다. 법률취조위원회는 일본이 서구 열강의 재판 관할 조약안을 수용함에 따라 국내 제판소 제도, 형법, 민법, 상법 등 국내 법제의 정비를 위해 구성됐으나 처음에는 외무성(위원장 井上馨)에 설치되어 있었다. 福島正夫, 法の継受と社会＝経済の近代化(三), 早稲田大学比較法学(第6巻 第1号), 1970, 21－23쪽.

145) 외무성 기록 '도망 범죄인 인도조약 심사위원회 일건'(2.8.1.18)에는 '松島'명의 메이지 41년 3월 31일자 '정치범죄인의 인도에 대해'라고 제목을 붙인 조사보고서가 수록되어 있다. 또한, 커크우드가 제출한 조례안은 인도 거절사유로 '인도 청구에 관계된 인물의 정치상 범죄이거나 본인을 심문할 예심판사 혹은 사법대신에게 인도 청구의 목적이 실제 정치상 범죄에 대해 처단하기 위함을 증명할 때'라는 내용이었다. 神山晃令, 明治期の犯罪人引渡条約と政治犯不引渡原則, 国史学(第121号), 1983, 88쪽, 90쪽.

146) '도망 범죄인조약 심사위원회'는 1908년 11월에 설립되어 주로 외무성, 사법성 및 법제국의 참사관급 관료로 구성되었다. 神山晃令, 明治期の犯罪人引渡条約と政治犯不引渡原則, 国史学(第121号), 1983, 104쪽.

1912년 6월, 인도조약 체결 협상의 길잡이라고도 할 수 있는 '범죄인 인도조약 체결 방법에 관한 협의 사항'[147]이라는 것을 기안했다. 그 제1항에 '1, 제국(일본) 정부가 여러 외국에 제출할 조약안 및 수정안은 일러조약과 일영조약의 내용을 기초로 하되 가능한 한 전자에 의거한다'라고 규정하며, 인도조약의 체결에서 러일 인도조약을 모델로 대외교섭에 임하는 것을 기본방침으로 정하고 있었다. 또한 정치범 및 정치범죄에 대해서는 제11항에 '정치범 및 이에 부대되는 범죄는 러일 조약 제4조와 같이 할 것'이라 하여, 이 협의 사항이 인도조약 체결협상의 중요한 방침이었다는 것을 나타내고 있다. 예를 들어, 미일 인도조약에는 규정되지 않았던 '벨기에 가해조항'에 대해 러일 인도조약에서 조문화된 것은 이 '협의 사항'의 방침에 기초한 것이었다. 일본은 '벨기에 가해조항'을 명기하려는 러시아의 주장에 대해 처음에는 소극적이었다. 러시아는 1887년에 체결된 미러 인도조약 제3조가 '외국의 원수 또는 그 가족의 일원에 대한 가해는, 제2조 제1호에 열거한 행위의 경우에는 정치범 또는 이와 관계 있는 행위로 간주하지 않는다'며 벨기에 가해조항을 규정한 것을 들어, 이 조항이 각국 범죄인 인도조약에 널리 규정되었음을 강조하였다.[148]

일본이, 러일 인도조약에 '벨기에 가해조항'을 삽입하려는 러시아의 주장을 거부하다가 입장을 바꾼 계기는, 고토쿠 슈수이(幸德秋水) 등이 체포된 '대역 사건'(1910년 5월)이었다고 한다. 조약에서는 정치범 불인도원칙의 예외인 범죄의 범위를, 군주 및 그 가족의 신체에 대한 위해 행위뿐 아니라 그 명예에 대한 범죄까지로 확대했다. 다시 말해, 조약 제4조의 일본 측 수정안은 '1, 도망 범죄인 인도 청구의 원인 및 행위가 정치적 성질을 가진 죄일 경우 인도를 하지 않는다. 단 군주 또는 황족의 신체 또는 명예에 대한 행위는 정치적 성질을 지닌 죄로 인정하지 않는다. 2, 도망 범죄인의 인도 청구에 대한 실제 목적이 전항에 의해 인도하지 않는 죄에 관해 심판 또는 처벌하기 위함을 증명한 경우에도 여전히 그 인도를 행하지 않는다'고 하였다. 그러나 러시아는 인도 요청을 받은 범죄인에게 정치범죄 거증 책임의 지위를 인정한 제2항의 규정에 강하게 반발했다. 이후 메이

---

147) 국립공문서관·아시아역사자료센터 홈페이지 참조(https://www.jacar.go.jp/. 2013년 10월 24일 열람), 레퍼런스 코드 'B07080233600' 0322쪽.

148) 神山晃令, 明治期の犯罪人引渡条約と政治犯不引渡原則, 国史学(第121号), 1983, 92쪽.

지 정부는 '러일 도망 범죄인 인도조약 부속 비밀 선언'을 제안하고 러시아가 이를 수용하면서 상기 제2항 삭제에도 동의하게 된 것이다.[149] 이 비밀선언의 요지는 러시아 극동지역에서 활동하는 조선 독립운동가와 일본 나가사키 지역의 러시아인 혁명활동가에 대해 그 소재지를 관할하는 국가기관이 단속하는 것에 합의한다는 것이다.

(3) 정치범 불인도를 둘러싼 메이지 정부의 대응

미일 인도조약 제4조는 정치범죄에 관하여 '만약 청구와 관련된 사람을 정치범죄에 대해 심판하거나 처형하려는 목적으로 인도를 청구했다고 인정될 시에는 이를 인도하지 않는다. 또한 인도되는 자는 그 인도 전에 범한 정치범죄 혹은 인도를 허용한 범죄 외에 심판 혹은 처형되는 일이 없어야 한다'라고 규정한다. 즉 인도 청구와 관련된 행위가 정치범죄이거나 이를 소추 또는 처벌할 목적으로 인도 청구가 이루어졌다고 인정될 시에는 범죄인을 인도해서는 안 된다고 정하고 있다.

정치범 불인도원칙을 명기한 미일 인도조약은 이 원칙에 대해 아무런 예외 규정을 두지 않았다. 당시 많은 군주국이 인도조약에 정치범 불인도원칙을 규정하였고 예외 조항으로 벨기에 가해조항을 두었던 점에 비추어 보면, 이는 미일 인도조약의 특징이라 할 수 있다. 다만, 인도조례에 명기된 정치범죄임을 증명하는 거증 책임의 지위에 대해서는 규정하지 않았다. 미일 인도조약이 정치범 불인도원칙에 대한 예외 조항 없이 조문화된 것은, 도망 범죄인의 인권이라는 관점에서 보면 적극적으로 이를 보장하겠다는 취지를 나타낸 것이다. 물론 이러한 인권보장 조항은 인도조례상 인도 가부에 관한 심사에 법원이 개입할 여지가 없고, 행정기관의 자유재량에 위임되었다는 것은 전술한 바와 같다.

메이지 정부가, 정치범죄에 대해 일미 인도조약과 인도조례에서 절대적 인도거절사유로 규정하면서도, 인도조례 규정이 그 거증책임을 도망범죄인이 지도록 한 것 등은 구미의 인권보장 사상을 의식적으로 제도화했다고 평가하기는 어렵다. 오히려 당시 국제사회에서의 일본의 위상 향상이 시급한 과제였기 때문에, 구미의 법제도를 적극적으로 수용해야 한다는 국제정세에 따른 것으로 풀이된다고 할 것이다.[150]

---

149) 神山晃令, 상동 논문, 94-95쪽.
150) 神山晃令, 상동 논문, 87쪽.

제 2 절 제2차 세계대전 후의 도망 범죄인 인도

일본은 미국으로부터 샌프란시스코 평화조약 7조 (a)의 규정[151])에 따라 미일 구인도조약이 계속적으로 유효하다는 취지의 통고를 받았고, 통고가 있은지 3개월 후인 1953년 7월 22일부터 조약은 다시 효력을 갖게 되었다.[152]) 인도조례는 제2차 세계대전 후에도 그 효력을 가지고 있었다고는 하지만, 구헌법이 제정되기 전의 칙령이었기 때문에 국내외 사정이나 국제규범의 변화에 적합하지 않은 조항이 적지 않았다. 일본 정부는 미일 구인도조약의 효력이 유지된 것을 계기로 범죄인 인도에 관한 국내절차를 정비하기 위해 이 조례를 폐지함과 동시에 새로운 도망 범죄인 인도법안을 입안하게 된다. 정부가 제출한 법안은, 의회 심의에서 일부 수정을 거쳐 1953년 7월 17일에 국회를 통과, 같은 날 21일에 '도망 범죄인 인도법'(1953년 법률 제68호)으로 공포되었고, 다음날부터 시행되었다. 또 이 법은 도쿄 고등재판소의 심사에 관한 절차 등에 관해 필요한 사항을 최고재판소가 정하도록 함에 따라, 최고재판소의 규칙도 같은 해 7월 23일 '도망 범죄인 인도법에 의한 심사 등의 절차에 관한 규칙'(대법원 규칙 제11호)으로 제정되어 같은 날 시행되게 되었다.

1. '도망 범죄인 인도법'

인도법의 특징 중 하나는, 인도 심사 및 결정에 대해 인도조례를 행정기관의 전속관할로 정한 반면, 인도 여부에 관해서는 법원의 심사를 경유하게 한 점이다. 인도조례에서는 검찰관의 인정 심문 및 의견에 기초하여 사법대신이 그 재량으로

---

151) 샌프란시스코 평화조약 제7조 (a)는 '각 연합국은 자국과 일본 사이에 이 조약의 효력이 발생한 후 1년 이내에 일본과의 전쟁 전에 맺은 양국 간의 모든 조약 또는 협약의 효력을 유지하거나 부활시키는 것을 희망하는지를 일본에 통고하기로 한다. 이렇게 통고된 조약 및 협약은, 이 조약에 적합하기 위해 필요한 수정을 거치는 것만으로 계속 유효하며 또한 부활된다. 이렇게 통고된 조약 및 협약은 통고일 후 3개월부터 계속 유효한 것으로 간주되거나, 부활되고 유엔 사무국에 등록하여야 한다. 일본에 이렇게 통고되지 않은 모든 조약 및 협약은 폐기된 것으로 본다'고 규정한다. 따라서 미국으로부터 통고가 이루어진 것은 인도조약이 효력을 발하기 3개월 전인 1953년 4월 22일자였다. 奧脇直也 編著, 国際条約集(2008年版), 有斐閣, 2008, 785쪽.
152) 藤永幸治·河上和雄·中山善房 編著, 大コメンタール刑事訴訟法(第8巻), 青林書院, 1999, 248쪽.

인도 여부를 최종적으로 결정하도록 정하였으므로 사법기관인 법원이 개입할 여지는 없었다. 인도법이 인도 절차에서 법원을 필요로 한 배경에는 도망 범죄인의 신병을 구속하는 등과 같이 중대한 인권보장에 관한 사안의 성질상, 형사소송적 요건이 요구되었기 때문이다. 즉 당시부터 주장되어 온 '인도 절차의 사법화'가 구현됨으로써 행정기관의 재량권 남용 등을 제한할 수 있고 국제규범의 변화에도 대응할 수 있게 된 것이다. 또한, 인도조례는 인도에 대해 조약 전치주의를 채택하고 있었는데, 법 개정을 통해 상호주의 보증을 얻을 것을 조건으로 인도할 수 있다고 규정하였다. 나아가 인도 요건으로 일정한 법정형에 처해져야 할 범죄로 한정한다는 쌍방가벌성 원칙을 명기하여 인도 협력의 원활한 작용 및 인권보장 향상이 도모되었다.

(1) 인도 절차의 사법화

인도 절차의 사법화란 상대국으로부터 인도 청구를 받을 때부터 최종적으로 인도를 실시할지 여부를 결정할 때까지, 법원이 일정한 심사 및 판단 기능을 수행한다는 것이다. 인도법에는, 도망 범죄인의 신병을 구속하기 위해서는 원칙적으로 재판관이 미리 발부하는 영장을 통한 영장주의가 도입될 것,[153] 인도 청구 사안이 법원의 심사를 요구하지 않고 명백히 인도할 수 없는 경우를 제외하고는 법원이 인도 여부에 대하여 심사하고 결정할 것 등이 채택되었다.[154] 인도 절차의 사법화는 도망 범죄인의 인권보장이라는 측면 외에 국제분쟁 예방이라는 측면에서 효과적이라는 견해도 있다.[155] 예를 들어, 1891년 '오오츠(大津) 사건'[156] 등과 같

---

153) 영장주의에 대해 인도법 제5조 제1항은 '도쿄 고등재판소 재판관이 미리 발부하는 구금허가장에 따라 도망 범죄인을 구금해야 한다. 다만, 도망 범죄인이 정해진 주거를 보유한 경우로, 도쿄 고등검찰청 검사장이 도망 범죄인이 도망할 우려가 없다고 인정하는 경우에는 그러하지 아니하다'고 정한다. 영장주의의 예외로는, 도쿄 고등재판소가 인도 가능하다고 결정한 후 법무대신이 인도장을 발부했을 때, 도쿄 고등재판소 검찰관이 발부하는 '구금장'에 따라 도망 범죄인을 구금하는 것이다(인도법 제17조 제2항).

154) 재판소에 의한 심사 및 결정에 관하여 인도법 제9조 제1항은 '도쿄 고등재판소는 전조의 심사 청구를 받은 때에는 신속하게 심사를 개시하고 결정한다'고 정한다.

155) 제16회 중의원 법무위원회에서의 佐瀬昌三 위원의 발언을 참조. 第16回衆院法務委員会第11号 (1953년 7월 11일), 44쪽.

156) '오오츠 사건'은 1891년(메이지 24년) 5월 11일, 당시 방일중이던 러시아의 황태자(나중의 니콜라이 2세 황제)의 경비를 담당하던경찰관 츠다 산조(津田三藏)가 갑자기 차고 있던 칼을 뽑아 황태자를 베 부상하게 한 사건이다. 당시의 마쓰카타(松方) 내각은 이 사건으로 인해 대러시아 관계 악화를 우려하여, 범인을 대역죄로 사형에 처하도록 재판소를 압박하였다. 그러나

이 국가 간에 외교적 및 정치적 이해관계가 첨예하게 대립하는 범죄의 경우, 국내 법원이 삼권분립에 기초하여 사법 판단을 하였다는 점에서 국가 간 긴장관계 완화에 도움이 된다고 평가하는 것이다. 법원도 인도심사 청구사건의 법적 성질에 관하여 '인도하는 것이 상당한지 여부를 행정기관의 임의적 판단에만 맡기지 아니하고, 인도가 상당하다고 하기 위해서는 미리 법률에 일정 유형의 제한규정을 정하여 개별 사안이 이에 저촉되었는지 여부에 대하여 먼저 사법기관의 판단을 경유하도록 하고 있다(법 제8조 내지 제10조). 문제가 지극히 인권에 관한 법률적 판단이라는 점에 착안한 절차 규정이다'라고 명시하고 있다.[157] 도망 범죄인의 인도 절차에 형사소송법 규정이 준용됨으로써 행정권 재량을 견제하면서 해당 범죄인을 인도할 수 있는 경우에 해당하는지 여부에 관하여 사법판단이 이루어지게 된다.[158]

일본 헌법 제31조 또는 제34조의 규정은, 인간의 자유를 보장하면서 이를 박탈하는 체포와 구금 등이 집행되기 위해서는, 법률상 절차 및 요건을 규정한 형사 절차를 따라야 한다고 말한다. 그런 의미에서 단순형식적으로 말하자면, 기본적으로는 행정 절차로 해석되는 도망 범죄인 인도 절차에 직접적인 적용은 없다는 것이다. 물론, 인도가 요구되는 범죄인의 자유를 구속하는 성질상, 인권보장이라는 관점에서 신병 구속에 대해서는 원칙적으로 재판관이 발부한 영장이 집행된다.[159] '인도 절차의 사법화'의 의의는 인권보장 측면에서 인도 절차에 법치주의 요청이 실현됐다는 것이다. 행정의 주요 부분이 의회에서 제정한 법률로 이루어

대심원장 고지마 고레카타(児島惟謙) 등은 정부의 간섭을 물리치고 보통모살 미수죄를 적용해 범인에게 무기징역 판결을 내렸으며, 행정 간섭을 배제하고 사법권 독립을 지킨 것으로 알려진다.

157) 「中国民航機ハイジャック犯引渡事件」に対する東京高裁(平2·4·20)決定, 判例時報(第1344号), 1990, 35쪽.

158) 범죄인의 인도 절차에서 형사소송법 규정이 준용되는 것으로는 신병구속 등외에 다음과 같은 규정을 들 수 있다. ① 도쿄고등재판의 합의체에서 취급한다(재판소법 제18조). ② 심문기일의 절차는 원칙적으로 공개법정에서 실시한다[도망 범죄인 인도법에 의한 심사 등의 절차에 관한 규칙](이하 '심사규칙'이라 한다) 제20조. ③ 도망 범죄인은 이 심사에 관하여 변호사를 선임할 수 있다(인도법 제9조 제2항, 심사규칙 제15조 및 제16조). ④ 변호사는 구금된 범죄인과 접견 등을 할 수 있으며(심사규칙 제16조), 심문기일의 절차에 입회하여 의견을 진술하고 또한 증인 등을 심문할 수 있다(인도법 제9조 제3항 및 제4항, 심사규칙 제22조). ⑤ 재판소의 결정에 대하여 이유를 붙여 재판서를 작성하는 것(심사규칙 제25조) 등이다.

159) 辻辰三郎, 逃亡犯罪人引渡法逐条解説, 警察研究(第24卷 第10号), 1953, 36쪽; 日本刑法学会編, 改正刑事訴訟法, 有斐閣, 1953, 178쪽.

지고, 그 행정 행위의 적법성 심사는 독립된 법원에 의해 사법 통제가 된다. 즉, 행정에 대한 사법 통제는 법률에 의한 행정의 원리로, 주로 '법률 우위' 원칙과 '법률 유보' 원칙을 의미하는 것이라고 해석할 수 있다.160)

(2) 도망 범죄인 인도법의 개정

인도법의 주요 내용이 개정된 것은 1964년이었으며, 그 요지는 다음과 같다. ① 인도조약이 존재하지 않는 경우에도 상호주의 보증을 얻을 수 있음을 조건으로 인도 청구에 응할 수 있다고 규정하였다. 개정법이 인도에 대해 조약 전치주의를 폐하게 된 계기는 스위스로부터 해외도피사범의 신병을 인수할 때, 스위스가 법제상의 하자를 지적한 것이 계기라고 한다.161) 일본이 1963년, 사기죄 등을 저지르고 스위스로 도피한 피고인(이른바 '도망 범죄인') 2명에 대한 신병 인도를 청구했을 때, 스위스 당국은 상호주의 보증을 요구했다. 그러나 당시의 인도법은 조약 전치주의를 채택하고 있었기 때문에 상호주의에 근거한 인도를 담보할 수 있는 명백한 법적 근거가 부족했다. 일본 당국은 스위스의 요구에 대해 향후 스위스로부터 인도 청구가 있을 경우 스위스 당국이 해당 범죄인의 여권을 무효화하는 조치를 취하면 출입국 관리법령에 의해 그 범죄인을 인도할 수 있다고 약속함으로써 인도 협력에 관한 양해를 얻었다. ② 쌍방가벌성의 원칙을 정비한 것이다. 쌍방가벌성에 대해서는, 범죄의 구성 요건에 해당한다고 하는 추상적 가벌성(제2조 제3호 및 제4호)과 형벌 법규에 의한 구체적인 처벌을 가능하게 하는 구체적 가벌성(동조 제5호)으로 나누어 규정했다. 인도가 요구된 행위가 일정 형기 이상의 범죄에 해당하는 것이라도(추상적 가벌성), 정당방위 등으로 위법성 조각 사유가 있을 시 혹은 공소나 형 집행에 대해 시효의 완성, 사면 등으로 인한 공소권 소멸 등이 있을 시에는 '형벌을 가하거나 이를 집행할 수 없는' 경우에 해당한다. 개정 전 인도법에서는 제2조 제3호에서 어떠한 범죄에 대해서도 인도 가능하다고 정하

---

160) '법의 우위' 원칙은 법률 규정과 행정 활동이 저촉될 경우, 전자가 우위에 서게 되고 위법한 행정활동은 취소되거나 무효가 된다는 것을 의미한다. 또한 '법률 유보'의 원칙은 행정 활동을 할 경우, 사전에 법률에 그 근거가 규정되어 있어야 한다는 것이다. 이러한 원칙은 입법과 행정과의 기능 분담을 명확히 하려는 것으로, 권력분립의 원칙을 기초로 한다. 宇賀克也, 行政法 概説 I (第2版), 有斐閣, 2006, 26쪽.

161) 川村忠太郎, 逃亡犯罪人引渡し制度の諸問題(一・二)：富士銀行不正融資事件をめぐって, 警察 学論集(第25巻 第2号, 第3号), 1972, 78쪽.

고, 쌍방가벌성에 대해 구별하지 않았다. 또한 개정 전의 법에서는 인도 범죄와 관련된 행위가 일본 내에서 이뤄질 경우, 일본 법령에 의해 도망 범죄인에게 형벌을 가할 수 없다고 인정될 시를 인도 제한사유로 정하고 있었기 때문에(제2조 제3호), 형벌의 경중에 관한 기준이 없어 경미한 범죄에 대해서도 인도할 수 있게 되어 있었다. 이는 인도조약이 일정한 악질 범죄를 인도 대상으로 삼는 점, 인도 과정에서 신병이 구금되는 점 등에 비추어 볼 때 도망 범죄인의 인권보장 관점에서 바람직하지 않으며, 여러 나라의 입법례 등에 맞추어 개정이 이루어진 것이다. ③ 인도 청구가 인도조약에 기초하지 아니하는 경우에 관하여, 외무대신 및 법무대신의 조치를 규정한 것이다. 외무대신 및 법무대신의 각 조치에 관하여 인도 청구가 인도조약에 기초한 것이 아닌 경우 외무대신이 상호주의 보증의 존재 여부를 심사하고(제3조 제2호), 법무대신이 인도 상당성 여부를 판단하는 것에 대해(제4조 제1항 제3호) 규정한 것이다.

그 밖에 1978년 법개정에서는 1975년에 일어난 이른바 '쿠알라룸푸르 사건' 등의 테러행위 규제 및 미일 신인도조약 체결 등을 계기로 인도조약에 근거하지 않더라도 상호주의 보증이 확보될 시에는 도망 범죄인의 가구금 청구에 응할 수 있도록 하였다(제23조 제2항). 또한 도망 범죄인의 통과호송에서는 그 승인에 관한 법무대신의 조치가 추가되는 등의 개정이 있었다.

(3) 인도 절차의 주된 흐름

일본이 외국으로부터 인도 청구를 요청받은 경우, 인도법에 따라 도쿄 고등재판소가 인도의 적법성 심사 및 결정을 거쳐 인도 상당성 유무의 판단을 하기까지의 주요 흐름은 다음과 같다(인도가 이루어지는 경우).[162] 즉 ① 외국으로부터 외무대신에게 인도를 청구, ② 외무대신: 청구방식의 적정성, 상호주의 보증 등에 관한 심사(법무대신에게 송부), ③ 법무대신: 도쿄 고등재판소에 대한 심사 청구의 해당성 등 심사(심사 청구의 명령), ④ 도쿄 고등재판소: 인도 제한사유의 존재 여

---

162) 인도 수속의 흐름에 대해서, 原田明夫, 刑事に関する国際協力について, 法律のひろば(第25卷 第11号), 1972, 56쪽; 前田宗一, 日米犯罪人引渡条約に基づく逃亡犯罪人の引渡請求手続について, 警察学論集(第29卷 第1号), 1976, 86~88쪽의 별첨표 등을 참조. 특히, 후자는 경찰청 소관의 사건 처리의 절차가 상세하게 기록되어 있는데, 경찰에 의한 청구는 그 청구 관계 기록에 대해 법무성(형사국 참사관)의 인증을 얻은 후, 외무성에 의뢰하게 된다(동 논문 64쪽).

부 등의 심사 및 결정(청구 각하, 인도 불가, 인도 가능), ⑤ 법무대신: 인도의 상당성 유무의 판단(인도 명령)이다. 법무대신은 인도 집행을 위한 조치로 인도장을 발부하여 이를 도쿄 고등검찰청 검사장에게 교부하고 신병 인계를 위한 수령허가장을 외무대신에게 송부한다(인도법 제16조). 인도장이 도쿄 고등검찰청 검사장에게 교부되면 도쿄 고등검찰청 검사가 발부하는 구금장에 따라 그 도망 범죄인을 구금해야 한다(인도법 제6조, 제27조 제2항, 제3항).

인도 청구국의 신병인수자가 도망 범죄인의 신병을 인수하기 위한 장소와 기한은 인도조약 또는 인도법 규정에 따른다. 예를 들어, 한일 인도조약에서는 인도 장소를 피청구국의 영역이며 양 체결국이 왕래할 수 있는 장소로 하고, 기한은 피청구국의 법령에 정해진 기간 내로 규정한다(제12조). 가령 소정의 기한 내에 인도 청구국이 인수하지 않을 경우, 피청구국은 그 신병을 석방하고 그 후에 해당 인도 범죄에 대한 인도 청구를 거절할 수 있다. 인도 장소의 경우, 인도법상 도쿄 고등검찰청 검찰관의 지휘하에 도망 범죄인이 구금된 형사시설의 장이 청구국의 신병인수자로부터 수령허가장 제시를 확인한 후 신병을 인도한다(제20조 제1항). 인도 기한은 인도명령일 익일로부터 기산하여 30일째의 날이다(제15조). 법무대신이 발부하는 수령허가장에 미리 기재함으로써 청구국의 신병인수자가 인도받을 때 신속하게 청구국 내로 호송하게 된다(제17조 제5항 및 제21조). 청구국 신병인수자가 신병을 호송하는 경우, 주로 청구국의 국적기를 이용하게 되며, 자국 법령에 의해 발부된 구속영장 등의 집행은 실무상 비행기가 공해상에 이르렀을 때 이루어진다.163)

2. 법무대신의 조치: '심사 청구의 해당성'과 '인도의 상당성'

인도법 제정으로 인도 절차의 사법화가 도모됨에 따라 행정기관의 재량범위와 법원의 심사 범위 조정은 불가피하게 되었다. 인도법상 법무대신의 조치로는 주로 두 가지 명령이 있다. 즉, 도쿄 고등재판소의 심사를 전후하여 ① 인도 청구

---

163) 座談会 犯罪の国際化と刑事司法協力, ジュリスト(第720号), 1980, 18쪽; 前田宗一, 日米犯罪人引渡条約に基づく逃亡犯罪人の引渡請求手続について, 警察学論集(第29巻 第1号), 1976, 74쪽.

사건에 대해 이것이 법원의 심사가 필요한 경우에 해당하는지 여부의 판단이며
(이하 '심사 청구의 해당성'이라 한다), ② 도쿄 고등재판소가 인도 가능하다는 결정을
내린 경우에 인도를 집행하는 것이 상당한지 여부의 판단이다(이하 '인도의 상당성'
이라 한다). 심사청구의 해당성에 대하여 법무대신은 인도 청구가 도쿄 고등재판소
심사에서 제외되어야 하는 사유(인도법 제4조 제1항이 정하는 각 호의 하나)에 해당하
는지 여부를 심사하고, 그 사유에 해당한다고 인정되는 때에는 도쿄 고등재판소
에 심사 청구를 해서는 안 된다. 인도의 상당성은 도쿄 고등재판소의 심사 결과에
따라 해당 사건이 '인도할 수 있는 경우에 해당한다'는 결정이 내려질 때, 법무대
신은 인도 집행의 상당성 유무를 판단하여 그 취지의 명령을 해야 한다(인도법 제
14조).

　　법무대신이 외무대신으로부터 인도 청구에 관한 서면 및 관계 서류의 송부를
받은 경우, 그 서면 등에 대해 인도법 제4조 제1호부터 제4호까지(도쿄 고등재판소의
심사대상에서 제외되는 사유)에 해당하는지 여부를 심사하게 된다. 예를 들어, 인도법
제4조 제1호의 '명백히 도망 범죄인을 인도할 수 없는 경우'란, 인도 청구가 인도조
약에 의해 행해진 경우에 인도조약에서 정해진 요건을 충족하지 못하거나 인도법
제2조 각 호 중 하나에 해당하는 인도 제한사유의 존재가 객관적이고 분명하게 인
정될 때 등이다. 인도 청구가 인도조약에 의거하지 않는 경우에는 인도법 제2조에
서 정하는 인도 제한사유의 존재가 객관적으로 명백한 때에 해당한다.[164]

(1) '심사 청구의 해당성'의 판단

　　법무대신이 외무대신으로부터 인도 청구에 관한 서면과 관계 서류를 송부받
은 때에는 인도법 제4조에 따라 그 청구가 같은 조 제1항 제1호 또는 제4호 가운
데 어느 하나에 해당하는지 여부를 심사한다. 심사 결과, 같은 항 각 호의 어느
하나에 해당하는 경우가 아니면, 인도 여부에 관하여 도쿄 고등재판소의 결정을
얻기 위해 도쿄 고등검찰청 검사장에게 심사 청구를 명하여야 한다. 한편, 법무대
신이 제4조에 따라 관련된 심사를 한 결과, 각 호의 어느 하나에 해당한다고 판단
한 경우에는 도쿄 고등재판소의 심사를 기다리지 않고 인도의 상당성을 판단한

---

164) 伊藤栄樹, 逃亡犯罪人引渡法解説, 法曹時報(第16巻 第6号), 1964, 802쪽.

후에 그 취지의 명령을 해야 한다. 이 조항에서 정한 법무대신의 조치 내용은 크게 두 단계로 나뉜다. 제1단계에서는 인도 청구에 대해 ① 인도법상 명백히 인도할 수 없는 경우에 해당하는지 여부의 판단, ② 인도조약상 임의적 인도 거절사유가 존재하는 경우, 그 인도 상당성의 유무, ③ 인도조약에 근거하지 않는 사안에 대한 인도 상당성의 유무 등을 심사하는 것이다. 심사 결과, 모두에 해당하는 경우가 아니라면 도쿄 고등재판소의 결정을 구하기 위해 제2의 단계로 도쿄 고등검찰청 검사장에게 심사 청구를 명해야 한다는 흐름이다.

법무대신은 외무대신으로부터 송달된 인도 청구가 있었음을 증명하는 서면 및 관계 서류를 심사하는 바, 그 심사 범위는 인도 청구의 형식과 실체의 양 측면에서 진행된다.[165] 즉 인도 청구가 인도조약에 기초하여 행해질 경우에는 그 절차가 해당 조약 및 국내법 규정에 적합한지 여부를 포함한다. 나아가 인도조약상의 요건을 충족하는지 여부 혹은 인도 범죄와 관련된 경우에는 인도법 제2조 각 호에 정한 인도 제한사유에 해당하는지 여부 등에 대해 심사한다. 심사 결과, 인도 청구가 그 방식에 있어 부적합하거나 인도법 제4조 제1항 각 호에 해당한다고 인정되는 때에는 도쿄 고등재판소에 심사를 청구해서는 안 된다. 인도법 제4조 제1항 제1호 및 제2호는 원칙적으로 인도하지 아니할 것을 명기한 제2조 각 호에 정해진 인도 제한사유에 해당하는 경우로, 그 해당성의 심사와 관련된 법무대신의 인정에는 명백성이 요구된다고 해석할 수 있다. 같은 조 제1항 제3호는, 인도법상 인도 제한사유의 존재와는 별도로, 인도조약에 기초한 일정한 임의적 인도 거절사유에 해당하는지 여부의 심사이다. 따라서 제1호 및 제2호와 같은 명백성은 요구되지 않으나, 인도 청구에 응하지 않을 경우에는 조약 체결국과의 외교상 고려 등으로 제4호와 마찬가지로 법무대신은 그 인정에 대해 외무대신과 협의하게 된다.

심사 청구의 해당성에 대하여 법무대신의 심사 범위가 문제가 되는 것은, 인도가 요구된 자가 저지른 범죄의 피의 사실에서 그 상당성(증거의 충분성)을 어떻게 평가할 것인가이다. 그 인정 여부에 따라서는 법원의 심사를 거치지 않고 명백히 인도할 수 없는 경우에 해당한다고 판단할 수 있기 때문이다. 법무대신이 도쿄

---

165) 辻辰三郎, 逃亡犯罪人引渡法逐条解説, 警察研究(第24卷 第10号), 1953, 56쪽.

고등재판소에 심사를 요청할 때 그 해당성 유무의 판단 기준은, 인도의 상당성이 결여되었는지 여부 혹은 심사 청구가 불필요한지에 대해 객관적으로 명백한 사유의 존재 여부가 된다. 도쿄 고등재판소가 심사 청구 사건에 대해 인도할 수 있는 경우에 해당한다고 결정한 후에도 법무대신이 인도가 상당하지 않다고 인정할 때에는 인도 명령을 내릴 수 없다(인도법 제14조). 따라서 인도의 상당성이 존재하지 않는 경우에 대하여 법무대신의 (도쿄 고등재판소에 대한) 심사 청구 명령 제외 사유로 정하는 것은(인도법 제4조 제1항), 그 절차를 필요로 하지 않는다는 것을 규정한 것에 불과하며, 이를 심사 청구를 위한 적법성 요건으로 삼는 것은 아니라는 것이다.166)

심사 청구에 앞서 법무대신이 판단하는 인도의 상당성 유무는, 도쿄 고등재판소의 심사에서 '인도할 수 있는 경우에 해당한다'는 취지의 '결정이 전망'되는지 여부의 정도까지 심사하는 것이 아니라, 심사 청구가 불필요할 정도로 인도 제한 사유가 객관적이고 명백하게 존재하는 경우에 해당하는지 여부의 판단까지면 충분하다고 할 수 있다.

(2) '인도 상당성'의 판단

인도법 제14조는, 도쿄 고등재판소가 인도할 수 있는 경우에 해당한다는 결정을 내렸을 때, 그 후 법무대신이 취해야 할 조치를 규정한 것이다. 즉, 법원이 인도가 가능하다는 취지의 결정을 내렸더라도 법무대신이 그 결정에 반하여 인도를 집행하지 않을 수 있다는 권한을 명기한 것이다. 법원이 그 심사 결과에 기초하여 행하는 결정의 법적 성질은, 인도 심사의 청구가 인도조약 및 인도법이 정하는 바에 따라 인도 절차의 적법성 및 인도 여부를 확인하는 재판이라고 해석할 수 있다.167) 본 조항을 근거로 하는 법무대신의 조치는, 법원이 인도 청구 사안에 대해 '도망 범죄인을 인도할 수 있는 경우에 해당하는 때'로 판단하여 그 취지를

---

166) 법무대신은 도쿄 고등재판소에 심사청구명령을 한 후에 청구국으로부터 인도 청구 철회를 통지받거나 인도법 제4조 제1항 각 호에 해당할 때는 즉시 심사 청구 명령을 취소하여야 한다(인도법 제11조).

167) 藤永幸治·河上和雄·中山善房 編著, 大コメンタール刑事訴訟法(第8巻), 靑林書院, 1999, 306쪽. '확인소송'이란 원고가 주장하는 법적 지위를 판결의 기판력으로 확정하는 것을 목적으로 하는 소송을 말하지만, 도쿄 고등재판소의 인도에 관한 심사는 본질상 비송사건의 재판이다.

결정한 것에 따라 행하는 행정처분의 성격을 지닌다. 따라서 도쿄 고등재판소의 결정 그 자체는 인도해야 한다는 취지를 명하는 것으로 행정기관의 조치를 구속하는 것이 아니며, 최종적으로 인도를 실시할지 여부에 대한 판단은 법무대신에게 위임된다는 것이다.

도쿄 고등재판소가 인도 가능하다는 결정을 내린 후, 인도 제한사유가 새롭게 발생하거나 그 존재가 밝혀질 경우 등과 같은 예외적인 경우에는, 법무대신이 인도의 상당성을 판단할 때 그러한 예외를 검토 대상으로 삼을 수 있다고 해석된다.168) 법원의 결정에 더하여 법무대신의 인도 상당성의 판단이 추가되는 이유로, 인도 절차가 범죄인의 인권과 관계되는 경우 등을 들 수 있다. 인도 상당성 판단과 인권보장의 관계에 대해 법원은 다음과 같이 제시한다. 즉, '인도법이 정하는 인도 절차는 통상의 행정절차와는 달리 일정한 시기에 그 절차를 속행해 나가기 위한 요건의 존재 여부에 대해 도쿄 고등재판소의 사법심사를 거칠 것이 요구된다. 즉, 법무대신은 인도 명령을 내리기 위해서는 우선 도쿄 고등검찰청의 검사장에게 인도 가능한 경우에 해당하는지 여부에 대해 도쿄고등법원에 심사 청구를 해야 한다는 취지를 명해야 하고(인도법 제4조), 도쿄 고등재판소가 인도 가능한 경우에 해당한다고 결정한 때(동법 제9조, 제10조)에 비로소 또는 도망 범죄인을 인도하는 것이 상당한지 여부의 판단을 한 후에 인도 명령을 내릴 수 있다고 되어 있다(동법 제14조). 인도법이 도망 범죄인 인도에 관하여 이와 같은 신중한 절차를 요구하고 있는 이유는, 그 절차가 인도를 요구받는 자의 인권과 깊이 연관되는 절차이기 때문이라는 점은 두말할 필요도 없으며, …'169)라고 판시하고 있다. 따라서 법무대신의 인도 상당성의 심사는 원칙적으로 법원의 심사와 결정의 성질에 적합하지 아니한, 고도의 행정행위를 그 대상으로 하는 것이다.170)

---

168) 법무대신이 예외적으로 인도의 상당성에 대해 판단할 수 있는 경우로, 도쿄 고등재판소에 심사를 요구하지 않고 명백히 도망 범죄인을 인도할 수 없는 경우에 해당한다고 인정하는 경우이다(인도법 제4조 제1항). 따라서 법무대신에게도 도쿄 고등재판소의 심사에서 실시되는 것과 같은, 일정 한도에서 인도 요건 또는 인도 제한사유의 존재 여부에 관한 판단 권한이 부여되어 있다고 한다. 大野恒太郎, 犯罪人引渡しの現況と實務上の諸問題, 法律のひろば(第37卷 第7号), 1984, 36－37쪽.

169) 도쿄 지방재판소·도망 범죄인 인도 명령 취소 청구 사건(1990년 4월 25일)결정. 判例タイムズ(第726号), 1990, 97－98쪽.

170) '인도의 상당성' 판단에 관하여 그 권한이 사법기관이 아닌 행정기관인 법무대신에게 부여된 것은 입법 취지에도 나타나 있다. 입법 당시 중의원 법무위원회에서 법무위원장은 '국제적 분

(3) '인도 상당성' 판단의 심사 범위

법무대신의 인도 상당성의 판단 심사 범위와 관련해서는 ① 인도의 상당성에 제한하지 않고 도쿄 고등재판소의 심사대상까지도 포괄한다는 견해와 ② 도쿄 고등재판소의 심사범위와 분리하여 인도 상당성에 한정된다는 견해가 있다. 전자는, 법무대신의 인도 상당성의 판단에는 도쿄 고등재판소가 실시하는 사법심사 대상도 포함된다고 말한다.[171] 그 주된 근거로 도쿄 고등재판소의 결정에 대해서는 불복신청이 인정되지 않지만, 법무대신의 인도 명령에 대해서는 행정소송에 의한 구제절차를 밟는 것이 인정된다는 것이다. 상당성의 판단에서 인도 제한사유의 존재 여부 등을 제외하고, 가령 법원의 심사에 적합하지 아니한 고도의 정치적 및 행정적 사안에 한정된다고 해석한다면, 법무대신의 인도 명령은 행정기관의 임의적 처분에 불과하며, 행정소송에 의한 불복신청의 대상에 포함될 여지는 없다고 말한다. 또한 이러한 관점에서 도쿄 고등재판소의 결정에 대해 불복신청이 인정되지 않는 이유로 다음의 두 가지를 들었다. ① 인도법 제10조 제1항이 정한 도쿄 고등재판소의 결정의 성질상 같은 항 제1호의 결정(청구가 부적법하여 각하)은 형식적인 재판에 그치며, 제2호의 결정(인도 불가인 경우에 해당)은 불복을 제기하는 데 실익이 없고, 제3호의 결정(인도 가능한 경우에 해당)은 인도 집행의 결정이 아니며 인도 집행은 법무대신의 상당성 판단에 맡겨진다는 것이다.[172] ② 입

쟁중에 있는 인물의 인도 등의 책임을 법원에게 부과하는 것은 적당하지 않다'는 점, 외국의 입법 사례를 참고로 한 점 등으로 설명한다. 제16회 국회 본회의 제23호(2016년 7월 16일, 의사 일정 제22호, 일정 제6. 도망 범죄인 인도 법안)의 고바야시 가나에(小林かなえ) 법무위원장의 보고.

171) 辻辰三郞, 逃亡犯罪人引渡法逐条解説, 警察研究(第24卷 第12号), 1953, 38쪽.

172) 辻辰三郞, 상동 논문, 35쪽; 伊藤栄樹, 逃亡犯罪人引渡法解説, 法曹時報(第16卷 第6号), 1964, 813쪽. 또한 이 견해에 대해서는 인도 여부에 관한 법원 결정의 성질 자체에 불복신청을 인정하지 않는 이유를 요구하는 견해라고 하는 비판적인 지적이 있다. 즉, 인도 요건 내지 제한사유의 존재 여부 판단에는 일정한 사실인정이나 법률해석이 포함되므로, '가령 지방재판소가 그 판단을 하기로 한 경우 등에는 상소 등에 의해 그 판단의 시정을 도모하는 경우를 상정할 수 없는 것이 아니며, 인도 불가 결정에 대해서는 이것이 법무대신을 구속하는 것인 이상(인도법 제12조 등 참조), 동 결정에 대한 불복신청의 실익이 없다고는 할 수 없다'고 한다. 따라서 '인도 여부에 관해 법원이 내린 결정의 성질에서 즉시 불복신청이 인정되지 아니한다는 결론을 도출하는 것에는 의문의 여지가 있다'고 한다. 오히려 '단적으로 인도법이 인도 절차의 신속성 요청 등에 기초하여 인도 요건의 존재 여부 판단을 특히 도쿄 고등재판소에 맡긴 제도의 취지를 보면 그 판단에 대한 불복신청을 인정하고 있지 않다'고 이해하여야 한다고 한다. 大野恒太郞, 犯罪人引渡しの現況と実務上の諸問題, 法律のひろば(第37卷 第7号), 1984, 35쪽.

법재량으로 인도법 제정 당시의 정부 원안[173]에 마련되었던 '도망 범죄인을 인도할 수 있고, 또한'의 문구가 삭제된 경위를 들고 있다. 그 삭제 이유에 따르면 법무대신의 상당성 판단에서 인도 여부에 대한 법적 심사를 반드시 부정한 것은 아니라고 해석된다고 말한다. 후자의 관점은 인도 상당성의 판단 범위는 법원의 심사 대상과는 분리되며, 고도의 정치적 및 행정적 측면에 한정된다는 것이다.[174] 이러한 관점의 논거로는 ① 입법취지를 들 수 있다. 정부가 제출한 인도법 원안에는 법원이 집행하는 심사의 성질은 법률적 적부에 관한 확인재판이라고 하였으나, 법원의 결정에 대한 구속력이 인정되지 않는다. 즉, 행정기관인 법무대신이 거듭 동일한 쟁점에 대해 자유로운 판단을 내리는 것은 사법기관의 결정을 뒤집는 결과가 될 수 있다는 것이다. 범죄인의 인권 존중 등의 관점에서 정부 원안의 일부 문구를 삭제한 경위를 강조한다. ② 인도법 취지에 부용한다는 것이다. 법무대신은 인도 제한사유의 존재가 객관적으로 명백하거나 도쿄 고등재판소의 결정 후에 인도 요건이나 인도 제한사유의 존재 여부가 새롭게 발생하는 등의 예외를 제외하고는, 인도 여부에 대하여 도쿄 고등재판소에 심사청구를 명하도록 의무화되어 있기(인도법 제4조 제1항) 때문이라고 말한다.

정부가 제출한 인도법 원안에는 국회 심의 끝에 제14조 제1항의 '인도할 수 있고' 및 같은 항과 같은 조 제3항의 '인도할 수 없거나'를 삭제하게 되었는데, 그 이유로는 다음과 같은 설명이 있다. 즉, '정부가 제안한 원안에 따르면, 법원이 인도 가능하다고 재판한 자에 대해 다시 법무대신이 독자적 입장에서 인도할 수 있는지 여부를 판단하고, 인도하는 것이 상당한지 여부를 판단한 후, 그 재량에 따라 인도 명령을 내려야 하는 것으로 해석되는데, 이래서는 인도할 지 여부에 관한 법률적 적부에 관한 확인적 재판에 대해 아무런 구속적 가치를 인정하지 않고 정부가 거듭 동일한 쟁점에 대해 자유로운 판단을 하는 것으로 그 조치상 법원의

---

173) 인도법 제14조 제1항의 정부 원안은 '법무대신은 제10조 제1항 제3호의 결정이 내려진 경우, 도망 범죄인을 <u>인도할 수 있으며</u>, 인도하는 것이 상당하다고 인정하는 때에는 도쿄 고등검찰청 검사장에게 도망 범죄인의 인도를 명함과 동시에, 도망 범죄인에게 그 사실을 통지하고, 도망 범죄인을 <u>인도할 수 없거나</u> 인도하는 것이 상당하지 않다고 인정하는 때에는 즉시 도쿄 고등검찰청 검사장 및 도망 범죄인에게 그 사실을 통지함과 동시에, 도쿄 고등검찰청 검사장에게 구금허가장에 의하여 구금되어 있는 도망 범죄인의 석방을 명해야 한다'고 되어 있다(밑줄은 필자)', 제16회 참의원 법무위원회 제13호(1953년 7월 15일).

174) 大野恒太郎, 犯罪人引渡しの現況と實務上の諸問題, 法律のひろば(第37卷 第7号), 1984, 36쪽.

결정을 무시하는 결과가 될 수 있고, 그렇다면 모처럼 도망 범죄인 인도 절차과정에서 인권 옹호와 근대적 입법을 위해 사법화하려는 정신이 상실되므로, 그러한 오해를 해소하기 위해' 원안에서 삭제하게 되었다는 것이다.[175]

인도 절차에 법원 심사가 도입된 것은 도망 범죄인의 인권보장이라는 관점에서 절차의 사법화가 도모된 것이며, 그러므로 법원 결정의 효력이 인정되어야 한다는 것이다. 그러나 다른 한편으로 '여전히 인도명령을 내려야 할지 여부는 그 재판 위에 서서 법무대신이 계속 인도하는 것이 상당한지 여부를 대국적인 관점에서 판단하고 그 자유재량으로 결정할 수 있도록 규정해 놓고, 인도 명령 자체의 성격은 최종적으로 역시 정부의 자유재량에 의해, 더구나 이는 조금 전 정부의 질의응답에서도 명백했듯이 법적 판단을 포함한 재량 처분이므로, 이에 불복하는 인도 범인은 행정소송을 제기할 수 있으며, 이 새로운 제도의 사법화와 행정의 조절을 도모하는 것이 본 수정의 최대 주안점이다'[176]라고 하였는데, 사법기관과 행정기관의 각 심사 범위 및 그 한계에 대해 확연치 않은 상이한 해석이 이루어질 여지가 남아 있는 듯하다.

당초 정부는 법원에 의한 '인도 가능이라는 결정'의 효과와 법무대신의 '인도 상당성 판단'의 관계에 대해 두 가지 유형을 연구대상으로 삼았다. 즉, ① 행정기관은 도쿄 고등재판소의 해당 결정에 구속된다. ② 도쿄 고등재판소의 결정은 자문적 및 유보적인 결정으로서 행정기관의 조치를 구속하는 것이 아니다. 최종적인 정부 원안으로 행정기관의 조치는 사법기관의 해당 결정에 구속되지 않고 별도의 심사를 실시할 수 있다고 하였는데, 그 배경으로는 다음과 같은 점을 들 수 있다.[177] ① 범죄인 인도는 국제적으로 매우 큰 효과를 초래할 수 있는 사안이라는 성질상, 법원이 인도 여부 결정을 내리고 모든 책임을 지는 것은 사법기관의 본연의 자세에 적절하지 않다.[178] ② 법원의 결정이 내려진 후 다양한 사회정세

---

175) 제16회 참의원 법무위원회(제13호, 1953년 7월 15일)에서, 법무성 형사국 총무과장(津田實)에 의한 도망 범죄인 인도 법안 수정에 대한 설명.
176) 정부 설명(설명원: 津田實), 제16회 참의원 법무위원회 제13호(1953년 7월 15일).
177) 국회의원(岡原昌男) 답변, 제16회 중의원 법무위원회 제11호(1953년 7월 11일).
178) 인도심사에 관한 사법기관의 바람직한 모습의 예로 프랑스, 독일 및 벨기에의 각 인도법의 경우, 법원의 결정은 정부에 대한 자문기관적 효과를 준다는 점과 '범죄관할권에 관한 하버드 연구·조약안'(1935년)의 제18조에서도 사법결정의 효과에 대해 동일한 생각을 채용했다는 점을 들고 있다. 정부위원(岡原昌男) 답변, 제16회 중의원법무위원회 제11호(1953년 7월 11일).

와 국제정세의 변천 등으로 인해 새로운 사실이 발견될 수 있다. ③ 법원에서 인도 가능하다는 결정을 내렸다 하더라도 거듭 행정기관이 이를 심사하는 것은 인권보장을 완수하고자는 고려가 있다. ④ 행정기관이 그 재량에만 근거하여 내리는 처분은 행정소송 대상이 되지 않지만, 그것이 적법 및 부적법이라는 판단의 경우에는 행정소송 대상이 될 수 있으므로 법무대신의 조치가 행정소송 대상이 될 수 있다는 것을 상정한 것이다.

정부 원안은 이러한 검토를 거쳐 국회에 제출되었지만, 국회에서는 법원에 대해 행정기관의 개입을 초래할 우려가 있다는 점, 도망 범죄인의 인권보장의 관점에서도 바람직하지 않다는 점 등의 비판이 나왔다.[179] 즉, 원안 규정에 따르면 결과적으로 법원의 결정은 구속력이 없다는 점에 귀착되기 때문에 행정이 재판에 간섭한다는 오해를 불러일으킬 수 있다는 점, 인권보장이라는 측면에서 도쿄 고등재판소와 법무대신 간의 역할분담이 필요하다는 점 등이다. 도쿄 고등재판소와 법무대신의 역할분담이란, 법원은 국내법상 및 조약상 또는 기타 제반 사정으로 인해 인도의 적법성을 심사결정하고, 법무대신은 그 결정에 대해 적부 판단을 보태지 않고 단지 인도 실행 단계에서 국제 분쟁의 예방과 인권보장 등의 관점에서 심사하는 것을 의미한다. 즉, 도쿄 고등재판소는 법률적 적부를 판단하고, 법무대신은 국책 및 국익 등에 영향을 미칠 가능성이 있는 고도의 정치적 검토를 실시한 후에 인도 집행의 당위성 여부를 판단해야 한다는 것이다.

국회의 지적에 따라 인도법 제14조의 정부 원안에 마련되었던 당초의 문언은 삭제되었다. 하지만 도쿄 고등재판소의 심사 범위와 법무대신의 상당성 판단에 대한 한계가 명확하게 규정되었다고 해석되지는 않는다. 도쿄 고등재판소의 결정에 대해 '법무대신이 여전히 인도하는 것이 상당한지 여부를 대국적 관점에서 그 자유재량에 의해 결정할 수 있도록 규정하고, 인도 명령 그 자체의 성격이 종국적으로는 정부의 자유재량에 의한 법적 판단을 포함한 재량 처분이다'라고 하였다. 법무대신의 인도 상당성의 판단은 인도 가능한 경우에 해당하는지 여부의 법률적 적부, 즉 인도 여부의 판단까지 포함하는 것이라 해석된다. 또한 법무대신의 인도 명령에 대해 행정소송을 제기할 수 있다고 한 것은 상당성 판단에서 행정 재량에 국한하지 않고 행정소송의 요건이 되는 적법 및 부적법의 판단 기준

---

179) 사토(佐瀬) 위원 질문, 제16회 중위원법무위원회 제11호(1953년 7월 11일).

이 포함되는 것을 전제로 한다는 정부의 설명에서도 그 취지를 엿볼 수 있다.

(4) 법무대신의 조치(인도 타당성의 판단)에 대한 불복신청

법무대신이 인도의 타당성을 심사한 결과 인도하는 것이 타당하다고 판단한 경우에는 도쿄 고등검찰청 검사장에게 인도의 실행을 명해야 한다. 이 조치에 대한 불복신청은 인도 명령의 취소를 요구하는 소송으로 제기된다. 바꾸어 말하면 법무대신과 도쿄 고등재판소의 심사범위의 경계는, 인도 명령의 취소를 요구하는 소송에서 그 소송대상 안에 도쿄 고등재판소의 법적 판단이 포함되는지 여부에 따라 명확히 나뉘게 된다. 이 불복신청의 법적 성질에 대해서는 주로 두 가지 관점이 있다.[180] ① 법무대신의 인도 명령은 법원이 내린 사법판단의 대상도 포함되어 거듭 실시한 심사의 결과이다. 인도가 가능하다는 법원의 결정은 인도 실시를 명령하는 것이 아니기 때문에 이에 대해 불복신청을 하는 것은 인정되지 않는다. 즉, 법무대신에 의한 인도 상당성의 심사 범위에는 인도 여부의 심사 내용이 포함되므로 인도 요건이나 인도 제한사유의 존재 여부에 관한 적법성에 대해 논쟁할 수 있다는 것이다.[181] ② 도쿄 고등재판소의 결정에 대해 불복신청이 인정되지 않는 이유로, 그 결정의 성질상 문제라기보다 범죄인 인도 사건의 중대성이나 어려움 및 인도 절차의 신속성 등의 요청 때문에 인도 요건의 존재 여부 판단을 오로지 도쿄 고등재판소에 일임하는 제도의 취지에 요구된다는 견해이다.[182] 이 경우, 인도 명령의 취소청구 소송에서는 인도 절차의 적법성 여부를 논할 수 없다고 말한다.

법무대신의 재량인 인도 상당성의 판단에 대한 이의신청과 관련해서는, 재량권 행사의 위법성과 함께 그 부당성도 이유로 하는 것이 인정되는 데 반해,[183] 인

---

180) 逃亡犯罪人引渡法10条1項3号の決定に対する不服申立の許否, 最高裁判例解説・刑事編(平成2年度), 1992, 57쪽.

181) 辻辰三郎, 逃亡犯罪人引渡法逐条解説, 警察研究(第24巻 第12号), 1953, 35쪽; 伊藤栄樹, 逃亡犯罪人引渡法解説, 法曹時報(第16巻 第6号), 1964, 813쪽. 芹田健太郎, 中国民航機ハイジャック犯引渡事件, 判例時報(第1367号), 1991, 229쪽(判例評論384号, 67쪽).

182) 大野恒太郎, 犯罪人引渡しの現況と実務上の諸問題, 法律のひろば(第37巻 第7号), 1984, 34 − 35쪽.

183) 행정불복신청에 대해 행정불복심사법 제1조 제1항은 '이 법률은 행정청의 위법 또는 부당한 처분 기타 공권력의 행사에 해당하는 행위에 관하여 국민에게 널리 행정청에 대한 불복신청의 길을 열어줌으로써 간이 및 신속한 절차에 의한 국민의 권리이익 구제를 도모함과 동시에 행

도명령의 처분 취소소송에 대해서는 재량권의 범위를 초과하거나 그 남용이 있는 등 재량권의 위법성만을 이유로 삼는 것에 그친다고 해석할 수 있다.[184]

(5) 법원의 해석

중국 민항기 납치범 인도와 관련하여,[185] 법무대신은 인도 명령을 내렸으나 그 명령의 취소를 요구하는 소송이 진행되었다.[186] 취소청구소송에서 도쿄 지방재판소는, 심리 대상이 법무대신의 인도명령 위법사유 존재 여부에 있음을 분명히 밝혔다. 인도 여부에 관한 법적 판단은 오로지 도쿄 고등재판소의 심사 사항이므로, 이 점에 관하여 법무대신의 판단 오류가 위법사유를 구성할 여지는 없다고 말한다. 그렇다면 이 명령취소 청구소송에서 법원이 심리 및 판단할 대상은 인도 여부에 관한 법적 판단을 제외한 사항으로 한정된다. 즉, 법무대신의 '인도 상당성' 판단은 도쿄 고등재판소의 사법판단과는 다른 행정적 관점에서 심사하는 것으로 '청구국에 대한 외교적 배려, 국내 법질서 유지상의 필요, 해당 도망 범죄인의 인권 보호, 그 밖의 요소를 종합적으로 고려하여 이루어지는 고도로 정치적, 임의적인' 것에 한정된다고 말한다.

도쿄 지방재판소는 법무대신의 재량에 대해, 그 판단이 '사회통념에 비추어 현저히 타당성이 결여되어 있음이 분명하지 않는 한, 재량권 범위를 초과하거나 그 남용이 있었다고 해서 위법으로 인정되는 것은 아니라고 해야 할 것이다'고 판시하였다. 나아가 도쿄 지방재판소는 법무대신의 상당성 판단이 위법하다고 하기는 곤란하므로 명령 취소 청구에 이유가 없으며, 따라서 인도명령 집행정지[187]의

정의 적정한 운영을 확보하는 것을 목적으로 한다'고 정한다.

184) 행정소송에 관하여 행정소송법 제30조는 '행정청의 재량 처분에 대해서는 재량권의 범위를 초과하거나 그 남용이 있는 경우에 한하여 재판소는 그 처분을 취소할 수 있다'고 규정한다.

185) 이른바 '장진해사건'이다. 1989년 12월 16일 베이징발(상하이 경유) 뉴욕행 중국 민항기가 중국인들에 의해 불법 납치돼 후쿠오카 공항에 비상착륙했다. 범인인 장진해에 대해 일본은 중국으로부터 신병인도를 요구받아 도쿄 고등재판소는 인도 가능하다고 결정을 내렸다(1990년 4월 20일). 이어 법무대신이 인도의 상당성을 인정함에 따라 1990년 4월 28일 중국 당국에 인도됐다. 인도재판에서는 인도요건의 쌍방가벌성 및 특정성 문제, 인도 제한사유로서의 정치범죄 여부, 인권보장조항(자유권규약 제7조) 등이 주요 쟁점이 되었다.

186) 도쿄 지방재판소(1990년 4월 25일) 결정, 判例タイムズ(第726号), 1990, 98쪽.

187) 행정사건소송법 제25조 제3항은 집행정지의 실시에 관하여 '재판소는 전항에서 규정하는 중대한 영향을 미칠 우려가 있는 때 또는 본안에 대해 이유가 없는 것으로 보일 때에는 실시할 수 없다'고 정한다.

신청도 마찬가지로 이유가 없다고 하여 각하한 것이다. 그 항고심인 도쿄 고등재판소(1990년 4월 27일)의 결정도 원심을 지지하는 것이었다. 명령 취소 소송의 원고는 도쿄 고등재판소의 인도 가능 결정에 대해 불복하여 형사소송법에 준거한 특별항고가 허용되어야 한다고 주장하며 최고재판소에 항고하였으나, 최고재판소는 이를 기각하였다. 최고재판소의 기각 이유로는, 도쿄 고등재판소의 결정에 대해 '도망 범죄인 인도법에 기초하여 도쿄 고등재판소가 내린 특별 결정이며, 형사소송법상 결정이 아닐 뿐만 아니라 도망 범죄인 인도법에는 이에 대하여 불복신청을 인정하는 규정이 없으므로' 불복신청은 허용되지 않는다고 하였다.[188]

최고재판소의 판단은, 도쿄 고등재판소의 결정에 대해 불복신청이 허용되지 않는 이유에 관해 해당 결정의 성질 자체 혹은 인도 절차의 취지라는 이유뿐만 아니라 '인도법 프레임워크상의 특성 및 입법, 행정, 사법의 각 작용을 전체적으로 파악하여 검토'한 것이다. 다시 말해, 도쿄 고등재판소가 내린 인도법상 결정에 대해 그 성질상 '순수한 사법작용을 필요로 하는 재판이 아니라 입법 재량에 기초한 비송사건의 재판'이라는 것이다. 나아가 인도와 관련된 요건과 절차 등은 본질적으로 인도가 요구된 피청구국이 자유롭게 결정할 수 있는 사항이며, 뿐만 아니라 입법 재량 사항이라고 하였다. 따라서, 인도범에 대해, 도망 범죄인의 권리의무 사항을 정한 것이 아니므로 그러한 내용을 규정할 필요가 없다는 취지로 해석된다.[189]

최고재판소는 인도 여부의 결정은 반드시 재판소가 해야 하는 것이 아니라 법무대신 등 행정기관이 집행해도 무방하다고 말한다. 단, 범죄인 인도라는 사항이 국가 간의 신뢰 관계와 도망 범죄인의 인권과 관련되므로, 절차 등의 공정성을 유지하기 위해 법원에 이를 맡기는 것이 적당하다는 입법적 판단에서 도쿄 고등재판소에 위임되었다고 말한다. 인도 여부에 대해 도쿄 고등재판소가 내리는 결정은 형사소송법상 또는 민사소송법상의 결정이 아니며, 도망 범죄인 인도법상의 특별한 결정으로, 본질상 비송사건의 결정이라고 해석된다. 따라서 도쿄 고등재판소에 의한 인도 여부에 관한 결정에 대해서는 특별 규정이 없는 한 소송법상의 항고가 허용되지 않는 것은 명백하다고 말한다.[190]

188) 逃亡犯罪人引渡審査請求事件最高裁(平成2年4月24日)決定, 最高裁判所判例集(第44卷 第3号), 平成2年度, 302-303쪽; 判例タイムズ(第726号), 1990, 102쪽.
189) 最高裁判例解説・刑事編(平成2年度), 1992, 56-57쪽.
190) 最高裁判例解説・刑事編(平成2年度), 1992, 49쪽. 나아가 최고재판소는 도쿄 고등재판소의 해

3. 도망 범죄인 인도조약

(1) 일본과 미국 간의 인도조약

1978년 3월 3일에 조인된 '일본과 미합중국 간의 범죄인 인도에 관한 조약'은 같은 해 4월 21일에 국회에서 승인되어 1980년 3월 26일 발효되었다.[191] 이 미일 신인도조약의 발효로 인해 1886년 체결된 '일본 아메리카합중국 범죄인 인도조약' 및 1906년의 '추가 범죄인 인도조약'은 효력을 상실하게 되었다.[192] 미일 신인도조약 체결의 배경에는, 미일 구인도조약의 부표는 죄종이 주로 전통적 범죄로 한정되어 있었기 때문에 시대 변화에 따른 신종 범죄에 대한 규제의 실효성이 요구되었다는 측면이 있다. 예를 들어, 구인도조약 상태로는 하이재킹, 납치 유괴 등의 테러행위, 뇌물수수 등과 같은 새로운 범죄 수법에 대한 인도 협력이 어려웠다는 점 등을 들 수 있다.

미일 신인도조약은 본문 16개조 및 부표로 구성되며, 미일 구인도조약에 비

당 결정에 대하여 특별항고가 인정되지 않는 것은 헌법 제81조(법령심사권과 최고재판소)에 위반된다는 원고의 주장에 대해 해당 결정은 형사소송법상의 결정이 아니므로 항고는 허용되지 않는다고 판시하였다. 즉, 항고가 인정되어야 하는지의 여부에 대해서는 문제가 되는 재판이 '법률상 실체적 권리의무 자체를 확정하는 순전한 소송사건'의 재판인지 또는 '본질적으로 비송사건'의 재판인지를 판단하여야 한다. 전자는 '고유한 사법권의 작용'이므로 헌법상 공개 대심의 절차와 대법원에의 상소를 보장할 필요가 있지만, 후자는 성질상 행정기관 등이 판단하게 할 수도 있는 사항으로서 입법재량에 따라 비송사건으로 법원에 판단을 맡기는 것이므로 (재판소법 제3조 제1항의 '법률에서 특별히 정하는 권한'), 공개대심의 절차로 할지 여부와 상소를 인정할지 여부에 대해서도 입법재량에 위임된다. 소송사건인지 아니면 비송사건인지의 판단기준은 ① 실정법이 일종의 권리의무가 주어진 것으로 규정하고 있는지 여부에 의한다. 그리고 소송사건인지 비송사건인지를 판별하기 위해서는 법원의 재판으로 결정할 수밖에 없는 성질의 사건인지, 아니면 행정상 처분에 의하여 결정되어도 문제없는 성질의 사건인지를 검토해야 한다. 또한 그 판별이 우려될 경우는 법원의 재판이 실시되어야 권리의무가 생기는 것일 때 또는 재판절차 등에 관하여 실정법이 그 사건을 비송사건으로 정한다고 해석될 때에는 비송사건으로 생각해야 한다. ② 실정법이 어떤 사건을 비송사건으로 규정한다고 생각될 수 있는 경우에 그 규정이 위헌인지 여부를 검토하게 된다. 상동 논문, 53-55쪽.

191) 미일 간의 인도를 둘러싼 국제협력에는 도망 범죄인 인도조약 외에 '미일지위협정'상의 인도 협력이 있다. 동 협정상 미국 군대의 구성원 또는 군속 혹은 그 가족이 일본 영역 내에서 저지른 일정 범죄에 대해서, 그 재판권은 미국의 군 당국에 전속권 또는 우선권이 주어진다고 정하는 바, 일본 당국은 해당 범죄자의 신병을 미군 당국에 인도하게 된다(제17조 제5항 (a)). 미일 인도조약에서는 조약 체결 서명 당일에 작성된 주일대사와 외무대신과의 교환공문에서, 당 인도조약의 어떠한 규정도 미일지위협정상의 권리 및 의무에 영향을 미치지 않는다고 명시되었다. 한국의 경우 2014년 현재 약 2만 8천명의 미군이 주둔하고 있으며, 한미지위협정에 유사한 규정이 있다.

192) 미일 신인도조약 제16조 제3항.

해 다음의 세 가지 특징이 있다.[193] ① 인도 범죄 대상의 확대이다. 미일 신인도
조약은, 구인도조약이 15종의 인도 범죄를 규정한 것에 비해 이를 47종으로 확대
하였고, 인도 대상 죄종에 대해서도 포괄주의를 채택함으로써 열거주의와 병용되
게 되었다. 열거하는 죄종의 확대와 함께 포괄주의가 도입됨에 따라 앞으로 새로
운 국내 입법이나 법개정이 이루어질 경우 조약을 개정하지 않아도 인도 범죄로
취급할 수 있게 되었다. 또한 구인도조약에는 규정되지 않은 국외범을, 일정한 조
건하에서 인도 범죄 대상으로 삼았다.[194] 즉, 기본적으로는 피청구국의 법령상 국
외범 처벌의 규정을 전제로 이를 인도 대상으로 정하면서, 다만 인도가 요구된 자
가 청구국 국민인 경우에는 국외범 처벌규정과 무관하게 인도한다고 규정하였다
(제6조 제1항). 미일 신인도조약에서 영역의 범위는 육지, 수역, 공간과 함께 체결
국에 등록된 선박 및 항공기도 포함한다고 규정하였다(제6조 제2항). ② 범죄 처벌
의 실효성 확보. 도망 범죄인에 대한 형사 절차가 청구국에서 적정하게 이루어
지기 위해서는 피청구국과의 긴밀한 협력이 필요하다. 미일 신인도조약에서는 특
정주의의 완화(제7조), 추가 증거의 청구(제8조 제7항), 증거물 등의 인도(제13조),
통과 호송(제15조) 등 인도 요건과 절차를 정비함으로써 도망 범죄에 대한 처벌의
실효성을 확보하려 했다. 특히 특정주의의 완화에서 청구 죄명과 소추 죄명이 다
르다 해도 '인도의 이유가 된 범죄를 구성하는 기본적 사실에 기초하여 행해지는
한' 인도된 자에 대하여 형벌을 집행할 수 있다고 규정한다(제7조 제2항). 이 경우
의 '기본적 사실'의 동이(同異) 판단 기준은 형사소송법상 공소사실의 동일성 개념
이 응용된다고 해석된다.[195] ③ 인도 절차의 신속화와 명확화이다. 인도 청구에
첨부해야 하는 서면 등을 상세히 정함과 동시에, 인도가 요구된 범죄인의 동의에
근거한 간이 인도 절차(제10조), 인도 결정 후의 조치(제12조)를 정하여, 인도 절차

---

193) 敷田稔, 日米犯罪人引渡条約の締結について, ジュリスト(第665号), 1978, 85쪽.
194) 미일 구인도조약에서 체결국의 관할권 내란 영역 내를 의미하는 것으로 해석되어, 한쪽의 관
　　할권 내에서 죄를 범한 자가 다른 쪽의 관할권 내에서 발견되었을 경우는 인도해야 한다고 규
　　정하고, 청구국의 국외범에 대한 인도는 인정되지 않았다. 馬場俊行, 日米犯罪人引渡条約の全
　　面改正について, 法律のひろば(第31卷 第8号), 1978, 61쪽.
195) '공소사실의 동일성'은 일반적으로 소인 변경의 한계를 긋는 기준뿐 아니라 판결의 일사부재리
　　효나 공소시효가 미치는 범위를 확정할 때 등의 기준이 된다. 또한 공소사실은 검찰관이 기소
　　장에 기재하는 '죄가 되는 사실'로 해석된다. 田中開·寺崎嘉博·長沼範良, 刑事訴訟法(第3版),
　　有斐閣アルマ, 2008, 172쪽; 松尾浩也·井上正仁, 刑事訴訟法の争点(第3版), 有斐閣, 2002,
　　122쪽.

의 원활한 진행을 도모한다. 즉, 피청구국은 '인도가 요구된 자가 피청구국의 법원, 기타 권한이 있는 당국에 대해, 그 인도를 위해 필요한 국내 절차에서의 권리를 포기한다는 취지를 신청한 경우에는, 피청구국의 법령이 허용하는 범위 내에서 인도를 촉진하기 위해 필요한 모든 조치를 취한다'고 하였다(제10조). 또한 피청구국은 인도 청구에 대한 결과를 신속히 통지할 것(제12조 제1항), 일정 기간 내에 청구국이 인도 범죄인의 신병을 인수하지 않는 경우에는 그 자를 석방하고, 후에 동일 범죄 및 범죄인 인도 청구를 거절할 수 있다고 규정했다(제12조 제2항).

가. 열거주의와 포괄주의의 병용

인도 대상이 되는 범죄의 범위를 규정하는 방법으로, 법정형에 따른 형의 무게(형기)를 기준으로 정하는 방법과 특정한 범죄 유형을 열거하는 방법이 있다. 열거주의는, 미일 구인도조약에서 볼 수 있듯이 인도 대상 범죄에 대해 '인도 범죄 목록표'를 작성하고 이에 기초하여 인도 청구를 하는 구조이다. 미국에서 열거주의가 채택된 배경에는 그 법 체계의 특징이 있다. 즉, 형벌법상 법정형이 일정하지 않고 다양한 주(州)법과 연방법이 병존한다는 점, 조약이 발효되면 바로 국내법이 된다는 점, 도망 범죄인 인도에서 조약의 체결을 전제로 하는 조약 전치주의를 채택하고 있다는 점 등을 들 수 있다.196) 물론 미일 신인도조약의 체결에 있어서 일본은 인도가 타당하다고 생각되는 죄종을 망라하여 열거한 후, 그 죄명에 제한되지 않고 미래에도 대처할 수 있도록 포괄주의를 병용할 필요가 있다고 생각하여 협상에 임했다.197) 이렇게 미일 신인도조약은 인도 대상이 되는 범죄는 부표에서 정하는 47종의 죄종 외에도 조약 본문에서 정한 일정 법정형의 범죄도 그 대상으로 삼는다. 즉, '인도는 동 조약의 규정에 따라 동 조약의 불가분의 일부를 이루는 부표에 열거하는 범죄로, 양 체결국의 법령에 따라 사형 또는 무기 혹은 장기 1년을 초과하는 구금형에 처하도록 되어 있는 것에 대하여, 및 부표에 열거된 범죄 이외의 범죄라도 일본 법령 및 합중국 연방 법령에 의해 사형 또는 무기 혹은 장기 1년을 초과하는 구금형에 처하게 되어 있는 경우에 행해진다'고 규

---

196) 敷田稔, 日米犯罪人引渡条約の締結について, ジュリスト(第665号), 1978, 85-86쪽.

197) 미일 간의 인도조약 체결협상에서 결국 미국은 지금까지 전통적으로 유지하던 열거주의와 함께 포괄주의가 병용된 조문에 합의했는데, 미국이 포괄주의를 채택한 최초의 조약이 되었다. 敷田稔, 상동 논문, 86쪽.

정한다(제2조 제1항).[198]

나. 인도 제한사유와 인권보장

미일 신인도조약의 인권보장 조항에 대해 구체적으로 마련된 규정은 없다. 법원의 심사 대상은 법령에 따라 그 절차의 적법성 및 인도 제한사유의 존재 여부로 한정되며, 인도가 요구된 자가 인도된 후에 받을 수 있는 취급은 그 범위에 포함하지 않는다고 한다. 양국 간 인도조약에 인권보장 조항이 규정되어 있지 않은 것은, 인도 후의 범죄인에 대한 인도적 고려, 특히 성문법으로 명기할 필요성이 인정되지 않았기 때문인 것으로 해석된다.[199] 즉, 도망 범죄인이 청구국에서 어떠한 처우를 받게 되는가에 대한 인권보장의 문제는 전적으로 행정기관의 재량에 맡겨져야 한다는 것으로, 이는 양국의 법무장관과 국무장관의 소관 사항이며 일본법의 '인도의 상당성', 미국법의 '사법부심사의 원칙'으로 해석된다. 그 이유는 청구국에 인도된 후에 도망 범죄인이 받게 될 처우 문제가 국가 간의 고도의 정치적 평가 대상이라는 인식이 있기 때문이다. 물론, 인도 협력에 관한 다자조약 및 양자조약에서 '난민조항'과 '고문조항' 등 인권보장 조항의 취지가 절대적 인도 거절사유로 명시되고 동시에 도망 범죄인의 개인 사정에 대해 인도적 관점에서 인도 제한사유로 규정하는 경우도 있다. 후술과 같이, 한일 인도조약의 경우 도망 범죄인이 청구국에 인도된 후에 받게 될 처우 등도 포함하여 인권보장에 대해서 비교적 광범위하게 규정되어 있다. 인도조약에 인권보장 조항이 마련됨에 따라, 도망 범죄인의 인권문제가 행정기관의 재량이 아닌 법원에 의한 인도 제한사유에 관한 문제로 적용되게 된 것이다.

(2) 일본과 한국 간의 인도조약

인도조약 체결시에는 상대국의 사법 체계, 정치적 안정성, 문화적 특성 등 제반 상황이 종합적으로 고려된다.[200] 한일 범죄인 인도조약 체결 협상이 구체화

---

198) '도망 범죄인 인도법'이 인도 대상이 되는 범죄의 법정형에 대해 '장기 3년 이상의 구금형'으로 정하는 데 비해 미일 인도조약이 '1년을 넘는' 것으로 규정한 것은, 주로 미국에서는 통상 1년 이상의 자유형에 상당하는 범죄를 '중죄'로 보기 때문이다. 敷田稔, 상동 논문, 86쪽.

199) 瀬戸毅, 犯罪人引渡しに関する日本国と大韓民国との間の条約(3), 現代刑事法(第43号), 2002, 83쪽.

200) 敷田稔, 日米犯罪人引渡条約の締結について, ジュリスト(第665号), 1978, 89－90쪽.

된 것은 1998년 오부치 총리와 김대중 대통령 간의 '한일 공동선언 – 21세기를 위한 새로운 한일 파트너십'이 발표되면서, 이 선언에서 인도조약 체결을 시작하겠다고 밝힌 것에서부터 시작된다. 그 후 2002년 4월 8일 인도조약 서명(2002년 조약 제4호)이 이루어졌으며, 같은 해 5월 29일에 국회 승인을 거쳐 같은 해 6월 21일에 발효되었다. 인도조약 체결에 대해서는 한국 측에서 먼저 그 필요성을 인식하고 일본 측에 체결 협상을 적극적으로 요청한 것으로 보인다. 한국 정부는 1988년 국내 입법으로 범죄인 인도법이 제정되었을 당시부터 인도조약 체결의 필요성이 가장 높은 상대국으로 미국 및 일본을 지명하여 체결 협상을 타진했던 것을 알 수 있다.201) 일본측도 위의 선언 합의에 따라 조약체결의 본격적 협상에 착수하였으며 양자 간 실무 조정이 거듭되었고, 그 결과 2002년 월드컵 축구 공동개최를 계기로 조약체결에 이르게 되었다.

　　일본이 미국 이외의 상대국으로 한국과 인도조약을 체결하게 된 배경으로는 주로 다음의 두 가지가 있다.202) ① 자국민이 인도되어도 좋다는 인식이 있었다는 점이다. 양국의 인도법에서는 원칙적으로 인도 대상이 되는 도망 범죄인이 자국민인 경우를 인도 제한사유로 규정한다. 그러나 양국 간에 사람의 왕래가 빈번해지면서 범죄규제의 필요성이 높아졌기 때문에 인도조약을 통해 국제형사협력을 확대, 강화하려 한 것으로 보인다. ② 상대국의 사법체제에 대한 이해가 깊어졌다는 점이다. 양국을 오가는 사람들이 늘어남에 따라 자국민 범죄인에 대한 인도 필요성도 커지게 되었다. 자국민 범죄인이 청구국에 인도된 후, 그 형사 절차 등에서 공정한 재판을 받을 수 있는지 여부 혹은 처우의 문제 등과 같이 인권보장의 관점에서 신뢰성이 인정된 것이다.

---

201) 한국 정부가 국회에 제출한 '범죄인 인도 법안'에 대해, 국회 법제사법위원회의 심사회의에서의 당시 정해창 법무장관의 답변. 국회사무처 '제143회 국회 법제사법위원회 회의록' 제2호 (1988년 7월 20일), 8쪽.

202) 한일 간 범죄인 인도조약에 서명한 모리야마 마유미(森山真弓) 당시 법무대신은 조약 체결의 배경으로 '상대국이 일본과 매우 긴밀한 관계에 있고 사법제도도 건전하게 기능하고 있는 경우에는 죄를 짓고 도망쳐 온 일본인을 인도해도 문제가 없다고 생각한다. 이 사실은 상대국의 국민에도 해당하기 때문에 일본을 방문하는 사람이 많은 국가에 대해서는 인도조약에서 "자국민이라도 인도한다"는 내용의 합의를 하는 편이 좋다고 생각한다. 그런 의미에서 양국은 왕래하는 사람이 많고 한국의 사법사정도 꽤 이해하고 있기 때문에 양국의 이익을 생각해서 인도조약을 맺는 것이 좋겠다는 결론을 내렸다'고 말했다. 森山真弓, 法務大臣の880日, 河出書房, 2004, 82–83쪽.

가. 쌍방가벌성

인도 청구가 이루어진 경우, 피청구국은 인도가 요구된 범죄에 대해 쌍방가
벌성이 인정되는지 여부를 판단하기 위해, 조약에서 정한 인도 범죄임을 확인하
면서 자국에서 어떠한 범죄에 해당하는지를 법적으로 평가해야 한다. 한일 양국
에서 모두 인도 대상 범죄일 것, 또한 가벌성이 인정될 것이 요구된다. 즉, 인도
대상에 해당되는 것은 '사형 또는 무기나 혹은 장기 1년 이상의 구금형'에 처해지
는 행위이다(제2조 제1항). 그러나 양국의 형사 법제나 그 절차에서, 기본적으로
공통점이 있다 하더라도, 법률 또한 각국의 법 문화와 역사를 반영하는 것이므로
그 구체적인 적용이 반드시 일치하지는 않는다. 특히 인도 청구와 관련된 범죄에
대해 범죄사실의 동일성, 죄책 입증을 둘러싼 준거법 혹은 범죄혐의의 상당성 등
과 그 해석을 둘러싸고 분쟁의 여지가 있다. 이에 쌍방가벌성에 관한 기준을 제시
하고 유연하게 실행할 것을 목적으로 본 규정이 마련되었다.[203]

한일 인도조약의 제2조 제3항 (a)는 '양 체결국의 법령에서 동일한 구분의
범죄 또는 동일 죄명이 부여될 필요가 없다'고 규정하였으며, 인도 청구와 관련된
범죄 사실이 법제도상 동일한 범죄 유형이거나 죄명이 동일할 필요가 없다.[204]
또한 같은 항 (b)는 '인도를 요구받는 자가 범한 행위 전체를 고려하는 것으로,
양 체결국의 법령상 동일한 구성 요건에 따라 범죄로 간주될 필요가 없다'라고 하
여 인도 대상이 되는 범죄 행위의 요건을 포괄적으로 해석하는 것이라는 점을 명
기했다.[205]

---

203) 瀬戸毅, 犯罪人引渡しに関する日本国と大韓民国との間の条約(1), 現代刑事法(第41号), 2002,
    68쪽.
204) 예를 들어, 한국의 인도 청구 사안이 금전을 지불하고 17세 소녀와 성교했다는 것으로 미풍양
    속을 해하는 행위로 매춘방지법 위반죄로 청구한 것에 대해, 일본 법령상 17세 아동의 권리
    를 침해하는 행위라고 하여 아동매춘죄에 해당하여 쌍방가벌성을 인정하는 경우를 고려할 수
    있다. 瀬戸毅, 犯罪人引渡しに関する日本国と大韓民国との間の条約(1), 現代刑事法(第41
    号), 2002, 68쪽.
205) 예를 들면, 한국으로부터 인도 청구가 수금업무를 하면서 고객을 속여 대금을 지급받아 사기
    죄에 해당했던 건에 대해, 일본 법령상 고객을 속였다는 것에 대한 판단은 애매하지만, 적어도
    고객으로부터 예치받은 대금을 본인을 위해 마음대로 소비한 사실이 인정되며, 받은 대금의
    처분행위까지 고려하여 횡령죄에 해당하는 것으로 쌍방가벌성을 인정하는 경우를 생각할 수
    있다. 瀬戸毅, 상동 논문, 68쪽.

나. 범죄 혐의 상당성의 준거

한일 인도조약의 제3조 (a)는 인도 범죄 혐의의 상당성에 대해 '인도를 요구받는 자가 청구국에서 인도 청구와 관련된 범죄에 대한 유죄 판결을 받지 않은 경우, 피청구국의 법령상 해당 범죄를 그 자가 저질렀다고 의심할 만한 상당한 이유가 없는 경우'에 해당할 때에는, 이를 절대적 인도 거절사유로 규정한다. 이는 인도법 제2조 제6호 및 미일 인도조약 제3조에서 정한 인도 제한사유에 각각 상당하는 규정이다. '피청구국의 법령상'이라고 규정한 것은 인도 대상이 되는 범죄혐의에 대해서 '상당한 이유'의 판단 기준이 한일 양국 간에 완전히 동일하다고는 할 수 없기 때문이며 그 판단 기준이 피청구국에 있음을 명확히 하는 것이다.

미일 인도조약 제3조는 유죄 판결을 받지 않은 자에 한하지 않고, 확정 판결을 받은 자에 대해서도 그것을 '증명할 충분한 증거가 있음'을 인도 요건으로 정한다. 그 뜻은 '확정 판결이 존재한다는 실질적 요건을 충족하였음을 피청구국이 인식하기 위해 제공하는 정보의 신뢰성'의 문제이며, 인도의 구체적 절차를 규정한 조항(예를 들어 한일 인도조약 제9조)에서 규정하면 된다는 것으로 해석된다.206) 또한 미일 인도조약에서는, 인도 범죄의 혐의를 둘러싼 증거의 충분성에 대해 인도 제한사유를 규정한 제4조와 구별하여 독립 조문으로 규정한다. 그러나 인도법 제2조는 이를 구별하지 않고 하나의 조문으로 규정하고 있으며, 동시에 양자를 구별할 이유도 없는 것으로 인정되었기 때문에 한일 인도조약에서는 다른 인도 제한사유와 함께 제3조에서 규정했다고 한다.207)

다. 인권보장에 관한 규정

도망 범죄인의 인권보장과 관련하여, 미일 인도조약에서는 조문으로 명기하지 않고 오로지 행정 기관의 재량에 맡긴다. 한일 인도조약에서는 이것을 인도 제한사유로 정하고, 인도 제한사유의 성질에 따라 절대적 인도 거절사유로 정하거나 또는 피청구국의 재량에 맡길 수 있다고 규정한다. 그 주요 내용으로는 다음의

---

206) 瀬戸毅, 犯罪人引渡しに関する日本国と大韓民国との間の条約(2), 現代刑事法(第42号), 2002, 82쪽.
207) 瀬戸毅, 상동 논문, 78쪽.

두 가지를 들 수 있다. ① 절대적 인도 제한사유이다(제3조 (f)). 한일 인도조약은 '인도를 요구받는 자에 대해 인종, 종교, 국적, 민족적 출신, 정치적 의견 혹은 성을 이유로 소추하거나 혹은 형벌을 가할 목적으로 인도 청구가 이루어졌거나, 또는 그 자의 지위가 이러한 이유로 인해 침해될 우려가 있다고 피청구국이 인정할 만한 충분한 이유가 있는 경우'에는, 인도를 당연히 거절할 사유로 정한다. 이는 인도법 제2조에 규정된 인도 제한사유의 각 호와의 정합성이 고려된 것이다. 이 조항의 의의는 가령 인도가 실시될 경우, 그 범죄인이 청구국에서 어떠한 처우를 받을지에 주목하여 피청구국이 인도적 보장의 관점에서 인도를 거절할 사유가 존재하는지 여부를 미리 심사하는 데에 있다. 인도 후 범죄인 인권보장을 조약에 명기한 것은, 유엔 범죄인 인도 모델조약의 관련 조항의 취지를 참조한 것이라고 한다.[208] 즉, 유엔모델조약 제3조 (b)는 인도 후 청구국에서의 범죄인 취급에 대해 구체적인 박해 형태를 명시하면서, 그러한 이유가 있을 경우에는 인도 제한사유로 정한다. 일본이 '성'을 이유로 박해받을 우려가 있음을 절대적 인도 거절사유로 삼은 조약은 2003년에 발효된 '국제조직 범죄방지조약'이 있다.[209] ② 임의적 인도 거절사유이다(제4조 (c)). 한일 인도조약은 임의적 인도 거절사유로 '인도를 요구받는 자의 연령, 건강, 기타 개인적 사정에 비추어 인도하는 것이 인도상 고려에 반한다고 피청구국이 인정하는 경우'에는 피청구국의 재량으로 인도를 거절할 수 있다고 정한다(제4조 (c)). 이 조항은 인도가 요구되는 범죄인의 개인적 사정에 비추어, 피청구국이 인도적 관점에서 인도 실행이 적당한지를 판단하는 근거를 규정한 것이다. 한일 인도조약 제3조 (f)는 '인도를 요구받는 자를 인종, 종교, 국적, 민족적 출신, 정치적 의견 혹은 성을 이유로 소추하거나 혹은 형벌을 가할 목적으로 인도 청구를 했다고, 또는 그 자의 지위가 그러한 이유로 침해될 우려가 있다고 피청구국이 인정하기에 충분한 이유가 있는 경우'를 절대적 인도 거절사유로 정한다. 가령 범죄인이 인도될 경우, 청구국이 해당 범죄인에게 행할 수 있는 구체적 박해 요소를 상정하여 명기한 것이다. 박해로 소추 또는 형벌이

---

208) 단, 한일 인도조약에서는 유엔모델조약에 규정된 '지위'(status)에 대해서는 그 내용이 모호하고 자의적 운용을 초래할 우려도 있다며 채택되지 않았다. 瀨戸毅, 상동 논문, 82쪽.

209) 일본은 '국제적 조직범죄방지에 관한 조약'에 2000년에 서명하였으며, 2003년 5월 14일에 국회를 통과했다. 이 조약 제16조 제14항은 본문과 같은 이유로 박해될 것이라고 '믿을 만한 실질적 근거가 있는 경우에는 인도할 의무를 부과한 것으로 해석해서는 안 된다'고 규정한다.

가해지는 것에 대해 피청구국이 그것을 사전에 판단하도록 함으로써 도망 범죄인의 인권보장이 한층 도모되었다고 할 수 있다.

반면 제4조 (c)는, 청구국의 재판권 등으로 인해 범죄인에게 가해지는 구체적인 박해가 아니라, 인도가 요구된 자의 일신상의 절박한 사정으로 인해 포괄적 형태로 인도적으로 고려하는 것이다. 단, '인도적 고려'의 구체적 요건이 무엇인지에 대해 명확한 기준을 설정하기는 어려우므로 본 항을 근거로 그 재량이 남용될 우려도 있다. 따라서 재량권 남용을 방지하는 취지로 '인도를 요구받는 자의 연령, 건강, 기타 개인적 사정'이 인도저으로 고려해야 할 요건으로 예시된 깃이다.210) 본 항과 관련하여 한국 '인도법'은 '인도 범죄의 성격과 범죄인이 처한 환경 등에 비추어 범죄인을 인도하는 것이 비인도적이라고 인정되는 경우'에 해당한다고 피청구국이 인정할 때는 임의적 인도 거절사유로 규정한다(제9조 제5호). 단, 이 경우라도 인도를 요구받는 자의 동의가 있으면 법원 결정에 제한이 가해진다고 규정한다. 한국 인도법은 '범죄인이 청구국으로 인도되는 것에 동의하는 경우 법원은 신속하게 제15조에 따른 결정을 하여야 한다. 이 경우 제9조에 해당한다는 이유로 인도거절 결정을 할 수 없다' 고 규정되어 있으며(제15조의2) 해당 범죄인의 동의 여부에 따라 법원의 결정이 제한되는 구조이다.211) 같은 취지로 미일 인도조약 제10조는 피청구국은 인도가 요구된 자가 피청구국의 법원이나 기타 권한이 있는 당국에 대해 그 인도를 위해 필요한 국내 절차에서의 권리를 포기한다고 신청한 경우에는 '피청구국의 법령이 허용하는 범위 내에서 인도를 촉진하기 위해 필요한 모든 조치를 취한다'라고 규정한다. 이러한 규정은 일정한 요건하에서 인도실시의 신속성을 기하기 위한 것으로, 간이 인도 절차212)의 주요 요건

---

210) 한일 인도조약 제4조 (c)의 예로 '출산 예정일까지 1개월 미만인 임산부를 인도함으로써 모체가 위험에 노출될 가능성이 있는 경우'를 들 수 있다. 瀬戸毅, 犯罪人引渡しに関する日本国と大韓民国との間の条約(3), 現代刑事法(第43号), 2002, 82−83쪽.

211) 본 항은 인도 절차를 신속하게 실시할 목적으로 2005년에 신설되었다. 즉, 법원이 도망 범죄인의 일신상에 임의적인 인도 거절사유로 인정되는 사정이 있는 경우, 그 범죄인의 동의를 전제로 인도 불가 결정을 내릴 수는 없다고 본다. 또한 동의의 형태에 대해서는 서면으로 법원에 제출되어야 하며, 법원은 진의를 직접 확인하여야 한다(제15조의2 제2항). 개정 이유(2005년 12월 14일, 법률 제7727호).

212) 간이인도 절차는 정식 재판에 대한 약식재판제도에 비유해 '약식인도 절차'라고도 한다. 이러한 간이절차의 법적 효과에 대해 본래의 인도 절차에 적용되는 특정주의의 원칙과 어떠한 관계에 있는지가 문제가 된다. 예를 들면, 베네룩스 범죄인 인도 및 형사사법공조조약(1962년)의 제19조 및 미국과 서독 간의 범죄인 인도조약(1978년) 제18조의 경우, 인도가 요구된 범죄인

을 구성하는 것이다. 그 의의는, 인도가 요구된 자가 그 권리를 스스로 포기함으로써 피청구국에서의 장기 구금을 피할 수 있고, 인도가 조기에 집행되므로 청구국에서의 형사절차가 신속히 진행될 것으로 기대된다는 것이다.213)

제 3 절 인도재판의 사례

인도법상 인도재판의 관할은 도쿄 고등재판소에 전속되며 도쿄 고등재판소는 법무대신의 청구에 따라 인도 여부를 심사 및 결정하는데, 도망 범죄인이 구금되어 있을 때에는 늦어도 구속된 날로부터 2개월 이내에 결정을 내려야 한다(제9조). 도쿄 고등재판소의 결정에는 각하, 인도 불가 및 인도 가능이 있으며(제10조 제1항) 결정의 효력은 결정 주문을 도쿄 고등검찰청의 검찰관에게 통지함으로써 발생한다(같은 조 제2항). 각하결정은 인도 여부를 둘러싼 심사의 청구가 부적법할 경우에 행해지며, 심사 청구 절차에 하자가 있음을 이유로 하기 때문에 해당 결정이 내려졌다 하더라도 그 하자를 보완하여 재차 심사 청구를 할 수 있다. 인도 불가 결정은 '인도할 수 없는 경우'에 해당할 때 내려진다. 인도할 수 없는 경우란, 인도 청구가 인도조약에 따라 행해졌을 때에는 인도조약 및 인도법이 정한 인도 제한사유가 있는 경우이고, 인도조약에 근거하지 않을 때는 인도법 제2조 각 호 중 어느 하나에 해당하는 경우이다. 이 결정은 인도조약 및 인도법의 각 규정에 따라 인도가 제한되어야 한다고 정한 사유가 존재함을 확인하는 재판으로, 법무대신은 이 결정에 구속된다. 그러므로 법무대신이 인도의 상당성 판단으로 인도를 집행할 수 있는 것은 아니다. 인도 가능 결정은 '인도할 수 있는 경우'에 해당할 때 이루어진다. 인도 청구 사안에 대하여 인도조약 및 인도법이 정한 인도 제한사유가 존재하지 않음을 확인하는 재판이다. 하지만 이 결정에 따라 인도가 집행되는 것은 아니며, 법무대신이 인도의 상당성을 인정하고 인도명령을 발부함으로써 최종적으로 집행되는 것이다. 법무대신은 사법 심사와는 별도로, 청구국 등

의 동의에 의한 약식절차는 특정주의의 원칙을 완화하는 효과가 있다고 한다. 森下忠, 犯罪人引渡法の硏究, 成文堂, 2004, 97−99쪽.
213) 瀬戸毅, 犯罪人引渡しに関する日本国と大韓民国との間の条約(4·完), 現代刑事法(第44号), 2002, 71쪽.

과의 외교 관계, 국제정세 등을 고려하여 심사를 진행하고, 인도의 상당성이 인정되지 아니할 때에는 집행하지 않을 수 있다.

1. 정치범 불인도의 원칙을 둘러싼 재판

(1) '윤수길 사건'

윤수길은 한국 정부의 일본 유학생으로 선발됐으나 1950년 6.25전쟁이 시작되자 유학이 불가능해져 이듬해 4월 일본으로 밀입국했다. 도쿄대학 연구생 및 독학 등으로 이론물리학을 공부하다가 그 후 사회활동으로 전환하였으며, 신문사 운영 및 정치 운동을 통해 반정부 활동을 했다는 이유로 군사정권에 의해 사형된 조용수의 후임으로 재일 한국민단 도치기현 본부의 사무국장으로 취임, 한국 정부에 대해 비판적인 활동을 하였다. 1961년 8월, 밀입국 혐의로 도쿄 입국관리 당국에 수용되었고, 이듬해 6월 송환처를 한국으로 하여 퇴거 강제명령서가 발부되었다. 윤수길은 이러한 활동 등을 근거로 스스로 정치범죄인 및 정치 난민이라 주장하며 이 명령서 발부의 처분취소청구 소송을 도쿄 지방재판소에 제기했다. 그 후 도쿄 지방재판소는 퇴거 강제명령서 발부처분을 취소하였고(1969년 1월 25일), 항소심을 진행한 도쿄 고등재판소는 피고 항소를 기각하였으며(1972년 4월 19일), 최고재판소는 원고 상고를 기각하는(1976년 1월 26일) 등의 각 판결을 내렸다.[214] 재판에서는 정치범 불인도원칙과 관련하여 재판 규범으로서의 국제관습법 인정 여부가 쟁점이 되었으나,[215] 제1심과 상소심 간에 상이한 판결이 내려졌다. 이하에서는 재판에서의 주요 쟁점 및 제1심에서 정치범 불인도원칙에 대해 국제

---

214) 祖川武夫·小田滋, 日本の裁判所における国際法判例, 三省堂, 1991, 268-277쪽; 松井芳郎編, 判例国際法(第2版), 東信堂, 2006, 230-234쪽.

215) 본건 외에 국내재판소에서 국제관습법의 찬반이 다투어진 사례로 자국민 포로보상 원칙이 쟁점이 된 '시베리아 억류소송'이 있다. 제1심 판결(도쿄 지방재판소 1989년 4월 18일)에서는 국제관습법 성립의 요건 등에 관한 기준이 제시되었는데, ① 그 규칙이 관습법화에 익숙한 성질의 것인지 아닌지가 전제가 되며, ② 성립요건으로 '일반관행'과 '법적 확신'을 필요로 한다는 등의 두 가지였다. 또 재판에서는 국제관습법의 성립요건과는 별도로 그것이 재판규범으로 인정되기 위해서는 조약관행, 국내입법, 판례, 학설, 실행 사례 등에 의해 충분한 증명이 이루어져야 한다는 엄격한 기준이 제시되었다. 判例タイムズ(第703号), 1989, 63-93쪽. 국내재판과 국제관습법의 적용에 대해서는 村瀬信也, 国内裁判所における慣習国際法の適用(広部和也·田中忠等編), 国際法と国内法: 国際公益の展開(山本草二先生還暦記念), 勁草書房, 1991, 133-170쪽을 참조.

관습법으로 인정된다고 한 감정 요지를 고찰한다.

가. 제1심(도쿄 지방재판소)[216]

도쿄 지방재판소는 원고의 행위는 순수한 정치범죄에 해당하고, 정치범 불인도원칙은 국제관습법으로 확립되어 있어 행정처분인 퇴거 강제에도 적용되므로 퇴거 강제처분은 위법하다고 하여 그 처분을 취소하였다. 주요 쟁점 및 법원의 판단은 다음과 같다. ① 정치범죄인 취급에 관한 국제적 일반관습에 대해,[217] 지난 1세기 동안은 정치범죄인을 인도 제한사유로 정하고, 대부분의 인도조약에서 의무적·명령적 용어로 규정하여 다수의 각국 헌법 및 기타 국내법에서 정치범 불인도를 규정하였다. 또한 구체적 실행에 있어서도 정치범죄인에 대한 인도 청구에 응하지 않고 거절해 온 점 등으로 보아 정치범죄인 불인도의 국제관습이 성립되었음은 의심의 여지가 없다. ② 정치범 불인도원칙의 국제관습법 인정 여부에 관하여, 상대적 정치범죄는 제쳐두더라도 순수한 정치범죄에 한하여 일정 조건하에서 정치범 불인도원칙의 국제관습법성이 긍정된다. 또한 정치범 불인도원칙의 국제관습법 인정 여부에 관한 학설의 대립은 불인도원칙을 전제로 하고 있으므로, 이는 정치범죄의 개념 차이로 야기된 것으로 추정된다. ③ 순수한 정치범죄의 인정 여부에 대해, 정치범죄는 순수한 정치범죄 및 상대적 정치범죄로 나뉜다. 순수한 정치범죄란 오로지 특정 국가의 정치 질서를 침해하는 행위로, 예를 들어 반역·혁명·쿠데타 등의 기도나 음모, 금지된 정치 결사의 결성 등으로 처벌의 대상이 되는 것이다. 상대적 정치범죄란 정치범죄와 보통 범죄를 동시에 구성하는 단일 행위로 나타나는 복합 범죄, 정치범죄와 보통 범죄가 각각 이뤄지는 결합

---

216) 도쿄 지방재판소 판결(1969년 1월 25일), 1962년(행) 제129호, 퇴거강제명령서 발부처분 취소 소송 사건.

217) 감정서는, 정치범 불인도원칙의 국제관습법의 성립 여부에 대해서 긍정적인 견해(다카노 유이치: 高野雄一)와 부정하는 견해(오히라 젠고: 大平善梧, 오다 시게루: 小田滋)가 제출되었다. 긍정적인 감정서에서는, 정치범 불인도원칙이 국제관습법으로서 확립되었는지 아닌지에 대해서 인정받지 못한다는 학설로 다치 사쿠타로(立作太郎), 다오카 료이치(田岡良一: 개별적인 조약에 있어서 다수의 국가가 일치한 것에 지나지 않음) 가노 고(嘉納孔: 규범적인 의미에서의 '원칙'이 아니라 '주의'라고 하는 편이 적당하다)를 들 수 있고, 인정된다는 학설로서는 요코타 기사부로(橫田喜三郎: 순수한 정치범죄에 한하여), 다쿠라 고사쿠(田村幸作), 이치마타 마사오(一又正雄)의 설을 들고 있다. 감정서와는 별도로 '19세기, 늦어도 20세기 전반에 정치범죄인 불인도원칙은 관습국제법으로서 성립되어 있었다'는 견해로, 芹田健太郎, 政治犯罪人不引渡原則の確立: 歷史的·実証的研究, 国際法外交雑誌(第71卷 第4号), 1972, 386쪽을 참조.

범죄를 말한다. 일본에서의 원고의 활동은 한국의 정치 질서에 대한 침해 행위이며 한국 국내법에 따라 처벌의 대상이 되므로, 본건 행위는 순수한 정치범죄에 해당한다.

나. 항소심(도쿄 고등재판소)[218] 및 상고심(최고재판소)[219]

도쿄 지방재판소의 판결에 대해 도쿄 입국관리국이 공소하였으며, 도쿄 고등재판소는 공소측의 주장을 인정하여 원판결을 기각했다. 그 이유로는 다음의 세 가지를 들 수 있다. ① 정치범 불인도원칙에 대해, 이것은 자유와 인두에 기초한 국제관행이나 아직 확립된 국제관습법이라고 인정할 수 없다. 불인도원칙은, 어떤 국가의 헌법 및 기타 법률에서 그 원칙을 정했다면 그 국내법의 범위 내에서 확립되었다고 할 수 있다. 또한 국가는 원칙적으로 그 영역에 있는 도망 범죄인을 인도할 의무가 없으며, 인도조약이 있는 경우 그 체결국 간에는 일정 요건에 따라 인도 의무가 발생하나, 정치범죄는 인도 제한사유로 인도를 거절할 수 있는 권능을 가진다. 일본 인도법은 일반적으로 인도조약 유무를 불문하고 정치범죄인의 불인도를 규정했다고 인정되지 않는다. 더욱이 정치 난민에 대해서도 그 의사에 반하여 박해가 대기하는 나라에 인도해서는 안 된다는 것이 국제관습법으로 확립되어 있지 않다. 따라서 가령 윤수길의 행위가 정치범죄로 인정되거나 그에 준하는 것으로 인정된다 하여도, 퇴거 강제처분이 국제관습법을 위반하여 헌법 제98조 제2항에 반하므로,[220] 그 처분이 무효라는 주장은 도저히 채택될 수 없다. ② 정치범 불인도원칙의 본건 적용에 대해 감정인(高野雄一)의 감정에 따르면, 정치범 불인도원칙이 적용되기 위해서는 그 정치범죄에 대해 유죄 판결·기소·구속영장의 발부 등의 사실 또는 정치범죄의 처벌을 위해 인도 청구가 이루어지는 등의 사실 증명이 필요하다. 그러나 본건의 경우 본국에서 체포장이 발부될 가능성

---

218) 도쿄 고등재판소 판결(1972년 4월 19일), 1969년(행ㄱ) 제5호 퇴거강제명령서 발부처분 취소청구 항소사건.
219) 최고재판소 판결(1976년 1월 26일), 1972년(행ツ) 제65호 퇴거강제명령서 발부처분 취소청구 상고사건.
220) 헌법 제98조 제2항에서 말하는 '확립된 국제법규'란 대다수 국가에 의하여 승인 및 실시되는 국제관습법을 말하며 일본의 승인을 요하지 않는다. 또한, 이와 같은 국제관습법은 국내에서 입법조치를 기다릴 필요도 없이 당연히 모두 국내법으로 법적 구속력을 갖는다고 해석된다. 山本草二, 国際法(新版), 有斐閣, 2004, 99쪽.

이 있거나 혹은 처벌될 우려가 있다거나, 이를 위한 인도 청구가 될지도 모른다 등과 같이 본인의 주관적 판단에 따라 인도되어서는 안 된다는 당위성을 주장하는 데 그친다. 본인의 주장을 뒷받침하는 객관적 사실의 증명이 없는 한, 이는 불인도원칙의 대상이 되지 않는다. ③ 본국 송환시의 인도적 허락 여부에 대해 정치범죄를 의심할 여지가 없을 정도로 현저한 경우 외의 정치범죄 인정은 한국이 결정하는 문제로 타국이 함부로 단정하고 동국의 법률 적용에 대해 운운하는 것은 허용되지 않는다. 본건에 관한 각 증거를 검토한 결과, 한국으로 송환될 경우 본인이 정치범죄라고 주장하는 활동에 대해 확실히 처벌되거나 혹은 박해가 예상된다는 등의 적확한 증거가 없다. 또 본건의 퇴거 강제처분은 출입국관리령에 따라 밀입국자를 송환하는 절차로, 정치범 불인도원칙과는 그 성질이 달라 불인도원칙이 적용되는 대상이 아니다.

도쿄 고등재판소의 판결에 대하여 피공소인(윤수길 측)이 상고한 바, 최고재판소는 증거관계에 비추어 원판결에 위법이 없고 그 논지는 정당하다고 하여 상고를 기각하였다.

다. 제1심에서의 감정(강정인 高野雄一) 요지[221]

제1심 재판에서는 정치범 불인도원칙의 국제관습법 여부에 대해 긍정한 감정서(高野雄一)와 부정하는 감정서(大平善梧, 小田滋)가 각각 제출되었다. 동재판에서는 긍정설이 채택된 것으로 해석되며, 아래에 그 요지를 소개한다.

하버드 인도조약 초안 제5조 a에는 피청구국은 '인도를 거절할 수 있다'고 규정하는데('A requested State may decline to extradite a person claimed if the extradition is ought for an act which constitutes a political offense, …), 여기에는 다음과 같은 이유가 있다. 즉, ① 다자간 조약으로 다수의 참가를 상정하여 각 참가국의 다양성을 고려한 것이므로, 의무·명령적 용어보다 허용적 표현이 적합하다는 고려, ② '정치범죄'의 개념 정의에서 순수한 정치범죄 및 상대적 정치범죄 등의 개념의 다의성, 벨기에 가해조항 및 죄질의 잔학성 및 중대성 등과 같이 불인도원칙의 예외가 인정되는 점 등이다.

---

221) 高野雄一, 退去強制と政治亡命の法理：尹秀吉事件の鑑定をして(1－2·完), 法学セミナー(제158호와 제159호), 1969.

또한 정치범 불인도원칙은 다음과 같은 이유로 일정 한도 내에서 국제 관습법이며 인도해서는 안 된다는 의무적 및 구속적 의미를 갖는 것으로 해석된다. ① (1969년 기준) 역사적으로 지난 1세기 동안 정치범 불인도는 여러 나라에서 채택되어 일반적 국제관행이 되었고, 끝까지 이 원칙을 받아들이지 않았던 러시아도 그 국내법 및 인도조약에 명기하게 되었다. ② 외국인의 입출국에 관한 규율이 국가의 재량에 속하는 상황에서 인도조약 또는 국내 인도법에 예외 없이 불인도원칙 조항이 규정된 것은, 정치범죄를 인도해서는 안 된다는 규범이 역사적, 사회적으로 정착되어 왔음을 나타내는 것이다. ③ 협의의 정치범죄인에 대해서 정치적 처벌을 위해 인도되어서는 안 된다는 실질적 의의는 정치 사상이나 인도주의(人道主義)의 기초 위에서 최근 백 년간 확고해지고 있다. ④ 정치범죄인으로 인정하면서 그 범죄인을 인도하는 사례는 우선 없다. ⑤ 정치범죄의 개념이 다의적이라는 것은 부정할 수 없으나, 불인도원칙의 존재를 부정해야 할 정도로 불확정적이라고는 할 수 없다.

정치범죄의 개념에 대해 하버드 인도조약 초안에서는 '정치범 불인도의 실시가 보편적으로 받아들여지고 있음에도 불구하고, 그 실시의 적용에서 정치범죄의 구성 요건을 결정하는 것이 어렵기 때문에 지극히 미묘한 문제가 야기된다'[222]고 평석하였다. 따라서 협의의 정치범죄 개념은 ① '특정 국가'의 정치 질서를 침해하는 행위이다. 모든 국가의 정치 질서를 부정하고 파괴하려는 무정부주의적 활동은 불인도원칙이 적용되는 정치범죄에 해당하지 않는다. ② '오직 정치적 질서를 침해'하는 행위는 예를 들어 반역, 쿠데타, 혁명 등의 기도나 음모 등에 국한된다. 나아가 인도 청구 또는 인도의 형식적 조건으로 청구국에서 인도가 요구된 그 정치범죄에 대하여 유죄 판결, 기소, 체포영장의 발부 등과 같은 객관적 사실이 증명되거나 혹은 그와 같은 조치를 취하기 위하여 인도가 청구되었음을 증명해야 한다.

---

[222] 원문은 'In spite of the now universal acceptance of the practice of non-extradition for political offense, the application of this practice may raise very delicate problems due to the difficulties in determining what acts constitute a political offense'이다.

(2) 장진해(張振海) 사건223)

중국 국적인 장진해는, 1989년 12월 16일 베이징을 출발하여 상하이를 경유하는 뉴욕행 중국 여객기가 베이징을 이륙하자 항공기를 폭파시키겠다고 위협하여 기장 등의 저항을 제압하고 비행기를 후쿠오카 공항에 강제 착륙시키는 등, 항공기 불법 탈취행위를 저질렀다. 당시 여객기에는 총 223명이 탑승했으며, 이 중에는 범인의 처자식 2명도 포함된다. 당초 범인은 한국행을 요구하였으나, 한국의 착륙 불허 통고 및 연료 부족 등으로 후쿠오카 공항에 긴급 착륙하였다.224) 착륙 후 범인은 기내에서 밀쳐지는 과정에서 지면으로 떨어져 중상을 입었고, 당국에 의해 신병이 확보되었다. 중국 당국은 하이재킹 등의 범죄혐의로 발부된 체포장 등을 제시하면서 같은 해 12월 23일 일본에 대해 신병 가구금을 청구하였으며 도쿄 고등재판소가 발부한 임시 구금 허가장에 의해 같은 달 31일에 구속되었다. 이어 중국은 장진해의 항공기 납치 행위를 인도 범죄로 규정하고 1990년 2월 22일 일본에 대해 신병 인도를 청구했다. 법무대신의 심사 청구 명령에 따라 도쿄 고등재판소에서 심사가 실시되었고, 같은 해 4월 20일 도쿄 고등재판소는 인도 가능한 경우에 해당한다고 결정하였다. 법무대신은 인도가 상당하다고 인정하여 인도를 명하였으나, 범죄인 측은 도쿄 고등재판소의 인도 가능하다는 결정에 불복하여 최고재판소에 형사소송법에 준거한 특별 항고가 허용되어야 한다고 하여 특별 항고를 신청하였다. 최고재판소는 같은 해 4월 24일, 특별 항고를 기각하였

---

223) 본건을 집중적으로 다룬 것으로 特別企画·張振海事件がのこしたもの, 法学セミナー(제433호), 1991이 있으며, 이 잡지에 수록된 논설 등은 다음과 같다. '지금 생각해야 하는 것은 무엇인가: 동종의 사건은 또 일어난다(いま考えなければならないことは何か：同種の事件はまた起こる)'(편집부), '하이잭과 정치범 불인도원칙: 도쿄 고등재판소 결정에는 오해가 있다(ハイジャックと政治犯不引渡し原則：東京高裁決定には誤解がある)(本間浩), '국제 인권의 국내적 구제: 이 사건에서 실효적 구제 수단은 존재했는가(国際人権の国内的救済：この事件で実効的救済手段は存在したか)'(今井直), '범죄인 인도와 난민 인정:국제적 요청에 적합한 운용의 가능성을 살펴보며(犯罪人引渡しと難民認定：国際的要請にかなう運用の可能性をさぐる)'(阿部浩己), '국제 인권 활동에서는 무엇이 가능한가: 일본의 가능성과 과제(国際人権活動には何ができるか：日本における可能性と課題)'(寺中誠·北井大輔)

224) 범인인 장진해의 목적은 한국을 경유해 대만으로의 정치적 망명이었던 것이 알려졌다. 判例時報(第1344号), 1990, 41쪽. 또한 장진해가 한국행 및 대만망명을 기도한 이유로 제5장에서 다루는 항공기 납치사건인 '탁장인 등 사건'과 유사한 점이 있다고 해석된다. 중국 국적인 탁장인 등 6명은 1983년 5월 5일 선양에서 상하이행 중국 민항기를 하이재킹하여 한국에 강제 착륙시켰다. 범인들은 대만행을 요청했고 그 이유로 중국 공산당의 정치에 불만을 품다 자유와 민주 사회를 이룩하기 위해서였다고 말했다.

다.225) 또한 범죄인 측은 법무대신의 인도명령에 대해 집행정지 신청 및 취소 청구를 하였으나, 4월 25일 도쿄 지방재판소는 모두 각하하였다. 각하 불복에 대해 4월 27일 도쿄 고등재판소는 항고 기각, 5월 1일 최고재판소는 재항고를 기각하였다.226) 인신 보호 청구가 있었으나, 28일 도쿄 최고재판소에 의해 기각되었다. 그 사이 4월 28일 도망 범죄인에 대한 인도장이 집행되었고 신병이 중국에 인도되었다. 인도 재판의 주요 쟁점과 법원의 판단은 아래와 같다.

가. 쌍방가벌성

하이재킹 행위는 일본 법령으로 무기 또는 7년 이상의 징역으로 처벌되며, 중국에서는 형법 제10조에 해당하는 항공기 불법 탈취죄로 3년 이상 10년 이하의 자유형에 처해지므로 쌍방가벌성의 요건이 충족된다. 인도법상 인도 요건으로는 '인도 범죄가 청구국의 법령에 따라 사형 또는 무기 혹은 장기 3년 이상의 구금형에 해당하는 것'(제2조 제3호), '인도 범죄와 관련된 행위가 일본 법령에 따라 사형 또는 무기 혹은 장기 3년 이상의 징역 혹은 금고에 처해야 할 죄에 해당하는 것'(제2조 제4호)이 구비되어야 한다. 본건의 행위는 일본 법령상 '항공기의 강탈 등의 처벌에 관한 법률' 제1조에 해당하며 무기 또는 7년 이상의 징역형에 처해진다. 즉, '폭행 혹은 협박을 이용하거나 또는 그 밖의 방법으로 사람을 저항불능 상태에 빠뜨려 항행 중인 항공기를 강취하거나 또는 마음대로 그 운항을 지배'하는 행위를 말하며, 그 미수도 처벌된다.

중국에서는 하이재킹 행위를 직접적으로 규율하는 국내 입법은 존재하지 않으며, '항공기 불법 탈취 방지조약'(헤이그조약) 제1조 (a) 및 중국 형법 제10조 등에 근거하여 처벌한다. 헤이그조약에서는 '폭력, 폭력에 의한 협박, 기타 위협수단을 이용하여 해당 항공기를 불법으로 탈취 혹은 관리하는 행위(미수 포함)'를 하이재킹 범죄로 규정한다. 또한 중국 형법 제10조는 국가 주권의 위해, 반사회주의 혁명 및 사회주의 건설의 파괴, 기타 사회에 위해를 끼치는 행위로 법률에 따라 처벌받아야 할 것에 대해 범죄로 규정한다.227)

225) 불복 신청의 해설에 대해 最高裁判例解說·刑事篇, 1990, 46－58쪽.
226) 본건 인도 결정과 관련한 재판에 대해서, 각 결정 요지 및 해설에 대해서는 中國民航機ハイジャック事件東京地·高裁決定(4건), 判例タイムズ, 77－104쪽을 참조. 또한, 최고재판소 결정에 대해서는 刑集, 最高裁判例集(第44卷 第3号), 1990, 301－320쪽을 참조.
227) 본건 재판에 적용된 중국 형법은 1980년 1월 1일 시행된 것이지만, 현행 형법은 전면 개정 후

중국은 헤이그조약 체결국(1980년 9월 10일 가입, 같은 해 10월 10일 발효)이며, 이 조약의 국내법적 효력이 인정된다. 중국 형법 제100조는 반혁명을 목적으로 파괴 활동 등을 행한 자에 대해 무기징역 또는 10년 이상의 유기징역에 처하되, 경감 사유가 있을 때에는 3년 이상 10년 이하의 유기징역에 처한다고 규정한다. 본건의 행위는 중국 형법 제79조 및 제107조에 따라 항공기 불법 탈취죄로 특정되어 제107조에 따라 '3년 이상 10년 이하의 유기징역'에 처해진다. 하이재킹 행위에 대해 중국 형법 각칙에 명문 규정은 없으나, 제79조에서 '본 법의 각론에 명문 규정이 없는 범죄에 대해서는, 본 법 각론의 가장 유사한 조문에 비추어 죄를 인정하고 형을 명할 수 있다'고 되어 있다. 형법 제107조가 항공기 등에 대하여 파괴 등과 같은 중대한 결과에 이르지 않은 경우에는 3년 이상 10년 이하의 유기징역에 처하도록 정하여, 본건의 범행과 가장 유사한 조항으로 인정된다. 중국 당국이 제출한 수사결과에 비추어 보더라도 해당 범죄인에게 반혁명의 목적이 있었음을 인정할 수 없다. 도쿄 고등재판소는 인도법이 정하는 쌍벌의 요건이 충족되었다고 판단하였다.[228]

나. 정치범죄 인정 여부

일반적으로 정치범죄란 한 국가의 정치 체제 변혁을 목적으로 하거나 혹은 국가의 기본 정책에 영향을 미칠 것을 목적으로 하는 행위로, 그 나라의 형벌 법령을 위반하는 것을 말한다. 정치범죄는 '순수 정치범죄'와 '상대적 정치범죄'(관련적 정치범죄)로 나뉜다. '상대적 정치범죄'란 정치범죄 속에 보통 범죄가 포함되어 있는 것으로, 그것이 '정치범 불인도원칙'에서 말하는 정치범죄로 인정되

1997년부터 시행되고 있으며, 그 후에도 일부 개정 등이 이루어졌다. 木間正道·鈴木賢·高見澤磨·宇田川幸則, 現代中國法入門(第6版), 有斐閣, 2012, 282－283쪽.

228) 본건의 보좌인은 하이재킹에 관하여 중국의 형벌법에서 명확한 규정이 없는 것이 '죄형법정주의'에 반한다고 주장하였다. 그러나 법원은 '유추정죄'와 '죄형법정주의'의 관계에 대하여 그러한 비판은 중국 이외 법제도의 전제와 입장인 점, 인도법이 쌍방가별성의 요건으로 제2조 제3호를 요구하는 취지는 법 해석의 준거가 중국 사법체계에 내재하는 것이지 일본 법질서의 입장에서 법적 평가를 해서는 안 된다는 점, 중국 외교부 당국자가 작성한 법률 감정서, 법무성 검찰관이 작성한 보고서, 중국 최고법원의 형사재정서, 헤이룽장성 하얼빈시 중급인민법원의 형사판결서 등에 비추어 볼 때 중국에서는 본건과 같은 경우에 형법 제107조를 해석하여 적용하는 것이 실무상 이미 이루어지고 있는 점 등으로 미루어 일본의 '헌법규정 기타에 의한 법질서와 적극적으로 저촉되어 위법이라는 판단을 내려야 한다고까지는 할 수 없다고 보는 것이 상당'하다고 판단했다.

는지가 문제가 된다.[229) 상대적 정치범죄 중에는 정치적 목적을 위해, 예를 들어 군주를 살해하는 경우와 같이, 단일한 행동이 정치범죄와 보통 범죄의 양자를 동인구성하는 복합 범죄의 경우와, 정치적 목적을 위해, 예를 들어 방화나 약탈 등과 같이 두 가지 이상의 범죄가 있어 정치범죄와 보통 범죄가 결합되어 있는 결합범죄(견련범죄)인 경우가 있다. 불인도를 위한 정치범죄의 인정 여부의 준거는, 범행의 정치적 목적성, 목적 달성에 대한 범행의 직접성 및 유용성, 행위의 내용과 성질, 결과의 중대성 등이다. 범행 동기나 내용, 범죄 결과의 피해 등과 비교하여 전체적으로 불인도에 해당하는지 여부를 사안별로 판단하여야 한다.

해당 범죄인은 1989년 6월 '천안문 사건'에 참가하여 같은 해 10월 11일 당국에 체포되어 조사를 받았으며 한국을 경유해 대만으로 정치 망명을 시도했다고 진술했다. 이에 대해 검찰 측은 중국 정부로부터 송부받은 관계 서류를 토대로 그가 공장장으로 근무했던 공장의 공금 횡령 등의 혐의로 허베이성 한단시 공안 당국에 체포된 것일 뿐, 천안문 사태와는 전혀 무관하다고 하였다. 또한 검찰 측의 관계 서류에 따르면 부인, 아버지(우체국 정년퇴직), 큰형(현직 경찰관), 작은형(배송업 직원) 등 친인척뿐만 아니라 자택 주변의 이웃들도 이와 같은 부패 사건으로 체포된 것을 제외하고는 정치 활동을 이유로 체포된 적이 없다고 기술되어 있었다. 당시 베이징과 자택이 있는 허베이성 한단시는 열차로 8시간 걸리는 거리로 정치 활동을 위해 빈번히 왕래할 수 있는 거리가 아니며, 가령 왕래가 가능했다 하여도 가족이나 이웃 등에게 알려지지 않았다는 점은 객관적으로 설득력이 없다고 하지 않을 수 없다.

하이재킹 행위는 국제약속 등에 따라 처벌이 철저해야 하므로, 불인도가 정당화되려면 항공기 승객이 받은 불이익에 비해 그 이상의 보호받아야 할 법익이 요구된다. 본건의 범죄인은 베이징에 있는 정치 조직의 일원으로 천안문 사건시에 시위에 참여하여 체포, 투옥 등을 당했다고 주장했다. 그러나 관련 증거 등을 검토한 결과, 이 사람은 공금 횡령 등으로 체포된 적은 있으나 천안문 사건에 대해 정치적 활동을 했기 때문에 구금되었다는 진술의 신용성에는 의문이 있었다.

---

229) 본건 결정에 대해 주로 범죄의 정치성 평석으로 渥美東洋, 中国民航機ハイジャック犯人の中国側への引渡しが認められた事例, 判例タイムズ(第726号), 1990, 70-76쪽.

즉, 하이재킹으로 해외 도피를 하게 된 목적은, 횡령죄 혹은 그 밖의 정치적 활동의 이유로 처벌받는 것을 피하기 보다, 형사책임 면탈 및 외국 생활을 통한 경제적 이익추구에 있었다고 해석된다.[230] 또한 가령 범인이 진술한 대로 천안문 사건의 활동을 이유로 처벌받을 것을 우려하여 범행에 이르렀다고 해도, 피해 규모 및 죄질의 중대성 등이 범행의 목적에 비해 한층 크다는 것은 명백하다. 따라서 인도법이 정한 인도 제한사유가 되는 정치범죄라고 인정할 수는 없다.

다. 인도 후 청구국에서 별죄로 처형될 우려

중국 정부 대표는, 일본 당국의 인도가 이루어진 후에 이 인물에게 적용되는 중국 법령상 처벌이 3년 이상 10년 이하의 징역이며, 반정부 활동 등을 단속하는 형법 제100조는 적용되지 않는 점을 정부 견해로 표명했다. 또한 사형을 적용하지 않을 것, 본건의 하이재킹 이외의 범죄에 대하여 형벌을 가하지 않을 것을 정부가 보증한다는 견해를 밝혔다. 중국 정부는 이러한 의사표명을 구상서로 일본 정부에 제출하였고 공식적인 보증임이 인정되었으며, 이는 특별한 이유가 없는 한 국제신의상 신용되어야 한다.

라. 자유권 규약 제7조(고문조항)와의 관계

범죄인 측은, 중국 내 형사 절차에서 과도한 조사가 이뤄지는 등 '공정한 재판이 요구되는 국제적 준칙'이 보장되지 않는 경우가 적지 않다고 주장했다. 그러나 도쿄 고등재판소는 인도 가능 여부에 대한 심사는, 인도조약 및 국내법의 인도법이 정한 인도 요건이 충족되었는지 여부와 인도 제한사유의 존재 여부 등, 법률상 인도 적부에 한정된다고 하였다. 신병이 인도된 후 청구국에서 어떠한 처우를 받게 될지 등의 사정은 법무대신이 실시하는 인도의 상당성 심사에 포함되는 것으로 그 판단에 위임된다[231]고 하였다. 법원의 판단은 '심사대상인 개별 사안이

---

230) 본건 범죄의 정치성에 대해서, 검찰 측의 고찰로 三浦守, 中国民航機ハイジャック犯人を引き渡すことができる場合に該当するとした決定, 法律のひろば(第43巻 第9号), 1990, 58-60쪽을 참조. 또한 三浦는 법무성 형사국부 검사로서 본건 재판에 임해 도쿄 고등재판소에 제출된 보고서의 작성자이다.

231) 본건에 대해 인권보장 상의 견해에서 해설한 것으로서 山本草二, 中国民航機不法奪取犯引渡事件, ジュリスト(第980号), 1991, 251-253쪽을 참조. 또한, '졸링 사건'재판에서(유럽인권재판소 1989년 7월 7일 판결), 영국이 미국으로부터 사형 불집행 보증을 받았다 하더라도 신병을 인도한 것은 유럽인권조약 제3조(고문 등 금지, 자유권규약 제7조와 거의 동일한 규정)를 위

인도를 제한하는 규정에 저촉되는지 여부, 구체적으로는 법 제2조 각호가 제시하는 인도 제한 규정의 어느 하나에 해당되는지 여부에 그치며, 법이 정하는 우측의 제한 규정에 저촉되지 않을 경우에는 종합적 관점에서 인도하는 것이 최종적으로 상당한지 여부의 판단에는 이르지 않는다'고 기술한다.

마. 난민 조약 제33조 제1항과의 관계

도쿄 고등재판소는 민항기 하이재킹이라는 범죄의 중대성이 크고 '정치범죄 불인도원칙'상의 정치범죄로 인정할 수 없으므로 난민 조약상 난민으로 적용할 수 없다고 판단했다.

(3) '장진해 사건' 재판의 검토

본건의 인도 재판과 관련하여 다음의 세 가지를 지적하고자 한다. 첫째, 본건 하이재킹 행위로 해외 도피하려던 이유가 특정되지 못한 점이다. 재판에서는 하이재킹 범행의 이유에 대해 ① 공금 횡령 등 부정 행위라는 보통 범죄로 인해 받게 될 처벌이 두려워서 도망했는지, ② 본인이 진술한 바와 같이 천안문 사태 참가 등 정치 활동을 했기 때문에 처벌 받을 것을 두려워하여 도망했는지, ③ 국외에서 중국공산당의 정권을 변혁시키는 등의 반정부 활동을 하기 위해 도망했는지 등이 거론되었다. 도쿄 고등재판소는 ①의 경우, 범죄의 정치성이 부족한 점 ③에 대해서는 현실적인 증거가 없는 점 등을 이유로 정치범죄로 인정할 수 없다고 하였다. 또한 도쿄 고등재판소는 ②에 대하여 여객기 승객이 입은 피해 이상으로 보호되어야 할 법익이 없고 '…, 정치적 성질이 보통 범죄적 성질을 훨씬 능가하며, 그러므로 도망 범죄인 인도법상 보호를 요하는 범죄라고 인정할 수 없다'고 하였다. 도쿄 고등재판소는 본건의 범행을 상대적 정치범죄라고 하면서,[232] 인도법이 정한 인도 제한사유로서의 정치범죄에 해당하는지 여부에 대해 검토를 하였다. 도쿄 고등재판소가 상대적 정치범죄는 복합 범죄와 결합 범죄(견련범죄)로

반했다는 판결과 대비하여 이 사례를 그대로 본건에 적용하기는 어렵다는 평가가 있다. 芹田健太郎, 犯罪人引渡：中国民航機乗っ取り事件を契機に, 法学教室(第117号), 1990, 6−7쪽. 또한, 芹田 교수가 작성한 본건 인도재판 및 관련재판의 평석으로 中国民航機ハイジャック犯引渡事件,判例時報(第1367号), 1991, 222−229쪽이 있다.

232) 본건에 대해 상대적 정치범 개념의 관점에서 고찰한 것으로서 北村泰三, 相対的政治犯の概念：張振海事件, 別冊ジュリスト：国際法判例百選(第156号), 2001, 106−107쪽을 참조.

나뉜다고 했으므로, 위에 언급한 도망의 목적으로 추측되는 범행에 관하여 검토했다는 것은 본건을 결합 범죄로 판단한 것으로 해석된다. 즉, 본건의 하이재킹 행위 자체는 도쿄 고등재판소가 제시한 바와 같은 '한 나라의 정치 체제 변혁을 목적으로 하거나 혹은 그 국가의 내외 정책에 영향을 줄 것을 목적으로 하는 행위'가 아니므로, 복합 범죄로 인정되지 않는다.[233]

둘째, 본건의 범죄인은 해외 도피 및 범행의 이유로 위에 언급한 ② 내지 ③을 주장하였으나, 중국 공안 당국은 인도 청구를 하는 시점에 이러한 범죄를 인지하지 못한 것으로 보인다. 중국이 인도 청구시에 하이재킹 행위 외에 해외 도피의 이유가 될 만한 범죄를 특정하지 못하고, 이 때문에 청구서 등에 포함된 체포장은 인도 청구를 위해 긴급히 발부된 것이었다.[234] 또한 일본 정부도 사건 당초의 대책회의에서는 범죄인이 천안문 사건에 관여했었다는 주장에 대해 확인하지 못했다.[235]

셋째, 인도법상 도쿄 고등재판소는 인도 여부를 둘러싼 심사에 대해 필요가 있을 시에는 증인신문, 감정을 할 수 있다고 규정한다(제9조 제4항). 그러나 본건의 심사에서 중요 참고인이 될 수 있었던 아내 등을 후쿠오카 공항 착륙 후 얼마 지나지 않아 중국으로 송환하였으며 도쿄 고등재판소가 직접적으로 획득 가능할 것으로 기대된 신문 및 감정을 할 수 없게 되었다. 본건 재판에서는 장진해 진술

233) 항공기 납치 행위가 상대적인 정치범죄로서 결합(견련)범죄가 아닌 '복합범죄'이기 위해서는 다음의 양상이 있을 수 있다. 예를 들면, 항공기 내에 대통령이 탑승하고 있어 그 지배체제에 반발하는 자가 하이재킹 행위로 해외도피를 시도하거나 기내에서 '벨기에 가해 조항'에 해당하는 행위를 범한 경우 등을 생각할 수 있다. 高野雄一, 張振海引渡事件·高裁決定批判, ジュリスト(第959号), 1990, 65쪽.
234) 중국 당국은, 쌍방가벌의 요건으로 인도 범죄가 3년 이상의 자유형에 처해져야 하는 행위여야 하는데, 그 요건을 충족하는 것으로 하이재킹 행위에 대해 체포장을 발부받았다. 中国政法大学国際法教研室, 国際公法案例評釈, 中国政法大学出版社, 1995, 311-312쪽. 또한 인도법상 법무대신은 인도 청구의 사안이 도쿄 고등재판소의 심사청구에 해당하는 경우 도쿄고등검찰을 통해 서면으로 심사청구를 한다고 정한다(제8조). 동조에 의거하여 '도망 범죄인 인도법에 의한 심사 등의 절차에 관한 규칙'에서는 그 심사청구서에 기재되어야 할 사항으로 '인도 범죄명 및 인도 범죄와 관련된 행위'가 규정되어 있다(제10조 제1항 및 제5조 제2항 제2호).
235) 일본 정부는 당초 대부분의 승객과 항공기 등이 중국 국적이라는 점 및 소송경제 등의 관점에서 중국으로의 퇴거강제도 강구했었다. 그러나 외무성은 '윤수길 사건' 등을 상기하면서 도망 범죄인 인도와 관련해 행정기관의 재량만으로 조치하는 것보다 도망 범죄인 인도법에 따라 법원의 심사를 요구하는 것이 인권보호 차원에서 타당하다고 판단한 것으로 알려졌다. 小松一郎, 実践国際法, 信山社, 2011, 224-225쪽. 또한 저자(小松一郎)는 사건 당시 외무성의 조약국 법규과장직에 있었으며, 대책회의의 주요 담당관이었다.

의 신빙성을 판단하는 데 있어서 주로 중국 법집행기관이 작성 제출한 서류에 의존하지 않을 수 없었고, 심사 결과의 객관성에 대한 지적도 있었다.236) 이러한 사정에 비추어 보면 본건의 범죄인이 주장하고 인도법이 정하는 인도 제한사유가 되는 정치범죄에 대해, 그 존재를 증명할 수 있는 객관적인 근거는 찾아볼 수 없었다. 그러므로 해당 범죄인이 하이재킹 및 해외 도피를 한 목적은 정치 활동과 관련해 중한 형벌을 면하기 위해 중국에서 탈출하려 했다기보다는 생활 편의와 향상 등을 위해 대만으로 도망하려 했다고 해석되는 정황이 강하며, 당초 범인이 한국행을 요구했던 것도 이를 뒷받침한다고 하겠다. 이러한 이유에서 도교 고등재판소의 판단은 타당했던 것으로 보인다.237) 장진해는 중국에 인도된 후, 1990년 6월 30일 공공안전 위해죄(형법 제52조)로 기소되어 같은 해 7월 18일 베이징시 중급법원으로부터 징역 8년 및 정치권 박탈 2년의 판결을 선고받았으며,238) 상소하지 않아 판결이 확정되었다.239)

2. 범죄 혐의의 충분성을 둘러싼 인도 재판: '유전자 스파이 사건'

(1) 사건개요

이른바 '유전자 스파이 사건'240)이란, 미국 검찰이 당시 미국 내 연구소 및 대학에 근무하던 2명의 일본 국적 연구자에 대해 경제 스파이죄 등으로 소추하였으나, 1명이 일본으로 귀국함에 따라 미국이 미일 인도조약에 기초하여 신병 인도를 청구한 사건이다. 사건 개요는 다음과 같다.241) 1999년 당시 오카모토

---

236) 高野雄一, 張振海引渡事件・高裁決定批判, ジュリスト(第959号), 1990, 67쪽.
237) 高野雄一교수는 사건 당시 본건의 진행에 대해 범죄인의 정치활동 경력, 인도 청구의 정치적 목적, 인도된 후의 박해 등으로부터 인도 제한사유로서 범죄의 정치성이 인정되므로 일본이 중국의 인도 청구를 거절하고 국내에서 '항공기 강취 등의 처벌에 관한 법률' 및 '헤이그조약' 제7조의 '인도할지 소추할지의 선택' 규정에 따라 소추 처벌할 수 있을 것이라고 예상했다고 한다. 高野雄一, 상동 논문, 68쪽.
238) 중국 형법상 '정치 권리 박탈'은 원칙적으로 주형에 부가되는 일종의 자격형이지만 경죄에 대해 독립형으로 부과될 수 있다고 정한다(제34조). '정치권리'란 ① 선거권 및 피선거권, ② 언론, 출판, 집회, 결사, 행진, 시위의 자유의 권리, ③ 국가기관 직무의 담당권, ④ 국영기업 및 인민단체의 지도적 직무의 담당권을 말한다(제54조).
239) 中国政法大学国際法教研室編, 国際公法案例評釈, 中国政法大学出版社, 1995, 313쪽.
240) '유전자스파이사건' 도교 고등재판소(2004년 3월 29일) 결정 判例時報(第1854号), 2004, 35－40쪽.
241) '유전자스파이사건'의 경위 및 미국에서의 전개에 대해서는, 芹沢宏明의 수기에 의해 비교적

다카시(岡本卓)와 세리자와 히로아키(芹沢弘明)는 일본 국적을 가지고 있으면서 의과학 연구자로 미국 내에서 연구원 및 대학교 교원으로 근무하였다. 오카모토는 오하이오주에 소재하는 클리블랜드 연구소의 연구원으로, 세리자와는 캔자스주에 소재하는 캔자스대학 교수로 근무했다. 사건의 발단은 오카모토와 같은 연구실에 근무한 연구원이 연구실 시약이 없어진 것을 연구소 측에 보고하였고, 연구소의 고발로 FBI가 수사에 착수했으며, 두 사람은 경제 스파이죄 등의 혐의로 수사를 받아 2001년 5월 검찰에 의해 상기 죄 등으로 소추되었다. 오카모토가 일본으로 귀국하여 미국 당국의 수사에 응하지 않자, 미국은 2002년 3월 신병인도를 청구하였다.[242] 인도 청구를 받은 도쿄 고등검찰청은 2004년 2월 2일 도쿄 고등재판소가 발부한 구금 허가장을 집행하여 오카모토를 구속하였으나, 3월 29일 도쿄 고등재판소의 인도 불가 결정으로 당일 석방되었다. 그 사이 세리자와는 오하이오주 애크론지구 연방지방법원과의 사법 거래(2002년 5월 1일)로 FBI 수사관의 신문(1999년 9월)에 위증한 것을 인정하는 대신, 검찰측은 세리자와에 대한 경제 스파이죄 등의 형사소추를 취소하기로 했다. 애크론 연방지법은 2003년 5월 28일 세리자와에게 위증죄에 대해 보호관찰 3년을 판결했으며 확정됐다. 이 사건은, 연구실의 도난 피해가 알츠하이머병과 관련된 DNA 샘플이었다는 점, 그 샘플이 일종의 비밀 정보여서 외국에 도용돼서는 안 될 법적 보호가 있었다는 점 등의 이유로 '유전자 스파이 사건'으로 불리게 되었다. 연구자 2명은 미국 연방법전 제18편 제1831조가 규정하는 경제 스파이죄로 기소되었으나, 기소장의 죄상은 ① 공모죄, ② 경제 스파이죄(기업 비밀의 착취 및 파괴, 연방

상세하게 기록되어 있다. 芹沢宏明, 遺伝子スパイ事件：芹沢の手記, 日経バイオビジネス, 2003.8.～2004.1.(6회 연재). 위 잡지에 실린 관련 자료로 トレードシークレッド盗用とは?何をやったら疑われるのか(解説·米国経済スパイ法), 2001년 11월호, 原因は研究者間の確執(遺伝子スパイ事件·岡本元研究員が語る事件の顛末), 2002년 8월호. 遺伝子スパイ事件で新展開, 芹沢元被告が岡本被告を告訴, 2003년 1월호, 遺伝子スパイ事件で被告が拘束, 待たれる事実関係の立証, 2004년 3월호 등이 있다.

242) 미국 당국이 본건에 대해 2001년 5월에 소추하면서 오카모토에 대한 인도 청구를 2002년 3월에 한 것은 오카모토의 공모자로 알려진 세리자와가 사법거래에 응하기로 결정했기 때문에 오카모토의 경제스파이죄 등의 기소사실이 인정된 것을 근거로 한 조치로 해석된다. 세리자와가 사법거래에 응하게 된 것은 오카모토의 증언 협력을 얻지 못하고 공모죄 유죄가 인정되면 그것만으로도 몇 년의 금고형에 처해진다는 점, 이미 수 천만엔의 변호비용이 들어 막대한 비용이 든다는 점 등의 사정이 있었다. 遺伝子スパイ事件：芹沢の手記, 最終回(司法取引後の窮状と民事訴訟で判明した真実), 日経バイオビジネス(2004년 1월호), 90쪽 및 같은 수기의 第5回(司法取引という苦渋の決断), 日経バイオビジネス(2003년 12월호), 72-73쪽.

법 제1831조[243]), ③ 경제 스파이죄의 방조죄(연방법 제2조), ④ 주를 넘어 5천 달러 이상의 장물을 수송한 죄(장물 주외 수송죄) 등 네 가지였다.

(2) 재판의 쟁점

본건 재판의 쟁점은 두 가지이다. ① 미일 인도조약 제3조가 인도 요건으로 범죄혐의의 상당성 및 증거의 충분성을 요구하는 바, 청구국 법령에 근거한 인도 범죄 혐의가 인정되어야 하는지, 그것이 인정되지 않더라도 피청구국 법령에 근기한 범죄 혐의가 인정되면 충분한지 이다. ② 위에 인급한 기소장에 나타난 각 범죄 혐의의 유무이다. 검찰측은 도망 범죄인의 행위가 일본에서 행해졌다면 절도죄 등에 해당하기 때문에 쌍방가벌성 요건을 충족하고 절도죄 등을 인정하는 혐의가 존재하므로 인도조약 제3조 및 인도법 제2조 제6호에 따라 인도 가능한 경우에 해당한다고 주장했다. 이에 대하여 도망 범죄인 측은 인도법 제2조 제6호에서 말하는 '인도 범죄와 관련된 행위'란 일본법상의 절도죄 등으로는 부족하고 미국법상의 경제 스파이죄 등의 혐의의 존재가 필요하다고 주장하면서 그 혐의를 인정할 증거가 충분치 않으므로 인도할 수 없는 경우에 해당한다고 주장하였다.

---

243) 경제스파이법(Economic Espionage Act)은 1996년 10월 연방법령으로 제정되었다. 그 배경에는 미국의 지적재산이 스파이 행위에 의해 도용되어 그 피해액이 매년 대략 수백만 달러에 이른다는 보고가 있어, 산업계 및 수사 당국 등으로부터 그 대책이 요구되었던 사정이 있다. 영업 비밀(trade secret)이란 모든 형태 또는 유형의 재적적·과학기술적인 정보, 계획, 장치, 디자인 등이 망라된다. 영업 비밀이기 위한 요건은 ① 현실적 또는 잠재적으로 경제적 가치가 있으며, 일반적으로 알려지지 않고 공중(公衆)에서 쉽게 확인할 수 없는 것, ② 소유자가 그 자체에 대해 비밀유지를 위해 적절한 조치를 취하는 것이다. 경제스파이법은 제1831조 경제스파이(economic espionage) 및 제1832조 영업 비밀 도용(theft of trade secret)의 두 조항으로 구성된다. 주요 내용은 전자가 외국의 정부기관 등에 이익을 초래할 목적으로 영업 비밀을 훔치는 것, 후자는 외국 정부기관과 관계없이 소유자 이외의 타인에게 그 비밀을 훔치는 것이다. 동법 위반 벌칙으로 제1831조를 위반했을 경우 15년 이하 금고형 또는 벌금 50만달러(법인 등 조직의 경우 1000만달러), 제1832조 위반 시 10년 이하 금고형 또는 벌금 50만달러(법인 등 조직의 경우 500만달러)에 처해져 두 조항 모두 양벌규정이 마련돼 있다. 解説·米国経済スパイ法, 日経バイオビジネス(2001년 11월호), 134쪽, 18 U.S.C. §1831–1839 및 미국 농무부 홈페이지 참조(https://www.dm. usda.gov/ocpm/SecurityGuideEmployees/Espionage.htm. 2014년 7월 20일 열람), 또한 미국의 경제 스파이 사례 개요에 대해 R. Mark Halligan의 홈페이지 참조(https://tradesecre tshome page.com/indict.html#_Toc9924990). 또한 '경제스파이'에 해당하는 일본 법령상의 범죄로서 '부정경쟁방지법'에서 규정한 '영업비밀침해죄'가 있다. 동법에 있어서 '영업비밀'의 요건이란, 비밀로서 관리되고 있는 것, 유용한 영업상 또는 기술상의 정보인 것, 공연히 알려져 있지 않은 것 등이다(제2조). 동죄의 벌칙으로 10년 이하의 징역 또는 1000만엔 이하의 벌금 또는 이를 병과한다고 정해진다(제21조). 단, 동죄에 대해 일본법은 친고죄로 규정하지만, 미국에서는 예외로 한다.

이하에서는 재판에서 범죄 혐의가 인정되지 않았던 두 번째 사안을 제외하고, 첫 번째 사안에 대해 고찰한다.[244]

미일 인도조약 제3조는 '피청구국의 법령상 인도 청구와 관련된 범죄를 행했다고 의심하기에 충분한 상당한 이유가 있다는 것'을 '증명할 충분한 증거가 있는 경우'에 한하여 인도할 수 있다고 규정한다. 이와 관련하여 인도법 제2조 제6호는 '인도 범죄와 관련된 행위를 했음을 의심할 만한 상당한 이유가 없는 때'를 절대적 인도 거절사유로 정한다. 도쿄 고등재판소는 인도법의 같은 조항의 취지에 대하여, '인권보장의 관점에서 인도되는 자가 청구국의 재판에서 유죄로 간주될 가능성이 있는지 여부를 피청구국에서 심사하는 것에 있다고 해석하는 것이 자연스럽다'고 하며, 그 이유로 다음의 두 가지를 든다. ① 인도조약 제8조가 인도 청구에 첨부해야 할 자료를 정한 바, 그 제2항 (c)의 '인도 청구와 관련된 범죄의 구성요건 및 죄명을 정하는 법령의 조문'에서 말하는 '인도 청구와 관련된 범죄'는 청구국의 법령에 기초한 인도 범죄를 의미한다. ② 최고재판소 규칙인 '도망 범죄인 인도법에 의한 심사 등의 절차에 관한 규칙' 제5조 제2항 제3호는 구금 허가장 심사의 청구서에 '인도 범죄와 관련된 행위에 적용해야 할 청구국의 벌조 및 일본의 상당 벌조'를 기재할 것을 의무화하고 있으며, 여기에서 말하는 '인도 범죄에 관련된 행위'는 청구국 법령에 기초한 인도 범죄 및 피청구국 법령에 기초한 범죄의 쌍방을 염두에 둔 것이다. 즉 인도조약에서 말하는 '인도 청구와 관련된 범죄'와 인도법에서 말하는 '인도 범죄와 관련된 행위'는, 본래는 청구국의 법령에 기초한 인도 범죄 내지 이에 해당하는 행위를 포함하여 사용되는데, 경우에 따라서

---

244) 범죄혐의의 정도에 대해서는 '혐의의 상당성' 혹은 '혐의의 충분성' 등으로 일컬어지는 바, 양자의 구별 및 미일 인도조약 제3조와 관련하여 본건 사례와 관련해서는 '혐의의 충분성'을 사용하기로 했으며, 그 이유는 다음과 같다. ① 인도 제한사유를 규정한 인도법 제2조 제4호에서 말하는 '해당 행위가 일본의 법령에 따라 사형 또는 무기 혹은 장기 3년 이상의 징역 혹은 금고에 처해질 죄에 해당하는 것'이란 형사소송법의 '긴급체포'(제210조)의 요건과 같을 것, ② 같은 조 제6호가 규정한 '도망 범죄인이 그 인도 범죄와 관련된 행위를 하였음을 의심하기에 충분한 상당한 이유'란 형사소송법의 '구류'(제60조 제1항)의 요건과 같은 정도의 혐의로 해석되는 것이다. 즉, 후술하는 바와 같이('나. 인도 범죄의 혐의와 형사소송법과의 관계') 구류 요건인 '상당한 이유'는 긴급체포의 '충분한 이유' 정도는 아니지만, 통상체포의 '상당한 이유'보다는 고도의 혐의가 요구된다는 점, 본건 재판에서는 인도법 제2조 제6호가 미일 인도조약 제3조(인도요건)와 상응하여 전개되기 때문이다. 또한 본 고에서는 미일 인도조약 제3조가 인도 요건으로 혐의의 상당성과 함께 증거의 충분성이 요구되는 것으로 해석되므로 양쪽을 통틀어 '혐의의 충분성'으로 표현하는 경우도 있다.

<u>피청구국 법령에 기초한 범죄 내지 이에 해당하는 행위를 포함하여 사용되는 경우가 있다</u>고 한다. 따라서, 적어도 청구국 법령에 기초한 인도 범죄 혐의가 인정되지 않으면 인도조약 제3조 및 인도법 제2조 제6호가 요구하는 범죄 혐의가 인정되지 않는 것은 분명하다는 것이다.[245]

검찰 측은 인도법 제2조 제6호의 '인도 범죄와 관련된 행위'에 대해 청구국에서의 법적 평가를 떠나 구성 요건적 요소를 제외한 사회적 사실 중에 일본국법으로 범죄행위로 평가되는 행위가 있다면 그 행위의 혐의가 있는지 여부를 심사하는 것으로 해석해야 한다고 주장했다. 또한 검찰은 인도조약이 제4조 제1항 (2)에서 '피청구국에서 인도 청구와 관련된 범죄에 대해 소추된 경우'를 인도 제한사유로 정하는 등, 청구국 및 피청구국 중 어느 절차에 대해서도 '인도 청구와 관련된 범죄'라고 하는 바, 인도 범죄 자체의 혐의는 청구국법에 근거해야 한다고 해석하는 것은 무리가 있다고 주장했다. 이에 대해 도쿄고등재판소는 인도조약 제4조 제1항 (2)의 취지는 청구국 법령에 기초한 인도 범죄와(일본에서의 '공소사실의 동일성'과 같은 의미에서의) 사실의 동일성이 인정되는 피청구국 법령에 기초하는 범죄에 대해, 피청구국에서 소추된 경우 등을 인도 거절사유로 정한 것이다. 이 요건을 충족하는지 여부를 검토하기 위해서는, 우선 청구국의 법령에 기초한 인도 범죄는 어떤 것인지를 다루고, 이어서 해당 범죄와 피청구국에서 소추되는 범죄가 어떤 관계가 있는지를 고찰하게 된다. 가령 같은 조항에서 말하는 '인도의 청구와 관련된 범죄'가 직접적으로 피청구국 법령에 기초한 범죄를 의미하는 것이라면, 해당 범죄와 청구국의 법령상 인도 범죄와의 상관관계를 규정하는 부분이 존재하지 않게 되는 것이다. 즉, '인도 청구와 관련된 범죄'란 피청구국에서 동일성이 인정되는 범죄로 인해 소추된 경우 등이라는 취지이며, '인도 청구와 관련된

---

245) 청구국의 법령에 의거한 범죄의 혐의가 필요하다고 해석하는 견해로서 愛知正博, 判例評論(第370卷), 1989, 233쪽; 伊藤栄樹, 逃亡犯罪人引渡の一部改正について, 警察学論集(第17卷 第7号), 1964, 797쪽. 한편, 청구국 준거법에 비판적인 논조로 '인도재판에서 죄책에 대한 공격방어를 실시하게 하는 것은 청구국에서 행해져야 하는 재판을 피청구국에서 실질적으로 먼저 실시하는 것으로 귀착되므로', 인도법 제2조 제6호의 혐의 입증 요건에 대해서는 검토의 여지가 있다고 한다. 馬場俊行, 日米犯罪人引渡条約について, ジュリスト(第720号), 1980, 75쪽. 게다가 '도망 범죄인의 인권보장과 국제 협력 요청의 균형'을 도모하는 관점에서, '청구국에서 처벌할 증거가 있는지 여부를 사전에 심사한다는 관점보다, 청구국에 대한 협력이 국내법체계와 모순될 수 있는지 여부'를 판단해야 한다고 한다. 田辺泰弘, 逃亡 犯罪人を引き渡すことができない場合に該当するとされた事案に関して, 審査請求及び拘禁の違法を理由として提起された国家賠償請求が棄却された事例, 法律のひろば(第60卷 第3号), 2007, 76−77쪽.

범죄'는 어디까지나 청구국 법령에 기초한 인도 범죄라는 것이다.

또한, 검찰은, 인도조약 제3조가 혐의의 상당성 판단의 준거로 '피청구국 법령상'(according to the laws of the requested Party)이라고 명기하였다는 검찰 주장에 대해, 법원은 해당 조문의 전체('Extradition shall be granted only if there is sufficient evidence to prove either that there is probable cause to suspect, according to the laws of the requested Party, that the person sought has committed the offense for which extradition is requested or that the person sought is the person convicted by a court of the requesting Party')를 들면서, 여기에서 말하는 '피청구국 법령상'이란 '의심하기에 충분한 상당한 이유가 있는 것'과 관련이 있다고 해석되기 때문에, 피청구국 법령에 따라 혐의를 판단해야 한다는 취지에 지나지 않으며, 청구국 재판에서 유죄로 인정될 가능성이 있는지에 대해 심사하는 것을 제한하는 것이 아니라고 제기하였다.

이 밖에 검찰은 인도법 제2조 제6호의 제정 경위로 인도조례 제18조 제1항을 들면서,[246] 인도 요건으로서의 범죄 혐의의 정도 및 그 준거에 관하여 그 범죄가 일본 국내에서 행해졌다고 가정했을 때, 재판에 회부(공소를 제기)하기에 충분한 증거가 있다면 인도 요건을 충족하는 것이라고 주장했다.[247]

가. 범죄 혐의의 정도를 둘러싼 비교법적 검토

인도법상 인도 제한사유를 규정한 제2조에서 제3호의 '인도 범죄'란, 청구국 법령상의 것을 말하며, 제4호의 '인도 범죄와 관련된 행위'란 그 인도 범죄를 일본 법령에 적용할 경우의 사실의 동일성을 이루는 행위로 해석된다. 제3호의 인

---

246) 메이지정부는 미일 인도조약 제1조의 '…all persons, whobeing accused or convicted of one of the crimes of offences…'에서 말하는 'accused'에 대해 '유죄의 선고 혹은 고소고발을 당한 자'로 번역함으로써 그대로 인도조례의 조문으로 사용했다. 그러나 영미법의 'accused'란 기소의 의미를 포함하는 것이므로 조례에서 '공소제기를 받은 자'로 번역해야 했다고 한다. 宮本平九郎, 犯罪人引渡論, 国家学会雑誌(第13卷 第149号), 1899, 43−44쪽.

247) '유전자스파이사건'의 국가배상 청구사건에서 피고(국가)가 주장한 내용이다. 도쿄 고등재판소(2007.10.31.) 판결, 田辺泰弘, 도망 범죄인を引き渡すことができない場合に該当するとされた事案に関して, 審査請求及び拘禁の違法を理由として提起された国家賠償請求が棄却された事例, 法律のひろば(第60卷 第3号), 2007, 77쪽. 인도조례 제18조 제1항은 '인도 범죄로 인해 고소고발을 받은 자의 경우 만약 고소고발을 받은 자의 죄를 제국에서 범했을 때 제국의 법률에 의해 피고인을 심판에 부치기에 충분한 범죄의 증거가 있다고 인정되었을 때'의 경우에 한해, 사법대신은 '인도장'을 발부할 수 있다고 규정했다.

도 범죄를 '구금형에 해당하는 것'으로 보고, 제4호의 행위를 '징역 혹은 금고에 처해질 죄에 해당하는 것'과 대비시켰다. '구금형'이라고 한 것은 자유형에 대해 일본 형법상의 형과 외국의 법제에 차이가 있으므로 일본의 징역과 금고에 상당하는 자유 박탈형을 표현한 것이다.[248] 이러한 용례는 아래 표에서 나타나듯 도망 범죄인 인도법에 한정되지 않고 국제 수사 공조법, 국제 수형자 이송법 및 국제재판소 협력법 등의 규정에서도 볼 수 있다. 국제형사협력을 요구하는 청구국으로부터의 범죄(청구서에 기재된 범죄)에 대해서 피청구국으로서 쌍방가벌성 등의 요건을 일본 법령과 대비시키기 위해 청구국이 말하는 '범죄'(경제 스파이죄)를 '관련된 행위'(스파이 행위)로 간주하고 그 행위를 일본법상의 죄(절도죄)와의 적용 관계를 요구하는 것으로 해석된다. 즉, 국제형사협력 청구국의 법령에서 범죄로 간주되는 행위가 피청구국 법령상 그 죄명과 구성 요건 해당성 등에서 반드시 일치한다고는 할 수 없으므로, 청구상의 범죄와 관련된 행위 전체를 고려하여 피청구국 범죄에 상당하는 것에 끼워 맞춘다는 것이다. 예를 들어, 인도 협력의 경우 인도 청구에서 일본법으로의 적용 관계는 인도 범죄 → 인도 범죄와 관련된 행위 → 일본의 법령상 죄에 해당하는 것이라는 흐름으로 설명할 수 있다. 그런 의미에서 본건에서 말하는 '인도 범죄'와 '인도 청구와 관련된 범죄'는 청구국 법령에 따라 해석한 것으로 볼 수 있다.

[국제형사협력의 대상과 그 대상과 '관련된 행위'의 용례]

구분	도망 범죄인 인도법	국제 수사공조법	수형자 이송법	국제형사재판소 협력법
협력청구의 대상	인도 범죄 (제1조 제2호)	공조범죄 (제1조 제3호)	국내 이송범죄 (제2호 제11호)	청구범죄 (제2조 제12호)
일본국내에서 행해진 경우	인도 범죄와 관련된 행위 (제2조 제4호)	공조범죄와 관련된 행위 (제2조 제2호)	국내 이송범죄와 관련된 행위 (제5조 제3호)	청구범죄와 관련된 행위 (제6조 제1항 제4호)

주: 필자가 작성하였다.

---

248) 藤永幸治·河上和雄·中山善房 編著, 大コメンタル刑事訴訟法(第8卷), 靑林書院, 1999, 270쪽.

범죄혐의 정도에 대해서 대륙법계와 영미법계에서는 그 취급이 다르다.[249] 대륙법계 국가들은 법원의 인도 심사에서 일반적으로 죄책 입증을 위한 증거 제출을 요건으로 하지 않고, 도망 범죄인으로부터의 죄책에 대한 주장(무죄 주장 등)은 심리 대상 외로 하는 법제도가 채택되고 있다. 다시 말해, 범죄 혐의의 유무는 인도된 후 청구국 재판에서 다뤄져야 하고, 피청구국은 청구국에서 발부된 체포장 혹은 소추된 것 자체에 대해 상응의 혐의가 있다고 신뢰하는 것으로 하고 이에 협력해야 한다는 생각에 기초한다는 것이다. 실무적으로도 인도심사 재판에서 죄책을 심리하는 것은 인도의 신속성을 저해함과 동시에,[250] 죄책 입증을 위한 다량의 증거자료 제출이나 변명에 응하는 추가자료 제출(모두 번역이 필요하다)을 필요로 하기 때문에 절차가 번잡해지는 것을 피하려는 배려에 의한 것이다.[251] 한편, 영미법계 국가는 범죄 혐의 제출을 인도 요건으로 규정하며, 인도를 집행하기 위해서는 상응의 혐의 입증이 빠져서는 안 된다고 말한다. 형사 관할권에 대해 속지주의를 원칙으로 하는 영미법계의 경우 인도를 요구받은 자가 영역 내에 소재하는 자국민 국외범이라면, 인도되지 않는 한 자국 내에서는 소추 및 처벌을 면하게 된다. 인도에 대해 조약 전치주의를 채택하는 영미법계 국가는 도피로 인한 처벌 면피의 사태를 막기 위해 외국과 인도조약을 체결하여 자국민을 인도한다는 입장을 취한다. 조약상 의무로 자국민을 인도하는 이상, 인도 범죄에 대해 일정 정도의 범죄 혐의에 관한 증거 제시를 인도 요건으로 삼는 것이다.[252]

---

249) 馬場俊行, 日米犯罪人引渡条約について, ジュリスト(第720号), 1980, 75쪽.

250) 인도법상 인도를 요구받은 자는 원칙적으로 신병을 구속받게 되는데(제5조 및 제6조), 이 경우 24시간 이내에 인도심사를 도쿄 고등재판소에 청구하고(제8조), 도쿄 고등재판소는 구속된 날로부터 2개월 이내에 그 심사결과에 근거하여 결정해야 한다(제9조).

251) 예를 들면, 프랑스·독일 조약 제8조, 프랑스·오스트리아 조약 제10조에서는 죄책 입증 자료로는 체포장 또는 유죄판결로 충분하다고 규정한다. 馬場俊行, 日米犯罪人引渡条約について, ジュリスト(第720号), 1980, 75쪽. 프랑스 인도법(1927년 3월 10일) 제16조 제2항 및 독일 인도법(1929년 12월 23일) 제8조 제2항. 또한 1880년 국제법학회 옥스퍼드 결의 제21조는 인도 심사의 범위는 '인도의 일반적 요건'과 '소추의 진실성'이 대상이 된다고 했다. 그러므로 프랑스 및 독일의 각 인도법에서는 후자를 심사 범위로부터 제외한 것이다. 佐瀬昌三, 犯罪人引渡制度の立法的傾向, 法曹会雑誌(第10巻 第2号), 1932, 40쪽의 주(4).

252) 영국에서 통상범죄인 인도사건을 담당하는 지구판사(district judge)의 심사기준은 다음과 같다. 즉, ① 쌍방가벌성의 유무, ② 인도 청구서 및 관련 자료가 영국 법령에 비추어 영장발부를 정당화할 정도로 충분한 것인가이다. 후자의 경우, 그 서류 등이 인도 대상의 범죄가 행해졌다고 믿을 수 있는 합리적인 근거가 될 수 있는지 여부의 문제가 된다. 中野目善則 編著, 際刑事法, 中央大学出版部, 2013, 511쪽. 또한 프랑스―미국 간의 인도조약 제1조는 '인도는 해당 범죄의 존재가, 도망 범죄인이 발견된 국가의 법률에 따라 그 중죄 또는 경죄가 해당 국가

한중 및 한미의 각 인도조약에는 인도 요건이나 인도 제한사유의 요소로 혐의의 충분성을 정한 조문이 없으며, 인도 청구에 첨부할 필요 문서 중에 이를 입증할 것이 포함되어 있을 뿐이다.253) 예를 들어, 양 조약 모두 소추를 위해 인도 청구가 행해졌을 때는 '청구국의 재판관 기타 사법부가 발부한 체포영장의 사본' 등(한중조약 제7조 제2항, 한미조약 제8조 제3항), 유죄 판결을 받은 자에 대해 청구되었을 때는 '법원 판결의 사본' 등(한중조약 제7조 제3항, 한미조약 제8조 제4항)이 첨부되어야 한다. 또한 한일 인도조약의 경우에도 제9조 제3항 및 같은 조 제4항에 동일한 규정이 마련되어 있다. 즉, 인도를 요구받은 자가 피청구국의 법령상 인도 청구와 관련된 범죄를 범했다고 의심하기에 충분하고 상당한 이유가 있음을 '제시하는 정보' 또는 해당 판결에서 말하는 자임을 '증명하는 정보'가 요구되는 것이다. 그런 측면에서 미일 인도조약이, 인도 제한사유를 규정한 제4조와는 별개의 제3조에서 범죄 혐의의 충분성뿐만 아니라 청구국 법원으로부터 유죄 판결을 받은 자에 대해서도, 이를 증명할 충분한 증거를 인도 요건으로 정한 점, 제8조에서 인도 청구에 첨부해야 할 것으로 상술한 체포영장과 같은 문서를 추가로 정한 점 등은 한일, 한중, 한미 등의 각 인도조약과는 대비되는 점이다. 또한 미일 인도조약 제3조가 인도 요건으로 ① '범죄를 의심할 만한 상당한 이유가 있을 것'에, ② 이를 '증명할 충분한 증거'를 요구한 것은 아래 표에서 볼 수 있듯이 미국 인도법이 도망 범죄인 구금요건으로 '유죄 전망'을 요구한 규정의 취지와 합치하는 것으로 해석되며, 그 배경에는 상술한 바와 같은 영미법계의 특성이 있다고 할 수 있다.

에서 행해졌다고 본 경우, 그 체포 및 재판에 부치는 것을 정당화하도록 입증된 경우에 한하여 실시된다'고 한다. 浦川紘子, 犯罪人引渡手続における有罪証拠要件の評価, 熊本大学社会文化研究(第3号), 2005, 185쪽. 게다가 프랑스-이스라엘 간의 인도조약 제9조는 '소추된 자에 대해서는, 더욱이 판사 그 외의 사법관 및 프랑스로부터의 청구에 있어서는 사법경찰원에 의한 선서 혹은 비선서 증인의 증언 또는 감정인의 진술 원본 혹은 인증된 사본이 첨부된다. 인도는 소추된 자에 대해서는 피청구국의 법령에 따라 해당 범죄가 피청구국의 영역 내에서 저질러진 경우, 이를 재판에 회부하기에 충분한 증거가 존재할 때에 한하여 행해진다'고 하여 증거의 제출 내지 죄책입증을 요건으로 한다. 馬場俊行, 日米犯罪人引渡条約について, ジュリスト(第720号), 1980, 75쪽.

253) 한중 양국의 국내법의 경우, 인도요건 혹은 인도 제한사유로서의 '범죄혐의의 상당성'에 대해 중국 인도법에는 관련규정이 없으나 한국 인도법에서는 절대적인 인도 거절사유로서 정해져 있다(제7조 제3호).

[미일 및 한일 인도조약 등의 범죄혐의에 관한 조항]

구분	조문	비고
미일 인도조약 제3조	인도는, 인도를 요구받은 자가 피청구국 법령상 인도 청구와 관련된 범죄를 의심하기에 충분하고 상당한 이유가 있는 자임을, 또는 그 자가 청구국 법원으로부터 유죄 판결을 받은 자임을 증명할 충분한 증거가 있는 경우에 한하여 이루어진다. Extradition shall be granted only if there is sufficient evidence to prove either that there is probable cause to suspect, according to the laws of the requested Party, that the person sought has committed the offense for which extradition is requested or that the person sought is the person convicted by a court of the requesting Party.	인도 요건
한일 인도조약 제3조 (a)	인도를 요구받은 자가 청구국에서 인도 청구와 관련된 범죄에 대하여 유죄 판결을 받지 아니한 경우에는 피청구국 법령상 해당 범죄를 그 자가 범했다고 의심할 만한 상당한 이유가 없는 경우. (Extradition shall not be granted under this Treaty in any of the following circumstances :) When there is no reasonable ground to suspect, according to the laws of the Requested Party, that the person has committed the offense for which extradition is requested, in case where the person has not been convicted in the Requesting Party.	절대적 인도 거절사유
연방법 제18편 제209장(범죄인 인도) 제3185조	재판관은 소추된 범죄가 유죄라는 상당한 이유를 소명하는 증거에 기초하여 해당 범죄인을 구금한다. (Such proceedings shall be had before a judge of the courts of the UnitedStates only,)who shall hold such person on evidence establishing probable cause that he is guilty of the offense charged.	18 U.S.C. Chapter 209 (extradition) ∮3185.
일본 인도법 제2조 제6호	인도 범죄에 대해 청구국의 유죄 재판이 있는 경우를 제외하고, 도망 범죄인이 그 인도 범죄와 관련된 행위를 범했다고 의심할 만한 상당한 이유가 없을 때.	인도 제한 사유

나. 인도 범죄 혐의와 형사 소송법의 관계

인도법 제2조 제6호의 '그 인도 범죄와 관련된 행위를 범한 것을 의심하기에 충분하고 상당한 이유'란 형사 소송법의 구류 요건(형사소송법 제60조 제1항)인 '죄를 범한 것을 의심하기에 충분하고 상당한 이유'와 동일한 정도의 것으로 해석된다.[254] 현행법상 피의자 구류는 체포가 선행될 필요가 있으며(체포전치주의),[255] 검찰관의 청구에 따라 재판관으로부터 구류장이 발부됨으로써 집행된다. 구류의 전치가 되는 체포에는 통상 체포, 긴급 체포 및 현행범 체포가 있다.[256] 통상 체포의 체포 이유는 '피의자가 죄를 범한 것을 의심하기에 충분하고 상당한 이유'(형사소송법 제199조 제1항)이며, '상당한 이유'란 '특정 범죄에 대해 혐의가 있고 그 혐의를 긍정할 만한 상당한 근거가 있는 것'으로 '수사기관의 단순한 주관적 혐의로는 부족하며 객관적 근거가 필요하나 긴급 체포(제210조)에서 말하는 "충분한 이유"보다는 약해도 된다'고 해석된다.[257] 체포 단계가 수사의 초동단계인 만큼, 많은 혐의 입증자료를 요구하기는 어렵다는 사정을 감안한 것이다. 구류 이유에서 말하는 '상당한 이유'는 긴급 체포를 위한 '충분한 이유' 정도는 아니지만, 구체적 근거에 기초하여 해당 범죄의 혐의가 일단 긍정할 수 있는 정도일 필요가 있다.[258] 그리고 긴급 체포에서 말하는 '충분한 이유'는 통상 체포의 '상당한 이유'보다 더욱 혐의의 정도가 높은 것을 의미한다.[259] 형사소송법상 신병구속의 요건에서 엄격함을 역순으로 보면 ① 체포장에 의한 체포(통상체포) 요건으로서의 '상당한 이유'(제199조 제1항), ② 구류 이유로서의 '상당한 이유'(제60조 제1항), ③ 긴

---

254) 辻辰三郎, 逃亡犯罪人引渡法解説(一), 警察研究(第24卷 第10号), 1953, 43쪽. 형사소송법은 피고인의 구류에 관하여 총칙으로 규정하면서(제60조 이하), 원칙적으로 피의자의 구류에 준용(제207조 제1항)하고 있으나, 본서에서는 '피의자의 구류'에 한한다.

255) 체포전치주의를 채택하는 이유는 부당한 구속을 방지하기 위해서다. 즉, 신병을 구금할 때는 체포와 구류의 두 단계로 나눠 각 단계에서 판사의 심사를 거치게 하는 것이 인권보장 측면에서 우수하다는 견해에 이르렀다고 한다. 田中開·寺崎嘉博·長沼範良 編著, 刑事訴訟法(第3版), 有斐閣アルマ, 2008, 82쪽; 山本正樹, 逮捕前置主義の意義, 刑事訴訟法の争点(第3版), 有斐閣, 2002, 62쪽.

256) 체포는 형사소송법상 법원으로부터 미리 구속장을 발부받아 하는 '통상체포' 외에 '긴급체포' 및 '현행범 체포'가 있다. '긴급체포'와 '현행범 체포'를 하기 위해 미리 체포장이 필요한 것은 아니지만, 다만 '긴급체포'를 한 경우에는 즉시 구속장을 청구해야 한다(제210조).

257) 平場·高田·中部·鈴木 編著, 注解刑事訴訟法(中卷), 青林書院, 1982, 62쪽.

258) 平場·高田·中部·鈴木 編著, 注解刑事訴訟法(上卷), 青林書院, 1987, 206쪽.

259) 田中開·寺崎嘉博·長沼範良 編著, 刑事訴訟法(第3版), 有斐閣アルマ, 2008, 73쪽.

급 체포의 '충분한 이유'(제210조)이다. 다시 말해, 번호 역순으로 엄격한 '죄를 범한 혐의'가 요구된다.[260] 또한 도쿄 고등재판소는 본건 재판에서 인도법 제2조 제6호의 취지는 '인권보장의 관점에서 인도되는 자가 청구국 재판에서 유죄로 인정될 가능성이 있는지 여부를 피청구국에서 심사하는 것에 있다'고 제시한 바, 조약 전치주의와의 관계에서 인권보장 측면이 있다는 점에서는 일치하나, 같은 조항의 혐의 정도와 동일한 것으로 해석되는 형사소송법의 구류요건에 비하면 한층 엄격한 요건이 적용된 것으로 해석된다.

(3) 재판 검토

본건 재판에서 도쿄 고등재판소가 인도 불가한 경우에 해당한다는 결정을 내린 것에 대해, 법무성은 다음과 같이 표명했다. 법무성 국제과장은 기자회견에서 '결정은 엄숙히 받아들이나 미국 재판에서 판단돼야 할 유무죄를 일본에서 선취하여 판단하는 것은, 신병 인도라는 국제 협력 취지에 비추어 문제가 있다'고 말했다.[261] 인도법 제2조는 인도 제한사유를 규정한 것이나, 동 조의 제3호, 제4호, 제8호 또는 제9호는 인도조약에 별도의 정함이 있을 때에는 제한사유로 제한할 수 없다고 정함에 따라 임의적 인도 거절사유로 볼 수 있고, 제6호를 포함한 다른 5개 각호는 절대적 인도 거절사유로 볼 수 있다. 이를 각 인도조약 조항과 관련해 유형화해 보면, ① 혐의의 충분성을 인도 요건으로 정하면서 또한 이를 제시하는 정보를 요구하는 것(미일 조약), ② 혐의의 상당성을 인도 제한사유로 정하면서 이를 제시하는 정보를 요구하는 것(한일 조약), ③ 혐의 정도에 대해서는 인도 요건 혹은 인도 제한사유로 정하지 않고, 혐의의 상당성을 제시하는 정보 요구에 그치는 것(한중 및 한미 조약)으로 나눌 수 있다. 즉 일본이 인도 청구를 받을

---

260) 浦川紘子, 犯罪人引渡手続における有罪証拠要件の評価, 熊本大学社会文化研究(第3号), 2005, 194-195쪽. 浦川씨는 '유전자스파이사건'의 인도심사청구 사건에서 도쿄 고등재판소가 인도 범죄 죄책입증의 요건으로 '청구국의 재판에서 유죄로 인정될 전망' 정도의 증거를 필요로 한다고 한 점, 타국도 같은 기준을 주장한다면 범죄인 인도 자체의 취지에 장애가 발생할 가능성이 있다고 지적한다(상동 논문, 194쪽). 같은 취지로서 구속영장 발부 시의 요건(형사소송법 제199조)과 같은 정도의 혐의면 충분하다고 하고, 따라서 '적어도 조약에 근거하여 인도를 하는 경우에는 청구국에서 발부된 체포장이 제출되었다면 충분하다고 해도 될 것이다'라고 한다. 馬場俊行, 日米犯罪人引渡条約について, ジュリスト(第720号), 1980, 75쪽.

261) '교도통신' 2004년 3월 29일자 보도기사(www.47news.jp/smp/news/.../CN2004032901002825. html. 2014년 6월 23일 열람).

경우, 인도법의 같은 조항과 인도조약의 관련 조항과의 상관 관계에서 법원이 인도 재판의 규범에 따라 이들의 관계를 어떻게 보느냐에 따라 인도 여부가 결정되는 것이다. 그리고 본건의 범죄 혐의 유무에 대해서 법원은, 해당 행위가 영업 비밀(트레이드 시크릿)의 절취나 파괴에 해당하지 않으며, 혐의를 증명할 충분한 증거가 인정되지 않는다고 판단했다.262) 그 밖에 법원은, 해당 범죄인측이 1999년 10월부터 미국 검찰에게 진술 기회의 제공을 요청한 점, 미국 검찰이 2002년 3월에 인도 청구를 했으나 일본 법무성은 약 2년 후인 2004년 2월경에 도쿄 고등재판소에 심사 청구를 한 점, 범죄인측으로부터 법무성에게 다수의 의견서가 제출되었던 점 등에 대해 통상의 경우와 다르다고 지적했다. 도쿄 고등재판소는 인도법 제2조 6호에 대해 '인도받는 자가 청구국 재판에서 유죄로 인정될 가능성 여부를 피청구국에서 심사하는 데 있다'고 밝혔으나 미일 간에는 사법체계 자체에 큰 차이가 존재하며 사건의 진상규명 및 유무죄 판단에는 증거의 확보, 공모자와 참고인 등의 진술 및 현장 검증 등이 필수적이므로 판단의 객관성이 제한적일 수밖에 없다. 그 판단 기준으로 '청구국 재판에서 유죄로 인정될 가능성'이 요구된다면, 인도조약 및 국내 입법 관련 조항의 해석에 머무르지 않고, 상대국 사법체계의 절차 및 그 운용 등 전반에 대해 국내 형사 절차 안에서 어느 정도까지 고려할 것인가가 요구된다.263)

본건 재판의 의의는, 미일 인도조약이 인도 요건으로 정한 범죄혐의의 상당성과 증거의 충분성 등에 관해 상대국에서 사법 거래, 형사 면책, 배심제 등의 제

---

262) 영업 비밀의 비밀성과 관련하여, 실제로는 비밀성이 없어 영업 비밀이 되지 않음에도 불구하고 범죄인이 비밀이라 생각한 것을 훔친 사건에서 유죄가 선고되고, 항소심 판결도 원심을 지지한 사례로 이른바 'Pin Yen Yang' 사건이 있다. 遺伝子スパイ事件：芹沢の手記(第5回：司法取引という苦渋の決断), 日経バイオビジネス, 2003년 12월호, 73쪽; R. Mark Halligan의 웹 페이지의 'U.S. v. Pin Yen Yanget. al., Criminal No.97 CR 288 (N.D.Ohio, 1997)' 참조 (https://tradesecretshomepage.com/indict.html. 2014년 7월 20일 열람).

263) 본건 재판의 일면에는 형사면책제도에서 얻은 범죄혐의의 증거관계를 일본의 재판에서 증거로 허용할 수 있을지 여부에 대한 고심이 스며있다고 생각된다. 즉, 세리자와가 사법거래에 응함으로써 오카모토의 행위가 경제스파이죄 등으로 기소된 것은 일본 형사절차의 관점에서 보면 '증거의 충분성'에 대해 의문이 제기될 수 있다는 점에서 범죄혐의 정도에 대해 사실관계를 다시 심사한다는 것이다. '록히드 사건' 촉탁신문 조서에 관한 최고재판소 판결에서 '범죄와 관계가 있는 자의 이해에 직접 관계하여 형사절차상 중요한 사항에 영향을 미치는 제도'이기 때문에, '그 대상범위, 절차요건, 효과 등을 명문으로 규정'하지 않는 한, 형사소송법은 그 제도를 채택하고 있지 않다고 하여 형사면책을 부여하여 얻은 진술은 증거로 허용되지 않는다고 했다. 中谷雄二郎, 手続の公正と証拠の許容性, 刑事裁判の理論と実務：中山善房判事退官記念, 成文堂, 1998, 214－215쪽.

도를 취할 때 피청구국에서 이러한 제도를 어디까지 감안하여 심사할지, 그 심사 범위의 사례를 제시한 점에 있다고 할 수 있다. 또한 본건의 인도재판으로 인해 일본에서 영업비밀 보호에 관한 법령이 정비되는 계기가 된 점도 들 수 있다.[264]

제 4 절 국제 예양에 따른 도망 범죄인 인도 등

1. 국제 예양에 따른 도망 범죄인 인도

국제 예양에 따른 도망 범죄인 인도란, 인도조약이 존재하지 않는 경우 인도 청구를 받은 국가가 법적 의식이 아닌 단순 의례, 편의 또는 전통을 고려하여 인도하는 것이다. 조약 전치주의가 채택되는 경우를 제외하고 인도조약에 근거하지 않는 경우에는 상호주의 보증을 얻는 것을 조건으로 하는 경우가 많기 때문에(한중일의 각 인도법), 상호주의 보증을 조건으로 하지 않고 순수한 의미의 국제 예양에 따라 인도가 이루어지는 경우는 드물다. 국제 예양의 경우를 포함하여 제2차 세계대전 전의 인도 협력에 대해서는 본 장 제1절 4의 각주에 기술한 바와 같으며, 제2차 세계대전 후의 경우 1963년에 스위스로부터 인도받은 이후 10건 정도가 있으며, 그 주요 내역은 다음 표와 같다. 다만, 인도조약에 근거하지 않는 인도에 대해서는 상호주의 보증의 유무가 불명확한 경우가 많아 상호주의 보증이 없다는 의미에서의 '순수한 국제 예양'에 의해 행해진 사례를 확정하는 것은 어렵다. 아래 표에서 상호주의 보증 없이 순수한 국제 예양으로 행해진 사례로 확인되는 것은, 본 절에서 언급하는 '후지은행 불법 대출 사건'뿐이며,[265] 기타 사례는 상호주의 보증이 조건으로 붙거나 또는 불명확한 경우이다.

---

264) 일본의 '부정경쟁방지법'에서 '영업비밀침해죄'가 신설되는 등의 법 개정이 이루어진 계기로 '유전자스파이사건'을 들 수 있다. 高野一彦, わが国の現行情報法制の課題と提言, 社会安全学研究(第1号), 2010, 48쪽.

265) '후지은행 불법 대출 사건' 범죄인 인수를 포함해 본문 표에 기재된 스위로부터의 신병인수 (1963년)가 '국제 예양'에 따른 인도 협력이라는 견해가 있다. 座談会 犯罪の国際化と刑事司法協力, ジュリスト(第720号), 1980, 23쪽.

[인도조약에 의하지 않은 협력 내역]266)

구분	년도	인도 또는 인수	상대국	도망 범죄인	비고(인도 범죄등)
1	1963	인수	스위스	일본인 2명	각 사기
2	1970	인수	프랑스	재일 한국인 1명	배임 '후지은행 불법 대출 사건'
3	1989	인수	서독	1명	유인 사문서 위조 등
4	1990	인도	중국	1명	항공기 불법 탈취 '장진해사건'
5	1991	인수	호주	1명	소득세법 위반
6	1993	인도	호주, 독일	각 1명	호) 절도품 취급 독) 사기, 위조화폐 행사 등
7	1996	인도	미국, 독일	각 1명	미) 위조 증권 행사 등 독) 헤로인 소지 등
8	1998	인도	브라질	2명	절도 업무상 과실 치사상
9	2007	인도	중국	중국인 1명	횡령 등 '원동순 사건'
10	2007	인수	불명	1명	불명
11	2009	인수	불명	1명	불명
12	2010	인수	스페인	몬테네그로 1명	강도치상 등 '핑크 팬서 사건'

(1) '후지은행 불법 대출 사건'

국제 예양에 따라 외국으로부터 인도받은 사례로 '후지은행 불법 대출 사건'을 들 수 있다.267) 사건은 후지은행 카미나리몬(雷門)지점 부장이 공범에게 거액의 부정 대출을 하다 발각되자(1971년 8월), 두 사람이 모두 해외로 도피한 사건이

---

266) 표 내용의 출처는 다음과 같다. ① 伊藤栄樹, 逃亡犯罪人引渡法解説, 法曹時報(第16卷 第6号), 1964, 783쪽, ② 川村忠太郎, 逃亡犯罪人引渡し制度の諸問題, 警察学論集(第25卷 第2号), 1972, 71쪽, ③ 瀬戸毅, 犯罪人引渡しに関する日本国と大韓民国との間の条約(1), 現代刑事法(第41号), 2002, 70쪽, ④ 생략(본문기술), ⑤에서 ⑧은 ③과 동일, ⑨ 생략(본문기술), ⑩과 ⑪은 범죄백서 2013년판, ⑫ 범죄백서 2013년판 및 보도기사.

267) 川村忠太郎, 逃亡犯罪人引渡し制度の諸問題(一・二): 富士銀行不正融資事件をめぐって, 警察学論集(第25卷 第2号, 第3号), 1972.

다. 일본 정부는 공범이 프랑스에 잠입한 것을 알아내고, 프랑스 당국에 외교 경
로를 통해 신병 인도를 청구했다. 당시 일본과 프랑스간에는 인도조약이 존재하
지 않았으나 프랑스는 인도에 대해 조약 전치주의를 취하지 않았으며, 상호주의
보증 등에 근거하여 인도가 가능했다. 일본 당국은 프랑스 국내법(범죄인 인도법
등)이 요구하는 요건과 절차에 따라 현지 대사관을 통해 구상서 및 인도 청구와
관련된 서류 등을 프랑스 당국에 송부하였으며(1971년 10월), 프랑스로 도피한 범
죄인의 신병은 일본으로 인도되었다(같은 해 12월). 이 사건에서는 구상서상 문맥
에 상호주의 보장에 대한 언급이 없었으며, 프랑스 정부도 일본 정부에게 강하게
요구하지는 않았다. 프랑스 정부가 상호주의 보증을 강하게 요구하지 않았던 이
유로는 ① 상호주의 보증을 위해서는 인도 범죄의 범위, 인도 절차, 분쟁 해결 방
식, 기타 세세한 부분에 대해 합의할 필요가 있으나 일본 수사 당국이 신속한 인
도를 요망하였으며 프랑스가 이를 받아 들인 점, ② 인도 범죄가 거액의 배임죄
에 해당하며, 향후 프랑스가 동종 범죄에 대해 일본에 인도 청구를 할 경우 일본
국내법에 의해 인도가 가능하다는 점 등을 들 수 있다. 다만 일본이 당초 인도를
청구한 피의 사실은 체포장에 기재된 7억엔이었으나 수사가 진행되면서 12억엔
의 불법 대출이 추가로 드러나 추가 기소 과정에서 프랑스의 동의 여부가 문제가
됐다. 프랑스의 범죄인 인도법에 따르면 인도 후에 '인도 청구 이유가 된 범죄 이
외의 범죄'에 대해 소추 또는 처벌하지 않는다고 하면서 인도 범죄 이외의 범죄사
실로 소추 처벌하기 위해서는 재차 프랑스로부터 동의를 얻어야 한다고 정한다
(제21조). 인도 청구를 위해 송부된 체포장과 추가 기소가 되는 범죄는 그 금액과
시기 등에서 상당한 차이가 있었으므로, 결국 프랑스의 동의를 얻어 추가 기소가
이루어지게 되었다.[268]

또한 프랑스의 인도 청구와 관련하여 수사 압수를 강제로 집행하기 위해서

---

[268] 여죄의 추가기소에 있어서 가령 프랑스 정부의 동의를 얻을 수 없다고 해도, 국내형사소송법
의 효력에 영향은 없다고 해석된다. 프랑스법 위반 또는 국제형사소송법 위반이 프랑스와의
인도조약 등으로 제한되어 있으면 몰라도 국내 형사소송법령의 위반으로 이어지지 않기 때문
이다. 단, 다수의 범죄인 인도조약에서 청구국이 인도 범죄 이외의 범죄사실에 대하여 소추 및
그 밖의 형사절차를 진행하는 것이 인정되지 않는 점, 국가 간의 신뢰관계 등을 고려하면 여죄
라도 당초의 인도 청구 목적과 다른 경우에는 피청구국의 동의가 요구된다고 해석된다. 原田
明夫, 刑事に関する国際協力について, 法律のひろば(第25巻 第11号), 1972, 59쪽의 주(16)을
참조.

는, 인도법상 인도 청구국의 재판관이 발부하는 사법 공조 촉탁서를 외교 경로를 통해 프랑스 재판관이 수리할 필요가 있었다(제30조). 그러나 일본의 재판부는, 그와 같은 촉탁서를 작성할 권한을 인정할 수 없다고 하여 가령 외국으로부터 동종의 서류를 요구받는다 하더라도 국내법이 정비되지 않아 이에 응할 수 없다 하면서 소극적이었다. 이 때문에 도쿄 지방검찰청 검사장이 프랑스의 담당 판사에게 수사압수 강제 수사 요청서 및 관련 서류를 첨부하여 송부했으며, 프랑스 사법 당국에 받아들여져 해결된 경위가 있다.[269]

(2) 원동순 사건

중국 국적의 원동순은 랴오닝성 다롄시 국영기업의 지배인으로 근무하던 중 2003년 9월부터 2004년 3월까지 직무 관계를 이용하여 기업 자금 100만 위안을 횡령하는 등의 혐의를 받았으나, 2004년 3월 오사카로 도피했다.[270] 이미 그의 부인과 자식이 일본에 거주하면서 일본 국적을 취득하였으며 그는 여기에 합류한 셈이다. 중국 당국은 본격적인 수사에 나서 혐의 사실을 확인하고 국제 형사경찰기구(ICPO)를 통해 국제수배 조치를 취했다. 2007년 1월, 중국은 일본에게 신병 인도를 청구하였고, 같은 해 3월 법무대신이 도쿄 고등검찰청에 대해 도쿄 고등재판소의 심사 청구를 명하였고, 도쿄 고등재판소는 인도 심사를 개시했다. 인도 재판에서 해당 범죄인은, 인도 범죄를 부인하고 중국에 인도되면 정치적 박해를 받게 된다고 주장했다. 이에 대해 검찰 측은 해당 범죄인의 범죄혐의를 의심할 만한 충분한 이유가 있고, 인도 제한사유로서의 범죄의 정치성이 보이지 않으며, 인도 청구가 정치범죄로 처벌할 목적으로 청구되었다고 볼 수 없다고 하였다. 도쿄 고등재판소는 심사 결과 2007년 5월 8일 '도망 범죄인을 인도할 수 있는 경우에 해당한다'고 결정하고 5월 10일 법무대신의 명령에 따라 신병 인도가 집행되었다. 본건은 중일 간에 '장진해 사건' 이후 17년 만의 도망 범죄인 인도이며, 범죄의 정

---

269) 도쿄지방검찰청 검사정이 송부한 문서는 '도망 범죄인이 소지한 형사증거품의 압수인도방법의 요청'이라는 제목으로, 수신인은 '프랑스 파리재판소 예심판사 또는 전 관계 사법당국'으로 돼 있었다. 原田明夫, 刑事に関する国際協力について, 法律のひろば(第25卷 第11号), 1972, 60쪽의 주(23).

270) 사건 개요 등에 대해서, 陳雷, 论我国的引渡立法与引渡实践, 法治研究(第8号), 2012, 103쪽을 참조. 필자인 진씨는 최고검찰원 검사직을 맡고 있으며, 도망 범죄인 인도 등 국제형사협력 전문가로 알려져 있다.

치성에 관해서는 쟁점이 되지 않은 공직 부패라는 보통 범죄 사례였다. 원동순은 중국으로 인도된 후 2007년 10월 26일 다롄시 법원에서 공금 유용죄(형법 제384조)로 징역 5년 6월이 선고됐다.[271]

2. 벌금 미납으로 노역장 유치에 처해지는 도망 범죄인에 대한 인도 협력[272]

한국에서 징역 3년(집행유예 5년) 및 벌금 50억원의 판결이 확정되어 벌금 미납 상태로 일본으로 도주한 자에 대해 일본 당국이 한국의 인도 청구에 근거하여 범죄인을 체포하였는데(2007년 12월 11일), 벌금이 완납되어 인도 청구가 철회된 사례이다. 인도 청구가 벌금 미납으로 인한 노역장 유치 환형 처분을 집행하기 위해 행해진 경우, 다음과 같은 쟁점이 있을 수 있다. ① 한국 인도법에 따라 인도 청구가 가능한 경우에 해당하는지 여부(인도 청구의 해당성), ② 한일 인도조약 및 일본 인도법상의 인도 요건과의 적부 등이다. 다시 말해, 4개월 이상의 노역장 유치가 한일 인도조약 제2조 제2항에서 정한 '복역해야 할 남은 형이 적어도 4개월 있을 때'에 해당하는지 여부 및 일본 인도법 제2조 제3호에서 말하는 '인도 범죄가 청구국 법령에 따라 사형 또는 무기 혹은 장기 3년 이상의 구금형에 해당하는 것'인지의 문제이다.

(1) 사건 개요

한국 법원에서 징역 3년(집행유예 5년) 및 벌금 50억원의 판결이 확정되었으나 벌금을 미납한 채로 일본으로 도피한 범죄인에 대해, 일본 당국이 한국의 인도 청구에 근거하여 그 범죄인을 구금하였는데, 벌금이 완납되어 인도 청구가 철회된 사례가 있었다. 한국 당국은 2007년 5월 일본으로 도피중이던 기독교계 일간지 대표에 대해 인도를 청구하였고 일본 수사 당국에 의해 같은 해 12월 11일 도

---

271) '중국통신' 2007년 10월 13일자 보도기사 참조(https://www.china-news.co.jp/node/6129. 2014년 7월 30일 열람).

272) 본 항은 조균석, 한일범죄인 인도조약에서의 판결의 집행을 위한 범죄인 인도: 노역장 유치의 집행을 위한 인도의 허용 여부, 형사정책연구(제77호), 2009, 941-971쪽에서 다룬 소재에서 단서를 얻어 필자가 검토 후 내용을 새로 추가한 것이다.

쿄에서 체포되었다.[273]

한국 인도법은 인도 협력에 관해, 외국으로부터의 청구에 기초한 인도(제2장)와 한국이 외국에게 행하는 인도 청구(제3장)를 나누었으며, 후자에 대해서는 청구범죄의 요건이 정해져 있지 않다. 즉 전자는 대한민국과 청구국의 법률에 따라 인도범죄가 사형, 무기징역, 무기금고, 장기 1년 이상의 징역 또는 금고에 해당하는 경우에 한한다(제6조). 그러나 후자의 경우 구체적 요건이 마련되어 있지 않아, '한국의 법률을 위반한 범죄인이 외국에 있는 경우'에는 그 범죄인의 인도 또는 긴급 인도 구속을 청구할 수 있다고 규정한다(제42조). 그러므로 한국의 인도 청구에 대해 국내법상 청구 제한사유는 존재하지 않는 것으로 해석된다.

한편, 일본의 인도법은 쌍방가벌성의 요건으로 청구국에서의 인도 범죄의 형벌요건(사형, 무기 또는 장기 3년 이상의 구금형) 및 피청구국으로서의 일본의 인도 범죄와 관련된 행위의 형벌요건(사형, 무기 혹은 장기 3년 이상의 징역이나 금고)을 정하고 있지만, 형 집행에 관한 인도 요건은 명기되어 있지 않다. 그러므로 본건의 사례가 인도 대상이 되는 요건에 적합한지 여부의 준거가 되는 것은 한일 인도조약 제2조 제2항이다.

한일 인도조약 제2조는 인도 범죄 요건으로 '사형 또는 무기 혹은 장기 1년 이상의 구금형에 처하도록 되어 있는 자'(제1항) 혹은 청구국 법원에서 형을 선고받은 경우에는 '사형을 선고 받은 때 또는 복역해야 할 나머지 형이 적어도 4개월 있을 때'(제2항)로 제한된다. 즉 ① 환형 처분으로서의 4개월 이상의 '노역장 유치'가 '복역해야 할 나머지 형'에 해당하는지, ② 재산형의 집행이 한일 인도조약에 근거한 인도 범죄가 될 수 있는지, 이다. 본건에 대해 인도 청구 및 체포가 이루어진 것은, 한일 법무검찰당국이 한일 인도조약상 인도 범죄로 인정하였음을 보여주는 것으로, 이하에서 그 적부를 검토한다.

(2) '형'의 법적 성질

한일 인도조약 제2조 제2항은 미일 인도조약 제2조 제2항과 마찬가지로 다음 규정이 마련되어 있다. 즉, 인도 범죄에 관하여 '청구국의 법원으로부터 형을

---

273) '한국일보' 2007년 12월 20일자 보도기사 참조(https://www.hankookilbo.com/v/fab8ff7819 9448b18896730c2b1e3003. 2014년 8월 10일 열람).

선고 받은 경우에는 그 자가 사형을 선고 받은 때 또는 <u>복역해야 할 형</u>이 적어도 4개월 남아 있을 때에 한하여' 행해진다고 정한다. 미일 인도조약의 해당 조항의 영문은 '…, extradition shall be granted only if the person has been sentenced to death or if the <u>sentence remaining to be served</u> is at least four months.', 한일조약에서는 '…, extradition shall be granted only if the person sought has been sentenced to death or if the <u>sentence remaining to be served</u> is at least four months'라고 하여, 두 조약 모두 'sentence'라는 표현이 사용되었다.[274]

환형 처분에 따른 노역장 유치가 한일 인도조약 제2조 제2항에서 규정하는 복역해야 할 '형'(sentence)에 해당하는지가 문제가 되는데, 여기에서 이 항의 '형'에는 자유형 외에 '자유 박탈'의 처분이 포함되었는지 여부가 쟁점이 된다. 이 조약 제1항에 인도 적용 대상이 되는 범죄에 대해 '구금형'이 규정되어 있는데, 영문으로는 '자유 박탈'이라는 표현이 사용된다. 즉, 한일 인도조약 제2조 제1항에서 '사형 또는 무기 혹은 장기 1년 이상의 구금형에 처한다'는 내용에 대해 영문은 '……, extraditable offenses are offenses which are punishable under the laws of both Parties by death, by life imprisonment, or by <u>deprivation of liberty</u> for a maximum period of at least one year.'라고 규정한다. 미일 인도조약 제2조 제1항에서도 '구금형'에 대해 마찬가지로 '<u>deprivation of liberty</u>'라고 기재하고 있다.

유럽 범죄인 인도조약(1957년 12월 13일 체결)에서 인도 적용 대상인 범죄에 대해 '장기 1년 이상의 <u>자유형</u> 또는 자유 박탈을 수반하는 <u>보안 처분</u>(유치명령)에 처할 범죄'라고 하면서 청구국에서 '형의 선고나 보안 처분을 받았을 때 그 처벌은 모두 4개월 이상'이어야 한다고 정한다(제2조 제1항). 'by <u>deprivation of</u>

---

274) 한국과 미국 간의 범죄인 인도조약에서는 형의 집행을 위한 인도 요건에 대해 '…청구국 법원에 의해 선고된 자유박탈이 4개월 미만일 때에는 인도를 거절할 수 있다'고 정한다(제2조 제7항). 영문은 '… a person sentenced to deprivation of liberty by a court of the requesting state for any extraditable offense, extradition may be denied if a period of less than four months remains to be served.' 또한 인도 범죄에 대해서는 '자유박탈 1년 이상 혹은 그보다 무거운 형에 처함'이라고 규정하여(제2조 제1항), 미국과 EU 간의 인도조약의 내용과 거의 동등하다(by deprivation of liberty for a period of more than one year, or by a more severe penalty.).

liberty or under a <u>detention order</u> for a maximum period of at least one year or by a more severe penalty. Where a conviction and prison sentence have occurred or a detention order has been made in the territory of the requesting Party, <u>the punishment</u> awarded must have been for a period of at least four months.' 동 조약은 보안 처분의 정의에 대해 '감옥형과의 부가 또는 이를 대체하기 위해, 형사재판소에 의해 내려진[275] 자유 박탈을 포함한 모든 명령'을 의미한다고 규정한다(제25조). "'<u>detention order</u>" means any order involving <u>deprivation of liberty</u> which has been made by a criminal court in addition to or instead of a <u>prison sentence</u>.'[276] 또한 유럽연합 범죄인 인도조약(1996년 9월 27일 체결)에서는 유럽 인도조약과 마찬가지로 자유 박탈과 보안 처분이라는 표현이 사용되고 있다(제2조 제1항). 특히, 제2조 제3항에서는 청구된 범죄가 복수인 경우, 일부의 죄가 금전형(pecuniary penalties)에 해당하는 것도 인도 대상에 포함된다고 정한다. 미국과 유럽연합 간의 범죄인 인도협정(2003년 6월 25일 서명)에서는 인도 범죄에 대해 '자유 박탈 1년 이상 혹은 그보다 중한 형에 처하는 것'으로 하고, 청구국에서 형을 선고 받은 때에는 '복역해야 할 나머지 형이 적어도 4개월'로 규정된다(제4조 제1항). 'by <u>deprivation of liberty</u> for a maximum period of more than one year or by a more serve penalty', 'Where the request is for enforcement of the sentence of a person convicted of an extraditable offence, the <u>deprivation of liberty</u> remaining to be served must be at least four months.' 이 인도조약에서 전 문단의 자유 박탈은 형벌(penalty)이 전제되므로, '자유형'으로 해석된다.

범죄인 인도에 관한 유엔모델조약(1990년 12월 14일 결의 45/116)에서는 인도 범죄에 대해 '자유형 또는 기타 자유 박탈에 처해지는' 것으로 규정한다(제2조 제1항). 원문은 '···, extraditable offences are offences that are punishable under the laws of both Parties by <u>imprisonment</u> or <u>other deprivation of liberty</u> for

---

275) '형사재판소'라고 규정한 것은 '특별재판소'를 배제한다는 의미가 있는 것으로 해석된다. 森下忠, 犯罪人引渡法の研究, 成文堂, 2004, 134쪽.

276) 일본어 번역에서 '··· 보안처분이라는 표현은 형사재판소에 의해 형벌을 보충하거나 이를 대체하는 것으로 선고된 모든 자유박탈처분을 의미한다'고 하여 'prison sentence'를 '형벌'이라고 번역하였다. 森下忠, 國際刑法の新動向, 成文堂, 1979, 74쪽.

a maximum period of at least one/two year(s), or by a more severe penalty' 이다. 또한 형의 집행을 위한 요건으로 '…, person who is wanted for the enforcement of a sentence of imprisonment or other deprivation of liberty imposed for such an offence, extradition shall be granted only if a period of at least four/six months of such sentence remains to be served.'라고 규정한다.

'형'(sentence)에 대해 수형자 이송 조약(1983년 3월 21일 작성, 'CE조약')은 다음 과 같이 정의한다. 즉, "형이란 법원이 범죄를 이유로 명하는 유기 또는 무기의 형벌 또는 조치로 자유의 박탈을 동반하는 것을 말한다."(제1조 (a)).[277] '"sentence" means any punishment or measure involving deprivation of liberty ordered by a court for a limited or unlimited period of time on account of a criminal offence'.

그 밖에 독일과 이탈리아 간의 범죄인 인도 및 형사 공조조약(1942년 6월 12 일 체결), 프랑스와 서독 간의 범죄인 인도조약(1951년 11월 29일 체결), 서독과 오 스트리아 간의 범죄인 인도조약(1958년 9월 22일 체결), 베네룩스 범죄인 인도 및 형사 공조조약(1962년 6월 27일 체결), 미국과 독일 간의 범죄인 인도조약(1978년 6 월 20일 체결) 등에서도 일정 기간 이상의 보안처분 집행을 위해 인도 협력 및 형 사 공조가 이루어지도록 규정하고 있다.[278]

(3) 보안 처분과 자유형

보안 처분이란,[279] '행위자의 위험성을 기초로 사회 방위와 본인의 교정, 교 육을 목적으로 부과되는 처분'을 말한다. 보안처분은 범죄로 인한 책임을 기초로 하지 않는다는 점에서 형벌과 다르나, 그 적용에 있어서 통상적으로 형벌 법령에 반하는 행위가 요구된다는 의미에서 형법상 처분이라고 할 수 있다. 대인적 처분 은 시설 수용이 동반되므로 인권보장의 관점에서 법원에 의해 선고되는 것이 일 반적이다. 보안처분의 집행에서 형 집행의 선행(이탈리아 형법 제211조 제1항), 원칙 적으로 보안처분의 선행(독일 형법 제67조 제1항), 보안처분의 집행 후에 형벌을 감

---

277) 각 조약 번역문은 외무성의 일본어 텍스트에 근거한다.
278) 森下忠, 犯罪人引渡法の研究, 成文堂, 2004, 130-135쪽.
279) 川出敏裕·金光旭, 刑事政策, 成文堂, 2012, 105쪽.

면하는 방식 등이 있다. 독일 형법전(StGB) 제61조 이하에서 공공의 안전 및 행위자의 사회 복귀 등을 위해 그 대상이 되는 자를 일정 시설에 수용하는 것에 대해 '교정, 보안 처분'(MaBregeln der Besserung und Sicherung)을 규정한다. 처분 내용은 주로 정신병원이나 금단치료시설 등의 수용, 기타 중대한 범행을 반복할 위험이 있는 자에 대해 보안 구금을 위한 수용 등이 있다. 독일에서는 '사후적 보안 구금법'이 2004년부터 시행되어 보안 처분 결정을 위한 독자적인 재판 절차가 가능해졌다.[280] 동법이 시행되기 전에는 보안처분 집행에 관해 법원이 유죄의 판결과 동시에 보안 구금을 결정하거나 혹은 그 결정을 유보한 경우에 한해 처분을 할 수 있었다. 그러나 법 시행 후에는 유죄 판결에서 보안 구금 처분에 관한 결정이 내려지지 않은 경우에도 형에 복역한 자의 사회에 대한 위험성이 명백할 때에 한하여 법원의 판결 절차에 따라 사후적으로 보안 구금을 결정할 수 있게 되었다.

일본의 현행법에서 보안 처분이 규정된 것은 매춘방지법에 의한 보도처분(제17조)이다. 이 처분은 성매매 권유 등의 범죄로 집행 유예부 징역 또는 금고형을 받은 20세 이상의 여성에 대하여 6개월을 한도로 부인 보도원(婦人補導院)에 수용하는 것이다.

도망 범죄인 인도에서의 '잔여 형기' 및 '인도 범죄' 요건에 관한 제반 규정을 간단히 정리하면 아래 표와 같다.

[인도조약의 자유형 관련 용례]

구분	잔여형기(형의 집행을 위한 인도 요건)	인도 범죄 (기소 또는 재판을 위한 인도 요건)
• 한일 인도조약 • 미일 인도조약	sentence(복역해야 할 나머지)형	deprivation of liberty(장기 1년 이상의) 구금형
유럽 인도조약	deprivation of liberty(자유 박탈) detention order(보안 처분)	deprivation of liberty(자유 박탈) detention order(보안처분)
EU 인도조약	deprivation of liberty(자유 박탈) detention order(보안 처분)	deprivation of liberty(자유 박탈) detention order(보안처분)

---

280) 村上淳一・守矢健一・ハンス・ペーター・マルチュケ, ドイツ法入門(改訂第7版), 有斐閣, 2008, 235-236쪽. 또한, 'MaBregeln der Besserung und Sicherung'에 대해 '개선 및 보안처분'이라 번역한 것으로 森下忠, 犯罪人引渡法の研究, 成文堂, 2004, 135쪽을 참조.

유엔 인도모델 조약	Imprisonment(감옥형) other deprivation of liberty (기타 자유 박탈)	Imprisonment(감옥형) Other deprivation of liberty(기타 자유 박탈)
미·EU 인도조약	deprivation of liberty(자유 박탈)	deprivation of liberty(자유 박탈)

주: 필자가 작성하였다.

상기 규정들을 검토해 보면, 구미의 주요 인도조약에서는 형의 집행을 위한 요건과 인도 범죄의 요건 간에 차이가 없고 같은 용어로 규정되어 있음을 알 수 있다. 한일 인도조약 제2조 제2항은 '인도를 요구받는 자가 <u>인도 범죄에 대해</u> 청구국 재판소로부터 <u>형을 선고 받은</u> 경우에는, 그 자가 사형을 선고 받은 경우 또는 복역해야 할 나머지 형이 적어도 4개월 있을 때에 한하여…'라고 하였는데, 같은 조 제2항에서 '인도 범죄'를 '사형 또는 무기 혹은 장기 1년 이상의 구금형'으로 정하였으므로 '복역해야 할 나머지 형'이란 그 '구금형'의 나머지가 되어야 한다(밑줄은 필자).

(4) 노역장 유치와 자유형

일본 형법은 주형에 대해 '사형, 징역, 금고, 벌금, 구류 및 과료'로 규정하고(제9조), 자유형(징역, 금고, 구류)과 재산형(벌금, 과료)으로 구분한다.[281] 또한 벌금을 완납할 수 없는 경우 1일 이상 2년 이하의 기간 동안 노역장에 유치된다고 규정한다(제18조). 본건에서 가령 해당 범죄인의 노역장 유치 기간이 1년 이상이라 하더라도 그것이 한일 인도조약 제2조 제2항이 정하는 '복역해야 할 나머지 형'에 해당하는지 여부의 문제가 있다. 벌금형의 형사 정책상 의의는, 경미한 범죄에 부과하는 데 적합한 형벌이라는 점, 이욕적(利慾的) 동기에 기초한 범죄에 대해 효과적이라는 점, 자유형을 피하기 위한 대체 조치가 될 수 있는 점 등을 들 수 있다. 자유형의 대체 조치인 경우, 벌금 미납으로 인해 노역장에 유치되는 것은 일종의 자유형에 처해지는 것과 같으며, 본말이 전도되는 측면이 있다는 점도 부정할 수 없다는 지적이 있다.[282] 실무적 측면에서 벌금 미납으로 인해 집행되는 노

---

281) 법무성 훈령에서도 자유형 및 재산형의 집행에 대해서 각각 '집행사무 규정' 및 '징수사무 규정'을 정해 각 사무의 취급절차를 명기하고 있다.

282) 川出敏裕·金光旭, 刑事政策, 成文堂, 2012, 93쪽.

역장 유치에 대해 법원은 벌금 5천엔을 1일로 환산하여 결정한다. 벌금 납부는 검찰관 재량에 따라 유예 또는 연납 혹은 분납 등으로 납부한다.[283] 한편, 노역장 유치는 노역의 작업으로 얻은 수익을 미납 벌금으로 지불하게 하는 것이 아니기 때문에 실질적으로는 징역과 같다고 할 수 있다. 특히 단기자유형의 대체형으로서의 의의가 인정되며, 벌금을 납부할 수 없는 경우 벌금형을 단기 자유형으로 전환할 것을 법률로 규정한 것이 있다.[284]

　　한국 형법은 형에 대해, 사형, 징역, 금고, 자격상실, 자격정지, 벌금, 구류, 과료, 몰수익 순으로 규정하며(제41조), 일본 형법과 마찬가지로 자유형과 재산형 등으로 나눈다. 벌금을 납부하지 아니하는 경우에는 1일 이상 3년 이하에서 노역장 유치를 하게 하고(제69조 제2항), 법원이 벌금형을 선고하는 경우에는 이를 납부하지 아니할 때의 노역 유치 기간을 정하여 동시에 선고하여야 한다고 정한다(제70조). 노역장 유치는 미납 금액분에 한하여 일당으로 환산된 기간을 노역에 처하는 것으로, 고유의 자유형으로는 해석되지 않는다. 예를 들어, 노역장 유치기간 중에 미납된 벌금이 완납될 경우 즉시 석방되는 점에 비추어 볼 때, 집행방법의 하나라는 측면이 있다.

　　한일 양국의 각 국내법상 노역장 유치의 법적 성질은, 실질적인 자유 박탈이라는 형벌효과가 있음에도 불구하고 구미 국가들의 형법처럼 벌금형과 자유형의 대체에 대해 명확한 법적 근거가 없는 한, 적어도 형법이 정한 형으로 인정하기는 어렵다. 또한 벌금형 자체에는 일신 전속성(一身專屬性)이 결여되는 점, 노역장에 유치되어 있는 도중이라도 벌금이 완납되면 벌금형 집행이 종료되는 점 등에 비추어 볼 때, 노역장에 유치될 기간은 한일 인도조약에 정해진 '복역해야 할 나머지 형'에 반드시 해당하지는 않는 것으로 해석된다.[285] 게다가 일본 인도법 제2조

---

283) 법무성 훈령 '징수 사무 규정' 제16조(분납) 및 제17조(연납).

284) 川出敏裕·金光旭, 刑事政策, 成文堂, 2012, 90쪽. 또한 독일 형법에서는 "벌금 납부가 불가능한 경우에는 자유형으로 대체한다. 그 자유형의 1일은 벌금형의 일수에 해당하고 1일 이상으로 한다"고 정한다(제43조).

285) 한국은 벌금형의 금액 산정을 법관 재량에 맡기는 바, 노역장 유치의 일당이 이례적인 고액으로 결정되어 유치되었지만 비난 여론이 커지면서 검찰이 그 구류 처분을 철회하여, 자산 조사 등을 통하여 다시 재산형 집행에 착수한 사례가 있다. 한국의 경우, 2010년부터 2014년 3월까지 5년간 노역장 유치 일당 금액이 1억원 이상인 것이 11건이었다. 그 내역은 1일 5억원 및 3억원 각 1명, 2억원 3명, 1억원 6명이며, 이들의 평균 벌금액은 약 389억원이었으나 통상의 금액은 1일 5만원이다. 국회에서도 이러한 지나친 편차에 대한 논란이 일어 2014년 4월 형법

는 인도가 가능한 대상으로 청구국에서 '장기 3년 이상의 구금형에 해당하는 자' 또는 일본에서 '장기 3년 이상의 징역 또는 금고에 처할 죄에 해당하는 자'[286]라 고 규정하고 있어서, 인도 범죄가 일정 기준에 미치지 않는 형벌에 적용되는 것에 대해 인도 제한사유로 삼고 있다. 실무적으로도 양국 재판에서 유죄 중 벌금(미납 으로 인한 노역장 유치)이 차지하는 비율이 적지 않고,[287] 일정 이상의 고액이라 하 더라도 노역장 유치 집행을 위해 인도 협조를 하는 것은 쉽지 않다. 또한, 본건의 해외도피 사범이 일본에서 체포된 것에 대하여, 어떤 단계로 행하여졌는지는 명 확하지 않으나, 한일 인도조약 및 인도법에 비추어 볼 때 다음의 경우를 생각할 수 있다. ① 한일 인도조약에 기초하여 긴급한 경우 한국으로부터 가구금이 청구 되고(제10조), 법무대신이 심사한 후 가구금이 상당하다고 인정하여 그 취지를 도 쿄 고등검찰청에 명하고(인도법 제24조), 도쿄 고등검찰청의 도쿄 고등재판소의 가 구금 허가장으로 구금한다. ② 긴급한 경우의 가구금 청구가 아니라 통상의 인도 청구에 대해 법무대신이 도쿄 고등재판소에 심사 청구를 하여야 한다는 취지를 도쿄 고등검찰청에 명령하고(인도법 제4조), 도쿄 고등검찰청이 도쿄 고등재판소의 구금허가장으로 구금한다(인도법 제5조). 어느 경우든 법무대신이 구금 필요성의 인정 여부를 심사 및 명령할 수 있다.

(5) 검토

벌금 미납으로 부과되는 4개월 이상의 노역장 유치가 한일 인도조약 제2조 제2항이 정하는 '복역해야 할 나머지 형이 적어도 4개월 있을 때'에 해당하는지 여부가 문제가 된다. 노역장 유치와 '구금형'의 법적 성질과 관련되므로, 한일 각

개정을 통하여 벌금액 50억원 이상의 경우 노역장 유치 기간을 최소한 1000일 이상으로 하였 다. 대법원도 또 벌금액 1억원 이상의 사건의 경우, 환형 유치에 따른 노역 일당이 벌금액 1000분의 1이 되도록 개선 방침을 내놓았다. '연합뉴스' 2014년 6월 19일자 보도기사 참조 (https://www.yonhapnews.co.kr/bulletib/2014/06/19/0200000000AKR20140619192600004. HTML?input=1179m. 2014년 8월 16일 열람).

286) 이러한 행위는 일본의 형사소송법상 긴급체포의 요건이다(제210조).

287) 일본에서는 2010년 현재 벌금형을 받은 인원이 40만 6,259명, 노역장 유치 건수가 7,882건이 며 (川出敏裕·金光旭, 刑事政策, 成文堂, 2012, 95쪽), 한국의 경우는 제1심(약식명령) 벌금이 2012년 현재 660,974건 (한국 대법원, "2012 사법연감", 578쪽), 노역장 유치는 2013년 현재 1만 9,090건이다. '뉴스앤뷰' 2014년 4월 5일자 보도기사 참조(https://www.abckr.net/news/ articleView.html?idxno=9145. 2014년 8월 12일 열람). 다만 한국에서는 벌금 미납자에 대해 일정 요건하에서 사회봉사명령 제도가 2009년부터 시행되었다.

형벌 법제에서는 자유형과 재산형으로 구별되며 재산형의 자유형으로의 전환에 대한 명문 규정은 찾을 수 없다. 또한 노역장 유치가 집행 중인 경우에도 벌금이 완납되면 도중에 석방되고, 그러면 노역장 유치가 과연 '복역해야 할 나머지 형'으로 인정되는지에 대한 의문이 제기된다. '중국과 남아프리카공화국 간의 인도조약'처럼 재산형을 인도 요건으로 정한 것이라면 몰라도,[288] 한일 인도조약 및 도망 범죄인 인도법에 관련 규정이 없는 이상, 본건 체포의 법적 근거는 부족하다고 하지 않을 수 없다. 따라서 본건과 같은 사안에 관하여 외국으로부터 인도 청구가 있는 경우, 법무대신은 인도법 제4조 제1항에서 정하는 '명백히 도망 범죄인을 인도할 수 없는 경우'에 해당하는지 여부를 검토한 후, 그 청구를 거절할 수 있다. 만약 법무대신이 심사청구를 한다면, 도쿄 고등재판소는 심사 청구가 부적법하다 하여 각하 결정을 하게 된다(인도법 제10조 제1항 제1호).

제 5 절 기타 국제형사협력

1. 형사 공조

형사 공조는 수사, 소추 기타 형사 절차에서의 상호원조를 말하는데, 수사기관이 공조 주체가 되는 수사 공조와 재판소가 주체가 되는 사법 공조 등으로 나눌 수 있다. '국제 수사 공조법'은 수사 공조에 대해 '외국의 요청으로 해당 외국의 형사사건 수사에 필요한 증거의 제공(수형자 증언이송 포함)을 하는 것'으로 규정하고(제1조), '외국 법원 촉탁에 의한 공조법'은 '법원은 외국 법원의 촉탁에 따라 민사 및 형사 소송 사건에 관한 서류 송달 및 증거 조사에 대해 보조한다'라고 규정한다(제1조). 형사 공조의 적용 범위는 진술 및 서류 등의 증거 취득, 수사 또는 압류, 소재지의 특정, 문서 송달, 범죄 수익의 몰수, 범죄 기록의 제공, 수형자 증인 이송 등이 포함된다. 이외에도 공조 피청구국의 법령 허용을 조건으로 체결국 당국의 합의에 따라 기타 공조를 할 수 있다('중일 형사 공조조약' 제1조 제2항 제11호,

---

288) 중국과 남아프리카공화국 간의 인도조약에서는 인도 요건으로 '적어도 1년 이상의 징역' 등으로 정하면서(제2조 제1항), 재산형도 그 요건에 포함된다고 정한다(제2조 제6항).

'한일 형사 공조조약' 제1조 제2항 제9호). 형사 공조 요건과 제한사유 등에 대해서는 도망 범죄인 인도와 관련된 여러 원칙이 적용되지만 신병 구속 및 인도 재판이 이뤄지지 않는 등의 이유로 도망 범죄인 인도보다 조건이 느슨해지는 경우가 많다. 예를 들어, 수사 공조의 경우 그 요건은 ① 공조 범죄가 정치범죄가 아닐 것, 또는 공조 요청이 정치범죄에 대해 수사할 목적으로 행해지는 것이 아니라고 인정되는 것, ② 공조 범죄와 관련된 행위가 일본 국내에서 행해진 경우, 일본 법령에 따라 범죄를 구성할 것, ③ 공조 요청이 원칙적으로 서면으로 행해질 것 등이다 (국제 수사공조법 제2조). 이 중에는 절대적 공조 거절사유로 정해진 것도 있으나, ②와 같이 공조조약에 별도 규정이 있는 경우에는 공조가 가능하기도 하다. 또한 인도 협력은 일반적으로 외교 경로를 통해 이루어지지만, 형사 공조는 공조조약에서 사전에 중앙당국이 지정되고 중앙당국 간에 상호 연락 및 공조가 실시된다. 또한 피요청국이 공조를 거절할 경우, 피요청국의 중앙당국은 공조 거절에 앞서 조건부 공조 실시에 대해 요청국의 중앙당국과 협의하도록 되어 있다(중일 형사 공조조약 제3조 제2항 등). 일본의 수사 공조 통계는 다음 표와 같다.

[수사 공조의 통계("2013년판 범죄백서")]

연도	수사 공조를 요청한 건수				수사 공조 요청을 받은 건수	
	검찰청의 의뢰		경찰 등의 의뢰			
		체결국 간		체결국 간		체결국 간
2006년	16	4	30	5	35	2
2007년	12	6	28	14	34	12
2008년	10	3	40	24	28	11
2009년	9	5	36	30	26	9
2010년	9	6	60	39	40	7
2011년	10	8	46	34	55	37
2012년	17	12	62	37	98	76

주: 1. 법무성 형사국 및 검찰청 형사국 자료에 따른다.
   2. '체결국 간'은 해당 연도에 발효했거나 또는 이미 발효한 형사 공조조약 또는 협정 체결국 간의 공조 요청 혹은 수탁 건수이다.

일본이 외국과 체결한 형사 공조조약은 2014년 7월 기준, 미국(2006년 7월 발효), 한국(2007년 1월 발효), 중국(2008년 11월 발효), 홍콩(2009년 9월 발효), 유럽연합(2011년 1월 발효), 러시아(2011년 2월 발효) 등 6건이다. 이 밖에 영사 조약에서 접수국 법령에 위배되지 않는 방법 등 일정한 요건하에서 접수국 내의 모든 자에 대해 재판상 문서 송달, 자발적으로 제공하는 증언 녹취, 선서 등을 할 수 있다고 정해지는 경우가 있다(미일 영사조약 제17조 제1항 (e)).

형사 공조와 관련해 일본 담당관이 외국에서 직무 행위로 진술조서를 작성할 경우, 그 증거 능력이 문제가 된다.[289] 1950년대 주일 소련대사관의 외교관(정보요원)이었던 라스트보로프가 미국으로 망명한 것에 대해, 일본 체재시의 정보활동 내용이 밝혀지면서 외무성 간부들이 국가 공무원법 위반 등의 혐의를 받은 사건이 있었다. 당시 도쿄 지방검찰청 검찰관이 미국에 입국하여 라스트보로프를 이 사건의 참고인으로 면회하여 진술조서를 작성하였는데,[290] 도쿄 지방재판소는, 수사는 형사 소송법상의 행위이므로 외국에서는 행할 수 없다고 하면서 '… 그러나 한 국가가 타국을 승인하면 그 타국에서 그 주권을 침해하지 않고 자국의 모종의 권능을 행사할 수 있는 것은 국제법상 용인된 것'이라고 하여, 영역국의 승인 한도 내에서 진술조서의 작성이 가능하다고 해석하였다. 또한 이와 같은 공조 결과에 대한 증거 능력의 인정 여부에 대하여 라스트보로프의 진술조서는 형사 소송법 제321조의 검찰관 면전 조서로 증거 능력이 인정된다고 판시하였다(도쿄 지방재판소 판결 1961.5.13).[291]

---

289) 형사소송법이 형법을 적정하고 신속하게 적용 실현하는 것을 그 목적으로 하는 바(제1조), 외국의 영역 내에서 일본의 형사절차를 실시할 때 소추를 위한 활동 등은 해당 외국의 승인을 받을 수 있음이 전제이므로, 형사소송법의 장소적 적용범위에 관하여 두 가지 견해가 있을 수 있다. ① 원칙적으로 일본 영역에 한정되며 외국에서의 수사 활동 등은 해당국의 승인 및 그 범위 내에서 예외적으로 적용된다. ② 일본의 형사소송법은 국내뿐만 아니라 영역 밖에도 적용되지만 외국 주권이 미치는 영역에서는 국제법상 또는 사실상 그 적용이 제한될 뿐이다. 형법이 그 적용범위에 있어 속지주의 외에 속인주의·보호주의·세계주의 등의 관할권을 규정하고 있는 점, 증거가 세계 각지에 산재할 수 있는 것에 대하여 형사소송법의 목적으로 보아 그러한 증거의 수집을 임무로 하는 점, 일본 형법이 외국판결의 기판력을 인정하지 않는 점 등에서 후자의 설이 타당하다고 해석된다. 山本草二, 國際犯罪と刑事手續上の諸問題, 警察学論集(第29卷 第1号), 1976, 121쪽.

290) 古田佑紀, 刑事司法における国際協力, 現代刑罰法大系(第1卷) : 現代社会における刑罰の理論, 日本評論社, 1984, 410-411쪽.

291) 高等裁判所刑事判例集(第18卷 第2号), 113쪽; 大野恒太郎, 外国における捜査, 別冊判例タイムズ(第9号), 1985, 205-208쪽.

한편 1976년 발각된 록히드 뇌물공여 사건 수사를 둘러싸고 미일 간에 '록히드 에어크래프트 문제에 관한 법 집행에 대한 상호원조를 위한 절차'라는 합의(1976년 3월 24일)에 따라 양국 간 수사 공조가 이뤄졌다. 이 절차 협정은 미일 정부 간이라기보다는 일본 법무성과 미국 국무부 간에 체결된 것으로 중앙 당국 간의 결정이라는 법적 성질을 갖는다. 또한 그 내용에 해당 사건의 수사 공조에 머무르지 않고, 법원의 증인 심문 촉탁 등이 포함되었다는 점에서 사법 공조의 국제 협력이라 할 수 있다.[292] 즉, 일본 검찰이 미국 법원에 대해 록히드사 간부 3명의 증인신문을 요구했는데, 그 신문내용 등에 따라서는 일본에서 기소될 우려가 있다고 하여 증언을 거부했기 때문에, 그 증언 등을 통해 얻어진 정보를 이유로 형사소추를 하지 않겠다는 취지의 선언서를 검찰총장이 제출했다. 나아가 최고재판소가 그 선언서를 확인하는 내용의 선언서를 발부하여 미국 법원에 전달되어 록히드사 간부들의 증인 신문이 이뤄졌고 그 조서가 일본 당국에 도달하게 되었다. 그러나 록히드 사건 '마루베니 루트'를 둘러싼 최고재판소 판결은 촉탁 신문 조서의 증거 능력에 대해, 일본의 형소법은 '형사면책 제도를 채택하지 않으며, 형사면책을 부여하여 획득된 진술을 사실 인정의 증거로 삼는 것을 허용하지 않다고 해석해야 하는 이상, 본건 촉탁 증인신문 조서에 대해서는 그 증거 능력을 부정해야 한다고 해석하기에 상당하다'라고 제시했다.[293]

이 최고재판소 판결에 대한 해석 및 국제 형사 공조로 얻은 공조 결과의 평가와 관련해서는 다음의 두 가지 견해가 있다. ① 형사 공조조약 또는 개별 사안 처리를 위한 공조조약 등에 근거하여 공조가 이루어진 경우, 그 공조 결과가 피요청국에서 적법하게 획득된 것이라면 공조 요청국에서 증거 능력이 인정되는 것이 바람직하다는 지적이다.[294] 국제 형사 공조는 공조를 요구하는 국가가 일정한 법적 근거에 따라 외국에 의뢰하는 것으로, 그 공조 결과가 자국 내에서 허용되지 않는다고 하는 것은 국제 범죄의 규제를 목적으로 하는 국제형사협력의 취지와

---

292) 河上和雄, 国際犯罪と捜査共助 · 司法共助, 現代刑事法(第1卷 第1号), 1999, 64쪽.

293) 최고재판소 대법정 판결 1995.2.22.(형집 제49권 제2호 1쪽). 椎橋隆幸, 刑事免責制度について, 法律時報(第55卷 第3号), 2003, 556 – 559쪽.

294) 河村博, 刑事手続における国際協力, 刑事訴訟法の争点(第3版), 有斐閣, 2002, 21쪽; 河上和雄, 国際犯罪と捜査共助 · 司法共助, 現代刑事法(第1卷 第1号), 1999, 65쪽.

부합하지 않고 의뢰와 허용 간에 일관성이 없으며 외교상 바람직하지 않다고 하는 것이다. 이 견해는 상기 최고재판소의 판결에 대해 일본 형사소송법에서 형사면책으로 얻은 증언을 인정할 근거가 없는 한, 이와 같은 공조 결과는 국내 재판에서 줄곧 허용되지 않는 것으로 본다. ② 수사 공조와 사법 공조 등의 국제형사협력은 각국의 법제도가 다르다는 것을 전제로 한 이상, 최고재판소가 그러한 견해를 채택한 것은 아니라고 해석한다.295)

①은 형사소송법이 형사 면책 규정이 없어서 형사 면책에 의해 얻은 공조 결과에 증거 능력을 허용하는 것이 헌법 또는 형사소송법의 이념에 반하는 것이 되며, 외국의 증거 획득 절차에 대응하는 절차가 일본에 존재하지 않을 경우 일률적으로 그 증거 능력이 부정된다는 것이다. 그러나 최고재판소의 판결 취지는 그렇지 않으며, 공조 결과에 대해 국내 재판 절차에서 증거 능력이 허용되도록 입법적 방법이 정비되어야 하나, 이를 결여한 채 형사소송법의 확장적 해석을 통해 운용하는 것은 마치 형사 면책 제도를 채택한 것과 같은 결과를 초래하게 되고, 이는 형사 절차의 공정성 결여가 된다는 것이다. 따라서 최고재판소의 판단은 형사 면책에 의해 얻은 진술 등의 증거에 대해 반드시 증거 능력을 부정한 것은 아니라고 해석되며, 이 판결이 국제형사협력에 초래하는 의미가 반드시 크지는 않다고 말한다.

2. 수형자 이송

수형자 이송이란 외국인 수형자를 본국에서 복역하게 함으로써 사회 복귀를 도모하기 위한 국제 협력이다('CE조약' 전문). 일본에서 확정 재판의 집행 공조, 수

---

295) 川出敏裕, 国際司法共助によって獲得された証拠の許容性, 研修(第618号), 1999, 8−10쪽; 中谷雄二郎, 手続の公正と証拠の許容性,刑事裁判の理論と実務：中山善房判事退官記念, 成文堂, 1998, 214−215쪽. 中谷 판사의 견해는, 록히드 사건에서의 촉탁 증인 심문 조서에 관한 최고재판소 판결의 요지는 형사면책제도에 대해 제도 도입의 필요성, 절차의 공정성, 국민의 법 감정 등에서 의문이 제기된 것을 근거로, 그러한 의문을 극복하기 위한 실무와 학설적 논의의 축적, 입법적 심사 등을 거치지 않고 형사면책의 대상범위, 절차요건, 효과 등에 대해 명문의 근거가 결여된 채 형사소송법의 확장적 해석 운영에 의해 마치 형사면책제도를 채용한 것과 같은 효과를 초래하는 것은, 그 자체가 형사면책의 공정성이 결여되어 있다고 하여, 형사면책 결과로 얻어진 촉탁증인 심문조서에 대해 유죄인정의 증거로 허용되지 않는다고 판단한 것으로 해석한다.

형자의 개선 갱생 및 사회 복귀 촉진 등에 대해 필요한 사항을 규정한 것은 '국제 수형자 이송법'이다. 동법에서 말하는 수형자 이송이란, 확정 재판을 받고 그 집행으로 구금되어 있는 자(수형자)에 대해 수형자의 본국에서 잔여형을 집행하기 위한 국제 공조라고 규정한다(제1조). 자국민 등의 수형자를 일본으로 이송하는 것을 '국내 이송'이라 하고, 외국인 수형자 등을 그의 모국으로 이송하는 것을 '국외 이송'이라 하며, 이송 전에 복역 중인 국가를 '재판국', 이송 후에 복역할 국가를 '집행국'이라고 한다(법 제2조). 수형자 이송도 국제형사협력의 일환으로 조약 혹은 상호주의 등에 따라 이루어지는데, 일본은 도망 범죄인 인도나 형사 공조와는 달리 조약 전치주의를 취한다(제2조 제5호 및 제6호). 이송 제한사유로는, 국내 이송의 경우 수용수형자의 동의 여부·연령(14세 미만에 한한다)·쌍방가형성 등이며, 국외 이송에는 동의 여부·쌍방가형성·상소 회복권 혹은 재심 청구 절차 등이 일본 법원에 계속될지 여부 등이 요건이 된다. 또한, 국내 이송 시 '국민'에 대해 일본 국적을 가진 자 외에 '일본과의 평화조약에 따라 일본 국적을 이탈한 자 등의 출입국 관리에 관한 특례법(1991년 법률 제71호)'에 정하는 특별 영주자가 포함된다(제2조 제4호).

수형자 이송에는 재판국에서 확정된 형의 집행을 국내 이송 후에 어떻게 적용하여 집행할지의 방식을 놓고 '집행 계속'과 '형의 전환'이 있는데, 일본은 집행 계속의 방식을 취하고 있으며, 이는 재판국에서 확정된 판결의 집행을 공조하는 것이다. 집행 방법은 징역형과 금고형으로 나뉘며, 외국형이 징역일 경우 형사 시설에서 소정의 작업이 이루어진다(법 제16조 제1항). 또한 형기 요건에 대해서는 외국형이 무기인 경우는 무기로, 유기인 경우에는 형법상 유기형의 상한인 30년 범위 내에서 집행된다(형법 제14조 및 수형자 이송법 제17조).[296] 수형자가 복역 중인 재판국에서 국내 이송 요청이 있을 경우, 법무대신은 이송 제한사유에 해당하지

---

[296] '국제 수형자 이송법'이 채택하는 '형의 집행 계속 방식하에서의 형의 적용'의 경우에 대해서, '수형자의 범죄 사실을 일본의 형벌 법령상의 조문에 적용시킨 후, 외국형의 형기를 수정하는 작업이라면, 그것은 그 실질적 기능에 있어서 새로운 형의 선고와 다르지 않다고도 할 수 있으므로, 행정청보다 법원이 그것을 실시하는 것이 바람직할 것이다'라고 하면서, 국제 수형자 이송법상에서는 징역과 금고 및 형기의 상한을 기준에 적용시키는 것에 지나지 않기 때문에 '국내 이송의 경우에 재판소를 관여시키면서도, 형의 적용 부분에 대해서는 행정 당국에 맡기고 있다'라고 해석된다. 佐伯仁志·川出敏裕, 受刑者移送について(下), ジュリスト(第1235号), 2002, 77쪽.

않으며 공조의 상당성이 인정될 때, 도쿄 지방검찰청 검찰청장에 대해 도쿄 지방 재판소로의 심사 청구를 명해야 한다. 도쿄 지방재판소는 심사 결과에 대해 각하 (심사청구의 부적법), 이송 불가 또는 이송 가능 결정을 내린다.[297] 물론 법무대신 은 재판소가 이송 가능하다는 결정을 내린다 해도 이송 명령이 상당하지 않다고 인정될 경우에는 이를 실시하지 않을 수 있다(국내 이송의 상당성 판단). 일본이 국 내 이송을 할 경우의 주요 흐름은, 법무대신(제한사유 해당성 및 공조 상당성) → 도 쿄지방검찰청 검찰청장(심사 청구) → 도쿄 지방재판소(심사 및 결정) → 법무대신 (국내 이송 명령의 상당성) → 이송 실시이다. 집행국으로부터 국외 이송 요청이 있 는 경우, 법무대신은 국외 이송 제한사유에 해당하지 않을 경우 등은 국외 이송 결정을 해야 한다. 다만, 국외 이송이 상당하지 않다고 인정될 경우에는 해당되지 않는다(국외 이송 타당성 판단).

일본의 조약 체결은 'CE조약'에 2003년 가입(동년 발효)함으로써 60여 조약국 과의 이송 공조가 가능해졌다. 이 조약에는 한국도 2005년에 가입(동년 발효)했으 므로 일본과의 이송 협력에서 별도의 양자 조약을 필요로 하지 않으나, 중국은 미 가입 상태이다. 일본은 태국과 '형을 선고받은 자의 이송 및 형 집행에 대한 협력 에 관한 조약'을 체결하고 이미 발효(2010년 8월 28일)하였으며, 브라질과는 '형을 선고받은 자의 이송에 관한 조약'에 서명(2014년 1월 24일)하여 국회 승인(동년 6월 4일)이 이미 이루어졌다. 또한 이란과는 2008년 12월 예비협의 등을 거쳐 2014년 10월 도쿄에서 개최된 제3차 회의에서 이송조약 조문에 대한 실질 합의가 이루어 져 체결을 위한 준비가 진행되고 있다고 보도되었다.[298] 일본이 CE조약에 가입한 배경에는, 미국 등으로부터 1989년경부터 동 조약 가입에 대한 요청이 있었던 점, 그 후 외국인 수형자가 증가함에 따라 처우의 어려움이 발생한 점 등이 있으 며, 2000년경부터 본격적인 검토가 이루어졌다.[299]

---

297) 이송 공조에서의 법원 심사는 국내 이송에 한정된다. 국내 이송에 대해 재판소의 심사가 가해 지는 것은 일본의 형벌권이 행사됨으로써 국내이송 수형자의 신체의 자유를 박탈하게 되며, 오로지 행정권의 판단에 따르는 것은 적당하지 않기 때문이다. 국외 이송의 경우에는 해당 수 형자의 자유박탈을 외국에 촉탁하는 것이므로 일본의 형벌권이 행사되지 않고, 법원의 심사를 요하지 않는 것으로 해석된다. 林谷浩二, 受刑者の国際移送の現状と課題, 刑事法ジャーナル (第27号), 2011, 23쪽의 주(8)을 참조.

298) 외무성 홈페이지 참조(https://www.mofa.go.jp/mofaj/press/release/press4_001336.html. 2014 년 11월 10일 열람).

299) 일본에서의 수형자 이송 현황과 과제에 대해 축약한 것으로 ワークショップ 受刑者移送条約

그 밖에 아시아의 수형자 이송을 둘러싼 국제 협력의 일환으로, 아시아 태평양지역 교정국장회의(Asian and Pacific Conference of Correctional Administrators: APCCA)라는 협의체를 들 수 있다. 이 회의의 취지는 아시아태평양지역의 형사 시설 등을 소관하는 교정 책임자가 각국 실정을 보고하고 의견을 교환하는 등을 통해, 교정 분야에서의 지역 협력 발전에 기여하는 것이다.[300] 제1차 회의가 1980년 2월 호주 범죄학 연구소와 홍콩 교정국의 주최로 개최되었으며, 이후 거의 매년 개최되었는데, 도쿄에서는 2011년 10월 제31차 회의가 개최되었고 중국과 한국 등 20여 개국의 교정당국자가 참가했다.

일본에서 국제 수형자 이송법 및 이송 조약에 따라 이루어진 최초의 이송은 2004년 4월 영국인 수형자의 국외 이송이다. 여성 수형자인 동 수형자는 대마 단속법 위반 등의 죄로 일본에서 복역하던 중 국제 수형자 이송법 및 CE조약에 따라 이송이 결정되었다.[301] 또한 일본에서 한국으로의 국외 이송으로는 허영중 수형자를 들 수 있다. 동 수형자는 이른바 '이토만 사건' 등으로 징역형이 확정되어 복역하던 중 한일 양국이 모두 가입한 CE조약에 따라 2012년 12월 한국으로 이송되었다.[302] 한국으로 이송된 후 형기의 95% 이상을 복역했다는 등의 요건이 구비되어 2013년 9월 30일에 가석방되었다.[303] 일본의 외국인 수형자 및 국외 이송 통계는 다음 표와 같다. 일본으로의 국내 이송은 2004년부터 2011년까지 총 2건이었다.[304]

の問題点, 刑法雜誌(第51卷 第3号), 2012, 480－485쪽을 참조.

300) 아시아 태평양 교정국장 회의의 개요에 대해서는 다음을 참조. 鈴木義男, 第一回アジア太洋州矯正局長会議に出席して, 刑政(第91卷 第8号), 1980, 52－59쪽, 鈴木義男, アジア太洋州矯正局長会議, 刑政(第92卷 第11号), 1981, 12－20쪽.

301) '교도통신' 2004년 4월 2일자 보도기사 참조(https://www.47news.jp/smp/CN/200404/CN2004 04020 1001233.html. 2014년 7월 30일 열람).

302) '일본경제신문' 2012년 12월 15일자 보도기사 참조(https://www.nikkei.com/article/DGXN ASDG1 404O_U2A211C1CC1000/. 2014년 7월 29일 열람).

303) '동아일보' 2013년 10월 1일자 보도기사 참조(https://news.donga.com/3/all/20131001/57932 228/1. 2014년 7월 29일 열람).

304) 平成25年版犯罪白書, 제7편 제4장 제2절 4(국제수형자 이송).

[국외 이송 인원의 추이]

구분(년도)	16 년	17 년	18 년	19 년	20 년	21 년	22 년	23 년	24 년
국외 이송 인원수	7	12	16	44	48	35	15	25	21

[집행국별 국외 이송 인원(2012년)]

집행국	한국	이스라엘	영국	스페인	캐나다	미국	총수
인원	10	2	3	1	3	2	21

[국적별·외국인 수형자 내역]

총수	중국	브라질	베트남	한국, 조선	이란	필리핀	페루
671	233	68	61	49	40	29	24

나이지리아	태국	미국	멕시코	영국	기타
15	7	4	4	3	133

　　형 집행에 관한 국제 협력을 둘러싼 과제로 다음의 두 가지가 지적된다.[305] 첫째, 형법 제5조(외국판결의 효력)는 '외국에서 확정재판을 받은 자라도 동일한 행위에 대해 다시 처벌하는 것을 방해하지 않는다. 단, 범인이 이미 외국에서 선고된 형의 전부 또는 일부가 집행된 때에는 형의 집행을 경감 또는 면제한다'고 규정하지만, 국제 수형자 이송법에서는 재판국에서 일본으로 인도된 후에 소추된 '국내 이송 범죄와 관련된 사건에 대한 형에 처할 때에는 형법 제5조 단서의 규정에도 불구하고 그 형의 집행을 면제한다'며 특칙을 마련하고 있다(제41조). 즉, 이송 후에 일본에서 소추 및 선고된 해당 범죄에 대해서는 형의 집행이 이루어지지 않고, 재판국에서 복역한 기간을 제외하여 나머지 형기만 집행된다. 그러므로 외국의 형이 일본의 형보다 경미할 경우에는 일본으로의 국내 이송을 거절하고 재판국에서 형 집행의 종료 및 송환(일본으로의 귀국)을 기다려 재차 처벌하게 된다. 일본이 집행 협력에서 계속 집행 방식을 채택하는 바, 섣불리 면제하기보다 국내

---

305) ワークショップ 受刑者移送条約の問題点, 刑法雑誌(第51卷 第3号), 2012, 482−483쪽.

이송을 가능하게 하는 것이 바람직하다는 것이다. 둘째는 국제 수형자 이송법상, 자유형의 유기 상한이 30년으로 정해졌기 때문에, 외국 재판에 의해 이미 30년을 복역한 수형자는 일본으로 국내 이송이 불가능하므로 법 개정 등이 요구된다는 것이다. 외국인 수형자의 내역 및 이송 협력 인원 등은 다음 표와 같다("2013년판 범죄백서", 2012년 12월 31일 기준, 필자 편집).

제 6 절 요   약

일본의 근대적 국제형사협력에 관한 최초의 국내입법은 '도망 범죄인 인도조례'이다. 동 조례는 1886년에 체결된 '일본과 아메리카합중국 간의 범죄인 인도조약'에 따라 일본 국내 시행을 위한 절차 및 요건 등을 정한 조약 실시법이었다. 이후 인도조례는 1953년 '도망 범죄인 인도법'이 제정되면서 폐지되었고, 인도법은 1964년과 1978년 실질적인 일부 개정을 거쳐 오늘날에 이르고 있다. 또한 2차 대전 전에 범죄인 인도 이외의 국제형사협력에 관한 국내 제정법으로는 '외국재판소의 촉탁에 관한 공조법'(1905년)이 있는데, 형사사건 및 민사사건 소송과 관련된 재판소 간 공조에 대해 규정한 것이다.

도망 범죄인 인도법의 의의는, 인도 여부를 둘러싼 심사 및 결정에서 인도조례가 오로지 행정기관 관할로 정한 것에 비해 도쿄 고등재판소는 전속관할로 그 심사를 경유하게 한 것을 들 수 있다. 인도조례는 검찰관의 인정 심문 및 그 의견에 기초하여 사법대신이 그 재량으로 인도 여부를 최종적으로 결정하도록 정하고 있었으므로 재판소가 개입할 여지는 없었다. 인도법이 인도 절차에서 사법 통제의 작용을 필요로 한 배경에는 인도를 형사 소송 절차에 준하여 처리함으로써 도망 범죄인의 인권보장을 담보하는 데 있었다. 즉, 제2차 세계대전 전부터 제기되었던 '인도 절차의 사법화'가 실현되어 행정기관에 의한 재량권 남용 등을 제한함과 동시에 국제규범의 변화에도 대응할 수 있다는 의의를 갖는다. 인도 절차의 사법화는 상대국으로부터 인도 청구를 받은 때부터 최종적으로 인도를 실시할 여부에 관한 결정에 이르기까지, 그 간의 절차에서 재판소가 일정한 기능을 수행하는 것이다. 인도법에서는 인도 절차의 사법화로 ① 영장주의가 도입되어 도망 범죄인의 신병을 구속하기 위해서는 원칙적으로 재판관이 미리 발부하는 영장에 의하지 않으면 안 된다는 것, ② 법원의 심사를 요구하지 않고 분명히 인도할 수 없는 경우에 해당한 때를 제외하고, 법원이 인도 청구의 적법성 및 인도 여부의 해당성을 결정하는 것 등이 규정되었다.

일본이 지금까지 인도조약을 체결한 것은 미국과 한국의 2개국이다. 1978년 3월 3일에 조인된 '일본과 미합중국 간의 범죄인 인도에 관한 조약'은 같은 해 4월 21일 국회에서 승인되었으며 1980년 3월 26일 발효되었다. 이 조약의 발효로 1886년에 체결된 '일본 아메리카합중국 범죄인 인도조약' 및 1906년의 '추가 범죄인 인도조약'은 효력을 잃게 되었다. 미일 간에 새로운 인도조약이 체결된 배경에는 구 조약의 부표에서 정한 죄종이 전통적 범죄로 한정되어 신종 범죄에 대한 규제가 요구되었기 때문이다. 한일 간에 인도조약 체결 협상이 구체화된 것은, 1998년 당시 오부치 게이조 총리와 김대중 대통령 간에 '한일 공동 선언-21세기를 위한 새로운 한일 파트너십'이 발표되었는데, 이 선언에서 인도조약 체결을 개시할 것이 천명된 것에서 시작되었다. 그 후 2002년 4월 8일 인도조약 서명(2002년 조약 제4호)이 이루어졌으며, 같은 해 5월 29일에 국회 승인을 거쳐 6월 21일에 발효되었다.

인도재판에서 사회적 논란이 된 것은 정치범죄의 인정 여부 및 유죄 증거의 충분성을 둘러싼 사례였다. 즉, '장진해 사건'과 '유전자 스파이 사건'인데, 모두 도쿄 고등재판소가 인도 제한사유의 존재 여부 등에 대해 심사하였으며 각각 인도 가능과 인도 불가 결정이 내려졌다. '장진해 사건'의 경우 중일 간에 인도조약이 존재하지 않은 상태에서 중국으로부터 인도 청구가 있었으며(1990년 2월 22일), 도쿄 고등재판소가 정치범죄로 인정하지 않아 인도 가능하다는 결정(1990년 4월 20일) 및 법무대신이 인도가 상당하다고 인정함에 따라 신병이 중국 당국에 인도되었다. 재판에서 쌍방가벌성, 정치범 불인도원칙의 인정 여부, 인도 후 고문 또는 잔혹형 우려(자유권규약 제7조) 등이 쟁점이 되었으나 재판부는 ① 중국에서의 횡령 등 보통 범죄로 인한 형사 처벌 면탈, ② 외국에서의 경제적 이익의 추구, ③ 하이재킹 피해 규모와 죄질의 중대성이 범행 목적에 비해 훨씬 크다는 점 등을 들어 인도법이 인도 제한사유로 정한 정치범죄에 해당하지 않으며 인도 가능하다고 결정했다. 또한 '유전자 스파이 사건'에서는 미국의 연방수사국(FBI)이 의

과학 연구기관의 고발을 받아 당시 미국 내 연구소 및 대학에 근무하던 두 명의 일본 국적 연구자(芹沢宏明과 岡本卓)에 대해 경제 스파이죄 등으로 소추한 결과, 일본에 귀국한 채 출석요구에 응하지 않은 오카모토 다카시(岡本卓)에 대해 인도 청구가 이루어졌으며(2002년 3월 8일), 도쿄 고등재판소의 심사 결과 인도 불가의 결정이 났다(2004년 3월 29일). 본 사건에서 쟁점이 된 것은 인도가 청구된 범죄 혐의에 대해, 청구국 법령에 의해 그 죄책이 입증되어야 하는가, 아니면 피청구국의 법령에 의해 혐의가 인정되면 되는가의 문제였다. 법원은 미일 인도조약 제3조 및 인도법 제2조 제6호에 규정된 범죄 혐의에 대해 청구국 측에 일정한 죄책 입증을 요구하는 규정이 마련된 취지는 인권보장의 관점에서 청구국 재판에서 유죄로 인정될 가능성이 있는지 여부를 피청구국에서 심사하기 위한 것이라고 해석했다. 법원은 미일 인도조약 제3조에서 정한 '인도 청구와 관련된 범죄를 범했다고 의심할 만한 상당한 이유가 있음을 증명할 충분한 증거가 없다'며 인도 불가를 결정하였다.

    도망 범죄인 인도 이외의 국제형사협력에서 수형자 이송은 형벌의 재판국과 집행국 간의 형사협력이며, 국내 이송을 받는 국가(집행국)의 집행 방식에는 형의 집행 계속(continued enforcement)과 형의 전환(conversion of sentence)이 있다. 전환 방식이란 재판국에서 확정된 형에 대해 집행국의 형사법령이 정하는 절차를 적용하여 그 결과 개정된 형을 집행하는 것을 말하며, 계속 방식이란 원칙적으로 재판국에서 선고한 형이 그대로 적용된다. 일본은 계속 방식을 취하고 있으며, 재판국의 확정판결 집행을 공조하는 것이다. 집행방법은 형법에 따라 징역형과 금고형으로 나뉘며, 외국형이 징역일 경우에는 형사시설에서 소정의 작업이 이루어진다(수형자 이송법 제16조 제1항). 또한 형기 요건에 대해서는 외국형이 무기인 경우에는 무기, 유기인 경우에는 일본 형법상의 유기형 상한인 30년의 범위 내에서 집행된다(동법 제17조). 일본의 조약 체결은 'CE조약'에 2003년 가입(같은 해 발효)함으로써 60여 체결국과 이송 공조가 가능해졌다. 또한 태국과 '형을 선고받은 자의 이송 및 형 집행에 대한 협력에 관한 조약'이 이미 발효되었으며(2010년 8월 28일), 브라질과 '형을 선고받은 자의 이송에 관한 조약'에 서명을 마친 상태이며(2014년 1월 24일), 이란과 조약 조문에 대해 실질적인 합의가 이루어졌다고 보도되었다.

그 밖에 한일 인도조약에 근거하여 벌금 미납으로 노역장 유치에 처해진 도망 범죄인에 대하여 한국이 일본에게 인도 청구한 사안이 있었다. 한국에서 징역 3년(집행유예 5년) 및 벌금 50억원의 판결이 확정되어 벌금 미납으로 일본으로 도망한 자에 대해 일본 당국이 한국의 인도 청구에 근거하여 그 범죄인을 체포하였는데, 벌금이 완납되어 인도 청구가 철회된 사례이다. 인도 청구가 벌금 미납으로 노역장 유치로 전환된 환형처분 집행을 위해 행해진 경우, 4개월 이상의 노역장 유치가 한일 인도조약 제2조 제2항에서 규정한 '복역해야 할 나머지 형이 적어도 4개월 있을 때'에 해당하는지 여부가 쟁점이 된다. 노역장 유치와 '구금형'의 법적 성질과 관련되는 것으로, 인도조약에서 재산형 범죄를 그 대상으로 정한 경우는 차치하고(예를 들어 '중국과 남아프리카 공화국 간의 인도조약' 제2조 제6항), 노역장 유치 집행 중이라도 벌금이 완납되면 석방되는 점 등에 비추어 볼 때, 한일 인도조약 및 일본 인도법이 정한 구금형의 형기 요건과의 적부의 관점에서, 본건의 경우 체포의 법적 근거는 부족하다고 하겠다.

제 **4** 장

●

중국에서의 도망 범죄인 인도

한중일 3국 등 동아시아 국제형사협력

제 4 장

●

중국에서의 도망 범죄인 인도

제1절 도망 범죄의 현황과 형법의 적용 범위

1. 도망 범죄 및 국제형사협력 현황

중국의 부패범죄에 대한 국제적인 대응은 주로 '유엔 반부패 협약'(UnitedNations Convention against Corruption) 제4장에 기초한 국제 협력,[306] 아시아 태평양 경제 협력(Asia Pacific Economic Cooperation: APEC)의 반부패 협력 및 도망 범죄인 인도 조약 등의 양자협력 등 세 가지 법적 프레임워크 안에서 진행되고 있다. 특히, 도망 범죄인 인도를 둘러싼 국제 협력에 본격적으로 나서게 된 것은 2003년 10월 31일에 유엔 총회에서 채택된 국제 반부패 협약에 가입한 것이 계기가 되었다고 한다.[307] 중국은 동 조약의 서명 등을 거쳐 2006년 2월 12일에 발효하였으며, 유엔 반부패 협약의 실시를 위해 국내 중앙기관으로 최고인민검찰원을 지정했다.[308] 최고인민검찰원은 이러한 법적 근거를 바탕으로 중앙 및 지방의 각 정부

---

306) 유엔반부패협약은 2003년 10월 31일 유엔 총회에서 채택, 2005년 12월 14일 발효되었다. 본 조약 제4장은 국제 협력에 대해 도망 범죄인 인도(제44조), 수형자 이송(제45조), 법률상의 원조(제46조), 형사 절차의 이관(제47조), 법 집행의 협력(제48조), 공동 수사(제49조), 특별한 수사 방법(제50조) 등을 규정한다. 2014년 11월 기준 협약에 가입한 국가가 170여 개국이다. UN 조약집 참조(https://treaties.un.org/Pages/ViewDetails.aspx?mtdsg_no=XVIII-14&chapter=18&lang=en. 2014년 11월 9일 열람).

307) 趙秉志, 中国における反腐敗刑事法分野の国際協力, 比較刑事法研究(第13卷 第2号), 2011, 770쪽.

308) 유엔반부패협약의 제46조(법률상의 상호원조) 제13항은 수사, 소추 및 사법절차에서 최대한의 법률상 원조를 상호 부여하기 위하여 각국이 중앙당국을 지정하도록 정한다. 또한, 동 조약의 취지를 형법에 반영한 것으로 2011년 5월 1일에 시행된 형법 개정안(8)에서 제29조 제2항 내

공무원과 정치인 등의 부패범죄 수사 및 소추 등의 활동을 전개하면서, 대외적으로는 각국 수사당국 등과의 국제 협력에 관한 양해각서 등을 체결하였다.

중국에서 뇌물수수 등 부패 범죄자의 해외 도피가 본격적으로 시작된 것은 1980년대 후반이라고 한다. 개혁개방정책이 본격적으로 실시된 1980년대부터 2010년경까지 약 30년간, 해외 도피한 부패 사범은 약 4천명, 그 피해액은 약 500억 달러에 이른다고 한다.309) 2008년 이후 730명 이상의 부패범죄와 연관된 도망 범죄인이 54개 이상의 국가와 지역에서 범죄인 인도 등 국제 협력을 통해 중국으로 송환되고 체포되었다.310) 또한 최고인민검찰원에 따르면 2013년에는 762명의 뇌물 사범이 국내로 송환되어 총 100억 위안이 넘는 금액이 몰수됐다. 국무원 공안부 경제범죄수사국에 따르면 이들 도망 범죄인의 자금 해외 유출은 중국에 막대한 경제적 손실을 입혔다고 한다. 중국 당국은 공산당311) 제17차 전국인민대표대회(전국인민대표대회)312)가 열린 2007년을 기점으로 부패범죄 등의 규제에 본격적으로 대응하고 있다.313) 국내에서는 부패범죄 단속을 강화하면서,

---

지 제3항에서 외국 공무원 및 공적 국제기구의 직원과 관련된 뇌물 수수 등의 범죄를 신설한 것을 들 수 있다.

309) 趙秉志, 中国における反腐敗刑事法分野の国際協力, 比較刑事法研究(第13巻 第2号), 2011, 767쪽.

310) 중국 영자지 'China Daily' 2014년 7월 24일자 보도기사 참조. 또한 2010년 한 해 동안 중앙정법위원회 등 규율감찰기관은 146,517명의 공산당원 및 공무원에 대해 부패행위 등을 이유로 규율위반 처분을 내렸다. 趙秉志, 中国における反腐敗刑事法分野の国際協力, 比較刑事法研究(第13巻 第2号), 2011, 766－767쪽. 또한 국제투명성기구(Transparency International)의 조사에 따르면 2013년 부패인식지수(Corruption Perception Index) 순위에서 중국은 80위이다(일본은 18위, 한국 46위). (https://www.transparency.org/cpi2013/results#myAnchor1. 2014년 10월 30일 열람).

311) 중국에서 공산당은 인민의 정치적 의사가 대표된다는 점에서 인민민주주의의 정통성 원리를 표방한다. 당은 인민의 헌법제정 권력을 대표하고 대행하는 권한을 가짐으로써 '헌법에 의해 만들어진 힘'인 국가행정을 지도할 정통성을 획득했다고 할 수 있으며, 그 근거의 원점은 국공내전이라는 무장투쟁 끝에 쟁취한 혁명의 성공에 있다고 할 수 있다. 西村成雄·国分良成, 党と国家, 岩波書店, 2009, 208쪽. 인민민주주의 이념은 헌법에서 '인민민주독재'로 표현되고 입법·행정·사법의 국가권력이 전국인민대표대회(전인대)에 집중되는 민주집중제를 취한다(헌법 제3조 및 제57조). 예를 들어 '노동자 계급이 영도하고, 노농동맹을 기초로 하는 인민민주독재의 사회주의 국가'이며(제1조 제1항), '어떤 조직 또는 개인이라도 사회주의 제도를 파괴하는 것을 금한다'고 규정한다. 사법관계에서는 전인대에 따라 최고인민법원장 및 최고인민검찰원장이 선출되며(헌법 제62조), 양 기관의 각 직무 수행에 대해 감독된다(헌법 제67조) 등이다.

312) 전국인민대표대회는 최고권력기관으로 대표의 임기는 5년이며(헌법 제60조 제1항), 정수는 3,000명을 상한으로 하며(전국인민대표대회 및 지방각급인민대표대회 선거법 제15조 제2항), 상설기관으로 상무위원회가 설치된다. 대표대회는 연1회 개최되며(헌법 제61조 제1항), 전문위원회로서 민족·법률·재정경제·외사·내무사법 등의 각 위원회가 설치된다(헌법 제70조).

313) 중국 신문 '인민일보(일본어판)' 2012년 11월 6일자 보도기사 참조(https://j.people.com.cn/

해외도피자에 대해서는 외국과의 국제형사협력을 통해 신병확보에 힘쓰고 있다. 검찰원 등 당국에 따르면, 2007년부터 2012년까지 해외로 도망한 부패 범죄자 76 명 및 부패 범죄자 500여 명을 외국에서 넘겨받는 등 신병을 구속하여 처벌했다 고 한다. 예를 들어 '원동순 사건', '여진동 사건',314) '뢰창성 사건'315) 등과 같이 일본이나 한국 등 주변국뿐 아니라 구미 각국에 흩어져 있는 해외 도피자 검거에 도 힘을 쏟고 있다. 또한 중국 당국은 부패범죄자의 해외 도피를 방지하기 위해 정부기관 및 국영기업 등 지도급 간부에 대한 규율을 강화하는 대책을 강구하고 있다. 그 대책으로 '지도 간부의 개인 관련 사항 보고에 관한 규정' 또는 '배우자 및 자녀가 국외에 이미 이주한 국가공무원의 관리 강화에 관한 잠정 규정' 등의 방침이 발표되었다. 특히 여권 발급 절차의 심사강화를 통해 위조서류 적발 등의 단속뿐만 아니라 해외 도피의 사전방지를 기하고 있다.316)

94474/8007317.html. 2014년 5월 30일 열람). 중국 형법에서는 부정범죄로서 '뇌물수수죄' 등 이 규정되어 있다. 뇌물죄의 주요 구성 요건은 ① 직무상 편의를 이용해 타인의 재물을 요구하 거나 타인의 재물을 불법으로 수수해 타인을 위해 이익을 도모했을 때, ② 경제활동에서 국가 규정을 위반해 각종 명의의 리베이트 또는 수수료를 수수해 개인 소유로 돌아갔을 때 등이다. 뇌물수수죄에는 공무원 뇌물수수죄(형법 제385조)와 비공무원 뇌물수수죄(형법 제163조)의 두 종류가 있다. 뇌물수수죄의 행위 주체로서 국가 공무원이란, 정부 기관에 종사하는 자를 비 롯하여 국영기업·사업체·사회단체 등에서 공무에 종사하는 자, 이러한 단위에서 비국영기 업·사업체·사회단체 등에 파견되어 공무에 종사하는 자, 그 외의 법률에서 공무에 종사하는 자 등이 포함된다. 또한 형법 제163조에서 규정하는 뇌물죄의 주체란 기업 또는 기타 단위의 직원으로, 뇌물죄 주체의 구성요건이 폭넓게 규정된다. 佐伯仁志·金光旭 編著, 日中経済刑法 の比較研究, 成文堂, 2011, 221쪽.

314) '여진동(余振東) 사건'이란 중국은행 광둥성 카이핑시 지점의 전 지점장 여 모씨 및 그 후임 지점장 2명이 거액의 은행자금을 훔친 후 돈세탁 등을 거쳐 캐나다 등의 금융계좌에 입금한 뒤 미국 등으로 도피한 사건을 말한다. 2001년 10월 이 지점에 대한 회계검사에서 미화 4억 8천만달러 가량의 손실이 발생했으나, 이미 위 씨 등은 해외도피한 상태였다. 이 사건에서 미 중 간에 형사 공조가 이루어져, 위씨는 2002년 12월 미 수사당국에 체포돼 이듬해 중국으로 송환됐으며, 나머지 2명은 2004년 미국에서 각각 체포, 사기 및 돈세탁 등의 혐의로 20여 년의 자유형을 선고받았다. 黄風, 国外逃亡犯罪の捜査問題の研究, 国際刑事司法合作：研究文献, 中国政法大学出版社, 2009, 12－14쪽.

315) '뢰창성(賴昌星) 사건'이란, 샤먼 시에 소재하는 기업가 뢰 씨가, 거액의 밀수 및 뇌물 공여 등 의 죄를 추궁받아 1999년에 캐나다로 도망갔다가, 중국과 캐나다 간의 형사 공조조약(1994년 체결) 등의 국제 협력에 의해 2011년 7월 23일에 중국으로 송환된 사건이다.

316) 중국의 부정범죄자 해외도피에는 다음과 같은 특징이 있다고 지적하고, 이에 상응하는 방지책 이 강구되어야 한다고 말한다. ① 간부급이 많다. 과거의 해외도피 사례에서는 일반직원이 다 수였지만, 최근 국영기업의 이사, 각 성 등 지방정부의 관리 및 소속기업의 간부, 금융기관의 간부 등의 사례가 증가하고 있다. ② 장기간에 걸쳐 도피를 준비하는 등 매우 계획적이다. 예 를 들어, 가족을 먼저 국외로 내보내 현지 거점을 확보하거나 영주권을 얻는 등 귀국하지 않고 현지에서 안정적인 생활을 한다. ③ 중국과 범죄인 인도조약이 체결되지 않은 국가를 도피처 로 선택한다. ④ 자금 유출이 수반되며 그 금액이 크다. ⑤ 본인의 신분을 숨기고 여권을 발급

중국의 국내 입법에서 국제형사협력에 대한 언급이 최초로 등장한 것은 1996년에 개정된 형사소송법이었다.[317] 동법 제17조는 '중화인민공화국이 체결 혹은 가입한 국제협약에 따라 또는 호혜 원칙에 비추어 우리나라 사법기관과 외국의 사법기관은 상호 형사사법협력을 청구할 수 있다'고 규정하였다. 이후 2000년 12월 도망 범죄인 인도에 관한 법률로 '인도법'이 시행되었으며, 2023년 현재에 이른다. 인도법 외에 국내 입법으로 수사 공조 또는 수형자 이송의 국제 협력에 대해 그 요건과 절차 등을 규정하는 것은 아직 존재하지 않는다.[318] 중국의 국제형사협력에서 국내 입법보다 앞서 법 규범이 된 것은 외국과 체결한 조약이었다. 1987년에 폴란드와 체결한 '민사 및 형사사법 공조조약', 1993년에 태국과 체결한 범죄인 인도조약 등이다. 중국이 2013년 기준 국제형사협력을 체결한 양자 조약은 인도조약 35건, 형사 공조 관련 조약 50건, 수형자 이송조약 9건 등이다.[319] 다만 국내 입법 인도법이 시행되기 전에도 정부 내부문서로 국제형사협력의 길잡이 역할을 했던 규정이 이미 만들어져 있었다. 그것은 1992년에 공표된 '인도 안건의 약간의 문제에 관한 처리규정'이라는 것으로, 범죄인 인도에 관한 국제 협력에 있어서 그 기본적 요건 및 정부 조직간 직무분담 등에 대해 규정한

받는다. ⑥ 홍콩 또는 마카오를 경유해 해외도피를 한다. 陳雷, 論健全防范腐敗分子外逃工作机制, 國際刑事司法合作 : 研究文献, 中國政法大學出版社, 2009, 42－57쪽.

317) 형사소송법도 형법과 마찬가지로 1980년 1월 1일 시행 이전까지는 법전이 없고 사법부와 최고 검찰원 등의 내부 문서가 지침이었다. 현행 형소법은 2009년 전면적인 개정이 이루어져 2012년 3월 14일 시행된 것이다. 木間正道·鈴木賢·高見澤磨·宇田川幸則, 現代中國法入門(第6版), 有斐閣, 2012, 293－295쪽. 또한 본 장에서 이용되는 중국 법령의 출처는 별기가 없는 한, 國家司法考試補導用書編集委員会, 2013年国家司法考試法律法規滙編, 中國政法大學出版社, 2013에 근거한다.

318) 중국의 국제형사협력에 관한 연구에 대해 비교적 체계적이고 최신의 성과가 집약되어 있으며, 열람할 수 있는 베이징사범대학 형사법률과학연구원 홈페이지(https://baike.baidu.com/item/%E5%8C%97%E4%BA%AC%E5%B8%88%E8%8C%83%E5%A4%A7%E5%AD%A6%E5%88%91%E4%BA%8B%E6%B3%95%E5%BE%8B%E7%A7%91%E5%AD%A6%E7%A0%94%E7%A9%B6%E9%99%A2/7688076?fr=ge_ala. 2023년 10월 26일 열람)를 들 수 있다. 당 사이트에서는 국제 범죄의 경향, 범죄인 인도 등의 국제형사협력, 중국 내지와 특별행정구(홍콩 및 마카오)와의 형사협력, 외국법 동향 등의 연구자료가 실려 있다. 간행된 논문집으로는 黃風·趙林娜 編著, 際刑事司法合作研究文献, 中國政法大學出版社, 2009를 주목할 만하다. 이 책은 연구자를 비롯해 사법부 및 검찰원 등에서 근무하는 실무자들에 의해 저술되었으며, 범죄인 인도, 형사사법 및 수형자 이송 등의 내용이 각 분야별로 편집되어 있다. 또한 국제형사법의 이론서로 趙秉志 編著, 國際區際刑法問題探索, 法律出版社, 2003이 있으며, 이 책은 국가사회과학 이론서로 지정된 것이다.

319) 본서의 부록 '중국의 국제형사협력 조약'을 참조.

것이다. 이처럼 국제형사협력에 관한 국내 입법이 충분히 정비되지 않았으나, 2000년대 후반부터 이른바 '국제형사협력법'의 입법 필요성이 제기되어 국제형사협력 연구자를 중심으로 그 시안이 만들어지기 시작했다.[320] 가칭 '국제형사협력법'에는 범죄인 인도를 제외하고 형사(수사) 공조, 수형자 이송 및 형사 소추 이관 등이 망라되어 있어 정부 관계기관이 본격적으로 검토하고 있다고 한다.

2. 형법의 적용 범위

(1) 형사 관할권

현행 형법에서는[321] 형사 관할권의 적용 범위에 대해 제6조부터 제12조에 걸쳐 규정하며 속지주의에 따른 적용을 우선시하면서 속인주의, 보호주의 및 보편주의 등이 채택되고 있으며, 그 개요는 다음과 같다. ① 속지주의 규정이다. 형사 관할권에 대해, 형법 제6조는 제1항 '이 법률은 법률에 특별한 규정이 있는 경우를 제외하고 중화인민공화국의 영역 내에서 죄를 범한 모든 자에게 적용한다', 제2항 '중화인민공화국의 선박 또는 항공기 내에서 죄를 범한 자에 대해서도 이 법률을 적용한다', 제3항 '범죄 행위 또는 결과 중 하나가 중화인민공화국의 영역 내에서 발생한 때에는 중화인민공화국의 영역 내에서의 범죄로 본다'고 각각 규정한다. 제1항의 '중화인민공화국의 영역'은 국경선 이내의 육지 및 그 지하층, 1958년 9월 4일 선포한 '중화인민공화국의 영해폭 12해리'의 해역, 영공, 중국에 등록된 선박 및 항공기 및 재외 공관 등이 해당된다. 또한 제1항의 '법률에 특별한 규정'에 대해서는 형법의 효력에 관한 원칙적 및 총칙적 규정이라고 하였고, 동 항에서 말하는 '이 법률'이란 형법뿐만 아니라 기타 형벌 법규를 포함하는 것으로 해석된다.[322] 형사 관

할권 적용의 속지주의의 예외로는, 외교 특권 및 면제를 누리는 외국인, 외국공관 등을 들 수 있으며, 국내 입법 및 조약 등에 규정되어 있다. 예를 들어, 형법 제11조에는 '외교특권 및 면제를 누리는 외국인의 형사책임은 외교 경로를 통해 해결한다'고 명기되어 있다. 또한 외교 특권 등에 대해서는 1986년 9월 5일, 전인대 상무위원회에서 통과된 '중화인민공화국의 외교 특권 및 면제에 관한 조례', 중국이 가입한 다자간 조약인 '외교 관계에 관한 빈조약'(1975년 가입) 및 '영사 관계에 관한 빈조약'(1979년 가입) 등에 의해 규율되기도 한다. ② 속인주의 규정이다. 형법 제7조는 형사 관할로 속인주의를 규정한다. 제7조 제1항에서 '중국 국민이 중국 영역 밖에서 이 법률이 정하는 죄를 범한 경우에는 이 법률을 적용한다. 단, 그 범죄가 이 법률 규정에 의해 장기 3년 이하의 유기 징역에 해당할 때에는 이를 추궁하지 않을 수 있다'고 하고, 제2항에서 '중국의 공무원과 군인이 중국 영역 밖에서 이 법률이 정하는 죄를 범했을 때에는 본 법을 적용한다'고 규정한다. 국민의 국외범에 대해 법정형이 3년을 넘는 죄를 범했을 경우 자국 내에서 처벌할 수 있다. 이 조항은 중국이 외국과의 인도 협력에서 자국민을 인도하지 않을 경우 그 국민을 처벌할 수 있는 근거가 된다. ③ 보호주의의 규정이다. 형법 제8조는 '외국인이 중국 영역 밖에서 중국 또는 중국 국민을 상대로 죄를 범하고 그 범죄가 이 법률 규정에 따라 단기 3년 이상의 유기징역에 해당하는 경우에는 이 법률을 적용할 수 있다. 단, 범죄지의 법률에 의해 처벌받지 않는 경우에는 그러하지 아니하다'고 하여 보호주의에 근거한 관할권을 규정한다. ④ 보편주의의 규정이다. 형법 제9조는 '중국이 체결하거나 또는 가입한 국제조약이 정한 범죄에 대해 중국이 그 조약상 의무를 지는 범위 내에서 형사 관할권을 행사할 때에는 이 법을 적용한다'고 규정한다.

그 밖에 외국 판결의 효력에 대해 형법 제10조는 '중국 영역 밖의 범죄로 인해 이 법률상의 형사책임을 질 자는 외국에서 재판을 받았더라도 여전히 이 법률에 따라 형사책임을 추궁할 수 있다. 단, 외국에서 이미 형벌을 받은 자는 그 형을 면제 또는 경감할 수 있다'고 규정한다.

(2) 홍콩, 마카오 및 대만과 형사 관할권

중국의 현행 형법은 홍콩, 마카오 및 대만에는 적용되지 않는 것으로 해석된다.323) 중국은 1997년 7월 1일, 홍콩에 대한 주권 회복을 달성하였고 이 지역을 '특별 행정구'로 선언하였다. 마카오를 포함한 특별 행정구에는 고도의 자치가 주어져, 이른바 '일국양제' 체제가 되었다. 같은 날 시행된 '홍콩 특별행정구 기본법' 제2조는 '전국인민대표대회로부터 수권을 받은 홍콩 특별행정구는 이 법률 규정에 따라 고도의 자치를 실시하고 행정관리권, 입법권, 독립적 사법권 및 종심권을 누린다'고 규정한다. 홍콩에는 특별행정구 이외의 영역과는 별도로 독립적 사법 체계가 작용되므로, 형법 제6조 제1항에서 말하는 '이 법률'의 적용은 홍콩에 대해 그 효력이 없다. 또한 마카오도 1999년 12월 20일 중국에 반환됨과 동시에 '마카오 특별행정구 기본법'이 시행되어, 홍콩과 마찬가지로 고도 자치권이 보장되었기 때문에 중국 형법의 적용은 효력을 갖지 못한다. 대만에 대해서는 내지와 통합된 후에 '일국양제'의 원칙에 따라 입법 및 사법 등에서 독립이 보장되는 바, 실질적으로 중국 형법은 효력이 없는 것으로 해석된다. 다만 홍콩 또는 마카오 시민이 중국의 영역 밖에서 중국의 국가 안전에 위해를 끼치는 범죄 등에 대해 중국 형법 제8조가 정한 '보호주의 관할권'의 대상이 될 수 있다는 학설이 있다.324) 그 근거로 홍콩 및 마카오의 각 '특별행정구 기본법'의 각 제23조에는 선동, 반란, 외국의 정치 조직의 정치 활동 등과 같이 중국의 국가 안전에 위해를 끼치는 행위를 금지하는 법령을 제정해야 한다고 규정하고 있다.

(3) 민족 자치와 형법

형법 제90조(민족자치지방의 특례)는 '민족자치지방에서 이 법률의 규정을 적용할 수 없는 경우에는 해당 자치구 또는 성의 인민대표대회가 그 민족의 정치적, 경제적 및 문화적 특징 및 이 법률이 정하는 기본 원칙에 따라 대체 규정 또는 보충규정을 제정하고, 이를 전국인민대표대회 상무위원회에 보고하여 그 승인을 얻어 시행할 수 있다'고 규정한다. 다민족 국가인 중국325)에서는 각 민족의 정치, 경제

---

323) 謝望原 編著, 상동 저서, 29쪽. 중국에서는 대만을 '대만 지구'라고 한다.
324) 謝望原 編著, 刑法学(第二版), 北京大学出版社, 2012, 30-31쪽. 중국 형법이 국가안전위해죄 등의 범죄에 대해 예외적으로 홍콩 및 마카오에 대해서도 속인 관할권이 미친다고 해석하는 것으로 趙秉志 編著, 刑法新教程, 中国人民大学出版社, 2001, 65쪽 참조.
325) 중국의 행정구역은 ① 전국은 성, 자치구, 직할시로 나뉘고, ② 성 및 자치구는 자치주, 현, 자치현으로 나뉘며, ③ 현 및 자치현은 향, 민족향, 진으로 나뉜다(헌법 제30조). 성은 22개, 자치구는 네이멍구, 신장위구르, 광시좡족, 닝샤회족, 티베트 등 5개가 있다. 현급 이상의 인민

및 문화 등 각 방면에서 그 발전에 불균형이 있고 역사전통, 풍습, 종교 등이 매우 다르기 때문에 각 지자체에 이러한 소수 민족의 특수한 사정에 부합하는 대체 규정 및 보충 규정을 제정할 수 있는 권한을 부여한 것이다.[326] 다만, 민족자치의 특례가 행해지는 경우라도 그 특례 규정은 형법의 기본원칙 준수가 전제가 된다.

제 2 절 '인도법'과 도망 범죄인 인도조약

1. '인도법'의 입법 경위[327]

(1) 입법 경위

중국에서는 도망 범죄인 인도를 법령상 '인도'라고 한다. 일본의 도망 범죄인 인도법에 해당하는 법률이 '인도법'(한국에서는 범죄인 인도라고 한다)인데, 국제형사

대표대회에는 상무위원회가 설치되어(헌법 제96조 제2항), 그 중요한 직권으로 지방성 법규 제정권이 있다. 지방성 법규는 '헌법, 법률, 행정법규에 저촉되지 않는다는 전제하에' 제정 가능하도록 한다(헌법 제100조). 또한 중국은 한민족 외에 55개 소수민족으로 이루어진 다민족으로 구성되어 있는데, 소수민족에게는 행정자치 외에 입법권, 선거권 등이 주어지는 등 법령상 우대조치가 정해져 있다. 木間正道·鈴木賢·高見澤磨·宇田川幸則, 現代中國法入門(第6版), 有斐閣, 2012, 78−79쪽.

326) 謝望原 編著, 刑法学(第二版), 北京大学出版社, 2012, 29−30쪽.

327) 중국의 법규범 체계는 헌법을 정점으로 기본적인 법률, 기타 법률, 행정법규, 지방성 법규, 자치조례·단행조례, 행정규칙 등으로 구성되며, 최종적으로는 전국인민대표대회(전인대) 또는 그 상무위원회에 의해 확정된다. 법 규범의 주요 체계는 다음과 같다. ① 법률~전인대가 제정하는 형사, 민사, 국가기구 등에 관련된 기본적인 법률과 동 상무위원회가 제정하는 기타 법률이 있다. ② 행정법규~국무원이 헌법 및 법률에 따라 제정한다. 법률의 세칙이나 행정 관리권의 발동에 필요한 범위에서 구체적인 규정을 두는 것으로(‘입법법’ 제56조), 재판의 근거가 될수 있다. ③ 지방성 법규~성급의 인민대표대회 및 그 상무위원회가 지방의 실정에 근거해 제정한다. 광둥성 등 경제특별구가 속한 성·시의 인민대표대회 및 그 상무위원회에는 경제특별구에 관한 법규 제정권이 수여되고 있다. ④ 소수민족 자치지방의 입법~자치구, 자치주 및 자치현은 해당 지방의 기본법으로서의 자치조례와 개별 분야와 관련된 단행조례를 제정할 수 있다. 다만 자치구 조례는 전인대 상무위원회의 비준을, 자치주와 현은 성급 인민대업대회 상무위원회의 비준을 필요로 한다. ⑤ 행정규칙~국무원 소속의 부나 위원회 등이 법률, 국무원의 행정법규·결정·명령에 따라 해당 부문의 권한 내에서 제정한다. 규칙 중에는 국무원의 비준을 받고 있는 것이 있는데, 이 경우는 행정법규에 준하여 다른 부문에도 구속력이 미친다. 성및 자치구 인민정부, 국무원 지정을 받은 대도시 인민정부도 지방적인 행정규칙을 제정할 수있다. 기타 법 규범으로는 판례, 최고인민법원 및 최고인민검찰원이 발표하는 '사법해석' 등이있다. 木間正道·鈴木賢·高見澤磨·宇田川幸則, 現代中國法入門(第6版), 有斐閣, 2012, 101−105쪽.

협력의 의미로 '인도'가 법령에서 최초로 등장한 것은 '마약 금지에 관한 전국인민대표대회 상무위원회의 결정' 제13조 제2항이다. 이 결정은 1990년에 제정되었는데, 이 조항은 '외국인이 중국 영역 밖에서 전항(제조, 판매, 운반 등: 필자 부기)의 죄를 범한 후 우리나라 영역에 진입한 경우, 우리나라 사법기관은 관할권을 가지며, 우리나라가 가입한 국제 조약에 기초한 인도 이외에 대해서는 본 결정을 적용한다'고 규정되어 있다.328) 중국에서는 도망 범죄인 인도에 대해 국내 입법이 정비되기 전, 태국과 도망 범죄인 인도조약이 체결되는 등 여러 국가와 국제 형사협조에 관한 조약이 체결되어 있었다. 중국은 1993년 태국과 인도조약을 체결한 이래 '인도법'이 제정된 2000년까지 11개국과 인도조약을 체결하였다. 양자 간 조약 체결 외에 '인도할지 소추할지'의 선택 조항이 마련된 '항공기 불법탈취 방지조약' 등 다자간 조약에도 가입했다.

인도 협력에서 인도조약 체결이 인도법보다 앞서고 국내 입법의 기반이 늦어진 사정을 감안하여 중국 당국은, 범죄인 인도에 관한 국내법상 근거를 확보하기 위해 외무성을 중심으로 1994년부터 연구를 진행해 왔다. 제9차 전인대 상무위원회(2000년 8월 21일 개최)에서 국내법으로서의 '인도법'의 입법계획을 결정하자 법제 위원회에서 동 입법 계획을 토대로 여러 나라의 인도조약 등에 대한 연구가 이루어졌다. 또한 헌법을 비롯한 형사사법 체계 안에서의 자리매김, 그간 체결된 인도조약, 여러 국가의 국내법 및 관련 조약 등에 대한 검토를 거쳐 인도법 초안이 마련되었다. 최종적으로 외무성, 공안부, 사법부, 최고법원, 최고 검찰청 등 관계기관 및 연구자들을 통해 제안과 논의가 이뤄진 끝에 '중화인민공화국 인도법'이 제정되었다.329) 이렇게 '인도법'은 2000년 12월 28일 전국인민대표대회 제19차 회의를 통과하였고, 주석령 제42호로 같은 날 공포 및 시행되었다.

---

328) 全国人大常委会关于禁毒的决定(1990년 12월 28일에 제7차 전국인민대표대회 상무위원회 제17차 회의 통과) 전문에 대해 중국 학술정보 인프라 홈페이지 참조(https://www.cnki.net/. 2013년 5월 17일 열람).
329) 중국 '인도법'의 제정 경위는 2000년 8월 21일 제9차 전국인민대표대회 상무위원회 제17차 회의에서 당시 법제공작위원회 부주임이었던 胡康生 씨가 '중화인민공화국 인도법(초안)에 관한 설명'이라며 경위 개요를 언급하고 있다. 全国人民代表大会常務委員会法制工作委員会編, 中華人民共和国引渡法釈義, 法律出版社, 2001, 117쪽. 법제공작위원회란 전인대 상무위원회의 사무기구로 법안 기초 등 상무위원회의 입법 활동을 지원하는 조직이다.

(2) '인도법' 이전의 지침: '인도 안건의 약간의 문제에 관한 처리 규정'

정부의 부처 내에는 인도법이 제정되기 전에도 인도조약 체결 및 외국과의 인도 협력 실무와 관련하여 그 요건과 절차, 정부 행정기관, 법원 및 검찰원 등의 직무 분담 등에 대한 지침이 이미 작성되어 있었다. 1992년에 공표된 '인도 안건의 약간의 문제에 관한 처리 규정'[330]이 그것이다(이하 '인도처리규정'이라 한다). 인도 처리 규정은 1992년 4월 23일 외교부, 최고법원, 최고검찰원, 공안부 및 사법부 등 5개 기관 공동 명의로 공개되었으며, 중앙 행정기관, 지방정부 및 재외 공관 등에 하달됐다. 동 문서 전문에는 각 성, 자치구, 직할시, 고급법원, 검찰원, 공안청, 사법청, 재외공관 등에 하달될 것이 명기되었다. 인도 처리 규정은 국무원 법규 문서로,[331] 인도법이 제정되는 2000년까지의 기간 동안 인도에 관한 국제형사협력의 길잡이가 되었다.[332] 동 규정의 구성은 제1장 '총칙', 제2장 '외국으로부터의 인도 청구의 처리', 제1절 '인도 요건', 제2절 '인도 절차', 제3절 '기타 규정', 제3장 '외국에 대한 인도 청구' 및 제4장 '부칙' 등 총 27개 조항으로 이루어진다. 인도 제한사유에 대해서는 절대적 인도 거절사유로 정치범죄, 군사범죄, 자국민 등이 규정되어 있으며(제8조), 임의적 인도 거절사유로 중국이 인도 청구 범죄에 대해 형사 관할권을 가진 경우, 공소시효의 완성, 해당 범죄인의 건강 등의 사정 등이 규정되어 있다(제9조).

---

330) 규정 전문은 다음 홈페이지에서 볼 수 있다(https://baike.baidu.com/item/%E5%A4%96%E4%BA%A4%E9%83%A8%E3%80%81%E6%9C%80%E9%AB%98%E4%BA%BA%E6%B0%91%E6%B3%95%E9%99%A2%E3%80%81%E6%9C%80%E9%AB%98%E4%BA%BA%E6%B0%91%E6%A3%80%E5%AF%9F%E9%99%A2%E3%80%81%E5%85%AC%E5%AE%89%E9%83%A8%E3%80%81%E5%9B%BD%E5%AE%B6%E5%AE%89%E5%85%A8%E9%83%A8%E3%80%81%E5%8F%B8%E6%B3%95%E9%83%A8%E5%85%B3%E4%BA%8E%E5%A4%84%E7%90%86%E6%B6%89%E5%A4%96%E6%A1%88%E4%BB%B6%E8%8B%A5%E5%B9%B2%E9%97%AE%E9%A2%98%E7%9A%84%E8%A7%84%E5%AE%9A/18570716?fromModule＝search－result_lemma－recommend. 2023년 10월 26일 열람).

331) 국무원은 헌법상 최고행정기관이다. 즉 '국무원, 즉 중앙인민정부는 최고국가권력기관의 집행기관이며 최고국가행정기관이다'(제85조). 총리 이하, 부총리, 국무위원, 각 부의 장 및 각 위원회의 주임, 회계검사장, 비서장으로 구성된다(제86조). 국무원의 직권은 다방면에 있지만, 민사나 행정에 관한 중요한 법규·세칙, 행정법규의 제정권을 가진다(제89조).

332) 도망 범죄인 인도에 관한 중국 최초의 법 규범으로 1978년 11월 14일, '항공기 내에서 이루어진 범죄, 기타 행위에 관한 조약'(도쿄조약, 1969년 12월 4일 발효)에 가입한 것을 들 수 있다. 陳雷, 論我国的引渡立法与引渡実践, 法治研究(제8号), 2012, 98쪽.

인도 처리 규정은 제정 취지에 대해 전문에 다음과 같이 기술하고 있다. '중국이 대외적으로 개방정책을 적극적으로 실시함에 따라 국제정치, 경제, 문화 등 각 방면에서의 교류와 인적 왕래가 점차 증가하고 있다. 중국 내 일부 범죄는 국제성을 띄게 되었다. 혹자는 국내에서 범죄를 범한 후 국외로 도망하거나, 그중 일부는 거액의 범죄 수익금을 반출하거나, 그 밖에 국외에서 범죄를 범한 후 중국에 잠입하기도 한다. 동시에 마약 판매, 항공기 납치(하이재킹), 테러 등도 수시로 일어나고 있다. 이러한 범죄 활동은 중국의 정치, 경제 및 사회 질서 등에 중대한 위해를 끼칠 뿐만 아니라 국제 사회의 안정에도 큰 영향을 미친다. 이러한 범죄 활동에 대해 유효한 규제를 실시하기 위해 국가 간 형사사법협력을 강화함과 동시에, 특히 도망 범죄인 인도에 대해 협력해야 한다. 향후 중국이 대외적으로 인도 협력을 실시하고 인도조약을 체결함에 있어서 그 기초와 근거를 제공하기 위해 국내 사법제도와 실무 상황을 감안하여 관련 국제 조약, 국제 관행 및 여러 나라의 입법 경험을 참고하여 본 규정을 제정하였다'고 하였다. 즉, 개방 정책의 실시와 그 진전에 따라 국제 범죄가 빈발하거나 심각해지고 있는데, 이는 국내 안녕 질서 및 국제 안정에 위협이 된다는 인식을 제시한다. 따라서 도망 범죄인 인도 등 국제형사협력을 강화 및 확대하기 위해 그 법적 근거와 지침이 되기 위해 작성된 것으로 해석된다.

인도 처리 규정은 주로 중국이 인도 피청구국이 되었을 경우에 어떤 조치를 취해야 하는지를 규정하고 있는데, 그 요지로 다음 사항들을 들 수 있다. ① 인도 안건 처리에 임하기 위해 담당 기관이 지정되었다. 인도 협력 실무에 대해 중국이 청구국 또는 피청구국이 되었을 경우, 상대국과의 협상 창구, 심사 절차에서 관련 기관의 각 역할 등에 대해 그 직무가 할당되었다. ② 인도 재판에 대해서는 규정이 없고 인도 청구서 및 관련 자료의 심사는 최고법원, 최고검찰원, 공안 기관 등이 하도록 되어 있다. ③ 인도 안건의 심사에서 '주관기관333)에 의한 합동심사제'(主管机关会审制)가 채택되었다. 즉, 외교부, 최고법원, 최고검찰원, 공안부 및 사법부 등 주관기관은 외국으로부터 인도가 청구되었을 경우 청구 대응 및 인도 여부 등에 대해 각각 의견을 제시하여야 한다. 한 기관이라도 부정적 견해가 제시될 경

---

333) '주관기관'이란 인도안건처리규정에 있어서 '외교부, 최고법원, 최고검찰원, 공안부 및 사법부'를 말한다(규정 제3조 제3호).

우 인도 청구에 응하지 않거나 인도를 하지 않는, 이른바 '거절권 행사' 시스템이 취해졌었다. ④ 인도를 요구받는 자에 대한 구속 등 강제 조치에 대해 규정하였다. 인도 협력시의 도망 범죄인 구속 등의 절차는 형사 소송법이 준용된다고 하며, 해당 범죄인에 대해 강제조치가 취해진 경우 국적국 영사관의 접견권을 인정하는 등의 내용이 규정되어 있다. ⑤ 사형 불인도와 관련하여 구체적인 인도 협력 사안에 대해 사형판결을 하지 않거나 집행을 하지 않는 것에 대해 보증할 수 있다는 취지의 양해를 하고 있다. ⑥ 인도 청구가 조약에 근거하여 행해진 경우, 국내법과의 적용 관계에서 그 조약 규정이 국내법보다 우선적 지위를 갖는 것으로 규정되어 있다.

2. '인도법'의 구성과 도망 범죄인 인도조약

(1) 인도법의 구성

인도법은 제1장 '총칙'에서 제4장 '부칙'까지, 총 55개의 조항으로 이루어졌다.[334] 제1장은 총칙으로 제1조부터 제6조에 걸쳐 법률 제정의 목적 및 의의, 용어 정의 등으로 이루어진다. 제2장 '외국으로부터의 인도 청구'는 제1절부터 제7절로 구성되며, 주요 내용은 다음과 같다. 제1절 '인도 조건'(제7조 내지 제9조)에서는 외국에서 중국으로 인도가 청구되었을 경우 구비되어야 할 요건(제7조), 절대적 인도 거절사유(제8조) 및 임의적 인도 거절사유(제9조) 등의 인도 제한사유가 규정되어 있다. 인도요건은 인도와 관련된 행위가 중국과 인도 청구국 쌍방의 법률에 따라 1년 이상의 자유형이 부과되거나 혹은 그 이상의 형벌에 처해지는 범죄인 경우이다.

절대적 인도 거절사유로는 ① 자국민일 때, ② 인도 범죄 사건이 중국 법원에서 확정판결을 얻었을 때 또는 인도 범죄와 관련된 사건이 중국 법원에 계속 중일 때, ③ 인도 범죄가 정치범죄일 때 또는 중국에 의해 이미 비호가 부여되었

---

334) 인도법은 중국 법령집 중에서는 조약체결 수속법, 영해 및 접속수역법, 국적법 및 입국관리법 등과 함께 국제법의 카테고리에 포함되어 있다. 国家司法考試補導用書編集委員會, 2013年国家司法考試法律法規滙編, 中国政法大学出版社, 2013. 또한 이 법령집은 헌법, 경제법, 국제법, 국제사법, 국제경제법, 사법제도 및 법조윤리, 형법 등의 순으로 구성되어 있다.

을 때, ④ 인도 청구가 인도를 요구받은 자에 대해 인종, 종교, 국적, 성별, 정치
적 견해 또는 신분 등을 이유로 소추 혹은 형벌이 가해질 우려가 있을 때 또는 형
사 절차상 위 사항의 이유로 인해 불공정한 대우를 받을 우려가 있을 때, ⑤ 인도
청구 범죄가 중국 또는 청구국 법률에 따라 순수한 군사범죄일 때, ⑥ 인도 청구
범죄가 중국 또는 청구국 법률에 따라 공소 시효가 완성되었을 때 또는 사면 등
으로 형사책임을 추궁하는 것이 부당할 때, ⑦ 인도를 요구받은 자가 청구국에
인도될 경우 잔혹한 형벌을 받을 우려가 있을 때 또는 기타 잔인하고 비인도적인
혹은 품위 손상의 대우 혹은 그러한 형벌을 받을 우려가 있을 때, ⑧ 인도 청구가
청구국에서 결석판결로 행해졌을 때, 다만 청구국이 인도 받은 후에 해당 범죄인
에 대해 다시 재판의 기회를 부여할 것을 보증할 때에는 해당되지 않음 등이다

　　임의적 인도 거절사유는 ① 인도 청구 범죄에 대해서 중국이 형사 관할권을
유지하면서 동시에 인도를 요구받은 자에 대해 중국에서 형사 절차가 진행 중일
때 혹은 중국이 형사소추를 하기 위해 준비하고 있을 때,[335] ② 인도 요청을 받
은 자의 연령, 건강 등의 사정에 비추어 인도를 하는 것이 인도주의 원칙상 적절
하지 않을 때로 규정한다.

　　제2절 '인도 청구서 등의 제출'(제10조 내지 제15조)에서는 인도 청구서에 기재
되어야 할 사항 또한 인도 청구서에 첨부되어야 할 자료로 구속장, 판결서 등이
명기되어 있다. 또한 청구서류에 대해 중국어 번역문이나 중국 외교부가 동의하
는 외국어 번역문이 첨부되어야 한다. 그 밖에 제3절 '인도 청구의 심사'(제16조 내
지 제29조), 제4절 '인도를 위한 강제 조치'(제30조 내지 제37조), 제5절 '인도의 집
행'(제38조 내지 제41조), 제6절 '인도의 연기와 임시 인도'(제42조 및 제43조), 제7절

---

335) 중국의 형사소송법상 소추에는 공소 외에 '자소' 제도가 있다. 자소는 피해자 또는 그 법정대리
　　인이나 그 밖에 법률에 따라 기소권이 인정된 개인 또는 단체가 관할권을 가진 법원에 대해
　　범죄인의 형사책임의 추궁을 직접적으로 요구하는 것이다(형사소송법 제3장: 제167조 또는 제
　　177조). 자소의 요건으로 다음 세 가지를 들 수 있다. ① 고소가 있어야만 처리할 수 있는 사
　　건, ② 피해자가 증거와 증명을 가진 경미한 형사사건, ③ 법령에 의하여 당연히 형사책임을
　　추궁하여야 하는 행위로서 피해자의 인신, 재산권리를 침해한 행위에 대해 피해자가 증거와
　　증명을 가지고 공안기관 또는 검찰원이 피고인의 형사책임을 추궁하지 않는 사건이다(형사소
　　송법 제204조). 자소사건은 주로 모욕, 혼인의 자유에 관한 폭력적인 간섭, 학대, 대위보관물
　　에 대한 불법점유, 타인의 유실물 또는 매장물에 대한 불법점유 등이 많다. 西原春夫·高銘暄
　　감수 및 小口彦太·趙秉志 編著, 中国刑事訴訟法の理論と実際, 成文堂, 2003, 300쪽. 중국이
　　체결한 인도조약 중에는 브라질과의 인도조약(제3조 제1항 제7호)과 같이 인도가 요구된 범죄
　　가 체결국 한 쪽의 법률에서 친고죄일 경우 인도 제한사유로 규정한 것이 있다.

'인도의 통과'(제44조 내지 제46조)가 있다. 제3장 '외국에 대한 인도 청구'는 제47조
에서 제51조까지이며, 마지막 제4장 '부칙'은 제52조에서 제55조까지로 되어 있다.

(2) 인도조약336)

중국이 외국과 체결한 인도조약은 1993년 태국과 체결한 이래 2012년까지
35개국을 헤아린다. 그중에는 육지나 해역을 사이에 두고 국경을 맞대고 있는 중
앙아시아와 동남아시아 국가들이 많지만, 서방국가(스페인, 포르투갈, 프랑스, 호주,
이탈리아), 아프리카 및 중남미 국가들도 포함되어 있다. 중국이 1993년 태국과 인
도조약을 체결한 이후, '인도법'이 시행되는 2000년 말까지 각국과 체결한 인도조
약은 '인도 안건 처리규정'과 함께 중요한 법 규범이 되었다. 그 간 체결된 인도조
약은 12건인데, 내역은 아래와 같다.

1. 태국(1993년 8월 26일 서명, 1999년 3월 7일 발효)

2. 벨라루시(1995년 6월 22일 서명, 1998년 5월 7일 발효)

3. 러시아(1995년 6월 26일 서명, 1997년 1월 10일 발효)

4. 불가리아(1996년 5월 20일 서명, 1997년 7월 3일 발효)

5. 루마니아(1996년 7월 1일 서명, 1999년 1월 16일 발효)

6. 카자흐스탄(1996년 7월 5일 서명, 1998년 2월 10일 발효)

7. 몽골(1997년 8월 19일 서명, 1999년 1월 10일 발효)

8. 키르기스스탄(1998년 4월 27일 서명, 2004년 4월 27일 발효)

9. 우크라이나(1998년 12월 10일 서명, 2000년 7월 13일 발효)

10. 캄보디아(1999년 2월 9일 서명, 2000년 12월 13일 발효)

11. 우즈베키스탄(1999년 11월 8일 서명, 2000년 9월 29일 발효)

12. 한국(2000년 10월 18일 서명, 2002년 4월 12일 발효)

---

336) 중국이 체결한 도망 범죄인 인도, 형사 공조(共助) 및 수형자 이송 등의 조약문집에 대해 간행
된 것으로 最高人民法院外事局編, 中国国際司法協助条約与実施手冊(一~三), 外交出版社,
2004가 있다. 이 자료에는 중국이 국제형사협력에 대해 최초로 외국과 체결한 1987년 폴란드
와의 민사 및 형사 공조조약을 비롯해 다자조약, 2003년 6월까지 관련 조약의 원문 및 중국어
문이 실려 있다. 도망 범죄인 인도, 형사 공조 및 수형자 이송에 관한 양자 간 조약은 제3권에
수록되어 있다. 또한 조약자료에 대해서는 중국 외교부 홈페이지 참조(https://www.mfa.gov.
cn/web/ziliao_674904/tytj_674911/tyfg_674913/. 2023년 10월 26일 열람). 등을 참조. 본 장
에서의 조약문 내용 등은 상기 최고법원편 조약집, 중국 외교부 및 사법부 등 웹사이트 등을
토대로 필자가 번역한 것이다.

이후 필리핀, 페루, 튀니지, 남아프리카공화국, 라오스, 아랍에미리트, 리투아니아, 파키스탄, 레소토, 브라질, 아제르바이잔, 스페인, 나미비아, 앙골라, 알제리, 포르투갈, 프랑스, 호주, 멕시코, 인도네시아, 이탈리아, 이란, 보스니아 등 23개국과 인도조약을 체결하였으며, 2013년 기준 총 35개국과 인도조약을 체결하였다.

한중일 간의 인도조약 체결은 한중(2000년 서명, 2002년 발효) 및 한일(2002년 서명, 동년 발효) 간에는 각각 체결되었으나 중일 간에는 아직 체결되지 않았다. 중일 간에는 2010년 2월 도쿄에서 양국의 법무, 외교 등 관계 부처 당국자 긴 회동이 최초로 개최되었다고 보도되었다. 체결 협상의 배경에는 양국 정상 간 국제형사협력의 진전을 위한 합의가 있었다. 즉, 후진타오 중국 국가주석이 2008년 5월 방일했을 때, '중·일 양국 정부의 교류와 협력 강화에 관한 사항에 관한 공동 기자 발표'에서 양국이 범죄인 인도조약 체결협상을 시작할 것을 확인하였다. 이듬해 나카소네 외무대신이 중국을 방문했을 때, 수형자 이송조약의 체결 협상을 개시하는 사안에 대해 당국자 간에 의견이 일치했다고 보도되었다.[337]

중국이 외국과 적극적으로 인도조약을 체결하게 된 배경에는 다음과 같은 점을 들 수 있다. ① 중국은 육지로 이어져 국경을 맞대고 있는 국가가 적지 않고 이웃 나라와의 조약 체결이 많다. ② 중국 국내법(인도법)과 유사한 체계를 가진 국가의 경우 조약 체결 환경이 정비되어 있다. 또한, 서방국가 중에는 스페인, 프랑스, 포르투갈, 이탈리아, 오스트레일리아의 5개국과 인도조약을 체결하였다. 1995년 체결된 스페인과의 인도조약의 경우 스페인 측이 적극적으로 나섰다고 한다. 인도조약을 비롯하여 수형자 이송조약 및 형사사법 공조조약까지 총 3개의 조약을 동시에 체결하자는 요청이 있었다. 스페인과의 인도조약에서 중국은 '사형 불인도원칙'을 처음으로 조문화하였으며, 이후 서방국가를 포함한 인도조약 체결 시에 '사형 불인도원칙'을 도입하게 됐다.

반면 미국, 캐나다, 영국 등 서방 주요국과는 도망 범죄인 인도조약이 체결되지 않아 중국에서 부패범죄를 저지르고 이들 국가로 도망할 경우 이들의 신병 인도를 둘러싼 국제 협력은 어려워진다. 특히 미국이나 영국 등의 경우 인도와 관

---

337) 법무성의 2010년 1월 28일자 보도자료 참조(https://www.moj.go.jp/keiji1/PRESS_100128-1.html, 2014년 8월 1일 열람).

련해 조약 전치주의가 채택되어, 중국의 부패 범죄자의 주요 도망처가 되고 있다. 중국 당국은 도망 범죄인의 신병을 확보하여 엄벌함으로써 국가 형벌권 행사를 확립함과 동시에, '도망으로 인한 이득'을 방지할 수 있어 국내 여론의 지지와 국내 범죄자에 대한 처벌 간에 형평이 맞춰지게 된다. 그러므로 중국으로서는 미국 등 주요국과 범죄인 인도조약 체결을 적극적으로 체결하기를 바라고 있다고 해석된다. 그러나 미국 등 주요국이 중국과 인도조약을 체결하는 것에 신중한 태도를 취하는 이유는 ① 공산당에 의한 사법작용 통제, ② 형사사법 절차의 불투명성, ③ 공정한 재판을 받지 못할 우려, ④ 살인 이외의 범죄에 대한 사형 집행[338] 등으로 해석된다.

　　중국은 30여 개의 인도조약을 체결하면서도 실제로 외국에 인도를 청구한 건수는 적은데, 그 원인으로는 다음의 점들이 지적된다.[339] 즉 ① 인도 협력에서 '조약 전치주의'를 취하는 국가와 조약을 체결하지 않은 경우에는 인도 협력이 어렵다. ② 중국에서 사형제도가 존치되어 집행되고 있는 것을 이유로 사형폐지국이 중국과의 인도 협력 및 인도조약 체결에 소극적이다. ③ 전항과 관련하여 가령 중국이 인도 청구국으로서 사형집행(판결)을 하지 않는다는 보증을 하고 인도를 받은 경우, 중국 내에서 사형 집행이 행해지는 사태와 비교하여 형사사법 체계와의 관계 및 법

---

338) 예를 들어 뇌물수수죄의 처벌에 대해 형법 제386조는 '수뢰의 죄를 범한 자는 수뢰 금액 및 그 정황에 근거하여 본법 제383조와 같이 처벌한다. 뇌물을 요구한 자는 중하게 처벌한다'고 규정한다. 제383조는 횡령죄의 처벌 규정으로, 횡령 금액이 10만 위안 이상인 때에는 10년 이상의 유기징역 또는 무기징역에 처해지고, 죄질이 중한 때에는 사형에 처한다고 정한다. 또한, 횡령 금액이 5만 위안 이상 10만 위안 미만인 때에는 5년 이상의 유기 징역에 처해지고, 죄질이 중한 때에는 무기 징역에 처해진다. 중국과 주요 선진국 간에 범죄인 인도조약 체결에 진전이 없는 이유로 정치이념의 차이, 사형 등의 잔혹한 형벌 등을 언급한 것으로, 중국 영자지 'China Daily' 2007년 5월 28일자 보도기사 참조(https://www.chinadaily.com.cn/bizchina/2007 05/12/content_ 871053.htm. 2013년 7월 23일 열람). 다만, 중국의 정치 체제 및 형사 절차의 특성상 사법 통제가 온전히 이뤄지지 되지 않는 경우가 있는 바, 입법 정책 및 사법 실무에서는 사형 집행 등이 탄력적으로 운영될 수 있다. 예를 들어, 일정 금액 이상의 뇌물수수 등에 대해 법정형으로 사형이 정해져 있어도 선고형으로 사형의 집행유예 결정이 내려지는 경우가 적지 않다. 2011년 형법 개정으로 사형의 집행유예가 선고된 자에 대해 2년간 죄를 범하지 않는 한 무기징역으로 감경되고, 중대한 공적이 인정될 때에는 25년의 유기징역으로 감경된다고 규정했다(제5조). 즉, 중국 당국이 형벌의 적정성 및 인권보장 등에 대한 국제적인 관심을 의식하면서 외국과의 원활한 국제형사협력을 확보하기 위해서 국제사회가 긍정할 수 있는 합리적인 조치가 필요하다는 것을 인식하고 형사정책을 탄력적으로 실시하고 있는 것으로 해석된다.

339) 薛淑兰, 引渡司法审查研究, 中国人民公安大学出版社, 2008, 303쪽. 예를 들어, 1999년부터 2003년까지 5년간 중국이 외국에 인도를 청구한 것은 6건이다. 陳雷, 论我国的引渡立法与引渡实践, 法治研究(第8号), 2012, 100쪽.

집행의 불공평성 등에 대한 비판이 제기될 수 있다. ④ 중국 당국이 도망 범죄인의 소재국을 파악하지 못해 청구처를 특정할 수 없는 경우, 도망국이 특정되었다 하더라도 소재 정보 등이 확보되지 않아 인도를 요구하는 것이 바람직하지 않다. ⑤ 성급이하 법집행기관이 인도 청구가 가능한 사안임에도 불구하고 인도 청구를 상급 기관에 신청할 수 있는 권한과 그 절차 등에 대해 이해가 부족하다.

또한 중국 헌법에는 국제 조약의 국내 적용에 대한 명확한 규정이 없으며, 그 적용의 우선관계는 개별 인도조약 혹은 국내법에서의 적용의 우선관계로 정한 규정에 따라 해석된다. 중국의 입법 절차에 비춰보면, 조약은 전국민대표대회 상무위원회가 조약 및 주요 협정을 비준하는 것이므로 인도조약에 관련된 규정이 없다 하더라도 적어도 전인대 상무위원회가 제정하는 법률과 동등한 지위와 효력을 갖는 것으로 해석된다. 한편, 민사법 분야에서는, 조약 규정의 국내 적용에 대해 국내법과의 우선관계가 명기되어 있다. 즉, '민법통칙' 제142조 제2항은 '중국이 체결하거나 가입한 조약이 중국의 민사 법률과 다를 때에는 조약의 규정을 적용하고, 다만 중국이 적용을 유보한 조항은 제외한다'고 했으며, '민사소송법' 제238조도 이와 유사하게 규정되어 있다. 또한 인도조약과 인도법의 적용 관계에 대해서는 조약 준수의 국제적 책임, 국제형사협력의 확대 경향, 인도법 시행 후에는 인도조약과 인도법 사이에 근본적 저촉이 없는 등의 점에서 인도조약이 인도법에 우선하는 것으로 해석된다.[340]

이외에도 중국이 체결한 인도조약의 특징으로, 인도 협력에 관해 중앙당국이 지정되는 경우가 있다. 예를 들어, 브라질과의 조약에서는 중국 외교부와 브라질 사법부(제6조 제2항), 스페인과의 조약에서는 체결국이 지정하는 중앙 기관(제6조), 포르투갈의 최고검찰청과 중국 외교부(제6조 제2항), 오스트레일리아 사법부와 중국 외교부(제6조 제2항), 이탈리아 사법부와 중국 외교부(제6조) 등이다.

---

340) 인도조약과 인도법 규정 내용이 저촉되는 경우, 그 적용의 우선관계에 대해서는 ① 국내법 우선설(국가주권주의), ② 조약우선설('조약법에 관한 빈 조약' 제26조 '합의는 지켜야 한다' 등), ③ 동등설(특별법 우선 및 신법 우선의 원칙), ④ 구별설(인도법 시행을 기준으로 시행 전후의 인도조약을 구별) 등이 있다. 薛淑兰, 渡司法審査研究, 中国人民公安大学出版社, 2008, 73-74쪽.

3. 인도의 요건과 절차

(1) 쌍방가벌성

가. 형법과 쌍방가벌성

인도법 제7조는 중국이 인도 청구를 요청을 받은 경우, 인도를 실시할 수 있는 요건으로 쌍방가벌성을 규정한다. ① 인도 청구요건에서 중국 법률 및 청구국 법률상 쌍방에서 범죄를 구성해야 한다. ② 청구 대상이 되는 인도 범죄의 범위에 대해 죄종을 특정하는 열거방식이 아니라 법정형에 따른 형의 무게를 기준으로 하는 포괄방식이 채택된다. 즉, 인도 요청을 받은 자의 행위가 중국 및 청구국 모두에서 법률상 1년 이상의 징역 또는 금고 혹은 그 이상의 중벌에 처해지는 경우에 한한다. 또한 인도 청구가 형의 집행을 위해 행해지는 경우, 청구가 있는 시점에 복역해야 할 잔여 형기가 6개월 이상인 것이 요건이 된다.[341]

1997년 10월 1일부터 시행된 개정 형법으로 인해 도망 범죄인 인도를 비롯한 국제형사협력 분야에서 쌍방가벌성의 인정 여부에 관한 국내법적 조건이 한층 정비되었다. 다만 형법에서 정한 일부 죄명이나 형벌에는 사회주의적 요소가 도입된 것 혹은 중국의 역사적 전통이 반영된 것이 있는 등 외국의 형벌 체계와 상응하지 않는 경우가 있기 때문에 인도조약 체결시에 이러한 사정이 반영되는 경우가 있다. 즉, 청구가 요구된 해당 행위의 혐의의 상당성 등에 대하여 소추 혹은 유죄 판결의 가능성 정도에 관한 판단은 청구국의 재판을 통해 확정되어야 한다고 해석된다. 예를 들어 한중 인도조약에서는 쌍방가벌성에 대해 체결국 한 쪽의 법령에서 동일한 죄종 또는 죄명으로 한정하지 않고 범죄 혐의는 총체적으로 고려되어야 하며, 구성 요건의 차이는 문제가 되지 않는다고 규정한다(제2조 제3항).

나. 인도조약에서의 쌍방가벌성

쌍방가벌성이란, 인도가 요구된 행위가 피청구국에서 어떤 범죄에 해당하는지 법적으로 평가되고, 청구국과 피청구국 쌍방에서 일정한 형벌에 처해져야 할

---

341) 국무원 법규인 '인도 안건의 약간의 문제에 관한 처리규정'(1992년 4월 23일 시행)에서는 쌍방가벌성에 대해 청구가 소추를 위해 이루어진 경우에는 '적어도 2년 이상의 법정형에 해당할 것'이 요구되며, 형의 집행을 위해 이루어진 경우에는 현행 인도법과 마찬가지로 잔여 형기가 적어도 6개월 이상으로 정해져 있다(제6조).

죄에 해당되어야 한다는 것이다. 중국이 체결한 인도조약에서 인도 대상이 되는 범행의 죄종과 죄명 등이 중국과 상대국 간에 다른 경우의 규정방식은, 다음과 같은 유형으로 나눌 수 있다. 즉 ① '고려해서는 안 된다'고 정한 것으로 아제르바이잔과의 인도조약(제2조) 등, ② '영향을 받지 않는다'고 한 것으로 러시아와의 인도조약(제2조) 등, ③ 범죄의 구성요소 혹은 기본요소를 '고려할 필요가 없다'고 한 것으로 남아프리카 및 튀니지와의 각 인도조약(제2조) 등, ④ 법령상 구성 요건에 구애받지 않고 '총체적으로 고려된다'고 정한 것으로 한국과의 인도조약(제2조 제3항) 등이 있다. 쌍방가벌성의 인정에 대해서는 인도조약 규정이 우선되며, 조약에 관련 조항이 없는 경우 혹은 조약에 근거하지 않는 인도 청구의 경우에 한해 국내법인 인도법이 정한 쌍방가벌조항(제7조)을 근거로 심사가 이루어지게 된다. 중국이 체결한 인도조약은 쌍방가벌성 기준에 대해 대체로 유연하게 판단할 수 있다는 취지로 규정한 경우가 많다. 인도 청구와 관련된 범죄에 대해 각국의 형벌 법령을 엄격하고 형식적으로 적용하면 쌍방의 법령상 차이로 쌍벌성이 부정된다. 중국이 인도조약에서 쌍방가벌성 기준에 대해 유연하게 판단할 수 있도록 규정한 것은, 중국 형법상 죄명이나 형의 종류 등이 여러 나라와의 사이에서 상당한 차이가 인정되는 등의 사정이 있기 때문인 것으로 해석된다.

(2) 특정성의 원칙

인도법 제14조는 특정성의 원칙에 대해 청구국이 청구를 할 때에는 다음 사항을 보증하여야 한다고 규정한다. 즉, 청구국은 ① 인도가 집행되기 전에 이루어진 것으로 인도가 요구된 행위 이외의 범죄에 대하여 형사책임을 추궁해서는 안 되며, ② 해당 범죄인을 제3국에 인도하여서는 안 된다. 다만, 중국의 동의를 얻은 경우 또는 피인도인의 인도 범죄 소송이 종결된 경우에는 형 집행이 종료한 경우 혹은 석방일로부터 30일 이내에 청구국을 떠나지 않는 경우 혹은 청구국을 떠난 후에 자발적으로 재입국한 경우 등에는 그 보증에 한정되지 않는다. 청구국은 도망 범죄인을 인도받은 뒤 원칙적으로 인도 청구 대상이 된 범죄에 한해 소추 및 처벌할 수 있다는 취지다. 범죄인 인도 등의 국제형사협력에 쌍방가벌성과 함께 특정성의 요건이 요구되는 이유는 영역 주권에 기초한 국가 형벌권의 위엄에 대해 당사국들이 상호 존중한다는 역사적 연원에 있다. 예를 들어 '범죄인 인도에 관한 UN모델조약' 제14조는 '청구국은 피청구국이 인도를 인정한 범죄행위 및 피청구국이 동의한 범죄행위를 제외하고 피인도인이 인도되기 전에 저지른 어떠한 범죄에 대해서도 소추, 판결, 구금, 제3국으로의 재인도 혹은 그 외의 모든 자유의 제한에 대해서, 이를 행해서는 안 된다'고 규정한다.

특정성 원칙의 예외로는, '인도법' 및 중국이 체결한 인도조약의 경우 피청구국의 동의가 있는 경우 혹은 도망 범죄인이 청구국을 떠난 시간적 규정이 없는 경우가 있다. 인도법 제14조에는 해당 범죄인이 인도 범죄에 대한 소송의 종결, 형의 집행 종료, 석방된 날로부터 30일 이내에 청구국을 떠나지 않는 때 등이 규정되어 있다. 석방된 날로부터 30일 이내에 청구국에서 출국하지 않는 예외 사항에 대해, 중국이 외국과 체결한 인도조약에는 주로 30일이라는 기간을 정한 것이 많으나 45일로 정한 인도조약으로는 한국, 필리핀, 튀니지, 포르투갈, 15일로 정한 인도조약으로는 카자흐스탄 등의 조약이 있다. 그 밖에 상술 기한의 예외로 불가항력에 의한 사유가 있는 경우에는 그 기간에 포함되지 않는다는 인도조약으로 러시아, 불가리아, 루마니아, 카자흐스탄, 몽골, 키르기스스탄, 우크라이나, 한국, 튀니지, 남아프리카공화국, 아랍에미리트, 리투아니아, 라오스, 파키스탄, 레소토, 브라질, 스페인, 나미비아 등과의 조약이 있다.

(3) 인도 절차

중국이 인도 피청구국으로 인도를 집행할 경우를 상정할 때, 인도 청구가 외교 경로를 통해 행해질 때부터 인도가 집행되기까지의 주요 흐름은 다음과 같다. 외교부 → 최고법원: 인도재판을 할 고급법원의 지정, 최고검찰원: 중국의 재판 관할권 유무 심사 → 고급법원에 의한 재판: 인도 가능 또는 인도 불가 결정 → 최고법원의 재심사: 인도 가능 또는 인도 불가 결정 → 국무원의 최종 결정 → 인도 집행이다. 중국이 외국으로부터 인도 청구를 받을 경우 외교부는 청구서류의 기재 내용에 대해 인도조약 또는 인도법에 따라 형식요건을 심사한 후 적합하다고 인정될 때 청구서류를 최고법원 및 최고검찰원에 송부한다. 최고검찰원은 인도 안건에 대해 중국의 형사관할권 여부를 심사하며, 가령 중국 당국이 소추해야 할 사안일 경우 인도법상 인도 제한사유에 해당되어 인도가 불가해진다.

인도재판[342])은 고급법원 및 최고법원에 의하여 인도 청구의 적법성, 인도 제한사유의 존재 여부 등에 대해 심사한다. 고급법원이 제1심, 최고법원이 제2심인 자동 이심제가 취해진다. 최고법원은 도망 범죄인의 소재지 또는 안건의 중대성 등을 고려하여 인도 사건을 담당할 각 성의 고급법원을 지정한다. 고급법원은 해당 사건에 대해 인도법 및 인도조약상 인도 제한사유가 있는지 심사하고 그 결과를 '인도 가능' 또는 '인도 불가'로 결정한다. 하지만 자동 이심제로 인해 고급법원이 내리는 결정에는 강제력이 없고 최고법원의 재심사를 기다려야 한다. 최고법원은 고급법원의 결정에 대해 파기 환송 또는 파기 자판의 결정을 할 수 있다. 최고법원이 인도 가능하다고 결정하면 이를 외교부에 송부하고 외교부는 국무원의 최종 결정을 구하게 된다.

국무원에서는 외교부의 형식 요건 심사 및 법원의 적법성 심사를 포함하여 주로 청구국과의 외교 관계 등과 같은 국제 정치적 영향에 대한 심사를 진행한다. 즉 인도의 상당성에 대해 검토하고 최종적으로 인도 집행 여부가 결정된다. 일본과 한국의 경우, 피청구국의 주요 흐름은 외무대신 → 법무대신(사법심사청구의 해당성) → 도쿄 고등재판소 → 법무대신(인도의 상당성) 이다. 양국의 인도재판은 단심제이므로 도쿄 고등재판소와 서울 고등법원이 각 전속관할이 되고 그 재판소 혹은 법원의 '인도 불가' 결정에는 구속력이 더해진다. 다만, 해당 법원이 '인도 가능' 결정을 내린 경우라도, 정부가 국익 등의 고려로 인도가 상당하지 않다고 인정할 때에는 인도를 집행하지 않을 수 있다고 규정한다. 중국과 한일 간에는 인도 절차에 큰 차이가 있다고 하지 않을 수 없다.

가. 인도 청구 경로와 외교부 심사

인도법에서는 제2장(중국으로의 인도 청구) 제3절 '인도 청구의 심사' 제16조에

---

342) 중국의 재판기관은 '인민법원'이며(헌법 제123조), 그 조직은 최고인민법원, 지방인민법원 및 군사법원 등의 전문법원으로 나뉜다(헌법 제124조). 또한 '법원조직법'상 법원은 ① 지방각급 인민법원, ② 군사법원 등의 전문 인민법원, ③ 최고인민법원으로 나뉘며, 지방 각급 인민법원은 기층인민법원, 중급인민법원 및 고급 인민법원으로 나뉜다(제2조). 기층인민법원의 경우, 주로 '현인민법원', '시 인민법원', '자치현 인민법원', '구인민법원' 등의 명칭이 사용되는 경우가 많다. 재판관 등급은 최고인민법원, 지방 각급 인민법원 및 군사법원 등의 전문인민법원의 각 원장, 각 부원장, 심판위원회 위원, 정장, 부정장, 심판원 및 심판조리 등으로 나눠진다[중화인민공화국 법관법(2002년 1월 1일 시행) 제2조]. 또한 '정장'은 재판장, '심판원'은 재판관, '심판조리'는 판사보에 각 상당하는 등급이다.

서 제29조에 중국이 인도를 요구받을 경우의 인도 심사 절차를 규정한다. 중국 외교부가 청구국으로부터 인도 청구서 등을 받은 후에 서류 미비 또는 기재 내용 적부 등 그 인도 청구가 인도법 및 인도조약상의 형식요건에 적합한지 여부를 심사하게 된다. 인도법에서는 '중국과 외국 간의 인도는 외교 경로를 통한다. 중국 외교부는 인도를 진행하기 위해 관련 기관을 지정할 수 있다'고 하면서 인도조약에 별도 규정이 있는 경우에는 그 조약 규정에 따른다(제4조)고 규정한다. 인도조약상 외교 경로로는 외교부 외에 법무부, 검찰청, 법원 등과 같이 다양한 연락경로가 규정된다. 예를 들어 ① 외교 경로 및 체결국이 지정한 기관으로 정한 경우(벨라루스, 러시아, 키르기스스탄, 우크라이나, 페루, 아랍에미리트, 라오스, 아제르바이잔, 스페인 등과의 인도조약), ② 인도조약에서 특정된 경우(중국 외교부와 포르투갈 대검찰청, 앙골라 법무부 등), ③ 외교 경로 또는 외교부가 지정하도록 한 경우(불가리아, 몽골, 우즈베키스탄, 카자흐스탄, 리투아니아, 튀니지, 남아프리카 공화국, 브라질, 나미비아 등과의 인도조약) 등이 있다.

　　인도법상 인도 청구를 하기 위해서는 인도 청구서, 그 부속 서류 및 관련 서류를 갖추어 이를 중국 외교부에 제출하여야 한다고 규정한다(제10조 내지 제13조). 인도법 제11조는 인도 청구서에 기재되어야 할 사항에 대해 규정한다. 청구기관의 명칭을 비롯해 도망 범죄인의 신분에 관한 것, 소재 수사에 도움이 되는 정보, 범죄 사실에 관한 것, 그 범죄의 죄명·형량·시효 등에 관한 것 등이 명기되어 있다. 또한 제12조에는 인도 청구서의 부속서류로 ① 인도 청구가 소추인 경우에는 구속장(구류장) 등의 부본, ② 인도 청구가 형집행인 경우에는 판결서 등의 부본, ③ 인도 청구가 잔여 형기의 집행인 경우에는 이미 경과한 형기 및 잔여 형기를 증명할 수 있는 서류, ④ 기타 범죄에 관한 증거 등이다. 이와 함께 인도 청구서 및 관련 서류에는 중국어 번역본 또는 중국 외교부가 동의하는 외국어 번역본이 첨부되어야 한다(제13조).

　　인도법 제18조와 제27조에는 추가자료에 관한 규정이 있다. 중국 외교부가 이미 제출된 청구서 및 관련 서류 등에 대해 그 밖에 추가할 자료가 필요하다고 인정하는 경우, 청구국에 요구하는 것이다. 제27조는 인도 사건의 심사를 담당하는 중국 법원이 인도법 제2장 제2절이 정한 인도 청구서 및 범죄증거 등에 대해 추가 자료가 필요하다고 인정한 경우에 외교부를 통해 청구국에게 요구하는 것이다. 제18조가 정하는 보충자료 제출에 관하여 청구국이 기한 내에 제출하지 않으면 해당 인도 협력은 종료하지만, 동일 범죄에 대하여 청구국으로부터 재인도 청구는 가능하다. 추가 자료의 제출 기한은 인도조약에서는 주로 2개월로 정한 경우가 많다. 예를 들어 ① 2개월 및 15일의 연장 가능으로 러시아, 불가리아, 루마니아, 카자흐스탄, 몽골, 키르기스스탄, 우크라이나, 리투아니아, 브라질 등과의 인도조약, ② 45일 및 15일의 연장 가능으로 한국, 아랍에미리트, 스페인, 나미비아 등과의 인도조약, ③ 30일 및 청구국의 청구에 따라 30일 연장 가능으로 페루, 남아프리카공화국, 라오스, 파키스탄, 레소토, 아제르바이잔, 앙골라, 알제리 등과의 인도조약, ④ 피청구국(중국)이 지정하는 기간으로 필리핀과의 인도조약 등이 있다.

나. 최고검찰원의 심사

최고검찰원은 외교부로부터 인도 청구서 등을 송부받았을 때 다음의 3가지 사항에 관하여 심사한다(제21조). ① 인도가 요구된 범죄에 대해 중국 사법기관[343)]에 의한 형사 관할권 존재 여부이다. '인도를 요구받은 범죄'란 인도 청구서에 기재된 혐의사실 등(제11조) 또는 구속장이나 판결서 등(제12조)이다. 중국의 형사관할권 유무에 대한 판단 기준은 형법이 정하는 형사 관할권에 기초한 적용 범위에 해당하는가의 문제이다. ② 인도가 요구된 범죄 이외의 도망 범죄인 범죄에 대하여 중국이 형사 관할권을 가지는지의 여부이다. 인도가 요구된 것 이외의 범죄란 인도 청구서의 기재 사항 혹은 청구와 관련된 체포장이나 판결서에 명기된 범죄를 제외하고 중국 형법에서 형사 책임을 추궁하는 행위를 말한다. ③ 청구 사안이 다자간 조약으로 규정된 '인도할지 소추할지'(aut dedere aut judicare)의 선택 의무에 해당하는지 여부의 검토이다.[344)] 국제테러 방지나 민항

---

343) 사법기관은 헌법상 '중화인민공화국 인민법원은 국가의 재판기관이다'(제123조)라고 하여 법원임이 명백하다. 또한 헌법은 '중화인민공화국 최고인민검찰원은 국가의 법률 감독 기관이다'(제129조)라고 정하여 최고검찰원에 대해서도 일정한 사법권을 부여하고 있다. 단, 형사소송법에서는 법원과 검찰원 외에 공안기관, 국가안전기관 및 형무기관이 포함된다고 해석된다. 西原春夫·高銘暄 감수 및 小口彦太·趙秉志 編著, 中国刑事訴訟法の理論と実際, 成文堂, 2003, 33쪽. 또한 앞에서 서술한 '인도 안건의 약간의 문제에 관한 처리규정'에서는 사법기관에 대해 '형사 안건에 대해 수사, 소추, 재판 또는 형벌 집행의 권한을 갖는 기관 또는 기타 사법절차를 수행하는 기관'으로 규정한다(제2조 제4호).

344) '인도할 것인가 소추할 것인가'의 선택 의무에 대해서 중국의 국제형사법 전문가가 집필한 논문으로 黃風, 或引渡或起訴 法律問題研究, 中国法学(第173号), 中国法学会, 2013, 180－191쪽 참조.

기 안전운항 등에 관한 다자간 조약으로 형사관할권을 가진 체결국에게 인도할
지 혹은 자국에서 소추·처벌할지 규정된 범죄에 대해 선택을 하기 위해 심사하
는 것이다. 심사 결과 중국이 형사 관할권을 가지며 소추해야 한다고 내정할 경
우 최고검찰원은 인도 청구서 등을 송부받은 날로부터 1개월 이내에 그 의견을
최고법원 및 외교부에 통지하여야 한다(제21조). 실무에서 최고검찰원이 외교부
로부터 인도 청구서 등을 송부 받을 경우에는 공안 기관,[345] 관세 기관, 국가안
전 기관 등의 수사 기관 및 형사 시설 등이 도망 범죄인의 범죄 혐의에 대한 수
사를 하게 된다.[346]

다. 중국이 인도를 청구하는 경우의 주요 절차

인도법 제3장(제47조 내지 제51조)에서는 중국이 외국에 대하여 인도를 청구하
는 경우에 대해 규정한다. 그 주요 흐름은 소추 또는 수사의 직무를 담당하는 하
급 기관의 건의, 그 건의를 받은 성급의 각 담당 기관이 각각의 중앙기관에 신청
하고 중앙 기관이 그 신청을 외교부에 제출하면 국무원이 청구 승인을 최종 결정
한다. 즉, 건의 기관(시·현급 이하 기관) → 제의 기관(성시구급 기관) → 신청 기관
(중앙기관) → 제출 기관(외교부) → 승인 기관(국무원) → 제출 기관(외교부) →외국
에 제출하는 흐름이다.[347] 각 중앙기관은 최고법원, 최고검찰청, 또는 국무원에
속하는 공안부, 사법부, 국가안전부[348] 등으로 규정되므로(인도법 제47조), 인도 청
구 건의를 할 수 있는 하급 기관은 각 중앙 기관의 지방조직이 된다. 각 중앙 기
관은 청구 신청 안건에 대해 인도법, 인도조약 및 기타 국제 법규 등에 관하여 심

---

345) 공안기관은 국내 치안을 담당하는 법집행 기관이다. 중앙 및 지방의 각급 인민정부를 구성하
는 부분으로 사회치안과 국가안전을 책임진다. 형사소송절차에서는 형사사건의 수사가 주된
업무이다. 中華法学大辞典編委会, 中華法学大辞典, 中国検察出版社, 2003, 277쪽. 공안기관의
조직은 중앙공안기관, 지방 각급 공안기관 및 전문공안기관 등의 3개 부문으로 구성된다. 중앙
기관은 국무원의 일부를 이루는 '공안부'이며, 지방기관은 성 또는 자치구의 '공안청', 직할시의
'공안국'을 비롯한 현·시 등 지방정부를 구성하는 공안기관이 있다. 특별공안기관으로는 철도
공안, 교통공안, 민항공안, 임업공안 등 4개 기관이 있으며, 특별사법경찰의 역할을 수행하는
것으로 평가된다. 西原春夫·高銘暄 감수 및 小口彦太·趙秉志 編著, 中国刑事訴訟法の理論と
実際, 成文堂, 2003, 36쪽.
346) 薛淑兰, 引渡司法審査研究, 中国人民公安大学出版社, 2008, 279쪽.
347) 薛淑兰, 상동 저서, 302쪽.
348) 국가안전부는 국무원에 속하는 중앙 행정기관의 하나이다. 그 주된 직무는 방첩, 정치보위, 반
테러 및 국내외 정보조사 등이라고 한다. 국무원의 주요 중앙행정기관이 웹사이트에 소개되어
있으나, 2014년 7월 기준 국가안전부 웹사이트는 찾아볼 수 없다.

사한 후 청구 요건에 적합하다고 인정되는 경우에는 그 의견서를 외교부에 제출한다. 국무원이 인도 청구를 인정하기로 결정할 때는 외교부에 통보하고 외교부는 해당 외국에 인도 청구서를 송부하여 인도 청구를 정식으로 진행하게 된다.

라. 가구금 등의 강제조치

인도법상 도망 범죄인에게 취해지는 강제조치에는 체포, 구류 또는 거주 감시 등 세 가지 조치가 있다(제31조 내지 제33조).[349] 인도법에 의거한 도망 범죄인의 구속 등 강제 조치는 그 결정권자에 의해 삼원화된다. ① 제20조에 근거해 최고법원 및 공안 기관이 실시하는 조치다. 상대국으로부터 인도 청구서 등이 중국 외교부에 제출되지 않고 정식으로 청구되지 않는 경우, 최고법원이 공안부(국무원)에 도망 범죄인의 소재 수사를 통지하고, 공안부의 명령을 받은 공안 기관이 그 범죄인에 대해 취하는 체포 등의 조치다. ② 제30조에 기초하여 청구국으로부터 긴급 구금의 요청이 있는 경우, 공안부 명령을 받은 공안 기관이 취하는 가구금 등의 조치이다. ③ 제32조에 의해 고급법원이 인도 재판에 대비, 그 결정에 근거해 공안 기관이 실시하는 구류 등의 조치다. 어떤 경우든 강제조치의 집행은 공안 기관에 의해 이루어지며(제33조), 도망 범죄인에 대한 강제조치는 원칙적으로 '구류'이지만 범죄인이 중병 상태이거나 임신이나 수유를 해야 하는 등의 사정이 있을 때에는 예외적으로 '거주 감시' 조치가 취해진다(제35조).

정식으로 인도 청구를 하기 전에 상대국에서 도망 범죄인에 대해 가구금 요청이 있어 공안 기관이 구류 등 강제조치를 취했음에도 불구하고 20일 이내에 정식청구가 없을 때에는 도망 범죄인을 석방해야 한다. 다만, 상대국의 요청에 의해 15일간 연장할 수 있다(제31조). 인도조약에서는 가구금 기간에 관한 규정은 동일

---

349) 중국 형사소송법상 '체포'는 일본의 구류에 해당하고, '구류'는 일본의 체포에 해당한다. 즉, 경찰 등이 범죄혐의자를 '구류'한 경우, 계속해서 조사 등을 위해 '체포'의 필요가 있는 때에는 검찰원의 허가를 받아야 한다. 주로 각 영장의 발부는, 기소 이전의 혐의자에 대한 '구류'체포'의 허가는 검찰이 하고, 기소 후의 피고인에 대해서는 법원이 한다. 수사단계의 신병구류는 2개월까지가 원칙이지만, 상급의 검찰원 승인을 얻어 1개월 연장할 수 있다(형소법 제154조). 중대하고 복잡한 사건, 범죄조직과 관련된 사건 등의 경우 추가 연장이 가능하며(동법 제156조), 인신구속은 최장 7개월까지 연장할 수 있다. 木間正道·鈴木賢·高見澤磨·宇田川幸則, 現代中國法入門(第6版), 有斐閣, 2012, 297-298쪽. 또한, '거주감시'의 조치가 내려지면, 지정주거 등의 장소를 벗어날 수 없으며, 타인 접견 금지, 담당관 호출에 대한 즉시 응답, 학습 참여 등의 제재가 부과된다. 거주감시 기간은 최장 6개월을 초과해서는 안 된다. 西原春夫·高銘暄 감수 및 小口彦太·趙秉志 編著, 中國刑事訴訟法の理論と實際, 成文堂, 2003, 111-112쪽.

하지 않지만, 한국(제9조 제5항), 포르투갈(제9조 제4호), 이탈리아(제9조 제4항) 등의 인도조약처럼 30일간으로 정하면서 15일의 연장이 인정되는 것이 다수이다. 비교적 긴 것으로는 60일간으로 정하면서 30일의 연장을 인정한 조약(페루, 제9조 제4항), 짧은 것으로는 30일간으로 정하면서 10일의 연장을 인정한 조약(러시아, 제11조 제4항)이 있다. 그 밖에 호주 45일(제10조 제4항), 스페인 40일간과 연장 15일(제9조 제4항), 프랑스 60일(제12조 제4항) 등이 있다. 중국이 체결한 많은 인도조약에서는 조약이 정한 가구금 기한이 초과되어 도망 범죄인이 석방되었다 하더라도 정식 인도 청구에는 지장이 없다고 규정한다(예를 들어 한중 인도조약 제9조 제6항).

(4) 인도 연기와 임시 인도

도망 범죄인에 대하여 최종적으로 인도 가능 결정이 난 경우에도 인도 범죄 이외의 범죄에 관하여 중국 내에서 재판 중이거나 형을 복역하고 있는 등의 경우에는 그 형사 절차가 종료할 때까지 인도 집행이 연기될 수 있다. 다만 피청구국에서의 형사 절차가 완성될 때까지 인도 집행이 연기되어 청구국에서 범죄 수사나 공소시효 등에 중대한 영향이 발생할 경우, 청구국의 요청 및 피청구국으로의 송환 보증을 조건으로 임시 인도 집행을 규정한다.

가. 인도 연기

인도 연기란 최고법원이 인도 가능 결정을 한 후 국무원이 인도 여부에 대해 최종 검토를 하는 단계에서 인도 범죄 이외의 범죄에 대해 중국 내에서 형사 절차가 진행 중임을 이유로 청구국으로의 인도가 유예되는 것을 말한다(인도법 제42조). 인도 연기 판단은 고급법원에 의해 결정되지만 최종 결정은 국무원이 최고법원의 의견을 토대로 내린다. '인도 범죄 이외의 범죄'란 인도 청구서에 기재된 혐의사실 혹은 그와 관련된 행위와는 관련이 없는 것이며, '형사 절차'란 소추, 공판, 형의 집행 등을 말하는 것으로 해석된다.[350] 중국이 체결한 인도조약 중에는 인도 연기에 대해 정한 것이 많으며, 예를 들어 한중 인도조약에서는 '피청구국은 인도가 인정된다는 결정이 있는 경우이며 인도가 요구된 범죄 이외의 범죄에 대

---

350) 国人民代表大会常務委員会法制工作委員会編, 中華人民共和国引渡法釈義, 法律出版社, 2012, 77쪽.

해 형사 절차가 진행 중일 때 혹은 형을 복역하고 있을 때에는 그 형사 절차 혹은 형 집행이 종료될 때까지 인도를 연기할 수 있다. 피청구국은 인도 연기를 청구국에 통지하여야 한다'고 규정한다(제14조).

나. 임시 인도

인도법 43조는 '인도 연기가 청구국의 형사소송에 중대한 장애를 주면서 중국 내에서 진행되는 형사 절차에 방해받지 않고, 청구국이 형사 절차 종료 후에 그 도망 범죄인을 회송하는 것을 보증하는 조건으로 청구국의 청구에 따라 임시 인도할 수 있다. 임시 인도 결정은 국무원이 최고법원 또는 최고검찰원의 동의를 얻어 내린다.'고 규정한다. 청구국의 형사 절차에는 수사, 소추, 재판 등이 포함되지만, 임시 인도의 성질상 형의 집행은 해당되지 않는다. 또한 청구국의 형사 절차에서 '중대한 장애'란, 도망 범죄인이 부재하여 공판 개시 및 속행을 할 수 없다거나 혹은 범죄 입증이 어려워 유무죄 판결을 할 수 없는 등의 형사소송 목적이 달성되지 않는 경우를 말한다. 예를 들어 인도 범죄와는 별개의 범죄에서 도망 범죄인이 공범 관계에 있는 경우, 공범의 공소 시효가 임박했을 때나 혹은 그 도망 범죄인의 증언 등은 재판에서 결정적으로 작용할 수 있고, 그 밖에 청구국 법령상 결석 재판이 금지된 경우에는 도망 범죄인의 부재로 재판 자체가 성립할 수 없는 경우 등이다.[351]

중국이 체결한 인도조약 중에는 임시 인도에 대해 규정한 것이 많으나, 청구국에서의 형사 절차 단계는 동일하지 않다. 한중 인도조약에서는 임시 인도는 청구국의 '소추' 목적에 한정되며, 소추 절차가 종료되었을 때에는 신속히 피청구국으로 송환하는 것으로 한다(제14조 제2항). 소추를 위한 임시 인도를 규정한 조약으로 포르투갈(제12조 제2항), 이탈리아(제12조 제2항), 태국(제11조 제2항), 캄보디아(제12조 제2항) 등과의 조약이 있으며, 소추(시효) 또는 수사를 목적으로 정한 것으로는 브라질(제12조 제2항), 스페인(제12조 제2항), 호주(제15조 제2항), 벨라루스(제13조 제2항), 불가리아(제12조 제2항), 러시아(왼쪽 동) 등과의 조약이 있다. 그 밖에 필요한 상황에 따라 임시 인도가 가능하도록 한 것으로 프랑스(제15조 제2항)와의 인도조약이 있다. 어느 경우든 청구국은 임시 인도의 목적이 달성되

---

351) '중국과 러시아와의 인도조약' 제13조 제2항.

었을 때에는 그 신병을 신속히 피청구국으로 송환하는 것을 보증해야 한다고 규정되어 있다.

제 3 절 인도 재판과 국무원의 결정

인도 재판은, 고급법원 및 최고법원이 인도 청구의 적법성, 인도 제한사유의 존재 여부 등에 대해 심사한다. 고급법원을 제1심, 최고법원을 제2심으로 하여 자동 이심제가 취해진다. 최고법원은 도망 범죄인의 소재지 혹은 안건의 중대성 등을 고려하여 인도 사건을 담당할 각 성의 고급법원을 지정한다. 고급법원은 해당 사건에 대해 인도법 및 인도조약상의 인도 제한사유의 유무를 심사하고, 그 결과 '인도 가능' 또는 '인도 불가'를 결정한다. 그러나 고급법원의 결정에는 구속력이 없어 최고법원의 재심사를 기다려야 하며, 최고법원은 고급법원의 결정에 대해 파기 환송 또는 파기자판 결정을 내릴 수 있다. 최고법원이 인도 가능을 결정하면 이를 외교부로 송부하고 외교부는 국무원의 최종 결정을 요구하게 된다. 국무원에서는 외교부의 형식요건 심사 및 법원의 적법성 심사를 포함하여 주로 청구국과의 외교 관계 등과 같은 국제정치적 영향에 대해 심사한다. 즉, 국무원은 인도 청구의 합리성, 국제정치에 미치는 영향, 외교 정책상의 종합적 고려, 사법심사 부족의 보완 등에 대해 검토하고, 최종적으로 인도 집행 여부를 결정한다.

1. 법원의 심사

(1) 최고법원에 의한 심사

최고법원이 청구 자료를 외교부로부터 받은 경우 ① 도망 범죄인의 신병이 구금되었을 때에는 청구 자료를 지정된 고급법원에 송부하게 되지만, ② 구금되지 않을 때에는 공안부(국무원)에 그 소재 수사를 명하는 통지서를 보내야 한다(인도법 제20조). 후자의 경우 공안 기관은 공안부 명령에 따라 도망 범죄인의 소재수사 등을 실시한 후 수사상황에 따라 체포, 구류 혹은 거주 감시 등의 조치를 취하고, 그 결과를 공안부를 통해 최고 법원에 통지하여야 한다. 공안부로부터의 통지를 받으면 최고법원은 청구 자료를 지정된 고급법원에 송부한다. 그러나 공안 기관의 수사결과, 도망 범죄인이 중국 내에 소재하지 않는 것이 확인될 때 혹은 발견할 수 없을 때, 공안부는 그 결과를 최고법원에 통지하여야 한다. 최고법원이 공안부로부터 수사 상황을 통보 받을 경우 그 수사 상황을 신속히 외교부에 통보해야 하고 외교부는 인도 청구국에 통보하게 된다. 인도법상 인도 여부에 관한 제1차 사법심사는 최고법원이 지정하는 고급법원이 담당하며, 지정기준은 외국 관련 재판 경험이 있는 고급법원 또는 도망 범죄인이 구류된 소재지를 관할하는 고급법원이 된다. 실무에서는 일반적으로 후자의 기준이 적용되는 경우가 많다.[352]

최고법원이 인도 재판을 담당할 고급법원을 지정하는 등의 심사 절차에 착수하는 시점은 최고검찰청으로부터 해당 사안에 대해 중국검찰의 소추에 해당하지 않는다는 결과를 통지받은 때이다. 그러나 인도법에는 최고법원 및 고급법원의 결정에 대해 그 기한을 정한 조항이 없고, 특히 도망 범죄인이 구류된 경우에도 법원의 심사기한이 정해져 있지 않다.[353] 일본 및 한국의 각 인도법에서 도망 범죄인이 구류된 경우, 법원은 그 날로부터 2개월 이내에 인도 여부에 대해 결정해야 한다고 규정한 것과는 대조적이다.

(2) 고급법원에서의 심사

인도 재판은 의무적 2심제이며 최고법원이 지정한 고급법원에서 행해지고, 그 법정은 3명의 재판관으로 구성된 합의부가 담당한다(인도법 제22조).[354] 심사의

---

352) 薛淑兰, 引渡司法審査研究, 中国人民公安大学出版社, 2008, 282쪽.

353) 예를 들어, 뒤에서 서술하는 것처럼 프랑스 국적의 도망 범죄인 Martin에 대한 인도 재판에서는 그 결정서에 따르면, Martin이 구류된 것은 2001년 10월 30일이지만, 최고법원이 인도 가능이라는 결정을 내린 것은 2002년 11월 14일이다. 인도법상 강제조치로 체포와 구류 외에 '거주감시'를 규정하고 있으나, 재판결정서를 보면 Martin에 대해 '거주감시' 조치가 취해졌는지는 불분명하다.

354) 중국 법정에서의 합의부란, 제1심인 합의부는 재판관과 참심원으로 구성되거나 재판관으로만 구성('법원조직'법 제10조)되나, 제2심에서는 재판관만으로 합의부를 구성할 수 있다. 참심원은 재판에서 재판관과 동등한 권리와 의무를 지닌다. 합의부 구성원은 반드시 홀수로 구성되며 실무에서는 3명이 일반적이지만, 사건의 경중 등에 따라 5명 또는 7명으로 구성되기도 한다. 중국의 합의재판부는 일본 법원의 합의부와 달리 미리 재판관이 고정적으로 구성돼 있는 것이 아니라 사건에 따라 임시로 구성된다. 합의부 재판 결과는 다수결 원칙을 따르며 소수의

결과에 대해 인도 여부 결정은 재판관의 평의를 거쳐 행해지는 바, 가령 재판관 간에 이견이 있는 경우 다수 의견이 결정에 반영된다. 고급법원은 최고법원으로 부터 인도 청구서 등을 수취한 날로부터 10일 이내에 그 부본을 도망 범죄인에게 송부하여야 하며, 도망 범죄인은 이를 받은 날로부터 30일 이내에 의견을 고급법원에 제출해야 한다(인도법 제23조). 인도 재판 방식에 대해 구체적인 규정은 없지만 실무적으로는 합의부의 서면심사 및 법정 공판에 따라 진행된다. 예를 들어 중국 인도법이 시행된 이래 최초의 인도재판이 된 프랑스인 'Martin사건'[355]의 경우 윈난성 고급법원은 서면심사를 한 후에 개정하는 방식을 취했다.[356] 즉 인도 재판이 개정되면 우선 3명의 재판관이 합의부를 구성해 해당 인도 사건의 심사에 임하고 피청구 인도인의 동의를 얻어 변호인이 선임되고 법률지원이 제공되며 통역 지원을 받을 수 있게 된다. 법정에서는 3명의 재판관이 착석하면 재판관이 프랑스 정부의 인도 청구서를 낭독하고 그 후에 피청구 인도인인 Martin 및 그 변호인으로부터 중국과 프랑스 법령에 기초하여 인도 요건의 적부, 인도 제한사유의 유무 등에 관한 의견을 청취한다. 다음으로 피청구 인도인인 Martin의 최후진술을 청취하고 법정은 인도 여부를 결정한다.

고급법원이 실시하는 심사의 내용에는, 인도법 및 인도조약상 인도 범죄에 대해 인도요건의 적부, 인도법 제8조 및 제9조가 정하는 인도 제한사유의 유무, 기타 인도 청구의 형식적 요건의 적부 등이 포함된다. 인도가 요구된 범죄혐의의 상당성에 대해 인도법상 그 범죄사실에 관한 진상규명과 유무죄를 결정하는 것은 아닌 것으로 해석된다. 인도재판에서 가령 도망 범죄인에 대해 인도 범죄 실체관계를 다툴 수 있도록 허용한다면, 청구국도 그에 대응하여 증거 제출 등이 요구되고, 결과적으로 청구국의 재판에서 이루어져야 할 형사 소송이 피청구국의 법원에서 다뤄지게 된다. 청구국이 제출한 인도 청구서 및 그 관련 자료에 대해서는

견은 평의 및 재판서에 기록된다.

355) 프랑스 국적을 가진 도망 범죄인 Martin(Martin Michel)은 자국에서 강간죄를 저지르고 중국으로 도망가던 중, 2001년 6월 프랑스로부터 인도 청구 요청이 있었다. 윈난성 고급법원 및 최고법원의 인도재판에 의해 인도 가능하다는 결정이 내려졌으며(최고법원 2002년 11월 14일 결정), 국무원이 인도 상당성을 인정함에 따라 인도가 실행되었다. 薛淑兰, 引渡司法審査研究, 中国人民公安大学出版社, 2008, 490－493쪽.

356) 薛淑兰, 引渡司法審査研究, 中国人民公安大学出版社, 2008, 285쪽. 단, 중국의 인도재판에서는 아직 체계적인 방식이 정착되지 않아 앞으로의 과제가 될 것이라고 지적된다.

진실인 것으로 추정되며, 이러한 점에서 인도재판은 국내 형사법에 기초하여 행해지는 형사소송과는 구별되는 것으로 해석된다.[357]

고급법원은 심사의 결과에 대해, 인도법 제24조에 의거하여 다음의 결정을 해야 한다. 즉, ① 인도법 및 인도조약상의 인도 요건에 부합하기 때문에 인도 가능하다는 결정이다. 다만, 인도 범죄 이외의 범죄에 대하여 중국 내에서 형사 절차가 진행되고 있어 '인도 연기'의 이유가 있을 때에는 그 취지를 제시하여야 한다. ② 인도 요건에 부합하지 않거나 혹은 인도 제한사유로 인해 인도 불가라고 결정하는 것이다. 고급법원은 인도 여부에 대한 결정을 한 후 이를 도망 범죄인에게 선고하여야 하며, 그 결정을 내린 날로부터 7일 이내에 결정서 및 관련 자료를 최고법원에 송달하고 최고법원의 재심사를 요청하여야 한다.[358]

(3) 최고법원의 재심사

고급법원이 인도 적부에 대한 결정을 내렸다 해도 그 결정이 구속력을 갖는 것은 아니며, 최고법원의 재심사를 기다려야 한다(인도법 제25조). 최고법원의 재심사는 인도법상 고급법원에 의한 의무적 심사 청구이지, 고급법원의 결정에 대한 도망 범죄인의 불복에 의한 것은 아니다. 최고법원의 결정은 인도법 제26조에 기초하여 다음과 같이 행해진다. ① 고급법원의 결정을 승인하는 결정이다. 고급법원의 결정이 인도 가능한지 인도 불가능한지를 묻지 않는다. ② 고급법원의 결정을 파기하고 사건을 원심인 고급법원으로 돌려보내는 결정이다. ③ 고급법원의 결정을 파기하고 최고법원 스스로 결정을 하는 것이다.[359]

(4) 인도재판의 법적 성질

중국의 인도 절차에서 사법 심사와 행정 심사의 한계를 명확히 구별하기는

---

357) 薛淑圻, 상동 저서, 286 – 287쪽.

358) 고급법원이 인도심사 결과에 따라 내린 인도 여부에 관한 결정은 그 자체로는 법적 효과가 생기지 않고 최고법원의 심사 승인을 받아야만 법률효과를 얻을 수 있다. 黃風, 中華人民共和国引渡法評注, 中国法制出版社, 2001, 90쪽.

359) 인도법 초안이 작성될 당시에는 재판기관에 의한 사법심사의 권위를 높이기 위해 중앙행정기관이 수시로 의견을 제출하는 것을 조건으로 최고법원의 인도 여부 결정에 대해 일정한 효력을 부여하자는 논의가 있었으나, 최종안으로 채택되지는 않았다. 그 이유로 중국 정치체제의 특징, 국제형사협력 시 행정부의 확인이 긴밀하게 이루어져야 한다는 등의 사정이 있었다고 한다. 黃風, 中華人民共和国引渡法評注, 中国法制出版社, 2001, 88쪽.

어렵다. 심사 주체를 기준으로 한다면, 재판 기관인 고급 법원 및 최고법원에 의해 이뤄지는 사법심사가 있으며, 외교부나 국무원 등 행정 기관에 의해 이뤄지는 행정심사와 구분된다. 다만 최고검찰원에 대해서는 사법기관으로 분류하면서도 최고검찰원이 자국 형사관할권의 존부에 대한 심사는 사법심사 범주에는 포함되지 않는다고 한다. 인도법상 최고법원이 인도 여부에 대해 인도 불가 결정을 내리더라도 국무원은 그 결정에 구속되지 않고 인도 집행을 결정할 수 있기 때문에 국무원의 심사가 행정심사에 국한될지가 문제가 된다. 설령 국무원의 심사가 국가이익에 관한 외교 정책 등 국익과 관련된 고도의 행정적 범위에 한정된다 하더라도, 그럼에도 불구하고 행정 심사가 법원의 결정을 뒤집고 적법성 등의 심사를 내린다면, 법원에 의한 사법 심사의 존재 자체가 의심될 것은 말할 필요도 없을 것이다. 여기에서 사법 심사와 행정 심사의 상관관계는 삼권분립이라는 본질적인 문제와 연관된다. 인도 여부를 둘러싼 심사에서 법원의 심사와 행정 기관의 심사 간에 그 한계의 확정이 애매한 것은, 중국의 정치 체제 및 사법 체계의 특성에 기인하는 것으로 해석된다. 즉, 법원 조직 및 재판관의 구성 등에 공산당에 의한 국가 지도 체제가 확립되어 있기 때문이다. 도망 범죄인 인도를 둘러싼 절차뿐 아니라 중국의 사법 체계 운용에서는 일반적 법치주의에 비추어 보면 상응하지 않는 내용이 많으며, 공산당 지도부를 핵심으로 하는 국무원의 영향력이 국정 전반에 걸쳐서 작용하고 있는 것을 알 수 있다.

　　인도 재판의 법적 성질에 대해 형사 소송인지 여부를 놓고 의견이 엇갈린다. 형사 소송이란 '범죄의 존재 여부, 형벌을 부과할지 여부를 확정해 부과해야 할 구체적 형벌을 정하는 절차'이며, 그 구조는 검찰관이 형벌을 과할 것을 청구하고 피고인(변호인)이 방어를 하며, 법원이 판단을 하는 것을 말한다.[360] ① 인도재판은 기본적으로 형사소송이라는 견해이다. '인도' 행위에 대한 법적 평가는 형사소송의 특수한 절차로, 기본적으로 형사 소송제도에 기초하여 실시되는 것으로 해석된다.[361] 국제형사협력의 취지가 처음으로 사용된 것이 형사 소송이라는 점을 든다. 즉 1996년에 개정된 형사 소송법 제17조는 '중화인민공화국이 체결하거나

---

360) 法律用語研究会編, 法律用語辞典(第2版), 有斐閣, 1993
361) 黃風, 中国引渡制度研究, 中国政法大学出版社, 1997, 3쪽; 黃風, 中華人民共和国引渡法評注, 法制出版社, 2001, 15쪽.

혹은 가입한 국제 협약에 따라 또는 호혜 원칙에 비추어 우리나라 사법 기관과 외국의 사법 기관은 상호 형사사법 협력을 청구할 수 있다'고 규정한다.[362) 여기에서 말하는 형사사법 협력이란 광의로 해석되는 것으로, 도망 범죄인 인도가 포함된다는 것이다. 또한 소송의 당사자는 인도 청구국이 원고, 인도 요청을 받은 도망 범죄인이 피고가 되며, 이들 사안을 심리하는 중국 법원 및 국무원이 재판자가 된다. 인도 절차가 소송인 근거로, 청구국은 도망 범죄인에 대한 강제 조치, 관련 증거물의 송부 및 임시 인도 등에 대해 청구권을 갖는 것 등을 들 수 있다. 도망 범죄인은 인도재판에서 의견을 제출하고 변호인의 조력을 받아 인도 청구서 부본의 열람 및 강제 조치에 대한 법률 부조에 대한 권리를 주장할 수 있다는 것이다.[363) 도망 범죄인에 대한 구금 등과 같은 강제 조치에 대하여 원칙적으로 형사 소송법이 적용된다는 것이다. ② 인도 재판은 인도 제한사유의 존부를 심사하는 것에 한해 형사 소송이라는 견해이다. 인도 재판은 인도 범죄에 대해 유무죄를 심리하는 것이 아니기 때문에 형사 소송 절차와는 다르다고 해석할 수 있다.[364) 형사 재판의 법률 심사는, 범죄에 적용하는 법률이 정확한지 여부를 심사하는 것이나, 인도 재판은 인도 범죄가 중국 인도법 및 인도조약이 정한 인도 제한사유에 대하여 그 존재 여부를 심사하는 것이다. 쌍방가벌성에 대해 심사하는 경우, 인도가 요구된 범죄가 진실이라는 전제하에 중국 내 법령이 정하는 조건에 부합하는지 여부를 심사하는 데 그친다. 인도를 요구받은 범죄에 대하여 전면적으로 조사하거나 진정하게 범죄를 구성하는지를 인정하는 것은 불가능하므로, 이 점에서 인도 재판은 국내의 일반 형사 소송과는 다른 특징을 갖는다고 하겠다.

2. 국무원의 결정

인도법상 최고법원이 인도 가능이라는 결정을 내렸을 때에는 이를 외교부에

---

362) 중국 형사소송법 제17조에서 말하는 '형사사법협력'의 내용에 관하여 구체적으로는 일정한 소송행위에 관한 것에 한하며, 국제형사 공조조약 등의 문서송달, 증거나 증인 등의 이송, 수사공조 등을 들 수 있다는 견해도 있다. 全人代常務委員会法制工作委員会編, 中華人民共和国刑事訴訟法釈義(最新修正版), 法律出版社, 2012, 30－31쪽.
363) 黄風, 華人民共和国引渡法評注, 法制出版社, 2001, 15쪽.
364) 薛淑兰, 引渡司法審査研究, 中国人民公安大学出版社, 2008, 93쪽.

송부하게 되며, 외교부는 그 결정을 국무원에 보고하면서 인도 여부의 최종 결정을 요구해야 한다(제29조). 최고법원이 인도 불가 결정을 내린 경우, 외교부는 그 결과를 국무원에 보고하는 절차 없이 최고법원의 결정을 청구국에 통지하게 된다. 국무원의 심사는 상대국 등과의 국제 관계, 중국의 외교 정책에 미치는 영향 등과 같은 국가이익을 고려하여 인도의 상당성을 판단하는 것으로 해석된다.365) 인도법상 국무원 결정에 대하여 그 결정에 불복해 처분 취소를 요구하는 규정이 없기 때문에, 종국적인 결정이 된다. 또한 중국 '행정 소송법' 제12조 제1항에서 법원은 '국방, 외교 등의 국가 행위'에 관한 사항에 대해 소송을 수리할 수 없다고 정하는 바, 인도에 관한 국무원의 결정은 외교 관계에 대한 국가 행위로 해석된다.366)

제 4 절 인도법 및 인도조약에서의 인도 제한사유

인도법상 절대적 인도 거절사유는 정치범죄, 군사범죄, 자국민 등이며 임의적 인도 거절사유로는 인도 범죄에 대해 중국이 형사관할권을 가질 경우의 공소시효 완성 등을 들 수 있다. 다만, 자국민이라는 점 등과 같이 인도법에서는 절대적 거절사유로 규정하지만 인도조약에서는 임의적 거절사유로 정한 것 혹은 인도법에는 규정이 없으나 인도조약에서는 사형 불인도를 규정하는 등 인도법과 인도조약 사이에는 인도 제한사유의 법적 성질에 차이가 있다. 그러므로 반드시 절대적인 것이나 임의적인 것으로 분류할 수는 없으며, 이 절에서는 이들을 포괄하여 인도 제한사유의 범위 안에서 고찰하고자 한다.

1. 자국민 불인도

인도법에서는 인도가 요구된 도망 범죄인이 중국 국민인 경우, '절대적 인도 거절사유' 제1호로 정한다(제8조 제1호). 그러나 중국이 체결한 인도조약에서 절대

---

365) 全国人民代表大会常務委員会法制工作委員会編, 中華人民共和国引渡法釈義, 法律出版社, 2012, 57쪽; 薛淑兰, 引渡司法審査研究, 中国人民公安大学出版社, 2008, 300-301쪽.
366) 黃風, 中華人民共和国引渡法評注, 中国法制出版社, 2001, 122쪽.

적 인도 거절사유로 규정한 것이 많은데, 일부 인도조약에는 피청구국이 거절권을 갖는다고 규정한 것도 있다. 인도조약에서 자국민을 절대적 인도 거절사유로 정한 경우, 청구국의 요청에 따라 피청구국이 그 국민에 대해 소추 등의 조치를 취하지 않으면 안 된다고 의무화한 것도 있다. 중국에서는 자국민 불인도에 대해서 그 의의로 4가지를 들 수 있다.[367] ① 중국 형법이 정하는 속인 관할권을 적극적으로 행사하는 것이다. ② 중국 국민의 보호를 고려한 것이다. 중국 형법상 국민의 국외사범에 대해 형사관할권을 행사할 수 있기 때문에, 국민이 외국에서 재판을 받거나 외국에서 복역하는 것을 피할 수 있고, 중국 내에서 재판이나 교정을 받을 수 있는 것이 바람직하다. ③ 중국인의 전통적 관념을 고려한 것이다. 중국인은 수사, 재판, 수형 등의 형사 절차에 대해 외국보다 국내에서 해결하려는 의식이 강하다. ④ 국제형사협력의 목적은 국가와 국민의 이익을 보호하는 데 있다. 자국민을 인도한다는 국제형사협력의 측면과 국민 보호의 균형이 문제이나, 인도법 입법자는 국제형사협력보다 국민 보호를 우선한 것이다.

　　그러나 자국민이라는 이유만으로 절대적 인도 거절사유를 들어 불인도를 국제형사협력보다 우선시하는 것은 국제형사협력의 목적 및 추세에 역행하는 것이다. 특히 형법의 국외범 처벌 규정 및 인도조약에 규정된 자국내 사건 회부 규정 등과 관련하여 검증 장치가 확보되지 않는 한 인도조약상 회부 규정은 유명무실해질 수밖에 없다. 자국민 불인도를 절대적 거절사유로 관철하는 것은 중국이 중앙과 지방 정부 및 국영 기업 등의 부패범죄에 대해 단속을 강화하고 있는데, 거액의 횡령 등 범죄를 저지르고 해외도피한 이들 범죄인에 대해 주요 도망국인 미국 등과 국제형사협력을 강조하며, 이들의 신병 인도를 적극적으로 요구하는 것과는 모순되는 것이다.

　　인도법에는 국적 인정에 관한 조항이 없어 인도 심사에서 도망 범죄인의 국적에 대해서는 국적법[368] 등에 따라 그 판단이 이루어지지만, 인도 청구가 있은

---

367) 全国人民代表大会常務委員会法制工作委員会編, 中華人民共和国引渡法釈義, 法律出版社, 2012, 15쪽, ③과 ④에 대해서는 薛淑兰, 引渡司法審査研究, 中国人民公安大学出版社, 2008, 143-144쪽을 참조.

368) 중국 국적법(1980년 9월 10일 전국인민대표대회 상무위원회 위원장령 제8호 공포)에서는 다중 국적이 인정되지 않고(제3조), 국적 취득에 혈통주의가 우선되며(제4조 및 제5조), 보완적으로 출생지주의가 취해진다(제6조). 중국 국적법상 중국 국적을 부여하는 요건은 다음과 같다. ① 부모 쌍방 또는 그 일방이 중국 국민이며 본인이 중국에서 출생한 경우, ② 부모 쌍방

후 인도 결정이 이루어지기까지는 상당한 기간이 소요되므로 혼인 등의 사유로
국적이 변경될 수 있다. 중국이 체결한 다수의 인도조약에는 국적 인정 시기를 명
기하지 않았으며, 일부 조약에는 ① 인도 범죄가 발생했을 때, ② 피청구국이 인
도를 결정했을 때, ③ 피청구국이 인도 청구를 받을 때 등으로 규정한 것이 있다.
예를 들어, 우즈베키스탄(제3조 제1항), 불가리아(좌동) 등과의 인도조약에서는 '인
도를 결정했을 때'를 기준으로 하고, 스페인(제3조 제4항), 포르투갈(좌동) 등과의
인도조약에서는 '피청구국이 인도 청구를 받았을 때'로 규정한다. 프랑스와의 인
도조약에서는 '인도가 요구된 범죄가 발생했을 때'로 규정한다(제4조 제1항).

(1) 홍콩, 마카오 및 대만

　홍콩, 마카오 주민 및 대만인은 중국 국민으로 인도법이 정한 자국민 불인도
대상에 포함된다.[369] 즉, '홍콩 특별행정구 기본법' 부속 문서 3 및 '마카오 특별
행정구 기본법' 부속 문서 3의 각 규정에 따르면, 중국 국적법은 두 특별행정구에
적용되는 법률로 법정 요건에 적합한 특별행정구에 거주하는 거주민은 자동적으
로 중화인민공화국의 국적을 보유한다고 규정한다. 또한 1996년 5월 15일 통과된
전국인민대표대회 상무위원회의 '중화인민공화국 국적법의 홍콩특별행정구 시행
을 둘러싼 여러 문제의 해석에 대해'는 이 문제를 명확히 규정한다. 제1조는 '중
국 혈통의 홍콩 거주민, 본인이 중국 영토(홍콩 포함)에서 출생한 자 및 중화인민
공화국 국적법 규정에 적합한 자는 모두 중국 국민이다. 전국인민대표대회 상무
위원회는 중국 국적법을 마카오 특별행정구에 실시하는 데 있어서 그 해석은 동
일한 규정을 적용한다'고 하였다. 1998년 12월 29일 통과된 마카오 특별행정구에
대한 해석에서도 같은 해석이 나왔다. 즉, 가령 홍콩 또는 마카오 주민이 국외에
서 죄를 짓고 중국 내지로 도망쳤을 때, 외국으로부터 그 신병에 대한 인도 청구
를 받았을 때 자국민 불인도 대상이 된다. 대만인에 대해서도 대만이 사실상 중국

또는 그 일방이 중국 국민이며 본인이 외국에서 출생한 경우, 다만 부모의 일방이 외국에 정주
하며 본인 출생 시에 외국의 국적을 가지고 있었을 때에는 그러하지 아니하다(이상 제5조). ③
부모가 무국적이나 국적불명의 경우, 중국에 정주하고 본인이 중국에서 출생했을 때(제6조),
④ 외국인 또는 무국적인이 중국의 헌법과 법률을 준수하고 중국인의 친척이 있을 것, 중국에
정주하고 있을 것 및 기타 정당한 사유가 있는 경우, 신청을 통해 중국 국적을 부여받을 수
있다(제7조).

369) 黃風, 中華人民共和国引渡法評注, 中国法制出版社, 2001, 45−46쪽.

영역으로 간주되는 점, 중국 혈통인 점 등에 비춰 인도법이 정하는 자국민 불인도가 적용된다는 것이다.

(2) 인도조약에서의 자국민 규정

중국이 체결한 인도조약에는 인도를 요구한 범죄인이 자국민일 경우 절대적 인도 거절사유로 규정한 것이 많지만, 일부 조약에는 인도 거절권을 명기한 경우도 있다.[370] ① 절대적 인도 사유로 정한 것으로는 브라질(제3조 제1항 제4호), 포르투갈(좌동), 스페인(제3조 제4호), 프랑스(제4조 제1항) 등과의 인도조약이 있다. 이들 조약에서는 청구국이 자국민임을 이유로 불인도를 결정한 경우, 청구국의 요청 및 청구국의 증거 등을 제공 받아 피청구국은 그 범죄인을 소추하기 위해 인도하도록 요구받은 사건을 소추 당국에 회부해야 한다고 규정한다(브라질, 포르투갈 및 스페인 각 제5조, 프랑스 제4조 제2항). ② 자국민임을 임의적 인도 거절사유로 정한 인도조약으로는 한국(제5조), 태국(제5조), 캄보디아(제5조), 필리핀(제3조), 남아프리카(제5조), 호주(제5조), 이탈리아(제5조) 등이 있다. 이들 조약에서도 피청구국이 인도를 거절한 경우, 청구국의 요청 및 증거 등의 제공으로 피청구국은 그 범죄인의 소추를 위해 인도를 요구받은 사건을 소추 당국에 회부하여야 한다고

---

370) 한중일이 각각 체결한 인도조약에서 자국민 불인도에 관한 규정 및 불인도시의 피청구국의 사건처리에 관해 정한 영문조항은 다음과 같다(밑줄은 필자).

① 중한 인도조약(제5조 제1항) 'Each Party shall have the right to refuse extradition of its own nationals.', 동조 제2항 'If extradition is not granted pursuant to paragraph1 of this article, the Requested Party shall, at the request of the Requesting Party, submit the case to its competent for prosecution to the extent permitted by its law. For this purpose, the Requesting Party shall submit documents and evidence relating to the case to the Requested Party.'

② 한일 인도조약(제6조 제1항) 'The Requested Party shall not be bound to extradite its own nationals under this Treaty, but it shall have the power to extradite them in its discretion.', 동조 제2항 'If extradition is refused solely on the basis of the nationality of the person sought, the Requested Party shall, to the extent permitted under its laws, submit the case to its authorities for prosecution at the request of the Requesting Party.'

③ 미일 인도조약(제5조) 'The Requested Party shall not be bound to extradite its own nationals, but it shall have the power to extradite them in its discretion.'

④ 한미 인도조약(제3조 제1항) 'Neither Contracting State shall be bound to extradite its own nationals, but the Requested State shall have the power to extradite such person if, in its discretion, it be deemed proper to do so.', 동조 제2항 'If extradition is refused solely on the basis of the nationality of the person sought, the Requested State shall, at the request of the Requesting State, submit the case to its authorities for prosecution.'

규정한다.

이들 인도조약에서의 자국민 불인도에 관하여 그 규정 방식은 임의적 인도 거절사유의 하나로 규정하는 것이 아니라 별도 조항으로 '자국민 인도'(중한 인도조약 제5조) 등을 마련한 경우가 많다. 여기에서 문제가 되는 것은 피청구국이 이러한 조항에 근거한 인도 거절권을 행사하지 않는다면 어떠한 경우에 자국민을 인도할 것인가 하는 점이며, 다음 중 어느 하나에 해당할 경우 인도할 수 있는 것으로 해석된다.[371] ① 중국이 동종 사안에 대하여 청구국 국민의 인도를 받을 수 있다는 보증이 있는 경우 혹은 그러한 합의가 있거나 협의가 구체적으로 진행되고 있을 때이다. ② 중국의 인접국가로서 인적 왕래가 밀접하고 정치외교 및 사법 협력의 관계가 양호하여 서로 자국민을 인도함으로써 양국의 선린우호와 상호 신뢰가 유지되는 경우이다. ③ 인도를 요구받은 자가 중국 국민이라도 청구국에서 장기간 거주한 실질적 생활 기반이 있는 등, 청구국과 진정한 그리고 실효적인 결합 관계(genuine and effective link)가 있다고 인정되는 경우이다. ④ 청구국 내에서 재판을 받는 것이 사건의 진상 규명에 유리하거나 도망 범죄인이 청구국에서 재판을 받는 것에 대하여 동의를 명확히 표명한 경우이다. ⑤ 청구국이 그 범죄인을 인도받아 사건의 진상 규명 등을 한 후 형벌의 집행은 국적국인 중국에서 이루어질 것을 보증하는 경우이다.

인도 재판의 실무에서는 인도법이 자국민에 대해 '절대적 인도 거절사유'로 정하였기 때문에 인도조약에 임의적 인도 거절사유로 규정되어 있어도 특별히 고려해야 할 사정이 없는 한 인도법에 중점을 두고 심사하여야 하는 것으로 해석된다.[372]

---

371) 黃風, 中華人民共和国引渡法評注, 中国法制出版社, 2001, 48쪽.

372) 薛淑兰, 引渡司法審査研究, 中国人民公安大学出版社, 2008, 46쪽. 이 책(321 – 323쪽)에서는 다수의 학자들이 인도법의 개정 등을 통해 인도조약과의 사이에서 법적인 정합성이 취해질 필요가 있다고 지적하면서 자국민에 대해 임의적 인도 거절사유로 정해야 한다는 주장을 하고 있다고 말한다. 또한 현행법이 유지되는 한 외국과의 인도조약 체결 또는 국제 예양에 의한 인도국제협력에 적지 않은 지장이 발생할 수 있다는 등의 지적이 있다.

2. 정치범 불인도

(1) 인도법 및 인도조약에서의 정치범죄

중국 인도법은 정치범죄를 절대적 인도 거절사유로 정하지만(제8조 제5호), 정치범죄의 정의에 대해 언급이 없다. 인도법이 시행되기 이전까지 인도 협력의 지침이 되었던 '인도 안건의 약간의 문제에 관한 처리 규정'에서도 '정치 원인 범죄'로 규정했을 뿐, 그 정의에 관해서는 규정이 없다. 중국이 체결한 인도조약에는 '정치범죄'라는 용어 외에 '정치적 성질을 가진 범죄', '정치 원인의 범죄' 등의 말이 사용되며 주로 절대적 인도 거절사유로 정해진 것이 많다. 정치범죄는 도망범죄인 인도 이외의 국제형사협력에 있어서도 공조의 제한사유가 되는 것이 일반적이며, 예를 들어 중일 형사 공조조약에서 피청구국이 '청구된 공조가 정치범죄와 관련된다고 인정하는 경우'에는 공조를 거절할 수 있다고 정한다(제3조 제1항 제1호).

(2) 정치범 불인도원칙의 예외

인도법에서는 정치범죄를 절대적 인도 거절사유로 정하는 데 그치지만, 중국이 체결한 인도조약에서는 이른바 '벨기에 가해조항', 국제테러행위 또는 다자간 조약 등에서 정치범죄로 인정하지 않는다고 정한 범죄 등에 대해 정치범죄에 포함하지 않는 규정이 많다. 주요 유형은 다음과 같다. ① 국제테러 행위 또는 다자간 조약이다. 스페인 및 이탈리아와의 각 인도조약에서는 국제테러 행위 및 체결국 쌍방이 가입한 다자간 조약에서 정치범죄로 인정하지 않는 범죄에 대해 정치범죄로 인정하지 않는다고 규정한다(각 제3조 제1호). 또한 포르투갈 및 브라질 등과의 인도조약에서는 체결국 쌍방이 가입한 다자간 조약 등에서 정치범죄로 인정하지 않는 범죄에 대하여 정치범죄로 취급하지 않을 것을 규정한다(각 제3조 제2항). ② '벨기에 가해 조항'이다. 한국과의 인도조약에서는 국가원수, 정부 수반 또는 그 가족 구성원의 생명에 대한 침해행위나 그 미수 혹은 그 신체에 대한 공격행위는 정치범죄에 포함되지 않는다고 정한다(제3조 제1항). 그 밖에 태국, 캄보디아 등 다수의 인도조약이 있으나, 아랍에미리트와의 인도조약에서는 국가원수, 정부 수반 혹은 가족 구성원 외에 아랍에미리트 최고위원회 구성원 또는 그 가족 구성원의 생명에 대한 침해 행위에 대해서도 정치범죄의 예외로 정한다(제3조 제2항). ③ 예외 조항이 없는 경우이다. 프랑스, 호주, 러시아, 남아프리카공화국 등과의 각 인도조약에서는 정치범죄를 절대적 인도 거절사유로 규정할 뿐 예외 조항이 없다. 특히, 러시아 및 중앙아시아 등 중국과 국경을 접하는 여러 나라와의 인도조약에는 '정치범죄' 자체의 규정이 없는데, 그 사정에 대해서는 후술(제4절의 5)하도록 한다.

(3) 형법과 정치범죄

중국 헌법 제32조 제2항은 '중화인민공화국은 정치적 원인으로 피난을 원하는 외국인에 대하여 비호를 받을 권리를 부여할 수 있다'고 규정한다. 중국이 국제형사협력에 관하여 외국과 체결한 최초의 조약인 폴란드와의 민사 및 형사 공조조약373)에서는 형사 공조가 '정치적 성질을 가진 것 또는 군사범죄'라고 피청구국이 인정하는 경우, 공조를 거절할 수 있다고 정한다(제24조 제1호). 이후 중국이 체결한 인도조약 및 형사 공조조약 등에서 정치범죄는 국제협력의 거절사유로 규정되어, 2000년 시행된 인도법에서도 '정치범죄로 인도를 청구하거나 혹은 중국이 이미 피청구 인도인에게 비호권을 부여한 경우'를 절대적 인도 거절사유로 명기하게 되었다(제8조 제3호).

불인도 대상이 되는 정치범죄와 관련해, 중국 형법에서는 사회주의 제도와 국가통일 등에 반하는 활동, 국가분열 등을 조장하는 활동 등에 대해 처벌 규정이 마련돼 있다. 형법 각칙 제1장에 '국가 안전 위해죄'를 두고 제102조에서 제113조에 걸쳐 죄명 등이 열거되어 있다.374) 국가 안전 위해죄는 헌법 등에 규정된 '사회주의 제도' 및 '민주 집중제'를 보호 유지하기 위한 구체적이고 직접적인 수단이 된다. 예를 들어, 형법은 그 입법 취지와 임무에 대해 제1조 및 제2조에서 '인민

---

373) 1987년 6월 5일 체결, 1988년 2월 13일 발효되었다. 동 조약은 총칙(소송비용의 감면, 공조의 경로, 공조의 제한사유 등), 민사 공조, 형사 공조 및 기타 장으로 이루어져 있다. 最高人民法院外事局編, 中国国際司法協助条約与実施手册(第3卷), 外交出版社, 2004, 841-846쪽.

374) 형법 제1장에 열거된 주요 범죄는 ① 반역죄, ② 국가분열선동죄, ③ 무장반란 또는 폭동죄, ④ 전복죄 또는 전복선동죄, ⑤ 국가안전위해죄의 자금원조죄, ⑥ 투항죄, ⑦ 공무원도망죄, ⑧ 간첩죄, ⑨ 국가기밀정보절취, 탐지, 매수 또는 불법제공죄, ⑩ 전시적원조죄 등이다.

민주주의의 독재정권, 사회주의 제도, 사회주의 건설사업' 등을 방위하는 것에 있다고 명기하고, 형사 소송법에도 같은 취지를 규정한다(제1조 및 제2조). 형법은 국가안전 위해죄의 법익으로 국가와 주권 외에 '정권, 사회주의제도, 국가기밀, 국가정보' 등이 규정된다. 그러므로 형법 제1장 '국가안전 위해죄'에 열거되는 제102조부터 제113조까지의 12개 범죄행위는 중국 인도법상 정치범죄로 인정된다. 가령 중국인이 국내에서 '국가안전 위해죄'에 해당하는 죄를 짓고 외국으로 도망한 경우, 일단 '정치범'이므로 인도가 요구될 때에는 도망처인 피청구국에서 정치범 불인도원칙이 적용돼야 한다는 주장이 있을 수 있다. 즉, 피청구국에서의 인도재판 및 인도의 상당성 판단 등에서 정치범죄 여부가 쟁점이 된다. 예를 들어, 중국 형법 제109조는 '국가기관 공무원이 공무집행 중 그 직무에서 무단이탈하여 국외로 도망하거나 중국을 배신한 때에는 5년 이하의 유기 징역' 등에 처한다고 규정한다. 이와 같은 죄를 범한 자가 일본으로 도망했을 경우, 인도 재판에서 정치범죄 인정 여부가 문제가 되는데, 중일 간에는 인도조약이 없으며, 도망 범죄인 인도법상 정치범죄 여부의 판단 준거는 일본에 있으므로 적어도 인도 제한사유로서의 (순수한) 정치범죄로 인정될 것으로 보이지는 않는다. 중국 형법상 공무원이 직무를 이탈해 해외 도피한 것이 국가를 배신한 것이라 해도, 그것만으로 일본법 및 국제관습법 등의 준거로 볼 때 '정치범 불인도원칙'상의 정치범죄로 인정하기는 어렵다. 따라서 피청구국으로서 해당 범죄인을 중국에 인도할 경우, 정치적 박해 등을 가하지 않거나 별죄로 형벌을 가하지 않을 것 등에 대한 중국 정부의 보증을 요구하는 등의 검토와 대응을 하게 된다.

3. 사형 불인도

사형 불인도란 피청구국이 도망 범죄인이 청구국에 인도되면 사형을 선고받거나 혹은 사형이 집행될 것을 인도 제한사유로 삼는 것이다. 보통 사형 폐지국인 피청구국과 사형 존치국인 청구국의 관계에서 도망 범죄인 인도 여부의 기준이 되는 경우이다. 중국 인도법에서 인도 요건이나 인도 제한사유로 사형 불인도를 규정한 경우는 없으나, 인도조약에서 인도 제한사유로 규정한 경우가 있다. 중국이 체결한 인도조약 중 사형문제가 인도 제한사유로 규정된 대표적인 것으로

2005년에 체결된 스페인과의 조약이 있다. 조약 제3조 제8호에서 '청구국의 법률에 따라 인도가 요구된 자가 인도 범죄에 대하여 사형판결을 받을 가능성이 있는 경우, 피청구국은 청구국이 사형판결이나 사형집행을 하지 않는다는 보증이 있을 때에 한하여' 인도를 할 수 있다고 규정한다. 중국이 체결한 인도조약에서 사형을 특정하여 인도 제한사유로 정하거나 사형 불집행 보증을 조건으로 인도가 가능하도록 규정한 것으로 프랑스(제3조 제7호, 절대적 인도 거절사유), 호주(제3조 제6호, 절대적 인도 거절사유) 등과의 인도조약이 있다.

또한 인도조약 중에는 사형을 특정하지 않고 청구국에서 피청구국의 법체계와 저촉되는 형벌 등이 부과되는 경우를 인도 제한사유로 정한 것이 있다. 예를 들어, 2004년에 체결된 브라질과의 인도조약의 경우 제3조 제1항 제9호는 '청구국이 인도를 요구받은 자에 대해 피청구국 법률의 기본 원칙과 저촉되는 형벌을 판결할 가능성이 있는 경우'를 절대적 인도 거절사유로 정한다. 브라질의 형벌체계상 군사범죄 등을 제외하고 보통 범죄에 대해 사형이 폐지되었으므로,[375] 가령 브라질이 중국으로부터 도망 범죄인의 보통 범죄에 대해 인도를 요구받을 경우 중국의 사형 제도가 인도 제한사유가 될 수 있다. 이처럼 사형을 포함해 포괄적으로 피청구국의 형벌 체계와 저촉되는 형벌이 부과되는 것을 인도 제한사유로 삼거나, 그러한 형벌을 부과하지 않는 것에 대해 청구국의 보증을 조건으로 인도가 가능하도록 정한 것으로는 포르투갈(제3조 제1항 제8호, 절대적 인도 거절사유), 이탈리아(제3조 제7호, 절대적 인도 거절사유), 루마니아(제4조 제3호, 임의적 인도 거절사유), 남아프리카공화국(제4조 제2호, 임의적 인도 거절사유) 등과의 인도조약이 있다.

중국이 인도 청구국일 경우, 사형 불집행 등에 대해 피청구국으로부터 보증을 요구받을 경우 문제가 된다. 인도법은 중국이 청구국으로서 사형 불집행 등의 보증을 피청구국으로부터 요구받았을 경우, 중국의 어떠한 기관이 그 보증을 인정할지에 대해 규정한다. 인도법 50조는 피청구국의 보증 청구가 중국의 주권이나 국익 등에 반하지 않는 한 외교부가 그 인정을 하도록 하면서도, 다만 소추에

---

375) 국제사면위원회 홈페이지 참조(https://www.amnesty.org/en/death-penalty/abolitionist-and-retentionist-countries#ordinar. 2014년 9월 15일 열람). 브라질과 동일한 체제를 갖춘 국가로는 칠레, 페루, 카자흐스탄 등이 있다.

대해서는 최고검찰원, 양형에 대해서는 최고법원이 각각 실시한다고 규정한다. 즉, 중국이 피청구국으로부터 사형 불집행 보증을 요구받을 경우 최고법원이 그 보증의 채택 여부에 대해 심사하여 실질적인 결정을 하게 된다. 고문 등 잔혹하고 비인도적인 취급 혹은 형벌을 가하지 않을 것에 관한 보증에 대해서는 공안부(경찰) 또는 사법부(형무)가 이를 심사하여 실질적으로 결정한다. 중국이 이와 같은 보증을 부여한 사례로, 중국 민항기를 탈취한 '장진해 사건'에서 일본으로부터 사형 불집행 등의 보증이 요구되어 이를 보증하여 신병을 인도받은 적이 있다. 또한, 중국이 부패범죄인 '위전둥'(余振東)을 미국으로부터 송환받기 위한 협상에서 미국 측으로부터 잔학하고 비인도적 취급 혹은 그러한 형벌을 가하지 않는다는 보증을 요구받아, 이를 보증하고 신병을 인수한 사례가 있다.[376]

4. 기타 인도 제한사유

(1) 군사범죄

인도법은 '순수한 군사범죄'를 절대적 인도 거절사유로 정한다(제8조 제5호).[377] 일본 및 한국의 각 인도법에서는 군사범죄에 관한 규정이 없으나 한중 인도조약에서는 절대적 인도 거절사유로 정한다(제3조 제4항). 또한 '유럽범죄인 인도조약'(제4조), '유엔범죄인 인도모델조약'(제3조 (c)) 등의 조약에서도 군사범죄를 절대적 인도 거절사유로 규정하는 경우가 있다. 이들 조약을 포함해 인도 제한사유가 되는 군사범죄는 보통 범죄를 구성하지 않는 '순수한 군사범죄'에 국한된다고 명기한 경우가 많다. 중국이 군사범죄를 인도 제한사유로 삼는 이유로는, 헌법 등의

---

376) 黃風, 国外逃亡犯罪の捜査問題の研究, 国際刑事司法合作：研究文献, 中国政法大学出版社.

377) 군사범죄가 인도 제한사유로 정해진 것은 제9기 전국인민대표대회 상무위원회 제18차 회의 '인도법' 심의(2000년 12월 18일)로 전인대 전문위원회인 법률위원회 및 군사위원회의 건의에 따른 것이다. 즉 법률위원회 일부 위원과 군사위원회 법제국은 인도법 심의에서 절대적 인도 거절사유로 군사범죄가 포함되도록 건의했다. 법률위원회의 검토 결과 '군사범 불인도'가 국제형사협력에 일반적으로 인정되고 있다는 점, 범죄인 인도에 관한 UN모델조약에도 규정돼 있다는 점, 여러 국가 범죄인 인도법에 같은 규정이 있다는 점, 중국이 외국과 체결한 인도조약(예를 들어 불가리아, 카자흐스탄, 몽골, 캄보디아, 루마니아, 태국, 벨라루스 등)에도 해당 조항이 있다는 점 등이 인정돼 절대적 인도 거절사유로 추가됐다. 이후 축조심의회에서 군사범죄라는 용어가 불명확하다는 지적이 있어 '순수한 군사범죄'로 개정되어 표결로 결정되었다. 全国人民代表大会常務委員会法制工作委員会編, 中華人民共和国引渡法釈義, 法律出版社, 2001, 127－129쪽.

법률에서 징병제 등의 군사적 의무를 정한 국가에서의 군사범죄는, 그 나라의 국방 등의 국익을 침해하는 것이기 때문에 정치적 성격이 강하며 국제형사협력의 범주를 넘는 것으로 해석된다.[378] 군사범죄의 정의에 대해서 '한 나라의 법률이 정한 군사 의무를 위반한 범죄'로, '어떠한 보통 범죄 요소도 포함하지 않는 범죄 행위이다'라고 할 수 있다.[379]

중국 형법은 제10장 '군인직책위반죄'에서 군사범죄를 규정하고,[380] 제420조에서 제451조까지의 32개 조항으로 구성되며 31종의 죄명과 형벌이 각각 규정된다. 군사범죄의 적용범위에 대해 형법 제450조는 '본장(제10장)은 중국 인민해방군에 속하는 현역 장교, 군무문관의 간부, 병사 및 군적을 가진 학생, 중국 인민무장경찰부대에 속하는 현역 경관, 문관 직원, 병사 및 군적을 가진 학생, 및 군사 임무를 수행하는 예비역인 자 및 기타인 자에게 적용한다'라고 명기한다. '전시'의 정의에 대해 형법 제451조에서 '① 본 장에서의 전시란 국가가 전쟁상태임을 선포했을 때, 부대에 작전임무가 부여되었을 때, 혹은 부대가 갑작스럽게 습격을 당했던 때를 말한다. ② 부대가 계엄 임무를 집행할 때, 혹은 돌발적 폭력 사건에 대처할 때도 마찬가지이다.' 라고 정한다.[381] 인도 제한사유가 되는 군사범죄는 '순수한 군사범죄'이므로 기타 보통 범죄를 구성하지 않는 행위에 한한다. 중국 형법에서는 군사범죄를 제10장 '군인직책위반죄'로 정하는데, 이 중 인도법상 군사범죄로 인정되는 것으로는 '투항죄'(제423조), '전시중 전진도망죄'(제424조) 및 '전시 자상죄'(제434조) 등이 있다.[382] 형법 제10장에서 정한 범죄라도 국가기밀누설죄나 모욕죄 등과 같은 보통 범죄를 구성할 경우, 인도 제한사유로서의 군사범죄로 인정되지 않는 것으로 해석된다.

인도조약에서는 한국과의 조약에서 '보통 범죄를 구성하지 않는 군사상 범

---

378) 薛淑兰, 引渡司法審查研究, 中国人民公安大学出版社, 2008, 175쪽.

379) 黃風, 中華人民共和国引渡法評注, 中国法制出版社, 2001, 58쪽.

380) 謝望原, 刑法学(第二版), 北京大学出版社, 2012, 623쪽.

381) 형법 제10장(군인의무위반죄)에 규정된 '전시자해죄' 및 '전시적전탈주죄'는 형법상 군사범죄 이외의 범죄를 구성하지 않으므로 인도법이 정하는 군사범죄에 해당한다. 반면 '군사기밀누설죄' 및 '포로학대죄' 등은 형법상 '국가기밀누설죄' 및 '모욕죄' 범죄를 구성하기 때문에 인도법상 '순수한 군사범죄'로 인정되지 않아 인도 제한사유에 적용되지 않는 것으로 해석된다. 全国人民代表大会常務委員会法制工作委員会編, 中華人民共和国引渡法釈義, 法律出版社, 2001, 18쪽.

382) 薛淑兰, 引渡司法審査研究, 中国人民公安大学出版社, 2008, 176쪽.

죄'를 절대적 인도 거절사유로 규정한다(제3조 제4호). 그 밖에 절대적 거절사유로 정한 것으로는 태국(제3조 제3호), 브라질(제3조 제1항 제3호), 스페인(제3조 제3호), 포르투갈(제3조 제1항 제3호), 프랑스(제3조 제5호), 오스트레일리아(제3조 제3호) 등과의 인도조약이 있다.

인도 재판에서는 인도 제한사유로 범죄의 군사성이 가려지는데, 이 심사를 군사법원이 진행하는 것에 논란의 여지가 있다. 긍정설은,[383] 최고법원이 인도 범죄에 대해 검토한 후 일단 군사범죄로 인정할 경우 최고법원은 고급법원을 대신해 '인민해방군 군사법원'[384]을 지정해야 한다고 한다. 법원 조직법상 인민해방군 군사법원은 군사재판에 대해 최고심급의 재판기관이나, 고급법원과 동등한 관할 권한을 갖는다. 즉, 군사범죄의 인정 여부에 대해 해방군 군사법원이 심사할 경우, 최고법원이 그 결과를 토대로 사법 심사로서 최종적인 결론을 내리게 된다는 것이다.[385]

(2) 재정범죄

재정범죄란, 국가 재정에 관한 법령상 의무를 위반해 처벌되는 행위를 말하며, 행정범의 일종이다. 조세의 포탈, 외환질서 위반 등과 같이 국가 재정에 감손을 초래하거나 금융 질서를 어지럽히는 것이다.[386] 국제형사협력에 관한 다자간 조약 등에서는 재정범죄를 인도 대상으로 규정한 것이 많으며, '유럽 범죄인 인도 조약'에서는 개별 인도조약에서 인도 제한사유로 삼는 규정이 없는 한 인도 대상

---

383) 薛淑芝, 상동 저서, 178쪽.

384) 군사법원과 최고법원과의 관계에 대해 헌법에서 '중국은 최고인민법원, 지방 각급 인민법원 및 군사법원 등의 전문인민법원을 설치한다'고 규정하면서(제124조 제1항), '최고인민법원은 지방 각급 인민법원 및 전문인민법원의 재판에 관한 직무를 감독한다'고 정한다(제127조 제2항). '전문법원'의 조직과 직무에 관하여 중국인민법원 조직법 제28조에는 '전문인민법원의 조직과 직권에 대하여는 전국인민대표대회 상무위원회가 별도의 규정을 마련한다'고 규정하는 바, 전문법원에는 군사법원 외에 철도운수법원, 수상운수법원 등이 있다. 군사법원의 조직으로는 제1심급이 지구군사법원, 공군법원 및 해군함대법원, 제2심급의 대군구법원, 해군법원 및 공군법원, 그리고 최종심급으로 중국인민해방군 군사법원이 있다.

385) 군사법원은 헌법 및 법원조직법에 따라 최고법원의 지도와 감독을 받는 것 외에 '국가중앙군사위원회 총정치부'의 지도를 받는다. 국가 중앙군사위원회는 인민해방군, 인민무장경찰부대 등 전국의 무장력을 영도하는 헌법기관이다(헌법 제93조 제1항). 또한 이 군사위원회는 주석, 부주석, 위원으로 구성되며(헌법 제93조 제2항), 전국인민대표대회 및 그 상무위원회에 대해 책임을 진다(제94조).

386) 法律用語研究会編, 法律用語辞典(第2版), 有斐閣, 1993, 541쪽.

이 된다고 규정한다(제5조). 그 밖에도 '유럽연합 범죄인 인도조약'(제6조), '유엔 반부패협약'(제44조 16항) 그리고 '범죄인 인도에 관한 UN모델조약'(제2조 제3항) 등이 있다. 중국이 체결한 인도조약 중에서도 같은 취지로 규정한 것이 있다. 한국과의 인도조약에서는 '인도 청구가 조세, 관세, 외국환 관리 또는 기타 재정에 관한 법령을 위반한 범죄에 대하여 행해지는 경우 피청구국이 청구국과 마찬가지로 조세 또는 관세를 부과하지 아니하거나 혹은 청구국과 같은 조세, 관세 또는 외국환에 관한 법령을 갖지 아니하였음을 이유로 범죄인 인도가 거절되어서는 안 된다'(제2조 제4항)고 하였으며, 프랑스와의 인도조약에서도 같은 조항이 있다(제2조 제4항).

(3) 기타

인도법에서는 일사부재리(제8조 제2호), 소추 시효의 완성 및 사면(제8조 제6호), 잔혹한 형벌 등 비인도적 처우(제8조 제7호), 결석 재판에 따른 인도 청구(제8조 제8호) 등이 인도 제한사유로 규정된다. 인도법에 규정이 없으나 인도조약에서 인도 제한사유로 규정한 것이 있다. 예를 들어 친고죄에 대해, 인도가 요구된 범죄가 체결국 한쪽의 법률에서 친고죄인 경우를 인도 제한사유로 규정한 것으로는 브라질과의 인도조약에서 절대적 인도 거절사유(제3조 제1항 제7호), 키르기스스탄과의 조약에서 임의적 인도 거절사유(제4조 제4호)로 각각 규정되어 있다. 또한 특별법정과 관련해서 인도를 요구받은 자가 청구국의 특별(adhoc) 법정에 계속되는 경우를 인도 제한사유로 정한 것으로, 브라질과의 인도조약에서 절대적 인도 거절사유(제3조 제1항 제8호), 캄보디아와의 인도조약에서 임의적 인도 거절사유(제4조 제4호)로 각각 규정되었다.

5. 중국 내 자치 독립운동과 도망 범죄인 인도

(1) 자치 독립운동에 대한 중국정부의 판결

중국은 신장위구르자치구에서 동투르키스탄의 독립운동 및 티베트 망명정부의 활동을 반중국 국제테러행위 및 분열 책동으로 규정하고,[387] 단속을 강화하려

---

387) 신장에서 발생한 폭력 사태에 대해 중국 외교부 華春瑩 보도관은 2013년 7월 1일 정례 기자
회견에서 이렇게 밝혔다. 즉, '동투르키스탄 세력을 대표로 하는 국내외 3개 세력(분리독립파,

한다. 신장위구르와 티베트는 민족자결권과 민족해방을 주장하면서 중국 공산당 정권과 지배체제에 반대하며 무장항쟁과 분신자살 등 극단적 수단을 동원해 대항하고 있다. 중국이 중앙아시아 등 국경을 접하는 인근 국가들과 범죄인 인도조약 체결 등과 같은 국제형사협력에 적극적인 자세를 취하는 배경에는 국내 정치문제와 긴밀한 관련이 있다고 할 수 있다.

인도법에는 정치범죄와 관련해 국제테러행위를 정치범죄로 인정하지 않는다는 규정은 없다. 2001년 9월 미국에서 동시다발 테러가 발생한 것을 계기로 유엔 안전보장이사회는 테러 활동에 대한 자금 공여 등의 행위에 대해 회원국의 국내법으로 범죄화하는 것을 의무화하는 결의안을 채택했다(결의안 제1373호). 중국에서도 테러행위 규제를 위한 국내법 정비에 착수하여 전국인민대표대회 제25차 회의(2001년 12월 29일)는 '형법 수정안(3)'을 통과시켜 반테러 조항을 두는 등 일부를 개정하였다.[388] 예를 들어 형법 수정으로 '테러조직 또는 테러리스트에 대한

종교 과격파, 테러리스트)은 중국 분열의 목적을 달성하기 위해 반중 분열 활동에 오랫동안 종사해 왔으며, 나아가 국제 테러 세력과 결탁하여 신장에서 대량의 폭력 테러 활동을 획책하고 실행하여 신장의 발전과 안정을 파괴하고 무고한 시민의 사상과 물적 피해를 초래하여 중국 국가의 안전과 지역의 평화 안정을 심각하게 위협하고 있다'면서 '관계국과 협력을 강화하여 동투르키스탄 테러 세력 등의 테러 조직에 공동 타격을 가할 것'이라고 밝혔다. '인민일보(일본어판) 2003년 7월 2일자 보도기사 참조(https://j.people.com.cn/94474/8307661.html. 2014년 8월 2일 열람). 중국 형법상 이러한 행위는 '국가안전위해죄'에 해당하는 것으로 해석된다.

또한 티베트 문제에 대해 외교부 秦剛 보도관은 2014년 2월 버락 오바마 미국 대통령이 달라이 라마를 만난 것에 대한 기자들의 질문에 이렇게 답했다. 즉 '사실이 증명되듯 달라이는 결코 단순한 종교인이 아니며, 종교의 깃발을 들고 장기적으로 반중국 분열 활동에 종사해 온 정치적 망명자다. 달라이가 대외적으로는 신장 독립을 요구하지 않겠다고 선언하지만 지금까지 반중국 분열 활동을 멈춘 적은 없다. 달라이가 표방하는 이른바 '중간노선'이란 중국 영토의 4분의 1을 점령해 사상 유례없는 대티베트구를 건설하겠다는 구상으로 실제로는 형태를 바꾼 독립을 의미한다. 중국 정부와 국민은 절대로 이를 받아들일 수 없다. 중앙정부와 달라이의 협의 문은 언제나 열려 있다. 달라이가 진정으로 직접 대화를 통해 진전을 이루고자 한다면 자신의 언행을 철저히 반성하고 일체의 분열파괴 활동을 중단해야 한다'고 했다. '인민일보(일본어판)' 2014년 2월 23일자 보도기사 참조(https://j.people.com.cn/94474/8544038.html. 2014년 8월 2일 열람).

또한 '국제테러행위'란 '한 나라의 정책이나 정치체제나 기존의 국제적 사태를 실력으로 변혁할 목적으로 여러 국가의 영역에 걸친 활동범위와 연계·협력 하에 준비되고 실행되는 폭력행위'를 말한다. 국제테러행위 중 '여러 국가의 공통이익을 해치는 범죄'로 실정국제법에 의해 규율되는 것은 한정되므로, 각국이 그 규제에 대한 정치적 판단에 따라 과잉반응을 보이는 경우가 있다고 한다. 山本草二, 國際刑事法, 三省堂, 1991, 26쪽.

388) 중국 형법 수정안(3)은 2001년 12월 29일 전국인민대표대회 상무위원회 제25차 회의를 통과함과 동시에 주석령 제64호로 공포 시행됐다. 수정안의 목적에 대해 전문은 테러범죄를 처벌하고 국가와 인명의 안전, 재산안전 및 사회질서 유지를 보장하는 데 있으며, 반테러리즘 입법

경제 원조죄'가 신설된 것이다(제120조의1). 또한 인도법 시행전에 범죄인 인도에 대해 국제협력 지침이었던 '인도 안건의 약간의 문제에 관한 처리규정'(1992년 4월 23일 시행)은 항공기 납치 테러리즘 등이 중국의 정치외교 및 사회질서에 중대한 위해를 초래한다고 언급하며, 동 규정의 제정 취지가 이러한 국제 범죄의 실효적 규제에 있음을 명기하였다(규정 전문). 중국이 체결한 인도조약 가운데 국제테러 행위를 정치범죄로 인정하지 않는다고 최초로 규정한 것은, 위에서 언급한 바와 같이 스페인과의 조약이다(2005년 11월 14일 체결).

'인도 안건 처리규정'(1992년)은 전문에서 '테러리즘 등이 중국의 정치외교 및 사회 질서에 중대한 위해를 초래한다'고 언급하고, 형법 개정(중국 형법 수정안 (3), 2001년)에서는 테러 관련 범죄의 신설 및 형벌 강화를 규정했다. 또한 중미 간의 당국자 회담에서는(2006년 7월 저우융캉 공안부장과 곤살레스 미국 법무장관) 반 테러 정보의 교환 등 형사협력이 이루어져 스페인(제3조 제1호), 알제리 등 각국 과 체결한 인도조약에서 테러행위에 대해 정치범죄로 인정하지 않는 조항이 마 련되었다.

(2) 인도조약에서의 취급

중국이 외국과 체결한 인도조약 중에서 특히 중앙아시아 등 이웃국가들과 체결한 인도조약에는, 인도 거절사유로 정치범죄가 규정되지 않은 것이 많다. 예 를 들어 러시아, 불가리아, 카자흐스탄, 우즈베키스탄, 키르기스스탄, 우크라이나, 리투아니아, 몽골 등과의 인도조약에서는, 기타 인도조약에서 절대적 인도 거절사 유로 규정된 정치범죄가 인도 제한사유로 명기되지 않았다. 이들 조약에서 정치 범죄에 대해, 인도 청구가 정치적 의견을 이유로 소추 또는 형벌을 가할 목적으로 이루어질 것으로 피청구국이 인정할 만한 충분한 이유가 있을 경우, 인도 제한사

임을 밝히고 있다. 이 수정안은 전문 외에 9개 조항을 두었는데, 그 특징으로는 다음의 3가지 를 들 수 있다. 첫째 테러 관련 범죄의 신설이다. '테러조직 또는 테러리스트에 대한 경제원조 죄'(형법 제120조의1), '독성이나 방사성 등의 위험물질 투기죄' 및 '허위 테러 정보의 조작 유 포죄'(형법 제291의1) 등의 3개의 범죄가 정해졌다. 둘째는 일부 범죄의 구성요건의 개정이다. ① 자금세탁죄(형법 제191조)의 자금원 속에 테러범죄로 인한 범죄 수익을 추가하고, ② 독 성·방사성 등 물질 등을 불법으로 제조, 매매, 운반, 저장하는 행위를 범죄화했다. 셋째, 법정 형의 형기를 높였다. '테러조직의 결성, 지도, 참가죄'(형법 제120조)에서 테러활동 조직의 결 성과 지도에 대해 '3년 이상 10년 이하의 유기징역'이었던 형기를 '10년 이상의 유기징역 또는 무기징역'으로 변경하였다.

유가 된다고 정한다(불가리아, 카자흐스탄, 리투아니아, 몽골 등과의 각 인도조약). 또한 러시아, 우즈베키스탄, 키르기스스탄, 우크라이나와의 각 인도조약에서는 인도 제한사유로 명기되지 않았다. 이는 중국이 기타 주요 인도조약에서 정치범죄를 절대적 인도 거절사유로 삼거나 테러행위에 대해 정치성을 부인하는 취지의 조항을 마련한 것과 비교하면 이례적인 것이라 하겠다.

러시아(비호권), 키르기스스탄(비호권), 우크라이나(비호권), 우즈베키스탄(비호권), 카자흐스탄('정치견해' 제3조 제3호, 비호권), 몽골('정치견해' 제3조 제3호, 비호권), 리투아니아('정치견해' 제3조 제3호, 비호권), 불가리아('정치견해' 제3조 제3호, 비호권), 'The Requested Party has substantial grounds to suppose that the request for extradition made by the Requesting Party aims to institute criminal proceedings against or execute punishment upon the person sought on account of race, religion, nationality or political opinion of that person, or…'

이들 8개국과의 인도조약에는 공통적으로 피청구국이 도망 범죄인에 대해 비호권을 부여한 경우를 인도 제한사유로 규정한다.[389] 정치범죄에 대하여 인도 제한사유로 명기하지 않은 이유로는 다음의 점을 생각할 수 있다. 즉 ① 인도 범죄의 정치성에 대해 법원의 사법 심사를 피한다. ② 인도 여부에 대하여 행정당국이 국익을 고려하여 결정한다. ③ 정치범죄와 인도 제한사유로 규정하는 경우, 벨기에 가해조항 및 테러행위의 정치성 부인 등이 예외사항으로 요구되므로 그러한 쟁점을 원천적으로 차단한다. ④ 체결국 간에 이해관계가 일치되거나 혹은 중국의 주장이 상대국에게 받아들여졌을 경우 등이다.

위에서 언급한 신장위구르 및 티베트 문제를 이들 인도조약과 관련하여 보면 다음과 같은 경우가 있을 수 있다. 구체적으로 중국 내에서 신장위구르 및 티베트의 독립운동 등을 목적으로 테러행위를 저지른 사람이 이들 조약에 가입한 나라로 도망함에 따라 중국이 인도 청구를 한 경우, 인도조약상 그 상대국이 도망 범죄인에 대해 비호권을 행사하지 않는 한 인도 제한사유가 아니기 때문에 인도

---

389) 비호(asylum)란 '자국 정부로부터 정치적 박해를 받아 타국으로 도피하는 개인에게 타국이 그 영역 안에서 부여하는 보호'를 말하며, 국제관습법상 국가의 권리로 간주된다. 영역 비호 외에 재외공관이나 군함 등에 들어온 사람에게 부여되는 외교적 비호가 있다. 国際法学会編, 国際関係法辞典(第2版), 三省堂, 2005.

대상이 된다. 법원이 인도 제한사유의 여부를 놓고 테러행위의 동기와 목적 등에 대해 사법 심사를 할 여지 없이, 정부 당국 간 교섭에 의해 국제정치적 결정이 도모된다. 예를 들어, 교사인 위구르인 엘시덴 이슬라일은 2009년 7월 우루무치에서 소요 사태가 발생했을 때 외신 기자를 만나 구금 중 사망한 위구르인(쇼프레프트 툴순)의 이야기를 전했다. 취재 이후 중국 당국은 이슬라일을 포함해 그 취재에 관여한 여러 명에 대해 체포영장을 발부했고, 이슬라일은 도보로 중국을 떠나 카자흐스탄으로 피했다. 현지에서 난민 인정을 요구했으며, 현지 유엔난민기구를 통해 2010년 3월에 난민 인정을 받을 수 있었다. 그러나 이슬라일은 같은 해 4월 스웨덴으로 이주가 예정돼 있었으나 망명 직전에 우즈베키스탄 법집행기관에 구속되었으며, 정치적 망명을 호소하였기에 재판에서 그 인정 여부를 다투게 되었다. 재판에서 그의 호소는 인정되지 않았으며, 2011년 5월 30일 UNHCR의 난민 인정을 취소함과 동시에 중국과 카자흐스탄의 범죄인 인도조약에 따라 신병이 중국으로 인도되었다. 2011년 6월 14일 중국 외교부는 이슬라일에 대해 중대한 테러범죄가 있다며 카자흐스탄으로부터 인도받아 구금하고 있다는 사실을 밝혔다. 이 외에도 테러행위와 국가분열 등의 혐의를 받은 위구르인을 우즈베키스탄, 파키스탄 등에서 중국으로 송환되어 처벌된 사례가 있다.[390]

중국이 범죄인 인도 국제 협력에서 인근 국가에 한해, 특히 중앙아시아 국가 간에 정치범죄를 인도 제한사유에서 배제한 데에는 대외정책상의 이유가 있다고 볼 수 있다. 중국 주도로 '상하이 협력기구'(Shanghai Cooperation Organization: SCO)가 2001년 출범했는데, 이 기구의 회원국은 중국을 비롯해 러시아, 키르기스스탄, 우즈베키스탄, 카자흐스탄, 타지키스탄 등이다.[391] 회원국은 체첸, 티베트 및 신장 위구르(동투르크스탄) 등과 같은 반체제 운동 또는 독립·분리주의 운동을 내포하는 국가로, 지역적 안전보장체제가 요구된다는 공통점이 있다.[392] 출범의

390) 이슬라일 사건에 대해서는 '앰네스티 인터내셔널' 2011년 6월 22일자 보도기사 참조(https://www.amnesty.or.jp/news/2011/0622_1333.html. 2014년 9월 19일 열람). 그 외 사례에 대해서는 2007년 6월 22일자 보도기사를 참조(https://www.amnesty.or.jp/news/2007/0622_710.html. 2014년 9월 19일 열람).

391) 清水学, 上海協力機構と中央ユーラシアの再編成, 大阪外国語大学中国文化フォーラム, 2006, 1–6쪽.

392) 상하이협력기구가 창설된 배경에는 유럽안보협력기구(OSCE)가 그 회원국인 중앙아시아 국가 및 CIS 국가에 대해 인권문제와 서구 민주주의로 개입하는 데 대해 반발한 측면이 있다. 즉, 신장위구르의 동투르크스탄과 티베트 독립운동 등을 국제테러로 규정하고, 그 활동을 억누르

취지로 중국 주도의 첫 지역협력기구, 중국의 국제경제적 영향력 및 중앙아시아에서의 거점 확보 등을 들 수 있는데, 국제형사협력 측면에서 보면 중국 내 민족독립운동과 관련된 테러범죄 규제와 맞닿아 있는 것으로 보인다. 즉, 신장위구르 (동투르크스탄), 티베트, 체첸 등 중국 및 중앙아시아의 민족문제와 이슬람 과격운동에 대해 구미국가의 인권적 간섭을 저지하고 이 기구 가맹국 간의 협력을 통해 규제하려는 것으로 해석된다. 따라서 중국이 러시아 및 중앙아시아 국가들과 체결한 인도조약에서 정치범죄를 인도 제한사유로 규정하지 않은 배경에는, 자국 내 소수민족의 민족운동을 테러 행위 및 반국가 행위로 자리매김하고, 인도심사 절차에서 사법작용을 배제하여, 정부의 정치적 고려에 따라 국제정치적 해결을 도모하려는 것으로 해석된다.

6. 인도 협력에 관한 중국 내부로부터의 지적

　중국에서의 도망 범죄인 인도를 둘러싼 국제협력과 관련하여 인도법 규정과 인도조약 규정과의 부조화, 간이인도 등과 같은 인도 협력의 최근 추세의 미반영, 신병 구금 등의 도망 범죄인의 인권보장, 법원 결정의 구속력 부여 등 사법 통제 강화가 요구된다고 지적하면서 인도법의 개정 등이 필요하다고 주장하는 것이다.393) 그 주된 내용은 다음과 같다. ① 인도법에서는 자국민을 절대적 인도거절 사유로 규정하지만, 인도조약에서는 이를 임의적 인도 거절사유 등으로 규정한 바, 인도조약과의 정합성을 확보하기 위해 임의적 인도 거절사유로 개정하는 것이 바람직하다. 입법에서 속인주의에 따른 형사관할권을 강조하면서 절대적 인도 거절사유로 규정한 것은 정치적 고려가 작용한 것으로, 국제사회의 인도 협력 진전에 지장을 줄 수 있다. 또한 인도조약에서 자국민임을 인도 제한사유로 규정하면서 인도하지 않을 경우, 청구국의 요청에 따라 피청구국은 자국 내에서 소추 등을 해야 한다고 규정하지만, 수사 활동이나 증거 관계 등에 비추어 보면 현실적으

기 위한 다국 간 협력조직으로서 '구미 가치의 세계화에 대한 방파제'로서의 기능을 가진다고 해석된다. 吉川元, 西欧的国際政治システムへ回帰するアジア：受容, 抵抗, そして衝突の軌跡, 中村雅治, イーブ・シュメイユ編, EUと東アジアの地域共同体：理論・歴史・展望, 上智大学出版, 2012, 57－59쪽.
393) 薛淑兰, 引渡司法審査研究, 中国人民公安大学出版社, 2008, 317－327쪽.

로 어려운 일이다. 특히 형법 제7조는 국민의 국외범에 대해 처벌할 수 있다고 규정하면서, 다만 법정형이 3년 이하인 경우에는 소추하지 않을 수 있다고 규정한다. 나아가 상대국과 인도조약이 존재하지 않는 경우, 가령 중국 국적의 도망 범죄인 인도 협력에 대해 피청구국으로부터 상호주의 보증을 요구받은 때, 현행 인도법으로 그 보증을 부여하는 것은 매우 어려워 인도 협력에 지장을 초래할 수 있다. ② 인도법에서 절대적 인도 거절사유로 규정한 정치범죄에 대해 인도조약에는 국제테러행위 등 중대한 국제범죄일 경우 혹은 '벨기에 가해조항'에 해당하는 행위 등을 정치범죄로 인정하지 않는다는 내용이 있으므로, 인도법에 정치범 불인도원칙의 예외 조항이 마련되어야 한다. ③ 인도법상 인도재판은 고급법원과 최고법원 양쪽의 심사와 결정을 거쳐야 하지만 도망범죄인의 상소가 있는 경우 등에 한해 최고법원이 재판을 하도록 개정하는 것이 바람직하다.

제 5 절   기타 국제형사협력

1. 형사 공조와 수형자 이송

중국에서는 형사 공조 및 수형자 이송에 대해 국내 입법이 제정되지 않아, 외국과 체결한 관련 조약에 의해 그 요건과 절차 등이 규율된다. 인도법 규정 중에는 '증거 또는 관련 자료'의 제출에 관하여 정한 조항이 있는데(제12조 제2호), 그것은 인도 청구 범죄를 입증하기 위한 것이지 형사 공조 실시를 목적으로 마련된 것은 아니다. 또한 인도법에는 형 집행을 위해 인도 청구가 있을 경우 잔여형의 기간이 적어도 6개월 이상이어야 한다는 조항이 있는데(제7조 제2호), 이것도 본인의 동의 및 갱생 등과 같은 수형자 이송의 본래 요건이나 목적과는 관계없이 형벌의 집행을 위해 규정한 것이다. 도망 범죄인 인도를 제외하고, 형사 공조 및 수형자 이송 등의 국제형사협력에 대해 국내 입법으로 이른바 '국제형사협력법' 초안이 마련되어 검토 중인 사실은 앞에서 서술한 바와 같다.

한중일 간에는 각 양자 간 형사 공조조약이 체결되어 트라이앵글을 형성하고 있다. 중일은 2007년 12월 1일 체결(2008년 11월 23일 발효), 한중은 1998년 11월 12일 체결(2000년 2월 25일 발효)되었으며, 한일은 2006년 1월 20일 체결(2007년 1월 26일 발효)되었다. 중국과 미국은 2000년 형사 공조조약을 체결하였다. 2006년 7월에는 당시 공안부장이었던 저우융캉과 미국의 곤살레스 법무장관 간에 도망범죄인 수사를 비롯해 반테러 관련 정보교환, 사이버범죄의 진압, 법 집행 실무자의 교류, 기타 형사협력에 대해 합의가 이루어져 양자 간의 '법집행협력 강화를 위한 공동성명'이 발표되었다.[394] 양국의 대표적 형사 공조 사례로는 앞서 서술한 '여진동(余振東) 사건'이 있다.

형사 공조는 조약에 기초하여 이루어지는 경우, 그 임무를 수행하는 중앙당국이 지정되고 공조의 청구 및 그 대응은 중앙당국 간 직접 연락으로 이루어진다. 중일 간에는 형사 공조조약에 따라 일본 측은 법무대신이나 국가공안위원장 혹은 이들이 각각 지정하는 자, 중국 측은 사법부 또는 공안부로 되어 있다(제2조 제1항). 한중의 형사 공조조약에서는, 중국 측이 사법부, 한국 측이 법무장관 또는 그가 지정하는 자로 정해졌다(제2조 제2항). 또한 한일 형사 공조조약에서는 양국 모두 상기 내용과 동일하다. 한중 형사 공조조약에서 중국 측 중앙당국으로 사법부만 지정되고, 중일조약에서 정한 중국 공안부가 지정되지 않는다는 점이 차이가 있다. 이 차이점에 대해 한국에서는 형사 공조의 효율과 신속을 도모하기 위해 공안부가 추가 지정되어야 한다는 지적이 있다.[395] 사법부는 수사, 소추 등의 형사 절차에 대해 직접 지휘권이 없기 때문에, 형사 공조의 중앙기관으로 즉응성에 문제가 있다고 하는 것이다. 중국 사법부는 사법행정을 관장하는 국무원의 한 조직이다. 주요 직무는 사법행정 정책의 기획, 형무 기관 및 형벌 집행의 관리 감독, 법률 지식의 보급, 변호사·공증인의 직무 지도 감

---

394) 중국통신사 '신화사' 2006년 7월 30일자 보도기사 참조(https://news.xinhuanet.com/newscenter/2006-07/30/content_4893862.htm. 2014년 7월 20일 열람).

395) 한국이 형사 공조조약에 의거해 중국 당국에 공조를 요청하자 조약상 중국의 중앙기관인 사법부가 범죄수사 등에 직접적인 지휘권이 없어 국내 수사에 영향을 초래했다는 지적이 있었다. 사건은 서울시 소속 공무원들의 친북 공작 관련 증거가 수사기관에 제출됐고, 중국 관계기관에 의해 작성됐다는 이들의 증거가 위조됐다는 의혹을 받아 한국 당국이 중국 당국에 공조를 요청한 사안이다. '헤럴드경제' 2014년 3월 17일자 보도기사 참조(https://news.heraldcorp.com/view.php?ud=20140317000237&md=20140320005626_BK. 2014년 8월 2일 열람).

독, 법률부조의 지원 등으로 규정되어 있다.[396] 공안부는 범죄수사에 한정되지 않고 입국 관리 등 국내 치안 전반에 대해 관할하는 국무원 소속기관이다. 예를 들어, 경찰(범죄수사, 치안관리), 국경관리, 출입국 관리, 소방, 교통, 민간 항공 등 그 직무 범위가 매우 넓고, 이들 관련 기관을 직접 지휘 감독하는 권한이 부여된다.[397] 중국이 외국과 체결한 기타 형사 공조조약에서 중앙당국에 대해 공안부, 사법부, 최고검찰원, 최고법원 등이 단독으로 지정되거나 복수 기관이 선택적으로 지정되는 경우가 있다.[398]

수형자 이송에 대해 한중 간에는 조약이 체결되었지만(2008년 5월 27일 체결, 2009년 8월 5일 발효), 중일 간에는 협상이 이루어졌으나 체결에는 아직 이르지 못했다. 중국에서 수형자 이송에 관한 국내 입법이 아직 정비되지 않아 이송 요건에 대해 '국제형사협력법' 초안에는 다음과 같이 규정되어 있다.[399] 수형자가 중국 국민일 것, 수형에 관련된 행위가 중국 법률에서 범죄를 구성할 것, 이송청구가 이루어진 시점에 형기가 최소 1년 이상일 것, 수형자의 동의 또는 법률대리인의 동의가 있을 것, 이송 당사국의 동의가 있을 것 등이다. 한중 간의 이송조약에는 양국의 동의가 있으면 수형자의 잔여 형기가 1년 미만이라도 예외적으로 이송이 가능하다는 조항이 있다(제4조 제2항). 그 이유로는 이송 수요 측면에서 잔여 형기가 1년 미만이라도 그 대상이 적지 않은 점, 중국과 한국이 지리적으로 인접해 있어 비용이나 절차 측면에서 비교적 효율적으로 이송이 가능하다는 점 등을 들 수 있다.

---

396) 사법부의 주요 소관사항은 '사법부의 직책, 조직 및 인원의 편성에 관한 규정'(국무원 사무국 통지, 국무국, 제64호, 2008에 나타나 있다. 사법부 홈페이지 참조(https://www.moj.gov.cn/index/content/2008-07/15/content_900525.htm?node=7350. 2014년 8월 2일 열람).

397) 중국 공안부의 홈페이지 참조(https://www.mps.gov.cn/n16/index.html?_v=1407384255498. 2014년 8월 2일 열람).

398) 중국이 체결한 형사 공조조약에서 중국의 중앙당국으로 지정된 기관은 주로 사법부뿐이거나 사법부와 최고인민검찰원이 모두 지정된 경우가 많다. 사법부와 공안부가 함께 지정되는 것은 일본 이외에 라트비아와 파키스탄과의 조약 정도다. 黃風, 中華人民共和國國際刑事司法協助法: 立法建議稿及論証, 北京大學出版社, 2012, 60-63쪽.

399) 黃風, 中華人民共和國國際刑事司法協助法: 立法建議稿及論証, 北京大學出版社, 2012, 205쪽.

2. 특별행정구(홍콩, 마카오) 및 대만과의 인도 협력

(1) '특별행정구'와의 인도 협력

중국 인도법은 중국과 '외국' 간의 인도 협력에 관해 규정한 것으로(제2조 내지 제4조), 특별행정구인 홍콩과 마카오 혹은 대만 등은 주권국가로 인정하지 않으며, 이러한 인도 협력에서는 인도법이 적용되지 않는 것으로 해석된다. 용어상으로도 구별되어 중국과 특별행정구 또는 특별행정구와 외국이 체결하는 인도 협력에는 '인노'(중국어도 동일)가 아니라 이송이라는 의미의 '이교'(移交)가 사용된다.[400] 실제로도 특별행정구가 외국과 인도 협력에 관한 협정을 체결하는 경우 사전에 중앙정부로부터 그 권한의 위임을 받아야 한다고 한다. 즉 인도 협력은 외교나 국방 등과 같은 중대한 국익과 관련되는 사안이기 때문에 특별행정구가 인도 협력에 대해 중국 중앙정부에 보고하고 그 의견을 구해야 한다는 것이다.[401]

(2) 대만과의 인도 협력

중국 헌법이 그 전문에서 '대만은 중화인민공화국의 진정한 영토의 일부다. 조국의 통일을 완성한다는 대업은 대만 동포를 포함한 전 중국 인민의 신성한 직책이다'라고 규정하고, 한편 대만 헌법은 '중화민국의 영토는 고유의 경계에 의한다'고 하여(제4조), 그 영역 주권이 대만 본도 및 도서지역뿐만 아니라 중국 대륙 전체에 미친다고 규정한다.

가. '진먼(金門) 협의'(1990년 9월 12일 서명)

1990년 9월 대만과 중국의 적십자사 대표가 진먼(金門)에서 회담을 갖고, 밀입국자 및 범죄인 등을 상호 송환하는 것에 대해 합의 문서를 체결했다. 형사 사건의 피의자나 피고인이 한쪽 영역에 진입한 경우, 중국과 대만의 적십자사가 합

---

400) 예를 들어 홍콩과 한국 간에 체결된 범죄인인도협정(2006년 6월 26일 서명, 2007년 2월 11일 발효)의 영문명칭은 'Agreement for The Surrender of Fugitive of Offenders Between The Government of The Republic of Korea And The Government of The Hong Kong Special Adminis trative Region of The People's Republic of China'이다. 또한, 동 조약에서는 인도 대상의 범죄에 대하여 형기를 기준으로 하지 않고, 부표로서 46항목에 걸친 범죄행위를 열거하고 있다.

401) 黃風, 中華人民共和国引渡法評注, 中国法制出版社, 2001, 4쪽.

의한 장소에서 서로 인도한다는 것이다. 이 협의서는 송환 원칙(제1조), 송환 대상(제2조), 송환 장소(제3조), 송환 절차(제4조) 및 기타(제5조)로 구성된다. 주요 내용은 법령상 규정을 위반하여 상대 지역 내에 진입한 주민, 범죄인에 대해 양 적십자사가 미리 합의한 장소인 '마미'(馬尾)와 '마쭈'(馬祖) 사이 혹은 '샤먼'(廈門)과 '진먼'(金門) 사이에서 적십자 깃발이 걸린 적십자 전용선 또는 민간 선박을 이용하여 대상자를 송환한다는 것이다.

나. '양안 공조 협의'(2009년 4월 26일 서명)

'양안 공조 협의'는 2009년 4월 26일 대만 '재단법인 해협교류기금회'와 중국 '해협양안관계협의회'의 두 대표 간에 체결된 합의문서이다. 동 협의의 목적은 양지역 인민의 권익을 보장하고 양안의 교류 질서를 유지 보호하기 위해 공동으로 범죄를 진압함과 동시에 사법 공조 등의 교류 협력을 실시한다는 것이다(전문). 협의서는 총칙(제1장), 공동의 범죄 진압(제2장), 사법 공조(제3장), 요청 절차(제4장) 및 부칙(제5장)으로 구성된다. 주요 내용은 다음의 다섯 가지이다. 첫째, 공조 사항에 관한 것이다. 공조 사항은 민사 및 형사사법에서 ① 공동의 범죄 진압, ② 문서 송달, ③ 증거 조사, ④ 민사 재판과 중재 재결에 대한 인가 및 집행, ⑤ 수형자 이송, ⑥ 기타 쌍방의 동의 사항이다(제1조). 협의의 창구는 공조 사항과 관련된 각 분야의 주관 기관이 이를 행하며, 필요한 경우 쌍방의 동의를 얻어 연락 기관을 지정할 수 있다. 또한 본 협의에 관한 기타 사안에 대해서는 '재단법인 해협교류기금회'와 중국 '해협양안관계협의회' 간에 연락을 한다(제3조). 둘째, 공조의 범위이다. 공조 범위에 대해서는 ① 살인 강도 등의 흉악 범행, 마약 거래, 인신 매매, 밀입국 등의 중대 범죄, ② 횡령·배임, 사기, 자금 세탁, 유가증권 위조 등의 경제 범죄, ③ 부패 범죄, ④ 항공기·선박의 불법 탈취 및 테러 범죄, ⑤ 기타 형사범죄로 정한다(제4조). 또한 어떤 행위가 한쪽에서 범죄를 구성하지 않지만 그 행위가 사회에 중대한 위해를 주는 경우에는 상호 동의를 통해 개별적으로 공조한다. 나아가 수사 공조에 대하여 범죄 정보의 교환, 범죄자 또는 피의자의 송환, 필요한 경우 합동 수사 등을 실시한다(제5조). 셋째, 도망 범죄인의 송환이다(제6조). 쌍방은 인도, 안전, 신속 및 편의 원칙에 따라 해로 또는 공로의 직항편을 늘리고 범죄 피의자 및 피고인을 송환한다. 신병을 이송할 때는 관련 증거 제공을 포함하며, 이송 및 제공 시에는 문서상 서명을 한다. 송환대상자가 송환청구를 받은 측에서 형사 절차에 계속될 경우에는 그 절차가 종료한 후에 송환할 수 있다. 그리고 청구 측이 신병의 송환을 받는 경우, 피청구 측의 동의가 없는 한 송환을 요구받은 범죄 이외의 행위에 관하여 소추를 하여서는 안 된다. 넷째, 사법공조(제3장)에 대해 상호는 인도 및 호혜의 원칙에 입각하여 문서 송달, 증거 조사, 범죄 수익의 교부, 민사 확정 재판 및 중재 재결의 승인, 형사 재판이 확정된 피고인의 이송 등을 실시한다. 쌍방은 어느 한쪽의 사람에게 신체 자유의 제한이 있거나 혹은 인신 사고 등으로 사망 등이 발생한 경우에 이를 통보하고, 해당자의 가족 방문을 위한 편의를 제공한다. 다섯째, 공조 요청의 절차이다(제4장). 요청의 제출 방식(원칙적으로 서면에 의한 것으로 하며, 긴급 상황의 경우는 기타 형식으로 제출할 수 있다), 집행의 요청, 공조의 거절(요청된 공조 내용 혹은 그 집행이 공조 측에서 공공질서 또는 선량한 풍속 등에 반하는 경우는 이를 거절할 수 있다) 등이 규정되어 있다.

제 6 절 대만에서의 도망 범죄인 인도를 둘러싼 국제형사협력

1. 개요

대만[402]은 그 국가관할권 적용의 한계에 대해 헌법상 영토 조항 및 형법의

---

[402] 대만의 국제법상 지위에 대해 대만 정부의 공식 견해는 1945년 중화민국이 대만에 대한 주권을 회복하고 대만 및 평후제도(澎湖諸島)의 지역은 중화민국의 일부라고 하여 '대만의 법률적 지위의 미확정론'을 반박한다. 외교부('외교기본방침') 홈페이지 참조. https://www.mofa.gov.tw/official/Home/Detail/6fa3c374−33a3−4551−94a5−e167fc376ca1?arfid=40e89e63−9c48−40a1−a1fb−54cf90b7444f&opno=d6f5f626−2255−4d22−b2bb−01d1e0fd3bce. 2014년 9월 15일 열람). 중화민국은 신해혁명에 의해 청나라를 대체함으로써 1912년 1월 1일(민국 원년) 수립되었으므로 중국대륙은 향후 통일되어야 할 대상이라며 대만 헌법(1947년 1월 1일 공포)의 영토조항(제4조)이 규정되었다고 한다. 또한 이와 관련한 국제사회에서의 대만론으로 '중화인민공화국의 당근과 채찍의 외교 앞에' 여러 나라가 이에 굴종하여 대만과 외교를 단절하고 '대만 땅에 엄연히 존재하는 민주국가─이제는 계엄령도 없고 정치범도 없는 복수정당의 민주국가가 유엔을 비롯한 국제사회에서 배제되는 것은 국제법 입장에서도 지극히 비정상적인 사태'임을 인식하고 대만이 중화인민공화국과의 평등한 입장에 선 국가로 인정되어야 한다는 논설이 있다. 小田滋,「主權独立国家の'台湾': '台湾'の国際法上の地位(私の体験的·自伝的台湾論)」, 日本学士院紀要(第62卷 第1号), 2007, 43−68쪽.

적용 범위 안에서 규정된다. 즉, 헌법은 '중화민국의 영토는 고유의 경계에 의한다'고 하여(제4조), 영역 주권이 대만 본도 및 일부 도서뿐만 아니라 중국 대륙 전토까지 포함한다고 규정한다. 형사관할권에 대해 형법은 '본 법은 중화민국 영역 내의 범죄자에 대해 적용한다. 중화민국 영역 내의 중화민국 선박 또는 항공기 내의 범죄자는 중화민국 영역 내의 범죄자로 한다'고 하여(제3조), 속지주의의 원칙을 명기하고 있다. 나아가 모든 자의 국외범(제5조) 및 대만 공무원인 국외범(제6조), 국민인 국외범(제7조), 국민 이외인 자의 국외범(제8조) 등을 규정하고, 형법의 장소적 적용 범위에서 보호주의, 적극적 속인주의도 채용한다. 하지만, 중국 대륙에 대한 대만의 국가 관할권 적용에 대해서는, 국내 법령을 제정하여 입법 관할권을 확립하는 데 그쳐, 입법상의 권한에 근거하여 강제 관할권(집행 관할권 및 사법 관할권)을 실제로 행사하는 것에는 현실적으로 한계가 있다. 한편, 중화인민공화국도 그 국가 관할권에 대해서는 대만이 자국 영역 주권 대상에 속한다고 명기하고 있으므로, 국가 관할권에 상호 저촉이 발생하게 된다. 이와 같은 상호 저촉을 조정하기 위해 대만과 중국 간에는 이른바 '진먼(金門) 협의' 등의 규정을 체결하고 형사 공조를 하고 있다.

대만의 대외적 국제형사협력에서 대만은 남아프리카 등과 도망 범죄인 인도 조약을 체결하였고, 미국 등과 형사 공조협정, 파나마와 수형자 이송 조약을 각각 체결하였다. 금융정보 교환, 마약 단속, 경찰 직무 및 수사 등 개별 사항에 대해서는 각국의 각 중앙부처와 양해각서 등을 체결하거나 혹은 국제 예양에 기초하여 구체적 사례 상황에 따라 대응하고 있다.

대만의 국가조직은 입법원, 행정원 및 사법원 등으로 구성된다. 사법 기관과 검찰 기관에 대해 약술하면, 사법기관은 사법원과 각급 법원으로 나뉘고, 검찰 기관(검찰서)은 법원 안에 부설되어 있다. 즉 사법원은 국가 최고의 사법기관으로 민형사, 행정소송심판 및 공무원의 징계를 담당하며(헌법 제77조), 그 주요 기능은 헌법을 해석하고 법률 및 명령의 해석을 통일하는 권한을 갖는다(헌법 제78조). 법원 조직은 최고법원, 고등법원 및 지방법원으로 구성된다(법원조직법 제1조). 지방법원의 재판은 재판관의 단독 혹은 3명의 합의로 이루어지고, 고등법원은 3명의 합의, 그리고 최고법원은 5명의 합의로 이루어진다(법원조직법 제3조). 또한, 검찰 기관은 법원의 심급에 따라 최고법원 검찰서, 고등법원 검찰서 및 지방법원 검찰서가 설치되고 최고법원 검찰서의 검찰총장이 수사 및 공소 제기 등에 대해 검찰관을 지휘한다. 중앙행정기관인 법무부에서 검찰조직을 담당하는 부서는 검찰국(검찰사)이다.

2. 도망 범죄인 인도

(1) 국내 입법의 '인도법'

대만 인도법은 1954년(민국 43년) 제정되어, 그 후 1980년(민국 69년)에 일부 조항이 개정되었다. 범죄인 인도의 기본원칙으로서, 인도는 인도조약에 따라 시행되나, 조약이 없는 경우 혹은 조약상 규정이 없을 때는 본 법에 따라 행해진다(제1조). 인도 청구방식은 외교 경로를 경유하며, 외교부가 이것을 담당한다(제9조). 또한 인도 요건(제2조), 인도 제한사유로 임의적 인도 거절사유 및 절대적 인도 거절사유(제3조 내지 제5조)에 대해 명기하고 있다. 나아가 대만이 인도 청구를 받을 경우의 국내 절차를 정하고(제15조 내지 제22조) 그 밖에 인도 청구서의 기재사항, 필요한 관계 서류 등에 대해 규정한다. 동법이 정하는 범죄인 인도의 주요 요건은 이하와 같다. ① 피청구 인도인이 청구국의 영역 또는 제3국에서 죄를 범했을 것, ② 인도 범죄가 대만 및 상대국과의 법률상 쌍방가벌일 것, ③ 인도 범죄가 대만 형법상 1년을 넘는 자유형에 처해지는 범죄일 것, ④ 피청구 인도인이 대만 국민이 아닐 것, ⑤ 인도 범죄가 군사범죄나 정치범죄 또는 종교범죄가 아닐 것, ⑥ 피청구 대상자의 동일 범죄에 대해 대만 사법기관에 의해 이미 무죄로 결정되었거나 혹은 유죄 인정으로 형벌이 집행된 것, ⑦ 인도 범죄가 대만의 법원에 계류되어 있지 않을 것 등이다.

가. 인도 제한사유

인도를 요구받은 범죄행위가 군사, 정치, 종교의 성질을 가진 경우 '임의적 인도 거절사유'로 규정한다(제3조). 군사범죄와 관련해 현역 군인에 대한 재판은 일반법원이 아니라 군사심판법에 따라 군사재판 대상이 된다(헌법 제9조, 군사심판법 제8조). 군사법원은 최고군사법원, 고등군사법원 및 지방군사법원으로 구성되며, 재판규범도 형법이 아니라 '육해공군형법'이 적용된다. 또한 '정치범 불인도원칙'과 관련해 국가원수 또는 정부 요인에 대한 살해행위는 그 정치성이 부인되며 ('벨기에 가해조항'), 공산당 반란 활동에 대해서도 정치범죄로 인정되지 않는다고 명기되어 있다(제3조 제1호 및 제2호). 피청구 대상자가 인도 청구가 있기 전에 대만 국민일 때는 절대적 인도 거절사유로 규정해(제4조) '자국민 불인도'의 원칙을 명확히 한다. 다만, 국민인 도망 범죄인의 해당 행위가 대만 법률상 1년 이하의 형벌에 해당할 때는 그 사안을 대만의 관할 법원으로 이송한다. 기타 절대적 인도 거절사유로는 인도 범죄가 대만 법원에 의해 불기소 처분되었을 때 혹은 무죄·면형·면소 등의 판결이 있을 때 등이 있다(제5조).

나. 인도 절차

대만이 인도 청구를 받았을 경우의 주요 절차는 다음과 같다. ① 검찰서가 인도안건을 법무부로부터 받고 인도 요청을 받은 범죄인을 구금한다. ② 검찰관은 최장 24시간 이내에 인도 범죄에 대해 신문할 수 있다. ③ 사건을 신병과 함께 법원에 송부한다. ④ 법원은 심리의 진행과 동시에 피청구 인도인에 대해 60일 이내에 답변할 것을 명한다. ⑤ 피청구 인도인은 변호인을 선임할 수 있다. ⑥ 법원은 기일을 지정하여 심리를 한다. ⑦ 법원은 5일 이내에 결정서를 작성한다. ⑧ 피청구 인도인의 답변서를 수취한 날로부터 30일 이내에 종결한다. ⑨ 결정서를 검찰서 및 법무부에 송부한다. 외교부는 인도 청구가 있을 때는 청구서 및 관계 서류를 법무부에 송부하고, 법무부는 피청구 인도인의 소재지를 관할하는 지방 법원검찰서에 송부한다. 이 검찰서의 검찰관은 형사소송법에 따라 신병 구금을 명할 수 있다. 검찰관은 피청구 인도인에 대해 24시간 이내에 신문을 하여야 하며, 신속히 이를 법원에 송부하여야 한다. 송부받은 법원은 인도 청구의 사실 및 증거관계를 피청구인도인에게 고지하여야 하며, 피청구인도인은 고지를 받은 날로부터 60일 이내에 답변서를 제출하여야 한다. 법원은 원칙적으로 답변서 제출 기한이 만료했을 때에는 심리 기일을 지정하여 검찰관, 피청구 인도인 및 그 변호인에게 통지한다.

법원은 피청구 인도인의 답변서를 받은 날로부터 30일 이내에 심리를 종결하여야 하며, 심리종결 후 5일 이내에 인도 여부에 대한 결정서를 작성하여야 한다. 법원이 결정서를 작성한 후 인도 안건을 검찰서, 법무부 및 외교부를 거쳐 행정원에 송부하고, 행정원은 총통의 승인을 얻어야 한다. 총통이 인도 실행을 승인할 때에는 해당 검찰서가 법무부 및 피청구 인도인에게 통지하고, 인도 불가를 결정할 때는 해당 검찰서를 통해 피청구 인도인의 신병을 석방하여야 한다. 대만 외교부가 인도 청구국에 인도 통보를 했을 때는 청구국은 60일 이내에 대만 영역 내의 지정장소에서 신병을 인도받아야 한다. 인도 실행의 유무를 불문하고 인도 청구로 인해 발생한 비용은 청구국이 부담한다. 대만이 인도를 청구받고 법원의 심사 및 결정을 거쳐 행정원(총통)이 최종 승인을 하기까지의 인도집행의 주요 흐름은 이하와 같다. 즉 외교부 → 법무부 → 지방법원검찰서 → 지방법원 (심리 및 결정) → 지방법원검찰서 → 법무부 → 행정원(총통의 결정) → 인도집행 이다.

(2) 인도제도의 특징

대만 도망 범죄인 인도제도의 특징으로는 다음 두 가지를 들 수 있다. ① 추방 또는 퇴거강제 등 이른바 '위장인도'가 활용된다는 점이다.[403] 도망 범죄인 인도가 인도법에 의거해 행해지는 경우, 그 절차 때문에 법원의 심리에서 행정원 (총통)의 최종 결정에 이르기까지 적어도 90일 전후의 시간이 걸린다는 점, 인도 청구는 외교 경로를 경유해야 한다는 점에서 대만의 외교 관계 현황에 비추어 그 활용이 적다는 점 등을 들 수 있다. 그러므로 인도법이 아닌 입국관리 관계법을 적용하여 퇴거 강제 처분을 집행함으로써 인도와 동일한 효과를 낼 수 있다. 다시 말해, '입출국 및 이민법'에서는 대만 국내의 범죄 기록 유무, 여권 또는 사증의 실효 등과 같이 일정 요건에 해당하는 경우 퇴거강제 대상으로 하고(제36조), 사실상 인도에 상당하는 신병 이송을 실행하는 것이다. ② 인도 여부의 종국적 결정에서 행정적·정치적 판단이 우선되는 점이다. 사법기관인 법원이 절차상 심리를 거쳐 인도 여부의 결정을 하였다 하더라도 그 결정에는 구속력이 없고 행정원(총통)의 결정을 기다려야 한다. 법원에서 인도 범죄가 '인도법'상의 인도 제한사유에 해당한다고 판단하여 인도 불가 결정을 내렸다 해도 행정원의 결

---

403) 宋輝明(Song,Yaw—Ming), 浅談国際刑事司法共助之実践：兼談両岸共同打撃犯罪, 法制興法律(第7卷 第2号), 2009년 2월, 90쪽. 宋 씨가 2008년 12월 11일, 대만 법무부(조사국)에서 강연했던 내용의 요지이다.

정에 따라 법원 결정이 번복될 수 있다. 다시 말해, 입법자는 범죄인 인도 집행을 둘러싼 종국적 결정에서 법원의 판단보다 행정적·정치적 판단이 우선되어야 한다고 규정한 것이다. 이러한 점에서 대만은 중화인민공화국의 범죄인 인도에 있어서 국무원의 종국적 결정체제와 동일하며, 한편으로 일본 및 한국이 법원의 인도 불가 결정에는 구속되면서 인도 가능하다는 결정에 한하여 법무장관이 인도의 상당성을 종합적으로 고려하여 종국적 판단을 하는 체제와는 차이가 있다.

대만이 체결한 인도조약은 아래 표와 같으나 인도 협력의 실무에서는 상대국과 특정 안건에 대해 각서를 체결하고 이에 근거하여 이루어지기도 한다. 예를 들어 'Zain Taj Dean' 사건의 경우,404) 이 자가 대만에서 음주 운전으로 사망사고를 내고 과실치사 등으로 징역 4년이 확정되었으나 영국으로 도피하였다. 대만과 영국은 범죄인 인도에 대한 양해각서를 체결하였고(2013년 10월), 이에 따라 대만이 가구금 및 신병 인도를 청구하였으며 영국에서 인도 집행이 인정된 것이다.

[대만의 도망 범죄인 인도조약의 체결상황]405)

	서명일	체결국
1	1984년	코스타리카
2	1986년	파라과이
3	1987년	남아프리카공화국
4	1988년	스와질랜드
5	1990년	도미니카공화국
6	1990년	도미니카
7	1992년	세인트빈센트 그레나딘
8	1992년	그레나다

404) 대만 외교부 홈페이지 참조(https://taiwantoday.tw/ct.asp?xItem=218481&CtNode=1994. 2014년 7월 21일 열람).
405) 인도조약의 체결상황은 대만 전자정부, 외교부, 법무부 및 언론사 등의 각 웹사이트에서 수집하여 자료를 바탕으로 필자가 작성한 것이다.

9	1994년	말라위
10	2010년	바하마
11	2013년	세인트크리스토퍼네비스

3. 그 밖의 국제형사협력

(1) 형사 공조

대만은 수사에 관한 공조에 대해 규정한 국내 입법이 존재하지 않으며, 법원이 실시하는 공조절차 등에 관하여 규정한 것이 있다. 형사사법 공조에 관한 요건 및 절차 등에 대해 규율한 국내 입법으로 '외국법원 위탁사건 협조법'(1963년 4월 25일 공포·시행)이 있다. 대만 법원이 민사 또는 형사사건에 대해 외국으로부터 위탁받은 경우, 조약 또는 법률상 특별한 규정이 있을 때를 제외하고, 본법에 따라 처리한다(제1조). 또한, 외국으로부터의 사건 위탁은 서면 및 외교 경로를 통해 실시하는 것으로 하며(제3조), 위탁법원의 소속국은 대만의 동종 유사 사건의 위탁에 대해 동등한 공조가 보장되어야 한다(제4조)라며 상호주의를 채택한다. 사법 공조 사건의 구체적 처리절차에 대해서는 '사법 협조 사건의 처리 과정서'(1980년 11월 11일, 사법원(69) 원대청 일자 제03860호)에 규정되어 있다. 이 중에서 위탁사건 처리는 '협조법'이 규정한 대만 국내법과의 저촉 및 상호주의 보증 유무에 대해 확인하고, 이들 요건과 부합하지 않으면 처리할 수 없다. 또한, 수탁법원이 최고재판소가 되는 경우는 관할 법원을 촉탁할 수 있고, 위탁사건의 부본 등을 사법원 및 관할 법원의 상급법원에 송부해야 한다. '협조법' 제3조와 관련해서는 대만이 공조를 청구하는 경우에 피청구국에 대만의 외교기관이 설치되어 있지 않은 때는 수탁국의 최고법원에 촉탁을 할 수 있다고 한다. 다만, 공조법의 적용 대상은 대만과 외국의 사법 공조에 한정되기 때문에 대만과 중국 대륙 간에는 적용되지 않는다.

　형사 공조조약의 대표적인 것으로는 '대만과 미국 간의 형사사법 공조 협정'(2002년 3월 26일 서명)[406]이 있다. 협정 체결의 기본적 배경에는 미국의 '대만관계법'(Taiwan Relations Act)[407]이 있다. 중화인민공화국의 대두로 미국과 대만과의 정부 관계가 단절되었지만 미국은 여전히 대만을 둘러싼 지역의 안전보장 및 경제사회 등 여러 분야의 관계를 유지·촉진하려고 했기 때문이다. 동 협정의 미국 측 서명자인 '미국재대협회'(American Institute in Taiwan)는 '대만관계법' 제6조에 따라 콜롬비아 특별구의 조례에 의해 설립된 비영리법인이다. 또한 협정 체결의 배경에는 마약 밀매자인 황광결(黃広潔)을 둘러싼 사건이 있다.[408] 황 씨는 대만인이면서 미국 시민권을 가진 다중국적자였지만, 형의 집행을 위해 대만에서 복역 중이었다. 그동안 미국 수사당국은 이 사람이 미국 서해안 마약밀매조직의 핵심 인물인 것을 밝혀내고 그 신병의 인도 청구를 바라고 있었다. 그러나 대만 인도법에서는 자국민 인도를 절대적 인도 거절사유로 규정하고 있으며, 한편 미국은 도망 범죄인 인도에서 조약 전치주의를 채택하고 있으므로, 신병 인도가 집행되기 위해서는 대만과 미국 간에 조약 등의 체결이 불가피하였기 때문이다. 동 협정의 효력에 대해 대만의 최고 사법기관인 사법원은 다음과 같이 해석한다. 즉, 조약 등이란 국가의 중요 사항에 영향을 미치거나 인민의 권리 의무 관계를 규율하는 것으로, 대만이 외국 또는 국제 조직과 체결하는 서면 약속이며, 따라서 '대만과 미국 간의 형사사법 공조 협정'은 법률과 동등한 효력을 갖는다고 했다.[409]

　공조의 범위(제2조)는 체결 일방의 요청에 따라 수사, 소추, 범죄방지 및 기타

406) 대만과 미국 간 형사사법공조협정의 영문명칭은 'Agreement on Mutual Legal Assistance in Criminal Matters Between the Taipei Economic and Cultural Representative Office in the UnitedStates and the American Institute in Taiwan', 중문은 '駐美国台北経済文化代表処與美国在台北協会間刑事司法互助協定'이다.

407) Public Law 96-8 (22 U.S.C. § 3301 et seq.) 대만관계법은 1979년 4월 10일 미국 의회에서 승인되었으며, 같은 해 1월 1일자로 소급 발효되었다. 그 입법 취지는 미국과 대만 간에 통상, 문화, 기타 여러 관계의 계속을 승인하는 것으로 외교관계를 촉진하는 것에 있다. 대만관계법의 전문은 다음과 같다. 'To help maintain peace, security, and stability in the Western Pacific and to promote the foreign policy of the UnitedStates by authorizing the continuation of commercial, cultural, and other relations between the people of the UnitedStates and the people on Taiwan, and for other purposes.'

408) 宋輝明(Song,Yaw-Ming), 浅談国際刑事司法共助之実践：兼談両岸共同打撃犯罪, 法制與法律 (第7巻 第2号), 2009년 2월, 87-88쪽

409) 사법원 대법관회의 제329호 해석.

형사사법 절차상의 공조 제공으로 한다. 그 주요 내용은 증언 또는 진술의 취득, 증거와 관련된 서류 물품, 피공조 관계자의 소재 또는 신분 확인, 서류 송달, 수형자 증인이송, 압수 수색 집행, 관련 자산의 몰수 및 동결, 벌금의 집행 절차, 공조집행국의 국내 법령에 위배되지 않는 기타 공조 사항 등이다. 공조 청구 창구 지정(제3조)은 미국 측은 사법장관 또는 사법장관이 지정하는 자, 대만측은 법무장관 또는 법무장관이 지정한 자가 된다.

공조 제한에 대한 주요 사유는 다음과 같다(제4조 제1항). 즉 ① 공조가 요구된 행위가 보통 형법에 반하지 않고 군법에 반하는 행위일 때, ② 공조 집행이 공조국에서 영토의 안전, 공공질서 등과 같은 중대한 이익을 해칠 때, ③ 공조가 본 협정에 의해 압수 등의 강제수사에 해당하는 경우는 공조 범죄가 공조국에서 범죄를 구성하지 않을 때 등이다. 공조 제한사유와 관련하여 공조가 거절되기 전에 공조국의 피지정자는 공조에 부합하는 조건에 관하여 요청국의 피지정자와 협의하여야 한다. 가령 요청국의 피지정자가 공조에 대하여 조건을 받아들인 경우 공조국은 그 조건을 준수하여야 한다(제4조 제2항). 나아가 가령 공조국의 피지정자가 공조를 거절할 경우, 공조국은 그 이유를 요청국에 통지하여야 한다(제4조 제3항). 동 협정이 체결된 2002년부터 2005년까지 대만이 미국에 공조를 청구한 것은 15건, 미국으로부터 청구받은 것은 24건이다.[410]

(2) 수형자 이송

국내 입법으로 2013년 7월 23일에 시행된 과국이교수형인법(跨国移交受刑人法)이 있다(이하 '수형자 이송법'이라 한다). 수형자 이송법은, 외국의 형사시설 등에 수감되어 형벌을 받고 있는 국민을 대만으로 이송하여 잔여형을 집행함으로써 갱생과 사회 복귀라는 교정의 목적을 위해 제정되었다(제1조). 수형자 이송법은, 수형자의 이송이 이송조약에 근거하여 이루어지는 것을 원칙으로 하면서, 조약규정이 없는 경우에는 동법을 적용하고 동 이송법에도 규정이 없을 때에는 형법, 형사소송법, 소년사건처리법 및 기타 관계법률의 규정을 적용한다(제2조). 이 법의 전체적인 구성은 목적 및 용어의 정의 등을 규정한 총칙(제1장), 국내 이송(제2장) 및

---

410) 宋輝明(Song,Yaw−Ming), 淺談國際刑事司法共助之實踐：兼談両岸共同打擊犯罪, 法制興法律 (第7卷 第2号), 2009년 2월, 90쪽.

국외 이송(제3장)의 각 요건 등으로 이루어져 있다. 국내 이송 집행시 '형의 전환'(conversion ofsentence) 방식이 취해진다(제8조 및 제9조).

국내 이송 요건으로는(제4조), 재판국인 상대국과 대만 간에 상호 동의, 재판국에서의 해당 수형자의 재판 확정, 쌍방가벌의 원칙, 수형자의 대만 국적(혹은 호적), 수형자 또는 그 법정 대리인의 동의 등이 있다. 또한 이송청구가 이루어진 시점에 공조형(잔여형)이 1년 이상일 것(단, 대만과 이송 상대국 간에 상호 동의가 있으면 그러하지 않아도 된다), 이송 범죄에 대한 행형권 시효가 대만 법률에 의해 미완성일 것 등도 이송의 전제가 된다. 국외 이송요건(제18조)으로는 대만과 이송 상대국의 상호 동의, 수형자가 이송을 받아들이는 국가의 국적을 가질 것, 조약에 근거하지 않는 이송에 대해 상호주의 보증을 서면으로 받을 것, 이송되는 수형자가 대만의 형사소송에 계속되어 있지 않을 것 등을 규정하고 있다. 다만, 대만 국적 또는 호적을 보유하는 수형자에 대해서는 국외 이송을 하지 않을 수 있다. 그 밖에 대만과 중국 대륙, 홍콩 및 마카오 간의 수형자 이송에 대해서도 동법을 준용한다고 규정한다(제23조). 2013년 1월 기준, 중국 대륙의 형무소 등에 수감 중인 대만 국적의 수형자는 약 1천 명으로, 이 중 수형자 이송법상 이송 요건에 적합하면서도 이송 동의가 있었던 건수는 약 300건에 달하는 것으로 보도된다. 그리고 대만에서 복역 중인 중화인민공화국의 국민(홍콩 및 마카오 포함)은 약 80명이라고 한다.[411] 조약으로는 파나마(2008년 7월 31일, 파나마에서 체결) 등과의 이송 협력이 있다.

(3) 대만에서의 중국과의 형사협력

대만은 중국 대륙, 홍콩, 마카오 및 대만의 각 지역을 '양안 4지'라고 부른다. 양안 4지에 걸친 인원과 물자의 교류가 확대됨에 따라 양안 및 홍콩, 마카오와의 각 형사협력에 대한 규율이 필요하기 때문에 국내 입법으로 '양안관계 조례' 및 '홍콩, 마카오관계 조례'가 제정되었다.[412] 중국대륙과 대만의 사법 공조

---

411) 孟令敏(Meng, Ling—Min), 海峽兩岸罪犯接返案件執行現況：兼論我国, 跨国移交受刑人法, 展望興探南(第11卷 第1号), 2013년 1월, 77쪽.

412) 대만의 국제형사협력에 관한 행정적인 직무는 법무부 내의 '국제 및 양안법률국'이 담당하고 있으며, 국은 '국제과' 및 '양안과'의 2과 체제를 취하고 있다. 법무부 홈페이지 참조(https://www.moj.gov.tw/. 2014년 7월 24일 열람).

에 대해 대만의 '외국법원위탁사건 협조법'상 중국대륙의 법원은 '외국법원'에 해당하지 않기 때문에 이 법이 적용되지 않는다고 해석한다. 즉, '대륙 지구의 법원은 외국 법원이 아니며, 그러므로 공조위탁 사건에 대해서는 '외국법원 위탁사건 협조법'이 적용되지 않고 대륙지구의 법원이 직접 대만 법원에 증거 조사를 위탁하는 것은 아직 법률상 근거가 없는 것이다. 따라서 '양안관계조례' 제8조에 따라 행정원 대륙위원회가 양안의 중개사무에 대해 이미 '해협교류기금회'에 위탁했으므로 사법 공조 및 그 관련 사항은 상기 해협교류기금회의 중개로 처리되어야 한다'고 해석된다.[413]

제 7 절 요 약

중국의 국내 입법에서 국제형사협력이 최초로 언급된 것은 1996년에 개정된 형사소송법이었다. 동법 제17조는 '중화인민공화국이 체결 혹은 가입한 국제협약에 따라 혹은 호혜 원칙에 비추어 우리나라 사법기관과 외국 사법기관은 상호 형사사법협력을 청구할 수 있다'고 규정한다. 2000년 12월 국내 입법으로서 '인도법'이 공포 시행되어 2015년 현재에 이르고 있다. 다만, 정부 내 지침으로써 '인도 안건의 약간의 문제에 관한 처리규정'이 정해져 있으며(1992년 4월 23일 시행), 인도 국제협력에 관한 기본적 요건 및 정부 조직 간의 직무 분담 등이 정해져 있다. 인도법 외에 형사 공조 및 수형자 이송에 대해 그 요건과 절차 등을 정한 국내 입법은 아직 제정되어 있지 않다. 국제형사협력에 관한 국내 입법이 정비되지 못하자 2000년대 후반부터 이른바 '국제형사협력법'의 입법 필요성이 제기되어 연구자를 중심으로 시안이 나오고 있다.

국내법인 '인도법'은 제1장 '총칙'부터 제4장 부칙까지 총 55개 조항으로 구성된다. 제1장은 제1조에서 제6조에 걸쳐 법률 제정의 목적 및 의의, 용어의 정의 등이 규정되어 있다. 제2장 '외국으로부터의 인도 청구'는 제1절에서 제7절로 나누어 구성되는데, 그 주요 내용은 다음과 같다. 제1절 '인도의 조건'(제7조 내지 제9조)에서는 외국에서 중국으로 인도가 청구되는 경우에 구비되어야 할 요건(제7조),

413) 사법원, (80), 院台廳一字05019号, 1992년 7월 8일.

절대적 인도 거절사유(제8조) 및 임의적 인도 거절사유(제9조) 등의 인도 제한사유
가 규정되었다. 인도 요건으로 인도와 관련된 행위가 중국과 청구국 쌍방의 법률
에 따라 1년 이상의 자유형이 부과되거나 혹은 그 이상의 형벌에 처해지는 범죄
인 경우로 정한다. 절대적 인도 거절사유는 정치범죄, 군사범죄, 자국민 등이며
임의적 인도 거절사유로는 인도 범죄에 대해 중국이 형사 관할권을 가질 경우, 공
소시효의 완성 등을 들 수 있다. 중국이 외국으로부터 인도받는 경우, 인도가 집
행되는 것을 상정했을 때의 국내 주요 흐름은 다음과 같다. 즉, 외국의 청구 →
중국 외교부 → ① 최고법원: 인도재판을 집행하는 고급법원 지정, ② 최고검찰
원: 중국 재판 관할권 유무 심사, ③ 고급법원의 재판: 인도 가능 또는 인도 불가
결정, ④ 최고법원의 재심사: 인도 가능 또는 인도 불가 결정, ⑤ 국무원 인도결
정 → 인도집행이다.

　　중국이 외국과 체결한 인도조약은 1993년 태국과 체결한 이래 2012년 기준
35개국에 이른다. 그중에는 육지나 해역을 사이에 두고 국경을 마주하는 중앙아
시아나 동남아시아 국가들이 많지만, 서방국가(스페인, 포르투갈, 프랑스, 호주, 이탈
리아), 아프리카 및 중남미 국가들도 포함된다. 중국이 외국과 적극적으로 인도조
약을 체결하게 된 배경에는 다음과 같은 점이 있다. ① 육지로 연결되어 국경을
마주하는 인근 국가와의 조약 체결이 많다. ② 부패 범죄와의 전쟁이라는 정부
방침에 근거해 인도 협력(인도 청구)의 필요성이 높아졌다. ③ 외국의 조약체결 요
청에 응하는 것은 중국의 외교력 향상 정책에 부합한다. 하지만 미국, 캐나다, 영
국 등 주요 선진국과 아직 인도조약이 체결되지 않았고, 특히 영미법계 국가들이
도망 범죄인 인도에 대해 조약 전치주의를 취하고 있기 때문에 중국의 부패 범죄
자의 주요 도망처가 되고 있다. 인도법에서는 자국민을 절대적 인도 거절사유로
정하지만 인도조약에서 임의적 인도 거절사유로 규정한 경우가 적지 않다. 또한,
사형을 선고하거나 집행하지 않는다는 보장이 없는 한 인도를 거절해야 한다는
사형 불인도를 스페인과의 인도조약(2005년 11월 14일 서명)에 처음 채택한 이후(제
3조 제8호) 서방국가와 체결한 인도조약에 같은 조항을 포함하게 되었다.

　　인도 재판은 고급법원 및 최고법원을 통해 인도 청구의 적법성, 인도 제한사
유의 존재 여부 등에 관하여 심사가 행해진다. 고급법원을 제1심, 최고법원을 제2
심으로 하여 2심제가 취해진다. 최고법원은 도망 범죄인의 소재지 혹은 안건의

중대성 등을 고려하여 인도 사건을 담당할 각 성의 고급법원을 지정한다. 고급법원은 해당 사건에 대해 인도법 및 인도조약상 인도 제한사유의 유무를 심사하고, 그 결과 '인도 가능' 또는 '인도 불가'로 결정한다. 그러나 고급법원의 결정에는 구속력이 없어 최고법원의 재심사를 기다려야 하고, 최고법원은 고급법원의 결정에 대해 파기 환송 또는 파기 자판 결정을 할 수 있다. 최고법원이 인도 가능을 결정하면 이를 외교부로 송부하고 외교부는 국무원의 최종 결정을 요구하게 된다. 국무원에서는 외교부의 형식요건 심사 및 법원에 의한 적법성 심사를 포함하여, 주로 청구국과의 외교 관계 등과 같은 국제정치적 영향에 대한 심사가 진행된다. 즉, 국무원에서는 인도 청구의 합리성, 국제정치에 미치는 영향, 외교 정책상의 종합적 고려, 사법심사 부족의 보완 등에 대해 검토하고, 최종적으로 인도 집행 가부가 결정된다. 인도법상 인도재판이 고급법원과 최고법원에 의해 2단계에 걸쳐 심사되더라도 인도 여부에 관한 결정에는 구속력이 없어, 사법 통제 작용에 기본적인 한계가 있다.

중국이 체결한 다수의 인도조약에서는 정치범죄를 절대적 인도 거절사유로 규정한다. 다만, 그 예외로 '벨기에 가해 조항' 혹은 국제테러 행위 등과 같이 다자간 조약에서 정치범죄로 인정하지 않는 것 등에 대해서는 인도가 가능하다고 규정한다. 그러나 국경을 맞댄 중앙아시아 국가들과 체결한 인도조약에는 인도 제한사유에 정치범죄 자체의 규정이 없다. 중국은 신장위구르자치구에서 동투르키스탄의 독립운동 및 티베트 망명정부 활동을 반중국 국제테러 행위 및 분열 책동으로 규정하고 단속을 강화하려 한다. 신장 위구르와 티베트 측은 민족자결권과 민족해방을 주장하며 중국 공산당 정권과 지배체제에 반대한다며 무장항쟁과 분신자살 등 극단적 수단을 동원해 맞서고 있다. 중국이 중앙아시아 국가와 체결한 인도조약에서는 정치범죄를 인도 제한사유로 규정하지 않고, 그 밖의 다수의 인도조약에서는 절대적 인도 거절사유로 규정한 것에 비추어 볼 때, 이례적이라고 하지 않을 수 없다. 그 배경에는 중국 소수민족의 민족운동을 테러행위 및 반국가행위로 규정하고 인도를 둘러싼 심사에서 법원의 사법작용을 배제하여 정부 간의 정치적 고려에 의거해 해결하려는 의도가 반영된 것으로 해석할 수 있다.

중국은 홍콩과 마카오 주민 및 대만인이 중국인이기 때문에 '인도법'이 정한 자국민 불인도 대상에 포함된다고 한다. '홍콩 특별행정구 기본법' 부속문서 3 및

'마카오 특별행정구 기본법' 부속문서 3의 각 규정에 따르면, 중국 국적법은 법정 요건에 적합한 특별행정구 주민은 자동적으로 중화인민공화국 국적을 가진다고 정한다. 또한 전국인민대표대회 상무위원회의 '중화인민공화국 국적법의 홍콩 특별행정구에서의 실시를 둘러싼 몇 가지 문제의 해석에 대하여'는 이 문제에 대하여 명확히 규정한다. 제1조는 '중국 혈통의 홍콩 주민, 본인이 중국 영토(홍콩 포함)에서 출생한 자 및 중화인민공화국 국적법 규정에 적합한 자는 모두 중국 국민이다. 전국인민대표대회 상무위원회는 중국 국적법을 마카오 특별행정구에 실시하는 데 있어서 그 해석은 같은 규정을 적용한다'고 한다. 1998년 12월 29일 통과된 마카오 특별행정구에 대한 해석에서도 같은 해석이 나왔다. 즉, 만약 홍콩 또는 마카오 주민이 국외에서 죄를 짓고 중국 내지로 도망쳤을 때, 외국으로부터 그 신병에 대해 인도가 청구된 경우, '인도법'상의 자국민 불인도의 대상이 된다. 대만인에 대해서도 '하나의 중국'이라는 국책 및 대만인이 중국 혈통인 점 등으로 인도법이 정하는 자국민 불인도가 적용된다고 한다.

　　중국과 대만 간의 인도 협력은, 양 적십자사의 합의로 체결된 진먼(金門)협의 (1990년 9월 12일 서명), 중국의 '해협양안관계협의회'와 대만의 '재단법인 해협교류기금회' 대표 간에 체결된 양안공조협의('해협양안공동타격범죄 및 사법상조협의' 2009년 4월 26일 서명) 등에 따라 이루어진다. 대만 '인도법'은 1954년 제정된 이후 1980년 일부 조항의 개정이 있었다. 범죄인 인도의 기본원칙으로 인도는 인도조약에 근거하여 이루어지는데, 조약이 없는 경우에도 '인도법'에 의해 집행할 수 있다(제1조). 또한 인도 요건(제2조), 인도 제한사유로 임의적 인도 거절사유 및 절대적 인도 거절사유(제3조 내지 제5조), 대만이 인도 청구를 받은 경우의 국내절차(제15조 내지 제22조) 등을 정하고, 그 밖에 인도 청구서의 기재사항, 필요한 관계 서류 등에 관하여 규정한다. 인도조약은 남아프리카(1987년 체결)를 포함해 10여 개국 및 지역과 체결됐다.

제 5 장

●

한국에서의 도망 범죄인 인도

제 5 장

●

한국에서의 도망 범죄인 인도

제 1 절 도망 범죄인의 현황과 '범죄인 인도법'

1. 도망 범죄 및 인도 협력의 현황

한국에서는 1986년 서울에서 열린 아시안게임을 전후하여 해외여행 자유화가 추진되고 인적 교류가 확대되면서 일본 및 미국 등과의 인도 협력이 요구되어, 1988년 '범죄인 인도법'이 시행되었다. 한국은 범죄인의 해외도피 공소시효가 정지된 것은 1995년부터이나, 형집행 시효는 2014년 4월 형법개정안이 국회를 통과, 같은 해 5월 14일부터 시행되었다.[414] 2013년 말 기준 실형을 선고받고 해외도피한 사람은 340명에 달하며, 수사 중 해외도피한 사람은 2009년 364명에서 2013년 577명으로 약 60% 증가했다. 경찰청이 1990년 이후 2014년 상반기까지 해외도피사범 3132명의 도피처를 분석한 결과, 일본 163명을 비롯해 미국 726명, 중국 678명, 필리핀 394명, 태국 238명, 캐나다 157명, 베트남 111명 등으로 조사되었다.[415]

---

414) 형의 집행시효에 대하여 형법 제79조 제2항은 '시효는 형이 확정된 후 그 형의 집행을 받지 아니한 자가 형의 집행에서 면할 목적으로 국외에 있는 기간은 진행되지 아니한다'고 하고, 부칙에서 이 조항은 시행 당시 형의 시효가 완성된 자에게도 적용한다고 정한다(부칙 '법률 제 12575호, 2014년 5월 14일' 제2조).

415) 조선일보 2014년 7월 11일자 보도기사 참조(https://news.chosun.com/site/data/html_dir/2014/07/11/2014071100126.html. 2014년 8월 10일 열람).

한국 인도법에 따라 인도 사건은 서울 고등법원 및 서울 고등검찰청의 전속 관할이 되어, 인도조약이 체결되지 않은 경우에도 상호 보증의 요건에 따라 인도될 수 있도록 법적 근거가 마련되었다. 또한 인도 범죄 대상은 한국과 청구국의 법률에 의해 1년 이상의 자유형에 해당하는 범죄로 정하며, 인도 제한사유로는 자국민 및 정치범죄 등이 정해졌다. 한국이 피청구국이 된 경우에는 외무장관이 인도 청구서 등을 받을 때 이를 법무장관에게 송부하고, 법무장관은 서울 고등검찰청 검사장을 통해 서울 고등법원에 인도심사 청구를 명할 수 있다. 2005년 법 개정을 통해 도망 범죄인의 동의가 있을 때는 신속한 인도 집행을 할 수 있으며, 청구국으로부터 인도 범죄 이외의 범죄에 대해 처벌하기 위한 동의 요청이 인정되었으며(특정성 원칙의 예외), 국내법 저촉 문제에 대해 조약 우선주의가 명기되는 등의 조항이 신설됐다. 특히 인도와 관련하여 도망 범죄인의 동의가 있을 경우, 서울 고등법원은 임의적 인도 거절사유에 해당함을 이유로 인도 불가 결정을 할 수 없다고 정하고, 나아가 법무장관에게도 인도명령을 신속히 할 것을 의무화하였다(제15조의2). 또한 인도법이 인도심사의 절차, 구금허가장 및 가구금 허가장 발부절차 등에 대해 필요한 사항은 대법원이 정하는 것이라고 규정한 바, 1989년 2월 28일에 '범죄인 인도법에 의한 인도심사 등의 절차에 관한 규칙'이 제정 시행되었다.

한국이 체결한 범죄인 인도조약 건수는 1990년에 호주와 최초의 조약을 체결한 이래, 2012년 말 기준 30개국이다. 1991년부터 2010년까지 한국이 외국에 인도를 청구한 것은 218건(일본 6건, 중국 24건, 홍콩 및 마카오 6건, 대만 5건, 미국 78건), 한국이 인도 청구를 받은 것은 68건(이 중 일본이 20건, 중국 4건, 홍콩 1건, 미국 26건)이었다.[416] 범죄인 인도조약 외에 형사 공조조약은 28개국과 체결하여 2003년부터 2010년까지 한국이 일본에 공조청구를 한 것은 51건, 중국에 대한 청구는 102건(홍콩 제외)이었다. 같은 기간 일본이 한국에게 공조를 청구한 것은 91건, 중국이 청구한 것은 8건이었다. 수형자 이송과 관련해서는 유럽 수형자 이송조약 외에 2010년 기준 중국 등 5개국과 조약을 체결하였다. 한국이 인도와 관련하여 청구를 하거나 혹은 청구받은 건수는 다음 표와 같다.[417]

---

416) Joon Gyu Kim & Cheol−Kyu Hwang, New Initiatives on International Cooperation in Criminal Justice, Seoul National University Press, 2012, pp.209−210.
417) ①과 ②의 표는 필자가 위와 같은 책의 자료에 근거해 작성하였다.

[한국이 인도 청구를 받은 건수(1991~2010년의 합계)]

미국	일본	호주	중국(홍콩)	독일	캐나다	베트남	태국
26	20	5	4(1)	4	2	1	1

[한국이 인도를 청구한 건수(1991~2010년 합계)]

미국	중국(홍콩,마카오)	필리핀	호주	캐나다	인도네시아	일본	대만
78	24(6)	23	12	9	8	6	5

인도 협력에 관해서는, 다음 표와 같이 국내법인 범죄인 인도법이 시행되기 전에도 한국이 일본에 청구를 하거나 중국으로부터 청구를 받는 등의 사례가 있었다. 한국과 일본 간에는 '박정희 대통령 저격사건', '군인 탈영 사건' 등과 같이 한국 정부가 일본에 대해 신병의 인도를 적극 요청하였으나, 양국 국교 수립(1965년) 후 얼마 되지 않아 수사 공조가 미숙하거나, 한국의 형사사법체계에 대한 우려 등으로 일본 정부 및 법원에서 청구의 필요성과 적법성이 인정되지 않은 경우가 있었다. 또한 한국과 중국 간에는 중국이 자국의 민항기 탈취 사건에 대한 범죄인 인도를 요청했지만, 1983년 당시 국교 자체가 수립되지 않아(1992년 외교 관계 수립) 냉전체제의 최전선에 있던 한반도를 둘러싼 국제 정세를 반영하는 결과가 되었다. 즉, 범죄에 정치적 성질이 있다고 인정되어 헤이그 조약 및 도쿄 조약 등이 정한 '인도할지 소추할지'의 선택 조항에 따라 실형이 선고되었지만, 형 집행 정지로 강제퇴거 조치된 후 대만으로 출국한 사례가 있었다.

그 후, 2000년대 들어 한국에서는 범죄인 인도에 대한 국내법이 정비되었고 중국과 일본을 비롯한 여러 나라와 인도조약이 체결되어 국제형사협력의 법적 프레임워크가 일정 범위이지만 갖추어졌다. 그러나 베트남에서 한국으로의 인도 청구가 이뤄진 '응우옌흐우짜인(Nguyen Huu Chanh) 사건', 일본에서 한국으로 인도가 청구된 '류창 사건' 등에서 볼 수 있듯이, 공산 베트남과 자유 베트남 망명 정부 간의 대립으로 야기된 테러공격 미수 등 한중일의 역사문제 인식을 둘러싸고 각국 정책과 사법판단의 차이가 여전해, 범죄 정치성이 쟁점이 될 소지가 적지 않다. 또한 동아시아에서의 한국의 위치는, 여전히 북한과의 이데올로기와 정치 체제의 대립이 남아 있고, 일본 그리고 중국과는 역사문제 및 영토문제로 분쟁이 계속되고 있는 상황이다. 이와 같은 범죄의 정치성 인정 여부를 둘러싼 인도재판 및 인도 집행에 관한 국가실행의 사례는, 인도 협력에서 관계국의 이해가 엇갈리고 있음을 드러내는 것으로 앞으로도 국제형사협력에 큰 장애가 될 수 있음을 시사하는 것이다.

후술하듯 군인 탈영 사건 및 박 대통령 저격 사건의 각 범죄인의 신병에 대해, 한국 당국이 인도를 적극적으로 청구한 이유는 범죄의 목적 및 그 배후에 북한(및 조총련)의 조직적 지원이 있다고 판단했기 때문이다. 또한 중국 민항기 탈취 사건에 대해서는 항공기 불법탈취 범죄에 대한 국제법상 의무 준수라는 재판규범 적용 외에, 대만과의 반공동맹 친선관계, 1986년 아시안 게임 및 1988년 올림픽 대회를 앞두고 중국에 대한 배려 등 국제정치적 이해관계가 적지 않은 영향을 미친 것을 부정할 수 없다고 할 수 있다.[418] 본 장에서는 한국의 인도법, 인도조약, 인도재판 및 기타 국제형사 공조에 대해 분석하고 검토한다.

[한국에서 인도 협력 또는 인도 재판이 초점이 된 사례][419]

구분	청구 → 피청구(연도)	쟁점	결과	비고
정훈상 (군인 탈영 사건)	한국 → 일본 (1965)	도망, 정치범죄, 난민지위	청구거절 (강제퇴거)	자비 출국을 통해 러시아행
김호룡 (박 대통령 저격 사건)	한국 → 일본 (1974)	인도 청구에서의 상호주의 보증 거부	청구거절	저격의 공동정범 재일조선인
탁장인 등 6인 (민항기 납치 사건)	중국 → 한국 (1983)	망명, 정치범죄	청구거절	형 종료후, 대만으로 출국
응후옌(테러 사건)	베트남 → 한국 (2006)	정치범죄	청구거절	인도조약상 청구
류창 (야스쿠니신사 방화사건)	일본 → 한국 (2012)	정치범죄	청구거절 (중국 귀국)	인도조약상 청구

주: '인도조약상 청구' 이외의 3건은 조약에 근거하지 않은 청구이다.

---

418) 여영무, 국제테러리즘의 억제와 처벌에 관한 연구: 중국민항기 공중납치사건을 중심으로, 항공법학회지 제1호, 1989, 88쪽.
419) 표는 필자가 각 사례의 내용을 참고하여 작성하였다.

2. 범죄인 인도법

한국은 범죄인 인도에서 조약 전치주의를 취하지 않으며 인도조약이 체결되지 않는 경우에도 상호주의 보증이 있을 때에는 인도를 할 수 있다고 정한다(제4조). 인도 요건으로 ① 청구국이 도망 범죄인의 소추, 재판 및 형의 집행을 위해 청구할 것(제5조), ② 인도 청구 범죄가 한국과 청구국의 법률에 따라 사형, 무기징역, 장기 1년 이상의 징역 또는 금고에 해당하는 경우이다.

(1) 인도 절차

인도 절차의 주요 흐름은 외무장관이 작성한 청구서류를 법무장관에게 송부, 법무장관의 서울 고등법원 심사청구의 해당성 판단 및 심사청구 명령, 서울 고등법원에서의 심사 및 인도 가부 결정, 마지막으로 법무장관의 인도의 상당성 판단 및 인도 집행 등이다. 인도 청구를 받은 경우에 외무장관의 조치는, 인도 청구서 및 관련 자료에 대해 심사할 사항을 정하지 않고 그대로 법무장관에게 송부하는 것이다(제11조). 일본의 인도법에서는 외무대신의 조치는, 청구가 인도조약에 의해 이루어진 경우에는 청구방식의 조약과의 적합성, 인도조약에 기초하지 않은 경우에는 상호주의 보증의 유무 등, 두 가지 사항에 대해 심사한 후, 각 사항에 해당하지 않을 경우에 한하여 청구서류를 법무대신에게 송부하게 된다(제3조). 일본법상의 외무대신의 조치에 상당하는 직무는, 한국 인도법에서는 법무장관에게 부여된다. 이어 법무장관은 외무장관으로부터 청구서류를 송부받을 때 원칙적으로 이를 인도 여부의 심사를 위해 서울 고등법원에 송부하도록 서울 고검에게 명하여야 한다(제12조). 다만, 인도 청구가 인도조약 또는 한국 인도법에 기초하여 명백히 인도할 수 없는 경우에 해당하거나, 혹은 인도하는 것이 상당하지 않다고 인정되는 경우에는 여기에 해당되지 않는다.

도망 범죄인은 서울 고등법원이 발부한 영장에 의해 구금된다(제3절: 제19조 내지 제31조). 법무장관이 인도 심사의 청구를 명한 때는 원칙적으로 구금 허가장에 따라 도망 범죄인을 구속해야 한다. 예외적으로 범죄인이 일정한 주거를 가지고 있거나 혹은 도망의 우려가 없다고 인정되는 경우에는 해당되지 않는다. 범죄인에 대해 구금 허가장이 집행될 경우, 본인 또는 그 변호인, 법정 대리인, 배우자, 직계친족, 형제 자매, 가족, 동거인, 고용인 등은 법원에 대해 구속의 적부 심사를 청구할 수 있다(제22조). 도망 범죄인에 대하여 청구국으로부터 긴급구금이 청구된 경우, 법무장관은 그 청구가 타당하다고 인정될 때에는 서울 고검을 통해 그 범죄인의 가구금을 명한다. 다만, 예외로 청구국의 구속장 발부 또는 형의 선고나 청구국의 상보주의 보증에 대해 그것을 믿을 만한 상당한 이유가 없을 때에는 해당되지 않는다.

 인도 재판은 서울 고등법원의 심사(14조) 및 결정(15조)에 따라 이뤄진다. 서울 고등법원은 서울 고검을 통해 심사 청구를 받을 경우 신속하게 심사를 개시하고 특히 범죄인이 구금되어 있을 때에는 2개월 이내에 결정을 하여야 한다. 서울 고등법원은 심사 결과에 대해 심사 청구가 부적법할 때에는 각하, 인도 여부에 대해서는 인도 거절 또는 인도허가 결정을 내려야 한다. 여기에서 주목되는 조항은 도망 범죄인이 인도에 대해 동의할 경우, 서울 고등법원은 자국민일 때 등과 같은 '임의적 인도 거절사유'가 있다는 이유로 인도 거절 결정을 내릴 수 없다(제15조의 2)고 정한 것이다. 그 동의는 서면으로 법원에 제출돼야 하며 법원은 동의의 진의를 직접 확인해야 한다. 서울고법이 인도허가 결정을 내렸다 하더라도 그 결정을 집행하기 위해서는 법무장관이 인도 타당성을 인정해야 한다(제34조 제1항). 서울고법이 인도허가 결정을 내렸을 경우 법무장관은 서울 고검에 도망 범죄인 인도를 명령해야 한다. 다만, 청구국이 인도를 철회한 경우 또는 국익 보호를 위해 인도가 특히 부적당하다고 인정할 때는 해당되지 않는다. 신병의 인도는 도망 범죄인이 구금되는 교정시설 또는 그 밖에 법무장관이 지정하는 장소에서 이루어지며, 법무장관이 인도 명령을 한 날부터 30일 이내에 집행되어야 한다(제35조).

 법무장관이 외국의 인도 청구에 대해 법원에 심사 청구를 명령할 경우, 서울 고검의 검사는 서울 고등법원에 청구를 하게 되지만, 도망 범죄인의 소재가 확인되지 않을 때는 법원이 발부하는 체포장으로 수배 등의 조치를 취한다. 이어 그 신병을 검거하고 심사 청구를 하게 된다(인도법 제13조 제1항 단서). 또한 서울 고등법원에 대한 심사 청구는 구금허가장으로 구속된 날부터 3일 이내에 실시해야 한다(인도법 제13조 제2항). 인도재판 동안에 구금되지 않는 경우에도 인도 집행이 결정될 때에는 검사가 발부하는 인도 집행장에 의하여 교정시설에 구금되어 청구국 담당관에 인도되는 바, 통상 그 장소는 서울구치소가 된다. 신병 인도와 인수는 인도법상 교정시설의 장이 청구국 담당관이 제시하는 수령 허가장을 확인한 뒤 범죄인의 신병을 인도해야 하지만(제35조 1항), 교통 상황이나 이동 경로 등에 어려움이 발생할 수 있으므로 실무 현장에서는 공항에서 이뤄지는 경우가 많다.[420)]

한국 인도법은 한국이 외국에 인도를 청구하는 경우에 관해서도 규정한다(제3장: 제42조 또는 제44조). 즉, 법무장관이 청구를 하거나 검사가 법무장관에게 인도 청구를 건의함으로써 이루어지고, 모두 청구 서류는 외무장관을 통해 해당 외국에 송부하여야 한다. 인도 절차에서 법무장관이 서울 고검 검사장 등에 대하여 내리는 명령 및 검사가 법무장관에게 하는 건의·보고 또는 서류의 송부는 검찰총장을 경유하여야 한다. 또한, 법무장관은 인도할 범죄인이 한국 국민으로 '병역법' 제70조에 따라 해외여행 허가를 받아야 하는 병역의무자인 경우, 출국 조치를 하기 전에 국방장관과 협의해야 한다(제51조)고 하여, 병역의무의 적령기에 있는 국민에 대하여 일정한 절차가 추가되어 있다.

(2) 인도 제한사유

한국 인도법은 인도 제한사유로 절대적 인도 거절사유, 정치범죄 및 임의적 인도 거절사유 등 세 가지로 나눠 규정하고 있다. 첫째, 절대적 인도 거절사유(제7조)로 ① 한국 또는 청구국 법률에 따라 인도 범죄에 대해 공소시효 또는 형의 시효가 완성되었을 때, ② 인도 범죄에 대해 한국 법원에 계속할 때 또는 재판이 확정되었을 때, ③ 인도 범죄에 대해 청구국의 유죄 재판이 있는 경우를 제외하고, 도망 범죄인이 그 범죄를 저질렀다고 의심할 만한 상당한 이유가 없을 때, ④ 범죄인이 인종, 종교, 국적, 성별, 정치적 신념 또는 특정 사회단체에 속했다는 등의 이유로 처벌받거나 혹은 그 밖에 불리한 처분을 받을 우려가 있다고 인정될 때 등이다. 둘째, 정치범죄를 규정한 '정치적 성격을 가진 범죄'(제8조)로 ① 인도 범죄가 정치적 성질을 가진 것이나 혹은 그와 관련된 것인 경우, 다만 청구된 범행이 다음의 경우에 해당할 때에는 해당되지 않는다. 즉, 국가원수·정부수반 또는 그 가족의 생명·신체를 침해하거나 위협하는 범죄, 다자간 조약에 의해 한국이 도망 범죄인에 대해 재판권을 행사하거나 또는 그 범죄인을 인도할 의무를 지는 범죄, 다수의 사람들의 생명·신체를 침해·위협하거나 그러한 위험을 발생시키는

---

420) 법무부, 범죄인 인도 실무, 동광문화사, 2008, 65쪽.

범죄 등이다. ② 청구가 인도 범죄 이외의 정치범죄에 대하여 재판하거나 형벌을 집행할 목적으로 행한 것으로 인정될 때이다. 셋째, 임의적 인도 거절사유(제9조)로 ① 범죄인이 한국 국민일 때, ② 인도 범죄의 전부 또는 일부가 한국 영역에서 범행되었을 때, ③ 인도 범죄 이외의 죄와 관련된 사건이 한국 법원에 계속될 때 또는 그 사건에 대해 한국 법원에서 형의 선고를 받고 그 집행이 끝나지 않았거나 면제되지 않았을 때, ④ 인도 범죄에 대해 제3국에서 재판을 받고 처벌받거나 처벌받지 않을 것으로 확정되었을 때, ⑤ 인도 범죄의 성질과 범죄인의 사정 등에 비추어 인도받는 것이 비인도적이라고 인정될 때 등이다.

그 밖의 인도 제한사유로는, 인도 범죄 이외의 범죄 처벌에 관한 청구국의 보증(제10조)이 없는 경우가 있다. 즉, 인도가 허용된 범죄 이외의 범죄에 대하여, 청구국이 이를 처벌하지 아니하고, 또한 제3국에 인도하지 않는다는 보증이 없는 경우에는 도망 범죄인을 인도하여서는 안 된다. 다만, 다음의 경우에 해당할 때에는 예외사유로 하는 바, 인도가 허용된 범죄 사실의 범위에서 유죄로 인정되는 범죄 또는 인도된 후에 범한 범죄에 대하여 처벌할 때, 도망 범죄인이 인도되었으나 청구국의 영역을 벗어난 후 자발적으로 청구국에 재입국했을 때, 도망 범죄인이 자유롭게 청구국을 벗어날 수 있는 날부터 45일 이내에 청구국의 영역을 벗어나지 않을 때 등이다.

일본으로부터 인도를 요구받은 한국 국적 범죄인 인도 청구사건의 경우,[421] 법원이 인도 허가 결정을 내린 사례의 이유 중 '범죄인이 인종, 종교, 국적 또는 특정 사회단체에 속하였다는 이유로 처벌받거나 기타 불이익한 처분을 받을 우려가 있다고는 볼 수 없으며, 달리 범죄인 인도법 또는 범죄인 인도조약상의 인도 거절사유에 해당하는 사유는 없다'고 밝혔다. 또한 같은 재판부는 '다만, 범죄인은 한국 국민이므로 범죄인 인도법 제9조 제1호의 임의적 인도 거절사유에 해당하므로 이를 고려할 때, 이 사건의 각 범행에 관한 형사재판에 필요한 증거가 모두 일본에 현존하는 점, 일본의 형사사법제도에 비추어 볼 때 범죄인이 일본으로부터

---

421) 본건 재판은 1997년 10월 16일, 도망 범죄인이 일본에서 운전 중에 **뺑소니**를 범해 피해자가 사망한 사건으로, 일본으로부터의 인도 청구에 근거해 2007년 5월 11일 서울고검의 심사 청구에 의해 행해졌다. 재판부는 범죄자가 한국인인 점 외에 고령인 점, 부양해야 할 장애인 등의 가족이 있는 점, 사건 발생 10여 년이 지난 점 등에 대해 인도 제한사유로 고려될 수 있는 점은 있다고 하였다. 서울 고등법원 제10형사부 결정 2007년 6월 4일[2007토3].

부당한 혹은 비인도적인 처우를 받을 우려가 있다고 볼 수 없는 점 등의 사정 및 이 사건 기록에 나타난 범죄인의 경력과 생활 환경, 각 인도 범죄의 성격 및 내용 등을 종합하여 본다면 범죄인을 일본에 인도하는 것이 상당하다'고 판단했다.

이 인도 심사 청구 사건에서는 한일 인도조약상의 절대적 인도 거절사유를 포함하여 인권보장의 관점에서 범죄인이 가령 청구국에 인도되었을 때 청구국에서 박해를 받을 우려가 있는지에 대해 판단이 내려진 것이다. 또 법원이 인종, 종교, 국적 외에 '특정 사회단체에 속함'을 박해 사유로 든 것은 한국 인도법이 정한 인도 제한사유(제7조 제4호)를 검토한 것이다. 나아가 결정 이유의 후단에서 '부당한 혹은 비인도적인 처우'에 대한 판단은 임의적 인도 거절사유를 규정한 인도법 제9조 제5호의 '인도적 사유'를 검토한 것으로 해석된다. 같은 조항 제5호는 임의적 인도 거절사유로 '인도 범죄의 성격과 범죄인이 처한 환경 등에 비추어 범죄인을 인도하는 것이 비인도적이라고 인정되는 경우'를 규정한다. 단, 이 조문이 고려 대상으로 삼는 것은 해당 범죄인의 개인적 사정에 한정된다고 하면서도, 그 보호 법익이 인도 후에까지 미치는지 알 수 없다는 문제가 있다. 즉, 인도적 고려 대상으로 범죄인의 건강, 연령, 출산 등과 같은 일신상의 사정으로 청구국에 인도된 후, 재판이나 수형 능력에서 인도적 문제의 유무 등을 고려해 인도를 거절할 수 있다는 취지를 규정한 것으로 보인다.

인도법이 인도 범죄에 대해 청구국의 유죄 재판이 있을 때를 제외하고 도망 범죄인이 인도 범죄를 저질렀다고 의심할 만한 상당한 이유가 없는 경우를 절대적 인도 거절사유로 정하는 바, 인도재판에서는 인도 범죄 혐의(증거)의 상당성이 쟁점이 된다. 아래 표와 같이 혐의의 상당성은 한중일 각 인도법 및 인도조약에서 위상 등에 차이가 있으나, 한국 검찰은 실무적으로 인도 재판 심사가 해당 행위에 대해 유무죄를 결정하는 것이 아니라고 하면서, 검사가 제출한 증거를 중점 판단해야 하며 그 증거를 해석하는 범위 내에서 해당 범죄인 및 그 변호인이 관련 증거를 제출할 수 있다고 말한다.[422]

---

422) 법무부, 범죄인 인도 실무, 동광문화사, 2008, 54쪽.

[한중일의 각 인도법 및 인도조약의 범죄 혐의 충분성과 관련된 규정]

구분	범죄혐의의 상당성에 관한 조문	비고
일본 인도법	인도 범죄에 대해 청구국의 유죄 재판이 있는 경우를 제외하고, 도망 범죄인이 그 인도 범죄와 관련된 행위를 한 것을 의심할 만한 상당한 이유가 없을 때.	인도 제한사유 (제2조 제6호)
한국 인도법	도망 범죄인이 인도 범죄를 범하였음을 의심할 만한 상당한 이유가 없는 경우. 단, 인도 범죄에 대해 청구국의 유죄재판이 있을 때는 제외한다.	절대적 인도 거절사유 (제7조 제3호)
한일 인도조약	청구국에서 인도 청구와 관련된 범죄에 대해 유죄 판결을 받지 않았을 때에는, 피청구국의 법령상 해당 범죄를 그 자가 행하였다고 의심할 만한 상당한 이유가 없는 경우.	절대적 인도 거절사유 (제3조 (a))
한중 인도조약	인도대상 행위의 혐의는 총체적으로 고려되어야 하며, 양 체결국의 법령상 구성요건의 차이는 문제가 되지 않는다.	인도 대상의 범죄 (제2조 제3항 (b))

(3) 법무장관의 인도 상당성의 판단

한국 인도법상 법무장관의 상당성에 대한 판단은 기본적으로 2단계로 이루어진다. ① 외무장관으로부터 송부된 인도 청구 사안에 대하여 법원(서울 고등법원)에 인도 여부에 관한 심사청구 명령을 할 것인지의 판단이다(제12조). ② 법원에서 인도할 수 있는 경우로 인정되어 '인도 허가'의 결정이 내려졌다 해도 인도 실행의 상당성에 대해 판단할 수 있다(제34조 제1항). 이와 같은 법무장관의 조치는 법원의 심사·결정을 전후로, 각 단계에서 이루어지는 형식적인 의미에서 일본의 인도법상 법무대신의 권한과는 특별히 다르지 않다. 다만, 한국법에서 인도조약의 존재 여부와 상관 없이 심사 청구의 해당성을 판단할 때 법원의 인도허가 결정 후에 행해지는 '인도의 상당성' 판단도 내릴 수 있다고 규정한 것은, 일본의 인도법과 다른 점이다. 인도 청구에 관하여 법무장관이 법원에 그 심사를 요구하지 않는 예외로 한국 인도법은 '단, 인도조약 또는 이 법률의 규정에 의하여 범죄인을 인도할 수 없거나 또는 인도하지 않는 것이 상당하다고 인정할 때는 해당되지 아니하다'고 규정한다(제12조 제1항). 즉, 법무장관이 그 권한으로써 심사청구 명령을 하지 않는 조건은 두 가지로 나눌 수 있다. ① 인도조약 또는 한국 인도법에서 공소 시효의 완성이나 정치범죄 등과 같은 인도 제한사유가 법원의 심사를 구할 필요가 없을 정도로 객관적으로 존재하는 경우이다. ② 인도를 실시하지 않는 것이 상당하다고 인정될 때이다. 또한 법원에 의해 인도 허가 결정이 내려졌을 경우 원칙적으로 법무장관은 인도를 명해야 하지만, 그 예외로 '단, 청구국으로부터 인도 청구의 철회가 있거나 대한민국의 이익보호를 위하여 범죄인의 인도가 특히 부적당하다고 인정하는 경우에는 해당되지 아니하다'고 규정한다(제34조 제1항).

따라서 법무장관이 내리는 인도의 상당성에 대한 판단은, 청구국으로부터의 인도 청구 철회를 제외하고 그 판단기준은 '국익'이 된다. 더욱이 이러한 상당성 판단은 국가적 이해관계가 존재한다고 믿을 만한 명백한 이유가 있다면 법원에 심사 청구 명령을 하지 않을 수도 있다고 해석된다.

3. 도망 범죄인 인도조약

한국의 인도조약은 2012년 말 기준, 일본을 포함해 30개국과 체결되었으며 유럽 범죄인 인도조약에도 이미 가입되어 있다(2011년 9월 29일 가입서 기탁, 같은 해 12월 29일 발효). 한일 인도조약의 개요 및 한국이 체결한 인도조약의 특징은 다음과 같다.

(1) 일본과의 인도조약

한일 양국 간 범죄인 인도조약 체결 협상이 구체화된 것은 1998년 오부치 게이조 총리와 김대중 대통령 간의 '한일 공동선언 – 21세기를 위한 새로운 한일 파트너십' 발표로 이 선언에서 인도조약 체결을 시작하겠다고 밝힌 것에서부터 시작된다. 이후 2002년 4월 8일에 서명, 같은 해 4월 19일 국회 승인을 거쳐 6월 21일 발효됐다. 인도조약 체결에 대해서는 한국이 먼저 그 필요성을 인식하고 일본 측에 체결 협상을 적극적으로 요청했던 것으로 보인다. 이미 인도법이 제정된 1988년 당시부터 한국 정부는 인도조약 체결의 필요성이 가장 높은 상대국으로 미국 및 일본을 지목하며 체결 협상을 요구한 것으로 보인다. 일본 측도 위의 합의를 토대로 조약 체결의 본격적인 협상에 착수하면서 양국의 실무적 조율이 거듭되었으며, 2002년 월드컵축구 공동개최를 계기로 조약 체결 서명에 도달했다. 일본이 미국 이외에 인도조약을 한국과 체결하게 된 배경에는 다음과 같은 사정이 있다. ① 자국민 인도의 필요성이다. 양국 인도법은 원칙적으로 자국민인 도망 범죄인을 인도 제한사유로 정한다. 다만, 예외적으로 인도조약에서 체결국 간에 특별히 합의가 있으면 인도가 가능한데, 한일 양국에 왕래하는 사람이 증가함에 따라 도망 범죄인이 자국민인 사례가 증가하고 있는 것을 반영한 것으로 해석된다. ② 상대국의 형사사법 체제에 대한 이해가 깊어졌다는 점이다. 즉, 자국민인 범죄인이 청구국에 인도되었다 해도 상대국의 형사 절차에서 공정한 재판을 받을 수 있는지 여부 혹은 기타 처우상의 문제 유무 등에 대해서 인권보장의 관점에서 신뢰성이 인정된 것이다.

(2) 한국이 체결한 인도조약의 특징

한국이 체결한 인도조약의 특징으로는 정치범죄의 규정 방식, 자국민 불인도, 군사범죄 등을 들 수 있다. 인도조약의 정치범죄 규정은, 정치범죄, 정치적 성격을 가진 범죄, 정치범죄 혹은 그와 관련된 범죄, 정치범죄를 구성하는 범죄 혹은 그와 관련된 범죄 사실을 구성하는 범죄 등으로 규정되었으며, 그 주요 유형은 다음과 같다. ① '정치범죄'로 규정한 것으로 일본('When the Requested Party determines that the offense for which extradition is requested is a political offense or that the request for extradition is made with a view to prosecuting, trying or punishing the person sought for a political offense.'), 중국('when the requested party determines that the offence for which the extradition is requested is a political offence.'), 미국('if the requested state determines that the offense for which extradition is requested is a political offense.') 등이 있다. ② '정치적 성격을 지닌 범죄'로 베트남('when the Requested Party determines that the offence for which extradition request is an offence bearing political character.') 등이 있다. ③ '정치범죄 혹은 그와 관련된 범죄'로 호주('when the Requested Party determines that the offence for which extradition is requested is a political offence or an offence connected with a political offence.'), 홍콩('when the Requested Party has substantial grounds for believing that the offence for which surrender is requested is a political offence or an offence connected with a political offence.') 등이 있다. ④ '정치범죄를 구성하는 범죄 혹은 그와 관련된 범죄 사실을 구성하는 범죄'로 브라질('when the offence constitutes a political crime or a fact related thereto.') 등이 있다. 또한 자국민 불인도에 대해 중국 등과의 인도조약에서는 청구국 요청에 따라 소추를 위해 사건을 당국에 회부한다고 규정하지만(제5조 제2항 및 한미 인도조약 제5조 제2항), 브라질과의 인도조약에서는 인도를 거절할 경우에는 청구국 요청 유무와 관계없이 소추를 위해 사건을 당국에 회부한다고 정한다(제5조 제2항).

한국과 브라질 간 인도조약은 1995년 9월 1일에 서명하여 2002년 2월 1일 발효됐다. 당초, 인도 요건, 인도 제한사유로서의 정치범죄 및 군사범죄 등을 둘러싸고 양국 간에 차이가 있었으며, 그 요점을 소개한다.[423] 조약 초안에는 인도 대상인 범죄에 대해 '장기 1년 이상의 자유형에 해당하는 것'이라고 하면서, 절대적 인도 거절사유 중 '사형 또는 무기에 해당하는 범죄'가 있었다. 그 초안 내용에 대해 한국 측은 인도 범죄에 대해 '사형, 무기, 장기 1년 이상의 징역 또는 금고에 해당하는 범죄'라고 한 뒤, 도망 범죄인의 소추, 재판 또는 형의 집행을 위해 인도할 수 있다'고 하며 단서 조항으로 '단, 사형에 해당하는 범죄는 청구국이 사형을 선고하지 않거나 혹은 집행하지 않음을 보증하는 경우에 한정한다'는 수정 의견을 제시했다. 한국 측 수정 의견의 이유로는 한국 인도법이 인도에 관한 원칙으로 '소추, 재판 또는 형의 집행을 위하여 청구국에 인도할 수 있다'고 규정하여(제5조), 인도 범죄에 대해서는 '사형, 무기징역, 무기금고, 장기 1년 이상의 징역 또는 금고에 해당'한다고 하는(제6조) 점 등을 들 수 있다.

정치범죄에 대해 조약 초안에는 '범죄 행위가 피청구국 법률에서 정치적 범죄 또는 그와 관련된 범죄'에 해당하는 경우에는 절대적 인도 거절사유로 규정하면서, 범죄가 '피청구국의 법률상 또는 그와 관련된 범죄'에 해당하지 않는 경우에는 정치범죄로 인정되지 않는다고 정한다. 이에 대해 한국 측은 인도법에 따라 범죄의 정치성이 인정되는 경우에도 '벨기에 가해 조항' 또는 '인도할지 소추할지'의 선택 조항에 해당하거나 다수의 생명, 신체에 위험을 일으키는 테러 행위 등이 있을 때는 정치범죄로 해석되지 않는 조항을 마련해야 한다는 검토 의견을 제시했다.

---

423) '한－브라질 범죄인 인도조약(안)의 검토'(한국 대검찰청 1991년 7월).

또한 군사범죄에 대해 조약 초안에는 '특별재판소에서 재판을 받는 경우' 및 인도조약의 '체결국 법률에 따라 일반 민간법에 저촉되지 않는 군사적 성질의 범죄'를 절대적 인도 거절사유로 규정한다. 이에 대해 한국 측은 국내법(인도법)에 근거하여 군사적 성질의 범죄일 경우에도 정치적 성질을 가지지 않을 때는 인도 대상에 포함되는 것이 타당하다고 했다. 더욱이 헌법에 의해 설치·구성된 군사재판소는 조약 소정의 '특별재판소'에 해당되지 않는다고 정하는 것이 타당하다고 제시하였다. 특히 군사법원에 대해 국내법상 군인 및 군속 등은 군사 관련 법령의 적용을 받는 경우가 많고 소추 및 재판에 대해서는 헌법에 의해 설치된 '군사법원' 등이 관할하고 있어 이를 인도 거절사유 대상으로 할 경우 법 적용의 형평과 실효성 측면에서 문제가 있다고 지적했다. 또한 한국이 호주와 체결한 인도조약에서는 군사재판소에 대해 그 취지에 대한 조항이 마련되어 있다(제4조 제1항 (c)). 군사범죄에 대해 한국과 브라질 간의 인도조약에서는 '순수한 군사범죄는 형법과는 성질이 다른 행위 또는 사실로 구성된 범죄이며, 군대에 한해 적용 가능하며 군대 질서와 규율을 유지하기 위해 특별 입법에서 정한 범죄를 말한다'고 규정한다(제3조 제2항).[424]

제 2 절 법 정비 이전의 도망 범죄인 인도를 둘러싼 중국 및 일본과의 협상

한국 인도법이 시행된 것은 1988년인데, 일본과는 1960~1970년대에 걸쳐 인도와 관련된 협상이, 중국과는 수교 이전인 1980년대에 비슷한 협상이 있었다. 한국인 탈영병 정훈상은 일본을 거쳐 북한으로 도망하기 위해 1969년 8월 화물선을 타고 일본으로 밀입국했다. 고베에서 발각돼 출입국관리령 위반으로 기소되었으며, 재판에서는 망명, 정치범죄, 난민 지위 등의 인정 여부가 쟁점이 됐다. 한국

---

424) 해당 조항의 영문은 'For the purposes of the present Treaty, purely military crimes shall be considered those offences consisting of acts or facts alien to the criminal law, and which result solely from a special legislation applicable to the military and intended to maintain order and discipline in the armed forces.'이다.

당국은 신병 인도를 요구했으나 집행 유예 및 금고 6월형이 확정되어 강제 퇴거
조치 후 소련으로 출국, 이후 월북했다고 한다. 1974년 8월 서울에서 일어난 '박
정희 대통령 저격 사건'에서는 한국이 저격범의 공범으로 재일조선인 1명에 대해
신병 인도를 청구하였으나, 전년의 '김대중 납치 사건'과 관련하여 문제가 됐다.
즉 일본 당국은 김대중 납치 사건에 대해 주일 한국 대사관원을 주범으로 특정했
으나 이미 한국으로 도피했기 때문에 상호주의에 입각하여 그 도망 범죄인 인도
를 요구할 가능성이 있었던 것이다. 일본의 인도법상 청구가 인도조약에 근거하
지 않을 경우, 상호주의 보증을 얻을 수 없을 때에는 외무대신의 조치로 그 청구
를 거절할 수 있다.

　　한국과 중국의 외교 관계는 1992년 수립됐으나 1983년 5월 탁장인(卓長仁)
등 6명이 선양에서 상하이행 중국 민항기를 탈취해 서울 외곽에 착륙하게 하였는
데, 중국으로부터 신병 인도를 요구받았다(탁장인 사건). 범인들은 정치적 동기를
내세우며 대만 망명을 요청했고 한국 당국이 그들의 주장을 인정해 중국의 인도
청구를 거절했으며 재판에서는 항공안전에 관한 죄로 전원에게 징역이 확정됐다.
그 후, 형의 집행정지 및 퇴거 강제로 인해 전원 대만으로 출국되었다. 당시 사건
이 도망 범죄인 인도로 취급되지 않았던 배경에는 한중간에 외교 관계가 없다는
점, 동아시아 정치 이념의 대립이 심화했던 점, 국내 관련 법령이 입법되지 않은
점 등이 있다.

1. 정훈상 사건

　　1943년생인 정씨는 육로를 통해 월북하기 위해 1968년 12월 병역에 자원했
으나 최전방 부대에 배속되지 않아 휴전선을 넘을 수 없다 생각하여 1969년 8월
무단 탈영했다. 정씨는 일본을 거쳐 북한으로 넘어가려 생각하였고, 같은 해 8월
한국 부산에서 고베행 화물선에 몰래 탑승하여 밀항을 하였으나, 고베에서 발각
되어 출입국관리령 위반으로 소추되었다.[425] 한국 정부는 정씨가 단순한 밀항자

---

[425] 정훈상사건 개요에 관한 한국 측 보도로서, '연합뉴스' 2013년 4월 1일자 보도기사 참조. 이
　　기사는 30년 이상 지난 외교문서에 대해 한국 외무장관의 재심으로 공개가 결정됐기 때문에
　　보도되었다.

인 만큼 송환 조치 등을 통해 신병 인도를 요구했으나 일본 재판에서는 망명, 정치범죄, 난민 지위 등의 인정 여부가 쟁점이 됐다.

재판에서는 '정치범 불인도의 원칙' 및 '난민 지위 조약' 제31조가 규정하는 '불법 입국 불처벌' 등이 쟁점이 되었다.[426] 고베 법원은 정치범 불인도의 원칙에 대해 본건이 '상대적 정치범죄'로 해석된다고 하면서 단순히 한국의 밀항 단속 및 군 형벌의 법령에 의해 처벌되는 것을 이유로 즉시 정치범죄인으로 인정할 수는 없다고 밝혔다. 다음으로 난민조약 제31조('피난국에 불법으로 체류하는 난민')에 대해 '정치 망명자의 불법 입국 불처벌로 확립된 국제관습법이라고 인정할 수 없다'며 원고의 주장을 기각했다. 이와 관련하여 법원은 정부가 인도적인 관점에서 난민조약의 이념을 존중하고 출입국 관리령과 조화를 이루어 적절한 조치를 취해 왔음을 지적한다. 즉, 일본 정부 당국은 불법 입국 불처벌의 원칙이 인정되지 않는 경우라 하더라도, 난민이나 정치 망명적 색채가 강한 자에게 강제 퇴거를 명할 때에는 박해를 받을 우려가 있을 것이라고 인정되는 본국으로의 송환이 아니라 본인이 행선지를 선택할 수 있는 자비 출국을 권고해 왔다고 언급한다.[427] 고베 지방법원은 1970년 12월 19일 본건 피고인에게 금고 6개월 및 집행유예 1년을 선고하였으며, 검찰 및 피고인측이 상소하지 않아 형이 확정되었다. 정씨는 같은 해 12월 26일 강제 퇴거조치 및 자비 출국으로 소련으로 출국한 뒤 월북한 것으로 알려졌다.[428]

---

426) 祖川武夫・小田滋, 日本の裁判所における国際法判例, 三省堂, 1991, 286－287쪽. 이 책에서는 본건 사례의 표제로 'K・정'이라고 기술되어 있다. 본건 재판에서는 난민 지위 조약 제31조가 규정하는 정치 망명자의 '불법입국 불처벌'에 대해 국제관습법으로 인정되지 않는다는 취지의 감정서(宮崎敏樹)가 나왔다.

427) 祖川武夫・小田滋, 日本の裁判所における国際法判例, 三省堂, 1991, 287쪽. 이 책에 언급된 것은 한국의 현역 군인이 탈영하여 일본으로 밀입국했다는 '김동희 사건'인데, 그 내용은 소개되지 않은 바, 사건 요지는 다음과 같다. 김씨는 병사로 복무하다 베트남전 파병 명령에 반발해 1965년 8월 탈영하여 일본으로 밀항했다. 김씨는 출입국관리령 위반으로 유죄가 확정돼 1년 정도의 징역을 살고 강제퇴거명령을 받았으나 자비출국을 통해 1968년 1월 26일 소련 나홋카행 선박에 승선(모스크바행이었다는 보도도 있음)해 북한행을 선택한 것으로 알려졌다. '한겨레' 2014년 3월 20일자 보도기사 참조(https://www.hani.co.kr/arti/society/society_general/618309.html. 2014년 8월 16일 열람). 또한 현행 '출입국관리 및 난민인정법'상 송환은 자비출국, 운송업자 부담송환, 국비송환 등으로 크게 나뉘며, 송환지로 해당자의 국적국을 원칙으로 하되 그럴 수 없는 경우에는 본인의 희망에 따라 입국직전 거주국, 거주한 적이 있는 국가, 출생국 등의 순으로 규정하고 있다(제53조).

428) '연합뉴스' 2013년 4월 1일자 보도기사(https://www.yna.co.kr/view/AKR20130329182800043? input＝1179m. 2014년 8월 16일 열람).

2. 박정희 대통령 저격 사건

한국에서 범죄인 인도 등 국제형사협력의 청구가 본격적으로 검토되는 계기가 된 것은 1974년 8월 15일 서울 시내에서 발생한 '박정희 대통령 저격 사건'이었다.[429] 당시 범인 문세광은 오사카에서 태어나고 자란 재일교포였는데, 한국 입국시 사전에 지인과 공모하여 그 남편 명의로 일본 여권을 발급받아 사용했다고 한다. 저격에 사용된 권총은 문씨가 반입한 것으로 오사카부 미나미서 다카쓰 파출소에서 도난당한 2정 중 하나임이 일본 수사 당국에 의해 밝혀졌다. 본건의 진상 규명 및 범죄인 처벌을 위해 양국이 국제형사협력을 하는 데 있어서 쟁점이 된 것은 일본에 거주하던 본건 살인 등의 공범 1명의 신병 인도 문제, 그리고 문씨가 소지했던 위조된 일본 여권 발급에 관여했다는 2명에 대한 수사 공조 등이었다.[430]

한국 외교부 장관은 1974년 8월 18일 주한 일본 대사를 불러, 저격 사건의 공범으로 지목된 조선 국적의 김호룡,[431] 일본 국민인 요시이 유키오와 미키코(吉井行雄·美喜子) 부부[432] 등 3명에 대한 공조 수사를 요청했다. 한국 측은 수사결

---

429) 한국에서는 통상 '문세광 사건'이라고도 불린다. 범인은 연단에서 연설 중이던 박 대통령을 죽이려 총격을 가했으나 실패했고 그 옆에 앉아 있던 영부인을 저격해 살해했다. 문씨는 사건 현장에서 체포, 1974년 10월 19일 서울 지방법원에서 살인죄 등으로 사형이 선고되었으며, 공소기각 및 상고기각으로 사형이 확정되자 같은 해 12월 20일 집행되었다. 이 사건을 둘러싸고 양국의 외교 협상과 관련된 약 3천 페이지 분량의 문서는 정보 공개에 관한 법령에 의거해 30년이 경과함에 따라 외무성의 관계 심의회 결정이 내려짐에 따라 2005년 1월 공개되게 되었다. 공개문서 개요에 대해 '연합뉴스' 2005년 1월 20일자 보도기사 '박 대통령 저격사건 문서 발췌 ①-④' 참조. (①: https://media.daum.net/politics/others/newsview?newsid=20050120100759716, ②: https://media.daum.net/foreign/others/newsview?newsid=20050120100900735, ③: https://media.daum.net/foreign/others/newsview?newsid=20050120103818124, ④: https://media.daum.net/foreign/others/newsview?newsid=20050120105325232. 2014년 8월 14일 각 열람).

430) 일본에서 영주가 인정되는 한국인은 주로 일본 또는 한국 국적을 가지고 있으면서 그 나라 당국으로부터 발급받은 여권을 소지하는데, 북한의 경우 일본과 국교가 수립되지 않아 국외 도항시 임시 여행증명서 발급이 필요하다. 국적문제 외에 두 가지 구분 중 한 기준으로 행정이나 법률사무의 지원, 사회 경제 문화 등의 활동에 대해 '한국거류민단'(민단) 또는 '조선인총연합회'(조총련) 중 하나를 기반으로 하느냐에 따라 구분될 수 있다.

431) 한국 측 외교자료에 관한 보도에 따르면, 김호령은 조총련 오사카부 이쿠노구의 한 지부 간부로 활동하면서 본건 범인에 대해 사회주의 사상을 학습시키고 범행에서 사용된 권총 및 공작금을 제공한 혐의를 받았다.

432) 한국 측 외교자료 보도에 의하면, 본건 범인은 친구였던 吉井美喜子와 공모해 그 남편인 行雄의 호적등본 등을 이용하여 일본 여권을 발급받았다고 한다. 일본에서의 관련 수사로 吉井美

과를 토대로 김호룡은 조총련 오사카부 이쿠노구 지부 간부로 근무하면서 본건 저격을 문씨에게 지시하고 권총 및 공작금 등을 전달했으며, 요시이 부부는 가짜 일본 여권을 발급받는 데 협조한 것으로 드러났다고 밝혔다. 한국 외교부 아시아 국장은 같은 해 8월 30일 주한 일본 대사관 공사와의 면담에서 양국 수사관의 상호 파견을 제의했다. 이에 대해 기무라 도시오(木村俊夫) 외무대신은 주일 한국대사를 통해 양국 간 법 체계 차이로 수사 속도와 폭은 다소 차이가 있으나 수사 당국 간의 연락이 원활하게 이루어지고 있으며, 최대한 협력하겠다는 일본 정부의 방침을 강조했다. 기무라 외무대신은 특히 한국이 양국 수사관의 상호 파견을 제안한 것에 대해, 정보교환 목적에 국한된다면 문제가 없으나 국가의 수사관할권과 관련된 것은 곤란하다는 인식을 내비쳤다.

　　한국 정부 내에서는 일본에 거주하는 김호룡에 대해 살인 등의 죄가 인정된다며 그 신병 인도를 청구할 방침을 굳히고 1974년 9월 3일, 법무장관이 외무장관에게 인도 청구를 의뢰했다. 한국은 같은 해 9월 5일 일본 측에 법원에서 체포장이 발부된 공범 김호룡에 대해 소추 및 재판을 위한 신병 인도를 정식 청구했다. 다만 한국 외교부는 인도 청구와 관련하여 국외 인도 사례 등을 검토한 후 청구가 가능하다는 견해를 굳혔는데, 이른바 '김대중 납치 사건'(1973년 8월 8일)이 장애 요소로 작용할 우려가 있다는 점도 상정하지 않을 수 없었다. 즉, 당시 양국 간에는 범죄인 인도조약이 존재하지 않았으며 일본 당국은 김대중 사건의 납치 행위 주범으로 재일 한국 대사관의 김동운 일등 서기관을 특정했으나 이미 귀국하였으며, 이에 대해 상호주의에 입각하여 범죄인 인도를 요구할 가능성이 있었기 때문이다. 한국 측이 공범으로 지목한 김호룡의 인도를 청구한 결과 인도가 이뤄지지 않았던 것과 관련하여, 일본이 한국의 인도 청구를 거절할 수 있는 근거는 인도법상 두 단계로 나뉜다. ① 청구가 인도조약에 근거하지 않을 때 상호주의 보증을 얻을 수 없는 경우에 해당한다고 외무대신이 인정한 경우(제3조 제2호), ② 법무대신이 외무대신으로부터 청구 서류를 송부받았으나, 도쿄 고등재판소에 심사 청구 해당성을 내리기 전에 '명백히 도망 범죄인을 인도할 수 없는 경우에 해당한다'고 인정한 때이다(제4조 제1호). 본건 공범에 대한 한국의 인도 청구가 일본

　　흄子는 면장불실기재 방조 등의 죄가 인정되어 징역 3년 및 집행유예 1년이 선고되었지만 남편 유키오에 대해서는 범죄 혐의가 인정되지 않았다.

에서 어느 단계에서 각하됐는지는 분명치 않지만 한국 외교부가 '김대중 납치사건'과 관련하여 내부적으로 이미 상호주의의 보증 문제를 언급한 것에 비추어 보면, 아마도 외무대신의 조치로 그 청구가 거절된 것으로 보인다.

　　본건을 둘러싸고 한일 양국 간에는 일본에 거주하는 공범의 신병 인도를 비롯하여 수사관의 상호 파견 등 국제형사협력의 문제가 협상의 주요 쟁점이 되었으나, 수사결과에서도 큰 차이가 확인되었다. 즉 한국 측은 수사결과 등을 토대로 사건 배후에 북한의 지령 및 조총련 공작이 직접적으로 개입한 것이 인정되어 조직적 범행으로 확정한 반면, 일본 수시당국은 북한이나 조총련과의 연계가 인정되지 않기 때문에 문세광의 단독 범행으로 결론을 내렸다. 저격 사건의 진상 규명을 둘러싸고 양국 간에 범죄인 인도 또는 공조수사 등 국제형사협력이 제대로 이뤄지지 않아 한국 측으로부터 국교 단절이 언급될 정도로 긴장이 고조됐고, 나중에는 미국도 개입되는 등 관련국 간에 큰 파문을 불러일으키기도 했다. 결국 1974년 9월 시나 에쓰사부로(椎名悦三郎) 자민당 부총재가 진사 특사로 방한하여 박 대통령과의 면담을 통해 외교적 결착으로 정리되었다.

3. 탁장인(卓長仁) 사건

　　1983년 5월 5일 중국 선양에서 상하이로 향하는 중국 민항 여객기(승객 및 승무원 105명 탑승, 승객 중 3명은 일본인) 중 중국 국적자인 탁장인 등 6명의 괴한이 조종실에 총격을 가하여 문을 부스고 저항하는 승무원에게 발포하여 2명이 중상을 입었다.[433) 괴한들은 총으로 기장과 부조종사 등을 위협해 비행기 항로를 변경하여 한국으로 향하도록 강요하였으며 비행기는 춘천시 비행장에 착륙했다. 착륙 후 범인들은 항공기와 승객들을 인질로 잡아 농성하면서 대만 망명을 주장하다 결국 무장을 해제하고 범인 전원은 한국 당국에 투항했다. 탁장인 등은 대만 망명을 결심한 이유에 대해 검찰 심문에서 중국 공산당의 정치에 불만을 품고 자유와 민주사회를 쟁취하기 위해서였다고 진술했다.[434) 한중 당국은 범죄인의 신

---

433) 여영무, 국제테러리즘의 억제와 처벌에 관한 연구: 중국민항기 공중납치사건을 중심으로, 항공법학회지(제1호), 1989, 87−88쪽.

434) '동아일보' 1983년 7월 19일자 보도기사 11면 참조(https://www.donga.com/archive/newslibrary/view?ymd=19830719. 2023년 10월 26일 열람).

병 인도에 대해 협의하였으나 당시 냉전 상태였다는 점, 양국 간에 외교 관계가 없었다는 점, 한국 측이 범죄의 정치성을 인정하여 인도를 거절했다는 점 등으로 인도는 이뤄지지 않았다. 이후 이들 6명은 전원 서울 지방법원으로부터 실형 판결을 선고받았지만 복역 중에 형집행 정지 조치를 받고 퇴거 강제 형식으로 대만으로 보내졌다.

1983년 당시 한중 간에는 외교 관계가 없었으며 그동안 도망 범죄인 인도를 둘러싼 국제 협력이 이뤄진 적도 없었다. 다만, 중국과 한국은 모두 '항공기 불법 탈취 방지 조약'(헤이그 조약) 및 '민간 항공 불법행위 방지 조약'(몬트리올 조약)의 체결국이었다. 중국은 이 항공기 납치사건에 대해 속지주의 혹은 속인주의 어느 쪽이든 중국이 우선적 관할권을 갖는다고 주장하며 형사 관할권을 행사할 것을 한국 측에 요구하였다. 물론 당시의 한국은 대만과 외교 관계를 맺고 있었고 반공 산주의라는 공통의 입장에 있었기 때문에, 중국의 인도 청구와 국제협약 규정은 받아들여지지 않았다. 중국 당국은 본건 처리를 위해 민용항공국(Civil Aviation Administration of China) 국장을 단장으로 한 대표단의 급파를 요청하였고 한국 측이 이를 수용하여 5월 7일 서울에 왔다. 그런데 대표단 파견을 둘러싼 한중 연락은 양국이 직접 하지 않고, 일본 정부를 통해 중국 외교부 → 주중 일본대사관 → 일본 외무성 → 주일 한국대사관 → 한국 외교부의 경로로 이루어졌다.[435] 서울 지검은 탁장인 등을 구류한 채 항공기 운항 안전법 등 법률 위반죄를 적용하여 1983년 6월 1일에 기소했다. 그 후 같은 해 8월 18일 서울 고등법원에서 피고인 전원에 대해 징역 6년에서 4년의 실형이 각각 선고되고, 같은 해 12월 20일 서울 고등법원에서 공소기각, 이듬해 5월 22일 대법원에서 상고기각이 각각 선고되어 원심이 확정되었다.

재판에서 변호인은 다음과 같이 주장하면서 피고인들의 무죄 및 정치적 망명 허용을 주장하였다. 즉 ① 본건은 외국인 국외 사범이므로 한국 법원에 재판 관할권이 없다. ② 국제법상 정치범 불인도원칙 및 난민 지위가 적용되어 정치 망명이 허용되어야 한다. ③ 정당 방위 또는 긴급 피난 행위로 위법성이 없다 ④ 중국은 한국전쟁에 참전한 적성국가이므로 그 나라로부터의 탈출은 수단에서 다

---

435) 여영무, 국제테러리즘의 억제와 처벌에 관한 연구: 중국민항기 공중납치사건을 중심으로, 항공법학회지(제1호), 1989, 89쪽.

소 과격함이 있다 하더라도 항공기탈취는 위법성이 조각되어 무죄이다. ⑤ 피고인들의 행위가 유죄라면 한국의 반공국가로서의 정치이념에 혼란을 야기하게 된다. 이에 대한 검찰의 주장은 다음과 같다. ① '헤이그 조약' 제4조에 따라 납치된 항공기의 착륙지 혹은 납치범의 소재지 국가에서 재판 관할권 행사를 의무화하고 있으며 한국에 재판 관할권이 있다. ② 헤이그조약의 국내 실시법인 '항공기 운항 안전법' 제3조에 따라 피고인들의 납치 행위에 대해 한국이 재판관할권을 갖는다. ③ 본건의 범행은 계속범이므로 그 법리에 따라 헤이그조약 및 항공기 운항 안전법 제3조에 의하지 않는다 해도 외국인인 국외사범이 아닌 국내범으로 항공기 운항 안전법이 적용될 수 있다. ④ 납치 행위는 오로지 중국으로부터 벗어나 대만으로 입국하는 것이 목적이었을 뿐 과격한 국제테러에 의한 항공기 납치와는 성질이 다르다. ⑤ 민간항공기의 안전 운항은 전세계 국민들의 염원이며, 그 안전을 해치는 납치범에 대해 철저히 처벌하는 것은 헤이그조약 등 체결 당사국으로서 당연한 의무이며 관례다.

　　법원은 본건의 쟁점으로 재판 관할권, 정치 망명의 허용기준과 위법성, 정당방위 혹은 긴급 피난, 적법 행위의 기대 가능성, 양형 등을 거론되었는데, 여기에서는 전자의 세 가지 사항에 대해 고찰한다. ① 재판 관할권 문제이다. 변호인은 납치행위가 항공기가 중국 다롄시 상공을 통과할 때 이뤄졌기 때문에 외국인 국외사범이라며 한국이 당사국인 '도쿄조약' 및 '헤이그조약'에 따라 착륙지인 한국에 당연히 재판 관할권이 부여되는 것은 아니라고 주장했다. 서울 지방법원은, 주권은 원칙적으로 영역 내에 거주하는 내외국인 모두에게 미치는 것이므로 피고인들이 한국 재판권의 대상이 되는 것이 당연하다고 전제하면서 다음과 같이 말한다. 운항중인 항공기에 대한 납치 행위는 그 성질상 실행을 착수했을 때부터 납치 상태가 종료될 때까지 범죄 행위가 계속되는 '계속범'이다. 납치로 인해 치사상 결과가 발생한 뒤에도 납치행위가 계속될 경우 그 납치행위는 이미 발생한 치사상 행위와 함께 포괄하여 항공기 운항 안전법상 납치 치사상죄를 구성한다. 범죄 실행 행위의 일부가 한국내에서 행해진 바, 그 범죄행위 전체를 통틀어 국내범으로 볼 수 있으므로, 본건 납치 행위에는 한국 형벌법인 항공기 운항 안전법이 적용된다. 서울 고등법원 및 대법원도 같은 취지의 판단을 내렸다. 특히 대법원은 도쿄조약 및 헤이그조약 관련 규정을 들어 항공기 등록지국 외에 착륙지국에도 재판 관할권을 행사할 수 있기 때문에 국내법인 항공기 운항 안전법은 외국인 국외사범도 그 대상이 될 수 있다고 하였다. ② 정치적 망명 허용 기준과 위법성 문제이다. 대법원은 피고인들의 경우 정치적 박해를 받거나 정치적 신념이 다르다는 이유로 자국을 떠난 정치적 난민이라고 할 수 있는데, 정치적 난민에 대한 보호는 소수의 국가가 국내법으로 보장하고 있을 뿐 일반 국제법에서 그 보장이 확립된 것은 아니다. 또한 대법원은 헤이그조약 제8조에서 본건과 같은 납치 행위에 대해 인도 범죄로 규정 혹은 인도를 용이하게 하는 내용이 규정되었음을 지적했다. 이런 점에 비추어, 전세계 각국이 비호권을 인정하고 있는 것을 이유로 위법성이 조각된다고는 할 수 없다. ③ 정당 방위와 긴급 피난을 둘러싼 문제이다. 서울 지방법원은 피고인들이 사전에 납치를 계획하면서 총기를 준비했던 점, 총격을 가해 조종실에 침입한 점, 그 밖에 납치 당시의 상황 등에 비춰볼 때 피고인들은 승무원 등의 저항을 미리 예상하고 이를 제압하면서까지 납치목적을 달성하려 한 것이 분명하다고 했다. 대법원은 정당행위로 인정되기 위해서는 행위의 동기나 목적의 정당성, 행위의 수단이나 방법의 정당성, 보호 이익과 침해 이익의 법익 균형성, 긴급성, 그 행위 이외에 다른 수단이나 방법이 없다는 보충성 등의 요건이 구비되어야 한다고 보았다. 본건에서 피고인들의 법익은 피고인들의 자유인 것에 반해 침해되는 법익은 승객 등 불특정 다수의 생명·신체의 위험, 민간항공기의 안전에 대한 전세계 국민의 신뢰인 점 등을 고려할 때, 본건 범행이 부득이한 긴급한 행위라고는 인정할 수 없다고 하였다.

　　정치범 불인도원칙에 대해 서울 지방법원 및 서울 고등법원에서는 다루어지지 않았으나 대법원에서 약간 언급되었다. 즉, 자국에서 정치범죄를 저지르고 소추 및 처벌을 피하기 위해 외국으로 도피한 경우는 정치범 불인도원칙에 의해 보호되며, 이 원칙이 국제법상 확립된 것으로 보았다. 다만 대법원은 정치범 불인도의 법적 성질이 국제 관습법에 따라 정치범죄인을 인도해서는 안 된다는 의무(인도금지)를 정한 것인지, 아니면 인도 제한사유로 인정되기 때문에 인도를 거절할 수 있는 권능이 허용되는 것인지에 대해서는 설명하지 않았다. 대법원은 본건 범죄인에 대해 중국의 정치 사회적 현실에 불만을 품고 대만으로 탈출하기 위해 본건 항공기를 납치하였기 때문에 '정치적 난민'이라고 하면서, 간접적으로 정치범 불인도원칙이 적용될 수 있는 정치범죄인으로는 인정하지 않았다. 또한 대법원은 정치적 난민 보호에 대해 소수 국가에 한해 국내법으로 보장하고 있는 점, 개별 조약 이외에 일반 국제법에서 보장이 확립되지 않은 점, 나아가 한국 내에서 이를 보장하는 국내 법칙이 존재하지 않은 점을 들었다. 대법원은 이 논점에 대해 본건 범행이 순수한 정치적 동기에 의해 행해진 정치적 망명이고, 세계 각국이 비호권을 인정하고 있으므로 위법성이 조각되어야 한다는 변호인의 주장을 물리치는 데 그쳤다. 또한 인권보장 조항에 대해,[436] 국내법 및 국제조약상 인도 제한사유의 존재 여부, 인도 청구가 오로지 정치적인 이유로 소추 처벌하기 위해 행해진 것인지 여부의 판단이 피청구국에서 사법 심사 대상이 될 수 있는지, 인도된 후에 공정한 재판을 받을 수 있는지 등의 사항까지 깊이 말해주지 못했다. 또한 대법원은 범죄인들을 '정치적 난민'이라고 인정하면서도 난민조약상 송환금지(non-refoulement) 원칙의 국제법상 지위 및 국내 규범으로서의 법적 성질 등에 대해서도 고찰하지 않았다.

탁장인 등 6명은 판결 확정으로 1년 3월 복역 후 검찰로부터 형집행 정지 처분을 받았기 때문에 1984년 8월 13일에 석방되었다. 석방과 동시에 강제 퇴거 명령을 받고 대만에 입국했다. 한국에서의 재판 결과에 대해 중국과 대만이 성명전을 펼쳤다.[437] 서울 지방법원의 제1심 선고에 대해, 중국은 공산당 기관지 '인민일보' 1983년 8월 23일자 논설에서 중국과 한국은 몬트리올 협약 및 헤이그조약 체결국이므로 중국은 양 조약에 근거해 탁장인 등의 범죄인에 대해 재판 관할권을 우선적으로 가진다고 주장했다.[438] 또한 중국은 한국이 납치범들을 중국에 인

---

436) '인질행위금지조약' 제9조 제1항 (a)는 본 조약상의 '범죄에 관한 범죄인 인도 청구가 인종, 종교, 국적, 민족적(ethnic) 출신 또는 정치적 의견을 이유로 해당 용의자를 소추하거나 처벌하기 위해 이루어졌다고 믿을 만한 실질적인 근거가 있는 경우'에는 그 청구에 응해서는 안 된다고 규정한다. 奧脇直也·小寺彰, 国際条約集(2014年版), 有斐閣, 2014, 435쪽. 또한 '폭탄테러방지조약' 제12조는 본 조약상의 '범죄에 관한 범죄인 인도 또는 사법 공조의 청구를 받은 체결국이 이들 청구가 인종, 종교, 국적, 민족적 출신이나 정치적 의견을 이유로 이들의 청구 대상이 되는 자를 소추 혹은 처벌하기 위해 이루어졌다고 믿거나 이들의 청구에 응함으로써 해당하는 자의 지위가 이러한 이유로 침해된다고 믿을 만한 실질적인 근거가 있는 경우에는 인도 또는 사법 공조를 부여할 의무를 부과한다고 해석해서는 안 된다'고 규정한다.

437) 여영무, 국제테러리즘의 억제와 처벌에 관한 연구: 중국민항기 공중납치사건을 중심으로, 항공법학회지(제1호), 1989, 114쪽.

438) 중국 측 논설의 작성자는 국제법학자 陳体強(1917-1983)으로, 당시, 칭화대학에 재직하면서 외교부 법률고문 등을 맡고 있었다. 칭화대학법학원 홈페이지 참조(https://www.tsinghua.edu.cn/publish/law/6878/2011/20110317094533416842153/20110317094533416842153_.html. 2014년 8월 21일 열람).

도하지 않고 재판권을 행사했지만, 재판 결과 등을 감안할 때 한국 당국은 조약 의무를 충실하게 이행하지 않았다고 비판했다. 반면 대만은 사건 발생 때부터 범인들을 영웅으로 칭하며 자국으로의 인도를 요구하여 제1심 판결에 대해 '연합보' 1983년 8월 19일자에 깊은 유감을 표명했다.

당초 한중 협상에서는 중국 측이 탁장인 등 6명의 인도를 요구했으나, 한중 간에 외교관계가 없다는 점, 동아시아 지역의 정치 이데올로기가 심화했던 점, 한국 국내에서 범죄인 인도에 대한 법적 프레임워크가 마련되지 않았다는 점으로 인해 신병 인도를 둘러싼 법적 논쟁은 일어나지 않았다. 본건 재판에서도 주된 쟁점은 인도 여부가 아니라, 한국이 재판 관할권을 가지는지 여부에 집중되었으며, 재판 관할권이 인정된다고 판단하여 국내 형벌법의 법규를 적용하는 데 그쳤다. 당시 한국에서는 범죄인 인도에 대해 인도조약뿐 아니라 국내법도 존재하지 않았고, 인도 요건, 그 절차 및 인도 제한사유 등 법적 근거가 제정되지 않았기 때문에 인도를 둘러싼 재판 자체가 열리기 어려웠다고 할 수밖에 없다. 따라서 재판에서는 인도를 하지 않는 것을 전제로 범죄의 정치성이 언급되는 데 그쳤다. 또 정부는 일정 기간의 복역을 거쳐 형의 집행을 정지하고 석방과 동시에 퇴거 처분함으로써 범죄인이 희망했던 대만행을 인정한 것이다.

제 3 절 인도 재판의 사례

한국의 인도재판에서 정치범 불인도원칙이 쟁점이 된 것은 '류창 사건'과 '응우옌흐우짜인(Nguyen Huu Chanh) 사건'이다. 중국 국적의 류창은 2011년 12월 26일 새벽 야스쿠니 신사의 기둥에 불을 붙였고 같은 날 한국으로 도주했으며, 이듬해 1월 6일에는 서울의 일본 대사관 건물에 화염병을 던져 방화 미수 등의 혐의로 현행범 체포되었다. 일본은 2012년 5월 한일 인도조약에 따라 건조물 등 이외 방화죄(형법 제110조 제1항)를 적용하여 인도를 청구했다. 서울 고등법원은 인도 범죄에 대해 종군위안부의 역사적 사실에 대한 일본 정부의 인식에 대한 항의라는 점, 이와 관련된 대내외 정책에 영향을 미치려는 목적으로 실행된 점, 일반 범죄의 성격보다 정치적 성격이 더욱 주된 상태에 있는 상대적 정치적 범죄인 점 등을 이유로 인도조약이 규정한 인도 제한사유에 해당한다며 2013년 1월 3일 인도 불가 결정을 내렸다. 특히, 류창사건은 범죄 장소, 범죄인의 국적, 범죄 동기 등에서 한중일 형사 관할권의 경쟁 및 외교 관계와 얽혀 도망 범죄인 인도를 둘러싼 국제 협력방식에 대해 시사하는 바가 크다. '응우옌흐우짜인 사건'은 베트남 국적인 응우옌흐우짜인이 미국에서 '자유 베트남 혁명정부'를 조직하고 스스로를 내각 총리라 칭하면서 1999년 3월부터 2000년 7월까지 호치민 시내, 태국 주재 베트남대사관 등에서 폭탄테러를 조직하고 지시했으나 폭탄 뇌관 장애 등으로 미수에 그쳤다. 베트남이 한국과의 인도조약에 따라 인도를 청구하자 서울 고등법원은 2006년 7월 27일 인도조약 및 한국 인도법에 규정된 인도 제한사유에 해당한다며 인도 불가 결정을 내렸다.

1. 응우옌흐우짜인 사건

베트남은 한국과 체결한 범죄인 인도조약[439]에 따라 해당 범죄인을 폭탄테러 등의 혐의로 소추하기 위해 신병 인도를 청구했으며, 범죄인은 2006년 4월 5일 서울 시내의 한 호텔에서 체포되었다. 서울 고등검찰청이 같은 해 6월 법무장관의 명령으로 인도 심사를 서울 고등법원에 청구하여 서울 고등법원은 심사 후 범행이 상대적 정치범죄라는 등의 이유로 2006년 7월 27일 인도 거절 결정을 내렸고 도망 범죄인은 당일 석방됐다.[440] 본건 인도 재판의 의의는 '탁장인 등 중국 민항기 납치사건'에서 구체적으로 제시되지 않았던 정치범죄와 관련해 그 법적 성질 및 정치범 불인도원칙의 국제법상 위치 등에 대해 일보 전진한 형태로 제시되었다는 점에 있다.

(1) 사건 개요

도망 범죄인인 응우옌흐우짜인은 베트남 국적자이면서 미국 영주권을 지닌 자로 미국에서 '자유 베트남 혁명정부'를 조직하고 스스로를 내각 총리라 칭하며

---

439) 한국과 베트남의 범죄인 인도조약은 2003년 9월 15일 서명, 2005년 4월 19일 발효됐다. 또한 한국과 베트남의 외교 관계는 베트남이 사회주의 국가로 지정되면서 잠시 중단되었다가 1992년 12월 22일자로 회복되었다.
440) 본건 인도재판의 사건번호는 서울 고등법원 '2006토1' 인도심사청구이다.

베트남 전복을 획책하였다. 범죄인은 1999년 3월부터 2000년 7월까지 베트남 호치민 시내의 호치민 동상 및 그 주변 지역에서 폭탄테러를 감행할 것을 계획하고 조직원들에게 폭탄 제조, 운반, 실행 등을 지지했으나 조직원들이 캄보디아와 베트남의 접경 지역 혹은 베트남 국내에서 체포되어 미수에 그쳤다. 또한 베트남 국내에서 반베트남 선전 활동을 하기 위해 풍선, 깃발 등을 제조, 운반해 유포하려 했지만 베트남 관계기관에 의해 조직원들이 체포되어 미수에 그쳤다. 이어 2001년 6월 폭탄을 이용해 태국 주재 베트남 대사관을 폭파하려 했으며, 조직원들에게 폭탄 제조 및 폭탄을 투척하라고 명령했지만 폭탄 뇌관 장애 등으로 폭발하지 않아 미수에 그쳤다.

(2) 주된 쟁점과 법원의 판단

가. 재판 규범으로서의 국제법규

한국에서 범죄인을 청구국에 인도해야 할 국제법상 의무의 유무, 혹은 본 범행이 정치범죄로서 '정치범 불인도원칙'에 따라 인도해서는 안 되는지의 판단이다. 한국 헌법은 '헌법에 따라 체결, 공포된 조약 및 일반적으로 승인된 국제법규는 국내법과 같은 효력을 가진다'고 정한다(제6조 제1항). 헌법상 국회 동의가 필요한 조약은 법률과 동일한 효력이 인정되고, 국회 동의를 요하지 않는 조약은 대통령령과 동일한 효력이 인정되는 것으로 해석하는 것이 타당하다. 그러므로 인도해야 할 의무의 존재 여부를 판단하는 데 신법 우선의 원칙, 특별법 우선의 원칙 등 법률해석의 일반 원칙에 따라 한국과 베트남 간의 인도조약이 국내법인 범죄인 인도법보다 우선 적용되어야 한다.

나. 쌍방가벌성

양국이 체결한 인도조약에서는 인도 범죄에 대해 양국 법률에 의하여 적어도 1년 이상의 자유형 혹은 그 이상의 중한 형에 처벌되는 범죄로 정하는 바(제2조 제1항), 본건의 범죄 사실은 청구국(베트남)의 형법 제84조(테러리즘)에 의하여 2년 이상의 20년 이하의 징역, 무기 징역 또는 사형에 처해질 수 있는 범죄로 인정돼, 피청구국인 한국에서는 형법 제120조(폭발물 사용의 예비, 음모) 및 총포 도검류 소지 등 단속법 등에서 규정한 범죄에 해당하여 쌍방가벌성이 인정되므로 인도 대상의 범죄가 된다.

다. 정치범 불인도원칙

정치범죄는 순수한 정치범죄와 상대적 정치범죄로 나뉘는데, 정치범죄의 해당성에 대해서는 범행 동기 및 목적 등 주관적인 요소와 피해 법익이 국가적 내지 정치적 조직질서의 파괴에 해당하는지 여부 등, 객관적 요소를 고려해야 한다. 다만, 정치범 불인도원칙은 본래 절대적인 것이 아니라 인도조약 체결 당사국 간 합의에 따라 제한될 수 있으며, 다자간 조약에서 중대한 범죄에 대해서는 그 원칙이 완화 혹은 제한되는 경향이 있다. 본건 인도조약에서는 절대적 인도 거절사유로 '인도를 요구받은 범죄가 정치적 성격을 지닌 범죄라고 피청구국이 결정하는 경우'[441]를 규정하면서(제3조 제1항 (a)) 다만, 다음 항목에서 '벨기에 가해조항' 및 '인도할지 소추할지'의 선택 의무조항을 그 예외로 정한다. 한국 인도법에서도 '정치적 성격을 지닌 범죄 혹은 그와 관련된 범죄'에 대하여 정치범 불인도원칙을 선언하고, 그 예외 사유로 상기와 같은 두 가지 조항을 열거하고 있다. 한국 인도법이 '정치적 성격을 지닌 범죄' 및 '그와 관련된 범죄'를 규정하는 바, 순수한 정치범죄와 상대적 정치범죄를 포괄하는 것으로 해석되고, 한국과 베트남 간의 인도조약이 정하는 정치범죄 개념도 같은 의미로 해석되는 것이 타당하다.

해당 범죄인은 1995년 4월 30일 미국 캘리포니아주에서 베트남 사회주의공화국의 정치체제 반대 조직으로 '자유민주주의 베트남 정부'를 결성하여 사회주의 정권을 타도하고 시장경제와 자유선거를 근간으로 하는 자유민주주의 정부 수립을 목적으로 하는 정치기구임이 인정된다. 또한 범죄인은 1975년 4월 베트남이 공산화되자 무장단체를 조직해 그 정권에 대항, 1982년경 베트남을 탈출해 미국으로 건너가 자유민주주의 베트남 정부 수립에 참가한 이래 국무장관, 수상 등을 역임하고 2015년 현재 그 정부와 관련된 베트남 국민당의 당수로 선출되어 활동하고 있는 것으로 인정된다.

이러한 쟁점에 대해 법원은 다음과 같이 판단했다. ① 범행은 대부분 폭발물

---

441) 동 조항의 영문은 'when the Requested Party determines that the offence for which extradition request is an offence bearing political character'로 규정하며, 일반적인 'political offence' 등으로 규정한 조약과는 구별된다.

사용의 대상이 사람인지 아니면 시설인지가 특정되지 않았고, 범죄인 인도법에서 규정하는 '다수의 생명, 신체를 침해 또는 위협하거나 그 위험을 야기하는 범죄'라고 평가하기는 어렵다. 또한 대부분의 범죄 사실은 실제 폭파물이 이용되지 않고 예비 음모 단계에서 적발되었기 때문에 시설이나 사람에 대한 아무런 피해도 발생하지 않은 상황이었으며, 정치범 불인도원칙의 완화 내지 제한돼야 할 예외사유에 해당할지 적지 않은 의문이 제기된다. ② 인도가 요구된 범죄로 여겨지는 폭발물을 이용한 범죄의 예비, 음모라는 일반 범죄와 청구국의 정치질서에 반대하는 정치범죄가 결합된 상대적 정치범죄라고 해야 하며, 특히 인도조약상 예외사유에 해당하는 사정이 없는 한 범죄인을 인도하는 것은 본건 인도조약에 반한다. ③ 절대적 인도 거절의 예외사유에 해당하는지 여부에 대해 청구인은 '폭탄테러 방지조약', '유엔 안전보장이사회 제1373호 결의'(2001년 9월 28일), 본건 인도조약 및 한국 인도법 등에 따라 인도해야 하는 경우에 해당한다고 주장했다. '폭탄테러 방지조약'에 대해 한국은 2004년 2월 9일 국회 비준을 거쳐 같은 해 2월 17일 그 비준서를 유엔 사무총장에게 기탁함으로써 가입국이 되었지만 베트남은 아직 가입되지 않았고, 본건 인도조약이 정치범죄의 예외사유로 정한 '양국이 모두 당사국인 다자간 국제협정'에 해당하지 않으며, 따라서 그 인도조약을 근거로 범죄인의 인도를 허가할 수는 없다. '유엔 안보리 결의'에 대해 다자간 국제협정이 체결될 때에는 체결 제안, 초안의 작성, 본문의 채택 및 각국의 국내 비준 등 일정한 절차와 요건이 요구되며 유엔 사무국에 등록하여 효력이 발생되지만, 해당 유엔 결의는 그러한 절차 및 효력 발생에 관한 요건과 제한이 그대로 적용되지 않아 다자간 국제협정으로서의 절차적 및 실체적 요건이 구비되지 않아, 그것을 다자간 국제협정과 같은 것으로 인정할 수는 없다. 따라서 유엔 안전보장이사회의 결의는 본건 인도조약 제3조 제2항이 정한 '다자간 국제협정'에 해당한다고는 할 수 없다. 그 결의 내용도 유엔 회원국에 대해 테러행위의 방지 및 처벌에 관한 국제적 공조를 요구하는('call upon') 것에 그쳐, 구체적 재판권 행사나 범죄인 인도 의무를 부과하지는 않는다.

(3) 검토

본건 재판의 의의는 다음과 같다. ① 본건 재판은 정치범죄의 법적 성질에 대해 인도 재판에서 쟁점이 된 첫 사례이며, 인도조약이 정하는 인도 제한사유에 해당하기 때문에 인도가 거절된 첫 사례이기도 하다. ② 인도 재판에서는 본건 범행이 정치범죄와 일반 범죄가 연결된 결합 범죄로 상대적 정치범죄라고 하면서 정치활동의 목적, 양태 및 경력 등에 비추어 폭탄테러가 실행되지 않아 사람 또는 시설의 피해가 없었던 것이 비교 고려되었다. 살상 또는 파괴의 피해가 발생하지 않았기 때문에 인도조약이 정하는 정치범 불인도원칙의 예외 사유에 해당하지 않는다고 판단했다. ③ '폭탄테러 방지조약' 당사국의 인정 여부 및 '유엔 안전보장 이사회 결의'의 법적 구속력 등에 대한 검토가 이루어졌으나, 인도조약상의 인도 제한사유를 배척하는 것은 아니라고 판단되었다.

한편, 본건 재판의 한계로는 다음의 세 가지를 지적할 수 있다. ① 법원은 정치범의 인정 여부 및 정치범 불인도원칙의 적용기준에 대해 상세히 제시하지 않고, 한국 인도법상 '다수의 인명, 신체를 침해, 위협하거나 이에 대한 위험을 발생시킨 범죄'(제8조 제1항 제3호)가 아닌 점, 인도조약상 '다자간 국제협정에 의해 체결국이 관할권을 행사하거나 혹은 범죄인을 인도할 의무가 있는 범죄'(제3조 제2항 (a))에 해당하지 않는 점을 들어, 인도 거절 결정을 내렸다. ② 범죄인은 적은 횟수에 걸쳐 폭탄테러를 예비음모하고 실행하라는 명령을 내렸으나 폭발장치가 작동하지 않아 결과적으로 인적 물적 피해가 발생하지 않았다고는 하나, 그 대상이 된 장소가 시내 중심의 공원 및 대사관 등인 것을 감안하여 본건 범행이 '다수의 인명, 신체를 침해, 위협하거나 이에 대한 위험을 발생시킨 범죄'로 인정되지 않는다고 한 판단에는 법리적으로 다툼의 여지가 있다. ③ 인도 재판에서 인도조약 및 한국 인도법이 정한 '정치범 불인도원칙'의 예외사유에 해당하지 않는다는 이유로 인도 거절 결정이 내려진다면, 정치범죄의 인정 여부 판단에서 엄격한 기준이 제시, 적용되지 않아 상대적 정치범죄가 분별없이 인도 범위에 포함되어 이로 인해 도망 범죄인 인도를 둘러싼 국제 협력 활동에 제한을 불러일으킬 우려가 있다.

2. 류창 사건

(1) 사건 개요

일본의 인도 청구(2012년 5월)에 근거한 범죄 사실 요지는 중국인인 류창이 2011년 12월 26일(03시 56분경) 야스쿠니 신사의 중앙문 남쪽 기둥에 휘발유 같은 액체를 뿌린 후 불을 지르고 공공의 위험을 야기했다는 것이다. 또한 류창은 범행 당일에 한국으로 도주했다가 2012년 1월 6일 서울의 주일 대사관 건물에 화염병을 던져 방화 미수 등의 혐의로 현행범 체포되었다. 그 후 징역 10월의 판결에 따라 복역하고 만기 출소한 2012년 11월, 일본의 인도 청구에 근거해 서울고검이 인도심사 청구를 했다. 서울 고등법원의 심사 결과 2013년 1월 3일 정치범죄로 인정되어 인도 불허 결정이 내려졌다.

(2) 주된 쟁점과 법원의 판단

가. 정치범죄의 인정 여부

법원은 상대적 정치범죄가 정치적 범죄인지의 인정 여부에 대한 판단에 관하여 다음 요소를 검토해야 한다고 했다. 즉, ① 범행 동기가 개인적인 이익 취득을 위한 것이 아닌 정치적 조직이나 기구가 추구하는 목적에 찬성하거나 반대하는 것인지, ② 범행 목적이 있는 국가의 정치체제를 전복 또는 파괴하려는 것인지, ③ 범행 대상의 성격은 어떠한지, 또한 이것이 무엇을 상징하는 것인지, ④ 범죄인이 추구하는 정치적 목적을 실현하는 데 범행이 상당히 기여할 수 있는 수단으로 유기적 관련성이 있는지, ⑤ 범행의 법적·사실적 성격은 어떠한지, ⑥ 범행의 잔학성 즉, 사람의 생명, 신체, 자유에 반하는 중대한 폭력행위를 수반하는지 및 결과의 중대성에 비추어 범행으로 인한 법익침해와 정치적 목적 간에 균형이 유지되는지 등이다. 해당 범죄인에게 유리 또는 불리한 주관적, 객관적 사정을 정치적 불인도원칙의 취지에 비추어 합목적적, 합리적으로 고찰하고 종합적으로 생각하여야 한다. 또한 범행 목적과 배경에 따라서는 인도 청구국과 피청구국 간의 역사적 배경, 역사적 사실에 대한 인식의 어긋남 및 입장 대립과 같은 정치적 상황 등도 고려하여 상대적 정치범죄 안에 존재하는 일반 범죄로서의 성격과 정치적 성격 중에서 어느 것이 더 주된 것인지를 판단하여 결정해야 한다 등이다.

법원은 각 사항에 대해 다음과 같이 설명하였다. ① 범죄인의 범행 동기는 청구국 정부의 일본군 위안부 등 과거의 역사적 사실에 관한 인식 및 이와 관련된 정책에 대한 분노를 느낀 것에 기인하는 것이지 범죄인이 이 사건 범행으로 개인적 이익을 취득하려 한 계기는 찾을 수 없다. ② 범행 목적이 범죄인 자신의 정치적 신념 및 일본군 위안부 등 과거의 역사적 사실에 대한 견해와 반대 입장에 있는 청구국 정부의 정책 변화를 촉구하거나 혹은 이에 영향을 미치기 위해 압력을 가하려 한 것이며 범죄인의 정치적 신념 및 일본군 위안부 등 과거의 역사적 사실에 대한 견해가 범죄인 개인의 독단적인 것이라 할 수 없으며, 한국과 범죄자의 국적국인 중국뿐만 아니라 국제 사회에서도 폭넓은 공감대를 형성하여 동의를 얻는 견해와 일치한다. ③ 범행 대상인 야스쿠니 신사가 법률상 종교 단체의 재산이라고는 하지만 이 신사에는 청구국이 과거에 침략 전쟁을 주도하여 유죄를 선고 받은 전범이 합사되어 있어 주변국의 반발에도 불구하고 청구국의 정부 각료와 정치가가 참배를 계속하는 등, 국가시설에 상응하는 정치적 상징성이 있는 것으로 평가된다. ④ 범행은 정치적 대의를 위해 행해진 것으로 범행 대상인 야스쿠니 신사와 함께 직접적인 범행 동기가 된 일본군 위안부 문제의 역사적 의미 및 배경, 나아가 이 사건 범행 후에 청구국을 비롯한 각국에서 범죄인의 주장에 관심이 쏠리고 논란이 촉발된 정황에 비추어, 범죄인이 추구하려는 정치적 목적을 달성하기 위해 이 사건 범행이 상당히 도움이 된 것으로 볼 수 있으므로, 범행과 정치적 목적 사이에 유기적 관련성이 있다고 인정된다. ⑤ 범행의 법적 성격은 일반 물건의 방화이지만 범행 동기와 시간대, 범행 대상의 규모에 비해 전소한 면적 정도, 연소 가능성 등을 고려할 때 실제로는 오히려 손괴에 가깝고 방화에 따른 공공의 위험 정도가 그다지 크다고는 인정되지 않는다. ⑥ 범행으로 인해 인명 피해가 전혀 발생하지 않았고 물적 피해도 크지 않았다는 점에서 이를 중대하고 심각한 반인륜적 범죄로 보기는 어려우므로 이 사건 범행으로 야기된 위험이 목적과의 균형을 잃었다고 보기도 어렵다.

이러한 사정과 정치범 불인도원칙의 취지, 청구국인 일본과 피청구국인 한국, 그리고 범죄인의 국적국인 중국 등의 3국의 역사적 배경, 과거의 역사적 사실에 대한 인식 차이 및 입장 대립과 같은 정치적 상황, 유엔을 비롯한 국제기구와 다수의 문명국들이 추구하는 보편적 가치 등을 종합해 봐야 한다. 이 경우 본건의 인도 대상 범죄는 청구국인 일본군 위안부 등 과거의 역사적 사실에 대한 인식에 항의하며 이와 관련된 대내외 정책에 영향을 미치려는 목적으로 행해진 일반 물건에 대한 방화 범죄이며, 일반 범죄의 성격보다 정치적 성격이 더욱 주요한 상태에 있는 상대적 정치범죄라고 볼 수 있으며 이는 한일 인도조약 제3조 (c)의 본문이 정한 '정치적 범죄'에 해당한다고 판단했다.

나. 정치범 불인도원칙에 대한 한국 국제법학자의 의견

한국에서 정치범 불인도원칙이 주목된 계기는 '탁장인 등 사건', '응우옌흐우짜인 사건' 및 '류창 사건'의 도망 범죄인 인도 가능 여부에 대한 인도 재판 또는 정부의 방침 등이었다. 탁장인 등 사건에서는 중국으로부터 범죄인 인도 청구 요청이 있었으나 양국의 적대 관계 및 국제 정세 상황 등으로 범죄인 인도와 관련된 정치범 불인도 문제가 아니라 정치적 망명의 허락 여부와 관련해 거론되는 데 그쳤다. 이후 '응우옌흐우짜인 사건' 및 '류창사건'에서는 인도재판에서 정치범 불인도원칙이 국제법상 위치, 정치범죄 개념 및 그 인정 여부의 판단 기준 등이 쟁점이 됐다. 다만 이러한 문제들에 대해 국제법학자들이 논의하거나 다수 또는 유력하다는 정도의 견해나 학설이 제기되지는 않았으며, 인도 재판에서 변호인 측의 주장 중에서 구미 학설이 소개되는 것에 그쳤다. 특히 류창 사건 재판에서 정치범 불인도원칙에 관한 학설에 대해 영미법계 국가에서 채택한 '부수 이론', 대륙법계의 '객관주의', '주관주의', '절충주의' 등이 제시된 바 그 개요를 고찰해 보겠다.[442] 재판에서는 정치범 불인도원칙의 국제법적 성질에 대해 세 가지 입장이 나왔다. ① 그 원칙이 수많은 범죄인 인도조약에 공통적으로 규정되어 있으며 조약상 의무로 인정되는 것에 불과하다는 견해이다. ② 그 원칙은 조약상 원칙일 뿐 아니라 일반 국제법상 원칙이며, 다만 피청구국이 정치범죄인 인도를 거절하는 권능을 가지는 것에 지나지 않는다는 견해이다. ③ 그 원칙이 일반 국제법상 원칙이기 때문에 피청구국이 불인도 의무를 진다는 입장이다. 한국에서는 정치범

---

442) 최태현, 한국법원에서의 정치범 불인도원칙의 적용 : 리우치앙사건을 중심으로, 서울국제법연구(第20卷 第1號), 2013, 18-28쪽. 최 교수는 한국국제법학회 회장을 역임했고(2011년), 2014년 9월 현재 한양대에 재직하면서 재단법인 서울국제법연구원 이사장을 맡고 있다. 또한 논제의 '리우치앙'은 야스쿠니 신사 방화 도망 범죄인인 '류창'이다.

불인도원칙이 19세기 말에 통일적 관행으로 확립된 점, 각국 인도법 및 인도조약에서 '인도해서는 안 된다'고 규정하는 점 등에서 국가는 인도를 거절해야 할 의무를 진다고 해석된다.[443]

다음으로 인도 재판에서 제시된 학설에 대해 영미법계와 대륙법계의 이론으로 나누어 고찰한다. 첫째, 영미법계의 부수 이론이다. 부수 이론(incidence test)이란 범죄가 내란, 반란, 봉기 등과 같은 정치적 소란에 부수하거나 혹은 그 소란의 일부를 구성하는 경우에 정치범죄로 인정되어 불인도 대상이 된다는 원칙이다. 순수한 정치범죄 또는 상대적 정치범죄로서의 정치범죄 요건으로 ① 국내에서 정치적 소란, 내란, 반란, 봉기 등이 있을 것, ② 범죄 행위가 그 정치적 소란에 부수되어 행해진 것이 함께 요구되어, 그 범위가 좁다. 이 견해에 따르면 정치범죄로 인정받기 위해서는 정치적 소란이 필수 요건이 되므로 정치적 갈등이 폭력사태를 수반되어야 함이 강조된다. 또한 이 견해는 정치적 조직 활동의 존재를 요건으로 하는 점에서 '객관주의'와 유사하며 정치범죄의 인정에서 엄격한 입장이 취해진다. 더욱이 그 적용에 있어서 부수성 인정 여부의 기준이 명확하지 않아 자의적이라는 비판이 있다. 영국의 부수 이론은 부가적으로 비례성 요소를 채택한다. 영국 법원은 ① 범죄와 정치적 조직활동 간의 충분한 밀접성 및 직접적 연관성 유무, ② 범행과 그에 사용된 수단과의 비례성 존재 여부, ③ 범행 대상이 정부 또는 군사적인 것 혹은 민간인지 등의 요소가 검토된다.[444] 부수 이론은 도망 범죄인이 속한 집단의 궁극적 목적과의 연관성이 희박하다 하더라도 정치적 소란 속에서 발생한 범죄는 정치적이라고 항변할 수 있는데, 주관적 동기나 목적에는 그다지 큰 비중을 두지 않는다.

둘째는 대륙법계의 이론들이다. 대륙법계 국가들은 정치적 목적이나 동기가 중시되는 '주관주의', 범행의 목적이나 동기보다 범죄의 결과가 국가의 정치조직을 위한 것이면 정치적 성격이 있는 범죄로 보는 '객관주의', 양쪽 요소를 모두 고

---

443) 최태현, 상동 논문, 제4항의 주(7).

444) 영국에서 '상대적인 정치범죄'에 대해 인도를 거절할 수 있다고 한 지도적 판례가 된 것은 1891년의 '카스티오니 사건'에 대한 영국왕좌재판소(Queen's Bench)의 판결이었다. 인도 여부의 기준으로 ① 행위가 정권납치를 위하여 국내 둘 이상의 단체 간에 행해지는 정치적 항쟁 중에 부수하여 실행된 것(객관적 요건), ② 행위자가 그 항쟁과 관련된 정치집단의 정규 구성원인 것(주체적 요건)이다. 이후에도 영국 법원은 불인도 대상인 '상대적 정치범죄'의 범위를 지속적으로 엄격히 한정했다. 山本草二, 際刑事法, 三省堂, 1991, 223-224쪽.

려하는 '절충주의' 등의 입장으로 나뉜다. ① 객관주의이다. 독일 범죄인 인도법 제3조 제2항에서 법원은 정치범죄를 판단함에 있어서 범행이 국가에 대한 직접적 공격(unmittelbares Verbrechen)인지의 해당성을 조사할 것을 요구한다. 독일 법원은 이 조항을 테러 범죄에 적용할 경우 테러조직의 결성과 그 조직에 가입하는 것은 국가에 대한 직접적 공격으로 인정할 수 없다고 했다. 프랑스에서도 1927년 인도법[445])에 근거해 일정 기간은 순수한 객관주의가 취해지고 있었다. 객관주의에는 세 가지 유형이 있다. i) '침해된 권리 이론'(injured rights theory)이다. 이 이론은 프랑스에서 한때 채택되었던 것으로, 범죄의 정치성을 행위의 동기에서 찾지 않고 그 범행으로 인해 침해된 권리의 성질로부터 도출하는 것이다. 이 이론은 주로 제2차 세계대전 당시의 전쟁 협력자에 대해, 프랑스가 벨기에의 청구에 대해 적용한 것이었다. 프랑스 법원은 적과 협력한 범죄는 '침해받은 권리'의 정치적 성질에 따라 정치범죄로 인정된다며 벨기에의 인도 청구를 거절했다. ii) '관련성'(connexity) 유형이다. 이 견해에 따르면 보통 범죄는 순수한 정치범죄와 관련됐다는 이유로 정치성을 인정할 수 있다고 한다. iii) '정치적 부수 이론'(political incidence theory)이다. 객관설은 피해 법익이 국가적 내지 정치적 조직질서의 파괴 등과 같은 객관적 사실에 의하여 구별되어야 한다는 견해이다. 이는 프랑스가 과거에 취하던 입장에서 정치범죄 판단에서 그 남용을 막기 위해 '정치 목적 이론'을 채택하고 엄격하게 해석하는 기준으로 삼고 있었다. 이 설에 의하면, 범행 동기나 목적이 사상(捨象)되어 결과적으로 범죄의 정치성이 명확히 드러나는 사실이 요구되므로 논리적으로는 상대적 정치범죄가 정치범죄로 인정되지 않게 된다.[446])
② 주관주의이다. 주관주의는 행위자의 동기(motive)나 의도(intention)를 강조하여 행위로 인해 정치적 결과를 발생시킨 사실과 무관하게 범죄자가 정치적 동기를 인식하여 그 행위를 하였는지 혹은 정치적 목적을 달성하기 위해 행하였는지를 파악하는 데 중점을 둔 입장이다. 이 견해는 프랑스 법원에서 많은 사례에 적용되었는데, 정치범죄의 보호 법익 폭이 지나치게 넓다는 비판이 있다. 예를 들어 혁

---

445) 森下忠, 犯罪人引渡法の理論, 成文堂, 1993, 74－76쪽. 1929년 독일 인도법 제3조 제2항에서 '정치범죄란 국가의 존립 혹은 안전, 원수 혹은 이에 준하는 정부 구성원, 헌법상 기관, 선거 혹은 투표에 관한 공민권 또는 외국과의 우호관계에 대해 직접적으로 가해지는 가벌적 공격을 말한다'고 규정한다. 같은 책 77쪽.

446) 신의기, 형사정책연구(통권 제25호), 1996, 102쪽.

명 단체의 일원이 은행 강탈에 가담한 행위, 정치적 동기를 가진 민항기 납치, 아일랜드 공화군의 영화관 폭파 등을 정치범죄로 인정해 인도 청구를 거절한 사례가 있다. 그 후 프랑스 법원은 정치적 동기 그 자체만으로는 정치범죄 인정을 위해 충분하지 않다며 범죄 피해 결과 등도 고려되어야 한다고 하여, 절충주의와 유사한 입장을 취하게 된다. ③ 절충주의이다. 정치범죄 인정에서 객관주의와 주관주의는 모두 그 편향성이 강하므로 각국 법원은 두 개의 주의를 결합하거나 혹은 새로운 기준을 모색하게 되었다. 벨기에 법원은 주관적 요소인 '정치적 목적'에 제한을 가함으로써 절충적인 입장을 취하고 있다. 범행이 정치적 투쟁과 관계없는 제3자에 대한 행위는 정치범죄로 인정할 수 없다고 했다. 절충주의의 한계는 보통 범죄와 정치범죄에서 행위의 동기 또는 결과에 따라 최종적으로 동일시한다는 것이다. 즉 범행 자체는 보통 범죄지만 범죄인 인도의 목적상 정치범죄로 간주된다는 것이다. 스위스에서는 '압도적으로 정치적 성격을 지닌 보통 범죄'라는 표현이 사용된다. 범죄의 혼합적 성질에 착안하여 정치적 성격이 보통 범죄적 성격보다 우월한 경우에는 인도하지 않는다는 것으로 '우월성 이론'이라 불린다.[447] 스위스 인도법에서 정치범죄는 '주로' 정치적 성격을 지닌 범죄에 한정된다. 1892년 인도법 제10조 '정치범죄' 제2항에는 '행위자가 정치적 동기 또는 목적을 주장함에도 불구하고 인도 청구의 이유가 되는 행위가 우월적으로 보통 범죄의 성격을 지닌 때에는 인도는 허용된다…'로 규정되어 있다.[448] 스위스의 1981년 국제형사 공조법 제3조는 '…스위스의 견해에 의하면 우월적으로 정치적 성격을 띠는 행위 … 때에는 청구에 응할 수 없다'고 규정한다.[449]

스위스 연방법원은 이 주로(primarily) 또는 압도적으로(predominantly) 정치적인 범죄에 대해 다음과 같이 설명한다. 즉, '그 자체가 보통 범죄에 해당하는 행위라 하더라도 그 행위가 행해진 상황, 특히 정치적 동기 및 정치적 목적에 근거하여 행해진 경우 압도적으로 정치적 성격을 지닌 것으로 인정될 수 있다.' 여기서 비례성(proportionality) 개념이 도입되는데, 범행이 적어도 정치적 목적을 달성하기 위해 효과적일 것, 가능한 사적 법익을 침해하지 않을 것 등이 요구된다. 정치

---

447) 森下忠, 犯罪人引渡法の理論, 成文堂, 1993, 72-73쪽.
448) 森下忠, 상동 저서, 73쪽의 주(17).
449) 森下忠, 상동 저서, 89쪽.

적 목적을 달성하는 데 있어서 다른 대체 수단이 없어야 한다는 것이다. 예를 들어 스위스 법원은 파시스트의 간첩망을 제거할 목적으로 사람을 살해한 것은 최종적 수단으로 이용됐다고 할 수 없으며, 정치범죄로는 인정할 수 없다고 했다. 또한 테러 범죄 등은 그 행위의 중대한 위험성과 심각성 등으로 범행 동기와 목적 간에 비례성이 부정된다. 다만, '비례성' 이론의 적용에서 범죄행위가 정치적 목적을 달성하는 데 일정한 실효성(effectivness)이 요구된다고 본다. 범죄행위가 정치적 목적을 달성하기 위해 진정으로 효율적 수단이어야 한다는 것이다. 이러한 스위스의 기준에는 침해된 이익의 중요성, 정치적 변화에 대한 바람 및 목적달성을 위해 이용된 수단의 허용성 등에 대해 종합적 평가가 요구된다.

다. 법원의 판단

서울 고등법원은 응우옌흐우짜인 사건에서는 '부수 이론'을 채택했으나 류창 사건에서는 '우월성 이론' 또는 '비례성 이론'을 채택한 것으로 해석된다. 전자의 사례에서 해당 범죄인이 미국에서 베트남 사회주의 공화국의 정치 체제에 반대하는 망명정부를 결성하고 스스로 그 반정부 단체의 주도적 역할을 수행했다는 점이 지적되었는데, 후자는 해당 범죄인이 속한 조직 및 그 조직에서 범죄인의 역할이 요구되지 않았다는 것이다. 특히 후자의 경우 범죄인의 정치적 동기 또는 목적과 범죄 행위 간에 비례성이 있고 공공의 위험성이 크지 않다는 점을 이유로 정치범죄로 인정된다고 했다.

(3) '류창 사건' 재판의 검토

국제법상 정치적 이유로 소추, 처벌 혹은 기타 박해로부터 인신 등을 보호하기 위해 그 자의 소재지국이 본국 송환 혹은 인도 청구에 응하지 않는 유형으로 ① 영역 비호 또는 외교적 비호와 같은 비호, ② 난민조약에 따른 송환 금지(non-refoulement), ③ 범죄인 인도에서의 정치범 불인도 등이다.[450] 국제법상 국가가 범죄인을 인도해야 하는 의무를 지는 경우는 명시적으로 인도하도록 규정한 인도조약이 전제가 되며, 그러한 의미에서 인도조약은 비호(망명)의 예외로 볼 수

---

450) 芹田健太郎, 政治犯罪人不引渡原則の確立 : 歷史的·実証的研究, 国際法外交雑誌(第71卷 第4号), 1972, 345쪽.

있다.451) 도망 범죄인 인도의 경우 각국의 정치, 경제, 문화, 이데올로기의 대립이 심화되고 있어, 범죄의 정치성 다원화로 인해 인도 제한사유로 폭넓게 유보되었다.452) 특히 한중일 3국을 비롯한 동아시아 지역에서는 그 역사, 영토 및 이데올로기 등의 여러 문제가 잠재하고 있어서, 이와 관련한 범죄인 인도를 둘러싼 각국 정부나 법원이 생각하는 범죄의 정치성이 더욱 상대화될 조짐이 보인다.

정치범 불인도원칙에서 말하는 '정치범죄'의 정의는 행위의 동기와 목적, 그 성질 및 실행 상황, 법익 등을 기준으로 아직 확정되지 않았다. 또한 불인도원칙이 입법 조약상 일반규범으로 확립된 것은 아닌 바, 일반 관행 및 법적 확신의 요건이 갖추어져 각국에서 일반적 승인이 확립된 국제 관습법으로 인정될지 여부가 문제가 된다. 정치범 불인도의 기원은 19세기 초 대륙법계 국가에서의 국가 실행이었다고 한다.453) 당초, 도망친 정치범죄인에 대한 비호가 인정되지 않았으며, 특히 인근 소국이 강대국으로부터 그 인도를 강요받는 일도 적지 않았다. 그러나 1832년 프랑스 정부가 정치범죄인 인도를 인정하지 않는다는 정령을 공포하면서 이후 1833년 프랑스와 스위스, 1834년 벨기에와 프랑스 간 인도조약에서 정치범죄인 인도를 요구하는 조항이 삭제되게 되었다. 한편 영미에서는 국내법상 보통 범죄에 대해서는 정치성을 이유로 항변을 인정하지 않았지만, 19세기 후반부터 인도조약 체결시에 프랑스나 벨기에 등의 주장을 받아들여 조약상 인도 제한사유로 규정하게 되었다.

19세기 유럽의 범죄인 인도조약상 정치범죄인 취급에 관한 규정에는 주로 세 가지 유형이 있었다.454) ① '정치범죄인을 인도하는 조건으로 인도 요청을 받은 정치범죄에 대해 소추, 처벌을 하지 않는다'는 것을 명기한다. 즉, 그 보증이 없는 경우에는 인도를 거절할 수 있는 것으로 해석한다('프랑스와 벨기에 간 인도조약', 1834년 11월 22일). ② '정치범죄를 인도 범죄에서 제외한다'고 규정한다('프랑스

---

451) Christine Van den Wijngaert, The Political Offence Exception to Extradition, Kluwer Denventer, 1980, p.45. 또, 국제법상, '비호'는 영역주권에서 도출된 국가의 권능이라는 점에서 국가 간의 국력에 의해 전개되는 경우가 많으나, 정치범 등의 '불인도'는 인도조약상의 인도 의무의 예외로 해석되기 때문에 법률문제에 포함된다고 한다. 島田征夫, 逃亡犯罪人引渡思想の系譜(島田征夫・古谷修一編), 国際法の新展開と課題, 信山社, 2009, 60−61쪽.

452) 山本草二, 犯罪人引渡制度における政治性の変質, 東北大学法学(第49巻 第3号), 1985, 361쪽.

453) 山本草二, 国際刑事法, 三省堂, 1991, 219쪽.

454) 西井正弘, 政治犯不引渡原則の形成過程(二・完), 京都大学 法学論叢(第95巻 第3号), 1974, 41쪽.

와 사르디니아 간 인도조약', 1838년 5월 23일). ③ 조약상 인도는 정치범죄인에게는
적용되지 않는다고 정한다('프랑스와 프로이센 간 인도조약', 1845년 6월 21일). 정치범
죄인에 대해서 ①의 사례에서 볼 수 있듯이 인도하는 것 자체는 조약에 정했다고
하여 국제법상 의무에 반하는 위법이거나 비난받을 일은 아니다. 그 이유는 해당
범죄인의 신병 보호가 목적이므로 신병에 대해 인수국이 처벌이나 박해 등을 하
지 않는다는 보증이 있으면 인도할 수 있는 것으로 해석된다. 또한 중국이 자국과
국경을 맞대고 있는 중앙아시아 국가들과 체결한 인도조약에는 인도 제한사유로
정치범죄 자체가 규정되지 않아, 조약상 피청구국이 비호권을 행사하지 않는 한
정치범죄인은 인도 대상이 될 수 있다.[455]

정치범 불인도원칙(principle of non−extradition of political offenders)의 법적
성질에 대해 그 확립의 존재 여부의 의의는 국제 사법재판소 규정 제38조에서 정
한 바와 같이 '법으로 인정된 일반 관행의 증거로서의 국제관습'으로, 재판 규범
으로 적용될 수 있는가에 관한 문제이다. 그 법적 성질에 대해서는 주로 두 가지
견해가 있다. 즉 ① 정치범을 인도해서는 안 된다는 '금지 및 의무 규범'이 이미
국제관습법상 확립되어 있고, 피청구국의 재량을 법적으로 구속한다고 해석하는
것, ② 인도조약에 따라 일반적으로 도망 범죄인을 인도해야 할 의무를 지는 입
장이라도 그 예외로 인도를 거절할 수 있는 권능, 권리를 유보한다는 취지에 머무
르는 것으로 인도 결정은 피청구국의 재량이라고 해석하는 것이다.

유럽에서 정치범 불인도원칙이 논란을 불러일으키게 된 것은, 1970년대 영
국과 아일랜드 간의 법집행 위원회(British−Irish Law Enforcement Commission)에서
정치 테러에 대한 효과적인 통제를 위해 북아일랜드와 아일랜드 공화국 간의 양
자관계에 한해 정치범 불인도원칙을 한층 유연하게 적용하려고 했던 것이 계기였

---

455) 예를 들어 러시아, 불가리아, 카자흐스탄, 우즈베키스탄, 키르기스스탄, 우크라이나, 리투아니
아, 몽골 등과의 각 인도조약에서는, 중국이 체결한 다수의 다른 인도조약에서 정치범죄를 의
무적 인도 거부사유라고 규정한 것과 달리, 인도 제한사유로 명기되어 있지 않다. 특히, 일부
인도조약은 인도 청구가 정치적 의견을 이유로 소추 또는 형벌을 과할 목적으로 행해진다고
피청구국이 인정함에 있어 충분한 이유가 있는 경우에 한해 인도 제한사유가 된다고 규정하고
있다(불가리아, 카자흐스탄, 리투아니아, 몽골 등과의 각 인도조약). 나아가 러시아, 우즈베키
스탄, 키르기스스탄, 우크라이나와의 각 인도조약에서는 인도 제한사유에 정치범죄가 규정되
어 있지 않다. 그 배경에는 중국이 동투르키스탄의 독립운동과 티벳 망명정부의 활동 등을 반
중국 국제테러행위나 분열책동으로 엄중히 대응하고 있고, 조약 체결 당사국도 상호주의적인
입장에서 이해관계가 일치한다는 점 등을 들 수 있다.

다.[456] 유연한 적용에서 문제가 된 것은 정치범 불인도원칙이 세계 각국의 인도법 및 인도조약에서 받아들여지고, 국제법상 구속력이 부여된 것으로 인정할 것인지 여부였다. 이 위원회의 아일랜드 측 위원은 그 원칙이 국제 사회에서 일반적으로 채택되고 있다며 이를 완화하는 데 반대했으나 영국 측 위원은 국제법이 정치범 인도를 금지하고 있는 것은 아니라고 주장했다. 결국 영국 측도 북아일랜드와 아일랜드의 관계에서 정치범 불인도원칙의 완화에 반대하지 않았다. 양자의 각 주장은 다음과 같은 근거에 의한 것이었다. 즉, ① 정치범 불인도원칙은 인도법에서 일반적으로 채택되고 있으며, 인도법 및 인도조약에서 일반적 원칙으로 자리 잡아가고 있는 것으로 추정된다. ② 그럼에도 불구하고 인도법 및 인도조약은 정치범 불인도원칙의 예외가 적지 않다. ③ 국제조약에서 정치범 불인도원칙의 예외는, 예를 들어 집단학살 범죄와 같이, 결코 일반적으로 받아들여진 것은 아니다.

정치범 불인도원칙은 법적 관점에서 보면, 정치범 인도를 금지하는 국제법상 원칙은 아니다. 1935년의 하버드대학의 국제법 연구는, 범죄인 인도조약 제5조(a) '정치범죄'의 코멘트에서 '피청구국에서 정치범 인도를 결코 허용하지 않는다는 일반적으로 승인된 국제법은 없다', '국가가 인도에 대해 정치범을 제외할 이유는 없다'라고 했다.[457] 또한, 1969년의 제10회 국제형법학회에서 정치범 인도가 국제법의 일반원칙에 반할 것이라는 예측은 2015년 현재 국제법 단계에서 확인할 수 없다고 하면서, '인도를 요구받은 범죄가 피청구국 법률상 정치범죄를 구성할 때에는 인도 거절을 허용할 수 있다'라고 제언했다.[458] 또한 아일랜드 최고재판소는, 1950년 12월 12일 인도재판에 대해 '정치범 불인도에 대해 국제법상 일반적 승인을 구축하려는 시도는 실패했다. 국제법은 소추 혹은 유죄 선고가 이뤄진 정치적 성격을 지닌 범죄인의 인도를 허용하거나 거절한다. 각국은 스스로의 판단에 따라 개별 사안에 대해 인도 허용 또는 거절을 실행할 수 있으며, 인도

---

456) Christine Van den Wijngaert, The Political Offence Exception to Extradition, Kluwer Denventer, 1980, p.43.
457) Harvard Research in International Law, Supplement to the American Journal of International Law, Vol. 29, 1935, p.110.
458) Xth INTERNATIONAL CONGRESS OF PENAL LAW(Rome, 29 September-5 October 1969), IV Section: Actual problems of extradition, the recommendations v-1.

의 예외로 인도를 제한하는 조항을 둘 수 있다'고 했다.[459]

　　일본에서도 학설 및 재판에서는 (2)의 입장이 채용된 적이 있다. '윤수길 사건' 중 1심 재판에서 '순수한 정치적 범죄'에 대해 오로지 특정국의 정치적 질서를 침해하는 행위(혁명, 쿠데타 반역, 내란 등의 기도, 금지된 정치 단체 결성 등)이며, 본국의 인도 청구, 유죄 판결, 소추, 체포 영장 발부 등이 있었을 경우, 적어도 객관적으로 이들과 동일시해야 할 정도로 처벌의 확실성이 있다고 인정되는 사정이 있을 때에는 인도해서는 안 된다는 의무, 금지를 규정한 국제관습법이 확립되어 있다, 라는 판결이 있었다(도쿄 지방재판소 1969년 1월 25일). 그러나 항소심에서는 정치범 불인도원칙은 인도조약에 따라 범죄인을 인도할 의무가 있는데도 불구하고 그 예외로 피청구국은 인도를 거절할 권능이 인정되는 데 그친다고 하여 국제관습법상 확립을 부정했다(도쿄 고등재판소 1972년 4월 19일).[460] 또한 '상대적 정치범죄'에 대해서 '순수한 정치범죄'를 실행하는 과정에서 행해지거나 그것과 직접적 관련성을 지닌 것에 한해서 인도의 대상이 될 수 있다는 견해가 유력하다.[461]

　　최태현 교수는 정치범 불인도원칙이 '일반 국제법상 원칙이며, 피청구국이 불인도의 의무를 진다는 견해가 타당하다고 풀이된다'고 했다.[462] 또한 '류창 사건'등의 인도재판에서 '부수 이론' 및 '우월성 이론' 등이 채택되어, 행위가 정치활동 그 자체가 아니고 그에 부수되는 것이 아님에도 불구하고, 타국 정책에 반할 목적으로 그 행위의 결과로 인한 피해 법익이 비교적 크지 않다는 등의 이유로 정치범죄로 인정되었다. 재판에서는 '불인도원칙'의 국제법상 위상에 대해 언급하지 않고 한일 인도조약 및 한국 인도법에 따라 '정치범죄'의 인정 여부를 판단하는 데 그쳤다. 단, 법원은 '정치범 불인도원칙의 취지와의 관계'에서 종군 위안부 등 과거의 역사적 사실에 대한 인식 및 관련 정책, 일본 정부 각료의 야스쿠니 신사 참배에 대한 인식 및 그 대응 등에서 한일 양국 간에 정치적으로 견해 대립이

---

459)　Christine Van den Wijngaert, The Political Offence Exception to Extradition, Kluwer Denventer, 1980, p.47. 18 Int. L. Rep. 1951, p.343, in re Duggan v. Tapley.

460)　祖川武夫·小田滋, 日本の裁判所における国際法判例, 三省堂, 1991, 268－276쪽.

461)　山本草二, 国際法(新版), 有斐閣, 2004, 565쪽.

462)　최태현, 한국법원에서의 정치범불인도원칙의 적용 : 리우치앙사건을 중심으로, 서울국제법연구(第20卷 第1号), 2013, 4쪽의 주(7) 참조. 서울국제법연구원(https://glaw.scourt.go.kr/wsjo/mhn/sjo240.do?mhnCtrlGbn=%EA%B8%B0%EC%82%AC&mhnCtrlNo=701907. 2014년 8월 16일 열람).

276 한중일 3국 등 동아시아 국제형사협력

있고 청구국(일본) 내에서도 정치적 견해의 대립이 존재하는 이상, 해당 범죄인을 인도하는 것은 청구국의 국내 정치 문제에 간섭하는 것으로 보일 수 있으므로 국제 관계상 바람직하지 않다고 했다.

국제 사회에서 국가 실행, 재판, 학설 등에서는 범죄인을 인도하는 것이 원칙이며, 피청구국은 인도조약에 따라 인도 제한사유로 볼 수 있는 경우에 한하여 인도를 거절할 수 있는 권능이 부여되는 것으로 해석된다. 유럽 및 일본의 국내법 및 인도조약상 규정, 인도 재판, 학설 등을 검토하여 볼 때 정치범 불인도원칙이 국제 관습법으로 확립된 규범이라고 하기는 어려우며 피청구국이 그 범죄인을 인도하여서는 안 된다는 의무를 지는 것은 아니라고 해석된다. 특히, 오늘날 항공기 탈취나 테러 범죄 등에 대해서 정치범죄의 탈정치화가 진행되어 유럽 등의 지역적 법적 프레임워크에서는 상대적 정치범죄의 정치성 요건을 제한하는 경향이 있다. 그 대신 도망 범죄인의 인권보장의 관점에서, 정치범죄의 인도 제한사유가 범죄의 정치성이 아닌 인권보장 조항 등에 요구된다는 점에 유의해야 할 것이다.

결국, '류창 사건'의 인도 재판에서는, 정치범죄의 정의 및 불인도원칙의 국제법적 평가에서, 그 역사적, 객관적 검토, 판단기준이 여러 국가에서 엄격하게 행해지고 있는 추세나 주변국의 국가 실행 등에 대해, 면밀히 고찰되었다고 보기는 어렵다. 특히 본 재판의 경우, 순수한 정치범죄는 차치하고, 상대적 정치범죄에 대해 정치성을 과대 평가한 것으로 보이며, 사법 판단으로 적정한 것이었는지에 대해서는 의문이 남는다. 본래 행정 기관으로서의 법무부장관이 인도법에 따라 주변국과의 외교 관계 및 국제 정세 등 제반 사정을 고려하여 인도의 상당성을 판단해야 하는데, 이 경우에는 법원이 먼저 판단하였다고 지적할 수 있다.

3. '범죄인 인도법' 제3조(서울 고등법원의 전속 관할)에 관한 위헌 소송

(1) 소송 개요 및 쟁점

한국의 헌법재판소[463]에 제기된 위헌 청구의 요지는 인도법 제3조에서 '이

---

463) 헌법재판소는 제2공화국(1960년 8월~1961년 5월) 헌법에 의해 창설되었지만, 1961년 5월 군사 쿠데타가 발생하여 실제로 구성되지는 않았다. 이후 법원 및 헌법위원회가 헌법적 분쟁의 처리를 담당해 왔으나 현행 헌법인 1987년 헌법 개정에 따라 헌법재판소의 설치가 결정되어

법률에 규정한 범죄인의 인도 심사 및 그 청구와 관련된 사건은 서울 고등법원과 서울 고등검찰청의 전속 관할로 한다' 라고 한 것이, 헌법에 규정된 재판을 받을 권리 등을 침해했다는 것이었다. 한국계 미국인인 본건 청구인은 강간 등의 혐의로 캘리포니아주 법원에서 선고가 내려지기 전인 1999년 3월 한국으로 도망쳤다. 같은 해 6월, 법원은 그 범죄인이 불출석한 상태에서 징역 271년을 선고하고 미국 당국으로부터 신병 인도 청구가 내려지자 서울 고등법원이 2001년 9월 인도허가 결정을 내린 경위가 있다. 청구인은 그 결정에 대해 대법원에 재항고 및 위헌 법률 심판 청구[464]를 하고 동시에 헌법재판소법에 근거해 본건의 헌법소원 심판을 청구했다.[465] 한편 대법원은 인도 허가 결정에 불복을 허용할 수 없다며 같은 해 10월 재항고를 기각했다. 본건의 헌법재판소에 대한 청구이유는 인도 재판에서 단심제가 취해지고 있기 때문에 결정에 잘못이 있었다 하더라도 이를 소송할 수 있는 방법이 원천적으로 막혀 있는 바, 헌법에 정해진 적법 절차의 원칙, 재판을 받을 권리, 과잉금지의 원칙 등에 반한다고 주장한 것이다.

　　대법원은 위헌 법률 심판 청구에 대해 서울 고등법원이 범죄인 인도법 제15조 제1항 제3호에 근거해 내리는 인도 허가 결정은 국가 형벌권 확정을 목적으로 하는 형사소송법상의 결정이 아니라 범죄인 인도법에 따라 특별히 인정된 것이라고 했다. 그러므로 심급제도의 본질, 재판을 받을 권리의 의미 및 인도 허가 결정의 성질 등을 종합해 보면, 범죄인 인도법이 인도 심사 청구에 관한 심판을 서울 고등법원의 전속 관할로 정하면서 그 허가 결정에 대해 불복을 허용하는 규정이 없다고 하더라도, 그것이 헌법에서 정한 인간의 존엄과 가치(제10조), 신체의 자유

1988년 9월 1일 출범하게 되었다. 헌법재판소는 삼권에서 독립하여 헌법수호의 지위를 가지며 그 결정은 최종적이다. 또한 헌법재판관은 국회에서 청문절차를 거쳐 대통령, 국회 및 대법원장에 의해 3명씩 지명 또는 선출되면 대통령이 임명한다(헌법재판소법 제6조). 임기는 6년으로 연임이 가능하며 재판관의 정년은 65세다. 단, 소장은 70세로 한다(동법 제7조).

464) 위헌법률심사는 헌법상 법률의 위헌여부가 재판의 전제가 되는 경우 그 재판부가 헌법재판소에 청구하고(헌법 제107조 1항), 헌법재판소에서 위헌결정을 할 때에는 헌법재판관 9명 중 6명 이상의 찬성을 얻어야 한다(헌법 제113조).

465) 헌법재판소 결정 2003년 1월 30일([2001년헌바95]). 또한 헌법소원이란 개인 또는 법인이 공권력에 의하여 헌법상 보장된 국민의 기본권이 침해되었을 경우에 헌법재판소에 제소하여 그 기본권의 구제를 청구하는 제도이다. 그 청구 사유는 헌법재판소법상 두 가지로 나뉜다. 즉 ① 공권력의 행사 또는 불행사로 헌법상 보장된 기본권을 침해당한 경우. 단, 다른 법률에서 정한 구제절차를 거쳐야 한다(헌법재판소법 제68조 제1항). ② 법률의 헌법 위반 여부가 재판의 전제가 되고, 당사자가 법원에 그 법률의 의견심판을 청구하였으나 기각되었을 때(헌법재판소법 제68조 제2항) 등이다. 본건 청구는 후자의 경우이다.

및 적법 절차의 원칙(제12조 제1항), 재판을 받을 권리(제27조 제1항), 과잉 금지의
원칙(제37조 제2항)을 위반하는 것은 아니라고 결정했다.[466]

헌법재판소는 법원의 인도 심사는 국가 형벌권의 확정을 목적으로 하는 형
사 절차와 같은 전형적 사법 절차의 대상에 해당하는 것이 아니라, 인도법에 의해
인정된 특별한 절차로 보고 범죄인 인도법 제3조(인도 청구의 심사 및 인도허가의 결
정에 있어서의 서울고법 전속관할)가 헌법에 위반하지 않는다고 결정했다. 본건의 헌
법소원 쟁점은 서울 고등법원에 의해 내려진 인도 허가 결정에 대해 상소가 허용
되지 않는 것이 헌법에 보장된 심급제도, 재판을 받을 권리 등에 위배되는지 여부
였다. 재판에서는 헌법 재판관 9명 중 1명이 인도법 제3조가 위헌이라며 반대 의
견을 개진한 바 있다. 한중일의 인도법에서는 도망 범죄인 인도의 법적 성질을 둘
러싸고 그것이 형사 소송 절차인지 여부에 관하여 논란이 있다. 특히 한일 양국에
서는 인도 재판에 대한 고등법원의 전속 관할(상소 불가), 법무부장관의 인도 명령
에 대한 집행 정지 신청(인도 명령 취소 청구) 등이 쟁점이 되는 경우가 있는데, 그
요인은 도망 범죄인 인도가 형사소송절차인지 아니면 법무 행정 절차인지에 기인
하기 때문이다. 이하에서는 결정 이유 및 반대 의견 등에 대해 소개한다.

(2) 법무부의 주장

본건 헌법소원에서 청구인의 주장 및 대법원의 청구 기각 이유의 각 요지에
대해서는 상술한 바와 같으므로 생략한다. 관계 기관의 의견은 법무부 및 외교부
가 제출하였다. 법무부의 의견의 요지는 다음 세 가지이다. ① 청구인이 이미 미
국으로 인도되었기 때문에 권리 보호의 이익이 없다. ② 인도법 제3조는 서울 고
등법원을 전속관할로 하는 규정으로 그 결정에 불복할 수 없음을 규정한 것이 아
니기 때문에 그 조항은 본건에 적용될 여지가 없다. ③ 범죄인 인도의 본질은 형
사소송법에 기초한 수사 또는 형사 소송이 아니라, 외국이 재판권을 가진 범죄인
에 대해 소추, 재판, 형의 집행이 이루어지도록 신병을 확보하여 인도하는 '법무
행정 절차'이다. 또한 법무부는 사법 심사의 이유에 대해 인도 과정에서 '도망 범
죄인의 인권보장을 위해, 사법부에서 그 인도가 국내법 및 조약 규정에 따라 적법
한지 여부에 관하여 심사를 경유'하는 것이라고 했다. 또한 법무부는 범죄인 인도

---

466) 대법원 2001년 10월 31일자 결정(사건번호 [2001초532]).

의 성질 및 외국의 입법 사례 등을 감안했을 때 인도법에서 법원의 인도 허가 결정에 대해 불복 규정을 두지 않음으로써 '불복할 수 없는 것은 입법의 재량'에 속하는 문제이며, 그 내용에 대해서도 합리성이 인정된다고 하였다.

(3) 헌법재판소의 판단

헌법재판소는 본건 청구의 적법성에 대하여 다음과 같이 판단한다. 즉, ① 인도법 제3조에 대해서는 인도 사건의 전속 관할을 규정한 것에 한하지 않고, 다른 법 규정이 없는 현 상황에서 그 결정에 대한 불복을 허용하지 않는다는 취지까지 포함한 것으로 이해하는 것이 타당하다. 따라서 인도법 제3조의 위헌 여부를 둘러싼 쟁점은 대법원 재판의 전제성이 인정된다. ② 청구인이 미국으로 이미 인도되었기 때문에 권리 보호 이익의 부재에 대하여 헌법적 해명이 필요한 경우에 해당하고, 본 안에 대하여 판단의 필요성이 인정된다. 헌법재판소는 다음의 네 가지를 구체적 판단 근거로 한다.

① 인도 절차에 대한 재판소의 관여에 대해 오늘날 범죄 진압에서 긴밀한 국제 협력이 요구되는 바, 인도는 해당 범죄인의 신체의 자유에 대해 부당한 제한이 가해질 우려가 있으므로 각국의 각 인도 절차에서 법원의 심사를 경유하고 있으며 이는 한국도 같다. ② 인도 절차에서 불복이 허용되지 않고 단심제가 적용되는 것은 헌법 위반이라는 주장에 대한 것이다. 도망 범죄인 인도 심사는 전형적인 사법 절차 대상에 해당한다고는 볼 수 없고, 그 성질상 인도법에서 인정하는 특별한 절차로 보는 것이 타당하다. 인도법의 프레임워크 안에서 형사 소송법 규정이 준용되는 점, 변호인의 조력이 인정되는 점, 의견 진술의 기회가 주어지는 점, 인도 제한사유가 정해진 점 등을 감안할 때 단심제가 적용된다 하더라도 적법절차의 원칙에서 요구되는 합리성과 정당성을 결여했다고 보기는 어렵다. ③ 재판을 받을 권리와의 연관성이다. 헌법이 정한 '재판을 받을 권리'란 모든 사건에 대하여 상소심 절차에 따라 재판을 받을 권리가 당연히 포함된다고 단정할 수 없고, 상소의 가능 여부, 상소 이유의 규정 등에 대해 특단의 사정이 없는 한 입법 정책의 문제로 해석된다. 인도 심사 절차가 헌법상 재판 청구권이 보장돼야 할 대상에 해당하는지는 분명치 않다. 인도 여부에 대한 법원의 결정은 도망 범죄인을 청구국으로 인도할지 여부를 판단할 뿐, 그 자체가 형사 처벌 혹은 그에 준하는 처벌

이라고 볼 수 없다. 그렇다면 당초 재판 청구권의 보호 대상이 되지 않는 사항에 관하여 법원의 심사가 인정된 경우, 그 심사에 대해 상소를 할 수 없다고 하여 재판 청구권이 새롭게 제한된다고는 통상적으로 생각할 수 없다. 설사 범죄인 인도가 형사 처벌과 유사한 것이라 하더라도 인도법 제3조가 적어도 법관과 법률에 따라 1회의 재판을 보장하고 있고 그 결정에 대한 상소를 허용하지 않는 것이 적법 절차의 원칙이 요구하는 합리성과 정당성을 벗어난 것이 아닌 이상, 상소 불허의 입법이 입법 재량 범위를 벗어난 것으로 재판청구권을 과도하게 제한한 것이라고는 말하기 어렵다. ④ 불복에 대한 불허가 신체 자유 및 인간 존엄을 침해했다는 주장에 대해서이다. 청구인은 법원의 결정에 잘못이 있더라도 그것을 수정할 수 없다고 강조하였으나, 이는 인도 심사에 한하여 고유하게 발생하는 것이 아니며, 가령 불복 절차를 인정했다 하더라도 그와 같은 잘못 및 수정 가능성을 완전히 불식하지는 못하고, 이 점에서 상소의 허용 여부는 별도 사정이 없는 한 입법 재량이라 하지 않을 수 없다. 또한 인도 심사의 성질이 형벌권을 확정할 정도로 청구인의 자유에 심대한 영향을 미치는 것은 아니며, 국제 형사사법 협력의 일환으로 인도조약 혹은 상호주의의 보증이 요구되며, 인도법에서 인권 침해적 처벌을 발생시킬 수 있는 인도를 방지하기 위해 법적 장치가 강구되고 있다. 그러므로 불복 절차가 마련되지 않더라도 인간 존엄 및 신체 자유 등의 기본권을 과도하게 제한하는 것이라고는 할 수 없다.

(4) 반대 의견

본건 재판에서 심판 대상이 재판 청구권을 침해한다며 반대 의견을 낸 것은 권성 재판관이며,[467] 그 요점은 다음과 같다.

가. 헌법의 국민 보호 원칙

국민은 국가 창설, 국가의 정당성 부여 및 국가 활동에 있어 근원적 단위가 된다. 우리 헌법은 제1조를 비롯해 국민 보호를 위해 직간접적으로 국가에 대해 여러 의무를 구체적으로 설정하고 있다. 대외 관계에서도 국가가 그 국적을 가진

---

467) 권 재판관은 법원행정처 및 서울 고등법원의 재판관을 거쳐 2000년 9월부터 2006년 8월까지 헌법재판관으로 근무했다. 헌법재판소의 역대 재판관 안내 홈페이지 참조(https://www.ccourt.go.kr/cckhome/history/person/historyPerson02.do. 2014년 8월 19일 열람).

국민에 대해 외교 보호권을 가지고 있는 것은 국제법상 기초원칙이며, 국민이 국가의 외교 보호권 행사를 포기할 수 없다는 것도 국제법상 확립되어 있다. 헌법상 국민 보호의 원칙은 국제형사협력의 하나인 범죄인 인도 절차에서도 예외라고 할 수 없고, 본건의 위헌성에 대해서는 그 국민 보호 원칙에 비추어 신중하게 접근하여야 한다. 인도법에서 자국민임을 임의적 인도 거절사유로 규정한 것도 헌법상 원칙을 반영한 것이다. 또한 독일 기본법에서는 자국민임을 원칙으로 하여 절대적 인도 거절사유로 규정하고 있는데, 이는 국민 보호의 원칙을 더욱 강하게 관철하고 있는 하나의 사례이다.

나. 비교법적 고찰

인도 재판을 둘러싼 비교법적 고찰로 미국 및 독일의 경우를 고찰한다.

① 미국의 경우이다. 미국에서 법원의 인도 허가 여부 결정에 대하여 상소를 허용하는 법규정은 없고, 연방 대법원도 인도에 관한 심사가 연방헌법 제3조가 정하는 전형적 사법권 행사의 대상에 해당되지 않으며, 최종적이고 종국적인 판단의 성질을 가지지 아니하여 법관의 인도에 관한 결정에 대해서는 상소에 의한 교정이 허용되지 않는다고 하였다. 그러나 미국에서는 인신 보호 영장 제도가 확립되어 있어서 인도의 허용 심사시에 인신구속이 동반되기 때문에 도망 범죄인은 인신 보호 영장 청구를 통해 불복 절차를 개시할 수 있다. 한국법의 경우 구금 허가장 혹은 임시 구금 허가장에 의해 구금될 때 그 범죄인 또는 변호인 등이 구금의 적부에 대해 심사를 청구할 수 있지만, 형사소송법 제214조의2 제7항을 준용한 결과, 그 결정에 대하여 항고할 수 없고, 인도 집행장에 의한 구금시에는 그 적부 심사 자체가 인정되지 않는다. 따라서, 인도법 제3조의 합헌성에 대해 미국의 경우를 단순 차용하여 논증한다면, 이는 평면적 비교로 편향되게 된다.

② 독일의 경우이다. 독일에서는 주의 고등법원이 인도 가능 여부에 대해 결정을 내리고 그 결정에 대한 항고는 인정되지 않는다고 규정한다(국제 형사 공조법 제13조 제1항). 그러나 인도법 제3조의 합헌성에 대해 독일의 경우를 차용해 논증하는 것은 다음과 같은 제도상 차이로 인해 적절하지 않다. i) 주의 고등법원이 인도 여부에 대해 결정을 내릴 때에는 원칙적으로 중요한 법적 문제를 해결하기 위해 연방대법원의 결정을 구문하는 제도가 있다. 즉, 주 고등법원은 인도 가능

여부에 대해 연방 대법원의 결정이나 혹은 다른 주 고등법원의 결정을 따르지 않을 경우, 스스로의 견해에 그 이유를 명시한 후 그 법적 문제에 대해 연방 대법원의 결정을 요구할 수 있다(동법 제42조 제1항). ii) 도망 범죄인이 간이 인도 절차에 대하여 동의하지 않을 경우 인도 허가 여부에 관한 결정을 상급심 심사로까지 연장시킬 수 있다(동법 제41조, 제29조). iii) 인도 허가 여부 결정에 있어서 기본권이 침해된 때에는 한국과 달리 헌법소원을 제기할 수 있다. iv) 인도 가능 결정에 대하여 상소를 제기할 경우, 판례에 따라 국제 형사 공조법 제33조 제1항에 근거한 재심 신청으로 해석된다. v) 인도를 위한 구금에 대해서는 이의 신청, 인도 구금 영장의 취소, 인도 구금 영장의 집행 정지 및 영장 심사의 제도 등(동법 제23조 내지 제26조)에 따라 충분한 재심사의 기회가 주어진다. vi) 결정에서 명백한 잘못이 있을 경우 주 고등법원이 직권으로 정정할 수 있다.

다. 인도 절차의 법적 성질: 대법원의 해석에 대하여

대법원은, 인도 여부에 대한 심사는 국가 형벌권 확정을 목적으로 하는 형사 절차가 아니며 전형적 사법절차의 대상도 아니고, 인도법에서 인정하는 특별한 절차이기 때문에, 불복 불허 조항이 헌법에 위배되지 않는다고 한다. 그러나 이와 같은 해석은 인도 절차가 형사 소송 절차가 아니라는 것을 전제로 하며, 이는 다음의 점에서 오류이다. 다수 의견은 대법원 판례의 견해와 마찬가지로 인도 절차를 형사 소송 절차가 아니라고 본다. 그러나 인도 절차는 그 내용의 측면에서 볼 때 외국이 보유하는 국가 형벌권을 확보한다는 점을 부인할 수 없고 종국적으로 형사 처벌 절차 범주에 포함시키지 않을 수 없다. 인도 절차는 청구국에서 소추, 재판, 형의 집행을 가능하게 하기 위해 범죄인을 체포, 구금하여 인도하는 것이므로 국가 형벌권 확보와 인권 옹호라는 일반적인 형사소송법의 목적과 근본적으로 연계될 수밖에 없는 것이다. 국가 관할권에 관한 국제법의 관점에서 볼 때 범죄인 인도 제도는 형사 집행 관할권의 영토적 한계를 보완하기 위한 제도라고 할 수 있다. ② 인도 범죄에서 쌍방가벌성, 범죄 혐의의 인정 여부, 인도 제한사유의 존재 여부 등에 대하여 증거 조사(인도법 제14조 제6항) 및 그 판단이 요구되는 바, 이러한 판단은 본질적으로 형사소송의 절차적인 성질을 가지는 것이다. ③ 일련의 형사 소송 절차를 두 단계로 나누어 '체포, 구금'+'수사, 소추, 공판, 형의 집행'으로 분석해 보면 인도 절차는 내국에서 이루어지는 전단계와 외국에서 이루어지는 후단계를 결합시키는 절차이다. 어느 단계에서나 국가 형벌권의 확보 및 인권 옹호와 관련된 형사 소송 절차로서의 본질을 지니는 이상, 전후의 연계인 '＋' 절차에 해당하는 인도 절차도 여전히 형사 소송 절차의 한 고리로 파악하는 것은 부정해야 하는 특별한 사정이 없는 한, 지극히 자연스러운 것이다. 해외 도피 범죄가 빈발하는 상황을 고려할 때, 특히 범죄인 처벌과 인권 옹호라는 것이 한 나라의 문제가 아니라 문명 세계가 공통적으로 추구하는 보편적 가치임을 상기할 때 더욱 그러하다.

라. 불복 청구권

재판에 대한 불복 청구권은 헌법이 보장하는 기본권의 하나인 재판 청구권의 본질적 내용의 일부를 구성한다. 재판 청구권에서 말하는 재판이란 정당한 재판을 가리키는데, 상급심에 의한 불복심사는 정당한 재판을 보장하는 가장 필수적 장치 중 하나이다. 고로 재판 절차로서의 형사 소송절차는 당연히 불복 절차를 포함하는 것이고, 전술한 바와 같이 인도 절차도 형사소송적 절차라고 하면, 인도 허가 결정에 대해서도 당연히 상급심인 대법원에서 불복이 허용되는 것이 원칙이다. 이러한 불복청구권의 내용은 법률에 의하여 구체적으로 규정되어, 국가안전보장, 질서유지 또는 공공복리를 위해 필요한 경우에 한하여 제한되는 바(헌법 제37조 제2항), 그 이상으로 불복을 제한하거나 불복청구권의 본질적 내용을 침해하는 등과 같이 축소적 입법을 할 수는 없다. 그러므로 가령 어떤 법률이 이러한 원칙에 위배하여 불복청구권을 축소하는 내용이라면, 그 법률은 그 범위 내에서 위헌이라는 점을 면할 수 없다. 본건 심판 대상의 법조항은 불복 청구권에 대해 어떠한 규정도 두지 않으며, 대법원 판례는 그 조항이 불복을 허용하지 않는 취지라고 해석되므로, 2015년 현재 대법원 판례의 해석에 고착되어 있다고 할 수 있다. 그 결과 쌍방가벌성, 범죄혐의의 상당성 인정 여부, 인도 제한사유의 존재 여부 등을 판단함에 있어서 필요한 증거조사와 청구국에서의 인권 보장 수준 등에 대한 고려가 이루어지지 않고 법관의 주관적 자의가 작용할 경우, 상급심의 불복심사로 인해 이를 시정할 수 없게 되었다. 이는 국제 공동체의 일원으로서 형사 정의의 국제적 실현에 협력할 의무와 범죄인 인권을 보호할 의무 사이에 유지되어야 할 균형을 잃은 것이다. 비송사건 절차법에서조차 재판에 대한 불복을 보장하는 것에 비추어 보아도 이는 심히 균형을 잃었음을 알 수 있다.

법원의 인도허가 결정이 인도 절차에서 종국적인 것이 아니고, 법무장관에 의한 인도 상당성의 판단절차가 남아 있는 바, 이것이 법원의 오판에 대한 시정조치로 기능할 수 있으므로 상급심에 대한 불복은 필요하지 않다고 가령 생각한다면, 이는 재판에 불복하여 심급이익을 향유할 수 있는 권리에 대한 잘못된 이해이다. 왜냐하면 행정적 재량 판단과 법인식적 사법판단은 근본적으로 다른 차원에 속하므로 사법체계 밖에서 작동하는 법무장관의 최종 결정이 도망 범죄인의 심급이익을 대체할 수 없기 때문이다.

마. 재판청구권의 침해

인도법 제3조가 상급심에 대한 불복을 허용하지 않는 것은 국가의 안전 보장, 질서 유지 혹은 공공 복리의 필요에 의하여 불복을 제한하는 것이 아니라 불복 자체를 일절 금지하였으므로 권리의 본질적 내용을 침해할 정도임은 더 이상 언급할 필요 없이 명백하다. 이는 전술한 바와 같이 헌법의 국민 보호 원칙을 무시하고 청구인의 재판 청구권을 침해하였으므로 본건의 심판 대상 법률 조항의 위헌을 결과하는 것이다.

제 4 절 그 밖의 국제형사협력

1. 형사 공조와 수형자 이송

(1) 형사 공조

외국과의 교류, 교역, 거래 등의 확대로 범죄 수사 및 재판 등 형사 절차에 대한 외국의 협력이 불가피해지면서 형사 공조의 범위와 절차 등에 대한 규정이 필요해졌다. 국제 범죄 규제의 철저화와 기타 국제 형사협력의 확대를 위해 '국제 형사사법 공조법'(이하 '공조법'이라 한다)이 1991년 3월 8일에 제정되었으며, 같은 해 4월 8일자로 시행되었다.

형사 공조는 조약에 따라 혹은 상호주의 보증에 입각하여 이루어지며, 공조 조약에서 공조법과 다른 규정이 있는 경우에는 조약 규정이 우선된다(공조법 제3조). 공조의 대상은 사람 또는 물건의 소재 수사, 서류 또는 기록의 제공, 증거의 수집, 압수 수색 또는 구분, 증거물 등의 인도, 진술 청취, 기타 증언 취득 등이다(제5조). 공조의 제한사유로 주권, 국가안전보장, 안녕질서, 공서양속을 해칠 우려가 있는 경우, 인종, 국적, 성별, 종교, 사회적 신분 또는 정치적 견해의 차이를 이유로 처벌되거나 혹은 형사 절차상 불리한 처분을 받을 것으로 인정되는 경우, 공조 범죄가 정치범죄인 등의 경우, 공조 범죄가 한국의 법률에서 범죄를 구성하지 않거나 혹은 공소를 제기할 수 없는 경우 등이다(제6조). 공조 요청의 수리 및 공조 자료의 요청국 송부는 원칙적으로 외교 경로를 통하나 긴급한 조치를 요하는 경우 또는 특별한 사정이 있을 시에는 법무부장관이 외교부장관의 동의를 얻어 행할 수 있다(제11조).

한국의 공조법이 '사법 공조'라고 명명된 바 공조의 범위는 수사에 국한되지 않고 형사 재판과 관련된 외국 법원과의 공조도 포함된다. 법무부장관은 법원이 실시할 형사 재판에 관한 공조 요청서를 받은 경우, 이를 '법원 행정처'에 송부하여야 한다(제33조). 한국 법원이 형사재판에 대해 공조 요청을 하는 경우에도 '법원 행정처'를 통해 법무부장관에게 송부해야 한다(제34조). 또한 국제 형사경찰기구(ICPO)와의 협력은 경찰청을 소관하는 '행정안전부' 장관이 그 조치를 취하도록 한다(제38조). 공조법은 2009년에 개정되었는데, 공조에 관한 내용이 아니라 법령 용어의 한글화 등이 주요한 내용이었다.

형사 공조 실무시의 수사, 재판 자료를 비롯해 범죄 이력, 출입국 내용, 금융 거래 등 각종 자료의 송부에는 주로 외교 행낭(diplomatic pouch)이 사용되는데, 이는 보통 2주 이상이 걸린다. 한국과 일본, 미국, 캐나다 및 홍콩 등 간에는 형사 공조조약이 체결되어 중앙 당국 간에 직접적인 국제 특별 우송이 사용되어 약 3일만에 송부되며, 시간적으로 효율이 도모되고 있다.468)

---

468) '노컷뉴스' 2012년 7월 14일자 보도기사 참조(https://www.nocutnews.co.kr/news/951061. 2013년 11월 8일 열람).

(2) 수형자 이송

한국에서는 수형자 이송에 대한 국제 협력을 실시하기 위해 '국제 수형자 이송법'(이하 '이송법'이라 한다)이 2003년 12월 31일에 제정 및 시행되었다. 한국 이송법은 조약 전치주의를 채택하여 이송에 관한 조약이 이송법 규정과 다를 경우 조약 규정을 우선한다고 규정한다(제3조). 이송 협력은 원칙적으로 외교 경로를 통해 이루어지나 긴급을 요하는 경우에는 법무부장관이 외교부장관의 동의를 얻어 실시할 수 있다(제4조).

외국에서 복역 중인 국민을 받아들이기 위한 국내 이송 요건은 수형의 이유가 된 범죄 사실이 한국 법률에 따라 범죄를 구성할 것, 선고된 자유형이 확정될 것, 수형자가 이송에 동의할 것 등이다(제11조). 형 집행 방식으로는 일본과 마찬가지로 '형의 집행 계속'(continued enforcement)이 취해지며, 재판국에서 확정된 판결은 한국 법원이 내린 판결과 동일한 효력을 갖는 것으로 간주된다(제15조). 이는 형법이 외국 판결의 효력을 부인한다고 정한 조항(제7조)에 대한 특칙이라고 할 수 있다. 다만, 잔여형 집행에 대해서는 재판국에서의 형이 유기인 경우에는 50년이 상한이며 종신형인 경우에는 무기로 간주된다(제16조 제1항). 형을 집행할 때는 재판국에서 구금된 기간, 형이 이미 집행된 기간, 형 집행에 대해 감형된 기간, 이송에 걸린 기간 등이 모두 재판에서 확정된 형기에 산입된다(제16조 제2항). 재판국에서 한국으로 이송된 수형자에 대하여 판결의 취소 또는 자유형을 집행하지 않기로 확정되었다는 통지가 있는 경우에는 국내 이송 명령을 철회하고, 이미 이송되었을 때에는 그 수형자를 석방하여야 한다(제19조). 재판국으로부터 선고된 자유형에 대하여 그 종류 또는 형기 변경을 통지받은 때에는 즉시 국내 이송 명령을 변경하고, 이미 이송된 때에는 변경된 형을 집행하여야 한다. 통과 호송의 요청을 받은 경우 법무부장관은 그 상당성을 검토한 후 승인할 수 있으나, 이송 범죄가 한국 법률에서 범죄를 구성하지 않을 때에는 적용되지 않는다(제32조).

법 개정에서는 재판국에서 받은 감형 등에 대해 이송 후의 한국에서도 반영되도록 제도를 정비했다(2010년 7월 23일 개정, 동년 10월 24일 시행). 또한, 유기의 징역 또는 금고의 상한에 대해, 개정 형법이 15년에서 30년으로 올렸고 가중할 때의 상한을 25년에서 50년으로 정했기 때문에,[469] 국내 이송 후의 수형자에 대해 집행가능한 유기 자유형의 상안을 형법과 마찬가지로 50년으로 끌어올린 것이다(2011년 4월 5일 개정 및 시행).

일본과 비교하자면, 일본이 국내 이송을 실시하는 주요 흐름은 법무대신(제한 사유 해당성 및 공조 상당성) → 도쿄 지방검찰청 검사정(심사청구) → 도쿄 지방재판소(심사 및 결정) → 법무대신(국내 이송명령의 상당성) → 이송 실시의 순인데, 한국의 경우 심사 청구 및 법원의 심사 결정 절차가 존재하지 않는다. 또한 국내 이송 후 복역해야 하는 형의 상한이 일본은 30년이지만 한국은 50년인 점 등의 차이가 있다.

외국의 구치소나 교도소 등에 수용된 한국인 수형자는 2012년 초를 기준으로 51개국에 걸쳐 총 1606명에 이른다. 국가별로는 일본이 547명으로 가장 많고, 중국 531명, 미국 253명, 필리핀 36명, 인도네시아 22명 등이다. 범죄유형별로는 마약 278명, 살인 214명, 사기 등 142명, 절도 140명, 불법체류 120명, 강도 108명 등이다. 또한 2012년 6월 말 기준 국내 외국인 수형자는 48개국 1220명으로, 이 중 중국 국적이 가장 많다.[470]

2. 법무, 검찰의 국제 협력 활동

한국 검찰이 국제형사 협조의 일환으로 주도적으로 추진하고 있는 활동 중 하나로 '아시아태평양 범죄수익 환수 네트워크'가 있다. 이는 2004년 9월, 헤이그에서 창립된 유럽의 범죄수익 환수 네트워크(Camden Asset Recovery Inter-agency Network: CARIN)[471]를 모델로 한 것이다. 유럽의 네트워크는 회원국 간 수사 및 금융당국 간에 관련 정보를 축적하여 직접 교환하며, 유로폴 내에 사무국이 설치되어 있다. 아시아 지역에서 유엔 마약 범죄 사무소(U.N. Office on Drugs and Crime: UNODC)가 범죄 수익 환수 네트워크 창설을 시도했으나, 당초 아세안 국가를 대상으로 한 결과 재원과 관심이 확보되지 않았다. 그 후 호주 및 한국 측과 협의를

---

469) 개정 형법은 2010년 4월 15일 공포, 동년 10월 16일에 시행되었다.

470) '노컷뉴스' 2012년 7월 14일자 보도기사(https://www.nocutnews.co.kr/news/951061. 2013년 11월 8일 열람).

471) 유로폴 홈페이지 참조(https://www.europol.europa.eu/content/camden-asset-recovery-inter-a gency-network-carin-leaflet. 2014년 8월 29일 열람).

거쳐 2013년 11월 아시아태평양지역 범죄수익 환수 네트워크(ARIN-AP) 창립회의를 한국에서 개최하고, 그 사무국을 한국 대검찰청에 설치하게 되었다.[472]

한국 대검찰청에는 그 외에도 마약범죄 수사에 관한 당국 간 공조를 위해 '아시아태평양 마약 정보 조정 센터'(Asia Pacific Information and Coordination Center: APICC)가 이미 설립되었으며, 한국 및 아세안 8개국이 가입하였다.[473] 또한 국제검사협회(International Association of Prosecutors: IAP)에도 적극적으로 참가하면서 국제범죄 규제를 위한 효율적 국제형사협력의 법적 프레임워크 창설에 힘쓰고 있다. 특히 국제검사협회가 작성한 '아시아태평양 국제 형사협력조약'(The Asia-Pacific Convention for Cooperation in Criminal Justice: IAP Model Treaty)은 2009년 제6회 아시아태평양 지역 회의에서 한국 검찰이 제안한 이후 집행위원회 등의 검토를 거쳐 최종안이 2011년 서울에서 개최된 연례 회의에서 공표되었다.[474] 동 조약은 국제 형사의 지역 협력 강화를 목적으로 전문 및 일반 조항, 범죄인 인도, 형사사법 공조, 수형자 이송, 범죄수익 환수, 실무 원조(리서치 및 연수 프로그램 등) 등으로 구성된다. 한국 검찰은 또한 국제형사협력시에 당국 간 직접 연락 및 신속한 대응을 실행하기 위해 외국의 중앙당국과 형사협력에 관한 양해각서(MOU)를 교환하기도 했다. 예를 들어, 대검찰청은 미국 국토안전보장부(입국관리 및 관세국)와 자금 세탁, 지적 재산권 범죄, 사이버 범죄, 인신매매 및 약물 밀매 등에 대한 수사 공조 MOU를 체결하고(2010년 9월 13일),[475] 스페인 대검찰청과도 같은 취지로 MOU를 2011년 6월 28일 체결하였다.[476]

---

472) 한국 대검찰청의 2013년 11월 18일자 보도자료 '아시아태평양 범죄수익환수네트워크 창립총회 개최' 참조(https://www.spo.go.kr/site/spo/ex/board/View.do. 2014년 8월 20일 열람).

473) '아시아태평양 마약정보조정센터' 홈페이지 참조(https://www.apicc.info/apicc/index.jsp. 2014년 7월 22일 열람).

474) Joon Gyu Kim & Cheol-Kyu Hwang, New Initiatives on International Cooperation in Criminal Justice, Seoul National University Press, 2012, 192-194쪽. 조약 전문은 216-248쪽.

475) Ibid., pp.249-251.

476) Ibid., pp.252-256.

제5절 탈북자를 둘러싼 주변국의 국제형사협력

'탈북자'의 정의는 한국의 '북한 이탈주민 보호법'에서는 탈북자를 '북한 이탈주민'이라 하며, '군사분계선 이북 지역(이하 '북한'이라 한다)에 주소, 직계 가족, 배우자, 직장 등을 가진 자로서 북한을 탈출한 후 외국 국적을 취득하지 아니한 자를 말한다'고 규정한다(제2조 제1호). 일본은 '납치문제 기타 북한 당국에 의한 인권침해 문제에 대한 대처에 관한 법률'(2006년 6월 23일 법률 제96호) 중 '북한을 탈출한 자로서 인도적 견지에서 보호 및 지원이 필요하다고 인정되는 자'로 규정한다(제6조). 또한 중국은 북한과 외교 관계를 맺고 있으며 북한을 '조선'이라고 칭하면서 탈북자를 주로 불법 입국자로 취급한다. 그래서 탈북자에 대해 중국이 북한과 체결한 비밀 인도 협정을 비롯해 형법 및 성급 지방정부 법규에 따라 단속하는 것에 무게가 실려 있다. 탈북자는 탈북 후 행선지로 주로 한국을 지향하나 탈북자의 의사나 연고 관계 혹은 수용국 정책방침 등에 따라 주변국과 서방국가에 정착하기도 한다.[477] 북한은 체제 유지의 근간이 되는 식량 배급 체제가 여전히 불안정하다고 알려졌는데, 중국 측의 국경지대나 한국 등을 통해 바깥소식이 북한 전역으로 확산됨에 따라 급변사태가 야기될 가능성을 배제할 수 없다. 탈북자를 둘러싼 주변국의 대응은 북중 양국이 출입국 관리 법령 위반자를 단속하는 데 집중하는 반면, 서방 세계는 송환되면 박해를 받을 우려가 있다며 난민 인정 또는 강제 송환 금지 원칙을 준수할 것을 요구한다.

탈북자 문제를 취급하는 의의로는 다음의 세 가지를 지적할 수 있다. ① 탈북자의 법적 지위에 대해 난민, 불법 입국자, 자국민 등과 같이 한중일 각국의 인식에 차이가 있으므로 국제형사협력의 견지에서 고찰한다는 것이다. ② 한반도 유사시 더 많은 탈북 사태가 발생할 수 있기 때문에 만약 3국이 국제 협력 차원에서 대응해야 한다면 어떤 법적 프레임워크를 마련할 수 있을지 전망할 수 있다.

---

477) 2013년 기준 한국에 입국해 당국에 의해 보호된 탈북자의 수는 2만 5,000명 이상으로 집계되며, 그 밖에 중국의 동북 3성(랴오닝성, 지린성, 헤이룽장성) 또는 일본 등 제3국에 산재해 있는 숫자도 적지 않다. 1990년대에는 중국 동북지역의 조선족자치주를 중심으로 10만 명 내외의 탈북자가 있었던 것으로 추산됐으나 이후 북중 양국이 단속 강화에 대한 비밀협정을 체결하거나 자국 내 입법을 정비하면서 2000년대 이후에는 탈북자 수가 줄어드는 추세다. 한국통일연구원, 북한인권백서, 2013, 386-388쪽.

③ 북한 당국자의 반인도 범죄에 대한 형사책임 추궁과 관련하여,[478] 도망 범죄인 인도를 둘러싼 한중일의 국제형사협력이 요구될 수 있기 때문에 이에 대한 대처의 단서가 된다는 것이다.

1. 탈북자 현황

북한을 탈출해 중국 동북지방 등으로 몰려드는 탈북 현상이 본격화된 것은 1990년대 중반인 것으로 알려져 있다. 그 배경으로는 대내적 공동 농장 제도의 파탄과 자연 재해로 인한 식량 생산의 급감, 김일성의 급사(1994년)와 권력 세습을 둘러싼 정치 불안 등이 있었으며, 이러한 원인으로 인해 국가적 식량 배급 체제가 붕괴되면서 정부의 통제 기능이 마비되기 시작했기 때문이라고 할 수 있다. 대외적 배경으로는 소련 해체와 동유럽 국가들의 자유주의화로 인해 북한을 정치경제적으로 지원해 온 동맹국이 거의 사라지고(무역 빈곤), 미국이 북한 핵시설에 대해 폭격 계획을 표명하면서 한반도의 긴장이 고조됐기 때문으로 해석할 수 있다.

북한에서 탈출한 탈북자는 행선지인 한국에 도달하기 전까지, 중국 동북지방의 조선족 자치주와 그 변경에 거처를 마련한다고 한다. 1990년대 후반에는 그 수가 10만 명 안팎으로 추산됐으나 2000년대 중반 이후부터 감소 추세에 있는 것으로 파악된다.[479] 통일부의 싱크탱크인 통일연구원과 미국 존스홉킨스대학이 공동으로 실시한 조사 결과에 따르면, 2012년 기준 중국 동북지방의 헤이룽장성 내에 체류하는 탈북자 수는 4,326명(최소 3,047명에서 최대 5,542명), 여성 탈북자가 출

---

478) 북한인권조사위원회는 '유엔안전보장이사회는 국제형사재판소가 사법관할에 따라 절차를 밟도록 북한 사태를 동 법원에 회부해야 하며, 안전보장이사회는 반인도적 범죄의 배후로 지목된 자에 대해 제재를 승인해야 한다'고 권고했다. 여기서 말하는 '북한 사태'란 '사상, 표현 및 종교의 자유에 대한 침해, 차별, 이동 및 거주의 침해, 식량의 권리 및 생존권에 관한 침해, 자의적 구속, 고문, 처형 및 강제 실종' 등을 말한다. 또한 동 위원회는 이러한 인권침해들이 '반인도죄'에 해당하는지를 조사한 결과 '북한에서 국가 차원에서 결정한 정책에 따라 반인도죄가 이뤄지고 있는 확증할 수 있는 결론을 얻었다'라고 한다. 유엔 인권이사회 '조선민주주의인민 공화국에 있어서의 인권에 관한 유엔 조사위원회의 보고'(유엔총회, 2014년 2월 7일, A/HRC/25/63) 참조(https://www.ohchr.org/Documents/HRBodies/HRCouncil/CoIDPRK/Report/A.HRC.25.63_Japanese.pdf. 2014년 11월 2일 열람).

479) U.S. Department of State, The Status of North Korean Asylum Seekers and the U.S. Government Policy toward Them, The Bureau of Population, Refugees and Migration, Feb. 2005.

산한 아동 수는 4,240명(최소 3,014명에서 최대 5,575명)으로 추정된다.[480) 중국 동북 3성(랴오닝성, 지린성, 헤이룽장성)에 체류하는 탈북자 수는 2012년 기준 약 7,500명, 탈북자가 출산한 아동 수는 약 2만 명으로 추정되어, 총 탈북자는 약 3만명으로 추산된다.[481) 2000년대 후반부터 탈북자가 감소하고 있으나 그 배경에는 중국 및 북한 당국의 국경 지대에 대한 단속 강화, 북중 간 인도협정에 따른 형사 공조 확대, 탈북 비용 증가 등을 꼽을 수 있다.

2. 탈북자의 법적 지위

탈북자는 탈북한 목적 동기 등이 그 신분, 직책, 혈통, 한국과의 관계 등에 따라 상이하여 일률적으로 정리할 수는 없다. 후술과 같이 탈북자 중에는 탈북 동기 등을 생활 조건의 향상 또는 가족과의 결합이라고 답한 경우가 적지 않았다. 또한 정치적 망명으로 볼 수 있는 사례의 경우에도, 정치적 탄압으로 인한 피난, 정치 체제에 대한 회의나 불만 또는 가혹한 형벌 등으로부터의 도피 등, 각자가 처한 사회적 환경 등에 따라 다양하다. 한국은 자국민 대우와 수용 정책을 적극적으로 전개하면서 중국 관계기관에 적발된 탈북자에 대해서는 북송이 이뤄지지 않도록 중국 정부에 촉구하고 있다. 반면 중국은 북중 우호 관계 등을 고려해 탈북자를 불법 입국자로 간주하여 북한으로 송환하고 있다. 또한 중국은 탈북자에 대응하는 과정에서, 자국 내 소수 민족의 자치 독립 운동 등에 대한 정책과도 연관되어, 국제법상 난민 지위 부여나 송환 금지 원칙 보장 등의 조치를 취하는 것이 어려운 것으로 보인다.

(1) 난민

난민(refugee)이란 '광의로는 국적국에 대한 충성 관계를 포기하고 법률상 또

---

480) KINU−JHU Population Study, Population Estimation of North Korean Refugees and Migrants and Children Born to North Korean Women in Northeast China : Results from a 2012 Study in Heilongjiang Province, 2012.12.31.
481) 국가인권위원회의 실태조사 결과도 탈북 여성이 출산한 아동을 최대 2만에서 3만 명으로 추정하고 있다. 이원웅, 해외체류 북한이탈주민 아동 인권상황 실태 조사, 통일연구원, 북한인권백서, 2013, 388쪽.

는 사실상 그 외교적 보호를 받을 수 없는 자'를 말한다.[482] 그 유형으로는 자연재해나 정치적 상황의 불안 등으로 자국 내에서는 생활을 영위하는 것이 어려워 국외로 탈출하는 '유민'(displaced person), 오직 생활 조건 향상을 목적으로 하는 '경제 난민' 혹은 순수한 정치적 사유를 원인으로 하는 '정치 망명자' 등이 있다. 난민조약상의 난민은 '인종, 종교, 국적, 특정 단체의 구성원 또는 정치적 의견을 이유로 박해를 받을 우려가 있다는 충분히 이유 있는 공포를 가졌기 때문에 국적 국가의 밖에 있는 자로, 그 국적 국가의 보호를 받을 수 없는 자, 또는 그로 인한 공포를 갖기 때문에 그 국적 국가의 보호를 받기를 원하지 않는 자 및 이러한 사건들의 결과로 상거소를 가지고 있던 국가 밖에 있는 무국적자로, 해당 상거소를 가지고 있던 국가로 돌아갈 수 없는 자, 또는 그와 같은 공포를 가지고 있기 때문에 해당 상거소를 가지고 있던 국가로 돌아가기를 바라지 않는 자'로 정의된다(제1조 (a)). 또한 지역 분쟁으로 인한 유민에 대해 난민조약상 자격 요건을 넘는 인도적 고려가 명문화된 것으로는 '세계 인권선언' 제14조가 규정한 '박해로부터의 피난의 권리'가 있다. 난민보호 요건에 대해서는 국제법상 일반적 정의가 없고, 수용국의 재량 또는 입법 의사에 맡겨진다. 한편 개별 조약에 따른 난민의 자격 요건(법적 정의)은 인권, 민족 등 사회적 기원과 본국에 의한 보호의 결여라는 상관 관계에 따라 관련 국제기관의 인적 관할 범위(1950년 '유엔 난민 고등판무관사무소 규정' 제1항과 제6항, '난민조약' 전문 제6항과 제35조)와 관련을 통해 규정되었다.[483]

(2) 유럽 인권재판소의 송환금지(non-refoulement) 원칙

유럽 인권재판소는 유럽 인권협약 제3조('고문의 금지', '누구든 고문 또는 비인도적 혹은 품위를 손상시키는 취급 혹은 형벌을 받지 않는다)가 민주적 사회에서 가장 기본적인 가치 중 하나이며, 긴급시 적용 제외를 규정한 제15조 제1항 '전쟁이나 기타 국민의 생활을 위협하는 공공 긴급 사태의 경우에는 모든 체결국이 사태의 긴급성이 진정으로 필요로 하는 한도 내에서 이 조약에 근거하는 의무에서 벗어나는 조치를 취할 수 있다. 단, 그 조치는 해당 체결국이 국제법에 의거하여 가해지

---

482) 山本草二, 国際法(新版), 有斐閣, 2004, 518쪽.
483) 山本草二, 상동 저서, 519쪽.

는 다른 의무에 저촉되어서는 안 된다'의 적용도 인정하지 않는다고 하였다. 제3
조의 보호 범위는 난민조약 제32조 및 제33조의 보호 범위보다 넓다고 했다.[484]
유럽 인권재판소는 개인이 추방처에서 '고문 또는 비인도적 혹은 품위를 손상시
키는 취급 혹은 형벌'을 받는 '진정한 위험에 직면할 우려가 있다고 믿을 만한 실
질적인 이유가 있는 경우'에는 제3조 위반이 될 수 있다고 하여, 해당 법원의 확
립된 판례법이라고 하였다. 그러므로 제3조는 그러한 상황에서는 추방하지 않을
의무가 포함된다고 하였다. 유럽 인권조약은 피해자의 행동과 관계없이 절대적
문구로 고문 등을 금지한다고 하였다.[485]

　　도망 범죄인 인도에서 특히 정치범죄인의 인도를 둘러싸 청구국이 이와 같
은 정치적 박해를 가할 우려가 있을 경우, 피청구국의 권리 의무 관계가 문제가
된다. 즉, 정치범 불인도에 대해 국제관습법상 인도해서는 안 된다는 의무 혹은
인도 금지를 규정한 것인지, 아니면 인도조약상 인도 의무의 예외로 피청구국이
인도를 거절할 수 있는 권능을 규정한 것에 그치는 것인지에 대해 견해가 대립되
는데, 일본에서는 판례 및 학설에서 후자의 설이 적용되며 타당한 것으로 해석된
다.[486] 범죄인 인도조약에서는, 한일 인도조약(제3조 (f)) 및 한중 인도조약(제3조
제5호)에서 이를 절대적 인도 거절사유로 규정한다.

3. 탈북자를 둘러싼 주변국의 입장

　　탈북자에 대한 한중일 각 정부의 대응은 북한과의 외교 관계와 친선 관계,
국제 규범의 적용, 기타 국제 관계에 따른 국익 등의 영향에 따라 차이가 있다.

---

484) 난민조약 제32조(추방) 제1항은 '체결국은 국가의 안전 또는 공공질서를 이유로 하는 경우를
　　제외하고는 합법적으로 그 영역 내에 있는 난민을 추방하여서는 안 된다', 제33조(추방 및 송
　　환금지) 제1항은 '체결국은 난민을 어떠한 방법으로도 인종, 종교, 국적이나 특정 사회적 집단
　　의 구성원이라는 사실 또는 정치적 의견으로 인하여 그 생명 또는 자유가 위협받을 우려가 있
　　는 영역의 국경으로의 추방 또는 송환을 해서는 안 된다'고 규정한다.
485) 戸波江二・北村泰三・建石真公子・小畑郁・江島晶子, ーロッパ人権裁判所の判例, 信山社, 2008,
　　130쪽. 농르풀르망(강제송환금지) 원칙과 퇴거 강제에 대해 유럽인권재판소의 'Chahal사건'에
　　대한 1996년 11월 15일 판결('Chahal v. the United Kingdom' 15 November 1996, Reports
　　1996-v).
486) '윤수길 사건'(도쿄 지방재판소 판결·1969년 1월 25일·퇴거강제명령서 발부처분 취소, 도쿄고
　　등 재판소 결정·1972년 4월 19일·피고 공소 기각, 최고재판소 판결·1976년 1월 26일·원고 상
　　고 기각).

중국은 탈북 동기와 목적이 생계형이며 생활 조건의 향상을 위해 불법으로 국경을 넘은 것에 불과하므로 출입국관리 규제 대상으로 취급한다. 러시아는, 극동 지방에 임업(벌목)이나 건설 등에 종사하는 북한 노동자가 2만 명 이상인 것으로 알려져 있으며, 경제 협력과 형사협력으로 나누어 대응한다. 일본의 경우 탈북자 일반에 대해서는 법적 지위에 관한 견해 표명을 피하면서 중국의 재외 공관 등에 도움을 청하거나 일본에 입국한 탈북자 등과 같이 개별 사례에 대해 각각의 제반 사정을 고려하여 대응한다. 한국은 법률상 자국민으로 취급하여 외교 보호권을 행사하거나, 중국 등에 억류되었을 경우에는 북송되면 중대한 박해를 받을수 있는 실질적이고 긴급한 사유가 있다는 이유로 송환 금지 원칙의 적용을 요구한다.

(1) 중국

중국 정부는 탈북자가 경제적 곤궁으로 인해 중국 영역으로 들어온 '불법 입국자'이기 때문에 '난민'의 범주에 포함되지 않는다고 주장하면서 '국내법, 국제법 및 인도주의 원칙에 따라 처리하고 있다'며 '난민화, 국제화, 정치화되는 것을 반대한다'는 입장을 견지한다.[487] 즉 중국의 탈북자 정책 체제는 북중 양국의 국제 형사 사법 협력의 축, 중국의 국내 입법의 축 및 인권에 관한 조약 가입국으로서의 축이 있다. 즉, 탈북자를 난민으로 인정하지 않고 원칙적으로 불법 입국자로 취급하며, 북중 간의 범죄인 인도에 관한 비밀 협정 등에 근거하여 처리하면서 예외적으로 탈북자의 개인적 사정 등을 고려하여 인도적 견지에서 일정 부분 배려한다는 것이다.

가. 북중 간의 국제형사협력: 형사 공조조약 및 비밀 인도협정

북중 양국의 접경 지역에서 탈북자 등의 단속을 하는 것에 대해 북한과 중국이 1998년 7월에 체결한 '국경지역에서의 국가 안전과 사회 질서 유지 사업에서의 상호 협력에 대한 합의서'(이하 '국경지역 업무협정'이라 한다)가 있다. 이는 1965년 9월 15일 국경지역의 통행질서를 규율하기 위해 양국 간에 체결된 '변경지역의 국가 안전과 사회 질서 유지 업무를 위한 상호 협력에 관한 의정서'[488]의 개정

---

487) 중국 외교부의 洪磊 대변인이 2012년 2월 22일, 중국 외교부에서 열린 기자 회견에서 한 답변.

판으로 추측되며, 그 요지는 다음과 같다.[489]

　개정 의정서는 10조 35항으로 구성되며, 1998년 7월 베이징에서 중국 공안부와 북한 국가안전보위부 간에 체결됐다. 유효기간은 20년이며 한쪽에서 이의가 제기되지 않으면 유효 기간은 자동으로 5년 연장된다. 중국이 의정서를 공개한 배경에는 2008년 베이징 올림픽을 앞두고 탈북자의 중국 유입을 억제하려는 의도가 있는 것으로 분석된다. '반혁명 분자'나 일반 범죄자가 국경을 넘었을 때는 상대국에 체포를 위탁할 수 있으며 위탁받은 국가가 체포했을 경우 '반드시 인도해야 한다'고 규정한다. 북한에서는 허가 없는 출국은 중범죄이기 때문에 적발된 탈북자가 강제 송환되는 근거로 작용하는 것으로 보인다. 개정협정의 특징(1986년 협정과의 차이점)은 탈북자가 급증하는 상황에 따라 처리 절차의 신속화를 도모하면서 동시에 불법 월경자의 대상을 확장하는 내용이 포함되어 있다. 예를 들어 1986년 협정에서는 '상황에 따라 불법 월경자의 명단과 자료를 상대방에게 제공한다'라고 규정했지만 개정 협정은 '불법 월경자의 명단과 관계 자료를 신속하게 상대방에게 제공한다'라고 명시했다. 중국 당국이 탈북자를 체포할 경우 신병 송환을 위한 절차에 착수하기 전에 송환 대상자 명단을 북한에 제공할 것을 명기한 것이다. 개정 협정은 북한 군인의 탈영에 대응하기 위한 조문도 있다. 군인을 명기한 것은 아니나 '무기, 폭발물 등 각종 위험한 물품을 소지하고 상대편 지역으로 도주할 우려가 있는 범죄자'에 대해 상호 통보하는 것을 의무화한 것으로 보아 북중 국경 지대에서 북한군이 무장탈영하는 것을 방지하려고 상정한 것으로 보인다. 또한 '국경 질서를 위반한 자'가 폭력적으로 반항함으로써 국경경비대나 경찰의 생명에 위해가 가해지는 경우를 제외하고는 총을 쏘거나 군견을 풀어서는 안된다는 조항도 포함돼 있다. 이러한 조항의 신설은 1990년대 중반 급증한 탈북자에 대해 북중 당국의 단속이 과격해지면서 사망자를 포함한 상당한 희생자가 속출한 배경을 시사하는 것이다. 개정 협정의 내용에 대해 보도 등을 통해 공표된

---

488) '이옥희, 북중접경지역, 푸른길, 2011, 184쪽의 주(3). 북중 접경지역에서의 질서 확립을 위한 양국 간 협정 등은 비밀문서로 합의가 이뤄졌기 때문에 체결 날짜나 전체 내용이 밝혀지지 않을 수 있다. 예를 들어 1960년대에 체결된 것으로 추정되는 '탈주자 및 범죄인에 관한 인도협정', 1986년 8월 12일 중국 공안부와 북한 국가안전보위부 간에 체결된 '변경지역의 국가안전과 사회질서 유지 업무를 위한 상호협력에 관한 의정서'(국경지역 업무협정) 등이 있다.

489) '연합뉴스' 2007년 1월 22일 보도기사 참조(https://v.daum.net/v/20070122173014301?f=o).

주요 조항은 다음과 같다.

- [제1조] 쌍방은 양국의 국경 지역에서 국가 안전과 사회 질서, 주민의 생명과 재산을 보호하는 일에 상호 협력한다.

⑦ 쌍방의 경비대와 경찰은 국경 지역에서 공무를 집행할 때 국가 안전의 침해 행위 또는 파괴 행위를 하려는 자, 기타 국경 질서를 위반한 자가 관계기관의 지시를 따르지 않고 폭력으로 저항하며 경비대 또는 경찰의 생명을 위협한 경우를 제외하고는 총을 발사하여서는 안 되며 군견을 풀어서는 안 된다.

- [제4조] 주민의 불법 월경 방지를 위해 상호 협력한다.

① 통행 증명서 미소유 등의 경우에는 불법 월경자로 처리한다. 정당한 증명서를 소지하지 않거나 혹은 소정의 통행 지점과 검사 기관을 경유한 것으로 인정되지 않는 증명서를 소지한 자는 불법 월경자로 간주한다. 다만, 재해 등의 부득이한 사정에 의하여 국경을 넘었을 때에는 이에 해당하지 않는다.

② 불법 월경자 명부 및 자료에 대해 수시로 상대방에게 제공한다. 한쪽은 자국 영역 내에서 불법 월경자가 범한 범죄를 처벌할 수 있다. 이 경우 처벌국은 그 명부 및 관계자료를 상대국에게 통보해야만 한다.

- [제5조] 범죄자 처리에 관해 상호 협력한다.

① 반혁명 분자와 일반 범죄자가 상대편 영역 내로 도망할 위험이 있다고 인정되는 경우, 그 한쪽은 상대방에게 통보해야 한다. 통보를 받은 측은 그 범죄인의 도망 저지 및 체포에 관하여 협력한다. 자국으로 도망 온 범죄인의 취조 또는 체포를 위탁 받은 경우에는 신속히 체포하며 동시에 관련 자료와 함께 인도한다.

무기 또는 폭발물 등의 위험물을 소지하고 도망할 우려가 있는 자에 대해서는 그 자의 사진, 인상 착의 등의 특징, 그 자가 소지한 무기 또는 폭발물 등의 위험물, 범죄 사실 등에 대해 상세한 자료를 즉시 상대방에게 통보한다. 신고를 받은 측은 그 도망 범죄인의 도망을 저지하고 신병을 체포할 때까지 필요한 협력 대책을 강구하여야 한다.

한쪽이 자국으로 도망 온 범죄인의 신병을 확보한 경우, 즉시 그 신병을 상대측에 인도해야 한다. 한쪽이 상대측으로 도망한 범죄자를 검거하기 위해 상대측 영역 내에 진입해 수사 활동을 벌일 수 있다. 다만 그 수사 활동을 위해서는 상대측에게 수사 및 체포 등에 대하여 사전에 의뢰를 제출하여야 한다. 한쪽이 그 도망 범죄인을 체포했을 때에는 그 신병 및 관계자료를 상대 측에 인도하여야 한다.

② 쌍방은 상대측의 국경 안전 또는 사회 질서에 위해를 끼친다는 정보를 입수할 경우, 서로에게 통보한다.

- [제9조] 쌍방은 도망 범죄인 또는 불법 월경자의 신병, 관련 자료, 소지품 등 물건의 인도 혹은 인수에 대해 수시로 협의하여 정한 소정의 시각과 장소에서 실시한다.

나. 형법 및 출입국 관리 관계법 등

중국 형법은 국경 범죄에 대해 제6장 '사회 관리 질서를 어지럽히는 죄'의 제3절에 '국경(변경)[490]관리를 방해하는 죄'(제318조 내지 제323조)를 마련하고 있다. 국경관리 방해죄는 주로 '밀항 조직죄', '출경 증명서 편취죄', '위변조 월경 증명서 제공죄 및 월경 증명서 판매죄', '밀항자 이송죄', '밀항죄' 등으로 구성되며, 타인을 불법으로 월경시키는 행위 혹은 출입경에 관한 증명서 위조 등의 행위에 대하여 처벌하는 것을 목적으로 한다. 또한, 불법 월경이란 국경 관리에 대해 정한 '출경 입경 관리법' 또는 각 성이나 자치구의 지방 정부(성 인민대표대회 및 그 상무위원회)가 제정한 '변방 관리 조례' 등의 법령을 위반한 행위를 말한다.[491] 불법 월경의 처벌은, 예를 들어 타인을 불법으로 월경시키는 밀항자 이송죄를 범한 자에 대해 5년 이하의 유기 징역 등에 처하고, 10명 이상의 다수 인원을 월경시킬 경우 5년 이상 10년 이하의 유기 징역에 처한다(형법 제321조 제1항).

출입국 관리법은 그동안 '중국 공민출입경 관리법'과 '외국인 입경 관리법'으로 나뉘어 있던 법률을 통합하여 제정된 입법이다. 즉, 이 법이 2012년 6월 30일에 열린 중국 제11기 전국인민대표대회 상무위원회 제27차 회의에서 통과되고(주석령 제57호), 2013년 7월 1일자로 시행되면서 위의 두 관리법은 폐지되었다. 출경입경 관리법상의 출경이란 중국 내지에서 기타 국가 또는 지역으로 이동하거나

---

490) 중국에서 '변경'(邊境)이란 중앙정부에 의해 제정된 법령에서는 중국대륙과 대만, 중국 내지와 특별행정구인 홍콩 및 마카오의 각 경계를 말하며, 성이나 자치구 등 지방정부가 제정하는 조례 등에서는 성 관할구역의 경계를 의미한다. 본서에서는 '변경'(邊境)의 대상지역이 특정되는 경우를 제외하고 '국경'이라 기술한다.

491) 謝望原, 刑法學(第二版), 北京大学出版社, 2012, 506쪽. 또한 이 조례들과 같이 헌법, 법률 및 행정법규에 저촉되지 않는 범위 내에서 지방정부가 그 지역적인 경제, 사회, 문화 등 여러 분야의 실정을 반영해 제정한 법규범을 '지방성 법규'라고 한다.

혹은 중국 내지에서 특별 행정구(홍콩, 마카오) 및 중국 대륙에서 대만으로 이동하는 것을 말한다. 타인의 불법 입출국에 조력하는 행위에 대해 2천위안 이상 1만위안 이하의 벌금에 처하고, 죄질에 따라 10일 이상 15일 이하의 구금 및 5천위안 이상 2만 위안 이하의 벌금에 처하기로 했으며, 이러한 행위들을 조직적으로 행하는 것에 대해서는 더욱 가중한다(제72조).

또한 '치안 관리 처벌법'이 있다.[492] 치안 관리 처벌법의 입법 취지는 형법상 범죄를 구성하는 행위이면서 그 형사 책임 추궁에서 처벌이 불충분한 것을 보충하는 것이다. 그리하여 이 법은 주로 공공의 질서와 안전의 유지, 인신 및 재산권의 보장을 그 보호법익으로 하고, 이에 반하는 사회 위해의 존재와 치안 관리의 방해에 대해 경찰 등의 공안 기관이 이들을 배제한다는 것이다(제2조). 이 법은 치안 관리의 위반 행위에 대한 처벌에 대해 경고, 벌금, 행정 구금, 공안기관 발급 허가증의 취소 등을 규정하고 위반행위를 한 외국인에 대해서는 기일 지정 퇴거 또는 퇴거 강제를 부가할 수 있도록 규정한다(제10조). 국경이나 변경 등의 경계선에서 불법 월경 등의 활동을 한 자에 대해서는 10일 이상 또는 15일 이하의 구류에 처한다(같은 법 제33조 제3호).

다. 지방 정부의 규제: '지린성 변경 관리 조례'

중국의 동북지방 3성(랴오닝성, 지린성, 헤이룽장성) 중에서 북한과 가장 많은 국경선을 접하고 있는 곳은 지린성이다. 성 및 자치구 등의 지방정부는 중앙정부가 제정하는 법률 및 행정 법규에 저촉되지 않는 범위 내에서 자치의 실정에 따라 법규범을 시행할 수 있다('지방성법규'). 지린성 변경 관리 조례는 1993년 11월 12일 지린성 제8기 인민대표대회 상무위원회 제6차 회의에서 통과되어 같은 날 공포 및 시행되었다. 그 후 1997년 11월 14일, 성 정부가 개정을 결정하여 본문의 수정을 거쳤으며(지린성 인민대표대회 상무위원회 공고 제13호), 2013년 11월 기준 시행되고 있는 조례는 2004년 7월 1일에 개정된 것이다.[493]

---

492) '치안관리처벌법'은 2005년 8월 28일 열린 제10기 전국인민대표대회 상무위원회 제17차 회의를 통과하여 제정 및 공포되었으며(주석령 제38호), 이듬해 3월 1일자로 시행됐다. 최근 개정법은 2012년 10월 26일 공포(주석령 제67호) 및 2013년 1월 1일 시행됐다. 또한 국경범죄와 그 처벌에 관한 조항의 원문은 非法进行影响国(边)界线走向的活动或者修建有碍国(边)境管理的设施的이다.

493) 지린성 정부 홈페이지 참조(https://www.jl.gov.cn/zfgkml/auto335/auto346/201011/t20101118_

본 조례의 입법 취지는 대내적으로는 국경 관리 강화, 변경 지역의 안녕 유지 및 변경 지역의 개혁 개방과 경제 발전 촉진이며, 대외적으로는 인접국과의 우호 관계 증진 등을 목적으로 하면서 지린성의 실정에 맞는 법규임을 명기하고 있다(제1조). 조례에서 '변경 지구'는 북한 국경 시(주)의 행정 구역을 말한다. 국경 범죄와 벌칙은, 불법 입국자에게 은피(隱避), 자금 원조 등을 제공하는 행위는 2백위안 이상 2천위안 이하의 벌금에 처하며(제31조 제4호), 그 외에도 변경 질서 및 안전 활동을 해하는 행위는 1천위안 이상 1만 위안 이하의 벌금에 처하도록 규정하고 있다(제34조 제5호). 이 조례 외에도 동북 3성의 국경·변경 관리에 관한 지방성 법규로는 '랴오닝성 변경 연해지구 변방 관리 조례'(遼寧省辺境沿海地区辺防管理条例), '헤이룽장성 변경 관리 조례'(黑龍江省辺境管理条例) 등을 들 수 있다.

(2) 러시아

러시아 극동 지방에는 임업(벌목)을 비롯한 건설과 농업 등에 종사하는 북한 노동자가 2만 명 이상인 것으로 알려져 있다. 극동 지역의 아무르 주정부는, 연방 이민국 통계자료 등을 토대로 2013년 9월 기준 이 지역의 북한 노동자가 2만 1천 447명에 이른다고 밝혔다.[494] 이 발표에 따르면 북한 노동자는 극동 연해 주 지방(프리모리예 지방)에 약 5천 6백명(전체의 약 26%), 시베리아 노보시비르스크 주에 2천100명(9.8%), 그 밖에 하바로프스크 주, 이르쿠츠크 주, 아무르 주 등에 흩어져 있다. 이 같은 노동자 파견의 배경에는, 북한에서는 외화벌이 수단의 중요한 사업이 되며, 러시아에서도 노동력 부족 문제를 저임금으로 보완할 수 있다는 이해관계의 일치가 있다는 점을 들 수 있다.[495]

60692.htm. 2013년 8월 1일 열람), 2004년 개정 조례에 대해서는 지린성 정부법제국 홈페이지 참조(www.gsfzb.gov.cn/FLFG/ShowArticle.asp?ArticleID=8340. 2013년 8월 20일 열람).
494) '자유 아시아 방송(한국판)' 홈페이지 참조(https://www.rfa.org/korean/. 2013년 11월 14일 열람).
495) 북한과 러시아 간에는 북한 노동자의 러시아 극동지역 파견에 대한 정부 당국 간 협정 및 의정서가 체결돼 있다. 예를 들어 '북한과 러시아 간의 상대편 국가영토 내에서의 다른 국가공민의 임시 노동활동에 관한 협정'의 이행을 위한 '공동실무그룹 제3차 회의 의정서'의 조인(2012년 10월 5일, 북한 평양)을 들 수 있다('아시아 투데이' 2012년 10월 5일자 보도기사). 또한 동 협정의 이행을 위한 '공동실무그룹 제4차 회의'에서는 북한 무역성 부상과 러시아 연방 이민국 부국장이 각각 대표로 참가하여 노동자 파견 입국심사 절차의 간소화 등의 안건이 다루어졌다(한국방송 '열린 북한 보도' 2013년 11월 13일자 보도).

러시아 극동 지역에서 일하는 일부 북한 노동자들이 블라디보스토크 소재 한국 총영사관 등에 진입해 한국이나 미국 망명을 호소하는 사례가 있어 국제 사회의 주목을 받기 시작했다. 또한 러시아 내부 언론과 인권 단체 등이 북한 노동자의 노동 환경 및 실태에 대한 인권 문제를 본격 거론한 것이 러시아 당국의 부담으로 작용하면서, 북러 간 노동자 파견을 위한 계약조건 안에 인권 조항이 마련됐다. 즉 노동 작업 자체의 열악한 환경과 북한의 엄격한 통제 등의 문제에 대해서는 러시아 당국도 이를 개선해야 할 대상으로 보고 구체적인 노동 계약 개정을 하고 있는 것으로 보인다. 이 경우는 북한 노동자가 처음부터 '탈북자'로 북한을 이탈한 것이 아니라 당분간 합법적으로 체류하면서 현실 인식이나 심경 변화 등 제반 사정이 생겨 '탈북'을 결행하는, 이른바 '현장 난민'(Refugees sur place)의 범주에 속한다. 한편 러시아 극동 지역은 북한과 조금이나마 국경선을 유지하고 있어 위와 같이 합법적으로 파견된 노동자의 탈북 외에, 처음부터 탈북을 위해 국경을 넘어 러시아 영내로 진입하는 경우가 있다. 그 밖에 북한에서 중국 동북 지방으로 넘어간 일부 탈북자가 러시아 극동 지역으로 진입하기도 한다. 러시아는 이같은 탈북자에 대해 기본적으로 북한과의 관계 배려 및 탈북 루트화의 우려로 인해 강제 송환 방침을 철저히 지키고 있다.

러시아는 북한과 '민형사사법공조조약'을 체결하고 있다(1975년 12월 16일). 이 조약 안에는 양국의 법률에서 1년 이상의 징역으로 처벌되는 범죄를 인도 대상으로 규정하고 자국 내에서 범죄를 저지른 경우에는 인도 제한사유로 정한다(제53조). 즉, ① 체결국은 상대국의 요청에 따라 상호형사적 책임 혹은 형 집행을 위해 자국 영토 내에 억류하는 자를 인도할 의무를 진다. ② 범죄인 인도는 쌍방의 법률에 따라 1년 이상의 징역형에 해당하는 범죄에 한해 이를 실시할 수 있다. 또한 이 조약은 '범죄가 인도 청구를 요구받은 국가에서 발생한 경우'에는 인도 제한사유가 된다고 규정한다(제54조 제2호).

(3) 일본

1987년 1월 20일 북한 청진항을 출항한 한 척의 어선이 후쿠이현 앞바다에 표착해 11명의 승선자는 일본 당국의 조사를 받았다. 승선자는 김만철 씨와 그의 가족이었으며, 그들은 북한을 탈출했다며 한국으로의 망명 의사를 밝혔다. 일본

정부는 북일 관계에 미칠 악영향을 우려해 김씨 일가를 직접 한국으로 인도하지
않고 대만으로 이송하였으며, 결국 한국으로 가게 되었다. 또한 일본 동북 지방
연해와 동해에서 북한으로부터 출항한 것으로 보이는 어선과 어선 안의 시신이
발견되기도 했다. 탈북 루트는 주로 북중 접경지역에 집중돼 있지만 북한에서 선
박을 이용해 한국 근해를 경유하거나 먼바다를 건너 일본에 표착하는 일도 발생
하고 있다.496) 심지어 탈북자가 일본의 재외 공관 또는 교육 시설에 진입하기도
했다. 예를 들어 2002년 5월 탈북자 일가족 5명이 중국 선양 주재 일본 총영사관
에 진입하거나497)(당시 중국경찰에게 붙잡힘), 2003년 8월 탈북자 10명이 방콕 주재
일본 대사관에, 2004년 9월 탈북자 29명이 베이징 일본인 학교에 진입하는 등의
사건이 잇따랐다. 일본 재외 공관 등에 진입한 탈북자들이 정치 난민으로 보호를
요청함과 동시에 한국행 등의 의사를 밝히면서 탈북자를 불법 체류자로 간주하는
중국 당국의 엄격한 대응을 마주하게 되었다.498)

　　일본이 탈북자 문제에 본격적으로 임하게 된 배경에는, 2005년 유엔총회의
북한 인권문제에 대한 결의가 있었다. 그 전부터 북한의 일본국민 납치문제 해결
(진상 규명, 안부 등의 정보 확인 및 귀국 등)을 위해 노력하였으나, 유엔결의를 계기
로 북한의 인권 침해문제를 본격적으로 다루게 되었다. ('납치문제 기타 북한 당국에
의한 인권침해 문제에 대한 대처에 관한 법률' 제1조) 일본 정부는 이러한 대응의 성과
로 연차보고를 국회에 제출, 공표하고 외국 정부 또는 국제 기관과 국제 수사 공

---

496) 탈북자의 수기 단행본 중 일본어로 쓰인 것은 다음과 같다. 宮崎俊輔, 北朝鮮大脱出：地獄か
らの生還, 新潮OH！文庫, 2000. 저자는 일본인 탈북자로서 최초로 일본에 귀국했다고 한다.
チャールズ・R・ジェンキンス・伊藤真, 告白, 角川文庫, 2006. 젠킨스는 전 주한미군이었다가
베트남 전장으로의 파견을 우려해 남북간의 군사분계선을 넘어 북한에 들어갔고, 그 후 북한
에서 일본인과 결혼, 일본인 아내의 귀국에 이어 인도네시아를 거쳐 2004년 일본에 정착. 斉
藤博子, 北朝鮮に嫁いで四十年：ある脱北日本人妻の手記, 草思社, 2010; リ・ハナ, 日本に生
きる北朝鮮人：リ・ハナの一歩一歩, アジアプレス出版部, 2013.
497) 탈북자 일가족 5명 전원은 총영사관 부지에 들어섰으나 경비를 섰던 공안경찰에 의해 붙잡혀
공관 건물 안으로의 진입은 이뤄지지 않았다. 이에 대해 일본 정부는 중국 당국에 주권 침해라
며 항의하고 일가족의 신병을 일본으로 인도할 것을 요구했다. 결국 이 가족은 그 해 필리핀을
거쳐 한국으로 들어왔다. 또한 가족이 당초 희망한 망명지는 미국이었으나 미국 총영사관의 경
비가 엄중했기 때문에 탈북지원 관계자와 협의하여 일본을 경유하려 한 것으로 알려졌다. 외무
성 홈페이지 참조(https://www.mofa.go.jp/mofaj/area/china/shinyo/020517.html. 2014년 8월
20일 열람). 탈북자 중에는 그 가족 등이 이미 탈북해 한국 등에 정착한 경우가 있으며, 이들을
통해 중국 생활자금 및 지원단체와의 연락정보를 입수해 망명지를 정하는 경우도 적지 않다.
498) 외교적 비호에 대해서는 中谷和弘, 外交的庇護をめぐる国際法と外交, 国際法研究(第1号), 2013,
3－49쪽을 참조.

조 등의 연대를 강화하고 지원 활동을 하는 민간단체와 연대를 확보하기 위해 노력한다고 규정한다(동법 제6조).

일본은, 일반 탈북자에 대한 법적 위치에 관한 견해 표명을 피하면서, 중국의 재외공관 등에 진입하거나 혹은 일본에 입국한 탈북자 등과 같이 개별 사례에 대해, 각각의 제반 사정을 고려하여 대응하고 있다. 예를 들어, 선양 총영사관 사건과 관련하여 2002년 5월 31일의 중의원 외무위원회에서 외무성 조약국장은 다음의 취지로 답변하였다.499) ① 파견국(일본)에 외교적 비호를 부여할 권리는 없다. 파견국이 이를 권리로 국제법상 주장하고, 영역국(중국)은 그것을 의무로 받아들여야 한다는 의미의 외교적 비호 권리는 확립되지 않았다. ② 단, 실제 취급으로는 도피하여 재외 공관 안으로 들어온 자를 밖으로 내보내 그 자의 생명이나 신체에 위험이 미칠 것이 명백한 경우에는, 그 자에게 일시적인 이른바 비호와 같은 것을 부여하여 재외 공관에 머무르게 하는 것은 비교적 행해지고 있으며, 이로 인해 즉시 불가침권 남용 등의 문제가 발생하는 것은 아니며, 국제법상 위반이라고 할 수 없을 것이다. 따라서 각각의 케이스에 따라 판단하지 않을 수 없다.

일본 정부는 탈북자에 대해 국제법, 국내법 및 인도주의에 따라 제반 사정을 종합적으로 고려하고 있으나, 난민의 법적 지위를 부여하기보다는 인도주의적 관점에서 강제 송환을 피해 대처하는 것으로 보인다. 과거에 일본에 정착했던 재일 동포로 이른바 "북송사업"500)을 통해 북한에 이주하여 현지에서 정착한 자 및 그 가족, 또는 납치 피해자 및 그 가족 등과 같이 일본과 연고가 있는 자에 대해 선별적으로 받아들이는 경우가 있다.501) '탈북자'와 일본 간의 연고 관계 등의 '진정 결합'(genuine connection)의 존재를 요건으로 외교 보호권의 행사 혹은 인도적 관점에서 보호 및 지원을 하려 한다.502)

---

499) 제154회 국회 중의원 외무위원회 회의록 제17호 참조(https://kokkai.ndl.go.jp/SENTAKU/syugiin/154/0005/15405310005017a.html. 2014년 8월 17일 열람).

500) '북송사업'이란 일본에 정착했던 재일동포가 1950년대부터 1980년대에 걸쳐 북한으로 이주한 것을 말한다. 일본과 북한간에 국교관계가 존재하지 않아 북일 양국 적십자사의 결정에 의해 사업이 진행되어 북한에 건너간 인원은 9만여 명에 이르며, 이 중 약 7,000명이 일본인이었다고 한다. 북한으로의 이동은 니이가타 항구에서 출발하는 배편으로 이뤄졌다.

501) 과거 '귀국사업'에 의해 일본에서 북한으로 건너간 사람 중에는 약 7천명의 일본 국적자가 포함되어 있는데, 이들 또는 그 후손 중 탈북하여 일본에 귀국·정착한 사람은 약 200명에 이른다. リ·ハナ, 日本に生きる北朝鮮人 : リ·ハナの一歩一歩, アジアプレス出版部, 2013, 16-17쪽.

502) 외교 보호권의 행사와 '진정결합'의 상관관계에 대해서는, '노테봄사건'(제2단계) 국제사법재판

(4) 한국

가. 한국에서의 북한의 법적 지위

과거 한국은 헌법상 영토 조항(제3조, 한반도 전역을 영토로 함)을 근거로 북한의 국가성을 부인하면서 한국이 한반도의 유일한 합법 정부임을 고수했다. 그러나 그 후 헌법 개정을 통해 남북 분단의 현황을 반영한 평화통일조항(제4조)의 신설, 1970년대부터 남북 당국 간의 각종 합의 및 공동 선언의 채택,503) 남북한의 유엔 동시 가입(1991년), 남북간 교류 협력 확대가 이루어지면서 남한 내에서의 북한의 법적 지위에 대한 다양한 견해가 나타나게 되었다. 한편으로는 1950년 발발한 한국 전쟁의 정전상태로 무력 충돌의 위기가 명백하게 현존하면서 다른 한편으로는 남북 간 교류 협력 관계가 활발하게 이뤄지는 경우도 적지 않다. 한국의 헌법과 기타 법률에도 이러한 복잡한 사정이 반영되어 있다. 한국 헌법은 북한이 실효 지배하는 지역을 한국의 영토의 일부로 규정하기 때문에, 복원되어야 할 대상의 위치에 있다고 하겠다. 헌법은, '대한민국 영토는 한반도와 그 부속 도서로 한다'(제3조), '대한민국은 통일을 지향하며, 자유민주적 기본질서에 입각한 평화적 통일 정책을 수립하고 이를 추진한다'(제4조)고 규정한다. 즉, 한반도에서 남한이 유일한 합법 정부이고 북한은 한반도의 이북 지역을 불법적으로 점거하고 있기 때문에 그 이북 지역은 남한이 수복해야 하는 대상이다. 또한 북한은 남한을 사회주의화와 무력 혁명의 대상으로 보고 있기 때문에 남한에서 북한은 일종의 반국가 단체 혹은 내란 단체로 규정된다. 그러므로 형법이 '내란죄'상의 내란을

소 판결. I.C.J.Reports 1955, 22-23쪽; 山本草二, 国際法(新版, 有斐閣, 2004, 503-506쪽. 또한 자연인에 대한 국적부여의 일반원칙에 대해서는 '국적법의 저촉에 대한 어떤 종류의 문제에 관한 조약'(1930년 '헤이그 조약') 제1조 및 제5조를 참조. 특히 이 조약 제5조는 국적 인정 요건에 대해 '현 상황에서 사실상 가장 밀접한 관련을 가진다'(in the circumstances he appears to be in fact most closely connected)는 것을 그 요건으로 규정한다.

503) 남북한 당국 간에 이뤄진 주요 합의 또는 공동선언은 '7·4남북공동성명'(1972년 7월 4일), '남북간 화해 불가침 및 교류협력에 관한 합의서'('남북기본합의서라고도 한다. 1991년 12월 13일 체결, 1992년 2월 19일 발효), '한반도 비핵화에 관한 공동선언'(1992년 1월 20일 체결, 같은 해 2월 19일 발효), '6·15 남북공동선언'(2000년 6월 15일), '남북관계 발전과 평화 반영을 위한 선언'(2007년 10월 4일) 등을 들 수 있다. 이 가운데 2000년 및 2007년 두 선언은 한국의 당시 대통령과 북한의 김정일 국방위원장이 서명하고, 그 밖의 합의 등은 총리 등에 의해 서명한 것이다. 통일부 '남북회담본부' 홈페이지 참조(https://dialogue.unikorea.go.kr/home/agreement/outhnorth/list. 2014년 10월 2일 열람).

비롯해 그 예비, 음모, 선동, 선전 등의 활동을 처단하고(제87조 내지 제91조), 형사 특별법인 국가보안법에서도 반국가 단체의 구성 및 그 목적 수행을 위한 활동 등을 처벌하는 것이다.

한국 헌법재판소는 북한의 법적 지위에 대해 '현 단계에서 북한은 조국의 평화적 통일을 위한 대화와 협력의 동반자인 동시에 대남 공산화 노선을 고수하면서 우리 자유민주주의 체제의 전복을 획책하는 반국가 단체라는 성격도 함께 갖는 것은 엄연한 현실'이라고 판시하면서, 이른바 '이중적 성격론'을 유지하고 있다.504) 또한 '남북관계 발전에 관한 법률'(2005년 12월 29일 제정, 법률 제7763호, 2006년 6월 30일 시행)이 있다. 이 법은 그 입법 취지에 대해 한국 헌법이 정한 평화적 통일을 실현하기 위해 남북 간의 기본적 관계와 발전에 대해 필요한 사항을 규정하는 것을 목적으로 한다(제1조). 남북 관계의 법적 성질은 국가 간 관계가 아니라 통일을 지향하는 과정에서 잠정적으로 형성되는 특수 관계이며, 남북 간의 거래는 국가 간의 거래가 아니라 민족 내부의 거래로 본다고 정의한다(제3조).

국내법 체계상 북한을 반국가 단체로 파악하고 '국가보안법'을 유지하면서 그러면서도 교류 협력의 대상으로 '남북 교류 협력에 관한 법률', '남북 관계 발전에 관한 법률' 등이 시행되고 있다. 이러한 법제를 종합적으로 볼 때, 한국의 국내법의 관점에서 북한의 법적 지위는 여전히 반국가 단체로서 그 국가성을 인정할 수 없다. 다만 북한이 남한과 저촉되는 일 없이 독자적 국제법적 활동을 할 때는 주권 국가로서의 지위가 인정될 수도 있다.

다른 한편으로 한국이 북한을 주권 국가임을 사실상 인정하면서 화해 협력의 상대이자 평화 통일의 대상으로 본다는 현실도 직시하지 않을 수 없다. 북한은 국제 사회의 유엔 회원국으로 여러 국가들과 외교 관계 등을 유지하고 있으며, 남북 관계에서도 경제 등을 중심으로 각 분야의 교류에 응하기도 한다. 이러한 교류 협력의 성과로는 정상회담의 개최, 공동 선언 및 기본 합의서 채택 등을 들 수 있다. 이런 관점에서 남북간 교류 협력의 법적 근거를 뒷받침하는 법률도 있다. 남북 교류 협력에 초점을 둔 최초의 입법으로는 '남북 교류 협력에 관한 법률'(1990

---

504) 한국 헌법재판소 1993년 7월 29일 선고(사건번호 [92헌바 48]). 이 결정의 위헌심판청구 요지는 '남북교류협력에 관한 법률' 제3조에서 규정하는 '남북간 상호교류와 협력을 목적으로 하는 행위'에서 남북왕래 등 행위의 정당성을 둘러싼 해당 여부가 법 집행기관과 재판기관의 판단에 한정된 것은 죄형법정주의 및 평등의 원칙에 위배되므로 위헌이라고 밝힌 것이다.

년 8월 1일 제정, 법률 제4239호, 같은 날 시행, 2009년 5월 28일 일부 개정, 2009년 7월 31
일 시행)이 있다. 이 법은 남북 간의 상호 교류와 협력을 촉진하고 한반도의 평화
통일에 기여하는 것을 목적으로 한다(제1조). 남북 간의 인적, 물적 교류와 협력을
원활하게 하기 위하여 주로 교류 협력의 정부 승인과 신고 등에 대해 그 절차 등
을 규정한 것이다. 남북 간의 왕래, 교역, 그 밖의 교류사업 등 남북 교류와 협력
을 목적으로 하는 행위에 대해 정당한 것으로 인정되는 범위 내에서는 다른 법률
에 우선하여 이 법을 적용하도록 되어 있다(제3조).

나. 탈북자에 대한 정책

2013년 기준 한국에 입국한 탈북자 중 한국 당국의 보호 결정 조치가 내려
진 인원은 2만 5천 명을 헤아리게 됐다. 냉전 시대에는 남한과 북한 간에 정치체
제 경쟁이 치열해 탈북자를 둘러싼 체제 경쟁이 벌어지기도 했다. 이후 1990년대
부터 탈북 현상이 심해지고 국내에 입국하는 탈북자 수가 늘어나면서 법제 정비
가 본격적으로 이루어지게 됐다. 입국한 탈북자의 추이는 아래 표와 같다.

[한국에 입국한 탈북자의 추이]

구분		2003	2004	2005	2006	2007	2008	2009	2010	2011	2012	합계
남자	2002년 이전 생략	472	624	423	512	571	608	671	589	797	402	7576
여자		810	1272	959	1510	1977	2196	2528	1813	1909	1107	17038
합계		1282	1896	1382	2022	2548	2804	2929	2402	2706	1509	24614

주: 1. 한국 통일부, "2013년 통일백서", 2013년, 256쪽에 근거한다.
2. 한국에 입국한 인원수는 보호결정 시기를 기준으로 집계한 것이다.

한국 변호사협회가 2012년 한국에 입국한 '탈북자' 135명을 대상으로 한 인
권 실태 조사 결과, '탈북' 동기에 대해 '경제적 어려움'이 30.4%, '정치적 탄압'이
17.8%, '한국행을 위해'가 16.3%, '자유에 대한 동경'이 15.6% 등의 순으로 조사
됐다. 탈북 동기에 대한 한국 변호사협회 및 한국 통일연구원의 조사 결과는 다음
표와 같다.

[탈북의 동기(한국 변호사회)]505)

구분	빈도(명)	비율(%)
정치적 탄압	24	17.8
가족과의 재결합	14	10.4
경제적 어려움	41	30.4
체제에 대한 회의	13	9.6
자유에 대한 동경	21	15.6
한국행을 위해	22	16.3
합계	135	100.0

[탈북의 동기(한국 통일연구원)]506)

구분	빈도(명)	비율(%)
경제적인 이유	81	28.3
체제에 대한 불만	35	12.2
기존에 입국한 가족의 권유	77	26.9
처벌에 대한 공포	11	3.8
불법행위에 대한 처벌 회피	7	2.4
기타	33	11.5
무응답	42	14.7
합계	286	100.0

탈북자에 대한 한국의 정책은 헌법상 국민으로서 법적 지위 보장을 기반으로 하면서도 인도주의에 입각한 특별 보호, 입국 후 정착 지원, 한국 사회 적응 강화 등의 맥락에서 시행되고 있다. 이러한 정책의 대표적 법률로 '북한 이탈 주민의 보호 및 정착의 지원에 관한 법률'(법률 제 5259호, 1997년 1월 13일 제정, 동년 7월 14일 시행)을 들 수 있다. 이 법의 제정 이유는 '대한민국의 보호를 받고자 하

505) 2012년 북한인권백서, 한국변호사협회, 2012, 417쪽.
506) 2013년 북한인권백서, 한국통일연구원, 2013, 420쪽.

는 북한 이탈 주민이 급증함에 따라 이들 주민에 대한 종합적 보호 및 정착 지원에 관한 제도적 기반을 확립하고 북한 이탈 주민이 자유민주주의 체제에 적응할 수 있도록 각종 보호와 혜택을 주는 등 우리 국민의 일원으로 정착하여' 생활을 영위하도록 지원하는 데 있다. 구체적으로 보호 대상자는 원칙적으로 정부가 운영하는 정착 지원 시설에서 1년간, 거주지 전입 후 2년간 정부의 보호와 지원을 받도록 한다. 또한 북한 또는 외국에서 교육 과정을 수료하거나 자격을 취득한 경우에는 이에 상응하는 학력 및 자격을 인정받으며 사회 적응 교육, 직업 훈련 및 취업 알선을 받을 수 있다. 또한 주거생활 안정을 도모하기 위해 주택의 무상 임대 등을 지원하고 정착금 및 보로금을 지급하며, 교육과 의료 및 생활보호 등 각종 보호를 실시한다. 이 밖에 거주지 보호 기간을 5년으로 연장하고 종전의 취업 알선 외에 2년간의 취업 보호, 국민연금 가입 기간에 대한 특례 등을 마련해 정착 지원 방향을 '보호'에서 '자립, 자활' 중심으로 전환하게 되었다.

제 6 절   요   약

한국에서는 1986년 서울에서 개최된 아시안게임을 전후하여 해외여행 자유화가 추진되는 등 인적 교류가 확대되면서 일본 및 미국 등과의 인도 협력이 요구됨에 따라 1988년 '범죄인 인도법'이 시행됐다. 2013년 말 기준, 피고인의 해외 도피는 340명, 피의자의 해외 도피는 2009년 364명에서 2013년 577명으로 증가하는 등 급증 추세를 보이고 있다. 경찰청에 따르면 1990년 이후 2014년 상반기까지 도망 범죄인 3,132명의 주요 도피처는 일본 163명을 비롯해 미국 726명, 중국 678명, 필리핀 394명, 태국 238명, 캐나다 157명, 베트남 111명 등으로 조사됐다. 한국에서 범죄인의 해외도피 공소시효가 정지된 것은 1995년부터였으나, 형 집행 시효는 2014년 4월 형법 개정안이 국회를 통과하였으며 같은 해 5월 14일부터 시행되었다.

한국 인도법이 시행된 것은 1988년이며, 일본과 1960년대 및 1970년대에 인도 협상이 있었고, 중국과 국교가 수립되기 이전인 1980년대에 동일한 협상이 있었다. 한국인 탈영병인 정훈상은 일본을 거쳐 월북하려다 1969년 8월 화물선을 타고 일본으로 밀입국했다. 고베에서 발각돼 출입국관리령 위반으로 기소되자 재판에서는 망명, 정치범죄, 난민 지위 등의 인정 여부가 쟁점이 됐다. 한국 당국은 신병 인도를 요구했으나 집행 유예를 포함한 금고 6월의 형이 확정돼 강제퇴거 조치를 받고 소련으로 출국했다가 북한으로 들어간 것으로 알려졌다. 또 1974년 8월 서울에서 일어난 '박정희 대통령 저격 사건'에서는 한국이 저격범의 공범으로 재일 조선인 1명에 대해 신병 인도를 청구했으나, 전년도의 '김대중 납치 사건'과 관련하여 문제가 발생했다. 즉 일본 당국은 김대중 납치 사건에 대해서 주일 한국 대사관원을 주범으로 지목했지만 용의자는 이미 한국으로 도피했기 때문에 상호 주의에 입각하여 그 도망 범죄인에 대한 인도를 요구할 가능성이 있었기 때문이다. 일본 인도법상 청구가 인도조약에 기초하지 아니하는 경우에 상호주의 보증을 얻지 못할 경우, 외무대신의 조치로 그 청구를 거절할 수 있다. 한국과 중국의 외교 관계는 1992년 수립됐으나 1983년 5월 탁장인 등 6명이 선양에서 상하이로 가는 중국 민항기를 납치해 서울 교외에 착륙하자 중국이 신병 인도를 요구하였다(탁장인 등 사건). 범인들은 정치적 동기를 호소하며 대만 망명을 요청했고 한국 당국이 그 주장을 인정해 중국의 인도 청구를 거절했으며, 재판에서는 항공 안전에 관한 죄로 전원에게 징역형이 확정됐다. 이후 형 집행 정지 및 퇴거 강제로 전원이 대만으로 출국당했다. 당시 사건이 도망 범죄인 인도로 취급되지 않았던 배경에는, 한중 간에 외교 관계가 수립되지 않았던 점, 동아시아의 정치 이데올로기의 대립이 격화되고 있던 점, 한국 국내에서 관련 법령의 입법이 없었던 점 등을 들 수 있다. 예를 들어 항공국장을 단장으로 한 중국 대표단이 한국을 방문했을 때 양국 간에 직접 연락을 취하지 못하고 중국 외교부 → 주중 일본대사관 → 일본 외무성 → 주일 한국대사관 → 한국 외교부 경로로 이루어졌다.

'범죄인 인도법'의 시행으로 인도 사건은 서울 고등법원이 전속 관할하게 되어 인도조약이 체결되지 않은 경우에도 상호 보증을 조건으로 인도할 수 있게 되는 등의 법적 근거가 마련되었다. 인도 대상은 1년 이상의 자유형에 해당하는 범죄로, 인도 제한사유로는 자국민 및 정치범죄일 경우 등이 정해졌다. 인도 청구 요청을 받은 경우에는 외교부장관이 청구서 등을 법무부장관에게 송부하고, 법무부장관은 서울 고등검찰청 검사장을 통해 서울 고등법원에 인도심사의 청구를 명할 수 있다. 2005년의 법개정을 통해 도망 범죄인의 동의를 얻은 경우 인도집행이 신속하게 이루어질 수 있도록 하고 청구국으로부터 인도 범죄 이외의 범죄를 처벌하기 위한 동의 요청이 인정되면서 한국 국내법과의 저촉에 대해 조약 우선주의를 명기하는 등의 조항이 신설되었다. 특히 인도와 관련해 도망 범죄인의 동의가 있을 경우 서울 고등법원은 임의적 인도 거절사유에 해당한다는 이유로 인도 불가 결정을 내릴 수 없다고 정하고 법무장관에 대해서도 인도명령을 신속히 내려야 한다는 의무를 부여했다(제15조의2).

한국의 인도조약은 2013년 말 기준 32개국과 체결되었으며, 유럽 범죄인 인도조약에도 가입되어 있다(2011년 12월 29일 발효). 한일 인도조약은 1998년 오부치 게이조 총리와 김대중 대통령이 표명한 '한일공동선언 : 21세기를 위한 새로운 한일 파트너십'에 의해 체결 협상이 진행되어 2002년 4월 8일 서명, 그 해 6월 21일에 발효되었다. 한국이 체결한 인도조약의 정치범죄 규정에는 다음과 같은 유형이 있다. ① 정치범죄(political offense)로 규정한 것: 일본, 중국, 미국 등과의 조약, ② 정치적 성격을 가진 범죄(offence bearing political character)로 규정한 것: 베트남 등과의 조약, ③ 정치범죄 혹은 그와 관련된 범죄(political offence or an offence connected with a political offence)로 규정한 것: 호주, 홍콩 등과의 조약, ④ 정치범죄를 구성하는 범죄 혹은 그와 관련된 범죄 사실을 구성하는 범죄(offence constitutes a political crime or a fact related thereto)로 규정한 것: 브라질과의 조약 등이다. 또한 자국민 불인도에서 중국 등과의 인도조약에서는 청구국의 요청에 따라 소추를 위해 사건을 당국에 회부한다고 규정하지만(제5조 제2항 및 한미 인도조약 제5조 제2항), 브라질과의 인도조약에서는 인도를 거절한 경우에는 청구국의 요청 유무와 무관하게 소추를 위해 사건을 당국에 회부한다고 규정한다(제5조 제2항).

인도재판에서 정치범 불인도 원칙이 쟁점이 된 것은 '류창 사건'과 '응우옌흐우짜인(Nguyen Hu Chanh) 사건'이다. 중국 국적인 류창은 2011년 12월 26일 새벽 야스쿠니 신사 기둥에 불을 붙여 당일 한국으로 도주했다가 이듬해 1월 6일에는 서울의 일본대사관 건물에 화염병을 던졌으며, 방화 미수 등의 혐의로 현행범 체포되었다. 일본은 2012년 5월 한일 인도조약에 따라 건물 이외 방화죄(형법 제110조 제1항)로 인도를 청구했다. 서울고법은 인도 범죄에 대해 종군 위안부의 역사적 사실에 대한 일본 정부의 인식에 대한 항의인 점, 관련 대내외 정책에 영향을 미치려는 목적이 있는 점, 일반 범죄의 성격보다 정치적 성격이 더 주된 상태인 상대적 정치범죄인 점 등을 이유로 인도조약이 규정한 인도 제한사유에 해당한다고 하여 2013년 1월 3일 인도 불가 결정을 내렸다. '응우옌흐우짜인 사건'은 베트남 국적자인 응우옌흐우짜인이 미국에서 자유베트남 혁명정부를 조직해 스스로 그 내각 총리라고 칭하면서 1999년 3월부터 2000년 7월까지 호치민 시내, 태국 주재 베트남 대사관 등에 대한 폭탄테러를 조직하고 지시했으나 폭탄 뇌관 장애 등으로 인해 미수에 그친 사건이다. 베트남이 한국과의 인도조약에 따라 인도를 청구하자 서울고법은 2006년 7월 27일 인도조약 및 한국 인도법에 규정된 인도 제한사유에 해당한다며 인도 불가 결정을 내렸다.

'탈북자'란 '북한을 탈출한 자로서 인도적 견지에서 보호 및 지원이 필요하다고 인정되는 자'를 말한다('납치문제 기타 북한 당국에 의한 인권침해 문제에 대한 대처에 관한 법률' 제6조). 한국에서는 '북한 이탈 주민'이라 하며, '군사 분계선 이북 지역(이하 '북한'이라 한다)에 주소, 직계 가족, 배우자, 직장 등을 가진 자로 북한을 탈출한 후 외국 국적을 취득하지 아니한 자를 말한다'고 규정한다('북한이탈주민보호법' 제2조 제1호). 주변국의 각 대응은 북한과의 외교 관계와 친선 관계, 국제 규범의 적용, 기타 국제 관계에 따른 국익 등의 영향에 따라 차이점이 있다. 일본의 경우, 일반 탈북자에 대해서는 법적 지위에 관한 견해 표명을 피하면서 재외공관 등에 진입하거나 일본에 입국한 탈북자 등과 같이 개별 사례에 대해 각각의 제반 사정을 고려하여 대응하고 있다. 한국의 경우 2012년 말 기준 2만 5천여 명의 탈북자가 있으며 법률상 자국민으로 취급해 외교 보호권을 행사하거나, 중국이나 제3국에 억류될 경우 북송되면 중대한 박해를 받을 우려가 있기 때문에 난민 지위 부여 및 강제송환 금지(non-refoulement) 원칙의 적용을 적극 요구하고 있다. 반면 중국은 북한과의 우호 관계를 바탕으로 탈북 동기나 목적이 생계형이고 불법적으로 국경을 넘은 것에 불과하다며 주로 인도 혹은 출입국 관리 대상으로 간주한다. 특히 동북지방에는 10만 명이 산재한다는 추산도 있으며, 성정부 차원에서 단속이 강화되는 경우가 있다. 러시아는 극동 지역에서 일하는 수만 명의 북한 노동자가 '현장 난민'(refugees sur place)이 될 것을 우려해 노동조건 계약 등에서 인권향상의 내용을 받아들이면서 다른 한편으로는 양국 간 형사 공조조약에 따라 불법 입국자를 인도하고 있다. 탈북자 문제를 국제 형사협력 차원에서 다루는 의

의로는, 한중일 각국이 그 문제를 어떻게 파악하고 있는지를 고찰함으로써 한반
도 유사시 대규모 탈북사태에 대한 주변국의 대응 외에, 북한 당국자에 의한 반인
도 범죄에 대한 형사 책임 추궁과 관련하여 범죄인 신병의 인도와 관련한 한중일
국제형사협력 방식의 강구 등을 들 수 있다.

제 6 장

•

성   찰

한중일 3국 등 동아시아 국제형사협력

제 6 장

●

성　　찰

제 1 절 고찰의 검토

　　유럽의 경우, 범죄인인도조약 체계에서 체포장 상호승인의 프레임워크로 이행되는 과정에서 이제까지 국제형사협력의 전통적 요건으로 여겨졌던 제한사유가 완화되고, 그 절차에서도 외교 경로 외에 중앙당국 간에 직접 교신이 가능해지는 등, 인도 협력에서의 간소화가 진행되었다. 외형상 범죄 규제를 위한 지역적 협력 체제의 설립과 그 정비는 다수의 양자 조약의 존재보다 실효성이 더욱 향상될 것이라는 시사점이 적지 않다. 다만, 그 이면에는 인적 교류 및 교역의 축적, 안전보장상 이해 관계의 공유, 정치체제 및 사법체계의 동질성, 인권보장 및 분쟁 해결을 위한 재판기관의 설립, 법 집행에 대해 균형과 견제의 기능을 갖는 입법 및 사법적 장치 등과 같이 인도 협력의 '간소화'와 '실효성'을 담보하기 위한 조건이 구비되어 있었다는 점에 유의해야 한다. 유럽에서는 경제적 공동체의 설립과 그 운영의 숙성 정도에 따라 유럽공동체 및 유럽연합과 같은 정치적, 법적 조직이 창설되어 왔다. 반면 한중일 간에 인적 교류와 경제 교역 규모가 확대되고 있다고는 하지만, 지금까지의 고찰에서 보았듯이, 정치체제와 사법체계 등의 분야에서는 큰 차이가 인정된다. 따라서 동아시아에서의 도망 범죄인 인도와 관련된 국제협력의 경우 유럽 내 지역협력 체제가 하나의 모델일 수는 있으나, 이와 같은 법적 프레임워크 형성은 시기상조라고 할 수 있다. 한중일에서는 당분간 중일 양국 간의 인도조약 체결, 보통 범죄의 원활한 인도, 형사 공조 등 그 밖의 형사협력이 축적되는 것이 중요하다. 즉 3국 간의 양자 협력이 원활하게 작용할 수 있도록 기존의 협력체제 속에서 문제점을 발견하고 꾸준히 해소해 나가기 위한 방안이 필요할 것이다.

아래 표에서 볼 수 있듯이, 한중일의 인도 협력의 경우 인도조약이 존재하지 않는 중일 간의 인도 협력을 제외하고, 인도조약이 체결된 한일 및 한중의 각 인도 협력은 각각의 도망 범죄 현황에 비추어 봤을 때, 활발하게 이루어지고 있다고 말하기는 어렵다. 예를 들어 한일의 경우, 2002년에 인도조약이 체결된 이래

[한중일의 국제 형사협력에 관한 조약 체결 상황(2013년 12월 31일 기준)]

구분	중국-일본	한국-일본	한국-중국	일본	중국	한국
도망 범죄인 인도조약	X	○	○	2	35	32
형사 공조조약	○	○	○	6	50	29
수형자 이송 조약	X	○ 'CE조약'	○	3	9	8

[한중일의 도망 범죄인 및 인도 협력내역]

구분		일본	한국	중국
도망 범죄인 인도	도망 인원	818	539	762명 (2013년)
	인수(청구)/ 인도(피청구)	인수: 0명 인도: 2명	청구: 18건 피청구: 7건	인수: 762명 (2013년)
	도망한 국가별 인원	중국(210) 브라질(80) 한국(53) 필리핀(53)	미국(81) 중국(51) 필리핀(44) 일본(26)	불명
형사 공조	청구/피청구 건수	128/174	103/113	불명

주: *이 표는 제1장 제2절에 기재한 3국의 도망 범죄실태에 기초하여 작성되었다.
 1. 일본과 한국의 통계는 2012년 12월 31일 기준이다.
 2. 일본에서 중국으로 도망한 경우는, 홍콩 등 12건, 대만 14건을 포함한다.
 3. 중국의 인원은 주로 정부 및 국영 기업 등에서 근무한 부패 범죄사범들이다.
 4. 중국의 인수에는 도망한 국가의 퇴거강제로 인한 송환 등이 포함된다.

2010년까지 일본은 20건을 청구하였고 한국으로부터 6건의 청구를 받았다. 또한, 한중 간에서는 2000년에 인도조약이 체결된 이래 2010년까지 한국이 4건(홍콩 1건 포함)의 청구를 받았고 30건(홍콩 등 6건 포함)을 청구하였다. 즉 인도조약이 체결되었다고 해도, 그 조약에 기초한 인도 협력이 실무적으로 원활하게 작용되지 않았다는 사실을 시사하는 것이다.

　　3국 간에 기존의 인도 협력 체제하에서 그 활동이 원활히 작용하지 않는 이유는, 일률적으로 3국에 공통되는 것보다 각국의 법령 및 조약, 재판, 실무 등에 얽히고설켜 있는 경우가 많기 때문이다. 다음에서는 본서의 고찰을 기반으로 인도 협력의 원활한 작용이라는 관점에서 각국의 특징을 지적하고자 한다.

제 2 절 일본의 인도 협력의 문제점

　　인도 재판에서 범죄 혐의의 충분성 판단 및 인도조약 체결과 관련하여 다음 사항을 제시하고자 한다. '유전자 스파이 사건' 인도 재판의 범죄혐의 판단에 대해 '미국 재판에서 판단해야 할 유무죄를 일본에서 먼저 판단하는 것은 신병 인도라는 국제협력의 취지에 비추어 문제가 있다'는 것이다(2004년 3월 29일, 일본 법무성). 인도 범죄의 혐의에 대하여 청구국 측에 일정한 죄책 입증을 요구하는 규정이 마련된 취지는, 기본적으로 속지적 관할권을 적용하는 영미법계 국가들이 자국민을 인도함에 있어서 인권보장의 관점에서 청구국 재판에서 유죄가 인정될 가능성이 있는지 여부를 피청구국에서 심사하는 데 있다고 해석된다. 도쿄 고등재판소는 미일 인도조약 제3조 및 인도법 제2조 제6호에서 규정한 '인도 청구와 관련된 범죄를 범했다고 의심할 만한 상당한 이유가 있을 것'을 '증명할 충분한 증거가 있는 경우'에 해당하지 아니한다고 하여 인도 불가 결정을 내렸다. 범죄 혐의의 입증 준거를 청구국 법령에 두는 것은, 미일 간의 사법체계에 큰 차이가 있으므로 그 판단의 객관성은 제한적일 수밖에 없다.

　　'청구국 법원에 의한 유죄 증거'가 필요하다면 인도조약 및 국내 입법의 관련 조항 해석에 그치지 않고 배심제 등과 같이 상대국 사법체계 및 그 운용 등 전반에 걸쳐 고려해야 한다는 지적도 있을 수 있다.

인도조약에서 일본은 외국과 체결한 인도조약의 수가 적으며, 2014년 6월 기준 미국과 한국 2개국에 지나지 않는다.[507] 영미법계 국가들이 조약 전치주의를 채택하고 있으므로 인도 협력을 위해서는 조약 체결이 전제되어야 하며, 해외도피사범이 이 국가들에 체류하는 한 인도받기는 어렵다. 일본의 인도조약 체결이 적은 이유로, 다음 세 가지를 지적할 수 있다. ① 상대국의 사법 체계 건전성 등의 문제이다. 일본이 인도조약을 체결함에 있어서 주요 요건으로 삼는 것은 일본의 헌법 질서에 비추어 상대국의 사법 제도가 건전하게 기능하고 있음이 인정되어 자국민을 인도해도 공정하고 적정한 재판을 받을 수 있다는 신뢰가 확보되는지 등이다.[508] 이러한 요건을 전제로 두는 한, 외국과 인도조약을 체결하는 것은 쉽지 않다. 또한 도망 범죄인 통계에서 볼 수 있듯이 일본인 해외도피사범보다 외국 국적의 해외도피사범을 인도받을 수요가 훨씬 더 많다. 도망 범죄인 입장에서 보면 영미법계 국가인 일본과 인도조약이 체결되지 않아, 형사사법 기능이 불완전한 도피처는 피난처가 된다. 향후 인도조약 체결의 요건 등에 대한 정책 전환이 요구되지 않을까 생각된다. ② 일본의 사형제이다. 유럽 국가를 비롯해 각국이 상대국의 사형제도(집행) 여부에 대해 지적하고 인도를 요구받은 범죄인이 인도 후에 사형에 처해질 수 있는 경우에는 청구에 응하지 않거나 혹은 인도 제한사유로 정하는 경우가 많다. 가령 일본이 인도를 받기 위해 상대국에게 사형에 처하지 않겠다는 보증을 한다면 사형에 처해지는 국내의 다른 범죄인들과 형평성이 맞지 않다는 비난을 피할 수 없는 측면이 있다. 중국 및 한국의 경우, 사형제도를 유지하면서도(단 한국에서는 사형선고가 내려지지만, 그 집행은 1998년부터 행해지지 않아 사실상 사형폐지국이라고 할 수 있다), 각각 30개국 이상의 국가와 인도조약을 체결하고 있다. 사형을 인도 제한사유로 정하는 국가 간에는 신병을 인도받아도 사형에 처하지 않는다는 보증을 부여하는 등의 조항을 두어 조약이 체결된다.[509] 즉 국

---

507) 미국은 2014년 10월 30일 기준 113개 국가 또는 지역과 인도조약(협정)을 맺고 있다. 미국 법전(U.S.C) 제18장 범죄인 인도법 홈페이지 참조(https://uscode.house.gov/view.xhtml?path=%2Fprelim%40title18%2Fpart2%2Fchapter209&edition=prelim. 2014년 10월 31일 열람).

508) 상대국의 사법체계의 건전성으로 ① 법 제도의 민주성, ② 법 제도의 안정성, ③ 법 제도 운용의 문화성 등이 평가의 대상이 된다고 해석된다. 堀田力, 犯罪人引渡条約の動向と問題点, 警察学論集(第29卷 第1号), 1976, 103–105쪽.

509) 한국과 프랑스 간의 인도조약(2006년 6월 6일 서명 및 2008년 6월 1일 발효) 제4조에서는 사형불집행의 보증이 없는 경우를 인도의 임의적 거절사유로 규정하고, 그 보증이 있는 때에는 청구국에서 사형이 선고되더라도 집행되지 않는다고 규정한다.

제 형사협력과 국내 형사 정책 간에 상관관계를 어떻게 정립하고, 어떻게 정합시킬 것인지가 쟁점이 된다. ③ 국제 형사협력에 대한 법무성의 검찰폐쇄적 체질이다. 2014년 6월 기준 일본에서는 인도조약이 2건(미국, 한국), 형사 공조조약 6건(미국, 한국, 중국, 홍콩, 러시아, 유럽연합 형사 공조조약) 및 수형자 이송조약 3건(CE조약, 태국, 브라질)이 각각 체결되었다.[510] 3가지 조약을 직역별로 나누면 범죄인인도는 법무부 형사국(검찰청), 형사 공조는 경찰청, 수형자 이송은 법무부 교정국으로 비교할 수 있다. 형사 공조 및 수형자 이송에 비해 인도조약체결이 적은 것은 국제 형사협력에 대한 검찰 측의 소극적인 자세를 보여주는 깃이다.[511]

제 3 절 중국의 인도 협력의 문제점

중국은 헌법 질서에서 민주집중제라는 정치체제를 유지하고 자국 내에서 소수민족 문제 등을 안고 있기 때문에 이것이 인도를 둘러싼 국제 형사협력의 한계로 반영되며, 그 주요 내용은 다음과 같다. ① 인도 재판에서의 사법화의 미숙함이다. i) 헌법상 공산당이 인민과 국가를 지도하며, 국가 권력은 전국인민대표대회 상무위원회로 집중되어, 재판기관 및 검찰 기관의 인사를 장악한다. 또한 형법 및 형사 소송법의 목적과 임무로 공공안전 등과 함께 사회주의 건설 및 사회주의 사회 질서 보장에 있음을 명기한다. 이와 같은 권력 집중은 사법 통제의 적정한 작용을 방해하고 인도 여부 심사에서 외교부 등 국무원의 재량권이 자의적으로 작용하게 할 우려가 있다. ii) 인도법상 인도재판은 고급법원 및 최고법원의 2단계로 진행되는데, 각 결정에는 구속력이 없고 인도 불가 결정이 내려지더라도 국무원이 최종적으로 인도할 수 있다. 또한 인도 재판이 이루어지기 전 단계에서 외

---

510) 한중일의 국제형사협력에 관한 조약체결 내역에 대해서는 본서의 부록(표) 참조.

511) 법무성의 대응에 대해 다음과 같이 파악할 수 있다. 인도받는 건수와 해외도피 인원의 격차에 대해서, '도망으로 인한 이득 또는 불처벌을 허용하는 것임을 엿볼 수 있다. 그 배경에는 번잡하고 불확실한 범죄인 인도 절차에 의해 국제수사에 비용, 노동과 인력을 투입하는 것보다는 일단 해외로 도망친 외국인 용의자는 다시 입국하지 못하도록 출입국 관리체제 강화로 대응하는 것이 편하고 효율적이라는 생각이 있는 것 아니냐는 것이다. 北村泰三, ヨーロッパ諸国間における犯罪人引渡法制の現代的変容(3·完): 効率性と人権原則との調和·両立を目指して, 中央ロー·ジャーナル(第10巻 第4号), 2014, 94쪽의 주(209).

교부 등이 인도 청구 사안에 관해 정치적 고려가 우선될 경우 인도 협력이 진행되지 않을 수 있다. ② 도망 범죄인의 인권보장에 기본적인 문제가 있다. 인도법상 도망 범죄인에 대한 강제 조치로 체포, 구류 및 거주 감시가 있으나(제33조), 인도 재판에서 도망 범죄인이 구금된 경우라도 법원의 결정을 내리는 기한에 대한 규정이 없다. 예를 들어, 인도 재판 결정서에 따르면 프랑스 국적의 해외도피 사범의 체포는 2001년 7월 28일이고 구류가 같은 해 10월 30일인데, 최고법원에서 인도 가능하다는 결정한 것은 2002년 11월 14일이다. 또한 한국 국적의 도망 범죄인에 대한 인도 재판의 경우 2002년 1월 30일 체포, 같은 해 3월 12일 구금되었으나, 최고법원에서 인도 가능하다는 결정이 내려진 것은 2004년 3월 11일로 강제 조치 기간이 2년 이상이다. 어떤 경우이든 국무원의 최종적 결정이 있을 때까지 기다려야 한다. ③ 인도법에서 자국민임을 절대적 인도 거절사유로 규정하면서,[512] 자국민 범위 안에 홍콩과 마카오뿐만 아니라 대만인도 포함된다는 것이다. 중국이 체결한 인도조약 중에는 자국민이기 때문에 인도를 하지 않는 경우, 청구국의 요청이 있으면 피청구국(중국)은 소추를 위해 사건을 수사당국에 회부해야 한다고 규정하지만(한중 인도조약 제5조), 그러한 사례가 발견되지 않는 바 검증 메커니즘을 통해 실효성이 담보될 필요가 있다. ④ 인도 협력의 편향적 자세이다. 중국은 국내의 부패 범죄 관련 도망 범죄인에 대하여 그 신병 인도를 적극적으로 요구하면서도, 자국민의 국외범에 대한 청구국의 형벌권 행사와 관련된 협력에는 소극적이다. 또한 천안문 사태 등과 같은 민주화 운동과 관련하여 해외도피(정치적 망명)를 한 자에 대해서는 신병 인수에 소극적인 것으로 보인다. 오히려 그 귀국을 저지함으로써 국내에서의 영향력을 차단하는 것에 중점을 두는 것으로 해석된다.[513] ⑤ 러시아 및 중앙아시아 국가와의 인도조약에서 정치범죄를 인도 제한

---

512) 인도법에서 도망 범죄인이 자국민인 것을 절대적 거절사유로 정한 것은 입법자가 국제형사협력과 자국민보호의 사이에서 후자를 우선한 것이라고 한다. 薛淑芬, 引渡司法審查研究, 中國人民公安大學出版社, 2008, 144쪽.

513) 천안문 사태(1989년) 당시 운동권 지도자였던 우얼카이시는 사건 이후 해외로 도피, 대만 등을 거점으로 망명생활을 하던 중 귀국을 위해 마카오를 통한 중국 국내 진입, 주미중국대사관 진입 등을 시도했으나 모두 중국 당국에 의해 거절 당한 것으로 알려졌다. 'MSN 산케이뉴스' 2014년 6월 8일자 보도기사 참조(https://sankei.jp.msn.com/world/news/140608/chn14060818000001−n1.htm. 2014년 8월 14일 열람). 또한 그가 천안문 사건 25주년을 맞아 당시의 회상 및 중국의 상황 인식에 대해서 적은 글로, '월스트리트 저널(일본어판)' 2014년 6월 4일자 보도기사 참조(https://jp.wsj.com/news/articles/SB10001424052702304210404579603572861461710. 2014년 8월 14일 열람). 이 가운데 그는 시진핑 국가 주석이 주도하는 부패 범죄와

사유로 규정하지 않는 것은 퇴거 강제 등의 '위장 인도'를 조장할 우려가 있어, 중국 내 신장위구르 및 티베트 정치 운동과 관련한 도망 범죄인의 인권침해를 초래할 수 있다.

제 4 절 한국의 인도 협력의 문제점

정치범죄를 둘러싼 학설 및 인도 재판에 대한 비판적 검토로 다음 사항을 꼽고자 한다. 학설에서는 정치범 불인도 원칙에 대해 '일반 국제법상 원칙이며, 피청구국이 불인도 의무를 진다는 견해가 타당하다고 본다'는 것이 주된 것이지만, 불인도 대상이 되어야 할 정치범죄 범위에 대해서는 이론적 연구의 축적이 얕고 인도 재판에 의존하고 있다는 점이다. '류창 사건' 인도 재판에서는 '부수 이론' 및 '우월성 이론' 등이 받아들여져, 행위가 정치 활동 자체가 아니고 이에 부수되는 것이 아님에도 다른 나라의 정책에 반할 목적이었으며, 행위의 결과로 발생한 피해 법익이 비교적 크지 않다는 등의 이유로 정치범죄로 인정됐다. 재판부는 불인도 원칙의 국제법상 위상에 대해서는 설명하지 않고 한일 인도조약 및 한국 인도법에 따라 '정치범죄'의 인정 여부를 판단하는 데 그쳤다. 단, 법원은 '정치범 불인도 원칙의 취지와 관계'에서 종군 위안부 등 과거의 역사적 사실에 대한 인식 및 관련 정책, 일본 정부 각료의 야스쿠니 신사 참배에 대한 인식 및 그 대응 등에서 한일 양국 간에 정치적 견해의 대립이 있고 청구국(일본) 내에서도 정치적 견해의 대립이 존재하는 이상, 해당 범죄인을 인도하는 것은 청구국 내의 정치 문제에 간섭하는 것으로 보일 수도 있으므로 국제 관계상 바람직하지 않다고 밝혔다. 그러나 정부가 인도의 상당성을 놓고 당사국과의 외교 관계 등을 고려해 판단하는 것은 고사하고, 법원이 과거사 문제에 대해 당사국 간에 '정치적 견해 대립이 존재'한다는 점을 근거로 '정치범죄'로 규정하는 것은 '반일 불인도'라는 논란을 일으킬 수 있다. 이른바 '국제 예양에 따른 판단'으로 볼 수 있다.514) 또한 '응

의 전쟁에 대해서 그것은 정권을 굳히기 위한 수단이고 그 자체가 목적은 아니라고 하면서 부패의 근본 원인은 공산당 독재라는 정치 시스템에 있다는 견해를 보이고 있다.

514) '국제 예양에 따른 판단'이란 국내법원이 정치범죄의 요건에 관한 명확한 기준을 제시하지 아니하고 인도재판의 사안별로 정치적 영향 및 그 밖의 구체적인 사정을 감안하여 인도 여부를

우옌흐우짜인(Nguyen Huu Chanh) 사건'의 경우, 도망 범죄인이 적지 않은 횟수에
걸쳐 폭탄 테러를 예비 음모하고 실행을 명령하였으나 폭발 장치가 작동하지 않
아 결과적으로 인적 물적 피해가 발생하지 않았다고 하더라도, 그 대상이 된 장소
가 시내 중심의 공원 및 대사관 등이었다. 더욱이 법원이 인도 범죄를 한국 인도
법상 '다수의 인명·신체를 침해·위협하거나 이에 대한 위험을 발생시킨 범죄'로
인정할 수 없다고 한 것은 법리적 해석에서도 의문이 제기될 수 있다.

제 5 절 인도 협력에 관한 새로운 범죄 유형

1. 국제 카르텔

국제 카르텔 등에 대해[515] 미국에서는 행정 제재로 과징금 부과와 함께 해당
법인에 대해 벌금을 부과하거나 해당 임직원에게 자유형이 집행되는 등 형사 처
벌이 적용되는 사례가 늘고 있다. 미국이 외국기업의 일정한 활동을 경쟁 제한 행
위로 인정하고 형사 처벌에 나서는 이론적 근거로 반독점법의 해석으로 발달해
온 이른바 '효과주의 이론'(the Effects Doctrine)이 있다. 효과주의 이론이란, 타국의
기업이 미국에서 행하는 경쟁 제한 행위가 미국 시장에 악영향을 미친다고 인정
되는 경우, 반트러스트법에 의해 그 해당 기업을 처벌할 수 있다는 것이다.[516] 국
제 카르텔에서는 실질적으로 동일한 사안이라도 당사국 간의 제재 차이점으로 인
해 경쟁 제한 행위를 한 사업자 및 소속 개인에 대한 규제에도 상당한 격차가 생
긴다. 특히 미국에서는 벌금의 고액화 및 자유형 형기의 인상 추세가 보여, 가령
자유형의 적용이 인정되는 해당 일본인이 귀국하여 미국 당국의 요구에 응하지

결정하는 것이다. 이 경우 해당 범죄행위에 내재하는 정치성에 주목하여 도망 범죄인에 대한
호의적, 온정적인 배려와 청구국의 재판과 처벌의 공정성에 대한 우려가 얽히게 된다. 山本草
二, 国際刑事法, 三省堂, 1991, 221쪽.

515) 카르텔은 경쟁제한행위로 받아들여지는 데 일본법에서는 '사적독점' 또는 '부당한 거래 제한'
(사업자가 '공공의 이익에 반하여 일정한 거래 분야에서의 경쟁을 실질적으로 제한하는 것',
'사적독점의 금지 및 공정거래의 확보에 관한 법률' 제2조 제5항 및 제6항), '반경쟁적 행위'
('일국의 경쟁법 하에서 형벌 또는 구제 조치의 대상이 되는 일이 있는 행동 또는 거래', '반경
쟁 행위에 관한 미일협정' 제1조 제2항 (a) 등이 인용된다.

516) 小松一郎, 実践国際法, 信山社, 2011, 51쪽.

않을 경우 미국이 미일 간의 도망 범죄인 인도조약에 따라 신병 인도를 청구할
수 있다. 예를 들면, 자동차 전용 '와이어 하네스 카르텔'에서는 미일 및 유럽의
각 시장에 영향을 미쳤다는 점에서 일본의 공정거래위원회, 미국 법무부 및 유럽
위원회가 조사했다. 이 카르텔 사건에 대해 일본이 과징금 납부 및 배제 조치의
각 명령의 제재를 실시하고, 유럽 위원회가 행정 조사를 실시하는 데 그쳤지만 미
국은 관계자에게 1년 내지 2년 전후의 자유형에 처한 것이다.[517] 게다가 미 법무
부는 당국의 출석 요구에 응하지 않는 외국인에 대해서 도망 범죄인 인도조약 등
을 토대로 신병 인도를 적극적으로 청구할 방침을 내걸었다.[518] 경쟁 제한 행위
에 대해서는 과징금이나 제재금 부과에 따른 행정조치 혹은 벌금이나 자유형 등
의 형벌 집행이 이루어지는 등 집행을 강화하는 추세이다. 특히 미국에서는 국제
카르텔에 대해 벌금의 고액화 및 금고형의 확대가 진행 중이다.[519] 예를 들어 미
국에서 국제 카르텔 사건으로 외국인에게 부과된 금고형의 평균 기간은 2000년
부터 2004년까지는 주로 3월이었던 것이, 2005년 4·6월, 2006년 6·9월, 2007년
에는 12월로 더욱 장기화되었다.

국제 카르텔과 관련하여 미일 인도조약에 따라 미국으로부터 신병 인도 청구
가 이루어진 경우 일본의 인도 재판에서는 쌍방가벌성, 친고죄(공정거래위원회의 고
발), 시효 및 증거 부족 등이 인도조약상 인도 제한사유에 해당하는지 여부가 쟁점
이 될 수 있다. 또한, 도망 범죄인 인도법상 법무대신의 조치로 법원의 인도 심사
이전에 행해지는 심사 청구 해당성의 판단, 법원의 인도 가능 결정 후에 행해지는
인도 상당성의 판단 등이 있다. 경쟁법 분야의 국제 협력은, 독점금지에 관한 양자
협정 체결 등으로 체결국 간의 정보제공과 협력 조사 등을 통해 이루어져 왔다.[520]

517) 木目田裕·平尾覚, 国際カルテル事案における逃亡犯罪人引渡手続きをめぐる問題点, 公正取
引(第749号), 2013, 36쪽.
518) 木目田裕·平尾覚, 상동 논문, 37쪽. Scott D Hammond, "Recent Developments, Trends, and
Milestones in the Antitrust Division's Criminal Enforcement Program" speech before the
ABA Antitrust Law Section's 56th Annual Spring Meeting(Mar. 26, 2008).
519) 各国競争法の執行状況について, 経済産業省 経済産業政策局·競争環境整備室, 2009, 16-17쪽.
520) 向宣明, 情報交換や逃亡犯罪人引渡し等の当局連携と, 域外調査」をめぐる課題についての試
論, ジュリスト(第1462号), 2014. 일본은 미국과의 사이에 '반경쟁적 행위와 관련된 협력에
관한 일본 정부와 미합중국 정부 간의 협정'(1999년 10월 7일 서명)을 비롯해 '유럽공동체와의
협정'(2003년 7월 10일 서명), '캐나다와의 협정'(2005년 9월 6일 서명)을 체결했다.

한국의 경우 미국 경쟁법의 역외 적용과 관련해 개인이 미국 당국으로부터 처벌받은 주요 사례는 다음과 같다.[521] 한미 인도조약상 인도 대상이 되는 범죄는 형의 선고를 받지 아니한 경우, 양 체결국의 법령상 범죄로 1년 이상의 자유형 혹은 그보다 중형에 처해지는 자(제2조 제1항), 그 범죄의 미수, 공모 혹은 공범도 포함된다(같은 조 제2항). 한국은 미국 경쟁법의 역외 적용에 힘쓰면서 외국기업의 반독점 행위 등을 규제하기 위해 2005년부터 개정법 시행으로 역외 적용의 근거를 갖추었다.[522]

중국의 경우, 공정거래법인 '반독점법'(反壟斷法)이 2007년 8월 30일에 통과·시행되었으며(주석령 제68호), 그 역외 적용에 대해서 '중화인민공화국의 국외에서 행해진 반독점 행위에 있어서 그 행위가 국내 시장에서의 경쟁 배제 또는 제한에 대해 영향을 미치는 경우에는 적용한다'고 규정한다(제2조).[523]

[미국 경쟁법의 역외 적용으로 한국 기업·개인이 처벌받은 사례]

구분	사건명	제재 내역		
		대상	벌금 (천 달러)	자유형의 형기
1	라이신 가격담합 (1996년 8월)	2개사	1,578	없음
2	핵산 조미료 가격담합 (2001년 8월)	2개사	3,090	없음
3	D-RAM 가격담합 (2005년 4월~2007년 4월)	2개사 10명	485,000 각 250	4명: 5~8월 6명: 7~14월

---

521) 정책브리핑 홈페이지 참조(https://www.korea.kr/briefing/pressReleaseView.do?newsId=155 897502&call_from=extlink. 2014년 8월 21일 열람).

522) 한국의 공정거래법인 '독점규제 및 공정거래에 관한 법률'은 1980년 12월 제정, 이듬해 4월 1일 시행됐다. 이 법의 역외적용에 대해, 법 개정에 의해 '이 법은 해외에서 이루어진 행위에 대해서도 그것이 국내 시장에 영향을 미치는 경우에는 적용한다'는 조문이 신설되어(제2조의 2), 2005년 4월 1일부터 시행되었다. 申鉉允, 韓国競争法の域外適用と最近の動向, 日本経済法学会年報(第34号), 2013, 68-80쪽.

523) 중국의 공정거래법인 '反壟斷法'(반독점법)은 2007년 8월 30일에 성립 및 시행되었다(주석령 제68호). 그 역외적용에 대해서 '이 법은 중화인민공화국의 국외에서 행해진 반독점 행위에 있어서 그 행위가 국내 시장에서의 경쟁배제 또는 제한에 대해 영향을 미치는 경우에는 적용한다'고 규정한다(제2조). 王暁曄, 中国反壟斷法の域外適用：理論と実践, 日本経済法学会年報(第34号), 2013, 81-98쪽.

4	항공운송 가격담합 (2007년 8월 및 2009년 5월)	2개사 2명	350,000 기소	미결
5	LCD 담합 (2008년 11월)	1개사 2명	400,000 각 55	7월 및 12월
6	LCD 담합 (2011년 3월)	1개사 1명	32,000 기소	미결

반독점 당국 간의 국제 협력은 경쟁법 분야에 내재하는 경제 메커니즘에 근거하여 그 촉진과 규제를 실시하는 법직 프레임워크이나, 미국이 그 위반 행위에 대해 일정 이상의 자유형에 처해야 한다고 하면서 인도조약에 기초하여 신병 인도를 요구하려는 방침은, 경쟁법 분야의 국제 협력을 해외도피사범 인도를 둘러싼 국제형사협력으로 변이하려는 것이다.524) 즉, 역외 경제활동 규제에 대해 자국의 강제 관할권 적용을 확보하고 도망 범죄인 인도 등 국제형사협력을 통해 형벌권 행사를 관철하려는 것이다. 도망 범죄인 인도가, 국내 입법 및 인도조약에서 일정한 중죄에 처해야 할 범죄에 대해 인도 협력 대상으로 삼는 점, 주로 형사의 보통 범죄 규제에 초점이 맞춰진 점 등의 취지를 감안하면 이는 국제 경제 활동을 위축시키고 인도를 둘러싼 국제 협력의 본질을 변질시키기 때문에 각국의 저항을 불러일으킬 수도 있다.

2. 저작권 침해

미국은 경쟁법에 그치지 않고 지적 재산권 분야에서 저작권 보호 법률에 대해서도 역외 적용을 행사하고 있다. 주로 인터넷상에서 이루어지는 프로그램 복제나 유포 등에 대하여 자국의 저작권을 침해하였다, 하여 해외에 있는 범죄인에

---

524) 미국은 입법관할권의 역외적용에 대해 상대국의 이익 등을 해치지 않도록 배려해야 하지만, 그것은 국제법상 의무가 아니라는 것이다. 이에 대해 유럽 국가 및 일본은 그러한 역외적용은 국제법상 위법적인 권한 남용이며, 전제 문제를 떠나 저촉법 규범에 따라 조정하려는 것은 잘못이라고 반론했다. 또한 그러한 규제법령은 자국 특유의 국제경제체제 필요를 충족하는 것에 불과하며 타국민에게 벌칙으로 강제할 수 있는 일반적 구속성을 갖는 것은 아니라는 이유가 있다. 경제활동규제에 대한 입법관할권 역외적용에 대해서는 국제법상 허용 규범이 없고, 특히 양호한 국제관계를 유지하기 위해서는 효과주의 원용을 억제해야 할 의무가 있다고 지적된다. 山本草二, 国際法(新版), 有斐閣, 2004, 247-248쪽.

대하여 도망 범죄인 인도를 청구하는 것이다. '드링크 오어 다이(Drink or Die) 사건'의 경우525) 호주 국적의 그리피츠(Hew Raymond Griffiths)는 '드링크 오어 다이'(Drink or Die)라는 인터넷 불법 복제 프로그램 그룹의 리더로 자신의 집에서 복제 그룹을 운영하고 있었다. DOD는 제품이 공식적으로 시판되기 전에 해당 소프트웨어의 보안 코드를 해킹하여 해제해 복제한 뒤 인터넷을 통해 배포했으며, 피해액은 약 5000만 달러에 이르는 것으로 알려졌다. DOD에 의해 저작권이 침해된 소프트웨어에는 마이크로소프트 등이 포함된다. 미국은 호주에 양자 간 인도조약에 따라 그리피츠의 신병 인도를 청구했으며, 2007년 2월 미국에 인도되었다. 같은 해 6월 23일 버지니아 연방법원에서 불법 복제 소프트웨어 등의 배포 등의 혐의로 51개월의 자유형이 선고되었다. 다음으로 'TV 쉑넷 사건'이 있다.526) 대학생인 영국인 오드와이어(Richard Odwyer)는 미국의 텔레비전 프로그램과 영화를 무료로 볼 수 있도록 웹사이트에 링크하게 하는 'TV 쉑넷'(TVShack.net)이라는 웹사이트를 운영하였다. 2011년 미국은 양자 간 인도조약에 따라 신병 인도를 청구했고 영국에서 체포됐다. 미국 당국은 닷컴과 닷넷의 모든 웹사이트는 미국 저작권법의 적용 대상이라고 주장했다. 즉, 운영자의 국적, 서버 소재지 등과 상관없이 그러한 도메인 주소를 사용하는 운영자가 미국 저작권법을 위반할 경우 처벌받는다는 것이다. 미국 당국은 그 근거로, 닷컴 및 닷넷은 미국 버지니아주에 본사를 두는 인터넷 서비스업체인 베리사인(Verisign)이 해당 도메인의 등록을 관리한다는 점을 들었다. 미국에서 유죄가 확정되면 오드와이어는 10년 자유형에 처해진다고 한다. 영국에서의 인도재판에서는 인도 가능이 결정되었으나, 항소심 심리 중 오드와이어와 미국 당국 간에 약 3년간의 범죄 수익인 2만 파운드의 보상금을 지급하는 조건으로 형사면책 거래가 성립되었기에 인도를 면하게 되었다.

---

525) 미국 법무부 홈페이지 참조(https://www.justice.gov/archive/opa/pr/2007/June/07_crm_444.html. 2014년 10월 28일 열람).

526) 영국 방송 BBC 보도기사 참조(http://www.bbc.com/news/uk−england−south−yorkshire−16806025. 2014년 10월 28일 열람).

3. 사이버 범죄

오늘날 고도의 정보통신 네트워크 사회를 맞이하여 신종 국제범죄로 주목받는 것 중에 사이버 범죄를 들 수 있다. 사이버 범죄는 인터넷 등 정보 통신망을 이용하여 소프트웨어나 프로그램 등을 불법으로 복제, 배포하거나 정부 기관이나 기업의 컴퓨터에 침입하여 비밀정보 등을 훔쳐내거나, 네트워크 등 정보통신 기능을 마비시키는 등의 행위를 말한다. 해킹 등과 같은 사이버 범죄를 둘러싸고, 그 피해를 입었다고 주장하는 국가가 범죄와 관련한 원격조종을 했다고 여겨지는 자의 소재지국에 대하여 신병을 청구하는 것이다. 미국 사법부는 2014년 5월 19일, 미국 기업 및 노동조합 등을 표적으로 하는 컴퓨터 해킹에 대해 사이버상 경제 스파이죄 등의 혐의로 중국 인민해방군 5명을 기소했다고 보도했다.[527] 피해를 입었다고 주장하는 곳은 전력, 원자력, 철강 등의 회사 및 그 노동조합 등으로, 이러한 회사 등에서 일하는 종업원의 네트워크의 네트워크 인증정보를 훔쳤다고 한다. 연방 대배심은 이들 5명에 대해 각각 경제 스파이 등의 혐의가 인정된다며 기소하였고 법무부는 중국에 신병 인도를 청구했다. 유죄가 인정될 경우 15년의 자유형이 내려진다. 미중 간에는 인도조약이 존재하지 않기 때문에 중국 정부가 자발적으로 그 신병을 인도하지 않는 한 인도될 가능성은 낮다. 다만 기소된 5명은 미국에 입국하면 구금될 가능성이 높고 미국 이외의 외국에서도 그 나라가 미국과 인도조약이 체결되었을 경우 미국의 인도 청구가 이뤄질 수 있어 외국으로의 왕래가 제한된다.

사이버 범죄는 범죄인이 처벌을 면하기 위해 범죄지에서 벗어나 국외로 도망가는 것이 아니라 정보통신 기반을 이용하여 원격 조종을 통해 외국 영역에 침입하여 행하는 것이다. 범죄의 외국성으로는 주로 범죄인의 국적이나 범죄지와 도피처와의 공간적 이동 등이 거론되어 왔지만, 사이버 범죄는 형사 관할의 속인적 또는 속지적 대상이 명확히 구분되는 것이 아니며, 정보통신 네트워크로 인해 세계 각국이 연결된다는 특성이 있다. 인도 협력의 관점에서 사이버 범죄의 특징에 대해 다음 세 가지를 지적하고자 한다. ① 원격 범죄라는 특성으로 인해 범죄

---

527) AFP통신사 보도기사 참조(https://www.afpbb.com/articles/−/3015328USA_58/usa58_p2.html. 2014년 10월 28일 열람).

인의 소재지가 본국인 경우가 많으며, 외국으로부터 신병 인도를 청구받아도 피청구국이 자국민이라는 이유로 인도 협력에 응하지 않을 수 있다. ② 인도는 통상적으로 인도 청구로 인해 피청구국에서 인도 여부를 둘러싼 재판을 거쳐 결정되는데, 재판에서 쌍방가벌성과 특정성 요건의 충족, 범죄 혐의의 충분성 입증 등이 어렵다. ③ 범행 목적이 개인이나 조직의 이해 관계인 것 외에 정보 기관이나 군사 기관 등과 같이 정부가 개입하는 경우가 있으며, 이는 인도 제한사유의 존재 여부 등 사법 심사에 적합하지 않은 성질을 지닌다.

제 6 절 한중일 형사 공조의 특징

국제 형사 공조란 수사, 소추 및 그 밖의 형사 절차에서 당사국 간의 상호 지원을 말한다. 광의의 형사 공조 중에서 도망 범죄인 인도 및 형 집행(소추이관 혹은 수형자 이송) 등을 제외한 것으로, 협의의 형사 공조라고도 하며 공조 주체를 기준으로 수사 당국이 실시하는 수사 공조와 법원이 실시하는 사법 공조로 나눌 수도 있다. 형사 공조가 인도 협력과 구별되는 점은 적지 않으나, 그 특징으로는 공조 대상이 수사 자료나 재판 서류 등의 물건이라는 점(예외적으로 피구금자의 증언이 있다), 공조의 요청과 실시가 외교 경로 외에 당사국 간에 사전에 지정된 중앙당국 간에서 직접 행해지는 점, 요청국 담당관이 일정한 조건하에서 피요청국의 영역 내에서 입회와 질문을 할 수 있는 점 등을 들 수 있다. 이러한 공조의 실시의 경우, 인도 협력에서 볼 수 있는 신병 구금 등과 같이 인권보장과 직접적으로 관련되는 일이 비교적 적어 그 가부에 대한 법원의 심사를 거치지 않는 것으로 한다. 다시 말해, 공조 실시의 가부에 관하여 행정기관(중앙당국)의 재량의 여지가 상당히 확보되어 있으며, 절차도 간단하고 신속하게 이루어질 수 있다. 한중일은 형사 공조에 관한 양자조약이 체결되어 있으며, 다음 표와 같이 공조 제한사유가 있는 경우에도 당국 간 협의를 통해 조건부로 공조를 실시할 수 있다고 규정하는 등, 각 조약에는 공통점이 많다. 이는 인도 협력에서 3국 간에 현저한 차이가 있음을 감안할 때, 3국 간의 국제 형사협력에서 형사 공조가 담당할 수 있는 역할과 가능성을 엿볼 수 있다.

[한중일의 각 형사 공조조약 비교(밑줄은 필자)]

구분	중일 형사 공조조약 (2008.11.23.발효)	한일 형사 공조조약 (2007.1.26.발효)	중한 형사 공조조약 (2000.2.25.발효)	국제 수사공조법 (1980.10.1.시행)
목적	수사, 소추 및 기타 형사절차에 관한 공조의 실시(shall,…, provide)	수사, 소추 및 기타 형사절차에 관한 공조의 실시(shall,…, provide)	수사, 소추 및 기타 형사절차에 관한 공조의 실시(shall,…, grant each other)	요청국 수사에 필요한 증거 제공(수형자 증인 이송 포함)
중앙당국	• 일본: 법무대신 혹은 국가공안위원회 위원장(또는 각 지정자) • 중국: 사법부 또는 공안부	• 일본: 법무대신 혹은 국가공안위원회 위원장(또는 각 지정자) • 한국: 법무장관 또는 그 지정자	• 중국: 사법부 • 한국: 법무장관 또는 그 지정자	
공조거절 사유	• 공조가 <u>정치범죄와</u> 관련 • 자국의 <u>주권·안전·공공질서 및 기타 중요한 이익</u>이 침해될 우려 • 공조요청이 인종·종교·국적·민족적 출신·정치적 의견 혹은 성을 이유로 이루어지거나 또는 그 자의 지위가 그러한 이유로 인해 <u>손상될 것이라 믿을 만한 실질적인 근거가 있다고 인정되는 경우</u> • 쌍방범죄 구성성	• 공조가 <u>정치범죄와</u> 관련 • 자국의 <u>안전 및 기타 중요한 이익</u>이 침해될 우려 • 공조요청이 인종·종교·국적·민족적 출신·정치적 의견 혹은 성을 이유로 이루어지거나 또는 그 자의 지위가 그러한 이유로 인해 <u>손상될 우려가 있다고 인정할 만한 충분한 이유가 있는 경우</u> • 쌍방범죄 구성성	• 공조가 <u>정치범죄 또는 군사범죄</u>와 관련 • 자국의 <u>주권·안전·공공질서 및 기타 중요한 이익</u>이 침해될 우려 • 공조요청이 인종·종교·국적·민족적 출신·정치적 의견 혹은 성을 이유로 이루어지거나 또는 그 자의 지위가 그러한 <u>이유로 손상될 것이라 믿을 만한 실질적인 근거가 있는 경우</u> • 쌍방범죄 구성성	• 공조범죄가 정치범죄일 때 또는 공조요청이 정치범죄에 대하여 수사할 목적 • 쌍방가벌성 • 요청국에서 피요청국의 증거가 수사상 필수불가결함에 대하여 요청국의 서면이 없을 때 • 법무장관에 의해 공조의 상당성이 인정되지 않을 때
공조거절전 협의	피요청국의 중앙당국은 공조 거절에 앞서 조건부의 공조실시에 대해 요청국의 중앙당국과 협의한다.	피요청국의 중앙당국은 공조 거절에 앞서 조건부의 공조실시에 대해 요청국의 중앙당국과 협의한다.	체약국은 공조의 거절 또는 연기에 앞서 조건부 공조 실시 가능성에 대하여 협의한다.	
공조거절 통보	요청국 중앙당국에 거절사유 통보	요청국 중앙당국에 거절사유 통보	요청국 중앙당국에 거절 또는 연기 사유 통보	
공조요청의 방식	서면이 원칙이나 피요청국이 인정하는 경우에는 서면 이외의 신뢰할 만한 통신 (이후 신속히 서류 제출)	서면이 원칙이나 피요청국이 인정하는 경우에는 서면 이외의 신뢰할 만한 통신 (이후 신속히 서류 제출)	서면이 원칙이며, 긴급 씨에는 기타 방식 (이후 신속히 서류 제출)	
요청국 관계자의 입회	피요청국의 법령에 반하지 않는 한 등에서 공조 실시 현장에 <u>입회·질문이 가능하도록 최선의 노력</u>을 기울인다.	피요청국의 법령에 반하지 않는 한 등에서 공조 실시 현장에 <u>입회·질문이 가능하도록 최선의 노력</u>을 기울인다.	피요청국의 법령에 반하지 않는 한 등에서 공조 실시 현장에 <u>입회·질문이 가능하도록 허용한다.</u>	

피구금자의 증언 이송	피구금자의 동의 등	피구금자의 동의 등	피구금자의 동의 등	
범죄 수익 등	범죄 수익·도구의 몰수, 요청국으로의 이전	범죄 수익·도구의 몰수, 요청국으로의 이전	범죄취득물의 처분제한 또는 범죄수익·도구의 몰수, 피요청국으로의 이전	
조약의 해석·적용을 둘러싼 분쟁 해결	외교 경로를 통한 협의	필요에 따라 협의	외교 경로를 통한 협의	

제 7 장

결론과 제언

제 7 장

●

결론과 제언

각 장을 통해 고찰한 결과, 한중일 각국 간에는 도망 범죄인 인도에 관한 법제·재판·실행·학설 등에서 적지 않은 차이가 있는 것으로 보인다. 각 국내법에서 인도 제한사유의 의무성 정도, 도망 범죄인의 동의 등과 같은 규정 유무, 사법체계와 사법 실무 등에도 편차가 보인다. 한편, 형사 공조조약은 3국의 각 2개국 간에 조약이 체결되어 있고 각국의 도망 범죄인의 국적 및 도망처로 다른 2개국이 차지하는 비율이 높다는 점을 감안할 때, 인도 협력뿐만 아니라 수형자 이송 등의 국제 협력이 더욱 요구된다는 사실을 알 수 있다. 본장에서는 본서 제2장부터 제5장까지의 각 고찰에 대해 요약하고, 이들의 한계와 과제의 요점을 재차 제시한 후, 한중일 인도 협력을 둘러싼 국제 형사협력의 원활한 작용과 촉진을 위한 제언을 하고자 한다.

제2장(도망 범죄인 인도를 둘러싼 국제형사협력의 법적 구조와 선행 연구)에서는 도망 범죄인 인도를 둘러싼 국제 형사협력에 대해 그 개요 및 법적 성질, 주요 요건, 인도 제한사유가 되는 주요 원칙 및 그 국제법규성, 고문이나 박해 등이 예상되는 나라에는 도망 범죄인을 인도해서는 안 된다고 규정한 인권보장 조항 등에 대해서 고찰했다. 이러한 원칙 등이 한중일 각국의 인도법에 어떻게 적용되고 인도재판에서 어떻게 적용되는지에 대해 제3장 내지 제5장에서 고찰했다. 또한 유럽의 '구속장 프레임워크 결정'에 대해 언급하며 지역 차원의 인도 협력 방식을 살펴봄으로써 동아시아 형사 분야에서의 국제 협력의 한계와 가능성을 찾았다.

　제3장(일본의 도망 범죄인 인도)에서 19세기 말의 '도망 범죄인 인도조례'부터 현행 '도망 범죄인 인도법'까지의 변천에 대해 인도조약과 비교하며 논하면서, 일본에서의 인도 협력의 전체 모습을 볼 수 있도록 하였다. 또한 인도 재판에서의 주요 쟁점을 들어 정치범 불인도 원칙 및 인도 범죄와 관련된 혐의 정도 등을 놓고 학설과 재판이 어떻게 파악하였는지를 고찰하였다. 일본이 체결한 인도조약이 한국과 미국 두 나라에 그치고 있으며, 동아시아에서의 국제 형사협력의 원활한 작용을 위해서는 중일 간 조약이 조기에 체결되는 것이 바람직하므로 조약 체결이 저조한 원인과 중일 간 조약 체결의 필요성 등을 분석하였다.

　제4장(중국에서의 도망 범죄인 인도)에서는 중국의 개혁개방 정책과 함께 국제 범죄 규제가 요구되어 1993년에 태국과의 인도조약 체결 이후, 여러 나라와 조약을 체결하였고 국내법을 정비하게 되었다. 2000년부터 시행된 '인도법'이 일단은 국제 사회 일반 요건과 절차 등을 규정하였으나, 인도 재판 결정에 대한 구속력이 인정되지 않는 점, 도망 범죄인 구금이 장기화되는 점, 행정기관의 자의가 작용할 여지가 적지 않은 점 등 사법 통제가 제대로 작용하고 있는지 여부에 관해 실무와 학계 등으로부터 개선을 요구하는 목소리도 있다. 또한 중국이 30개 이상의 인도조약을 체결한 바, 사형제, 신장위구르 등의 문제를 놓고 인도조약상 어떻게 다루고 있는지 등을 살펴 보았다.

　제5장(한국에서의 도망 범죄인 인도)에서는 한국이 서울올림픽을 개최한 1988년에 '범죄인 인도법'을 시행하여 중일 양국과 체결한 각 인도조약은 2002년에 함께 발효되었다. 한국은 인도에 관한 법제가 정비되기 전에도 대통령 저격의 공범이라는 이유로 일본에 인도 청구를 하거나 외교 관계가 수립되지 않은 중국으로부터 민항기 납치범과 관련해 인도 청구를 받는 등의 사례가 있었다. 한중일을 둘러싼 인도 협력으로는 류창 사건을 예시로, 중국인이 일본에서 죄를 지어 도망하다 한국에서 체포되었는데, 일본이 한일 인도조약에 근거해 인도를 청구한 사안에 대해 인도 재판의 쟁점을 검토하였다.

1. 한중일의 도망 범죄인 인도를 둘러싼 국제 형사협력의 요점

　한중일의 도망 범죄인 인도를 둘러싼 국제 형사협력을 평가함에 있어서 3국

334 한중일 3국 등 동아시아 국제형사협력

간 조약 체결 및 국내 입법 체계, 각국 인도 재판에서의 인도 제한사유 내용과 그 적용 관계, 최종적으로 인도의 상당성에 대한 정부의 결단 등에서, 각 요소가 어떻게 작용하였는지를 파악하고 이들의 상호 관계를 총체적으로 파악해야 한다. 3국 간의 도망 범죄인 인도와 관련된 국제 형사협력의 문제점에 대해 일본을 중심으로 지금까지의 고찰을 살펴보면 다음과 같이 개관할 수 있다.

일본의 도망 범죄인 인도를 둘러싼 국제 협력은 미국에서 일본으로 도망 온 범죄인에 대해 미국이 인도를 청구한 것을 계기로 미일 인도조약이 체결된 때(1886년)부터 시작하여 그 인도조약의 국내 실시법으로 도망 범죄인 인도조례가 제정되었고(1887년 시행), 이어서 사법 공조를 목적으로 한 '외국 재판소의 촉탁에 의한 공조법' 입법(1905년 시행), 러일 인도조약 체결(1911년) 등이 이루어져 국내 입법 및 인도조약의 체결이 정비되었다. 인도조례가 인도 협력에 대해 조약 전치주의를 취하였다고는 하지만, 실무에서는 조약에 근거하지 않는 경우에도 인도 협력이 실시된 사례가 적지 않다. 제2차 세계대전 후에는 미일 신인도조약(1978년) 및 한일 인도조약(2002년)이 각각 체결되어 국내 입법으로 도망 범죄인 인도법(1953년 시행), 국제 수사 공조법(1980년 시행) 및 국제 수형자 이송법(2003년 시행) 등이 정비되었다. 그 밖에 형사 공조조약으로 미국(2003년), 한국(2006년), 중국(2007년), 홍콩(2008년), 러시아(2009년) 및 유럽연합(2009년)과 각각 체결하였으며 수형자 이송조약은 유럽(CE조약, 2003년), 태국(2009년) 및 브라질(2014년)과 각각 체결하였다. 이 가운데 도망 범죄인 인도 및 형사 공조(수사 공조)의 경우 국내 입법은 조약 전치주의를 채용하지 않고 조약이 존재하지 않을 때에도 상호주의 보장 등의 조건하에 외국과 국제 협력을 할 수 있도록 규정한다. 반면 수형자 이송을 둘러싼 국제 협력은, 법률상 조약 전치주의를 따르기 때문에 CE조약 체결국 및 개별 양자조약을 체결한 상대국에 국한된다. 한중일의 형사협력 관계에서는 형사 공조에 대해 3국이 각각 양자조약을 체결하였는데, 도망 범죄인 인도조약은 중일 간에 미체결 상태이며(한일 및 한중은 체결완료), 수형자 이송에서는 한일 양국이 모두 CE조약 체결국이므로 이송 협조에 문제가 없으나, 중국은 미가입 상태이기 때문에(중한조약은 체결 완료), 이러한 국제형사협력을 촉진하기 위해서는 중일 간의 조약 체결이 필수적이라고 할 수 있다.

일본의 인도 재판에서는 정치범 불인도 원칙 및 범죄 혐의의 충분성 등이 쟁

점이 됐다. ① 정치범 불인도 원칙을 둘러싸고 퇴거 강제 명령에 의해 본국으로
의 송환이 결정되었는데, 해당 범죄인은 일본에서의 활동이 정치범죄이기 때문에
한국으로 송환되면 박해를 받을 우려가 있다는 등의 주장을 하였다. 재판에서는
정치범죄의 개념을 순수한 정치범죄와 상대적인 정치범죄로 나누어 그 불인도 원
칙의 국제법상 위치 및 국내 적용 여부 등에 대해 고찰이 이루어졌다. 제1심과 항
소심의 각 판단에서는 차이가 있었지만, 항소심의 도쿄 고등재판소는 정치범 불
인도원칙이 헌법 등의 법률에 규정되었다고 하더라도 그 국내법의 범위 내에서
확립된 것에 불과하며, 확립된 국제법규로 인정되지 않는다고 했다 ('윤수길사건'
판결, 1977년 4월 19일). 또한 이 재판에서는 정치 난민 인정 여부 및 농르풀르망
원칙에 대해, 정치범죄 인정은 그 본국인 송환국의 법령에 따라 판단되어야 하는
성질의 사항으로, 재판국이 함부로 단정하는 것은 허용되지 않으며, 송환 후에 처
벌되거나 박해가 기다리는 등의 확실한 증거가 없는 한 이를 인정 및 적용할 수
없다고 하여 최고재판소도 그 판단을 지지했다. 그 후의 인도 재판에서 도쿄 고등
재판소는 중국 민항기를 납치한 도망 범죄인이 자국 내에서 정치 활동을 이유로
체포되었다는 등의 증거가 없다는 점, 사형을 적용하지 않을 것 및 인도 청구범죄
이외의 다른 죄에 대해 처벌하지 않을 것을 인도 청구국이 보증한 점, 인도된 후
의 청구국에서의 처우에 대해서는 행정기관(법무대신)의 재량의 심사 사항으로, 사
법 심사 범위에 미치지 않는 점 등을 들어 인도 제한사유가 존재하지 않기 때문
에 인도 가능하다고 판단했다('張振海 사건' 결정, 1990년 4월 20일). 모든 사안에서,
당시 일본과 각 상대국 간에는 도망 범죄인 인도조약이 존재하지 않았으며, 재판
은 출입국 관리법령 및 도망 범죄인 인도법 등에 따라 진행됐다.

　　② 미일 인도조약상의 인도 청구에 대한 재판에서는 미국이 경제 스파이 등
의 범죄 혐의로 신병 인도를 청구하였으나 그 범죄를 저질렀다고 의심할 만한 상
당한 이유가 있음을 증명할 충분한 증거가 없었기 때문에, 인도조약 및 도망 범죄
인 인도법이 규정한 인도 제한사유의 존재가 인정되어, 인도 불가한 경우에 해당
한다고 결정했다. 법원은, 미일 인도조약 제3조의 '인도 청구와 관련된 범죄'란 어
디까지나 청구국의 법령에 기초한 인도 범죄라고 하며, 그 범죄에 대한 충분한 증
거의 준거는 청구국의 법령이라고 말한다. 즉, 미일 간의 인도 협력대상이 되는
범죄에 대해 청구국에서 다투어야 할 유죄 증거의 판단이 피청구국에서 이루어지

게 되므로 인도 협력 요건이 청구국에서 유죄가 선고될 정도까지 입증되어야 한다. 도망 범죄인 인도 절차가, 기본적으로는 인도 협력을 둘러싼 국가간 행정절차라고 하면서도 인도 여부의 심사에 대해 법원을 경유하게 한 이유는 신병구금 등을 포함하여 해당 범죄인의 인권보장에 깊이 관련되는 인도 제한사유의 존재 여부를 심사하는 데 있다고 해석된다.528) 그렇다면 도망 범죄인 인도 절차를 전체적으로 보면 일종의 행정절차라는, 인도 협력의 본래적 성질이 퇴색되면서 형사소송적 성질의 범위가 확장되는 경향이 있는 것으로 보인다.

정치범 불인도 원칙에 대해서는, 중국이 인도 재판에서 정치범죄를 다룬 사례는 찾을 수 없고, 인도 청구 관련 범죄가 정치범죄로 받아 들여질 경우 인도 재판을 거치지 않고 그 이전에 외교부 등의 심사 단계에서 인도 여부가 내정된다는 점은 이미 고찰한 바와 같다. 또한 러시아 및 중앙아시아 각국과의 인도조약에서 정치범죄를 인도 제한사유로 규정하지 않은 것은, 자국 내 민족 자치 독립운동 관련 활동에 대한 정치성을 배제함으로써 단속에 중점을 두고 있다는 것을 엿볼 수 있다. 한편, 한국에서는 '류창 사건' 인도 재판에서 한중일을 둘러싼 역사문제와 관련해 일본 정책에 항의하면서 그 정책 변경을 촉구하는 것에 영향을 미칠 목적으로 범한 행위에 대해 인도 청구국과의 외교 관계 등을 언급하는 등, 본래 행정기관이 인도 상당성을 판단할 때 심사할 범위에 개입한 것이 인정되며, 이른바 '국제 예양에 근거한 판단'이라는 지적을 피할 수 없다.

그 밖에 자국민 불인도 및 사형 불인도 문제가 있다. 자국민 불인도는 중국이 인도법상 절대적 인도 거절사유로 정하면서 외국과 체결한 인도조약에서는 임의적 인도 거절사유로 정한 경우가 적지 않다. 한국은 인도법 및 인도조약에서 임의적 인도 거절사유로 규정한다. 양국이 모두 임의적 인도 거절사유로 정한 인도조약에서는 피청구국이 자국민임을 사유로 인도를 거절할 경우 청구국의 청구에 따라 그 범죄인을 소추하기 위해 사건을 수사 당국에 회부해야 한다고 규정하는 경우가 많다. 사형 불인도의 경우 한중일이 사형 제도를 존치한다는 점에서는 차이가 없지만 중일 양국에서 사형집행이 실제로 이뤄지고 있는 데 비해 한국은 장기간 사형집행을 하지 않아 사실상 사형폐지국으로 분류된다. 3국이 사형 폐지국

---

528) 도쿄 지방재판소 결정 1990년 4월 25일(도망 범죄인 인도명령취소청구사건), 도쿄 지방재판소 결정 2014년 8월 11일(집행정지신청사건).

과 인도조약을 체결할 때 사형에 처해져야 하는 도망 범죄인의 취급을 둘러싸고 조문을 어떻게 입안하고, 인도조약에 근거하지 않는 인도 협력에서 사형 불집행의 보증을 어떻게 부여하는가 등이 문제가 된다. 즉, 국내에서 사형에 처해지는 수형자나 범죄자와의 형평성 문제가 지적되는 등, 국가 형벌권을 둘러싼 형사 정책의 기조와 관련된 것이다. 특히 중국이 사형을 집행하면서 스페인 등의 인도조약에서 사형의 불선고 또는 불집행 보증을 조건으로 인도 협력을 한다고 규정한 점은 주목되는 점이다.

2. 제언

한중일 도망 범죄인 인도를 둘러싼 국제 형사협력의 진전을 위해서는 협력관계 시스템, 각국의 재판 규범, 최종 실행 관계 등에 대한 현황과 실태를 총체적으로 고려해야 한다. 인도 협력 및 형사 공조가 3국의 각 국내법에서 조약 전치주의를 취하지 않고 조약이 존재하지 않는 경우에도 국제 협력이 가능하지만, 수형자 이송은 국내법으로 조약 전치주의를 취하고 있기 때문에 조약 체결이 필수적이다. 이러한 현황을 바탕으로 3국의 국제 형사협력의 원활한 작용과 촉진을 위해 도망 범죄인 인도, 형사 공조, 조약 체결 및 상설 협의체의 창설 등 4가지 관점에서 제언을 하고자 한다.

① 도망 범죄인 인도를 둘러싼 국제 협력의 원활화와 촉진을 위한 제언으로, 입법 정책의 관점에서 다음의 네 가지를 제언하고자 한다. i) 인도조약 등에 '집행유예부 인도' 조항을 마련하는 것이다. 인도 청구가 소추를 위해 이루어지는 경우, 청구국의 재판에서 선고된 형에 대해 그 집행은 피청구국 혹은 도망 범죄인의 본국에서 행해지는 것을 조건으로 신병을 인도한다는 것이다 (유럽 체포장 프레임워크 결정 제5조 제3호에서는 인도를 요구받은 자가 피청구국 국민인 것이 조건으로 부가되어 있다).529) 예를 들어, '류창 사건' 등과 같이 한중일 3국이 얽힌 사안의 경우, 청구

---

529) '체포장 프레임워크 결정' 제5조 제3호는 '소추를 위하여 유럽체포장의 대상이 되는 자가 집행국의 국민 또는 상주자인 경우에는 그 자가 심리 후에 발급국에서 선고된 자유형 또는 보안처분을 복역하기 위해 집행국으로 돌아가는 것을 조건으로 인도할 수 있다'고 규정한다. 또한 '도망 범죄인 인도 및 형사사법 공조에 관한 베네룩스조약'(1962년 체결) 제18조 등에도 같은 규정이 있다.

국인 일본에서 재판이 진행되어 형이 선고되었다 하더라도 그 형의 집행은 자국 (중국) 혹은 피청구국에서 이루어지는 조건으로 한국(피청구국)이 중국 국적의 도 망 범죄인을 일본으로 인도할 수 있는 구조이다. ii) '임시 인도'에 관한 규정을 마 련하는 것이다.530) 도망 범죄인이 피청구국에서 인도 범죄 이외의 범죄에 대하여 계속되거나 혹은 형에 복역하고 있는 경우, 청구국으로부터 소추를 위하여 인도 청구가 이루어진 때에는 소추 절차가 종료되면 즉시 피청구국으로 송환하는 조건 으로 일시적으로 신병을 청구국에 인도한다는 것이다. 특히, 도망 범죄 또는 그 공범에 대한 공소 시효가 임박하거나 사건의 중대성으로 인해 저시에 소추하여야 하는 등의 사정이 있는 경우, 피청구국이 청구국의 형사 절차의 우선에 협력하는 것이다. 한중 인도조약에는 이미 규정되어 있다(제14조 제2항). iii) 도망 범죄인의 '동의부 인도'를 하는 것이다. 인도에 대한 도망 범죄인의 동의가 있는 경우, 인도 재판을 하는 법원이 임의적 인도 거절사유에 해당함을 이유로 인도 불가 결정을 내릴 수 없다고 규정하고 인도 절차를 신속하게 진행하는 것이다(한국 인도법 제15 조의2). 미일 인도조약 제10조에서는 도망 범죄인이 인도에 필요한 피청구국에서 의 절차에서 권리를 포기(waive)하는 경우, 피청구국의 법령이 허용하는 범위 내 에서 인도를 촉진하기 위한 모든 조치를 취한다고 정한다.531) 또한 한미 인도조 약의 경우, 동의가 있을 때에는 특정성 원칙이 적용되지 않는다고 하여, 가능한 한 신속하게 인도하는 간이 인도(simplified extradition)를 규정한다(제16조). iv) 자 국민임을 이유로 인도를 거절할 경우, 피청구국이 그 범죄인에 대해 철저히 처벌 하는 것이다. 피청구국이 자국민인 도망 범죄인에 대하여 내국 형법상 국민인 해 외범 처벌에 근거하여 소추, 처벌하는 것이다. 인도조약에는 이러한 규정을 둔 것 이 적지 않으나 각국이 적극적으로 실시하지 않으면 이 조항은 형해화될 우려가 있다. 그 처벌의 실효성을 담보하기 위해 한중일 간에 검증 메카니즘이 형성되어 야 한다. 중국의 경우, 인도법에서는 자국민에 대해 절대적 인도 거절사유로 규정

---

530) '체포장 프레임워크 결정' 제24조 제2항은 '인도연기를 대신하여 집행사법당국은 집행사법당국 과 발급사법당국 간의 상호 합의에 의하여 정해진 조건하에서 발급국에 해당자를 잠정적으로 인도할 수 있다. 그 합의는 서면으로 하고 또한 그 조건은 발급국의 모든 당국을 구속한다'고 규정한다.

531) 미국에서는 이 규정에 따라 사법심사 등을 생략하여 인도할 수 있지만 일본에서는 인도법 및 형사사법제도에서 이러한 제도가 채용되지 않아 적용할 수 없는 것으로 해석된다. 馬場俊行, 日米犯罪人引渡条約の全面改正について, 法律のひろば(第31巻 第8号), 1978, 62쪽.

하면서 인도조약에서는 절대적 인도 거절사유 또는 임의적 인도 거절사유로 규정
한다. 또한 임의적 인도 거절사유로 규정한 인도조약에는, 인도 청구국의 요청 및
증거 등의 제공을 조건으로 그 도망 범죄인을 소추하기 위해 사건을 당국에 회부
해야 한다는 규정을 둔 것이 많다. 한일 양국은 각 인도법에서 자국민에 대해서는
임의적 인도 거절사유로 정한다. 다만 일본은 자국민에 대해 원칙적으로 인도 제
한사유로 규정하면서 인도조약에 별도의 규정이 있을 때는 그러하지 않다고 규정
하기 때문에 인도조약이 존재하지 않는 국가들과의 관계에서 이 조항은 실질적으
로 '절대적 인도 거절사유'로 작용하게 된다. 한국 인도법에는 조약 규정을 예외
로 한다는 조문이 없어 임의적 인도 거절사유의 하나로 작용한다. 한일 양국의 각
인도법에서는 공히 인도 청구 사안에 대해 법원 소관인 심사 청구의 해당성을 판
단함에 있어서 법무장관이 그 조치의 일환으로 이 조문을 심사하도록 정한다. 또
일본의 인도조약의 경우, 한일 인도조약에는 자국민임을 이유로 인도를 거절했을
때에는 청구국의 요구에 따라 사건을 당국에 회부한다고 규정하지만, 미일 인도
조약에서는 이와 같은 조문이 없고 임의적 거절사유로 정하는 데 그친다. 한국이
체결한 인도조약에는 해당 범죄인을 소추하기 위해 사건을 당국에 회부한다고 규
정하는 경우가 많다.

　② 형사 공조에서의 공조 실시 촉진과 그 활용이다. 형사 공조의 경우, 3국이
모두 양자조약을 체결하고 있으며, 한중(2000년 2월 25일 발효), 한일(2007년 1월 26
일 발효), 중일(2008년 11월 23일 발효) 간에 공조 실시가 시작된 이후 10년 내외의
축적이 인정된다. 각 공조조약상 공조의 대상, 요건 및 제한사유 등에 차이가 거의
존재하지 않고 공통된 사항도 주로 정해져 있다. 예를 들어, 공조를 요청하는 방식
으로는 서면을 원칙으로 하면서 긴급한 경우 혹은 피요청국이 인정할 경우에는 기
타 통신수단을 이용할 수 있다는 점, 공조 거절에 대해 사전협의를 통해 조건부
공조를 실시할 수 있다는 점, 피구금자의 동의 등을 통해 증언 이송이 가능한 점,
범죄 수익 등을 몰수 및 피요청국으로 이전할 수 있다는 점 등을 들 수 있다. 특히
피요청국의 법령에 위배되지 않는 한 등에서 요청국의 담당관은 공조 실시 현장에
입회하여 질문이 가능하도록 최선의 노력을 기울인다는 조문이 각 공조조약에 공
통적으로 규정되어 있다. 이처럼 한중일의 형사 공조를 둘러싼 국제 협력은 조약
상 규정이 크게 공통되는 점, 상당한 축적이 인정되는 점 등에 비추어 볼 때 지금

까지의 공조 협력을 한 단계 더 향상시킬 수 있는 여지가 있다고 생각된다. 국제형사협력은 유럽에서의 협력 증진이 보여주듯이 경제 사회 등 여러 분야의 친밀 및 통합과 맞물리는 형태로 전개되면서 형사 분야에서 도망 범죄인 인도, 형사 공조, 수형자 이송 등 각 분야의 협력이 연동되면서 법적 프레임워크가 창설되어 왔다. 도망 범죄인 인도를 둘러싼 국제 협력이 조약 및 국내법에서 그 요건, 절차 및 제한사유를 정하고, 그 적부 및 제한사유의 존재 여부에 관하여 각국의 법원이 심사하는 점 등을 감안하면 인도 협력의 원활한 작용과 촉진을 위해서도 형사 공조 협력의 진전은 중요한 의의를 갖는다고 할 수 있다. 인도 협력이 이루어지려면 도망 범죄인의 소재, 범죄 혐의를 입증하는 증거 등에 대한 정보의 확보와 제공이 필수적이어서 형사 공조 기능과 역할이 뒷받침하는 측면도 있다.

　③ 중일 양국 및 한중일 3국 간의 조약 체결이다. 본서의 고찰에서 언급한 바와 같이 한중일 간에는 도망 범죄인 인도조약과 수형자 이송 조약이 체결되지 않아 동아시아 국제형사협력의 법적 프레임워크라는 관점에서 볼 때 빈틈이 생기게 된다. 한중일 3국 간에는 도망 범죄인의 국적과 도망국 및 외국인 수형자의 본국이라는 측면에서 다른 2개국이 차지하는 비율이 매우 높고, 적정한 범죄 규제와 수형자의 사회 복귀를 위해서는 중일 간 양자조약의 조기 체결이 요구된다. 특히 일본의 수형자 이송이 조약 전치주의를 채택하고 있는 점을 감안할 때 이송 협력이 이루어지려면 조약 체결이 필수일 것이다. 한편, 중일 양국 간 조약 체결과는 별도로 한중일 3국 간에 도망 범죄인 인도를 둘러싼 국제 형사협력에 관하여 매듭을 짓는 것이다. 협력의 대상과 범위로 도망 범죄인 인도, 형사 공조 혹은 수형자 이송 등을 들 수 있는데, 이 협력들에 관한 기본 원칙을 포괄적으로 정하거나 혹은 신병 구속이나 재판을 요하지 않는 형사 공조조약에 준하는 것으로 규정하는 등의 방식을 생각할 수 있다. 3국 간에는 형사 공조조약이 이미 각각 체결되어 각 조약 규정이 대체로 공통되고 또한 상당 기간에 걸쳐 공조 실시가 축적되어 있는 점 등을 고려하면, 형사 공조조약의 규정을 발판으로 3국의 국제 형사법 규범을 창설하는 것이 실현 가능성이 있다고 생각된다. 또한 3국 간에는 '투자의 촉진, 원활화 및 보호에 관한 협정'이 2014년 5월 17일에 발효되어 경제 분야 최초의 법적 프레임워크 창설로 더욱 긴밀화가 도모될 수 있게 되었다. 형사 분야에서의 3국 간 국제 협력의 경우, 체결국인 한 나라의 중앙 당국에 의해 소추, 재

판 혹은 형 집행 등에 대해 공조 요청이 있을 경우, 다른 체결국이 입체적으로 공조를 실시할 수 있게 된다.

　④ ① 내지 ③의 내용을 협의하여 실행 계획 등을 강구하기 위해 3국 간의 상설 협의체를 창설하는 것이다. 그 협의체로는 한중일의 '3자 간 협력 사무국 설립협정'에 따라 설립된 '3국협력사무국'을 활용하는 방법이 있다. 이 사무국에는 이미 경제, 사회, 과학기술 및 환경 등 장관급 회의를 포함한 대화 메커니즘이 존재하므로, 국제 형사협력 담당 장관급 회담 혹은 전문가와 실무자들에 의한 실무부회 등을 마련하여 상설적 협의의 포럼으로 도망 범죄인 인도를 둘러싼 국제형사협력의 진전을 위한 입법 정책 등의 활동을 하는 것이다.

부 록

한중일 3국 등 동아시아 국제형사협력

부록 1 <중국의 인도재판 결정서>532)

① 윈난성 고급인민법원 인도 결정서

[2001 윈난법인자(雲高法引字) 제1호]

- 도망 범죄인의 이름: Martin Michel533)
- 생년월일 및 국적: 1945년 3월 3일(남), 프랑스
- 인도 청구국 및 죄명: 프랑스, 강간 등
- 구금일자: 2001년 7월 28일 인도 체포, 같은 해 10월 30일 인도 구류
- 구금장소: 윈난성 쿤밍시 오화구 소재 구치소

　　본원은 최고인민법원의 '2001 형인자(刑引字) 제1호' 심사 지정 결정서에 기초하여 법령에 따라 합의제 재판부를 구성하여 주중 프랑스대사관으로부터 제출받은 상기 도망 범죄인의 인도 청구서, 인도 승낙서, 체포장 및 사진 등의 증거물 등에 대하여 심사를 실시하고, 2001년 11월 12일 개정에서 상기 도망 범죄인의 진술 및 변호인의 의견을 청취하였다. 본건이 개인의 사생활과 관련되기 때문에 심리는 비공개로 이루어졌으며 이미 종료되었다.

---

532) 중국인도재판의 6건은 薛淑兰, 引渡司法審査硏究, 中国人民公安大学出版社, 2008, 490－509 쪽에 실린 결정서를 번역한 것이다. 3개의 인도 청구사안에 대하여, 고급법원 및 최고재판소가 각각 재판을 실시한 것이다. 또한 사건번호 등의 원문은 [ ]을 붙이고, 중화인민공화국 등의 국호는 중국, 프랑스, 러시아, 한국 등과 같이 줄여서 적었다.

533) 원문에는 이 부분이 서술식으로 기술되어 있으나 번역문에는 조목별로 형태를 바꾸어 기술하였다(이하 중국의 결정문은 동일).

인도 청구서 기재사실: 도망 범죄인은 1982년부터 1992년까지 프랑스에서 15세의 미성년자와 그 미성년자의 친권을 가진 15세 이상의 미성년자에 대해 강간 및 강간 미수를 범한 죄로 프랑스 사법기관에 의해 체포가 요구되고 있다. 2015년 현재, 도망 범죄인이 중국에 소재하기 때문에 도망 범죄인의 인도를 청구한다.

도망 범죄인은 인도 청구서에 기재된 범죄를 부인하고, 만약 프랑스로 송환되게 되면 잔인하고 비인도적 및 인격 모욕적인 취급 또는 혹은 그와 같은 처벌을 받게 된다고 항변한다. 변호인은 인도 범죄의 시간과 장소가 불분명해 도망 범죄인을 유죄로 증명할 증거가 없으며, 심지어 중국에 아내와 딸이 있어서 프랑스로 인도되면 그 아내와 딸의 권리가 피해를 입는다고 주장했다.

본원은 프랑스의 인도 청구서상의 행위는 프랑스 형법에 비추어 범죄를 구성하며, 중국 형법에 따라 범죄를 구성하는 것으로, 모두 1년 이상의 유기징역 혹은 그 이상의 형벌이 가해지는 것임을 인정한다. 도망 범죄인 및 그 변호인은 프랑스에서의 범죄행위를 뒷받침하는 증거가 없다며 항변과 의견을 제출하였으나, 심사 결과 인정되지 아니한다. 도망 범죄인이 제출한, 가령 프랑스로 송환되면 잔인하고 비인도적 및 인격 모욕적 취급이나 혹은 그와 같은 형벌이 가해진다는 진술에 대해서는 심사 결과 근거가 부족하다. 변호인이 주장한 도망 범죄인이 인도되면 중국에 남겨지는 도망 범죄인의 아내와 딸의 권익이 손해를 입을 수 있다는 의견에 대하여 도망 범죄인이 중국에서 결혼의 법정 절차를 아직 이행하지 아니하였고 법률상 혼인 관계가 아니므로 인도를 불가능하게 할 사유가 될 수 없으며, 본원은 이를 받아들이지 아니한다. 그러므로 도망 범죄인은 중국 인도법 제8조 및 제9조에서 정하는 인도 제한사유를 갖지 아니한다. 따라서 중국 인도법 제16조 제2항, 제7조, 제24조 제1항 제1호의 규정에 따라 다음과 같이 결정한다:

도망 범죄인 Martin에 대한 인도 청구는 중국 인도법이 정하는 인도 요건에 부합한다.

법령에 의하여 본 결정이 있은 날로부터 7일 이내에 최고인민법원의 심사를 청구한다.

이 결정에 불복할 시 도망 범죄인 및 그 변호인은 이 결정의 선고가 있은 날로부터 10일 이내에 최고인민법원에 그 의견을 제출할 수 있다.

재판장   李 杰
재판관   李風朝
재판관   張迎憲
2001년   12월   21일
서기관   傅 栗

최고인민법원 인도 결정서

[2001 법인자(法引字) 제1호]

- 도망 범죄인의 이름: Martin Michel
- 생년월일 및 국적: 1945년 3월 3일(남), 프랑스
- 인도 청구국 및 죄명: 프랑스, 강간 등
- 구금일자: 2001년 7월 28일 인도체포, 같은 해 10월 30일 인도 구류
- 구금장소: 윈난성 쿤밍시 오화구 소재 구치소

2001년 6월 1일, 프랑스는 중국에 대하여, 강간죄 혐의가 있는 프랑스 국민 Martin의 인도를 청구했다. 본원은 중국 인도법 규정에 따라 2001년 9월 25일 '2001 형인자(刑引字) 제1호' 심사 지정 결정서에 따라 윈난성 고급인민법원을 지정하고 프랑스가 제출한 인도 청구를 심사하였다.

윈난성 고급인민법원은 2001년 12월 21일 '2001 윈고법인자(雲高法引字) 제1호' 인도 결정서에서 도망 범죄인 Martin에 대한 프랑스의 인도 청구가 중국 인도법이 정하는 인도 요건에 부합한다고 결정함과 동시에 법령에 기초하여 본원에 대한 심사를 요청했다. 본원은 법령에 근거해 합의제 재판부를 구성해 윈난성 고급인민법원의 인도 결정을 심사했다.

본원의 심사기간 중 Martin과 그 변호인은 Martin의 강간죄에 대한 증거가 부족하다는 점, 만일 인도될 경우 잔인한 취급을 받을 우려가 있다는 점, Martin이 합법적으로 중국에 입국했다는 점, 중국 국민인 여성 해(奚) 씨와 자녀 1명이 남겨진다는 점, 이들의 권익을 보호받아야 한다는 점 등을 제출하여 인도 결정을 허가해서는 안 된다고 주장했다. 본원은 프랑스 정부가 제출한 인도 청구서 및 기타 증거 자료에 대해 검토한 결과, 도망 범죄인의 주장에는 근거가 부족하고 또한 합법적으로 입국한 것은 인도 결정 요건을 부정할 만한 것이 아니며, 중국 국민인 해(奚)씨와 그 자녀에 대해서는 프랑스 정부가 타당한 해결책을 제시하고 있다. 그렇다면 Martin 및 그 변호인의 인도 청구를 허가해서는 안 된다는 주장은 받아들여지지 않으며, 윈난성 고급인민법원의 결정은 정확하다. 따라서 중국 인도법

제26조 제1호의 규정에 따라 다음과 같이 결정한다:

도망 범죄인 Martin에 대한 인도 청구는 중국 인도법이 규정한 인도 요건에 부합한다고 한 윈난성 고급인민법원의 결정을 승인한다.

재판장   南　英

재판관   高憬宏

재판관   薛淑蘭

2002년   11월   14일

서기관   常朝暉

② 상하이시 고급인민법원 인도 결정서

[2006 호고형자(沪高刑字) 제1호]

- 도망 범죄인의 이름: Shapenkov Nikolay
- 생년월일 및 국적: 1966년 10월 19일(남), 러시아
- 인도 청구국 및 죄명: 러시아, 살인 등
- 구금장소: 상하이시 제일 구치소

　　러시아는 2006년 2월 10일 중국에게 살인죄 혐의가 있는 러시아 국민 Shapenkov를 인도할 것을 요구했다. 최고인민법원은 2006년 6월 26일의 '2006 형인자(刑引字) 제6호' 심사 지정 결정서에 기초하여, 본원을 인도 청구가 중국 인도법 및 중국과 러시아 간의 범죄인 인도조약이 각각 정한 인도 요건에 부합하는 지 여부를 심사하는 법원으로 지정하였다. 본원은 2006년 8월 7일 인도법에 따라 합의제 재판부를 구성해 도망 범죄인 Shapenkov에게 인도 청구서 부본을 송달하고 Shapenkov가 제출한 답변의견서를 수리했다. 본원은 이후 2006년 9월 7일 공개법정에서 심리를 하였는데, 도망 범죄인이 출정하여 의견을 진술하고 지정 변호사 및 본원이 의뢰한 통역이 출석하여 심사를 실시하였으며 그 심사는 종료되었다.

　　러시아는 인도를 청구하면서 러시아 연안 교통 검찰원이 조사했던 Shapenkov 의 형사사건을 제출했다. 초동 수사에 따르면 2005년 1월 11일 중국 상하이에 정박했던 화물선 리더호 선상에서 도망 범죄인은 적대관계를 이유로 살해의 목적으로 본건 피해자인 마일리닉에 대해 양손과 양발로 수 차례 반복하여 구타하였으며 신체에 위해를 가하고 사망에 이르게 한 사실이 인정된다. 이에 Shapenkov는 러시아 형법 제105조가 정한 살인죄로 기소돼 구속됐으며 국제 수배 조치도 내려졌다. 해당 인도 청구는 Shapenkov를 러시아 법집행기관에 인도할 것을 요구하는 것으로, 러시아가 Shapenkov를 위해 변호사의 조력을 포함한 가능한 모든 보호를 받을 것을 승인하며 또한 Shapenkov가 고문, 각종 잔혹적, 비인도적, 인격

모욕적 취급 또는 처벌을 받지 않을 것임을 보증한다.

Shapenkov는 본건 피해자로부터 모욕을 받았기 때문에 구타한 것이며 인도 청구에 제시된 살해의 목적, 즉 고의로 치명적 위해를 가하여 살해했다는 것은 사실이 아니라고 주장하는 서면을 제출했다. Shapenkov는 인도 청구의 범행 장소가 세인트 빈센트 그레나딘 국적 화물선의 선상이기 때문에, 관련 국제법 규정에 비추어 해당 선박은 선적이 속하는 국가의 영역이므로 선적국이 마땅히 사법관할권을 행사해야 한다고 주장했다.

변호인의 의견은, 러시아가 청구한 인도 범죄에 관한 내용은 이와 함께 제출된 증거물 등이 반영하는 정황과 일치하지 않으며, 따라서 도망 범죄인에 대하여 러시아 형법 제105조가 정하는 살인죄로 소추하기는 어렵다고 주장한다. 또한 변호인은 러시아 당국이 Shapenkov에 대한 강제 조치를 선언하기 전에 상하이 사법기관에 의해 구류된 기간을 당연히 경감해야 한다는 의견을 제출했다. 본원에서 심사하고 확인한 사항: 러시아로부터 인도를 요청받은 범죄, 즉 Shapenkov가 2005년 1월 11일 상하이에 정박했던 세인트빈센트 그레나딘 국적의 화물선 리더호 선상에서 범한 살해행위는 중국 형법과 러시아 형법이 정하는 규정에 따라 공히 범죄를 구성하며, 각각 1년 이상의 유기징역 혹은 그 이상의 형벌이 부과될 수 있는 것이다. 인도 청구는 동시에 Shapenkov에 대하여 고문 및 그 밖의 잔혹하고 비인도적, 인격 모욕적 취급 혹은 그러한 처벌을 받지 아니할 것이라고 확인하였다. 러시아의 인도 청구는 중국 인도법과 중국과 러시아 간의 범죄인 인도조약의 각 규정에 부합하며 인도 요건에 부합하는 것이다.

Shapenkov의 인도 범죄와 관련된 행위의 살인고의 여부에 대해서는 중국 인도법 및 중러간 범죄인 인도조약의 각 규정에 따라 인도 제한사유의 요건을 구성하지 아니하며, 본건 인도 심사에 영향을 미치는 것이 아니므로 본원은 법령에 따라 그 사항에 대하여 심사와 인정을 하지 아니한다. Shapenkov의 행위가 러시아 형법이 정하는 살인죄에 부합하는지 여부는 당연히 러시아 사법기관에게 요구되는 것이므로 관련 증거와 러시아 법령에 따라 재판이 이뤄져야 한다.

본원은 심사를 거친 결과, 본건 범죄에 대하여 중국 형법과 러시아 형법의 각 규정이 정한 쌍방의 범죄를 구성하고, 공히 1년 이상의 유기징역 혹은 그 이상의 형벌이 선고될 수 있음을 확인하였다. 러시아의 인도 청구는 동시에 도망 범죄인이 고문 또는 그 밖의 잔혹하고 비인도적, 인격 모욕적 취급이나 혹은 그러한 처벌을 받지 아니할 것을 확인하였다. 러시아의 인도 청구는 중국 인도법 및 중러 간의 범죄인 인도조약의 각 규정이 정하는 인도 요건에 부합한다.

본건 인도 범죄행위에서의 살인고의 유무는 중국 인도법과 중러 간의 범죄인 인도조약 규정에 따라 인도 제한사유 모두에 해당하지 아니하고, 러시아의 인도 청구가 인도 요건을 충족하는지 여부의 심사에 영향을 미치는 것도 아니므로, 본원은 법령에 따라 그에 관한 심사와 인정을 하지 아니한다. 도망 범죄인의 행위가 러시아 형법이 정하는 살인죄에 부합하는지 여부에 대해서는 당연히 인도를 청구한 러시아 사법기관이 관련증거와 법령에 따라 재판을 실시하여야 한다.

본건 범죄행위에 대한 사법 관할권의 문제에 관하여 세인트빈센트 그레나딘 국이 화물선 리더호에 대한 사법 관할권을 가지고 있음에도 불구하고, Shapenkov 에게 형사 책임을 묻기 위한 인도 청구를 제출하지 아니하고, 게다가 러시아 형법은 자국민의 해외범죄에 대하여 사법 관할권을 가지고 있음을 명확히 규정한다. 동시에 중국 인도법과 중러 범죄인 인도조약의 각 규정에서 화물선 '리더호'에 대한 사법 관할권의 귀속 문제는 인도 요건을 구성하는 것도 아니다.

Shapenkov가 상하이 사법기관에 의하여 구금된 것 및 그 구류기간을 형벌에 반영하는 문제에 대하여, 상하이 사법기관이 Shapenkov를 구류한 것은 주상하이 러시아 총영사관이 본건 수사를 요구하는 구상서를 제출한 것에 대한 대응이자 중국 형사소송법 규정에 따라 행해진 조치이다. 그렇다면 실제로 발생한 구금 기간은 사건 수사, 증거 이송, 인도 청구의 송부와 수리, 심사 등에 소요되는 기간이며 또한 러시아가 Shapenkov에 대해 취한 국제수배 및 기타 조치에 요구되는 것으로, 본원은 그 합법성에 의문이 없음을 확인한다. 구금기간을 형벌기간에 산입할지의 문제에 대해, 본원은 그 문제를 사실대로 러시아의 사법기관에 통지하고, 러시아 사법기관이 자국의 관련 법률에 따라 결정하도록 한다.

이상과 같이, 본원은 도망 범죄인 및 그 변호인이 제출한 의견은 중국 인도법과 중러간 범죄인 인도조약이 정하는 인도 제한사유의 어느 하나에도 해당하지 없음을 확인한다. 따라서 중국 인도법 제24조 제1호의 규정에 따라 다음과 같이 결정한다:

러시아의 Shapenkov 인도 청구는 중국 인도법이 규정한 인도 요건에 부합
한다.

중국 인도법 제25조의 규정에 따라 본원은 본 결정에 대하여 최고인민법원
의 승인을 요청한다.

도망 범죄인은 이 결정에 불복할 시 이 결정의 선고가 있은 날로부터 10일
이내에 최고인민법원에 그 의견을 제출할 수 있다.

재판장   斋 奇

재판관   黃祥青

재판관   黃祥青

2006년   9월   19일

서기관   叶 磊

최고인민법원 인도 결정서

[2006 형인자(刑引字) 제6호]

- 도망 범죄인의 이름: Shapenkov Nikolay
- 생년월일 및 국적: 1966년 10월 19일(남), 러시아
- 인도 청구국 및 죄명: 러시아, 살인 등
- 구금일자: 2005년 1월 12일 인도체포, 같은 해 1월 26일 인도 구류
- 구금장소: 상하이시 제일 구치소

　　러시아는 2006년 2월 10일 중국에게 살인죄 혐의가 있는 러시아인 Shapenkov의 인도를 청구했다. 본원은 중국 인도법 규정에 따라 2006년 6월 26일자 '2006 형인자(刑引字) 제6호' 심사 지정 결정서에서 상하이시 고급인민법원이 본건 인도 청구의 심사를 하도록 지정하였다. 상하이시 고급인민법원은 2006년 9월 19일 이뤄진 '2006 호고형인자(滬高刑引字) 제1호'의 인도 결정서에서 러시아의 인도 청구가 중국 인도법이 정하는 인도 요건에 부합한다고 결정하면서 본원의 심사를 요청했다. 본원은 법령에 따라 합의제 재판부를 구성하여 상기 인도 결정에 대해 심사하였다.

　　본원은 심사를 거쳐 다음과 같이 확인하였다: 본건 인도 범죄는 중국 인도법과 러시아 형법이 정하는 규정에 따라 공히 범죄를 구성하고, 동시에 1년 이상의 구금형 혹은 그 이상의 중한 형벌이 선고될 수 있는 것이다. 러시아의 인도 청구는 중국 인도법의 규정이 정하는 인도 요건에 부합한다. 상하이시 고급인민법원이 행한 인도와 관련된 결정은 옳다. 따라서 중국 인도법 제26조 제1호에 따라 다음과 같이 결정한다:

　　상하이시 고급인민법원 '2006 호고형자(滬高刑字) 제1호'가 러시아로부터의 Shapenkov 인도 청구는 중국 인도법의 규정이 정하는 인도 요건에 부합한다고 결정한 것에 대하여, 그 결정을 승인한다.

이 결정은 송달 후에 즉시 법률 효력이 발생한다.

재판장　　　薛淑蘭

재판관　　　李祥民

재판관　　　常朝暉

2006년　　12월　　24일

서기관　　李 銳

③ 랴오닝성 고급인민법원 인도 결정서

[2001 요형이인자(遼刑二引字) 제1호]

- 도망 범죄인의 이름: 변인호
- 생년월일 및 국적: 1957년 1월 15일(남), 한국
- 인도 청구국 및 죄명: 사기 등
- 구금일자: 2005년 11월 28일 체포,[534] 같은 해 12월 27일 거주감시, 2006년 4월 30일 구류
- 구금장소: 랴오닝성 잉커우시 구치소

　　2006년 1월 26일, 한국은 한국 국적인 변인호에 대한 인도를 중국에 청구했다. 최고인민법원은 2006년 3월 14일 도망 범죄인 변인호에 대한 수색통지서를 중국 공안부에 송부했다. 그해 5월 15일 공안부는 도망 범죄인이 중국내에서 계약 사기죄를 범한 혐의로 랴오닝성 잉커우시 구치소에 수용돼 있다는 사실을 확인하고, 이를 최고인민법원에 통보했다. 최고인민법원은 2006년 8월 23일의 '2006 형인자(刑引字) 제2호' 심사 지정 결정서에 의해 본건 인도 청구의 심사 기관으로 본원을 지정하였다. 본원은 합의제 재판부를 구성하고 2006년 12월 7일 공개 법정에서 심리를 진행했다. 법정에서 도망 범죄인은 의견을 진술하였고, 변호인 두 명이 의견을 개진하고 통역인이 통역하여 2015년 현재 인도 청구 심사를 종료했다.

---

534) 본건 도망 범죄인의 구금이 '인도체포'가 아니라 '체포'인 것은 중국 인도법상의 강제조치가 아니라, 인도 청구와는 별건인 중국에서의 범죄 때문에 중국 형사소송법에 따라 구금되었기 때문이다. 본건의 한국으로의 인도는 한국에서 형집행시효의 완성이 임박하여 그것을 방지하기 위한 임시 인도였다. 즉, 본건 범죄인이 재판 중에 도망하여 그 사이에 징역형이 확정된 바, 당시 한국 형법상 형집행 중의 도망 등에 대하여 시효정지의 법적 근거가 없었으므로 도중에 일시적인 형집행이 없으면 시효가 완성되게 되어 있었다. 결국 한국이 인도를 받아 형 집행 시효를 연장시켜 신속하게 그 신병을 중국으로 송환하고 중국에서의 형벌이 끝난 뒤 다시 한국으로 넘겨져 나머지 형을 살게 된다.

한국의 인도 청구서는 다음과 같은 내용을 명기하였다: 도망 범죄인은 대한민국 국민이며. 한국의 '특정 경제범죄 가중처벌 등에 관한 법률'을 위반하여 유기 징역 15년의 선고 및 벌금 200만원의 결정을 선고 받았다. 도망 범죄인은 2015년 현재 중국 내에 소재하므로 중국과 한국 간의 범죄인 인도조약 규정에 따라 도망 범죄인이 한국에서 형벌을 받을 수 있도록 인도를 청구하고, 도망 범죄인이 한국에 인도되면 재심의 기회를 준다는 보증을 확인했다.

한국 외교부는 다음과 같은 자료를 제공하였다: 인도 청구서, 서울 지방법원 판결서 및 서울 고등법원 결정서, 확인서, 재신보증서 등이다.

도망 범죄인은 한국에서 받은 판결이 불공정한 것이며 한국 법무부가 확인했다는 재심의 보증은 법률 효력이 없다고 주장했다. 변호인은, 도망 범죄인의 범죄가 양국의 법률에 따라 범죄를 구성하는지에 대한 검토가 필요하며, 또한 중국 사법기관에 의하여 도망 범죄인에 대한 형사 소송이 진행 중이므로 당연히 인도를 유보하여야 한다는 의견을 제출하였다.

본원은 심사 결과 다음 사항을 확인한다.

(1) 도망 범죄인의 한국내 범죄 및 형벌 집행 정황

도망 범죄인은 '특정 경제범죄 가중 처벌 등에 관한 법률'을 위반해 1998년 8월 21일 서울 지방법원으로부터 유기징역 15년을 선고받고, 동시에 벌금 200만원에 처해졌다. 이후 도망 범죄인은 서울 고등법원에 항소를 제기하고 항소재판 기간 중 질병을 호소해 형 집행이 정지됐으나 임시 석방 후 치료를 받던 병원에서 도주했다. 서울고법은 1999년 2월 19일 궐석재판을 진행해 원심판결을 유지했다. 항소재판 동안 도망 범죄인의 변호인은 재판에 참가하여 선고 후 대법원에 상고했으나 상고 기각되어 형이 확정됐다. 도망 범죄인은 한국에서 판결받은 구금형의 형기를 모두 마치지 아니하였다.

(2) 중국 사법기관의 도망 범죄인에 대한 형사 소송의 정황

랴오닝성 잉커우시 인민검찰원은 2006년 10월 20일 랴오닝성 잉커우시 중급 인민법원에 공소를 제기했다. 공소요지: 변인호는 2005년 7월 15일 한국 서울 국민은행 액면가 10억원짜리 수표를 담보로, 고액 수익을 구실로 가명을 이용해 피해자인 중국 국민 桂永成(랴오닝성 잉커우 시 거주)과 채무계약을 체결하고 중국 돈

370만 위안을 가로챘다. 사건 발생 후 변인호의 가족이 중국 돈 250만 위안을 대신 갚았다. 이 형사 소송은 2015년 현재 진행 중이다.

본원은 본건 인도 범죄 '특정 경제 범죄 가중 처벌 등에 관한 법률' 위반 행위는 중국 형법과 한국 형법상 공히 범죄를 구성하는 것으로 인정한다. 도망 범죄인이 한국에서 복역해야 할 남은 형기가 6개월 이상이며 한국은 중국에 대해 도망 범죄인이 한국에 인도되면 재심의 기회를 부여한다는 보증을 확인했다. 본건 인도 청구는 중국 인도법 및 중국과 한국 간의 범죄인 인도조약이 정하는 인도 요건에 부합하고 동시에 중국 인도법과 중국과 한국 간의 범죄인 인도조약이 정하는 인도 제한사유의 어느 하나에도 해당하는 정황이 없다. 도망 범죄인이 제출한 '불공정한 판결을 받았다'고 하는 문제는, 당연히 한국 국내법에 근거하여 심사가 이루어져야 하며 본원의 심사 범위에 속하는 것이 아니다. 또한 '한국 법무부가 확인한 재심의 보증은 법률 효력이 없다'는 문제와 관련해 한국 법무부가 확인한 문서는 한국 외교부 및 주중 한국 대사관을 경유한 것으로, 그 확인서는 '한국 정부는 중국에 청구하는 인도 범죄에 대해 재심의 기회를 부여할 것을 보증한다'고 하여 한국 정부를 대표하는 내용이 명기되어 있다. 변호인이 제출한 '변인호의 범죄가 양국 법률에 따라 범죄를 구성하는지 여부를 검토할 필요가 있다'는 의견에 대해서는 한국에서 사기 관련 범죄로 조사를 받아 이미 유죄 판결이 났고, 중국 형법에 따라서도 동일한 범죄를 구성하고 인도 청구국과 피청구국 쌍방에서 범죄를 구성하기 때문에 중국 인도법 및 중국과 한국 간의 범죄인 인도조약이 요구하는 인도 요건에 부합한다. 또한 변호인이 제출한 '중국 사법기관에서 변인호의 형사 소송이 계속 중이므로 인도를 당연히 유보해야 한다'는 의견에 대해 랴오닝성 잉커우시 중급 인민법원이 중국 내에서의 범죄에 대해 심리가 진행 중인 것은 분명하지만, 그것이 인도를 보류하는 것은 아니며 인도 여부는 법원의 결정 및 그 후의 국무원의 결정을 기다려야 한다. 중국 인도법 제7조, 제8조, 제9조, 제22조, 제23조, 제24조, 제42조, 중국과 한국 간의 범죄인 인도조약 제1조, 제2조, 제3조, 제4조의 규정에 따라 다음과 같이 결정한다:

한국으로부터의 도망 범죄인에 대한 인도 청구는 중국 인도법 및 중국과 한국 간의 범죄인 인도조약의 규정이 정하는 인도 요건에 부합한다.

　본 결정이 내려진 날로부터 7일 이내에 최고 인민법원의 재심사를 요청한다.

　본 결정에 불복할 경우 도망 범죄인 및 그 변호인은 이 결정의 선고가 있은 날로부터 10일 이내에 최고인민법원에 그 의견을 제출할 수 있다.

재판장　　　長姜陽

재판관　　　李　崢

재판관　　　賈　娜

2006년　　12월　　18일

서기관　　　胡志偉

최고인민법원 인도 결정서

[2006 형인자(刑引字) 제2호]

• 도망 범죄인의 이름: 변인호
• 생년월일 및 국적: 1957년 1월 15일(남), 한국
• 인도 청구국 및 죄명: 사기 등
• 구금일자: 2005년 11월 28일 체포, 같은 해 12월 27일 거주 감시, 2006년 4월 30일 구류
• 구금장소: 랴오닝성 잉커우시 구치소

　　도망 범죄인은 1998년 8월 21일 한국 서울 지방법원에 의해 사기죄로 징역 15년 및 벌금 200만원을 선고받았다. 도망 범죄인은 그 판결에 불복해 서울 고등법원에 상소했다. 항소재판 동안 병 치료를 이유로 형 집행이 정지된 것을 계기로 중국으로 도피했다. 한국 서울고법은 도망 범죄인이 불출석한 채 원심을 유지하는 판결을 내리고 대법원이 상고를 기각함에 따라 형이 확정됐다. 2006년 1월 26일, 한국은 중국에 대하여 그 범죄인을 한국에서 형 집행하기 위해 인도를 청구했다. 본원은 중국 인도법 규정에 따라 인도되면 한국이 도망 범죄인에게 재심 재판의 기회를 준다는 확인을 받은 뒤 2006년 8월 23일 '2006 형인자(刑引字) 제2호' 심사 지정 결정서에 따라 랴오닝성 고급인민법원이 본건 인도 청구를 심사하도록 지정했다. 랴오닝성 고급인민법원은 2006년 12월 18일 '2006 요형인자(遼刑引字) 제1호'의 인도 결정서를 발부하였으며, 한국의 인도 청구는 중국 인도법 및 중국과 한국 간의 범죄인 인도조약의 각 규정이 정하는 인도 요건에 부합한다는 결정을 내리고, 본원에 그 결정의 심사를 요청하였다. 본원은 합의제 재판부를 구성하여 본안을 심사했다.

　　본원은 심사 결과 다음 사항을 확인한다: 한국이 인도를 요청하는 도망 범죄인이 저지른 1997년 2월부터 1998년 8월까지 수출과 관련된 세금 환급금 3억달러와 4000억 원을 수차례에 걸쳐 가로챈 행위 및 부정한 주가 조작 행위는 중국

형법과 한국 형법의 각 규정에 따라 공히 범죄를 구성하고, 또한 한국이 인도를 요청한 시점에 도망 범죄인이 복역해야 할 나머지 형기는 6개월 이상이다. 한국의 인도 청구는 중국 인도법 및 중국과 한국 간의 범죄인 인도조약의 각 규정이 정하는 인도 요건에 부합한다고 한 랴오닝성 고급인민법원의 결정은 옳다. 본원의 심사 중에 도망 범죄인이 그 밖에 새로운 의견을 제출한 것은 없다. 따라서 중국 인도법 제26조 제1호의 규정에 따라 다음과 같이 결정한다:

랴오닝성 고급인민법원이 내린 '2006 요형인자(遼刑引字) 제1호' 결정을 승인한다.
이 결정은 송달 후 즉시 법률 효력이 발생한다.

재판장　　　薛淑蘭
재판관　　　楊　克
재판관　　　常朝暉
2007년　　4월　　2일
서기관　　　李　銳

부록 2 <한국의 인도재판 결정서>

서울고법 2013. 1. 3.자 2012토1 결정

[인도심사청구] 확정<야스쿠니 방화 범죄인 인도 청구 사건>[각공2013상,173]

(출처: 서울고등법원 2013. 1. 3.자 2012토1 결정 : 확정 [인도심사청구] > 종합법률정보 판례)

【전　　문】
【범 죄 인】범죄인
【청 구 인】서울고등검찰청 검사
【청 구 국】일본국
【변 호 인】법무법인 세종 담당변호사 명동성 외 6인
【주　　문】범죄인을 청구국에 인도하는 것을 허가하지 아니한다.
【이　　유】

1. 인도심사청구의 요지

청구인은 2012. 11. 8. 청구국으로부터 범죄인에 대한 2012. 5. 21.자 인도청구가 있음을 이유로, 대한민국과 청구국 사이에 2002. 4. 8. 체결하여 2002. 6. 21. 발효된 '대한민국과 일본국 간의 범죄인 인도조약'(이하 '이 사건 조약'이라 한다) 제2조, 제8조의 규정에 따라 범죄인의 인도허가 여부에 관한 심사를 청구하였다.

2. 인도심사청구의 대상 범죄사실과 적용법규

가. 범죄사실의 요지

범죄인은 2011. 12. 26. 03:56경 청구국 도쿄도(동경도) 지요다구(천대전구) 구단키타(구단북) 3정목 1번 1호 소재 야스쿠니 신사(정국신사) 신문 앞에서 위 신문 중앙문 남쪽 기둥에 휘발유 같은 액체를 뿌리고 소지한 라이터로 불을 붙여 위 신사 대표임원인 교고쿠 다카하루가 관리하는 위 신사의 신문 일부를 소훼함으로써 위 신문 부근 건조물 등에 연소할 우려가 있는 등 공공의 위험을 발생하게 하였다.

나. 인도심사청구의 적용법규

이 사건 인도심사청구에 관한 적용법규로는, 국내법으로서 1988. 8. 5. 공포되어 시행되고 있는 '범죄인 인도법'이 있고, 조약으로서 이 사건 조약이 있는데, 대한민국 헌법은 "헌법에 의하여 체결·공포된 조약과 일반적으로 승인된 국제법규는 국내법과 같은 효력을 가진다"고 규정하고 있고(제6조 제1항), 이러한 헌법 규정 아래에서는 국회의 동의를 요하는 조약은 법률과 동일한 효력을, 국회의 동의를 요하지 않는 조약은 대통령령과 같은 효력을 인정하는 것이라고 해석함이 타당하므로, 이 사건 조약은 국회의 비준을 거친 조약으로서 법률과 동일한 효력을 가진다고 할 것이다. 또한 범죄인 인도법 제3조의2에 따르면 '범죄인 인도에 관하여 인도조약에 이 법과 다른 규정이 있는 경우에는 그 규정에 따른다'고 되어 있다.

따라서 대한민국이 청구국에 대하여 범죄인을 인도할 의무가 있는지를 판단함에 있어서는 신법 우선의 원칙, 특별법 우선의 원칙 등 법률해석의 일반원칙과 위 범죄인 인도법의 규정 취지에 따라 이 사건 조약이 범죄인 인도법에 우선하여 적용되고, 범죄인 인도법은 이 사건 조약의 취지에 반하지 아니하는 범위에서 이 사건 조약을 보충하여 적용된다.

3. 인도허가 여부에 관한 판단

가. 기초 사실

다음 사실은 범죄인 및 증인 청구외 1의 이 법정에서의 각 진술과 기록에 의하여 인정된다.

1) 범죄인의 가족력

범죄인은 1974년 중국 상하이에서 출생하여 어려서부터 취학 전까지 부모와 떨어져 외할머니와 함께 살았고, 취학 후에도 외할머니가 1985년 12월 사망하기 전까지 방학 때마다 외할머니의 집에서 기거하였다.

외할머니는 사망하기 전까지 가족 및 친지에게 평생 감추어 왔던 다음과 같은 자신의 과거를 범죄인에게 알려주었다.

외할머니는 한국인으로서 본명이 청구외 2(개명 후 이름 생략)로 평양에서 태어나 대구와 서울 등지에서 살다가 1942년경 목포항을 통하여 중국에 끌려가 일본군위안부가 되어 고초를 겪었고, 제2차 세계대전이 끝난 후에도 중국에 그대로 남아 있다가 범죄인의 외할아버지와 결혼하여 범죄인의 어머니인 청구외 1를 낳았으며, 외증조할아버지 청구외 3은 1940년대 초 서울 소재 중학교의 교사로 일하던 중 몰래 한국어를 가르쳤다는 이유로 서울 서대문형무소에서 고문을 받아 사망하였다.

한편 범죄인의 할아버지 청구외 4는 항일 신사군의 단장으로서 전투원을 거느리고 항일투쟁을 하다가 1945년 전사하여, 1983년 중국 정부로부터 혁명열사라는 칭호를 받았다.

이러한 연유로 범죄인은 인터넷에서 군국주의를 비판하고, 2005년에는 야스쿠니 신사를 방문해서 일본제국주의를 타도하자는 구호를 외치는 등 항의를 했으며, 2006년에는 청구국의 고이즈미 총리가 야스쿠니 신사를 참배한 것에 대해 시위를 하고, 주중 일본대사관 앞에서 항의하기도 하였다.

2) 이 사건 범행에 이르기까지의 경위

범죄인은 1997년 대학 졸업 후 광저우의 학원에서 영어교사로 일하였고, 심리치료학을 공부하여 2007년경 심리치료사 자격을 취득한 후 2008년부터는 심리치료사로 일하기 시작하였으며, 2011. 3. 11. 동일본대지진 참사가 일어나자 2011. 10. 3. 재해지역 주민에 대한 심리치료 자원봉사를 위하여 청구국으로 갔다.

　　범죄인은 청구국에서 일본어를 배우고 현지 생활에 적응하면서 상담치료 등 봉사활동을 하던 중 2011. 12. 18.경 한일 정상회담 당시 대한민국의 이명박 대통령이 과거 일본군위안부 문제에 대한 진정한 반성과 해결을 촉구하였음에도 불구하고 청구국의 노다 요시히코(야전가언) 총리가 그 논의 자체를 거부하고, 오히려 주한 일본대사관 앞의 일본군위안부 소녀상을 철거하라고 요구하는 모습을 언론을 통해 접하게 되고, 아울러 청구국 국회의원들이 집단으로 야스쿠니 신사를 참배하던 모습을 떠올리면서, 전쟁 피해자의 후손인 범죄인이 제2차 세계대전 전범을 신으로 모시는 야스쿠니 신사에 방화함으로써 과거의 역사적 사실을 부정하고 우경화 정책을 펼치며 군국주의로 회귀하려는 청구국에 경고의 메시지를 던져 진정한 반성과 사죄를 촉구하기로 마음먹었다.

　　이에 따라 범죄인은 범행 날짜를 일본 군국주의에 희생당한 외할머니의 기일이자 중국을 수립한 마오쩌둥의 생일인 2011. 12. 26.로 정하고, 범행 시간도 인명 피해 우려가 적은 새벽으로 하면서 할아버지가 속하였던 '신사군'에 '사'가 들어 있는 점과 일본 제국주의의 죽음을 의미하는 '사'와 위 '사'가 같은 발음인 점 등을 고려하여 오전 4시를 선택한 후, 이 사건 범행을 준비하면서 그 과정을 기록으로 남겨 널리 알리기 위하여 준비도구 및 '사죄'라고 적힌 셔츠를 입은 자신의 모습을 촬영함은 물론 범행의 실행 과정까지 디지털카메라로 촬영하였다.

　　3) 이 사건 범행의 실행

　　범죄인은 2011. 12. 26. 03:40경 야스쿠니 신사에 도착하여 그 담을 넘어가 위 신사 신문 중앙문 남쪽 기둥에 접근한 후 미리 준비한 휘발유 5ℓ 중 2~3ℓ가량을 뿌리고, 같은 날 03:56경 라이터로 불을 붙여 위 신사의 신문 일부를 소훼하였다.

　　4) 이 사건 범행 대상 및 피해 현황

　　한편 범죄인이 방화한 야스쿠니 신사의 신문은 폭 약 27.5m, 높이 약 14m의 목조 문으로서, 문 중앙에는 한쪽 폭이 2.9m, 높이 6.3m의 쌍 바라지 문이, 중앙문의 남북 양쪽에는 한쪽 폭이 2.1m, 높이 4.9m의 쌍 바라지 문이 각각 설치되어 있으며, 신문에 접하여 남북에 직경 1.2m, 높이 약 11.5m의 목조 노송나무제 원기둥 지주(이하 '중앙문 원기둥 지주'라 한다)가 4개 있으며 그 원기둥 지주의 동서 양쪽에는 남북에 각각 직경 0.8m, 높이 약 8.5m의 목조 노송나무제 원기둥 지주가 4개씩 설치되어 있어 합계 12개의 지주가 지붕을 떠받치고 있다. 이 사건 불에 탄 원기둥 지주는 중앙문 원기둥 지주 중 남쪽에서 두 번째 원기둥 지주로서 그 북면에 있는 홈에 각기둥 지주가 짜 넣어져 있다.

이 사건 불에 탄 원기둥 지주와 각기둥 지주의 접합 부분은 약 1cm 틈이 나 있으며 원기둥 지주 내부 남쪽 부분이 폭 약 1cm, 높이 155cm 범위 내에서 귀갑 상태로 소손되어 있고, 위 원기둥 지주에 있는 홈의 동쪽 부분에는 폭 2cm, 높이 155cm의 범위에서 소손되어 있으며, 위 각기둥 지주 남단에서 북쪽으로 폭 2.5cm, 높이 155cm의 범위에서 소손되어 있다. 결국 소손된 부분은 위 원기둥 및 각기둥 연결 부분 4군데(125cm, 68.75cm, 155cm, 310cm)이고, 그 외에도 위 원기둥 하부 1군데(261cm), 위 각기둥 하부 1군데(34cm)가 소손되어 있다.

이 사건 신문 부근 건조물은 2채가 있는데, 그중 북쪽에 있는 능악당은 목조 건물로서 그 목담이 발화지점으로부터 31.5m, 남쪽에 있는 사무소는 철근콘크리트 건물로서 발화지점으로부터 35m 떨어져 있다.

이 사건 범행 대상인 야스쿠니 신사는 주간에는 책임자 이하 경비원 13명, 야간에는 경비원 2명이 교대로 경계를 담당하면서 도보로 순회하거나 방범 카메라를 통하여 신사 안팎을 대기소의 모니터로 항상 확인하고 있으며, 신문 안쪽에는 센서 장치가 가동되어 있는 등 평소에도 방화에 신경을 써서 경계하고 있고 화재가 발생하더라도 즉시 발견하여 진화할 수 있도록 인적·물적 설비가 갖추어져 있다. 실제로 이 사건 범행 직후 모니터를 확인하던 야스쿠니 신사 경비원에 의하여 바로 화재 사실이 발견되어 소화기로 소화되었으며, 이 사건 범행으로 말미암은 인명 피해는 전혀 없었다.

5) 이 사건 범행 후의 전개상황

범죄인은 이 사건 범행을 저지른 후 인터넷 블로그에 이 사건 범행에 관한 경위와 소회를 밝혔는데, 그 내용 중 일부는 '이 사건 신문이 너무 크기 때문에,

전소시킨다는 것은 100ℓ에 가까운 휘발유로 30분이나 걸릴 정도로 하기가 불가능한 일이다. 이번에는 흔적만 남기기로 하고 뒤를 이어주는 이가 있을 것으로 믿는다'는 취지로 기재되어 있다.

청구국 수사기관은 수사 초기에는 이 사건 범행을 기물손괴 피의사건으로 수사하다가, 2012. 1. 12. 도쿄대학교 이과대학 종합연구소 부속 화재과학연구센터 소속 교수의 의견을 청취하였는데, 그 의견의 요지는 '원기둥과 각기둥의 접합 부분에 귀갑 상태가 인정되며 기둥 밑 부분에도 탄화가 인정되므로 독립연소하였다고 인정하고, 귀갑 상태가 높이 1.5m까지 있고 접합 부분이 홈처럼 생긴 상태로 연돌효과로 인하여 위쪽으로 불이 빨리 도달하는 구도가 형성되어 있어 당해 문이 전소될 우려가 있고 불이 번질 가능성도 있는 것으로 사무소나 능악당 등이 연소될 가능성도 없지는 않았다고 할 수 있다'는 것이었다. 이에 청구국 수사기관은 2012. 1. 12. 및 1. 13. 재실황조사 등을 거쳐 그 이후부터는 이 사건 범행을 건조물 등 이외 방화 피의사건으로 수사하였다.

한편 범죄인은 이 사건 범행 직후 항공편으로 대한민국으로 왔고, 대한민국에 체류하는 동안 외할머니와 연고가 있던 목포, 대구 등지와 외증조할아버지가 사망한 서울 서대문형무소 박물관을 방문하였다. 범죄인은 한국정신대문제대책협의회가 1992년부터 매주 수요일마다 주한 일본대사관 앞에서 일본군위안부 문제에 대하여 항의집회를 하여 2011. 12. 14. 1,000번째 집회가 개최되었음에도 청구국 정부가 일본군위안부 문제에 대하여 사과하지 않는 현실에 격분하여, 청구국 정부를 상대로 과거의 역사적 사실에 대한 진정한 반성과 사죄를 촉구하기 위한 목적에서 2012. 1. 6. 주한 일본대사관 건물에 화염병을 던져 이를 소훼하려 하였다.

범죄인은 이러한 행위로 서울 중앙지방법원에서 2012. 5. 23. 현존건조물방화미수죄 등으로 징역 10월의 형을 선고받고 항소하였으나, 항소기각으로 2012. 8. 31. 판결이 확정되어, 2012. 11. 6. 그 형의 집행을 종료하였다.

한편 청구국은 2012. 5. 21. 이 사건 범행이 청구국 형법 제110조 제1항(건조물 등 이외 방화)에 해당하는 범죄라고 하면서 이 사건 조약에 따라 범죄인의 인도를 청구하였고, 범죄인은 이 사건 범행으로 발부된 인도구속영장에 의하여 2012. 11. 6. 구속되어 현재 서울구치소에 수감 중이다.

나. 인도 대상 범죄 해당 여부

이 사건 조약에 의하면, 양 당사국은 이 사건 조약의 규정에 따라 인도 대상 범죄에 대한 기소·재판이나 형의 집행을 위하여 자국의 영역에서 발견되고 타방 당사국에 의하여 청구되는 자를 타방 당사국에 인도하여야 할 의무가 있고(제1조), 인도 대상 범죄는 인도 청구 시 양 당사국의 법에 의하여 사형·종신형이나 1년 이상의 자유형(deprivation of liberty for a maximum period of at least one year)으로 처벌할 수 있는 범죄로 정하고 있는데(제2조 제1항), 기록에 의하면 이 사건 인도심사청구의 대상 범죄사실은 청구국의 형법 제110조 제1항(건조물 등 이외 방화)에 따라 징역 1년 이상 10년 이하의 징역에 처할 수 있는 범죄인 사실을 인정할 수 있고, 한편 대상 범죄사실은 우리 형법 제167조 제1항(일반물건에의 방화)에 따라 징역 1년 이상 10년 이하의 징역에 처할 수 있는 범죄에 해당하므로, 결국 대상 범죄사실은 이 사건 조약상 양 당사국의 법에 따라 장기 1년 이상의 자유형으로 처벌할 수 있는 범죄로서 인도 대상 범죄에 해당한다.

다. 인도거절사유에 관한 당사자의 주장

범죄인 및 변호인은, 이 사건 인도심사청구 대상 범죄는 정치적 범죄에 해당하여 이 사건 조약에 따라 범죄인의 인도가 허용되지 아니하므로 범죄인에 대한 인도를 허가하여서는 아니 되고, 설령 정치적 범죄가 아니라고 하더라도 이 사건은 범죄인의 인종, 국적, 민족적 기원, 정치적 견해를 이유로 기소·처벌하기 위하여 인도 청구가 이루어졌거나 범죄인의 지위가 그러한 이유로 침해될 것이라고 인정할 만한 상당한 이유가 있는 경우에 해당하고, 범죄인의 연령·건강 또는 그 밖의 개인적 정황 때문에 그 범죄인 인도가 인도적 고려와 양립될 수 없으므로 범죄인에 대한 인도를 허가하여서는 아니 된다고 주장한다.

이에 대하여 청구인은, 이 사건 범행이 전쟁·혁명·반란 등 폭력적·정치적 소란 상황에 수반된다고 보기 어려워, 정치질서나 조직을 파괴하는 행위가 아니므로 정치적 범죄라고 볼 수 없고, 범죄인의 정치적 견해가 아니라 방화를 이유로 처벌하고자 범죄인 인도를 구하는 것이며, 범죄인에게 조울증 증세가 있다고 하나 감정 결과 경미한 것으로 밝혀졌으므로 범죄인 인도가 인도적 고려와 양립될 수 없는 경우는 아니라고 주장한다.

라. 관련 규정

이 사건 조약상 이 사건과 관련된 규정은 다음과 같다.

제3조 (절대적 인도거절)

다음의 경우에는 이 조약에 따른 범죄인의 인도가 허용되지 아니한다.

가. 생략

나. 생략

다. 인도 청구되는 범죄가 정치적 범죄이거나 인도 청구가 정치적 범죄로 기소·재판 또는 처벌하기 위하여 이루어졌다고 피청구국이 판단하는 경우. 다만 다음의 범죄는 그 자체만으로는 정치적 범죄로 해석되지 아니한다.

  (1) 일방당사국의 국가원수·정부수반이나 그 가족구성원임을 알고 행한 그들에 대한 살인, 그 밖의 고의적 폭력범죄 또는 처벌할 수 있는 그러한 범죄의 미수행위

  (2) 양 당사국이 모두 당사자인 다자간 국제협정에 의하여 당사국이 인도 대상 범죄에 포함하여야 할 의무를 부담하는 범죄

라. 생략

마. 생략

바. 인도 청구되는 자의 인종, 종교, 국적, 민족적 기원, 정치적 견해 또는 성별을 이유로 기소·처벌하기 위하여 인도 청구가 이루어졌거나 그 자의 지위가 그러한 이유로 침해될 것이라고 피청구국이 인정할 만한 상당한 이유가 있는 경우

제4조 (임의적 인도거절)

다음의 경우에는 이 조약에 따른 범죄인의 인도가 거절될 수 있다.

가. 생략

나. 생략

다. 피청구국이 인도 청구되는 자의 연령·건강 또는 그 밖의 개인적 정황 때문에 그 범죄인 인도가 인도적 고려와 양립될 수 없다고 인정하는 경우

라. 생략

'범죄인 인도법'상 이 사건과 관련된 규정은 다음과 같다.

제8조 (정치적 성격을 지닌 범죄 등의 인도거절)

① 인도범죄가 정치적 성격을 지닌 범죄이거나 그와 관련된 범죄인 경우에는 범죄인을 인도하여서는 아니 된다. 다만 인도범죄가 다음 각 호의 어느 하나에 해당하는 경우에는 그러하지 아니하다.

1. 국가원수·정부수반 또는 그 가족의 생명·신체를 침해하거나 위협하는 범죄
2. 다자간 조약에 따라 대한민국이 범죄인에 대하여 재판권을 행사하거나 범죄인을 인도할 의무를 부담하고 있는 범죄
3. 여러 사람의 생명·신체를 침해·위협하거나 이에 대한 위험을 발생시키는 범죄

② 생략

마. 이 사건의 쟁점

따라서 이 사건의 쟁점은, 1) 이 사건 인도 대상 범죄가 이 사건 조약 제3조 (다)목에서 정한 절대적 인도거절사유인 '정치적 범죄인지 여부'와 2) 이 사건 조약 제3조 (바)목에서 정한 절대적 인도거절사유인 '범죄인의 정치적 견해 등을 이유로 기소·처벌하기 위하여 범죄인 인도 청구가 이루어졌거나 범죄인의 지위가 그러한 이유로 침해될 것인지 여부', 3) 이 사건 조약 제4조 (다)목에서 정한 상대적 인도거절사유인 '범죄인의 연령·건강 또는 그 밖의 개인적 정황 때문에 이 사건 범죄인 인도가 인도적 고려와 양립될 수 없는지 여부'라 할 것이다.

먼저 첫 번째의 쟁점을 중심으로 정치적 범죄의 개념 및 유형, 정치범 불인도 원칙의 발전 과정 및 최근의 경향, 정치적 범죄의 판단 기준, 이 사건 조약상 정치적 범죄의 의미 그리고 이 사건 인도 대상 범죄가 정치적 범죄에 해당하는지를 차례대로 살펴본다.

바. 정치적 범죄의 개념 및 유형

국제법 학자들은 범죄인 인도절차에 있어 정치적 범죄의 개념을 '자연범죄의 경우와 마찬가지로 반사회적 또는 반공서양속적인 것으로서 국가가 제정해 놓은 구성요건에 해당하는 위법·유책한 것이지만, 국가권력 담당자에게 반대하더라도 국민 다수의 잠재적인 정의감정 또는 국민 일부의 도덕적 감정에는 합치하는 범죄'라고 하거나, '특정 국가의 기본적 정치질서를 교란·파괴할 목적을 가지고 보통법상의 중대범죄 이외의 방법으로 형벌 법령을 위반하여 그 법익을 침해하거나 침해할 위험이 존재하는 모든 행위'라고 하는 등 그 개념에 대한 정의를 시도해 왔다.

그러나 정치적 범죄라는 개념은 법 영역 중에서 가장 논란이 있는 개념에 속하고, 국제적으로 정치적 범죄의 개념이 일정하게 인정된다기보다는 다른 범죄군보다 훨씬 더 강하게 각각의 국가형태와 헌법, 통치구조에 의해 좌우되고, 국가적 이익 또는 수호되는 법익에 좌우되는 등 현재까지의 무수한 노력에도 불구하고 전반에 걸쳐 인정받을 수 있는 정의에는 아직 이르지 못했다고 평가할 수 있다.

오늘날 국제적으로 논의되고 있는 경향에 따르면, 정치적 범죄는 사인, 사적인 재산 또는 이익을 침해함이 없이 오로지 해당 국가의 정치질서를 반대하거나 해당 국가의 권력관계나 기구를 침해하는 행위인 '절대적 정치범죄' 내지 '순수한 정치범죄'와 그와 같은 목적을 위하여 저지른 일반범죄, 즉 '상대적 정치범죄'로 나눌 수 있고, 학설에 따라서는 후자의 경우를 다시 하나의 행위가 정치질서와 개인의 권리에 대한 침해를 구성하는 '복합적 정치범죄'와 절대적 정치범죄 또는 복합적 정치범죄를 수행하거나 용이하게 하기 위하여 또는 그 행위자의 보호를 위하여 범하는 행위인 '관련적 정치범죄', 정치적 성격이 우월한 상황에서 범하여진 일반범죄나 정치활동에 밀접히 결부되어 있는 일반범죄인 협의의 '상대적 정치범죄'로 나누고 있다.

여기에서 절대적 정치범죄가 정치적 범죄에 해당한다는 점에는 의견이 대부분 일치하고 있으나, 상대적 정치범죄가 정치적 범죄로서 간주되기 위한 기준에 관해서는 국제적으로 아직 확립되지 못하여 국가마다 서로 다른 관행을 발전시켜 왔고, 각국의 실정법이나 각국 사이에 체결한 범죄인 인도조약에서도 정치적 범죄에 대한 개념을 정의하거나 통일하여 그에 구속되려 하지 않고 이에 대한 해석을 범죄인 인도 피청구국의 국내법과 학설에 맡겨 시대와 상황에 따라 유연하게 대처하도록 하고 있다. 그러므로 구체적 사건에서 나타나는 정치적 범죄에 관한 피청구국의 법적 판단은 그 국가의 법적 관점과 정치체제를 반영하는 것이 될 수밖에 없다. 다만 과거에는 상대적 정치범죄가 정치적 범죄에 포함되지 않는다는 견해가 적지 않았으나 최근 국제적 형사사조는 이를 수정하는 방향으로 움직이고 있는바, 실제로 뒤에서 보는 정치범 불인도 원칙의 적용이 문제 되는 것은 대부분 상대적 정치범죄를 둘러싼 다툼이다.

정치적 범죄의 판단 기준으로서, 영미법계에서는 일반적으로 범죄가 정치적 소란에 부수하고, 그 일부를 구성할 것을 요건으로 하는 부수성 이론을 채택하였다. 대륙법계에서는 주관적 요소로만 판단하는 주관설, 객관적 요소로만 판단하는 객관설, 양자를 모두 고려하는 절충설로 나뉘어 전개됐는데, 대표적인 것이 정치적 범죄의 성격을 범죄인의 동기로 판단하는 동기 이론, 침해된 권리의 성격에 따라 판단하는 침해된 권리 이론, 당해 보통범죄가 정치적 운동에 부수되어야 함을 전제로 범죄인의 동기, 목적 및 범죄가 저질러진 상황을 고려하여 범죄의 성격이 우월적으로 정치적인 경우 정치적 범죄로 판단하는 우월성 이론으로 알려져 있다.

그러나 오늘날에 와서는 영미법계에서도 객관설에 편향된 부수성 이론의 엄격한 고수를 포기하고 무차별성, 필요성 및 비례성 등의 개념과 다양한 제반 사정을 고려하여 정치적 범죄 여부를 판단하는 다수 판례가 나오고 있고, 대륙법계 중 침해된 권리 이론을 취하던 국가도 범죄인의 동기를 중시하거나 범죄의 심각성을 고려하여 우월성 이론에 가까운 기준을 채택한 판례도 적지 않으며, 우월성 이론을 따르는 국가도 당해 보통범죄가 정치적 운동에 부수되어야 한다는 요건을 사실상 폐기하는 등 지금은 순수한 의미의 주관설이나 객관설보다는 범행의 주관적·객관적 요소 및 제반 상황을 종합적으로 고려하는 형태로 제도를 운용하는 국가가 다수라고 할 수 있다.

사. 정치범 불인도 원칙의 발전 과정 및 최근의 경향

오늘날과 달리 중세에 이르기까지 국제사회에서의 범죄인 인도 제도는 선린 국가 간 정치범의 인도를 주된 내용으로 삼고 있었으나, 18세기 프랑스 혁명 이

후 다양한 정치체제가 등장하고 근대 인권사상이 발달함에 따라 정치범 불인도
원칙이 발전되기 시작하였다. 벨기에가 1834년 범죄인 인도법에 처음으로 정치범
불인도 원칙을 도입한 이래 지금은 세계 대부분 국가가 국내법과 조약에 정치적
범죄를 범하고 소추를 면하기 위하여 다른 국가로 피난해 오는 경우에는 정치범
불인도 원칙에 의하여 보호를 받을 수 있도록 규정하고 있으며, 이는 국제법상 확
립된 원칙이라고 할 수 있다(대법원 1984. 5. 22. 선고 84도39 판결 참조).

이러한 정치범 불인도 원칙은 20세기 들어 이른바 동서냉전을 거치면서 더
욱 발전하였고, 그 외에도 탈식민지 투쟁이나 남북문제의 심화, 이슬람 원리국가
의 출현 등과 같은 시대적 상황의 전개와 함께 그 적용이 확대되었다.

정치범 불인도 원칙은 개인에게는 정치적 변화를 도모하기 위하여 정치적
활동에 호소할 수 있는 천부적인 권리가 있다는 신념에 기초한 것으로서, 통상 범
죄인이 자신이 주장하는 정치적 목적과 일치하는 정치체제를 가진 국가로 피난하
는 경우가 많으므로 이 경우 그 범죄인을 인도하는 것은 곧 범죄인 인도 피청구
국의 정치질서나 체제의 가치를 부인하는 결과가 되어 불합리한 점 및 설사 피청
구국이 범죄인이 주장하는 정치적 목적과 일치하지 않는 질서나 체제를 가진 국
가라 할지라도 국제관계상 타국의 국내 문제에 대한 관여를 지양하는 점을 고려
한 것이며, 아울러 정치범에게 형벌을 가하더라도 확신범의 성격을 가지는 이상
그 처벌대상이 되는 행위를 억제할 수 없다는 점도 염두에 둔 것이다.

다만 정치범 불인도 원칙은 본래부터 절대적인 것이 아니고 범죄인 인도조
약 체결 당사국 간의 합의에 따라 제한될 수 있는 것이며, 특히 최근에 이르러서
는 특정한 범죄 유형에 관하여는 다자간 국제조약을 통하여 위 원칙이 제한되는
경향이 뚜렷한데, 이러한 예외가 인정되는 국제범죄의 유형으로는 인류에 반하는
범죄, 집단살해, 전쟁범죄, 해적행위, 항공기 납치행위, 노예·인신매매 기타 부녀
및 아동 거래행위, 국제마약거래, 고문, 폭탄 테러행위 등 중대한 범죄가 열거되
고 있다.

한편 정치범 불인도 원칙이 적용되는 정치적 범죄의 범위를 넓히는 경향도
존재한다. 즉 정치범 불인도의 대상이 되는 정치범을 적극적인 정치범뿐만 아니
라 정치적 박해의 대상이 되는 사람들에게도 적용하여 정치범의 인정 범위를 넓
히고, 인권보호를 위하여 인도 대상자가 차별적으로 취급될 우려가 있는 경우 인

도를 거부하는 이른바 '차별조항'을 규정하는 조약이나 입법례가 증가하고 있다.

아. 정치적 범죄의 판단 기준

이러한 정치적 범죄의 개념 및 유형, 정치범 불인도 원칙의 발전 과정 및 최근의 경향 등을 고려해 볼 때, 어떠한 범죄, 특히 상대적 정치범죄가 정치적 범죄인지 여부에 관한 판단에 있어서는, ① 범행 동기가 개인적인 이익 취득이 아니라 정치적 조직이나 기구가 추구하는 목적에 찬성하거나 반대하는 것인지, ② 범행 목적이 한 국가의 정치체제를 전복 또는 파괴하려는 것이거나, 그 국가의 대내외 주요 정책을 변화시키도록 압력이나 영향을 가하려는 것인지, ③ 범행 대상의 성격은 어떠하며, 나아가 이는 무엇을 상징하는 것인지, ④ 범죄인이 추구하는 정치적 목적을 실현하는 데 범행이 상당히 기여할 수 있는 수단으로서 유기적 관련성이 있는지, ⑤ 범행의 법적·사실적 성격은 어떠한지, ⑥ 범행의 잔학성, 즉 사람의 생명·신체·자유에 반하는 중대한 폭력행위를 수반하는지 및 결과의 중대성에 비추어 범행으로 말미암은 법익침해와 정치적 목적 사이의 균형이 유지되고 있는지 등 범죄인에게 유리하거나 불리한 주관적·객관적 사정을 정치범 불인도 원칙의 취지에 비추어 합목적적·합리적으로 고찰하여 종합적으로 형량하고, 여기에다가 범행 목적과 배경에 따라서는 범죄인 인도 청구국과 피청구국 간의 역사적 배경, 역사적 사실에 대한 인식의 차이 및 입장의 대립과 같은 정치적 상황 등도 고려하여, 상대적 정치범죄 내에 존재하는 일반범죄로서의 성격과 정치적 성격 중 어느 것이 더 주된 것인지를 판단하여 결정하여야 할 것이다.

자. 이 사건 조약상 '정치적 범죄'의 의미

이 사건으로 돌아와 보건대, 이 사건 조약 제3조 (다)목은 '인도 청구되는 범죄가 정치적 범죄라고 피청구국이 판단하는 경우(when the requested party determines that the offense for which extradition is requested is a political offense …)'에는 이 조약에 따른 범죄인의 인도가 허용되지 아니한다는 취지로 절대적 인도 거절사유에 관하여 규정하고 있을 뿐, 별도로 '정치적 범죄'(political offense)의 의미에 관하여 정의하고 있지 않은 채 전적으로 피청구국의 판단하에 결정할 사항으로 유보하고 있다.

범죄인 인도법도 마찬가지로 '정치적 성격을 지닌 범죄이거나 그와 관련된 범죄'는 범죄인의 인도가 허용되지 아니한다고만 규정할 뿐 정치적 범죄의 정의와 범위에 관하여는 아무런 규정을 두지 않고 있다. 결국 정치적 범죄의 의미와 범위는 위 각 규정의 내용에 근거하여 피청구국이 합리적으로 해석할 수밖에 없다.

그런데 절대적 인도거절사유에 관한 이 사건 조약의 규정 형식에 관하여 보면, 우선 제3조 (다)목 본문에 위와 같이 정치적 범죄에 관하여는 범죄인 인도가 허용되지 않는다는 원칙을 선언한 다음, 그 단서에서 '일방 당시국의 국가원수·정부수반이나 그 가족구성원임을 알고 행한 그들에 대한 살인, 그 밖의 고의적 폭력범죄 또는 처벌할 수 있는 그러한 범죄의 미수행위', '양 당사국이 모두 당사자인 다자간 국제협정에 의하여 당사국이 인도 대상 범죄에 포함하여야 할 의무를 부담하는 범죄'의 경우에는 그 자체만으로는 정치적 범죄로 해석되지 아니한다는 예외를 규정하고 있다.

한편 범죄인 인도법도 이 사건 조약과 마찬가지로 제8조 제1항에서 '인도범죄가 정치적 성격을 지닌 범죄이거나 그와 관련된 범죄인 경우에는 범죄인을 인도하여서는 아니 된다'고 규정한 후, 그 단서에서 '국가원수·정부수반 또는 그 가족의 생명·신체를 침해하거나 위협하는 범죄', '다자간 조약에 의하여 대한민국이 범죄인에 대하여 재판권을 행사하거나 범죄인을 인도할 의무를 부담하고 있는 범죄', '다수인의 생명·신체를 침해·위협하거나 이에 대한 위험을 야기하는 범죄'를 정치범 인도거절의 예외사유로 열거하고 있다.

위와 같은 이 사건 조약 및 범죄인 인도법의 규정 형식의 유사성에다가 앞에서 본 정치적 범죄의 개념 및 유형, 정치범 불인도 원칙의 발전 과정 및 최근의 경향, 정치적 범죄의 판단 기준에 비추어 보면, 이 사건 조약 제3조 (다)목 본문에서 말하는 '정치적 범죄'는 범죄인 인도법 제8조 제1항 소정의 '정치적 성격을 지닌 범죄이거나 그와 관련된 범죄'와 같은 의미로서, 절대적 정치범죄뿐 아니라 상대적 정치범죄까지 포함하는 개념으로 해석함이 상당하다.

차. 이 사건 인도 대상 범죄가 정치적 범죄인지 여부

1) 유의할 판단요소

먼저 이 사건 인도 대상 범죄는 오로지 해당 국가의 정치질서를 반대하거나 해당 국가의 권력관계나 기구를 침해하는 행위가 아니라 일반범죄의 성격도 가지고 있음이 분명하므로 이를 절대적 정치범죄라고는 할 수 없다.

그렇다면 이 사건 인도 대상 범죄가 상대적 정치범죄라고 할 수 있는지가 쟁점이라고 할 것인데, 이하에서는 앞서 본 정치적 범죄의 판단 기준에서 제시한 판단요소별로 살피기로 한다.

다만 유의할 점은, 지금까지의 정치적 범죄에 관한 논의가 한 국가의 질서를 침해하거나 정치형태의 변경을 목적으로 하는 행위에 상대적으로 중점이 두어져 있었다면, 20세기 후반에 들어와 동서냉전의 종식과 함께 이데올로기 대립이 상대적으로 약화된 반면, 개별 국가 간 역사적·민족적 조건하에서 빚어지는 갈등과 대립 및 각국의 경제적 이해관계에 얽힌 분화가 심화된 시대적 상황을 고려할 때, 한 국가가 취하고 있는 대내외 주요 정책을 반대하여 이를 변화시키도록 영향을 가하는 것을 목적으로 하는 행위도 오늘날 정치적 범죄에 관한 논의의 중요한 쟁점으로 부상하였다는 것이다.

이 사건과 연결지어 보면, 종래 상대적 정치범죄에 관하여 국제적인 판례와 학설에서 일반적으로 제시되거나 논의된 개념은 최근 동북아시아에서 논란이 되고 있는 일본군위안부 등 과거의 역사적 사실을 둘러싼 현저한 역사 인식의 차이 및 그와 관련된 대내외 정책을 둘러싼 견해의 대립과 같은 정치적 상황을 고려한 것이 아님을 주목할 필요가 있다.

이러한 관점에서 볼 때, 이 사건 범행이 위와 같은 동북아시아 특유의 정치적 상황과 그에 관련된 청구국의 대내외 정책에 대하여 영향을 미치려는 시도인지 여부가 정치적 범죄인지 여부를 논함에 있어서 중요한 판단요소 중 하나로 고려할 필요가 있다.

2) 판단요소 간의 유기적 고찰의 필요성

이 사건 인도심사청구 범행 대상은 야스쿠니 신사라는 종교법인 소유의 물건으로서, 그에 대한 방화로 말미암아 국가적 법익에 대한 직접적 침해가 있었다고 볼 수는 없다.

그러나 이 사건에서는 단순히 피상적으로만 접근할 것이 아니라 범죄인이 왜 야스쿠니 신사를 범행 대상으로 선택했는지 그 범행 동기나 목적을 범행 대상의 성격과 함께 유기적으로 파악하는 것이 중요하다고 할 것이다. 왜냐하면, 앞서 살핀 바와 같이 범행 대상의 상징적 의미, 범행 목적과 범행 사이의 유기적 관련성 역시 정치적 범죄를 판단함에 있어 고려할 요소 중 하나이기 때문이다.

기록에 의하면, 범죄인은 자신의 외할머니가 한국인으로서 일본군위안부로 중국에 끌려와 고초를 당했다고 하면서 이 사건 범행 8일 전에 한일정상회담에서 청구국 정부가 일본군위안부 문제에 대하여 사과하지 않겠다고 하여 이 사건 범행에 이르게 되었으며, 범행 대상을 야스쿠니 신사로 정한 이유는 위 신사가 14명의 A급 전범들을 비롯하여 침략전쟁에 참여하여 양민을 학살한 일본군을 신으로 모신 곳으로서 군국주의의 상징이며 고난의 근원지라 생각하고 수년간 국제적인 항의에도 야스쿠니 신사에 청구국 정부 각료가 계속하여 참배하고 있으며, 주한 일본대사관 앞에서 일본군위안부 문제에 대한 대책과 사과를 요구하는 집회가 수십 년간 1,000회를 초과하여 개최되었지만, 청구국 정부의 태도가 변함이 없었기에 야스쿠니 신사에 표지를 남김으로써 정치적 신념을 알리고 군국주의에 경고하며 청구국 정부가 입장을 변경하길 원하였다고 진술하였고, 이와 같은 진술은 관련 사건인 범죄인의 주한 일본대사관 현존건조물방화미수 사건 기록에서도 일관되게 나타나고 있다. 또한 범죄인은 이 사건 범행 후 인터넷에 올린 글에 '일본 군국공포주의에 대한 죽음의 제재를 개시했다', '할아버지, 할머니 그리고 천몇백만 명의 일본군 칼에 찔려 숨진 동포들이여, 당신들을 위한 복수를 해냈단다'라고 기재하였다.

범죄인이 청구국에서 체류하고 있는 기간 중 알고 지낸 청구외 5 역시, 범죄인을 알게 되었을 때부터 범죄인이 '외할머니가 조선의 종군위안부로 중국에 끌려갔다'고 하였고, 후쿠시마에 도착했을 때부터 범죄인이 '정부가 천황을 위해 죽어간 사람들을 신으로 모시는 야스쿠니 신사는 군국주의의 상징이며 전쟁을 인정하는 일이 되는 그 신사에 정부가 참배하는 일과 종군위안부에게 청구국 정부가 사과하지 않는 일'에 대하여 화를 내고 있었다고 진술하였다.

3) 구체적 검토

가) 일본군위안부와 야스쿠니 신사가 가지는 역사적 의미와 배경

그렇다면 이 사건 범행 대상과 동기 및 목적이 갖는 의미를 분명히 하기 위해서는, 먼저 일본군위안부와 야스쿠니 신사가 가지는 역사적 의미와 배경을 고찰해 볼 필요가 있다. 기록에 의하면 다음과 같은 사실이 인정된다.

(1) 일본군위안부에 관하여

(가) 일본군위안부의 의미와 역사적 배경

일본군위안부는 1930년대부터 1945년 제2차 세계대전이 끝날 때까지 일본군 병사를 위하여 강제로 성행위를 종용당함으로써 인권을 유린당한 여성들을 의미한다.

일본군은 1932년 상해사변 당시 일본군 병사에 의해 강간사건이 빈번하면서 현지인들의 반발과 성병 등의 문제로 이어지자 그 방지책으로서 이른바 '위안소'를 최초로 설치하여 위안부를 두기 시작하였고, 1937. 7.부터 중일전쟁으로 병력을 중국으로 다수 송출하면서 점령지에 군 위안소를 설치했는데, 1937. 12. 남경대학살 이후 그 수가 증가되었다. 일본군은 1941년부터 아시아태평양전쟁 중 동남아시아, 태평양지역의 점령지역에서도 군 위안소를 설치했다. 일본군위안부의 수는 8만 명에서 10만 명 또는 20만 명 정도로 추정되고 있으며, 그중 80%는 조선 여성이었고, 나머지는 필리핀, 중국, 대만, 네덜란드 등지의 여성들이다.

(나) 일본군위안부 문제의 제기

1990. 11. 한국정신대문제대책협의회가 발족되고, 1991. 8. 일본군위안부 피해자의 공개 기자회견을 통하여 일본군위안부 피해자 문제가 본격적으로 제기되었다.

이에 대하여 청구국 정부는 그에 관한 책임을 부인하면서, 일본군위안부를 민간 접객업자가 군을 따라다니며 데리고 다닌 '매춘부'로 인식하고 있음을 시사하는 발언을 하였다.

(다) 고노 관방장관의 담화

1992. 1. 일본방위청 방위연구소 도서관에서 일본군이 일본군위안부 징집에

직접 관여한 관계 공문서가 발견되고, 피해자가 출현함에 따라, 청구국 정부는 진상 조사에 착수하였다. 1993. 8. 4. 청구국 정부는 위안소의 설치, 관리 및 일본군위안부의 이송에 관하여 일본군이 직접 또는 간접으로 관여하였으며, 일본군위안부의 모집에 관하여 군의 요청을 받은 업자가 주로 이를 담당하였으나, 이 경우에도 감언이나, 강압 등에 의해 본인의 의사에 반하여 모집된 사례가 다수 있고, 더욱이 관헌 등이 직접 가담한 경우도 있으며, 위안소에서의 생활은 강제적인 상태하에서의 참혹한 것이었음을 인정하며, 문제의 본질이 중대한 인권침해였음을 승인하며 사죄하는 내용의 고노 요헤이 관방장관의 담화를 발표하였다.

(라) 아시아여성발전기금 조성을 둘러싼 논란

그 후 청구국 정부는 일본군위안부 피해자에 대한 보상은 '대한민국과 일본국 간의 재산 및 청구권에 관한 문제의 해결과 경제협력에 관한 협정'(이하 '한일협정'이라 한다)으로 이미 해결되었다면서, 1994. 8. 31. 인도적으로 민간 차원에서 아시아여성발전기금의 조성을 모색하겠다는 뜻을 밝혔다.

이에 대하여 한국, 대만 등지의 일본군위안부 피해자들과 지원단체들은, 일본군위안부 피해자들이 정당한 배상의 대상이 아니라는 전제하에서 추진되는 아시아여성발전기금의 활동에 대해 반대 견해를 밝혔다.

(마) 대한민국과 청구국 간의 견해 차이

대한민국 정부는 민관공동위원회의 2005. 8. 26. 결정을 통해, 한일협정은 한·일 양국 간의 재정적·민사적 채권·채무관계를 해결하기 위한 것이었고, 일본군위안부 문제 등과 같이 청구국 정부 등 국가권력이 관여한 '반인도적 불법행위'에 대해서는 한일협정으로 해결된 것으로 볼 수 없다는 태도를 밝혔다.

그러나 청구국 정부는 고노 관방장관의 담화를 통한 사과, 한일협정을 통한 법적 문제의 해결, 아시아여성발전기금의 활동 등을 통해 일본군위안부 관련 문제가 완결되었다고 주장하면서 위안소의 설치와 운영에 관한 일본군의 행위에 대한 법적 책임을 부인하였다.

일본군위안부 피해자들은 1991년부터 청구국 사법부에 청구국을 상대로 배상청구소송을 제기하였는데, 대부분 한일협정에 의한 배상청구권 소멸 등을 이유로 패소하였으나, 1998. 4. 27. 청구국의 야마구치 지방재판소 시모노세키 지부는 일본군위안부 문제에 관한 입법부작위 책임을 인정하여 손해배상을 명하면서, 그 피해를 '철저한 여성차별·민족차별 사상의 표현이며, 여성의 인격의 존엄을 근저에서부터 침해하고, 민족의 긍지를 짓밟는 것이며 청구국 헌법 제13조에 명기된 핵심 가치에 관련된 기본적 인권의 침해'라고 판단하였다.

한편 우리 헌법재판소는 일본군위안부 피해자들이 청구국에 대하여 가지는 배상청구권이 한일협정으로 소멸되었는지에 관한 양국 간 해석상 분쟁을 위 협정이 정한 절차에 따라 해결하지 아니하고 있는 대한민국 정부의 부작위가 위 피해자들의 중대한 헌법상 기본권을 침해하고 있어 위헌이라고 판단하였다(헌법재판소 2011. 8. 30. 선고 2006헌마788 전원재판부 결정).

(바) 국제기구의 입장

유엔 인권소위원회는 일본군위안부 문제에 대하여 지속적인 연구활동을 수행하여 왔는데, 인권위원회 결의문 1994/45에 따라 쿠마라스와미(Radhica Coomaraswamy) 특별보고담당관이 1996. 1. 4. 작성한 보고서에서는, 제2차 세계대전 때 일본군이 위안소 제도를 설치한 것이 국제법 위반으로서 청구국 정부가 법적인 책임을 져야 한다는 점을 확인하고, 국가 차원의 손해배상, 보관 중인 관련 자료의 공개, 서면을 통한 공식사죄, 교과서 개정, 책임자 처벌 등을 권고하는 6개 항의 권고안을 제시하였으며, 1996. 4. 19. 제52차 유엔 인권위원회에서 위 보고서의 채택결의가 있었다.

또한 1998. 8. 12. 유엔 인권소위원회에서는 맥두걸(Gay J. McDougall) 특별보고관의 보고서가 채택되었는데, 위 보고서에서는, '강간센터'(rape center, rape camp)라 할 수 있는 위안소에서 강제로 성적 노예 상태로 빠뜨려진 일본군위안부에 대하여 청구국 정부의 법적 배상책임을 인정하고 위안소의 설치에 책임이 있는 자들의 처벌문제와 신속하게 청구국 정부의 배상이 이루어져야 한다는 점이 강조되었다.

한편 유엔인권이사회는 2008. 6. 12. 일본군위안부 문제에 대해 각국의 권고와 질의를 담은 실무그룹보고서를 정식으로 채택하였으며, 유엔 B규약 인권위원회는 2008. 10. 30. 제네바에서 청구국의 인권과 관련된 심사보고서를 발표하고, 청구국 정부에 대해 일본군위안부 문제의 법적 책임을 인정하고 피해자 다수가 수용할 수 있는 형태로 사죄할 것을 권고했다.

(사) 국제사회의 태도

미국 하원은 2007. 7. 30. 청구국 정부에 의한 강제 군대매춘 제도인 일본군 위안부는 집단 강간과 강제유산, 수치심, 신체 절단과 사망, 자살까지 가져온 성적 폭행 등을 유발했으며 잔인성과 규모 면에서 전례가 없는 20세기 최대 규모의 인신매매 범죄 중 하나라는 점, 청구국에 새로 도입된 교과서는 일본군위안부의 비극을 비롯해 제2차 세계대전 당시 청구국의 전쟁범죄를 축소하고 있다는 점, 청구국 관리들이 최근 들어 공적·사적으로 고노 관방장관의 담화를 부인하거나 희석하려 하고 있다는 점 등을 들면서, ① 청구국 정부는 1930년대부터 제2차 세계대전 종전에 이르기까지 아시아 국가들과 태평양 제도를 식민지화하거나 전시에 점령하는 과정에서 일본 제국주의 군대가 강제로 젊은 여성들을 '위안부'로 알려진 성적 노예로 만든 사실을 공식 인정하면서 사과하고 역사적인 책임을 져야 하며, ② 청구국 정부는 일본군들이 일본군위안부를 성적 노예로 삼고 인신매매를 한 사실이 없다는 어떠한 주장에 대해서도 분명하고 공개적으로 반박하여야 하며, ③ 청구국 정부는 국제사회가 제시한 권고에 따라 현 세대와 미래 세대를 대상으로 끔찍한 범죄에 대해 교육을 해야 한다는 등의 일본군위안부 결의안을 만장일치로 채택하였다.

그 후 2007. 11. 8. 네덜란드 하원, 2007. 11. 28. 캐나다 연방의회 하원, 2007. 12. 13. 유럽의회가 차례로 청구국 정부에 대하여 20만 명 이상의 여성들을 일본군위안부로 강제동원해 저지른 만행에 관한 공식사과와 역사적·법적 책임의 인정, 피해자 보상, 일본군위안부 강제동원 사실을 현재와 미래의 세대들에게 교육할 것 등을 내용으로 한 결의안을 채택하였다.

(2) 야스쿠니 신사에 관하여

(가) 야스쿠니 신사는 메이지유신(명치유신) 직후인 1869년 막부 군과의 전투에서 천황을 위해 싸우다 숨진 관군 측 전몰자를 위령하고 높이 떠받드는 신도의 제사를 지내기 위한 목적으로 천황의 지시로 건립된 도쿄 초혼사가 그 전신이다. 원래 신사는 청구국의 민속종교인 신도의 신들을 모시는 시설인데, 메이지 정부는 근대국가의 정신적 기축으로서 전통적 신사신도와 황실신도를 통일하여 천황 중심의 국가신도를 만들었고, 야스쿠니 신사는 그에 따라 만들어진 신사 중 하나

이다.

(나) 도쿄 초혼사는 1879년 천황에 의해 '국가를 편안하게 한다'(정국)는 뜻의 야스쿠니 신사로 명칭이 바뀌었고, 별격관폐사, 즉 신화에 나오는 신이나 천황·황족을 제사지내는 신사인 관폐사 다음으로 격이 높은 신사로서 천황에게 충성을 다한 신하를 제신으로 하는 신사의 지위가 부여되었다. 특히 야스쿠니 신사는 천황이 직접 참배하는 신사라는 특별한 지위에 있었고, 일반 신사가 내무성 담당이었는 데 반해 야스쿠니 신사는 1887년부터 육·해군성이 담당한 신사로서 전쟁과 밀접한 시설로서의 성격을 지니고 있었다.

(다) 야스쿠니 신사는 초기에는 내란에서 전사한 관군을 제신으로서 합사(합사)하였는데, 그 후 청일전쟁과 러일전쟁을 거치면서 대외 전쟁에서 사망한 군인·군속을 중심으로 합사하면서 국민통합과 전쟁수행을 위한 장치의 역할을 하게 되었고, 대한민국과 대만을 침략하여 식민지화하는 과정에서 그에 저항한 사람들을 진압·토벌하면서 전사한 군인들도 합사하는 등 전몰자를 위령하기 위한 군의 종교시설로서 그 역할을 하였다. 또한 야스쿠니 신사는 메이지 시대 이후 천황이나 황족을 제외한 일반 국민을 제신으로 모신 유일한 신사로서, 제2차 세계대전 당시에는 전몰자를 호국의 영령으로 제사하고, 여기에 천황의 참배라는 특별한 대우를 해 주며, 전몰자들은 천황을 위해 죽음으로써 이전의 죄는 전부 말소된 채 제신으로 합사되었는데, 이와 같은 과정을 통하여 일본군 병사들에게는 사기를 진작시키고, 유족들에게는 명예와 위로를 주며, 일반 국민에게도 제국의 신민으로서 천황과 국가를 위해 목숨을 바칠 것을 다짐하게 함으로써 야스쿠니 신사는 국가 신도의 정신적 지주와 군국주의의 상징적 역할을 하였고, 이러한 국가 신도에 대하여 사실상 국교적인 지위가 수여되었다.

(라) 제2차 세계대전 종전 후에도 야스쿠니 신사의 합사에 있어서 청구국 정부 후생성이 도도부현과 협력하여 전몰자들의 '제신명표'나 '전몰자신분 등 조사표'를 만든 다음 야스쿠니 신사로 보내고, 야스쿠니 신사는 그것에 근거하여 합사하였다.

1978. 10. 17.에는 도조 히데키(동조영기) 전 총리 등 이른바 A급 전범 14명이 야스쿠니 신사에 합사되었는데, 여기서 A급 전범이란, 청구국의 대외침략전쟁을 주도한 범행을 저질러, 연합국이 청구국의 전쟁범죄를 재판하기 위해 설치한

극동국제군사재판소의 조례 제5조에서 규정하고 있는 '평화에 대한 범죄, 즉 선전 포고를 하거나 선전포고 없는 침략전쟁, 국제법·조약·협정·선약에 위배되는 전쟁 계획·준비·개시·수행 또는 이상의 행위를 달성하기 위한 공동계획이나 공동모의'에 해당하는 범죄로 유죄판결을 받은 자를 의미한다.

야스쿠니 신사에는 그 외에도 일본 군인이나 군속으로 청구국의 대외침략전쟁에 동원되어 사망한 한국인 2만 1천여 명과 대만인 2만 8천여 명이 합사되어 있고, 현재 총 246만여 명이 합사되어 있는데, 군인·군속·준군속 등의 전몰자만 합사 대상으로 하고 있고 공습으로 사망한 일반 시민 등은 합사 대상으로 하지 않고 있으며, 합사자 중 청일전쟁, 러일전쟁, 만주사변, 중일전쟁, 태평양전쟁 등 일본 제국주의의 침략전쟁과 관련된 전사자 수가 245만여 명으로 그 대부분을 차지하고 있다.

(마) 제2차 세계대전이 끝난 후 청구국을 통치했던 연합군 최고사령부(GHQ/SCAP)는 1945년 12월 '국가신도와 신사신도에 대한 정부의 보증, 지원, 보전, 감독 및 선전의 폐지에 관한 건'(이른바 신도지령)을 발표함으로써 정부 등의 공적 기관이 신도를 원조하는 것과 공무원이 공적 자격으로 신사를 참배하는 것을 금지하는 등 국가신도의 폐지와 엄격한 정교분리를 지시했는데, 1947년 시행된 청구국 헌법의 정교분리 규정은 메이지유신 이래 신도가 국가와 밀착되어 전쟁의 수행에 이용되는 등 여러 가지 폐해가 생긴 데 대하여 반성하고, 군국주의가 다시 도래하지 않도록 하기 위하여 마련된 것이다.

(바) 1946. 2. 2.에는 신사와 관련된 모든 법령이 폐지되고 국가신도는 제도상으로 소멸하였고, 같은 날 시행된 종교법인령에 의하여 야스쿠니 신사는 국가적 성격을 상실하고 종교법인으로 그 지위가 바뀌었다. 그러나 종전 이후에도 야스쿠니 신사는 제신, 의례, 유족과의 관계 등에서 종전 전의 지위가 여전히 유지되었고, 다른 신사들과는 달리 신설된 신사본청에 소속되지도 않았으며, 국가적인 전몰자 추도시설의 기능을 완전히 상실한 것도 아니었다. 또한 종전 전과 마찬가지로 일본인으로서의 자긍심과 애국심을 함양하는 교육시설의 기능을 담당하였다.

(사) 동서냉전이 격화되고, 1951년 9월 샌프란시스코 강화조약에 의해 점령통치가 종결되어 신도와 신사에 대한 엄격한 통제정책이 점차 완화됨에 따라, 일본유족 후생연맹(그 후 일본 유족회로 조직 변경)은 1952년 전범자의 야스쿠니 신사

합사를 요구하는 방침을 정하고, 야스쿠니 신사의 위령 행사를 국비로 지원해 줄 것을 정부에 요청했다. 그 후 일본 유족회를 비롯하여 신사본청 및 기타 우익단체들이 중심이 되어 야스쿠니 신사의 국영화를 요구하는 움직임이 본격화되었다. 이에 따라 자유민주당은 1969년부터 야스쿠니 신사와 국가와의 공적인 관계를 회복하기 위한 목적으로 야스쿠니 신사를 국가의 관리 아래 두자는 법안을 수차 국회에 제출하였다. 그러나 사회당을 중심으로 한 야당, 종교계, 진보적 단체가 야스쿠니 신사는 단순한 신사가 아니라 과거 국가신도적 천황제 및 군국주의의 핵심부에서 기능했던 만큼 그 국영화에 대해 철저히 경계해야 한다는 이유 또는 정교분리 원칙을 이유로 반대함에 따라 위 법안은 국회를 통과하지 못했다.

(아) 한편 1975년 미키 다케오(삼목무부) 총리가 개인 자격이라고 하면서 종전 기념일인 8월 15일에 야스쿠니 신사에 참배하고, 1985년에는 나카소네 야스히로(중증근강홍) 총리가 총리 자격으로서는 처음으로 공식 참배하여 아시아 각국 등 국제적인 비난을 받게 되었고, 그 후 한동안 중지되었던 총리의 참배는 1996년 하시모토 류타로(교본룡태랑) 총리의 참배에 이어 2001년에 고이즈미 준이치로(소천순일랑) 총리가 공식 참배하여 다시 계속되는 등 현재까지 총리를 비롯한 정부 각료, 국회의원, 도지사 등이 야스쿠니 신사를 참배하여 왔다.

(자) 야스쿠니 신사와 부속시설인 유슈칸(유취관) 전쟁박물관에는 근대 일본 육군의 창설자인 오무라 에키지의 동상, 제로 전투기, 탱크, 기관총, 전함의 특대형 포탄 등 각종 병기, 자살공격을 감행한 가미카제(신풍) 돌격대원의 동상과 유품, 군마와 군용 비둘기, 군견의 위령상 및 위령탑 등 근대 국가 성립 이후 청구국이 치른 전쟁에 관한 각종 전쟁 유물과 전몰자의 사진 등이 전시되어 있고, 각 전쟁에 대한 필연성에 관한 설명과 해석이 기술되어 있다.

(차) 청구국 정부각료의 야스쿠니 신사 참배를 둘러싸고 대한민국과 중국 등 청구국의 침략을 받았던 주변국은 A급 전범이 합사된 야스쿠니 신사를 과거 침략 전쟁을 미화하는 시설 또는 군국주의의 상징으로 규정하면서 그 참배에 대하여 강력히 반발하고 있고, 위 신사에 합사된 한국인 전몰자의 유족 일부는 위 신사를 상대로 그 합사를 취소하는 소송까지 제기하였다. 청구국 정부는 야스쿠니 신사가 종전 후에는 종교법인으로서 국민국가 일반의 공적 추도시설의 기능이 있다는 견해를 취하고 있으나, 그 정부각료나 정치인들은 여러 가지 정치적 목적 등으로

앞서 본 바와 같이 참배를 계속했으며, 이와 관련하여 청구국 내에서도 찬반 의견 대립이 있다.

나) 범행 동기와 목적의 성격

앞에서 살펴본 일본군위안부의 역사적 의미와 배경, 야스쿠니 신사의 성격 및 내력과 범죄인의 가족력, 이 사건 범행을 전후한 정치상황, 범죄인이 이 사건 범행 직후 대한민국으로 와서 외할머니, 외증조할아버지의 연고지를 찾아다닌 정황, 범죄인이 주한 일본대사관 현존건조물방화미수 사건에서 한 진술과 이 법정에서 한 진술의 내용 및 일관성에다가, 범죄인의 이 사건 범행은 개인적인 이익을 목적으로 한 것이 아니라 청구국 정부의 일본군위안부 등 과거의 역사적 사실에 관한 인식 및 그와 관련된 정책 변화를 촉구하고 그에 관한 메시지를 전달하며 국내외 여론을 환기하기 위한 수단으로 보이는 점, 범죄인은 이 사건 범행 일시를 정함에 있어서 자신의 정치적인 목적에 부합하도록 상징적인 의미를 부여하였고, 그 후에 있었던 주한 일본대사관 현존건조물방화미수 범행의 경우도 마찬가지로 자신의 정치적 목적에 부합하는 의미 있는 일자를 선택한 점, 범죄인은 이 사건 범행의 준비도구 및 '사죄'라고 적힌 셔츠를 입은 자신의 모습과 범행의 실행 과정을 촬영하였고, 청구국의 수사기관에 의하여 실체가 밝혀지기 전에 스스로 자신의 범행 사실과 그 목적을 언론이나 인터넷 등을 통해 외부에 널리 알리려고 하였던 점, 범죄인은 청구국에서의 이 사건 범행뿐만 아니라 대한민국에서도 주한 일본대사관에 화염병을 던지는 등 청구국의 과거의 역사적 사실에 대한 인식 및 그와 관련된 정책에 항의하는 일련의 행동을 하였는데, 이는 곧 동일한 범행 동기의 발현이라고 볼 수 있고, 범죄인의 인식으로는 일본대사관이라는 공적인 기관과 야스쿠니 신사를 동일한 범주에서 파악하고 있었다고 볼 수 있는 점, 청구국 내에서도 일본군위안부 등의 문제와 정부각료의 야스쿠니 신사 참배를 둘러싸고 정치적 의견 대립이 있는 점, 유엔 등 국제기구와 미국을 비롯한 제3국에서도 청구국 정부에 대하여 일본군위안부에 대하여 사과하고 역사적인 책임을 져야 한다는 등의 취지를 담은 결의를 한 점 등을 고려하면, 이 사건 범행은 범죄인이 개인적 이익을 취하기 위해서가 아니라 청구국이 과거 군국주의 체제하에서 침략전쟁을 일으켜 그 과정에서 주변 각국에 일본군위안부나 대량 학살 등 여러 가지 피해를 주고도 이러한 과거의 역사적 사실을 부정하거나 이에 대하여 진정으로 사과하지 않고 오히려 야스쿠니 신사 참배 등을 통하여 전범이나 과거 군국주의 체제를 미화하려는 태도에 분노하여 저지른 것으로서, 그 범행 목적은 범죄인 자신의 정치적 신념 및 과거의 역사적 사실 인식과 반대의 입장에 있는 청구국 정부의 정책을 변화시키거나 이에 영향을 미치기 위하여 압력을 가하고자 하는 것이다.

따라서 이는 정치적 범죄에서 말하는 정치적인 목적에 해당한다고 할 것이다.

다) 범행 대상의 성격 및 범행과 목적 사이의 관계

다만 정치적인 목적으로 범한 범죄라고 하여 모두 정치적 범죄가 된다고 할 수는 없다. 이는 앞서 살핀 바와 같이 주관적·객관적 평가요소들을 종합적으로 형량하여 일반범죄로서의 성격과 정치적 성격 중 어느 것이 더 주된 것인지를 판단하여 결정하여야 하는 문제이기 때문이다.

그러한 관점에서 이 사건 범행 대상의 성격을 살펴보면, 야스쿠니 신사의 제2차 세계대전 종전 전의 지위와 역할, 현재도 A급 전범이 합사되어 있는 점, 제2차 세계대전 종전 후에도 청구국 내에서 야스쿠니 신사를 국가의 관리하에 두려는 시도가 계속되었던 점, 이러한 야스쿠니 신사에 주변국들의 반발에도 청구국 정부각료 등 정치인들이 계속하여 참배해 왔던 점 및 지금까지의 정치 상황에 비추어 볼 때, 야스쿠니 신사가 법률상으로는 사적인 종교시설이라고 할 것이나 사실상 국가시설에 상응하는 정치적 상징성이 있다고 평가할 수 있다.

범죄인 역시 야스쿠니 신사를 단순한 사적 종교시설이 아니라 과거 침략전쟁을 정당화하는 정치질서의 상징으로 간주하고 이 사건 범행을 실행하였던 것이 분명하며, 대한민국과 중국 등 청구국의 주변국들도 청구국 정부각료들의 야스쿠니 신사 참배 때마다 강하게 항의하며 반발하였음에 비추어 볼 때, 야스쿠니 신사가 국가시설에 상응하는 정치적 상징성이 있다고 보는 견해는 범죄인 개인의 독단적인 견해가 아니라 대한민국을 비롯한 주변국에서 폭넓은 공감대를 형성하고 있다고 인정된다.

다음으로 범행과 목적 사이의 관계에 관하여 본다. 지금까지 주한 일본대사관 앞에서 1,000회 넘게 청구국 정부의 일본군위안부에 대한 정책 변화를 촉구하는 시위가 있었으나 청구국에서 별다른 반응이 없었기에 이 사건 범행에 이르게 되었다는 취지의 범죄인의 진술과 실제로 이 사건 범행 후 범죄인의 동기와 목적이 언론 등을 통하여 널리 퍼지게 되고 청구국을 비롯한 주변 각국의 관심의 초점이 됨에 따라 과거에 청구국의 침략을 받았던 주변국이 청구국 정부의 일본군 위안부 등 과거의 역사적 사실에 대한 인식과 그와 관련된 정책 및 우경화 추세에 대하여 공분을 느끼고 있음을 청구국 정부와 국민이 인식하게 된 점 및 앞서 본 야스쿠니 신사의 성격과 유래에 비추어 볼 때, 범죄인이 이 사건 방화 대상으로 야스쿠니 신사를 택함으로써 자신이 추구하였던 정치적 목적을 상당히 달성한 것으로 보인다. 따라서 이 사건 범행은 그 정치적 목적과 유기적인 관련성이 있다고 인정할 수 있다.

라) 범행의 성격과 의도된 목적과의 균형

이 사건 범행은 우리 형법 제167조 제1항의 일반물건에의 방화죄에 해당하는 것으로서 공공의 위험이 발생되어야 처벌할 수 있는 구체적 위험범에 해당한다.

앞서 살펴본 바와 같이 이 사건 범행 대상인 신문이 건조물이 아닌 일반물건으로서 방화 당시는 인적이 드문 새벽녘이었고 야스쿠니 신사는 보안 경비가 삼엄하여 화재가 발생하더라도 즉시 진화될 수 있는 인적·물적 설비가 갖추어져 있는 것으로 보이고 실제로도 이 사건 방화 직후 바로 야스쿠니 신사 경비원에 의하여 즉시 발견되어 바로 소화되기에 이른 점, 이 사건 방화로 인한 피해는 물적인 피해뿐이고 그 피해 또한 크지 않은 것으로 보이는 점, 비록 이 사건 신문이 전소하여 주위 건조물에 연소된다고 하더라도 이 사건 신문의 규모에 비추어 실제로 이 사건 신문이 전소하기에 걸릴 시간은 적지 않으리라 보이고 그 후 주위 건조물에 연소되기까지도 상당한 시간이 걸릴 것으로 예상되는데 앞서 본 보안경계의 정도에 비추어 그 전에 화재가 진압될 가능성이 큰 점, 청구국 수사기관도 수사 초기에는 이 사건 범행을 기물손괴 피의사건으로 의율하기도 했던 점, 이 사건 신문과 중앙문 원기둥 지주의 크기 및 규모와 실제 불에 탄 면적, 범행 당시 이번에는 흔적만 남기기로 하겠다는 범죄인의 의도, 이 사건 신문과 주위 건조물 사이의 거리 등에 비추어 볼 때, 비록 이 사건 방화로 일부 재산 피해가 생겼고 주위 건조물에의 연소 가능성 및 그로 말미암은 공공의 위험이 발생되었다고 하더라도, 그 재산 피해, 연소 가능성 및 공공의 위험의 정도는 그리 크지 않은 것으로 보인다.

따라서 이 사건 범행을 불특정 다수인의 생명·신체를 침해·위협하거나 이에 대한 위험을 야기한 범죄로서 범죄인이 추구하는 정치적 목적과의 균형을 상실한 잔학한 행위로 평가할 수는 없다.

마) 정치범 불인도 원칙의 취지와의 관계

앞서 본 정치범 불인도 원칙의 취지와 관련하여 이 사건을 살펴본다. 대한민국(범죄인의 국적국인 중국도 마찬가지 입장이다)과 청구국 사이에 그동안 일본군위안부 등 과거의 역사적 사실에 대한 인식 및 그와 관련된 정책과 정부각료의 야스쿠니 신사 참배에 대한 인식 및 그에 관한 대응 등에서 정치적으로 서로 다른 견해의 대립이 있었고, 청구국 내에서도 정치적 견해의 대립이 존재하였다.

범죄인의 이 사건 범행 동기와 목적에 비추어 보면, 일본군위안부 문제 등 과거의 역사적 사실과 야스쿠니 신사 참배에 대한 인식 및 그와 관련된 청구국의 정책에 대한 범죄인의 견해는 대한민국의 헌법이념과 유엔 등의 국제기구나 대다수 문명국가들이 지향하는 보편적 가치와 궤를 같이하는 것으로 인정된다.

이러한 면에서 볼 때 범죄인을 청구국에 인도하는 것은 대한민국의 정치적 질서와 헌법이념 나아가 대다수 문명국가의 보편적 가치를 부인하는 것이 되어 앞에서 본 정치범 불인도 원칙의 취지에도 맞지 않는다. 더욱이 청구국 내에서도 앞에서와 같은 견해 차이와 견해의 대립이 있는 이상 정치범을 인도하는 것은 청구국 내 정치문제에 간섭하는 것으로 비칠 수도 있어 국제관계상 바람직하지 않다.

바) 소결론

이상과 같이 ① 범죄인의 범행 동기가 청구국 정부의 일본군위안부 등 과거의 역사적 사실에 관한 인식 및 그와 관련된 정책에 대한 분노에 기인한 것으로서, 범죄인에게 이 사건 범행으로 개인적인 이익을 취득하려는 동기를 찾아볼 수 없으며, ② 범행 목적이 범죄인 자신의 정치적 신념 및 일본군위안부 등 과거의 역사적 사실에 대한 견해와 반대의 입장에 있는 청구국 정부의 정책을 변화시키거나 이에 영향을 미치기 위하여 압력을 가하고자 하는 것이고, 범죄인의 정치적 신념 및 일본군위안부 등 과거의 역사적 사실에 대한 견해가 범죄인 개인의 독단적인 견해라고 할 수 없으며, 대한민국과 범죄자의 국적국인 중국뿐만 아니라 국제사회에서도 폭넓은 공감대를 형성하고 동의를 얻고 있는 견해와 일치하고, ③ 이 사건 범행의 대상인 야스쿠니 신사가 법률상 종교단체의 재산이기는 하나, 위 신사에 과거 청구국의 대외침략전쟁을 주도하여 유죄판결을 받은 전범들이 합사되어 있고, 주변국들의 반발에도 청구국 정부각료들이나 정치인들이 참배를 계속하고 있는 등 국가시설에 상응하는 정치적 상징성이 있는 것으로 평가되며, ④ 이 사건 범행은 정치적인 대의를 위하여 행해진 것으로서, 범행 대상인 야스쿠니 신사와 직접적인 범행 동기가 된 일본군위안부 문제의 역사적 의미 및 배경에다가 이 사건 범행 후 청구국을 비롯한 각 국가에서 범죄인의 주장에 관심을 두게 되고 논의가 촉발된 정황에 비추어, 범죄인이 추구하고자 하는 정치적 목적을 달성하는 데 이 사건 범행이 상당히 기여한 것으로 보이므로 범행과 정치적 목적 사이에 유기적 관련성이 인정되고, ⑤ 이 사건 범행의 법적 성격은 일반물건에의 방화이나, 범행 동기와 시간대, 범행 대상의 규모와 비교한 소손 면적의 정도, 연소 가능성 등을 고려할 때 실제적으로는 오히려 손괴에 가까운 것으로서 방화로 말미암은 공공의 위험성의 정도가 그리 크다고 볼 수 없으며, ⑥ 이 사건 범행으로 인한 인명 피해가 전혀 없고 물적 피해도 크다고 할 수 없어 이를 중대하고 심각하며 잔학한 반인륜적 범죄로 단정하기 어려우므로 이 사건 범행으로 야기된 위험이 목적과의 균형을 상실했다고 보기도 어렵다.

이러한 사정들과 범죄인 불인도 원칙의 취지, 범죄인 인도 청구국인 일본국과 피청구국인 대한민국, 나아가 범죄인의 국적국인 중국 간의 역사적 배경, 과거의 역사적 사실에 대한 인식의 차이 및 입장의 대립과 같은 정치적 상황, 유엔을 비롯한 국제기구와 대다수 문명국가들이 추구하는 보편적 가치 등을 종합하여 보면, 이 사건 인도 대상 범죄는 청구국의 일본군위안부 등 과거의 역사적 사실에 대한 인식에 항의하고 그와 관련된 대내외 정책에 영향을 줄 목적으로 행해진 일반물건에의 방화 범죄로서 일반범죄로서의 성격보다 그 정치적 성격이 더 주된 상태에 있는 상대적 정치범죄라 할 수 있고, 이는 이 사건 조약 제3조 (다)목 본문 소정의 '정치적 범죄'에 해당한다.

4. 결론

그렇다면 이 사건 인도 대상 범죄는 정치적 범죄이고, 달리 범죄인을 인도하여야 할 예외사유도 존재하지 아니하므로, 나머지 쟁점들에 관하여는 더 나아가 살펴볼 필요 없이 이 사건 조약 제3조 (다)목에 의하여 범죄인을 청구국에 인도하는 것을 허가하지 아니하기로 하여 주문과 같이 결정한다.

판사   황한식(재판장) 권순민 이재근

부록 3 <일본이 체결한 도망 범죄인 인도, 형사 공조 및 수형자 이송에 관한 조약>

① 도망 범죄인 인도조약

	체결국	서명일	발효일	비고
1	미국	1953.04.22	1953.07.22	개정 조약은 1978년 3월 3일 서명, 1980년 3월 26일 발효
2	한국	2002.04.08	2002.06.21	

② 형사 공조조약

	체결국	서명일	발효일	
1	미국	2003.08.05	2006.07.21	
2	한국	2006.01.20	2007.01.26	
3	중국	2007.12.01	2008.11.23	
4	홍콩	2008.05.23	2009.09.24	
5	러시아	2009.05.12	2011.02.11	
6	유럽연합 형사 공조조약	2009.12.15	2011.01.02	유럽연합 측의 서명일은 2009년 11월 30일

③ 수형자 이송 조약

	체결국	서명일	발효일	비고
1	CE조약	2003.02.17	2003.06.01	서명일은 가입서 기탁일이다.
2	태국	2009.07.22	2010.08.28	
3	브라질	2014.01.24	미발효	

부록 4 <중국이 체결한 도망 범죄인 인도, 형사 공조 및 수형자 이송에 관한 조약>

① 도망 범죄인 인도조약

	체결국	서명일	발효일	비고
1	태국	1993.08.26	1999.03.07	
2	벨라루시	1995.06.22	1998.05.07	
3	러시아	1995.06.26	1997.01.10	
4	불가리아	1996.05.20	1997.07.03	
5	루마니아	1996.07.01	1999.01.16	
6	카자흐스탄	1996.07.05	1998.02.10	
7	몽골	1997.08.19	1999.01.10	
8	키르기스스탄	1998.04.27	2004.04.27	
9	우크라이나	1998.12.10	2000.07.13	
10	캄보디아	1999.02.09	2000.12.13	
11	우즈베키스탄	1999.11.08	2000.09.29	
12	한국	2000.10.18	2002.04.12	중국 '인도법' 시행 (2000.12.28)
13	필리핀	2001.10.30	2006.03.12	
14	페루	2001.11.05	2003.04.05	

15	튀니지	2001.11.19	2005.12.29	
16	남아프리카공화국	2001.12.10	2004.11.17	
17	라오스	2002.02.04	2003.08.13	
18	아랍에미리트	2002.05.13	2004.05.24	
19	리투아니아	2002.06.17	2003.06.21	
20	파키스탄	2003.11.03	2008.01.10	
21	레소토	2003.11.06	2005.10.30	
22	브라질	2004.11.12	2014.08.16	
23	아제르바이잔	2005.03.17	2010.12.01	
24	스페인	2005.11.14	2007.04.04	
25	나미비아	2005.12.19	2009.09.19	
26	앙골라	2006.06.20	2013.10.17	
27	알제리	2006.11.06	2009.09.22	
28	포르투갈	2007.01.31	2009.07.25	
29	프랑스	2007.03.20	미발효	
30	호주	2007.09.06	미발효	
31	멕시코	2008.07.11	2012.07.07	
32	인도네시아	2009.07.01	미발효	
33	이탈리아	2010.10.07	미발효	
34	이란	2012.09.10	미발효	

② 형사 공조조약

	체결국	서명일	발효일	비고(조약명)
1	폴란드	1987.06.05	1988.02.13	민사 및 형사 공조
2	몽골	1989.08.31	1990.10.29	민사 및 형사 공조
3	루마니아	1991.01.16	1993.01.22	민사 및 형사 공조
4	러시아	1992.06.19	1993.11.14	민사 및 형사 공조
5	터키	1992.09.28	1995.10.26	민사, 상사 및 형사 공조
6	우크라이나	1992.10.31	1994.01.19	민사 및 형사 공조
7	쿠바	1992.11.24	1994.03.26	민사 및 형사 공조
8	벨로루시	1993.01.11	1993.11.29	민사 및 형사 공조
9	카자흐스탄	1993.01.14	1995.07.11	민사 및 형사 공조
10	이집트	1994.04.21	1995.05.31	민사, 상사 및 형사 공조
11	캐나다	1994.07.29	1995.07.01	형사 공조
12	그리스	1994.10.17	1996.06.29	민사 및 형사 공조
13	불가리아	1995.04.7	1996.05.27	형사 공조
14	키프로스	1995.04.25	1996.01.11	민사, 상사 및 형사 공조
15	키르기스스탄	1996.07.04	1997.09.26	민사 및 형사 공조
16	타지키스탄	1996.09.16	1998.09.02	민사 및 형사 공조
18	우즈베키스탄	1997.12.11	1998.08.29	민사 및 형사 공조
19	베트남	1998.10.19	1999.12.25	민사 및 형사 공조
20	한국	1998.11.12	2000.03.24	형사 공조
21	라오스	1999.01.25	2001.12.15	민사 및 형사 공조
22	콜롬비아	1999.05.14	2004.05.27	형사 공조
23	튀니지	1999.11.30	2000.12.30	형사 공조
24	리투아니아	2000.03.20	2002.01.19	민사 및 형사 공조

25	미국	2000.06.18	2001.03.08	형사 공조
26	인도네시아	2000.07.24	2006.07.28	형사 공조
27	필리핀	2000.10.16	2012.11.17	형사 공조
28	에스토니아	2002.06.12	2011.03.31	형사 공조
29	남아프리카공화국	2003.01.20	2004.11.17	형사 공조
30	태국	2003.06.21	2005.2.20	형사 공조
31	북한	2003.11.19	2006.01.21	민사 및 형사 공조
32	라트비아	2004.04.15	2005.09.18	형사 공조
33	브라질	2004.05.24	2007.10.26	형사 공조
34	멕시코	2005.01.24	미발효	형사 공조
35	프랑스	2005.04.18	2007.09.20	형사 공조
36	페루	2005.01.27	2009.03.18	형사 공조
37	스페인	2005.07.21	2007.04.15	형사 공조
38	포르투갈	2005.12.09	2009.05.15	형사 공조
39	호주	2006.04.03	2007.03.28	형사 공조
40	뉴질랜드	2006.04.06	2008.01.01	형사 공조
41	나미비아	2006.05.26	2009.09.19	형사 공조
42	알제리	2006.11.06	2009.09.22	형사 공조
43	파키스탄	2007.04.17	2010.08.06	형사 공조
44	일본	2007.12.01	2008.11.23	형사 공조
45	아랍에미리트	2008.04.03	2011.05.14	형사 공조
46	베네수엘라	2008.09.24	2009.06.12	형사 공조
47	몰타	2009.02.22	2012.01.11	형사 공조
48	이탈리아	2010.10.07	미발효	형사 공조
49	아르헨티나	2012.06.25	미발효	형사 공조
50	보스니아헤르체고비나	2012.12.18	미발효	형사 공조

③ 수형자 이송 조약

	체결국	서명일	발효일	비고
1	우크라이나	2001.07.21	2002.10.12	
2	러시아	2002.12.02	2006.12.09	
3	스페인	2005.11.14	2007.04.04	
4	포르투갈	2007.01.31	2009.07.25	
5	호주	2007.09.06	2009.04.24	
6	한국	2008.05.27	2009.04.24	
7	카자흐스탄	2011.02.22	미발효	
8	몽골	2011.06.16	미발효	
9	태국	2011.12.22	2012.10.26	

부록 5 <한국이 체결한 도망 범죄인 인도, 형사 공조 및 수형자 이송에 관한 조약>

① 도망 범죄인 인도조약

	체결국	서명일	발효일	비고
1	호주	1990.09.05	1991.01.16	
2	필리핀	1993.05.25	1996.11.30	
3	스페인	1994.01.17	1995.02.15	
4	캐나다	1994.04.15	1995.01.29	
5	칠레	1994.11.21	1997.10.01	
6	아르헨티나	1995.08.30	2000.11.09	
7	브라질	1995.09.01	2002.02.01	
8	파라과이	1996.07.09	1996.12.29	
9	멕시코	1996.11.29	1997.12.27	
10	미국	1998.06.09	1999.12.20	
11	태국	1999.04.26	2001.02.15	
12	몽골	1999.05.31	2000.01.27	
13	중국	2000.10.18	2002.04.12	
14	인도네시아	2000.11.28	2007.11.16	
15	뉴질랜드	2001.05.15	2002.04.17	
16	일본	2002.04.08	2002.06.21	

17	우즈베키스탄	2003.02.12	2004.11.23	
18	베트남	2003.09.15	2005.04.19	
19	카자흐스탄	2003.11.13	2012.09.10	
20	페루	2003.12.05	2005.11.16	
21	과테말라	2003.12.12	2006.02.20	
22	인도	2004.10.05	2005.06.08	
23	코스타리카	2005.09.12	2006.12.01	
24	프랑스	2006.06.06	2008.06.01	
25	홍콩	2006.06.26	2007.02.11	
26	알제리	2007.02.17	2008.10.24	
27	남아프리카공화국	2007.05.03	2014.06.20	
28	쿠웨이트	2007.06.14	2013.08.28	
29	불가리아	2008.10.01	2010.04.08	
30	캄보디아	2009.10.22	2011.10.01	
31	유럽범죄인 인도조약	2011.09.29	2011.12.29	서명일은 가입서 기탁일이다.
32	말레이시아	2013.01.17	미발효	
33	아랍에미리트	2014.02.28	미발효	

② 형사 공조조약

	체결국	서명일	발효일	비고
1	호주	1992.08.25	1993.12.19	
2	미국	1993.11.23	1997.05.23	
3	캐나다	1994.04.15	1995.02.01	
4	프랑스	1995.03.02	1997.03.08	
5	러시아	1995.05.28	2001.08.10	

6	중국	1998.11.12	2000.02.25	
7	홍콩	1998.11.17	2000.11.09	
8	몽골	1999.05.31	2000.01.27	
9	뉴질랜드	1999.09.15	2000.03.30	
10	인도네시아	2002.03.30	2014.04.03	
11	브라질	2002.12.13	2006.02.08	
12	우즈베키스탄	2003.02.12	2004.11.23	
13	필리핀	2003.06.03	2008.11.17	
14	태국	2003.08.25	2005.04.06	
15	베트남	2003.09.15	2005.04.19	
16	카자흐스탄	2003.11.13	2012.09.10	
17	인도	2004.10.05	2005.06.08	
18	멕시코	2005.09.09	2007.01.18	
19	일본	2006.01.20	2007.01.26	
20	알제리	2006.03.12	2007.06.15	
21	벨기에	2007.01.17	2012.09.29	
22	쿠웨이트	2007.03.26	2008.04.08	
23	남아프리카공화국	2007.05.03	2014.06.20	
24	페루	2007.09.09	2008.09.29	
25	불가리아	2008.10.01	2010.04.08	
26	스페인	2009.03.23	2012.12.01	
27	아르헨티나	2009.08.31	2013.07.19	
28	말레이시아	2010.12.10	2013.09.26	
29	유럽연합 형사 공조조약	2011.09.29	2011.12.29	서명일은 가입서 기탁일이다.
30	아랍에미리트	2014.02.28	미발효	

③ 수형자 이송 조약

	체결국	서명일	발효일	
1	CE조약	2005.07.20	2005.11.10	서명일은 가입서 기탁일이다.
2	몽골	2007.05.28	2008.08.23	
3	중국	2008.05.27	2009.08.05	
4	베트남	2009.05.29	2010.08.30	
5	인도	2010.01.25	2012.06.18	
6	쿠웨이트	2011.03.16	미발효	
7	태국	2012.02.02	2012.12.18	
8	홍콩	2013.05.28	2014.06.13	

찾아보기

김평환

경력
현재 법무법인(유한) 클라스한결 고문
　　　(사)한국통일외교협회 이사, 한일에너지포럼 간사, 일본국제법학회 회원
전직 한전산업개발㈜ CEO
　　　(사)한국자유총연맹 사무총장
　　　검찰직 공무원

학력
일본 동경대 법학박사
중국 인민대 방문연구원
고려대 법학과

한중일 3국 등 동아시아 국제형사협력

초판발행   2024년 7월 10일

지은이   김평환
펴낸이   안종만·안상준

편 집   사윤지
기획/마케팅   조성호
표지디자인   권아린
제 작   고철민·김원표

펴낸곳   (주) **박영사**
                서울특별시 금천구 가산디지털2로 53, 210호(가산동, 한라시그마밸리)
                등록 1959. 3. 11. 제300-1959-1호(倫)
전 화   02)733-6771
f a x   02)736-4818
e-mail   pys@pybook.co.kr
homepage   www.pybook.co.kr
ISBN   979-11-303-4580-2   93360

정 가   37,000원